八路军史

岳思平 著

江苏人民出版社

图书在版编目(CIP)数据

八路军史 / 岳思平著. — 南京：江苏人民出版社，
2025.1

ISBN 978 - 7 - 214 - 25814 - 4

Ⅰ. ①八… Ⅱ. ①岳… Ⅲ. ①八路军—史料 Ⅳ. ①E297.31

中国国家版本馆 CIP 数据核字(2024)第 024642 号

书　　　名	八路军史
著　　　者	岳思平
责 任 编 辑	汪思琪
装 帧 设 计	有品堂_刘　俊
责 任 监 制	王　娟
出 版 发 行	江苏人民出版社
地　　　址	南京市湖南路 1 号 A 楼,邮编:210009
照　　　排	江苏凤凰制版有限公司
印　　　刷	江苏凤凰通达印刷有限公司
开　　　本	718 毫米×1 000 毫米　1/16
印　　　张	32.25
字　　　数	506 千字
版　　　次	2025 年 1 月第 1 版
印　　　次	2025 年 1 月第 1 次印刷
标 准 书 号	ISBN 978 - 7 - 214 - 25814 - 4
定　　　价	98.00 元

(江苏人民出版社图书凡印装错误可向承印厂调换)

序　言

　　2025 年是伟大的中国人民抗日战争暨世界反法西斯战争胜利八十周年。中国人民抗日战争,是近代以来反抗外敌入侵第一次取得伟大胜利的民族解放战争,成为中华民族由衰落走向复兴的重大转折点。中国战场是世界反法西斯战争的东方主战场,为世界进步、和平与人类正义事业做出了不可磨灭的重大历史性贡献。正是在这场波澜壮阔的中国人民抗日战争中,孕育了驰骋敌后、鏖战华北的八路军。

　　八路军在中国共产党的坚强领导和人民群众的大力支持下,从无到有、自小到大、由弱到强,浴血奋战,经历了一次又一次的厮杀搏斗,创造了一个又一个的奇迹壮举,犹如一座巍峨屹立的中国人民解放军不朽的历史丰碑。八路军的历史,是一部惊天地泣鬼神的英雄史诗,是一段战胜人间磨难和天险禁区的血色征程,是一本弘扬以爱国主义为核心的伟大民族精神和中华民族主旋律的内涵博大精深的教科书。

　　《八路军史》一书,以作战和建军为主线,兼及抗日民族统一战线、抗日根据地建设和群众工作,把东方主战场与世界反法西斯战争、八路军抗战与全国抗战有机地结合起来,高度概括了部队发展的历史阶段,介绍了各个发展阶段的指导方针、作战历程、主要特征和辉煌业绩。该书是全国第一部将八路军作为一个有机整体进行综合叙述和概括的,填补了重大军事历史题材的一个空白,共分为五章:第一章(1937 年 7 月至 11 月),中国全国性抗日战争爆发,八路军出师华北抗日前线;第二章(1937年11月至1938年10月),开展独立自主的游击战争,创建华北抗日根据地;第三章(1938年10月至1940年底),八路军发展成为华北抗战的主力军,华北抗日根据地成为全国抗战的重要战场;第四章(1941年至1943年),战胜严重困难,坚持华北敌后抗战;第五章(1944年至1945年9月),参加战略反攻,夺取抗日战争的最后胜利。

《八路军史》一书,坚持辩证唯物主义与历史唯物主义的立场、观点和方法,旗帜鲜明地反对历史虚无主义,努力贯彻实事求是的思想路线,以大量的历史文献、档案资料为支柱,同时吸收多年来自身和党史、军史界的最新研究成果。该书自1995年出版以来,版次达10余次,发行数万册。经过这次精心修改,力争使这部再现历史本来面貌的信史质量再上一个台阶,以献给读者。这对于进行光荣革命传统教育,传承红色基因,赓续红色血脉,具有重要的历史和现实意义。

谨以此书向中国人民抗日战争暨世界反法西斯战争胜利八十周年和即将到来的中国人民解放军建军一百周年献礼!

目　录

第一章　中国全国性抗日战争爆发,八路军出师华北抗日前线　1

第一节　中国全国性抗日战争爆发和共产党的抗战路线与战略方针　1

一、日本帝国主义发动全面侵华战争,中国实行全国性抗战　1

二、洛川会议,中国共产党制定全面抗战路线和战略方针　12

第二节　红军主力改编为八路军,朱德、彭德怀通电就职　18

一、国共两党达成协议,红军主力改编为八路军　18

二、八路军驻各地办事机构的设立　27

第三节　实行军事战略转变,八路军成立后的任务和部署　32

一、适应全国抗战爆发的新形势,八路军实行军事战略转变　32

二、八路军的任务和战略部署　36

第四节　八路军出师华北抗日前线,平型关首战告捷　39

一、日军展开战略进攻,八路军出师华北抗日前线　39

二、八路军第 115 师发起平型关战役,首战告捷　47

第五节　八路军在华北日军侧后作战,与国民党军共同进行太原会战　53

一、与国民党军共同进行忻口正面防御战,在雁门关、阳明堡等地连战
皆捷　53

二、八路军第129师转战正太铁路沿线地区,配合国民党军进行娘子关
争夺战 59

三、八路军第115、第129两师主力掩护娘子关方向国民党军撤退,保卫
太原 61

第二章 开展独立自主的游击战争,创建华北抗日根据地 63

第一节 太原失守后的华北战局,八路军的任务和部署 63

第二节 八路军第115师和第120师各一部创建晋察冀军区、晋察冀抗日根据地,粉碎日
军的围攻 66

一、八路军第115师和第120师各一部创建晋察冀军区、晋察冀抗日根
据地,粉碎日军"八路围攻" 66

二、晋察冀抗日根据地建成,晋察冀军区在第120师主力等部配合下粉
碎日军空前大规模围攻 71

第三节 八路军第120师创建晋绥抗日根据地,粉碎日军首次围攻 76

一、八路军第120师创建晋西北抗日根据地,大力扩大主力部队 76

二、八路军第120师主力粉碎日军首次围攻,收复晋西北七城 80

三、八路军第120师一部创建大青山抗日游击根据地,扩大晋西北抗日
根据地为晋绥抗日根据地 83

第四节 八路军第129师创建和发展晋冀豫抗日根据地,粉碎日军首次围攻和"九路
围攻" 86

一、八路军第129师创建晋冀豫抗日根据地,晋冀豫军区成立 86

二、进行正太、邯长路破袭战,粉碎日军对晋冀豫抗日根据地的首次围攻
和"九路围攻" 89

三、扩大晋冀豫抗日根据地,发展晋冀豫军区部队 95

第五节 八路军第115师主力创建晋西南抗日根据地,并与第120师配合后方留守处保卫
陕甘宁抗日根据地 98

一、八路军第115师主力挺进晋西南地区,创建抗日根据地 98

二、八路军第115师主力与第120师配合八路军后方留守处,保卫陕甘
宁边区抗日根据地 101

第六节　八路军一部挺进冀鲁豫平原,发展华北抗日根据地　103

一、八路军第 115 师一部、第 129 师主力创建冀南、冀鲁豫边平原抗日根据地　104

二、八路军第 115、第 129 师各一部发展冀鲁边平原抗日根据地　108

三、八路军第 4 纵队在中共冀热边特委配合下创建冀东抗日根据地　109

第七节　山西、河北、山东等省地方抗日游击战争的开展和人民地方武装的建立　113

一、山西新军协同八路军开展地方抗日游击战争　113

二、八路军山东纵队成立,创建山东抗日根据地　119

三、八路军第 3 纵队兼冀中军区成立,创建冀中抗日根据地　130

第八节　共产党加强对八路军的绝对领导和八路军部队的全面建设　136

一、共产党坚持对八路军的绝对领导,加强政治工作　136

二、适应敌后游击战争的需要,抓紧进行军事教育和训练　142

三、树立独立自给的思想,改进后勤保障工作　143

第三章　八路军发展成为华北抗战的主力军,华北抗日根据地成为全国抗战的重要战场　147

第一节　抗日战争进入战略相持阶段,中国共产党及其领导下的人民军队的方针和任务　147

一、日军侵占广州、武汉后,中国抗日战争进入战略相持阶段　147

二、广州、武汉失守后的形势,中国共产党及其领导下的人民军队的方针和任务　150

第二节　八路军主力挺进冀鲁豫地区,完成在华北的战略展开任务　154

一、八路军第 115 师主力挺进山东,与山东纵队共同发展和巩固抗日根据地　156

二、八路军第 120 师主力帮助第 3 纵队兼冀中军区巩固冀中平原抗日根据地　162

三、八路军第 129 师主力挺进冀南,第 115、第 129 师各一部挺进冀鲁豫地区,巩固平原抗日根据地　166

四、抗大总校迁至华北敌后办学,大力培养八路军干部队伍　170

第三节　粉碎日伪军的连续"扫荡",巩固华北抗日根据地　177

　　一、粉碎日伪军对华北山区抗日根据地的"扫荡"　177

　　二、粉碎日伪军对冀中、冀鲁豫边平原抗日根据地的"扫荡"　189

第四节　坚持抗战、团结、进步的方针,打退国民党顽固派第一次反共高潮　191

　　一、国民党顽固派重蹈反共覆辙,中共中央确立坚持抗战、团结、进步的方针　191

　　二、国民党顽固派掀起第一次反共高潮,八路军和山西新军进行自卫还击作战　194

　　三、打退国民党顽固派第一次反共高潮,继续保持国共两党合作抗战的局面　201

第五节　八路军进行整军,全面加强部队建设　203

　　一、八路军各部队分期分批进行整训　206

　　二、在整训的基础上,八路军进行整编　210

第六节　八路军发动百团大战　222

　　一、百团大战的背景和战役决策　222

　　二、百团大战的战役意图和敌我双方的部署　226

　　三、百团大战的经过　228

　　四、百团大战的作用和影响　240

第四章　战胜严重困难,坚持华北敌后抗战　244

第一节　华北敌后抗战进入严重困难时期,中共中央及八路军的方针、任务　244

第二节　1941年八路军的对敌斗争　248

　　一、八路军展开反"扫荡"作战　249

　　二、八路军开展反"蚕食"斗争　261

　　三、八路军反对敌第一、第二、第三次"治安强化运动"的斗争　264

第三节　1942年八路军的对敌斗争　267

　　一、太平洋战争爆发后的形势,中国共产党及其领导下的人民军队的方针和任务　267

　　二、八路军粉碎日伪军春夏季"扫荡",打破敌第四次"治安强化运动"　268

　　三、八路军粉碎日伪军秋冬季"扫荡",打破敌第五次"治安强化运动"　282

　　　　四、八路军的反"蚕食"斗争　284

　　第四节　1943 年八路军的对敌斗争　287

　　　　一、进一步开展群众性游击战争,粉碎日伪军的"扫荡"和"蚕食"　289

　　　　二、八路军第 129 师和山东军区等部开始攻势作战,恢复和发展抗日根
　　　　　　据地　298

　　第五节　打退国民党顽固派第三次反共高潮　302

　　第六节　八路军部队深入贯彻共产党的十大政策,渡过难关　308

　　　　一、实现共产党的一元化领导,发挥党政军民整体力量　309

　　　　二、实行精兵政策,提高部队质量　312

　　　　三、参加全党整风运动,增强全军团结统一　333

　　　　四、开展大生产运动,奠定坚实物质基础　336

　　　　五、开展拥政爱民运动,加强军政、军民团结　342

第五章　参加战略反攻,夺取抗日战争的最后胜利　347

　　第一节　八路军发动 1944 年攻势作战,普遍展开局部反攻　350

　　　　一、晋察冀军区发动攻势作战　351

　　　　二、山东军区发动攻势作战　355

　　　　三、晋绥军区发动攻势作战　359

　　　　四、陕甘宁晋绥联防军的发展　363

　　　　五、晋冀鲁豫边区部队发动攻势作战　363

　　第二节　八路军一部挺进河南,转战湘鄂赣边区、湘粤赣边区,开辟和扩大抗日根
　　　　　　据地　368

　　　　一、发展豫东、开辟豫西抗日根据地,成立河南军区　368

　　　　二、转战湘鄂赣边区、湘粤赣边区,成立湘鄂赣军区　373

　　第三节　八路军进行军政大整训,准备全面反攻　377

　　　　一、中共中央关于军队整训的指示　377

　　　　二、八路军进行军政整训与加强后勤工作,全面提高部队素质　380

　　第四节　八路军发动 1945 年春夏季攻势作战,扩大解放区　386

　　　　一、八路军发起大规模春季攻势　388

二、中国共产党第七次全国代表大会召开,八路军再次实行军事战略
转变　395

三、八路军发动猛烈的夏季攻势　398

第五节　八路军参加全面反攻,向敌占大中城市和交通要道进军　409

一、参加全面反攻时的形势和中国共产党及其领导下的人民军队的方
针、任务　409

二、适应新的军事战略转变需要,八路军大力扩建主力兵团　412

三、八路军大规模进攻华北交通要道和沿线大小城市　421

四、继续进逼敌占大城市和交通要道,重点夺取中小城市和控制广大
乡村　426

第六节　歼灭拒降之敌,八路军扩大全面反攻战果　427

一、继续夺取华北中小城市,破袭主要交通线　428

二、八路军一部挺进东北,配合苏军作战　431

八路军大事纪要　434

后记　502

第一章 中国全国性抗日战争爆发，八路军出师华北抗日前线

第一节 中国全国性抗日战争爆发和共产党的抗战路线与战略方针

一、日本帝国主义发动全面侵华战争，中国实行全国性抗战

日本帝国主义策动全面侵华战争，蓄谋已久。早在 16 世纪下半叶，日本战国时代末期统一全国的武将丰臣秀吉就扬言"誓将唐之领土纳入我之版图"，以中国为枢轴统一世界。

1868 年明治维新后，日本随着资本主义向帝国主义的发展，逐步推行以灭亡中国，进而吞并亚洲、称雄世界为战略目标的"大陆政策"。同时，相继侵占中国的台湾、澎湖、旅顺和大连等沿海岛屿和城市，与侵占的朝鲜半岛、琉球群岛构成一个月牙形的半包围中国的态势，建立起入侵中国大陆的前进基地。在此期间，日本提出对外扩张的主要对手"不是英国，不是法国，亦不是俄国，而是邻邦清国"[1]。1890 年 12 月，日本内阁首相山县有朋在第一届帝国会议的施政演说中大肆宣扬"主权线"和"利益线"[2]概念。所谓主权线，即日本本土；所谓利益线，即日本邻近地区。他在给天皇的奏文中声称："釜山、义州间之道路即通往东亚大陆之道路，

---

[1] ［日］山县有朋监修：《陆军省沿革史》，第 68 页，（东京）日本评论社，1942 年版。
[2] ［日］大山梓编：《山县有朋意见书》，第 203 页，（东京）原书房出版社，1966 年版。

而后成为横断中国直达印度之途。"①这里,日本明目张胆地将邻国领土视为他的利益线,并且正式列为议会和政府的施政纲领。从此,以二线论为标志,以侵略中国为首要和主要战略目标的"大陆政策"业已形成,并成为日本的基本国策。于是,日本发动了侵略中国的甲午中日战争,参与了八国联军镇压义和团运动,发动了以争夺中国东北为目标的日俄战争,进而在1914年至1918年第一次世界大战期间取代了德国在山东的特权并迫使袁世凯政府接受了以灭亡中国为核心内容的臭名昭著的"二十一条",从而使日本成为在中国拥有最大殖民势力的帝国主义国家。

1927年6月27日至7月7日,日本首相兼外相田中义一主持内阁召开了以研究对华政策为中心的东方会议,提出了对华政策纲领,并在会后写成了臭名昭著的《田中奏折》,宣称"欲征服中国,必先征服满蒙;欲征服世界,必先征服中国",进而指出"第一期征服台湾,第二期征服朝鲜,皆已实现,惟第三期征服满蒙以及征服中国全土,——则尚未完成"。② 从而,使"大陆政策"变为具体的战略计划和对外扩张的实际步骤。

1931年9月18日夜,日本帝国主义在沈阳北大营附近柳条湖地区,炸毁南满铁路,进攻中国驻军,制造了震惊中外的九一八事变,开始了在20世纪三四十年代的局部侵华战争,拉开了第二次世界大战的序幕。从此,中国局部抗战开始,打响了世界反法西斯战争的第一枪。由于以蒋介石为首的国民政府奉行"攘外应先安内"③和"攘外必先安内"④的不抵抗政策,日本帝国主义得以2.34万人的军队和满铁沿线守备队,在短短的4个多月里,就基本侵占了中国东北的辽宁、吉林和黑龙江省。

九一八事变后,日本帝国主义旨在发动一场全面侵华战争。这主要是与其当时所面临的经济和政治矛盾分不开的。

经济危机空前加剧。1927年,日本陷入了金融危机。随着1929年资本主义世界性经济危机的到来,日本1930年发生了全面的经济危机,市场萧条,生产过剩,企业倒闭,出口减少,经济萎缩。这一年,日本资本减少和倒闭的企业共1134

---

① [日]大山梓编:《山县有朋意见书》,第197页,(东京)原书房出版社,1966年版。
② 吕万和:《简明日本近代史》,第268、269页,天津人民出版社,1984年版。
③ 蒋介石《告全国同胞一致安内攘外》通电,1931年7月23日。
④ 蒋介石在外长顾维钧宣誓就职时的演讲,1931年11月30日。

家，资本总额达 9.35 亿日元；工业总产值由上年的 77.1 亿日元降到 59.6 亿日元；农民收入减少 40％，负债总额达 50 亿日元，农业濒于破产。1931 年经济危机恶化到顶点，与 1929 年相比，工业总产值下降 32.5％，农业总产值减少 40％，出口额下降 62％。到 1937 年，新的资本主义世界经济危机来临时，日本物价飞涨，一些工厂企业倒闭，大批工人生活日益贫困，外贸收支逆差增大，债台高筑，黄金大量外流，经济危机日益加剧。

日本频繁的经济危机，加深了本就尖锐的政治危机。工人罢工浪潮此起彼伏，广大劳动人民与统治阶级的矛盾不断激化，国内政局动荡不安。1931 年至 1937 年，就更迭七次政府内阁。一批军国主义分子不断发动军事政变和进行谋杀活动。1932 年 5 月，继 1931 年 3 月和 10 月两次发动军事政变未遂后，一支以少数海军下级军官为主的队伍偷袭首相官邸，枪杀了首相犬养毅。从此，日本结束了政党内阁时代，逐渐形成由日本军阀主宰内阁的新体制。由于对实行法西斯的手段和步骤存在严重分歧，日本军阀内部分裂为皇道派和统制派。1936 年 2 月 26 日，皇道派发动军事政变，致使政府中枢瘫痪。统制派乘机掌握了政府大部分权力，进而通过肃军统一了皇道派。从此，军部主导内阁大权，正式确立起法西斯统治体制。这一切情况表明，日本帝国主义处于经济和政治矛盾的旋涡之中。

当时，中国自 1935 年一二·九抗日救亡运动，尤其是 1936 年 12 月西安事变和平解决和 1937 年 2 月国民党五届三中全会后，虽出现了停止内战、一致抗日的新局面，但全国性抗战的时机还没有到来，抗日民族统一战线尚未正式形成，这使日本帝国主义全面侵华有机可乘。

与此同时，国际上的绥靖主义思潮加速了日本帝国主义发动全面侵华战争。以英美为代表的帝国主义集团虽然与日本帝国主义有矛盾，但一方面为了应付经济危机和德国、意大利法西斯在西方的挑战，另一方面出于对日本帝国主义损害其在中国乃至亚洲的权益和中国人民革命危及其在华利益的惧怕，加上企图把日本侵略的矛头指向苏联，英美等对日本帝国主义采取了所谓"中立"和"不干涉"的绥靖主义政策，不断向日本帝国主义援助钢铁和石油等战略物资，从而成为日本帝国主义发动全面侵华战争的催化剂。

为了摆脱国内外的经济、政治危机，在英、美等国绥靖政策的纵容和支持下，日本帝国主义乘机发动一场全面侵华战争的决心日渐形成。

在这种情况下,日本帝国主义加快了进行全面侵华战争的准备步伐。

第一,修改其国防方针和用兵纲领,大力进行扩军备战。1936年5月新修改的《帝国国防方针》和《帝国军队用兵纲领》,提出了大规模扩军的计划,规定陆军步兵扩充到50个师团,航空兵扩大到142个中队;海军主力舰扩大到12艘,航空母舰扩大到12艘,其他舰艇扩大到194艘,航空兵扩大到65个中队。实际上,仅陆军总兵力,至1937年上半年,即由1930年的25万人发展到40余万人。1937年7月时,日本陆军共有17个师团,2个独立混成旅团,1个骑兵集团,1个飞行集团,1个航空兵团;海军共有各种舰艇199艘、计77.1万吨,航空兵37个中队,各种飞机685架。

第二,制定《国策基准》,亦称作《国策大纲》和《基本国策纲要》。1936年8月7日,有首相、外相、陆相、海相和藏相参加的五相会议,通过了《国策基准》,其基本精神是:对内加强法西斯统治,对外加紧侵略扩张。陆军准备北进苏联,海军则南进与英、美争夺太平洋地区。当前则是与德国合作,与苏联和解,与英美加强亲善关系,以便集中力量解决中国及华北问题。实质上是采取中间突破先打中国,为尔后北进或南进建立战略基地。

第三,制定了1937年度全面对华作战计划,规定:对华北,除过去的2个军(5个师团)外,再增加3个师团,在包括河北、山西、绥远、察哈尔和山东五省在内的华北地区进行作战;对华中,以第9军(3个师团)占领上海附近,调新编第10军(2个师团)在杭州湾登陆,从太湖方面前进,两军策应向南京作战,确保上海、杭州、南京三角地带;对华南,大致用1个师团的兵力。侵华的总兵力计划扩大到14个师团。

第四,急剧增加军费。直接军费由1931年的4.61亿日元、占国家总支出的31.2%,骤增至1936年的10.78亿日元、大于国家总支出的47%。1937年军费开支高达32.7亿日元,在国家财政开支中占比大于69%。

第五,积极发展以军需为主体的重工业,大力扩建生产飞机、坦克和大炮等现代化武器的大型企业,吸引新老经济财阀增加在军需方面的投资比重,促使国民经济转入"准战时轨道"。1931年至1937年,日军的汽车由434辆增至9462辆,扩大了20.8倍;飞机由410架增至1580架,扩大了2.8倍;火炮由90门增至478门,扩大了4.3倍;坦克由12辆增至479辆,扩大了38.9倍;军舰由5100吨增至51724吨,扩大了9.1倍。

第六，以青年学生和士兵为主要对象，加紧灌输"八纮一宇"的侵略扩张思想和武士道精神，强化军国主义的思想教育，使其成为全面侵华的精神支柱。武士道形成之初，一度主张交友守信、得主尽忠，但自融入作为日本国教的神道教后，就诱使信徒在人格上滋生了极端的双重性：一方面，讲究仁义忠孝，追求举止儒雅和忠勇、节义等品质，强调对主家的服从；另一方面，则表现为妄自尊大，嗜杀成性。这种思维模式与其狭隘的民族主义、对外扩张的军国主义思想相结合，把反人道和反人性推向极端化，"集大成"为灭绝人性的好战、残忍的虐杀和剖腹自杀、轻生，其侵略性、野蛮性和毁灭性均达到无以复加的地步。

九一八事变后，日本帝国主义步步向中国本部进逼。1932年在上海制造一·二八事变，开始了对华中地区的进犯。1933年1月，突破山海关，开始入侵华北。2月侵占热河（今属河北、辽宁省和内蒙古自治区各一部），3月进攻长城各口，5月侵占河北、察哈尔省（今属河北省和内蒙古自治区各一部）东部地区。接着，策划"华北五省自治运动"，企图建立第二个伪满洲国。11月，建立伪冀东防共自治政府。1936年2月，建立伪内蒙古自治政府。日本帝国主义的军事进攻和扶植伪政权的阴谋连连得逞，华北殖民化的危机日趋严重。一场全面侵华战争，已呈一触即发之势。

至1937年7月上旬，日本帝国主义发动全面侵华战争时，中日双方总的实力对比是敌强我弱，正如毛泽东所指出的：日本"是一个强的帝国主义国家，它的军力、经济力和政治组织力在东方是一等的，在世界也是五六个著名帝国主义国家中的一个"。中国则"是一个半殖民地半封建的国家"，"依然是一个弱国"，其"军力、经济力和政治组织力各方面都显得不如敌人"。[①]

敌强我弱表现在经济力量方面，日本占有绝对优势。至1937年，日本虽然面临着资本主义世界新的经济危机，但其现代工业总产值仍达60亿美元，而中国现代工业总产值为13.6亿美元，两者的比率约为4.4∶1。以几种主要工业品为例：钢的总产量，日本为635万吨，中国为55.6万吨；生铁的总产量，日本为239.7万吨，中国为95.9万吨；石油的总产量，日本为39.3万吨，中国为0.02万吨。

在军事实力方面，1937年上半年，日本陆军有常设师团17个，独立混成旅团、骑兵旅团和独立守备队10余个，共40余万人。中国国民党军的陆军有步兵师、骑

[①]《毛泽东选集》第2卷，第447、449页，人民出版社，1991年版。

兵师约 190 个,步兵旅、骑兵旅 40 余个,共 202.9 万人;中国共产党领导的红军有
3 个方面军、南方红军游击队、陕北红军和东北抗日联军等,计 11 万余人。中国陆
军的总兵力约为 214 万人。但日军的武器装备较强,以日军的 1 个野炮师团与中
国国民党军的 1 个甲种师相比,步枪分别是 9800 和 3821 支,为 2.6∶1;轻机枪分
别是 290 和 274 挺,为 1.1∶1;重机枪分别是 100 和 54 挺,为 1.9∶1;野、榴、山炮
与其他火炮分别是 104 和 48 门,为 2.2∶1;日军的 1 个常设师团还有坦克 24 辆。
日军有海军舰队 4 个,大型舰艇 200 余艘,总吨位 77.1 万吨;中国海军仅有舰艇
66 艘,共 5.9 万吨。日本陆海军有航空兵中队 91 个,各种飞机 2625 架;中国空军
有中队 31 个,各种飞机 600 余架,其中作战飞机 305 架。在中国东北的日军关东
军为 4 个师团,2 个独立混成旅团,1 个骑兵集团和 1 个飞行集团;关内的日军中国
驻屯军辖 1 个步兵旅团和 1 个炮兵联队等,陆军的兵力为 5700 余人。

敌小我大,主要表现在领土面积上,集中在人口和资源两个方面。在人口方
面,日本国内为 7063 万,中国为 4.5 亿;在资源方面,日本资源贫乏,主要工业原料
和战略物资依靠进口,中国的煤、铁和石油等能源蕴藏量比日本丰富得多。

敌失道寡助,我得道多助。20 世纪三四十年代的日中战争,是一场侵略与反
侵略、非正义与正义之间的战争,在本国和国际上的人心向背不同。日本帝国主
义进行的是侵略、非正义的战争,愈来愈会遭到国内和世界人民的反对,失去同情
和支持,中国则与此相反。

日本帝国主义所具有的军事、经济和政治组织力方面的长处,成为其发动全
面侵略战争的基本条件。中国所具有的战争的正义性,国内人民的同仇敌忾、国
际上的多助和人口众多、幅员辽阔,资源比较丰富等长处,是中国取得抗战最后胜
利的基本条件。敌我双方相互矛盾的基本特点,规定了战争的长期性和最后胜利
属于中国的必然性。

从 1937 年 4 月下旬起,日军开始在北平(今北京)、天津地区频繁举行演习。
尤其是驻丰台的日军中国驻屯军步兵旅团第 1 联队,以卢沟桥和宛平城为演习作
战目标。7 月初,在东京的军政界消息灵通人士盛传"七夕之夜,华北将重演柳条
沟一样的事件"①。

---

① 《今井武夫回忆录》,天津市政协编译委员会译,第 12 页,中国文史出版社,1987 年版。

果然，日本帝国主义于 7 月 7 日 19 时 30 分，在北平西南卢沟桥地区，以其中国驻屯军步兵旅团第 3 大队第 8 中队进行军事演习为名，谎称一名士兵失踪，要求进宛平城搜查，遭到拒绝后以此为借口向中国驻军进攻，遭到中国守军第 29 军奋起抵抗。这就是震惊中外的卢沟桥事变，亦称七七事变。对中国来说，是卢沟桥抗战，亦称七七抗战。从此，中国全国性的抗日战争及其战略防御阶段开始。七七事变，成为第二次世界大战的起点。

1937 年 7 月 7 日，日军制造卢沟桥(距北平 10 余公里，是北平西南的门户)事变。在中国共产党的影响和推动下，中国军队第 29 军官兵奋起抵抗。这是当年的卢沟桥

七七事变后，日本帝国主义为实现速战速决的战略企图，迅速从日本国内、驻朝鲜的部队和关东军抽调兵力增至平津地区，战火蔓延到整个华北。8 月 31 日，日军华北方面军成立。加上关东军察哈尔派遣兵团，至 9 月中旬，日军在华北的兵力已骤增至约 37 万人。

在华中地区，日本帝国主义分兵一部于 8 月 13 日袭击淞沪地区中国守军，遭到中国军队抵抗，制造了八一三事变。

七七事变和八一三事变爆发后，中华民族到了生死攸关的危急关头，迫切要求中国国内各党派、各阶层人民团结一致，共赴国难。以中华民族利益为最高利益的中国共产党人，主张坚决抗战。在七七事变的第二天，即 7 月 8 日，中共中央

卢沟桥事变第二天，中共中央发出为日军进攻卢沟桥通电，号召全国同胞奋起抗战

向全国各团体、军队和国民党及其政府、军事委员会与全国同胞，发布了《中国共产党为日军进攻卢沟桥通电》，明确指出："日本帝国主义武力侵占平津与华北的危险，已经放在每一个中国人的面前。""平津危急！华北危急！中华民族危急！只有全民族实行抗战，才是我们的出路！"《通电》号召："武装保卫平津，保卫华北！不让日本帝国主义占领中国寸土！为保卫国土流最后一滴血！""团结起来，筑成民族统一战线的坚固长城，抵抗日寇的侵掠！"①根据全国抗战的新形势和历史发展的进程，中共中央适时提出正确的政治主张，明确全国人民一致行动的奋斗目标，实际上体现了中国共产党的政治领导作用。

1937年7月8日，红军将领毛泽东、朱德、彭德怀、贺龙、林彪、刘伯承和徐向前，致电蒋介石，坚决请缨杀敌，郑重表示："红军将士，咸愿在委员长领导之下，为国效命，与敌周旋，以达保土卫国之目的，迫切陈词，不胜屏营待命。"②9日，彭德怀等九名红军将领率全体指战员发布《人民抗日红军要求改编为国民革命军并请授命为抗日前驱的通电》，重申："以抗日救国为职志，枕戈待旦，请缨杀敌，已非一日，当华北危急存亡之紧要关头，敬敢吁请我国民政府迅调大军增援河北，勿使忠勇之廿九军陷于孤军抗战，红军愿即改名为国民革命军，并请授命为抗日前驱，与日寇决一死战。"③14日，毛泽东、朱德致电在西安的叶剑英，让他向南京政府表示：愿在蒋指挥下努力抗敌，红军主力准备随时出动抗日，已令各军十天内准备完

---

① 中央档案馆编：《中共中央文件选集》第11册，第274、275页，中共中央党校出版社，1991年版。
② 中央档案馆编：《中共中央文件选集》第11册，第278页，中共中央党校出版社，1991年版。
③ 中央档案馆编：《中共中央文件选集》第11册，第280、281页，中共中央党校出版社，1991年版。

毕,待命出动。同意担任平绥(远)线国防。中共中央和红军将领的《通电》,表明了中国共产党及其领导下的人民军队,同日本帝国主义血战到底的严正立场和抗战意志。

当时,以蒋介石为首的国民政府既求和又应战,表现出对全国抗战举棋不定的两面性。一方面,调兵遣将,对抗日采取了比较积极的态度,这是主要的;另一方面,暗示地方政府和驻军,即冀察政务委员会委员长和第 29 军军长宋哲元部与日军和谈,幻想作为局部事件解决,反映了对日作战的妥协性。

为敦促国民党尽快下定发动全民抗战的决心,中共代表周恩来于 7 月中旬到达庐山,于 15 日将《中共中央为公布国共合作宣言》交给蒋介石,向全国同胞提出奋斗的总目标是:争取中华民族之独立自由与解放,必须切实地迅速地准备与发动民族抗战,以收复失地和恢复领土主权之完整;实现民权政治,召开国民大会,以制定宪法与规定救国方针;实现中国人民的幸福与愉快生活,必须切实救济灾荒,安定民生,发展国防经济,解除人民痛苦与改善人民生活。《宣言》郑重表

1937 年 7 月,中共中央派周恩来、博古(秦邦宪)、林伯渠到庐山同蒋介石继续谈判国共合作对日作战问题,并于 7 月 15 日将《中共中央为公布国共合作宣言》送交国民党。这是周恩来(左)、博古(中)、林伯渠(右)由庐山回到西安时的合影

示:在上述总目标下,愿与全国同胞携手一致地为努力实现孙中山的三民主义而奋斗;取消推翻国民党政权的暴动政策和赤化运动,停止以暴动没收地主土地的政策;取消苏维埃政府,实行民权政治,以期全国政权的统一;红军改编为国民革命军,受国民政府军事委员会统辖,并待命出动,担任抗日前线之职责。① 以“求得

① 《周恩来选集》上卷,第 76、77 页,人民出版社,1980 年版。

与国民党的精诚团结,巩固全国的和平统一,实行抗日的民族革命战争","用统一团结的全国力量,抵抗外敌的侵略"。①

在中共中央的倡导下,蒋介石于1937年7月17日发表庐山谈话,"希望由和平的外交方法,求得芦[卢]事的解决",但同时表示:"不求苟安,准备应战","任何解决,不得侵害中国主权与领土完整";"冀察行政组织,不容任何不合法之改变","不能任人要求撤换";"第二十九军现在所驻地区,不能受任何约束"。"如果战端一开,那就是地无分南北,年无分老幼,无论何人,皆有守土抗战之责任,皆应抱定牺牲一切之决心。"这是自九一八事变以来,蒋介石第一次发表准备抗战的谈话。《中共中央为公布国共合作宣言》和蒋介石的庐山谈话,是两个具有历史意义的政治宣言,构成了国共两党合作抗日的政治基础。

为了加强对华北抗战的领导,中共中央于8月初组建了北方局新的领导班子,书记刘少奇,组织部部长彭真,宣传部部长李大章,军委书记朱瑞;12月增补杨尚昆任副书记。

红军部队拥护国共两党第二次合作,共同抗日。这是改编前驻陕西省富平县的红军一部

①《周恩来选集》上卷,第78页,人民出版社,1980年版。

八一三事变后，日军的军事进攻，直接威胁中国政治、经济中心地区和国民政府首都南京的安全，严重危害到蒋(介石)宋(子文)孔(祥熙)陈(立夫、果夫)四大家族的经济利益和英、美等国在华权益，迫使以蒋介石为首的国民政府的抗战政策趋向比较积极。8月14日，国民政府发表《自卫抗战声明书》，宣告："中国之领土主权，已横受日本之侵略"，"中国决不放弃领土之任何部分，遇有侵略，惟有实行天赋之自卫权以应之"。至此，以蒋介石为首的国民政府最终下定接受中国共产党倡导的合作抗日的决心。随后，同意了红军改编为国民革命军。

9月中旬，中共中央以博古(秦邦宪)和叶剑英为代表，就《中共中央为公布国共合作宣言》的修改和发表问题，与蒋介石、康泽等人举行会谈，终于21日达成协议。22日，国民党中央通讯社发表了中共的上述《宣言》。23日，蒋介石发表了《对中国共产党宣言的谈话》，指出："此次中国共产党发表之宣言，即为民族意识胜过一切之例证。宣言中所举诸项，如放弃暴动政策与赤化运动，取消苏区与红军，皆为集中力量、救亡御侮之必要条件，且均与本党三中全会之宣言及决议案相合，而其宣称愿为实现三民主义而奋斗，更足证明中国今日只能有一个努力方向。"《谈话》表示："中国共产党人既摒弃成见，确认国家独立与民族利益之重要，吾人惟望其真诚一致，实践其宣言所举之诸点，更望其在御侮救亡统一指挥之下，以贡献能力于国家，与全国同胞一致奋斗，以完成革命之使命。"这次《谈话》，实际上承认了中国共产党在全国的合法地位。至此，以国共两党合作为基础的抗日民族统一战线正式形成。

对此，毛泽东给予高度评价："不论如何，两党的统一战线是宣告成立了。这在中国革命史上开辟了一个新纪元。这将给予中国革命以广大的深刻的影响，将对于打倒日本帝国主义发生决定的作用。""历史的车轮将经过这个统一战线，把中国革命带到一个崭新的阶段上去。""统一战线的发展，将使中国走向一个光明的伟大的前途，就是日本帝国主义的打倒和中国统一的民主共和国的建立。"①

七七事变的爆发，空前地唤醒了整个中华民族。在中国共产党的大力倡导下，全国的抗日救亡运动掀起了新的高潮。工人、农民、知识分子、工商业者和各民主党派及台湾、港澳同胞、海外爱国侨胞，都以未曾有的姿态，积极投身到抗日

---

① 《毛泽东选集》第2卷，第364、365页，人民出版社，1991年版。

的洪流中去,开展各种形式的救亡活动。参加的党派和阶层之多、地区之广、规模之大,都达到了前所未有的程度。从台湾到大陆,从东北到关内,从内地到边疆,从国内到海外,从来没有像全国抗战这样,把人民动员得如此广泛,教育得又如此深刻。中华民族犹如被激怒的雄狮,已经苏醒了。

斗争的实践表明,中华民族具有强大的凝聚力和生命力,组成了一座日本帝国主义无法逾越的血肉长城,是一个永远不可分割的有机整体。正如毛泽东在中共七大政治报告中所指出的:"中国军队的广大官兵,在前线流血战斗,中国的工人、农民、知识界、产业界,在后方努力工作,海外华侨输财助战,一切抗日政党,除了那些反人民分子外,都对战争有所尽力。"[1]

对于日本帝国主义发动全面侵华战争和中国实行全国性抗战,国际上各种政治力量由于所处的地位和利益不同,采取了不同的态度。德、意法西斯相互勾结、狼狈为奸,竭力支持日本帝国主义扩大侵华战争。英、美等国深感日本独占中国会损害其在华权益,希望日本北进苏联,以避免直接与日本对抗。因此,既同情、支援中国抗战,又采取所谓"中立""不干涉"的绥靖主义政策,继续向日本输出大量战略物资,谋求与日本妥协。以社会主义苏联为代表的世界反法西斯力量和爱好和平的各国人民,坚决反对日本帝国主义的侵华行径,大力支持中国抗战。

二、洛川会议,中国共产党制定全面抗战路线和战略方针

全国抗战爆发后的新形势,要求中国共产党及其领导下的人民军队必须正确解决如何抗战和取得最后胜利的问题,需要适时制定新的路线、方针和任务。中国共产党在积极促成实现全国性抗战和倡导国共两党再度合作、建立抗日民族统一战线的同时——针对国民政府主张单纯依靠政府、军队,依赖外援,而不愿依靠、宣传、组织、武装广大人民群众进行抗战的片面抗战路线;多线设防、节节抵抗,在持久消耗作战中争取时间,以待国际形势变化,求得战胜敌人的消极防御的战略方针——提出了全国抗战必须实行全面的全民族的抗战路线即人民战争的路线、持久战的战略总方针和人民军队新的军事战略方针、任务。

---

[1]《毛泽东选集》第3卷,第1033页,人民出版社,1991年版。

　　中国共产党从国家与民族的根本和最大利益出发,认为在这场敌强我弱的反侵略战争中,只有发动和依靠人民群众才是全国抗战胜利的唯一出路。1937 年 7 月 8 日,《中国共产党为日军进攻卢沟桥通电》号召:"全国人民,用全力援助神圣的抗日自卫战争!"①7 月 23 日,《中国共产党为日本帝国主义进攻华北第二次宣言》严正表示:"立刻实行全中国人民的总动员","实行大规模的发动民众,组织民众与武装民众,建立各种各样人民的抗日统一战线的组织"。② 8 月上旬,中共中央提出《确立全国抗战之战略计划及作战原则案》,其要点是:战略的基本方针是持久的防御战,但应抓住适当时机,予以全线之反击,而根本地把日军从中国赶出去;在战役上,应以速决战为原则;作战的基本原则是运动战,避免持久的阵地消耗战;战略的内线防御,而在战役的指导上,应是外线作战;在敌人前后左右,广泛地开展游击战,以主力在运动中歼灭敌人。

1937 年 8 月 22 日至 25 日,中共中央在陕北洛川冯家村召开政治局扩大会议。会议制定了全面抗战路线和战略方针,组成了新的中共中央军委。这是洛川会议会址外景

---

① 中央档案馆编:《中共中央文件选集》第 11 册,第 275 页,中共中央党校出版社,1991 年版。
② 中央档案馆编:《中共中央文件选集》第 11 册,第 296 页,中共中央党校出版社,1991 年版。

为了正式制定正确的全国抗战路线和战略总方针,有力地推动全国抗战的健康发展,中共中央于 1937 年 8 月 22 日至 25 日,在陕北洛川县冯家村召开了政治局扩大会议,即洛川会议。参加会议的有洛甫(张闻天)、毛泽东、周恩来、博古(秦邦宪)、周昆、凯丰、彭德怀、朱德、任弼时、关向应、贺龙、刘伯承、张国焘、张浩、林彪、聂荣臻、罗瑞卿、张文彬、萧劲光、周建屏、林伯渠、徐向前和傅钟,共 23 人。会议由张闻天主持,毛泽东作了关于军事问题和国共两党关系问题的报告,并多次发言,李富春担任会议记录。

关于军事问题,毛泽东指出:军事问题主要是战略问题,根据中日战争中敌强我弱的形势和日军主要用兵的战略方向在华北,上海地区是日军辅助进攻的方向,抗日战争是一场艰苦的持久战。现在已经开始的政府的抗战得到了人民的拥护,但人民还没有大规模地参加,今后的任务是成为全面的全民族的抗战。"我们的方针最基本的是持久战,不是速决战,持久战的结果是中国胜利。"①

关于军事战略方针问题,毛泽东说,我军的战略方针是"独立自主的山地游击战争(包括有利条件下消灭敌人兵团与在平原发展游击战争,但着重于山地)"。因为红军依靠山地创造根据地进行战争,依托比较好。独立自主是相对的,是在共同抗日的统一战略目标下的独立自主的指挥。游击战的作战原则是:"分散以发动群众,集中以消灭敌人,打得赢就打,打不赢就走。"②毛泽东明确提出红军在抗日战争时期的战略方针即军事战略方针以游击战为主,这是一个重大的军事战略转变。实行由以正规战争为主向以抗日游击战为主的军事战略转变,从根本上解决了人民军队创建抗日根据地、分兵发动群众与集中兵力打仗,集中兵力进行正规战争与分散兵力进行游击战争,保存、发展自己与消灭敌人的辩证关系,具有重大的历史意义。

关于国共两党关系问题,毛泽东指出:现在统一战线正在成熟中,我们要坚持统一战线,巩固和扩大统一战线,但国民党还在限制和破坏我们,我们是继续有原则地让步,保持共产党和红军的独立性,要有自由,记取 1927 年大革命失败的教训,强调"独立性是组织的、政治的独立问题两方面"③,即坚持统一战线中的独立

---

① 毛泽东在洛川会议上的发言记录,1937 年 8 月 24 日。
② 毛泽东在洛川会议上的发言记录,1937 年 8 月 22 日。
③ 毛泽东在洛川会议上的报告记录,1937 年 8 月 22 日。

自主原则，坚持共产党对红军的绝对领导，坚决设立红军总指挥部，不让国民党插手红军，并积极开展对国民党地方军队的统一战线工作，等等。

会议期间，代表们着重讨论了毛泽东的报告，原则上达成了一致意见。最后，会议通过了《中央关于目前形势与党的任务的决定》和题为《为动员一切力量争取抗战胜利而斗争》的宣传鼓动提纲。《决定》指出："芦〔卢〕沟桥的挑战与平津的占领，不过是日寇大举进攻中国本部的整个计划的开始。""中日大战不可避免。七月七日芦〔卢〕沟桥的抗战，已经成了中国全国性抗战的起点。""中国的政治形势从此开始了一个新的阶段，这就是实行抗战的阶段。""这一新阶段内的最中心的任务，是动员一切力量争取抗战的最后胜利。""今天争取抗战胜利的中心关键，是在使国民党发动的抗战发展为全面的全民族的抗战。只有这种全面的全民族的抗战，才能使抗战得到最后胜利。"《决定》号召："共产党员及其所领导的民众与武装力量，应该最积极的站在斗争的最前线，应该把自己成为全国抗战的核心，应该用极大力量发展抗日的群众运动。不放松一刻工夫一个机会去宣传群众、组织群众、武装群众，只要真能组织千百万群众进入抗日民族统一战线，抗日战争的胜利是无疑义的。"《决定》强调指出："应该看到这一抗战是艰苦的持久战。"①这是中国共产党自全国抗战以来，第一次以党的会议决定的形式，正式确立了全面的全民族的抗战路线和持久战的全国抗战的战略总方针。

会议通过的宣传鼓动提纲，不仅阐明了中国共产党关于形势和任务的主张，而且完整地提出了《抗日救国十大纲领》，其主要内容是：打倒日本帝国主义，为保卫华北、收复平津和东北而血战到底，驱逐日本帝国主义出中国，反对任何的动摇妥协；实行全国军事的总动员，建立经常的国防会议，讨论与决定国防计划、作战方针，动员全国陆海空军，反对单纯防御的消极的作战方针，采取独立自主的积极的作战方针，发展抗日的游击战争，改革军队的政治工作，实现一切抗战军队待遇平等；进行全国人民的总动员，除汉奸外，全国人民都应有抗日救国言论、出版、集会、结社和武装抗敌的自由，动员和武装起来，有力出力、有钱出钱、有枪出枪、有知识出知识，并动员蒙、回等一切少数民族参加抗战，共同抗日；改革政治机构，召开真正的人民代表的国民大会，实行民主宪政，民主选举国防政府，吸收各党各派

---

① 中央档案馆编：《中共中央文件选集》第 11 册，第 324、325、326 页，中共中央党校出版社，1991 年版。

和人民团体中的革命分子,执行抗日救国的革命政策,实行地方自治,建立廉洁政府;实行抗日的外交政策,在不丧失领土主权的原则下,与一切反对日本帝国主义的国家订立同盟和军事互助协定,拥护国际和平阵线,包括联合日本国内人民;实行战时的财政经济政策,整顿和扩大国防生产,发展农村经济,保证战时生产品的自给,提倡国货,禁绝日货;改良人民生活,即改良工人、职员、教员和抗日军人的待遇,优待抗日军人家属,废除苛捐杂税,实行减租减息;实行抗日的教育政策,变旧制度、旧课程为以抗日救国为目标的新制度、新课程;肃清汉奸、卖国贼、亲日派,巩固后方;实行抗日的民族团结,在国共两党合作的基础上,建立全国各党各派各界各军的抗日民族统一战线,精诚团结,共赴国难。这个《纲领》,阐明了中国共产党在抗日战争时期的基本政治主张,是全面的全民族抗战路线的具体体现。

对于《抗日救国十大纲领》,毛泽东做了特别的说明:国共两党"两个政策,两个前途——单纯政府的抗战政策与我们全面的全民族的抗战政策。争取坚持抗战,争取胜利的前途,避免大分裂、大叛变"。"目前极需要把国共两党区别清楚。十大纲领的提出,就是与国民党单纯抗战的区别。"[1]

洛川会议组成了新的中共中央军委。这是军委主席毛泽东

中共中央军委副主席兼八路军总指挥朱德

中共中央军委副主席周恩来

---

[1] 毛泽东在洛川会议上的发言记录,1937 年 8 月 24 日。

为适应全国抗战爆发后的新形势，加强共产党对人民军队的领导，会上决定成立中共中央革命军事委员会，简称中共中央军委，由毛泽东、朱德、周恩来、彭德怀、任弼时、张浩、叶剑英、林彪、贺龙、刘伯承和徐向前组成，共 11 人。毛泽东为书记(实际称主席)，朱德、周恩来为副书记(实际称副主席)，参谋长萧劲光(后为滕代远、王若飞)，秘书长杨尚昆。

新的中共中央军委的办事机构是逐步建立起来的。参谋部，部长聂鹤亭；供给部，部长张元寿；卫生部，部长吉洛(姬鹏飞)；兵站部，部长杨立三。

洛川会议，是中国共产党在土地革命战争向抗日民族解放战争转变和中华民族面临生死存亡的重大历史转折关头召开的一次极为重要的会议。这次会议，确立了全面抗战路线，确定了全国抗战的持久战战略总方针和人民军队的军事战略方针、任务，对于坚持长期抗战、争取全国抗战的最后胜利具有重大的历史意义。

关于持久战的战略总方针问题，洛川会议后，毛泽东于 1938 年 5 月，根据敌强我弱、敌小我大、敌退步我进步、敌寡助我多助这些中日双方相互矛盾着的基本特点，在著名的《论持久战》讲演中，令人信服地批驳了"速胜论"和"亡国论"，科学地提出了抗日战争所经过的战略防御、战略相持和战略反攻三个阶段；其中，战略相持阶段是敌强我弱向敌弱我强转变的枢纽，恰是与国民党的持久消耗战略及两阶段论相区别的主要特征。同时，论述了一整套进行持久战的具体作战方针和原则；阐明了持久战战略总方针的实质是经过长期抗日作战，实行持久的人民战争，逐步改变中日力量对比，达到驱逐日本帝国主义、建立自由平等的新中国之目的，夺取抗日战争的最后胜利，从而使持久战这一战略总方针进一步系统化和理论化了。一句话，抗日战争是长期的，最后的胜利是中国的，这就是结论。显而易见，共产党在形成持久战战略总方针的过程中，具有倡导和促进作用；但持久战正式作为全国抗战的战略总方针，也是与为处在全国统治地位的国民党及担负正面战场作战任务的国民党军所接受和认可分不开的。应该说，全国抗战的持久战战略总方针的确立，是国共两党在抗日民族统一战线条件下，共同努力的结果。

第二节　红军主力改编为八路军，朱德、彭德怀通电就职

一、国共两党达成协议，红军主力改编为八路军

红军改编，是国共两党谈判的焦点问题之一。西安事变和平解决前后，国共两党围绕着红军改编等问题，先后在西安、杭州、庐山和南京，进行了多次谈判，但由于蒋介石集团企图通过谈判来削弱、限制，甚至消灭共产党及其领导下的人民军队，红军改编问题进展缓慢。

中共中央从全民族的利益和抗日大局出发，多次作出重大让步，主动提出"红军改名为国民革命军，直接受南京中央政府与军事委员会之指导"①等。然而，蒋介石集团坚持将红军人数限定在3万人，并且不能设总指挥部，由他们派人担任师参谋长和政训处主任，甚至荒谬地要求毛泽东和朱德出国留洋。对此，中共谈判代表在坚持原则的前提下，发挥灵活性，适当作出让步，先是提出红军改编人数为4个师六七万人，"即以方面军编为师，军编为旅，师编为团"②，继而降至3个师4万余人，遂使双方在改编为3个师和人数问题上基本达成一致意见。但中共坚持红军在3个师以上设立总指挥部，国民党不能派人到红军中任职，并增加红军的防地等，以维护对红军的领导权。对此问题，蒋介石迟迟不肯让步。

八一三事变后，全国抗战形势亟须红军出师抗战，红军的改编问题始获解决。1937年8月18日，中共中央提出了关于同国民党谈判的十项条件。其中，关于红军改编的内容是：须使红军放在合法地位，早日开赴前线杀敌；同意设立总指挥部；发给平等待遇之经费；发给平等待遇之补充器物，一部分在陕西省三原地区补充，另一部分在山西省太原补充；红军充任战略游击支队，在总的战略方针下，执行独立自主的游击战争，发挥红军之特长；依据游击战争原则，出兵与使用兵力；不分割使用，集中由陕西省韩城渡河前进；红军第一批出动地区，在平汉铁路线以西，平绥（远，旧省名，1954年撤销，辖今内蒙古自治区西部地区）铁路线以南地区。同日，以蒋介石为首的国民政府基本上同意了中共中央提出的红军改编原则等问

---

① 中央档案馆编：《中共中央文件选集》第11册，第158页，中共中央党校出版社，1991年版。
② 《毛泽东军事文集》第2卷，第5页，军事科学出版社、中央文献出版社，1993年版。

1937 年 8 月 25 日，中共中央革命军事委员会发布的红军主力改编为国民革命军第八
路军的命令

中共中央军委召开的红军改编动员大会

题。8月22日,国民政府军事委员会正式发布命令,宣布红军主力改编为国民革命军第八路军。至此,国共两党终于达成了关于红军主力改编问题的协议。

当时,红一、红二、红四方面军等部的兵力和部署情况是:

红一方面军,总指挥部兼前敌总指挥部,总指挥彭德怀,政治委员任弼时,参谋长左权,任弼时兼政治部主任,辖第1军团、第15军团等,总部驻陕西省云阳地区。

第1军团,代理军团长陈光,政治委员聂荣臻,副军团长陈光,参谋长孙毅,政治部主任罗荣桓,辖3个师和1个骑兵团:第1师,师长兼政治委员杨成武;第2师,师长杨得志,政治委员邓华;第4师,师长李天佑,政治委员杨勇;军团直辖骑兵第2团及随营学校。

全军团共10个团,1.1万人,有6000支枪,部队驻甘肃省正宁、宁县和陕西省旬邑地区。

第15军团,军团长徐海东,政治委员程子华,政治部主任王首道,辖3个师和2个营:第73师,师长张绍东,政治委员陈漫远;第75师,师长韦杰,政治委员刘震;第78师,师长韩先楚,政治委员崔田民;军团直辖骑兵第3团及教导营、特务营。

全军团共8个团另2个营,8000人,有4800支枪,部队驻陕西省未城驿、百关、孟坝地区。

红一方面军和前敌总指挥部共有2.4万人,有1.2万支枪。

红二方面军,总指挥贺龙,政治委员关向应,参谋长周士第,政治部主任朱瑞,辖第2军团、第6军团等。

第2军团,贺龙兼军团长,关向应兼政治委员,参谋长李达,政治部主任朱瑞。辖2个师:第4师,师长卢冬生,政治委员李井泉;第6师,师长贺炳炎,政治委员廖汉生。共5个团,约4500人,有2800支枪。

第6军团,军团长陈伯钧,政治委员王震,参谋长彭绍辉,政治部主任张子意,辖7个团,共5500人,有5500支枪。

方面军直属队有1500人,有600支枪。

红二方面军共1.15万人,有8900支枪。部队驻陕西省耀县地区。

红四方面军,司令员刘伯承,政治委员张浩,参谋长李达,政治部主任刘晓,辖第4军、第31军等。

第4军，军长陈再道，政治委员王宏坤，参谋长耿飚，政治部主任刘志坚，辖2个师和1个团：第10师，师长陈锡联，政治委员叶道志；第12师，师长张贤约，政治委员胡奇才；教导团。全军共7个团，6000人，有3600支枪。

第31军，军长萧克，政治委员郭述申，参谋长李聚奎，政治部主任王新亭，辖2个师和1个团：第91师，师长徐深吉，代政治委员黄振棠；第93师，师长王近山，政治委员叶成焕；特务团。全军共7个团，8000人，有4800支枪。

方面军直属队有800人，有350支枪。

红四方面军共有1.48万人，8750支枪。部队驻陕甘边地区。

另驻陕甘宁地区的红军有4个军、3个师和1个骑兵团：

第27军，军长贺晋年，政治委员王平，全军共1101人，有628支枪。

第28军，军长宋时轮，政治委员宋任穷，共3个团，有1500人，有900支枪。

第29军，军长李仲英，政治委员甘渭汉，全军共928人，有491支枪。

第30军，军长阎红彦，政治委员杜平，全军共822人，有495支枪。

独立第1师，师长白志文，政治委员李宗贵，全师共814人，有532支枪。

独立第2师，师长王兆相，政治委员张秀山，全师共1400人，有350支枪。

第74师，师长陈先瑞，政治委员张明先，全师共2000人，有900支枪。

骑兵第1团，共217人，有260支枪。

陕北、陕甘宁、关中和神（木）府（谷）军分区总队等，共5322人，有3316支枪。

中国人民抗日军政大学和地方部队等，共5000人，有2000支枪。

中革军委直属机关等，共5000人，有1100支枪。

在陕甘宁边区的红军共7.4万余人，有4万余支枪。

1937年8月15日，陕甘宁边区保安司令部成立，司令员高岗，副司令员周兴，参谋长谭希林，政治部主任吕振球，辖4个军分区：关中军分区，司令员张仲良，政治委员习仲勋；庆（阳）环（县）军分区，司令员王世泰，政治委员马文瑞；三边（定边、安边、靖边）军分区，司令员白寿康，政治委员刘英勇；神府军分区，司令员黄罗斌。另辖10个基干保安大队、23个县保安大队、教导营、警卫连和2万余名基干自卫军。

朱德（右）、彭德怀（左）在山西省武乡县王家峪八路军总部合影

根据国共两党达成的协议，中共中央军委于8月25日宣布命令：红军主力改名为国民革命军第八路军（简称八路军），将红军前敌总指挥部改为第八路军总指挥部，总指挥朱德，副总指挥彭德怀，参谋长叶剑英，副参谋长左权（1938年12月兼八路军前方总部参谋长）；红军总政治部改为第八路军政治部，主任任弼时，副主任邓小平。之后逐步配齐了总部机关领导人员：秘书长舒同，参谋处处长彭雪枫，军需处处长叶季壮，卫生处（军医处）处长姜齐贤，兵站部部长杨立三。全军辖3个师和1个后方留守处：

八路军副总指挥彭德怀

八路军参谋长叶剑英

八路军副参谋长左权

八路军政治部主任任弼时

八路军政治部副主任邓小平

第 115 师由红一方面军第 1 军团、第 15 军团主力和陕南第 74 师在陕西省泾阳县改编，师长林彪，副师长聂荣臻，参谋长周昆，政训处主任罗荣桓，副主任萧华，作战科科长王秉璋，侦察科科长苏静，宣传部部长萧向荣，保卫（锄奸）部长朱涤新，民运部部长潘振武，供给部部长邝任农，卫生部部长叶青山，辖第 343、第 344 旅等部：

第 343 旅由第 1 军团第 2 师、第 4 师在陕西省泾阳县云阳镇地区改编，旅长陈光，副旅长周建屏，参谋长陈士榘，辖 2 个团：第 685 团由第 2 师改编，团长杨得志，副团长陈正湘；第 686 团由第 4 师改编，团长李天佑，副团长杨勇。全旅 6500 人。

第 344 旅由第 15 军团在陕西省泾阳县桥底镇地区改编，旅长徐海东，参谋长陈漫远，辖 2 个团：第 687 团由第 73 师全部和第 78 师一部改编，团长张绍东，副团长韩振纪；第 688 团由第 75 师全部和第 78 师另一部改编，团长陈锦秀，副团长田守尧。全旅 5000 余人。

师直辖部队：独立团由第 1 军团第 1 师改编，团长杨成武；炮兵营、辎重营、骑兵营、工兵营和教导队等，由第 74 师、第 1 军团骑兵第 2 团、随营学校和第 15 军团教导营、特务营等部改编。

第 115 师共 1.55 万人。

第 120 师由红二方面军第 2 军团、第 6 军团和陕北第 27 军、第 28 军及独立第 1 师、第 2 师等部在陕西省富平县庄里镇地区改编，师长贺龙，副师长萧克，参谋长周士第，政训处主任关向应，副主任甘泗淇，军法处处长黄新远，宣传部部长张平化，敌工部部长吴西，供给处处长陈希云，军医处处长刘运生，辖第 358 旅、第 359 旅等部：

第 358 旅由第 2 军团和第 28 军改编，旅长卢冬生（未到职，后张宗逊），副旅长李井泉，参谋长姚喆，政训处主任张平化，辖 2 个团：第 715 团由第 2 军团第 4 师改编，团长王尚荣，副团长顿星云；第 716 团由第 2 军团第 6 师和第 28 军改编，团长宋时轮，副团长廖汉生。全旅共 5000 余人。

第 359 旅由第 6 军团和红军总部特务团一部改编，旅长陈伯钧，副旅长王震，参谋长刘子奇，政训处主任袁任远，辖 2 个团：第 717 团由第 6 军团一部改编，团长刘转连，副团长陈宗尧；第 718 团由第 6 军团另一部改编，团长文年生，副团长贺庆积。全旅共 5000 余人。

师直辖部队：教导团（团长彭绍辉）、炮兵营、辎重营、特务营、工兵营和骑兵营,由第27军,独立第1、第2师等部改编。

第120师共1.4万人。

第129师由红四方面军第4军、第31军,红一方面军一部和第29军、第30军等部在陕西省淳化县改编,师长刘伯承,副师长徐向前,参谋长倪志亮,政训处主任张浩,副主任宋任穷,参谋处处长李达,供给部部长徐林、政治委员赖勤,卫生部部长钱信忠,政治委员周光坦,辖第385旅、第386旅等部:

第385旅由第4军改编,旅长王宏坤,副旅长王维舟,参谋长耿飚,政训处主任苏精诚,辖2个团:第769团由第10师改编,团长陈锡联,副团长汪乃贵;第770团由第12师改编,团长张才千,副团长胡奇才。全旅共5000余人。

第386旅由第31军改编,旅长陈赓,副旅长陈再道,参谋长李聚奎,政训处主任王新亭,辖2个团:第771团由第91师改编,团长徐深吉,副团长韩东山;第772团由第93师改编,团长叶成焕,副团长王近山。全旅5700余人。

师直属部队:教导团(团长张贤约)、炮兵营、特务营、工兵营、辎重营和骑兵营,由第29、第30军,第15军团骑兵第3团等部改编。

第129师共1.3万人。

八路军总部及直属队,共3000余人。其中,特务团团长韦杰,政治委员李治明。

八路军共近4.6万人。

八路军骑兵分队整装待发

　　为确保中共中央和中央军委所在地的安全，中共中央军委于 1937 年 8 月 25 日决定在延安成立八路军后方留守处，主任萧劲光，参谋长曹里怀，政治部主任莫文骅，下设东、西两个地区后方留守处：

　　东地区后方留守处，主任陈伯钧，副主任陈先瑞，指挥第 115 师炮兵营、辎重营，第 120 师第 718 团及特务营、炮兵营、工兵营、辎重营，辖区为府谷、神木、靖边、安定、志丹、肤施、甘泉、鄜（今富县）、洛川等县。

　　西地区后方留守处，主任王宏坤，副主任王维舟，指挥第 129 师第 385 旅旅部、第 770 团、特务营、炮兵营、工兵营和辎重营等，辖区为定边、盐池、环县、庆阳、合水、正宁、旬邑、淳化等县。

　　八路军后方留守处统一指挥留守部队 9000 余人，担负着主力开赴抗日前线后，保卫陕甘宁边区，协同地方保安部队肃清土匪，发动与组织民众参加抗战及扩大与训练新战士、补充主力部队的重要任务。

　　8 月 25 日，八路军总指挥朱德、副总指挥彭德怀，向南京国民党中央、国民政府、军事委员会和各行营主任、各省主席等，发出通电，"宣布就职"。《就职通电》指出："日寇进攻，民族危急，敝军请缨杀敌，义无反顾！兹幸国共两党重趋团结，坚决抗战，众志成城。"严正表示："部队现已改编完毕，东进杀敌。德等愿竭至诚，……追随全国友军之后，效命疆场，誓驱日寇，收复失地，为中国之独立自由幸福而奋斗到底。"①

八路军臂章

第 18 集团军臂章

---

① 中央档案馆编：《中共中央文件选集》第 11 册，第 333、334 页，中共中央党校出版社，1991 年版。

9月11日,国民政府军事委员会按新的全国陆海空军统一序列,将国民革命军第八路军番号改称国民革命军第18集团军,直接隶属军委会,总指挥部改称总司令部,朱德、彭德怀由正副总指挥改称正副总司令,但"八路军"的称呼仍被广大指战员和人民群众习惯地沿用下来。1938年1月,八路军改隶第二战区。

1938年12月,陕甘宁边区八路军后方留守兵团和保安部队第一次党代表大会全体代表合影

1937年11月,八路军后方留守处部队进行整编:除第385旅旅部和第770团保留原建制外,另辖8个警备团和2个营:警备第1团由第120师炮兵营、辎重营改编,团长贺晋年,政治委员钟汉华;警备第2团由第129师特务营改编,团长周球保,政治委员甘渭汉;警备第3团由第129师炮兵营改编,团长阎红彦,政治委员杜平;警备第4团由第115师炮兵营和辎重营合编,团长陈先瑞,政治委员罗志敏;警备第5团由第120师特务营改编,团长白志文,政治委员李宗贵;警备第6团由第120师工兵营改编,团长王兆相,政治委员张达志;警备第7团由第129师工兵营改编,团长尹国赤,政治委员周芝光;警备第8团由第120师第718团改称,团长文年生,政治委员帅荣;郦甘(泉)独立营由第129师辎重营改编,另成立骑兵营。第

770 团，团长张才千，政治委员萧元礼。

八路军后方留守处，直属于中共中央军委，部队已扩大到约 1.5 万人。萧劲光提出"任务重于生命"①作为部队的行动准则，号召全后方留守处指战员为保卫中共中央、保卫毛主席、保卫陕甘宁边区而不惜牺牲自己的生命。

八路军总部由陕西省泾阳县云阳镇，先后移驻山西省太原市，五台县南茹村、和顺县马坊、石拐镇，洪洞县高公、马牧，沁县小东岭，襄垣县的苏村，屯留县故县镇，潞城县北村，武乡县砖壁村、王家峪和辽县（今左权县）武军寺、麻田地区。1940 年 5 月、1943 年 9 月，朱德、彭德怀先后由总部赴延安。

当时，八路军的武器、弹药和马匹等军用物资不足。重兵器较少，步枪少而旧，因年久失修又损坏很多，加上射程不大、子弹缺乏、刺刀所剩无几，骑兵不起什么作用。我们从其中一个师的装备情况，可见一斑。据周士第日记记载，第 120师共有迫击炮 4 门，重机枪 35 挺，轻机枪 143 挺，花机关枪 1 挺，步马枪 4091 支，驳壳枪 788 支，手枪 91 支，手提式枪 67 支，马刀 2 把，刺刀 117 把，各种子弹276955 发，马 222 匹，骡 298 匹，驴 76 头。

二、八路军驻各地办事机构的设立

红军自西安事变和平解决前后至其主力改编为八路军前，相继在国民党统治区域的西安、上海、太原和兰州等一些大城市，设立了红军办事处、联络处和联络站等。

八路军成立后，这些办事机构正式改为八路军的办事机构。后来，又在多处设立了一些新的办事机构。

驻陕办事处，其前身是 1936 年 6 月设立的红军联络转运站。1937 年 2 月改称红军联络处，对外称第十七路军通讯训练班。1937 年 8 月改称办事处，驻西安市七贤庄 1 号，中共中央代表林伯渠（1937 年至 1940 年 10 月）、董必武（1940 年10 月至 1941 年 1 月），处长伍云甫（1937 年 8 月至 1942 年 2 月）、周子健（1942 年2 月至 1946 年 9 月）。1946 年 9 月撤销。

驻甘办事处，其前身是 1937 年 6 月设立的红军联络处。1937 年 8 月改称办事处，驻兰州市南滩街 54 号，1938 年 2 月迁至孝友街 32 号（今酒泉路 127 号），中

---

① 《萧劲光回忆录》，第 210 页，解放军出版社，1987 年版。

八路军驻沪办事处旧址福煦路多福里 21 号（今延安中路 504 弄 21 号）

八路军驻晋办事处主任彭雪枫（左）与赵品三（右）在太原合影

共中央代表谢觉哉（1937 年 7 月至 1938 年 9 月），处长彭加伦（1937 年 8 月至 1938 年 2 月）、伍修权（1938 年 2 月至 1941 年 5 月），负责人赵芝瑞（1941 年 5 月至 1943 年 11 月）。1943 年 11 月 8 日撤销。

驻沪办事处，其前身是 1936 年 10 月设立的中共办事处和 1937 年夏天设立的红军办事处。1937 年 8 月设立八路军驻沪办事处，驻上海市福煦路多福里 21 号（今延安中路 504 弄 21 号），11 月迁至萨坡赛路 264 号（今淡水路 192 号），主任潘汉年（1937 年 8 月至 12 月），负责人刘少文（1937 年 12 月至 1939 年 11 月）。1939 年 11 月撤销。

驻晋办事处，其前身是 1936 年 11 月设立的红军联络站，驻太原市坝陵南街 8 号成成中学内。1937 年 8 月 30 日改称办事处，11 月迁至临汾，主任彭雪枫。1938 年 2 月下旬撤销。

1938 年 8 月重新设立，又称驻第二战区司令长官部办事处，先后驻山西省吉县、陕西省宜川县卓家庄、山西省吉县小圪塔和陕西省宜川县卓家庄等，主任王世英，副主任、具体负责人曹言行（1943 年后）。1945 年 8 月 25 日撤销。

驻南京办事处,1937 年 8 月设立,中共中央代表博古(秦邦宪,1937 年 8 月至 12 月),八路军代表叶剑英(1937 年 8 月至 12 月),处长李克农。1937 年 12 月撤销。

驻第一战区联络处,1937 年 9 月设立,驻河南省新乡市火车站附近一旅馆内,处长朱瑞。1938 年 5 月撤销。

驻新疆办事处,1937 年 10 月设立,驻新疆迪化市南梁第

八路军驻南京办事处旧址傅厚岗 66 号(今青云巷 41 号)

三招待所(今乌鲁木齐市胜利路 392 号),中共中央代表先后是陈云(1937 年 10 月至 1938 年 1 月)、邓发(1938 年 1 月至 1939 年 6 月)、陈潭秋(1939 年 7 月至 1943 年 2 月),处长曾是滕代远(1937 年 10 月至 12 月)。1942 年 9 月 17 日撤销。

驻武汉办事处,1937 年 10 月下旬设立,驻汉口市府西一路安仁里 1 号,1937 年 12 月迁至汉口中街 89 号大石洋行(今汉口长春街 57 号)。中共代表团负责人周恩来(1937 年 12 月至 1938 年 10 月),中共中央代表董必武(1937 年 10 月至 1938 年 10 月),八路军代表叶剑英(1937 年 12 月至 1938 年 10 月),处长先后是李涛(1937 年 10 月至 12 月)、钱

中共中央长江局、新四军负责人在八路军驻武汉办事处合影。左起:张云逸、叶剑英、王明、博古(秦邦宪)、周恩来、曾山、项英

之光(1937 年 12 月至 1938 年 10 月)。1938 年 10 月 25 日撤销。

驻湘通讯处,1937年12月9日设立,驻长沙市东长街(今蔡锷中路)徐祠巷19号。1938年2月迁至寿星街2号,八路军代表徐特立,主任王凌波。11月长沙"文夕大火"后,迁至邵阳两路口。1940年1月撤销。

驻广州办事处,1938年1月设立,驻广州市德政北路7号,主任云广英。1938年4月迁至广州市百子路10号,12月迁至韶关。1940年10月撤销。

驻香港办事处,1938年1月设立,驻香港皇后大道中18号,负责人廖承志。1942年1月撤销。

八路军驻香港办事处兼做新四军办事处的工作。这是 **1938 年 6 月**,八路军驻香港办事处负责人廖承志在香港与保卫中国同盟中央委员会主席宋庆龄及其他委员合影。左起:爱泼斯坦、邓文钊、廖梦醒、宋庆龄、塞尔温·克拉克夫人、诺曼·费良斯、廖承志

驻重庆通讯处,1938年春设立,驻重庆市机房街70号。1939年1月改称办事处,后迁至重庆市红岩嘴13号,中共中央代表董必武(1938年10月至1946年5月),八路军代表叶剑英(1939年1月至1946年1月),处长钱之光。1946年8月撤销。

驻洛阳通讯处,1938年10月设立。1939年1月改称办事处,驻洛阳市南关贴廓巷56号,处长刘向三(1938年10月至1939年3月)、袁晓轩(1940年5月至1942年1月),负责人刘子久、王吉仁(1939年5月至1940年4月)。1942年2月撤销。

驻桂林办事处,1938 年 11 月设立,驻桂林市桂北路 138 号,总负责李克农,主任吴奚如(1938 年 11 月至 1939 年 3 月)、李克农(1939 年 3 月至 1941 年 1 月)。1941 年 1 月撤销。

驻衡阳办事处,1938 年 11 月 14 日设立,驻湖南省衡阳市卡路巷 16 号(今城北区蒸阳路 9 号),负责人李克农、李涛(1938 年 11 月至 1939 年 2 月)。1939 年 4 月 6 日,改称交通站,迁到衡阳郊外廖家湾,站长张元培;7 月撤销。

驻贵阳交通站,1939 年 1 月 3 日设立,驻贵阳市晋禄寺(今民生路 92 号)。同年冬迁至贵阳威清门外,站长袁超俊。1941 年 1 月 21 日撤销。

驻豫北办事处,1941 年 6 月设立,驻河南省林县苇底村。同年 10 月迁至林县任村,1943 年 7 月一度迁至穆家庄,主任王百评(1941 年 6 月至 1943 年 11 月)、申伯纯(1943 年 11 月至 1945 年 10 月)。1945 年 10 月撤销。

八路军办事机构共有 18 个,其中驻武汉、湘(在长沙)、香港、桂林、衡阳和重庆 6 个办事机构兼新四军驻该地办事机构。

八路军办事处,后改称第 18 集团军办事处,但实际上仍称八路军办事处。这些办事机构,充分利用其在国统区的公开合法地位,发挥了重要的作用:

第一,维护国共合作,巩固与扩大抗日民族统一战线。八路军和新四军改编前后,西安、南京和上海等地的办事机构及其前身就成为中共代表开展活动的立足点与前哨阵地,成为国共两党两军联系的纽带。同时,这些办事机构积极开展对国民党上层及地方实力派的统战工作,与各民主党派和著名爱国人士进行广泛的联系,促进了爱国民主运动的发展,巩固和扩大了抗日民族统一战线。

第二,主要宣传中共中央的抗日主张,广泛推动全国性抗日救亡运动的发展。八路军办事机构,利用群众集会、游行、办报办刊和文艺演出等各种形式,大力宣传中国共产党的抗日主张,介绍八路军和新四军前方将士作战胜利的消息,对激发广大群众的爱国热情、增强全国军民的抗战信心、唤起民众起了重要作用。

第三,大力洽领、采购和转运军需物资。全国抗战前期,南京、重庆和太原等地办事机构,积极洽领由国民政府供给的部分军饷、弹药、器材等。国民政府于 1940 年 11 月 19 日停止了军饷等对八路军的物资供应后,八路军各办事机构通过各种办法在国统区采购枪支、油料和生活用品等,然后将这些物资运往各抗日根据地。

第四,积极动员、招收进步青年参军参战。八路军驻各地的办事机构,通过设立招生委员会等办法大量吸收进步青年到抗日队伍中来。仅1938年5月至8月，经武汉办事处介绍去延安的就有880余人。仅1938年上半年，西安办事处转送延安的学生就有近万人。这对于增强新生力量、加强干部队伍建设具有重要意义。

第五，有力掩护中国共产党在国民党统治区的地方组织。中共中央在国民党统治区设立的长江局、南方局等，分别一度设在驻武汉、重庆办事处内，有的是一套班子，有的是两套班子合署办公，对外以办事机构的名义行动，是中共中央局的掩护机关；对内是中共中央局机关的重要组成部分，保持着与中共中央的密切联系，保证了对各地工作的及时指导，掩护了中共地方组织的活动等。

第三节　实行军事战略转变，八路军成立后的任务和部署

一、适应全国抗战爆发的新形势，八路军实行军事战略转变

1935年华北事变后，中日民族矛盾逐渐上升为中国社会的主要矛盾，中国内部阶级和政党间的相互关系发生了急剧变化。全国抗战爆发前后，国共两党再度合作，抗日民族统一战线形成。在这种新形势下，敌、我、友三方的情况，都发生了很大的变化。日本帝国主义成为国共两党和全中华民族的共同敌人。它虽然是一个小国，资源贫乏，发动的侵华战争是非正义的，遭到了中国人民和世界上一切爱好和平的国家、地区及人民的反对，但其拥有飞机、大炮、坦克、舰艇等现代化的武器装备和几十万训练有素的陆、海军及分属于这两个军种的航空兵，是一个军事上的强国。

友军则是过去的敌人国民党军。它虽然号称200万正规军，大部分官兵具有爱国主义精神和抗战热情，但其实行一种持久消耗、以"空间换时间"的消极防御的战略方针。加上内部派别林立，指挥系统实际上不统一，训练和装备较差；尤其是最高当局对抗日具有妥协性，奉行一条单纯依赖政府和军队，反对依靠、发动、组织和武装广大人民群众，依赖外援的片面抗战路线，并且对共产党仍然怀有仇视心理，企图限制和削弱共产党及其领导下的人民军队的力量。

共产党领导的八路军，既强又弱。它经过长期革命战争的锻炼，具有高度的组织性和纪律性，具备广泛开展群众性游击战争的特长，在政治素质和战略战术上是强的。其弱则不仅表现为数量少，而且表现为武器简陋、装备落后和军事技

术较差。

在敌强我弱的总的历史条件下，共产党领导的八路军，只有按照持久战战略总方针的要求，果断地实行由以国内正规战争为主向以抗日游击战争为主的军事战略转变，通过深入持久的大量的分散的群众性的游击战争，趋强避弱，积小胜为大胜，才能与新四军、华南人民抗日游击队、东北抗日联军及国民党军一起，共同将日本帝国主义赶出中国。

1938 年 5 月至 6 月，毛泽东在延安发表了文章《抗日游击战争的战略问题》和讲演《论持久战》，系统、科学地论述了抗日战争的战略方针

为了适应全国抗战爆发的新形势，中共中央政治局于 1937 年 8 月 22 日至 25 日召开的洛川会议正式确定八路军要实行军事战略转变，确立了开展独立自主的山地游击战，包括有利条件下消灭敌人兵团与在平原发展游击战争的军事战略方针。

关于军事战略方针。毛泽东于 1938 年 5 月在《论持久战》中，完整地表述为"基本的是游击战，但不放松有利条件下的运动战"[1]。1940 年 12 月 25 日，毛泽东在为中共中央起草的对党内的指示中，进一步表述为"在军事战略方面，是战略统一下的独立自主的游击战争，基本上是游击战，但不放松有利条件下的运动战"[2]。

洛川会议及其前后，由于国民党的干扰和八路军内部一些同志习惯于国内正规战争，对抗日战争的持久性、艰苦性理解不深，存在着轻视游击战争的思想苗头，因而影响了军事战略方针的贯彻执行和军事战略转变的顺利实施。

为取得国民党军的理解与同意，并使八路军指战员加深对军事战略方针的理解，顺利实行军事战略转变，毛泽东于 1937 年 9 月 12 日致电彭德怀，指出：独立自

---

[1]《毛泽东选集》第 2 卷，第 500 页，人民出版社，1991 年版。
[2]《毛泽东选集》第 2 卷，第 763 页，人民出版社，1991 年版。

主的山地游击战争的基本原则应包含依照情况使用兵力的自由;红军有发动群众创造根据地组织义勇军之自由,地方政权与邻近友军不得干涉;南京只作战略规定,红军有执行此战略之一切自由;坚持依傍山地与不打硬仗的原则。从而提出了军事战略转变中的四个具体原则,即独立自主的指挥原则,分散作战的游击战原则,依照情况逐步使用兵力的原则和依托山地、不打硬仗的原则。

随后,毛泽东于9月17日、21日、25日和29日,连电发出指示,反复阐述了八路军的军事战略方针,指出:"红军此时是支队性质……但如部署得当,能起在华北(主要在山西)支持游击战争的决定作用。"①"今日红军在决战问题上不起任何决定作用,而有一种自己的拿手好戏,在这种拿手戏中一定能起决定作用,这就是真正独立自主的山地游击战(不是运动战)。要实行这样的方针,就要战略上有力部队处于敌之翼侧,就要以创造根据地发动群众为主,就要分散兵力,而不是以集中打仗为主。集中打仗则不能做群众工作,做群众工作则不能集中打仗,二者不能并举。然而,只有分散做群众工作,才是决定地制胜敌人、援助友军的唯一无二的办法,集中打仗在目前是毫无结果可言的。"②"整个华北工作应以游击战争为唯一方向。一切工作,例如兵运、统一战线等等,应环绕于游击战争。华北正规战如失败,我们不负责任;但游击战争如失败,我们须负严重的责任。""应令河北党注全力于游击战争,借着红军抗战的声威,发动全华北党(包括山东在内)动员群众,收编散兵散枪,普遍地但是有计划地组成游击队。""要设想在敌整个占领华北后,我们能坚持广泛有力的游击战争。要告诉全党(要发动党内党外),今后没有别的工作,唯一的就是游击战争。为此目的,红军应给予一切可能的助力。"③"山西将成为华北的特殊局面,这根本的是因为有红军,其次则是阎锡山与我们结合起来。由于这两个力量的结合,将造成数百万人民的游击战争。我们应坚持这一方针,布置全省的游击战,坚持废除苛捐杂税,减租减息,人民参政及改造晋军的根本方针。"④

1938年5月,毛泽东在《抗日游击战争的战略问题》中又着重总结了全国抗战开始后10个月来开展游击战争的新鲜经验,阐明了抗日游击战争的战略地位,指

---

①《毛泽东军事文集》第2卷,第47页,军事科学出版社、中央文献出版社,1993年版。
②《毛泽东军事文集》第2卷,第53、54页,军事科学出版社、中央文献出版社,1993年版。
③《毛泽东军事文集》第2卷,第57页,军事科学出版社、中央文献出版社,1993年版。
④《毛泽东军事文集》第2卷,第65页,军事科学出版社、中央文献出版社,1993年版。

出了抗日游击战争发展的正确道路,指出:中国是一个处于进步时代大而弱的国家,而日本是一个小而强的帝国主义国家。在这种情况下,战争的长期性和残酷性发生了,规定了游击战争不能不作出许多异乎寻常的事情。因此,抗日游击战争主要的不是在内线配合正规军的战役作战,而是在外线单独作战;不是小规模的,而是大规模的;战略防御、战略进攻、根据地和向运动战发展等问题也发生了。"于是中国抗日的游击战争,就从战术范围跑了出来向战略敲门,要求把游击战争的问题放在战略的观点上加以考察。特别值得注意的,是这样又广大又持久的游击战争,在整个人类的战争史中,都是颇为新鲜的事情。"①

关于抗日游击战争的具体战略问题,毛泽东指出,主要包括以下几点:主动地、灵活地、有计划地执行防御战中的进攻战,持久战中的速决战和内线作战中的外线作战;和正规战争相配合;建立根据地;战略防御和战略进攻;向运动战发展;正确的指挥关系。这是"全部抗日游击战争的战略纲领,是达到保存和发展自己,消灭和驱逐敌人,配合正规战争,争取最后胜利的必要途径"。②

同时,毛泽东论述了军事战略转变的标志:"必须把过去的正规军和运动战,转变成为游击军(说的是分散使用,不是说的组织性和纪律性)和游击战,才能同敌情和任务相符合。"③其意:一是要转变作战样式,变国内正规战争为抗日游击战争,这是主要的一条;二是改变兵力使用方式,变正规军为分散作战的游击军。以这两条为标志的包括八路军在内的人民军队的军事战略转变,由于以毛泽东为核心的正确领导在共产党内已处于主导地位和全军广大指战员的一致努力,在全国抗战的战略防御阶段就基本上顺利实现了。

这里需要指出的是,在整个抗战中,运动战是主要的,说的是解决战争的命运主要依靠正规战,而游击战是辅助的。但就全国抗战的三个阶段来说,在战略防御和战略反攻两个阶段是以运动战为主,以游击战与阵地战为辅;在具有枢纽意义的战略相持阶段,则是以游击战为主,以运动战与阵地战为辅。

八路军实行军事战略转变,具有重要意义。不仅加速了战略相持阶段的到来,而且为在战略相持阶段游击战上升为主要作战形式创造了条件。它虽然是一

①《毛泽东选集》第 2 卷,第 405 页,人民出版社,1991 年版。
②《毛泽东选集》第 2 卷,第 407 页,人民出版社,1991 年版。
③《毛泽东选集》第 2 卷,第 551 页,人民出版社,1991 年版。

个在形式上表现为倒退的转变,但实质上是一个进步。正如毛泽东指出:"这一转变关系于整个抗日战争的坚持、发展和胜利,关系于中国共产党的前途非常之大,只要想一想抗日游击战争在中国民族解放命运上的历史意义,就会知道的。中国的抗日游击战争,就其特殊的广大性和长期性说来,不但在东方是空前的,在整个人类历史上也可能是空前的。"[1]

二、八路军的任务和战略部署

关于八路军的任务。在红军主力改编为八路军前夕,即 1937 年 8 月 5 日,洛甫、毛泽东致电朱德、周恩来,作出规划,提出:红军担负以独立自主的游击运动战,钳制敌人大部分,消灭敌一部的任务。向着沿平绥铁路西进及沿平汉铁路南进之敌,出击侧面,扰乱、钳制和打击,协助友军作战。并派出一部,远出热河。这不是独当一面的意思,均是协助正面友军作战的意思。我们事实上只宜作侧面战,不宜作正面战。

在红军主力改编为八路军的同时,毛泽东在洛川会议上,正式赋予包括八路军在内的人民军队的基本任务是:(一) 创造根据地;(二) 钳制和相机消灭敌人;(三) 配合友军作战(战略支队任务),即在战略上配合国民党军作战,在战役战术上坚持独立自主原则;(四) 保存与扩大部队;(五) 争取民族革命战争的领导权。这一条,也是对共产党来说的。

关于八路军的战略部署问题。1937 年 8 月 4 日、5 日,洛甫、毛泽东先后提出:部队应先出三分之一兵力,以冀察(哈尔)晋绥(远)四省交界地区(是指四角地区不是三角地区)为中心,向着沿平绥铁路西进及沿平汉铁路南进之敌,执行侧面的游击战争;另以一部兵力向冀热(河)察边区活动,威胁敌之后方。洛甫、毛泽东的这一设想,后经中共中央政治局洛川会议讨论同意。

当时,中共中央和中央军委的战略意图是,八路军主力全部部署于以恒山山脉为中心的晋察冀绥四省交界地区,并以此为依托,向察哈尔省南部、热河省南部和河北省西部发展,深入平津地区,展开于敌之翼侧和后方,打击和牵制日军进攻,配合正面战场国民党军作战。

---

[1]《毛泽东选集》第 2 卷,第 551 页,人民出版社,1991 年版。

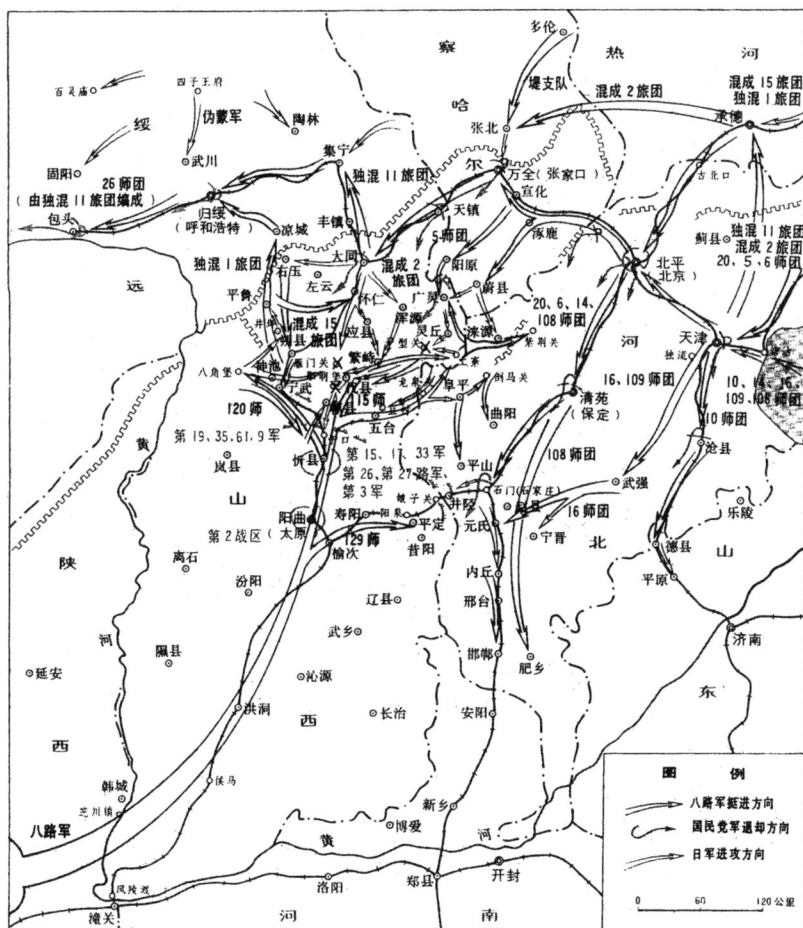

八路军挺进华北抗日前线形势图(1937 年 8 月—10 月中旬)

当八路军按照预定部署日夜兼程开赴华北抗日前线时,沿平绥铁路西进的日军关东军察哈尔派遣兵团采用右翼迂回的方针于 9 月 13 日占领大同,之后除以一部兵力继续西进绥远外,主力沿同蒲铁路南下,直趋太原,企图协同沿平汉铁路和津浦铁路南下的日军华北方面军主力,威胁河南,占领山东,夺取黄河以北地区,进占华北全境。同时,威胁平绥铁路沿线国民党军,以占先机。

依据华北战局的新变化,中共中央、中央军委与八路军总部各师负责人,经过反复酝酿,作出了调整八路军部署的战略决策。9 月 17 日,毛泽东就八路军的部署,分别电示八路军总部和各师负责人,指出:恒山山脉必为敌军夺取晋察冀三省之战略中枢,向此中枢出动主力,我三个师已无集中晋东北一处之可能,更无此必要。因此,过去决定八路军全部在恒山山脉创造游击根据地的计划,现已根本不适用了。此时,如依原计划执行,将全部处于敌之战略大迂回中,即使第二步撤向太行山脉,设想在敌占太原情况下,亦在敌大迂回中,将完全陷入被动地位。为了在战略上展开于机动地位,即展开于敌之翼侧,钳制敌之进攻太原与继续南下,援助晋绥地区国民党军使之不过于损失力量;为真正进行独立自主的山地游击战;为广泛发动群众,组织义勇军,创造游击根据地,支持华北游击战争;并为扩大八路军本身,拟变更原定部署,采取如下之战略部署:第115师以自觉的被动姿势,即时进入晋东北的恒山山脉南段活动,如敌南进,而友军又未能将其击退,则准备依情况逐渐南移,展开于晋东南太行、太岳两山脉中;第120师应集结于太原以北之忻县待命,准备转至晋西北管涔山地区活动;第129师于适当时机,进至吕梁山脉活动;八路军总部进至太原附近,依情况决定适当位置。

9月23日,毛泽东从战局趋势和长远部署考虑,再电八路军总部和八路军驻晋办事处,指出:敌对太原,志在必得。五台、定襄、盂县地区太小。敌进太原后,即在其包围中。因此,第120师速赴晋西北占先着,处于大同、太原之外翼,向绥远与大同游击,方能有效地钳制敌南进太原;第129师可与第115师靠近,位于晋南太岳山脉中;吕梁山脉(吉县汾河间),可由陕北部队抽调一部去策应。游击战争主要应处于敌之翼侧及后方,在山西应为晋西北、晋东北、晋东南、晋西南四区,向着进入中心城市及要道敌人,取四面包围袭击之姿势,不宜于集中五台山脉一区,集中一区是难以立足的。

同月21日,朱德、彭德怀和任弼时联合发出《关于发动群众开展游击战争的训令》,指出:除第115师和第120师分别在晋东北与晋西北地区外,以第129师部署在晋东南辽县地区,以总部直属队一部部署在晋察冀边的五台、盂县。

10月10日,日军华北方面军侵占石家庄后,以一部兵力沿正太铁路西进,与沿同蒲铁路南下的日军关东军察哈尔派遣兵团会攻太原。在此情况下,毛泽东于20日考虑到娘子关、太原失守后八路军三个师有被隔断之危险,提出:除第120师和第129师分别转至晋西北和正太铁路以南的晋东南地区不变外,第115师改为转至晋西南吕梁山区。总部转至晋西南的孝义、离石地区。21日,毛泽东明确提出以八路军总部特务团一部和第115师特务团等部署在晋察冀边区。

至此,调整八路军部署的决策基本确立和形成。但部队调整部署的实际行动,则是在太原失守以后完成的。

中共中央、中央军委及八路军总部根据敌情和战局变化,有针对性地改变和调整八路军的战略部署,变三个师集中于以恒山山脉为中心的晋察冀绥四省交界地区为分散部署于晋西北、晋东北、晋东南和晋西南四区,由山西省一角变为四角,对于八路军形成向敌占太原等中心城市和交通要道取四面包围态势,变被动为主动,在战略上处于机动地位,不断发展壮大自己,创建抗日根据地,具有重要的战略意义。

第四节 八路军出师华北抗日前线,平型关首战告捷

一、日军展开战略进攻,八路军出师华北抗日前线

七七事变爆发前后,日本帝国主义凭借军事和经济等方面的优势,制定了先发制人、速战速决的战略方针。1936 年 5 月 1 日,日军参谋本部修订的《帝国军队用兵纲领》提出:“帝国军队之作战,应依据国防方针,陆海军协同,采取攻势,占先制之利,以图速战速决为原则。”日本陆相杉山元狂言:中国事变有一个月左右就可了结。1937 年 9 月 20 日,日军参谋本部制定的《作战计划大纲》又指出:“大致以 10 月上旬为期,在华北与上海两方面发动攻击,务必给予重大打击,造成使敌人屈服的形势。”显然,日本帝国主义企图在一至三个月内灭亡中国。

当时,驻守在北平、天津、张家口和保定地区的中国国民党军第 29 军,共辖 4个步兵师、1 个骑兵师和 7 个独立步兵旅等,计 10 万余人。军长、平津卫戍司令、冀察政务委员会委员长宋哲元,副军长秦德纯、佟麟阁,参谋长张樾亭,副参谋长张克侠,军部设在南苑(后迁往北平城里)。所辖第 37 师,师长冯治安,其第 101 旅部署在河北省保定、大名地区,第 110 旅部署在北平西苑、八宝山、卢沟桥及长辛店地区,第 111 旅和独立步兵第 25 旅部署在北平城里;第 38 师,师长兼天津市市长张自忠,其第 112 旅部署在天津小站、大沽地区,第 113 旅部署在河北省廊坊、武清地区,第 114 旅部署在南苑和韩柳墅地区,独立步兵第 26 旅部署在马厂,独立步兵第 39 旅部署在北苑、通县地区;第 132 师,师长赵登禹,辖第 1、第 2 旅和独立步兵第 27、第 28 旅,其主力部署在河北省任丘、河间地区,一部部署在大名、广平、长

垣地区;第143师,师长刘汝明,辖独立步兵第29、第40旅和骑兵第13旅等,部署在察哈尔省及河北省境内的平绥铁路沿线地区;骑兵第9师,师长郑大章,部队部署在良乡、固安地区;特务旅,旅长孙玉田,部队部署在南苑地区。第29军担负着保卫冀察和平津地区的抗战任务。

七七事变后,战火迅速燃遍了平津地区。当时,日军在华北的中国驻屯军,司令官田代皖一郎(7月12日,香月清司继任),参谋长桥本群,司令部设在天津,辖中国驻屯步兵旅(河边正三任旅团长)、炮兵联队、战车队、工兵队、通讯队、骑兵队、宪兵队、医院和仓库等,总兵力为5774人,马648匹。部队部署在北宁铁路线上的北平、天津、塘沽、唐山、滦县、秦皇岛和山海关等各点上。

日本帝国主义在侵华兵力少且分散的情况下,抛出了"事件不扩大、就地解决的方针"①。所谓"不扩大"方针,实际上是其掩盖增兵的烟幕弹。7月11日,日本五相会议决定:"为了确保中国方面实行道歉和必要的保证,必须火速以关东军及朝鲜军准备好的部队增援中国驻屯军;同时也要从国内抽调必要的部队(五个师团,目前暂用三个师团和十八个飞行中队)迅速派往华北。"②同日,日本发表《关于向华北派兵的政府声明》;参谋总长发出临参命第56、第57号,令速派关东军独立混成第1、第11旅团主力,航空兵6个中队,高射炮兵、铁道兵、通信兵、汽车兵各一部和朝鲜军第20师团到华北,受中国驻屯军指挥;海军军令部与海军省决定派第5战队向华北开进。15日,参谋总长又发出临参命第58号,令从日本国内派往中国山海关、锦州、大连地区的航空部队组成临时航空兵团,兵团长德川好敏,辖第1飞行团7个大队及4个独立飞行中队,共18个中队,拥有飞机179架。16日和19、20日,关东军独立混成第1、第11旅团主力先后抵北平附近的密云和高丽营地区;关东军集成飞行团在天津集结;朝鲜军第20师团在天津、山海关和唐山集结。在侵华日军不断增加的同时,日军中国驻屯军确立了以此次事件为转折,从根本上解决华北问题的方针。

然而,蒋介石、宋哲元等人由于具有抗战与对日作战妥协的两面性,即一方

---

① 日本防卫厅防卫研究所战史室:《中国事变陆军作战史》第1卷第1分册,田琪之译,第137页,中华书局,1979年版。

② 日本防卫厅防卫研究所战史室:《中国事变陆军作战史》第1卷第1分册,田琪之译,第146页,中华书局,1979年版。

面,表示适应全国抗战局势,克服侥幸求免之主张;另一方面,则幻想通过冀察政务委员会与日军和谈,把卢沟桥事变作为局部事件解决,因而未能识破日军的"不扩大"阴谋和缓兵之计。宋哲元于7月11日,由原籍山东省乐陵抵天津,与日军中国驻屯军司令官和谈;19日,回到北平,与日军代表正式签订停战协定,下令打开关闭数日的城门,拆除城区防御工事,撤退城外增兵,平汉铁路试行通车,查禁抗日书报,等等。20日,宋依约又下令战斗在宛平前线的第219团吉星文部撤至长辛店,由保安队石友三部接防;令第37师撤出北平城区,移驻西苑,由第132师接防。宋哲元幻想以调离抗日前线作战部队为筹码,取得与日军的妥协和谅解。

蒋介石、宋哲元等人的妥协退让,远不能满足日本帝国主义扩张侵华的需要。日军在其第一批增援的部队独立混成第1、第11旅团和第20师团等部陆续到达平津地区后,展开大规模进攻。7月25日,日军第20师团一部,以维修军用电线为名,强占廊坊火车站。中国守军第29军第38师一部顽强抗击,激战不支,于26日失守平津之间的战略要地廊坊。同日,日军中国驻屯军步兵旅团第2联队一部,进攻广安门。其驻北平特务机关奉命向中国第29军发出最后通牒:"一、八宝山、芦沟桥附近的第三七师,须于27日中午前撤至长辛店。二、北平市内及西苑的第三七师,须于28日中午前,经平汉线北面撤至永定河右岸,以后继续移驻保定地区。三、如不按上述实行,即认为贵军无诚意,我军将不得不采取单独行动。"①并限定中国方面于28日正午作出答复。

日军在其中国驻屯步兵旅团进攻广安门受挫,未得到中方对最后通牒正式答复的情况下,提前于7月26日22时20分下达了攻击平、津地区的命令。但由于北平城内日本侨民未按时撤完,日军于27日又下达了变更攻击时间的命令。是日,日军攻占通州、团河。此时,宋哲元深感和谈无望,除抗战别无出路,遂通电全国各界人士,指出:"似此日日增兵,处处挑衅。我军为自卫守土计,除尽力防卫听候中央解决外,谨将经过事实,掬诚奉闻。国家存亡,千钧一发。"并致电蒋介石,表示:"职受国家与人民付托之重,已决心固定[守]北平,以安人心,而作士气,决不敢稍有畏避也。"②

---

① 日本防卫厅防卫研究所战史室:《中国事变陆军作战史》第1卷第1分册,田琪之译,第195页,中华书局,1979年版。

② 中国第二历史档案馆编:《抗日战争正面战场》上册,第196、197页,江苏古籍出版社,1987年版。

28 日,日军中国驻屯军分路向北平近郊中国守军第 29 军的驻地南苑、西苑和北苑等处发动总攻。其临时航空兵团动用了约 40 架飞机配合作战。当时,部署在南苑的中国第 29 军直属队、第 38 师一部和由河间、任丘开来正在集结的第 132 师,英勇杀敌,浴血奋战,打退日军多次冲锋,重创日军。但由于应战仓促,建制单位多,统一指挥不力,秩序混乱,部队无法改变被动应付的局面,伤亡惨重,损失 5000 余人。第 29 军副军长佟麟阁、第 132 师师长赵登禹,在指挥部队突围作战中,壮烈殉国。宋哲元等人,眼看胜利渺茫,遂于当日夜里离开北平,逃往保定。29 日,第 29 军全部撤出北平,北平宣告失守。

与此同时,天津战事正酣。7 月 27 日,天津城郊区守军仅有第 29 军第 38 师手枪团、独立旅 2 个团和保安队等,共 5000 余人。28 日凌晨 1 时,天津守军在人民的大力支援下,主动出击,一度攻占日军北宁铁路总局、天津东火车站等,攻击了东局子飞机场和海光寺日军兵营,迟滞了大沽登陆的日军。29 日凌晨 2 时,日军分四路进攻天津市区。30 日,调其关东军一部,增兵天津。天津守军在求援无望的情况下,激战不支,被迫于下午撤退到静海、马厂地区。同日,天津陷入敌手。从此,平、津人民挣扎在日军铁蹄之下。

平、津失守后,国民党军第 29 军军部于 10 月初改编为第 1 集团军总司令部,其部队扩编为该集团军的第 59、第 77 军,骑兵第 3 军和第 7 集团军的第 68 军。

平、津失守,华北门户洞开。日本帝国主义为了实现其速战速决的战略方针,在侵占平、津后,继续大量增兵华北地区。8 月 10 日,关东军察哈尔派遣兵团成立,14 日设立兵团司令部,17 日在多伦设立前方指挥所(8 月 29 日,移至张北),由关东军参谋长东条英机兼司令官(9 月 22 日,笠原幸雄接任),辖独立混成第 1 旅团,混成第 2、第 15 旅团(8 月 17 日临时编成),堤不夹贵中队和大泉支队。其任务是策应日军中国驻屯军,进行热河、察哈尔和绥远作战,切断平绥铁路。

8 月 31 日,日军以原中国驻屯军为基础正式编成华北方面军,司令官寺内寿一,参谋长冈部直三郎,副参谋长河边正三,司令部设在天津(翌年 1 月 18 日移驻北平),辖 2 个军和 2 个师团:

第 1 军,司令官香月清司,参谋长桥本群,辖 3 个师团:第 6 师团,师团长谷寿夫;第 14 师团,师团长土肥原贤二;第 20 师团,师团长川岸文三郎。军直辖战车、独立山炮兵、野战重炮兵、通信支队等。

第 2 军，司令官西尾寿造，参谋长铃木率道，辖 3 个师团：第 10 师团，师团长矶谷廉介；第 16 师团，师团长中岛今朝吾；第 108 师团，师团长下元熊弥。军直辖野战重炮兵第 6 旅团、军通信队等。

方面军直辖第 5 师团，师团长板垣征四郎；第 109 师团，师团长山冈重厚；中国驻屯混成旅团，旅团长山下奉文；临时航空兵团，兵团长德川好敏；防空队，独立攻城重炮兵第 1、第 2 大队，通信队，铁道队，宪兵队和兵站部队，等等。

华北方面军的任务是："负责占据平津地方及其附近主要地区，并确保该地区的安定。以挫伤敌人的战斗意志获得结束战局的机会为目的，应迅速消灭河北省中部的敌人。"日军参谋本部的企图是："通过华北会战获得一个大的胜利，以迅速结束战局而不至陷于持久战争。"[①] 至 9 月 20 日，在华北地区的日军总兵力达约 37 万人，较之七七事变爆发时，扩大了 60 多倍。

日军华北方面军编成后，遂以平津地区为进攻出发地，以方面军主力沿平汉铁路作为主要突击方向，以一部兵力沿津浦铁路南进，以关东军察哈尔派遣兵团沿平绥铁路西进，同时向正面战场华北国民党军展开大规模战略进攻。

为阻止日军的战略进攻，蒋介石于 1937 年 8 月上旬在南京主持召开国防会议，商讨抗战大计，确定"采取持久战略，以空间换取时间，逐次消耗敌人，以转变优劣形势，争取最后胜利"的方针。经国防会议及国防联席

1937 年 8 月，中国共产党派周恩来（左 1）、朱德（左 5）、叶剑英（左 2）出席南京国防会议。这是中共代表与国民党代表张冲（左 3）等在南京的合影

---

① 日本防卫厅防卫研究所战史室：《中国事变陆军作战史》第 1 卷第 2 分册，齐福霖译，第 24、25 页，中华书局，1981 年版。

会议反复协商,蒋介石于 8 月 20 日正式颁发了《国军作战指导计划》,重申:"以达成持久战为作战指导之基本主旨。"其具体部署是:"国军以一部集中华北,重叠配备,多线设防,特注意固守平绥路东段要地,最后确保山西、山东。力求争取时间,牵制消耗敌人。以主力集中华东,迅速扫荡浙沪敌海军根据地,阻止后续敌军之登陆,乘机歼灭之,并以最小兵力守备华南沿海各要地。"[①]

同日,国民政府军事委员会颁发了全军战斗序列:委员长蒋介石,参谋总长程潜,副参谋总长白崇禧,辖 5 个战区、4 个预备军和海军、空军部队等。随后,逐步编成集团军和任命主官。其中担任华北地区作战任务的是第一、第二战区和辖区大部分在华北的第五战区。

第一战区,蒋介石兼任司令长官(10 月 25 日,程潜接任),副司令长官鹿钟麟(10 月 25 日任),辖 3 个集团军:

第 1 集团军,总司令宋哲元(10 月 2 日任),副总司令冯治安(10 月 2 日任),辖第 3 军团(即第 40 军),第 53、第 59、第 67、第 77 军,骑兵第 3 军。

第 2 集团军,总司令刘峙(10 月 4 日任),副总司令孙连仲(10 月 4 日任),辖第 1、第 13 军团,第 3、第 32、第 52 军。

第 14 集团军,总司令卫立煌(10 月 4 日任),辖第 9、第 14 军。该集团军于 10 月由第一战区改隶第二战区。

第一战区部队部署在河北省和山东省北部平汉、津浦两条铁路沿线地区。

第二战区,司令长官阎锡山,副司令长官黄绍竑(10 月 13 日任)、卫立煌(12 月 9 日任),辖 2 个集团军:

第 6 集团军,总司令杨爱源(10 月 4 日任),副总司令孙楚(10 月 4 日任),辖第 33、第 34 军。

第 7 集团军,总司令傅作义(10 月 4 日任),副总司令刘汝明,辖第 13、第 17、第 35、第 61、第 68 军。

第二战区部队部署在山西、察哈尔和绥远三省。

第五战区,蒋介石兼任司令长官(9 月 19 日,李宗仁接任),副司令长官韩复榘(10 月 4 日任),辖 2 个集团军和 1 个军:

---

① 蒋纬国总编著:《抗日御侮》第 4 卷,第 10、16 页,(台北)黎明文化事业公司,1978 年版。

第 3 集团军,总司令韩复榘(10 月 4 日兼任),副总司令沈鸿烈(10 月 4 日任)、于学忠(10 月 4 日任),辖第 12、第 51、第 55、第 56 军。

第 5 集团军,总司令顾祝同(10 月 4 日任),副总司令上官云相(10 月 4 日任),辖第 11 军团,第 1、第 8 军。

战区直辖第 57 军。

该战区部队部署在山东省和江苏省北部地区。其中,苏北属于华中地区。

华北正面战场的国民党军共有 6 个集团军、25 个军(军团)、61 个步兵师、8 个骑兵旅,约 70 万人。

应该指出:国民党军广大官兵具有爱国热忱,不畏为国捐躯。但由于以蒋介石为首的国民政府执行一条单纯依靠政府、军队,不愿依靠广大人民群众的片面抗战路线和消极防御的战略方针,加上装备、技术后进,军队没有发挥应有的作用,陷入了十分被动的地位,造成节节败退。沿平绥铁路进攻的日军关东军察哈尔派遣兵团,于 8 月 27 日占领张家口、9 月 13 日占领大同;沿平汉、津浦铁路进攻的华北方面军于 10 月上旬侵占石家庄和德县。其战略进攻,连连得手。国民党政权被摧毁,地方官吏逃亡,汉奸政权应运而生;社会秩序极度混乱,溃兵骚扰,盗贼猖獗,土匪横行,百姓饱受欺压;日军所到之处烧杀抢掠,广大人民群众生活在水深火热之中,日夜盼望着子弟兵的到来。

在日军大举实施战略进攻、国民党军连连败退、华北战局岌岌可危的情况下,八路军总部不待部队改编就绪,即令三个师梯次出发,开赴华北抗日前线。八路军出师抗日的誓词是:"为了民族,为了国家,为了同胞,为了子孙,我们只有抗战到底。我们是工农出身,不侵犯群众一针一线,替民众谋福利,对友军要友爱,对革命要忠实。如果违反民族利益,愿受革命纪律的制裁,同志的指责。"①八路军各师分别在驻地召开了隆重的誓师大会,举行了庄严宣誓。

第 115 师作为八路军出师抗日先遣部队,以第 343 旅和第 344 旅分为两个梯队,先后于 8 月 22 日和 25 日,由陕西省泾阳县云阳镇出发,31 日经韩城芝川镇乘木船东渡黄河,进入山西省。第 120、第 129 师先后于 9 月 3 日、30 日由陕西省富平县庄里镇出征,八路军总部于 9 月 6 日由陕西省泾阳县云阳镇出发,也相继进入

---

① 中共中央文献研究室编:《朱德年谱(1886—1976)》(新编本)中卷,第 666 页,中央文献出版社,2006 年版。

山西省。

八路军开进途中,受到人民群众的热烈欢迎。沿途拄着拐杖的老大娘、老大爷,怀抱婴儿的母亲,一腔热血的青年男女等,成群结队,箪食壶浆,夹道迎送。有的拿着红枣、鸡蛋、柿饼、核桃,端着茶水;有的想把自己的一件大衣、一条围巾和一副手套送给干部、战士。广大指战员肩负着共产党的重托和人民群众的期望,昼夜兼程地奔赴抗日前线。从而形成了敌进、友退、我进的错综复杂的抗战局面。

八路军总部行动路线示意图(1937 年 9 月—1945 年 9 月)

二、八路军第 115 师发起平型关战役，首战告捷

正当八路军总部按照预定战略部署，以先期出师的第 115、第 120 师，向晋察冀绥四省交界的恒山地区抗日前线挺进时，沿平绥铁路西进的日军关东军察哈尔派遣兵团在 1937 年 9 月 13 日占领大同后，以一部兵力继续西进，相继侵占包头、归绥（今呼和浩特），于 10 月中旬完全控制了平绥铁路一线；主力则沿同蒲铁路南下，直指内长城国民党军防线的雁门关。在侵占大同前后，协同关东军察哈尔派遣兵团作战的华北方面军直属第 5 师团，于 9 月 6 日分成左、中、右三个纵队，由宣化、新保安和怀来出发，于 9 月 11 日至 20 日先后占领蔚县、浑源、广灵和灵丘，直趋茹越口和平型关，企图突破内长城国民党军防线。

平型关位于晋东北内长城上，一向是晋、冀两省相通的重要隘口。从平型关至灵丘的东河南镇，有一条西南、东北走向的狭窄谷道。其中，关沟至东河南镇，长约 13 公里，沟深数十丈不一，是地势最为险要的地段。沟谷内，一条公路蜿蜒其间。公路北侧，山高坡陡；而南侧山低坡缓，易于部队埋伏出击。日军第 5 师团师团长板垣征四郎“所以选择平型关作为迂回的路线，因为他清楚这里是山西和河北交界的地方，是个比较薄弱的环节。他自带队进攻华北以来，遇到的都是不战自退的国民党军队，气焰骄纵得很。他有个错误的估计，以为我军不可能这样快东渡黄河，根本没有估计到在他眼皮底下会有一支严阵以待的八路军队伍”①。战局发展的结果表明：板垣征四郎的判断是错误的。并且，平型关地区，的确是八路军易于发挥火力、伏击歼敌的理想战场。

为了配合国民党军的对日作战行动，打好八路军出师第一仗，在第二战区司令长官阎锡山拟制了平型关会战计划，初以平型关后改雁门关为日军主要突击方向的情况下，第 115 师作了充分的作战准备，主动发起了平型关战役。9 月 14 日，第 115 师先头部队第 343 旅及师直属部队，进抵平型关以西大营镇集结，准备在日军进攻国民党军平型关阵地时，相机袭击日军左侧后歼其一部，以扩大战果。9 月 23 日，朱德、彭德怀在给林彪的指示中，指出：敌于昨夜以来，忽奇袭国民党军平型关阵地，现正激战中，第 115 师即向平型关、灵丘间出动，机动侧击向平型关进攻

①《聂荣臻回忆录》中册，第 351 页，解放军出版社，1984 年版。

之敌,但须控制一部于灵丘以南,保障自己之左侧。

　　同日上午,第115师在灵丘以南的上寨村,召开了全师连以上干部动员会议,并确定了作战部署。会上,师长林彪分析了战局,讲明第115师的胜利条件;副师长聂荣臻作了深入的政治动员,着重阐明为什么打这一仗和如何打好这一仗。第115师的具体兵力部署是:以第343旅第685团先敌占领关沟至老爷庙一线南侧高地,截击敌先头部队,即"拦头";以第686团占领老爷庙至小寨村一线南侧高地,实施中间突击,分割沿公路进攻之敌,尔后向东跑池方向发展进攻,即"斩腰";以第344旅第687团占领蔡家峪、西沟村和东河南镇一线阵地,断敌退路,即"断尾";以师直独立团和骑兵营进抵灵丘至涞源、广灵之间,阻击敌人增援;以第688团为师预备队,部署在东长城村。会议强调:"中华民族正在经历着巨大的考验! 我们共产党人,应该担当起,也一定能够担当起这救国救民的重任!"[1]会后,各旅、团和连队召开军政委员会、党支部会,进行战斗动员;组织各级干部现地勘察,落实任务;战士们忙着擦拭武器,领取弹药,每个人能够领到2颗手榴弹和100多发子弹。

林彪(左1)、聂荣臻(左3)在指挥作战

---

[1] 中国人民解放军历史资料丛书编审委员会:《八路军·回忆史料》第1册,第206页,解放军出版社,1988年版。

23日黄昏,师主力出发,连夜赶到上寨、冉庄地区待命。24日傍晚,林彪和聂荣臻下达了各旅团出击的命令:第343旅于24时出发进入白崖台一线埋伏阵地,第344旅随后跟进。午夜24时,部队按时开进。为了隐蔽,各部选择了难走的崎岖小路。当时,天空乌云越来越浓,大地越来越黑。干部战士既无雨具,又缺乏御寒的服装,穿着灰布单军装,互相催促着,深一脚浅一脚地依次拽着衣角前进。"当时大雨如注,狂风不止,加上天黑路滑,行动十分困难。全团上下衣服被淋得透湿不说,几乎都成了'泥人'。深秋,山区的夜晚已是很冷,指战员一个个冻得直打哆嗦。"①

霎时间,山洪暴发,湍急咆哮,挡住了部队前进的道路,急于涉水的战士被洪水冲走了。于是大家把枪和子弹挂在脖子上,手拉着手结成一条坚固索链,有的则牵着马尾巴穿过激流。山洪寒冷透骨,冻得干部战士两腿麻木。同日,独立团在灵丘与涞源之间的腰站,打了一个遭遇战,歼日军300余人。

25日拂晓前,第685、第686和第687团全部进入预伏阵地。"队伍在公路南的山沟里隐蔽下来,天还是阴沉沉的,冷风飕飕,又不许生火,战士们只有咬牙忍受,让沸腾的热血来烤干湿淋淋的

平型关战役最激烈的地点——乔沟

---

① 中国人民解放军历史资料丛书编审委员会:《八路军·回忆史料》第1册,第201页,解放军出版社,1988年版。

衣服。"①同时,第344旅一部隐蔽进入东河南镇以北的一个高地,师指挥所则设在沟东南便于观察指挥的山头上。第115师作好了一切作战准备。

25日拂晓,风停雨止,汽车的马达声打破了沟谷间异乎寻常的寂静。日军第5师团第21旅团主力和师团辎重部队,向平型关开进。步兵头戴钢盔,脚穿皮鞋,身披黄呢大衣,带着大批军用物资,盛气凌人地分乘100余辆汽车行进在前面,骡马炮队、200多辆大车和骑兵随后跟进。道路狭窄,雨后泥泞,人马、车辆行动迟缓。

清晨7时,日军进入八路军伏击圈。第115师指挥所,果断下达了攻击命令。顿时,震耳欲聋的爆炸声响彻沟谷。全线部队居高临下,向敌展开猛烈的火力袭击。机枪、步枪、手榴弹和迫击炮一齐开火,一时打得日军人仰马翻。有汽车中弹起火,大车、马匹相互撞击,官兵拥挤堵塞,陷于混乱状态。八路军乘机发起冲击,冲杀声响成一片。但全面侵华初期的日军官兵,由于长期受军国主义的影响和武士道精神的灌输,"皇军"不可战胜的神话在起作用,是一群亡命之徒。第115师第685、第686团遂与日军展开了短兵相接的白刃格斗,战马嘶鸣、刀枪飞舞,双方人员扭打在一起。第685团第2营第5连连长曾贤生1个人刺死10多个日本兵,变成了血人,并率领全连炸毁日军汽车20多辆。最后,他拉响了剩下的一颗手榴弹,与敌人同归于尽。广大指战员顽强地拼杀,打完子弹就用刺刀,刺刀断了就用枪托,枪托折了就捡起石头当武器。第686团副团长杨勇,在指挥作战中负伤,仍不下火线。该团第3营第9连,干部战士几乎全部阵亡,全连只剩下10余人。第2营第5连第3排有些战士负伤多次,仍坚持战斗,最后全排壮烈牺牲。这是一场血战,是意志的搏斗,也是毅力的考验。

八路军第115师指战员经过浴血奋战,将日军分割成数段:第685团迎击日军先头部队,堵住其前进道路;第687团断敌后尾,包围日军于蔡家峪和西沟村地区;第686团在左、右两翼兄弟团的配合下在乔沟斩腰突击,并占领老爷庙高地,打退日军多次反扑。日军虽派出6架飞机配合作战,但也挽救不了失败的结局。战至13时许,第686团将老爷庙至兴庄一线的日军全部歼灭。尔后,第343旅向东跑池一带日军发动进攻。黄昏时,第685、第686团逼近东跑池,将敌包围压缩

---

① 中国人民解放军历史资料丛书编审委员会:《八路军·回忆史料》第1册,第208页,解放军出版社,1988年版。

在东跑池一带盆地里。但由于国民党军未按计划出击,致使残敌由团城口突围,平型关战役遂告结束。

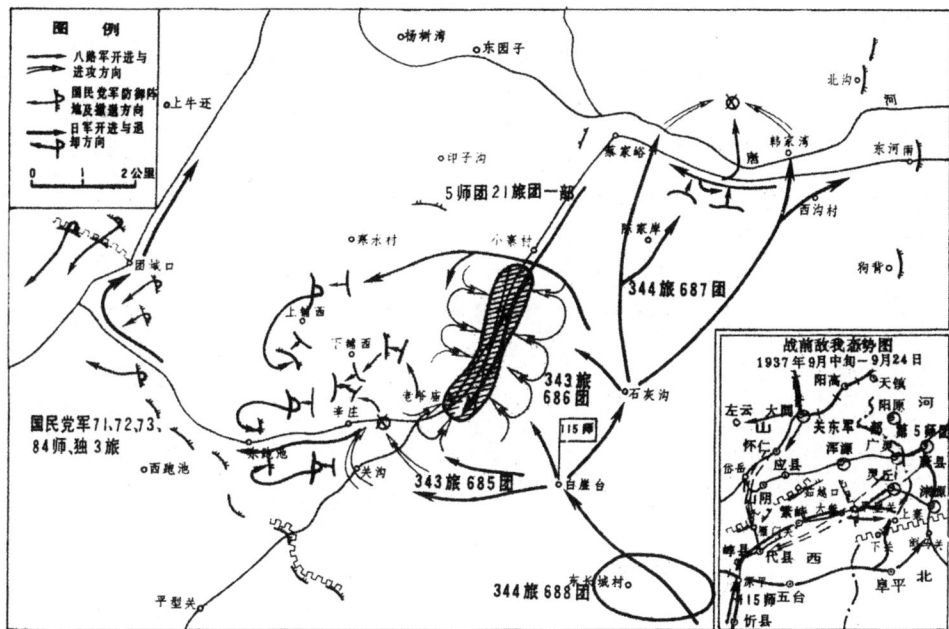

平型关战役要图(1937 年 9 月 25 日)

平型关战役,首战告捷。八路军第 115 师歼日军第 5 师团辎重部队和第 21 旅团一部共 1000 余人,缴获步枪 1000 余支、机枪 20 余挺、九二式步兵炮 1 门、战马 50 多匹,击毁汽车 100 余辆、大车 200 余辆。中共中央军委指出:"现在我们已打下了一个胜仗,兴奋了友军与人民,从此更进努力,最后胜利是我们的。"①

平型关大捷,是八路军出师华北抗日前线后,慎重初战,做了充分战前准备,善于利用地形,正确调动兵力,发挥近战特长,首次进行的一次成功伏击战。10 月 1 日,毛泽东致电博古(秦邦宪)、叶剑英等,指出:我们捷报发至全国。连日各省祝捷电甚多,其中有蒋介石、杨虎城、马鸿逵、范长江、龙云、孙蔚如,上海大公报、上海职业救国会,浙江、福建、湖北、广东、陕西、河南各省党部,武汉行营,开封绥靖公署,浙江、福建各省政府,浙江抗日救国会,等等。当时,辖区包括平型关在内的

---

① 中央档案馆编:《中共中央文件选集》第 11 册,第 359 页,中共中央党校出版社,1991 年版。

平型关战役胜利后,八路军指战员们凯旋

第二战区民族革命战争战地总动员委员会主任续范亭先生撰文赞誉,指出:"谨按平型关战役,八路军的大捷,其估价不仅在于双方死亡的惨重,而在于打破了'皇军'不可战胜的神话,提高我们的士气。在敌人方面,从南口战役以来,日寇长驱直入,如入无人之境,在平型关忽然受到惨重的打击与包围被歼,使日寇知道中国大有人在,锐气挫折,不敢如以前那样的长驱直进。忻口战役敌人未敢贸然深入,我军士气高涨,未尝不是平型关歼灭战的影响。"[1]

平型关大捷,给予侵华日军迎头一击,打破了"皇军"不可战胜的神话,迟滞了日军的战略进攻,打乱其沿平绥铁路右翼迂回华北的计划,是八路军打的第一个大胜仗,也是全国抗战以来的第一个大胜利,在国内外产生了良好的影响。在国际上,它也使把中国看成"一盘散沙",视中国人为"东亚病夫""不堪一击"的人们刮目相看:中华民族是一个不可欺侮的民族,中国人民是一支不可战胜的力量。在国内,它加强了共产党及其领导下的人民军队在抗日民族统一战线中的地位和作用,使各界人士看到了胜利的希望,增强了全国人民坚持抗战到底的信心和决

---

[1]《聂荣臻回忆录》中册,第 357 页,解放军出版社,1984 年版。

心;同时,为共产党及其人民军队,深入敌后,团结广大群众,开展游击战争,创建抗日根据地,扩大了影响。

在平型关战役中,八路军伤亡 400 余人,付出了沉重的代价。

第五节　八路军在华北日军侧后作战,与国民党军共同进行太原会战

1937 年 9 月 27 日、28 日,日军关东军察哈尔派遣兵团突破茹越口、下社村国民党军内长城防线,直接威胁雁门关、平型关之侧后。国民党军遂退至代县、崞县(今崞阳镇)和原平地区。10 月 1 日,日军华北方面军正式下达了攻占太原的命令。国民党军第 19、第 34 军等部,苦战不支,向太原以北重要门户忻口方向撤退。

10 日,日军第 5 师团由代县出发,直逼忻口。同日,沿平汉铁路南进的华北方面军主力在占领石家庄后,分兵一部沿正太铁路西进,企图配合其在忻口正面进攻的部队,由晋北和晋东两个方向会攻太原,山西遂成为华北日军的主要进攻方向。

对此,毛泽东是有所预料的。10 月 6 日,毛泽东致电周恩来等,要其转告国民党军事当局,指出:"敌占石家庄后,将向西面进攻,故龙泉关(注:应为九龙关)娘子关两点须集结重兵,实行坚守,以使主力在太原以北取得胜利。"[1]同时,毛泽东指示八路军要在敌之翼侧和后方积极打击与钳制敌人,配合友军保卫忻口、太原。遵照毛泽东上述指示,八路军总部于 10 月 6 日、7 日发出命令:以第 115 师袭取平型关、大营镇之敌,相机夺取浑源、应县;以第 120 师主力位于岱岳(今山阴县)以西山地,完全断绝大同与雁门关之间交通,以第 358 旅主力配合友军夹击宁武以南之敌;以第 129 师一部进至正太路之寿阳、平定地区,积极钳制与打击西进之敌。

一、与国民党军共同进行忻口正面防御战,在雁门关、阳明堡等地连战皆捷

为保卫太原,国民党军第二战区司令长官阎锡山决心依托忻口以东的龙王堂、以西的南怀化、大白水、南峪一线阵地,进行忻口正面防御战,"对入侵之敌,乘兵立足未稳,予以包围歼灭"[2]。10 月 11 日和 12 日,其参战部队编成左、中、右三

---

[1]《毛泽东军事文集》第 2 卷,第 76 页,军事科学出版社、中央文献出版社,1993 年版。
[2] 虞奇编著:《抗日战争简史》,第 199 页,(台北)黎明文化事业公司,1985 年版。

个兵团,由战区前敌总司令卫立煌实行统一指挥:以第14军,第33、第34军各一部为左翼兵团,指挥李默庵;以第9军,第13、第19、第35、第61军一部或主力为中央兵团,指挥郝梦龄;以第15军为右翼兵团,指挥刘茂恩。

13日始,日军第5师团和混成第15旅团、堤不夹贵支队,在飞机、坦克的支援下,向忻口两侧的南怀化和制高点1300高地,实施两翼突击。国民党军第二战区晋北中央兵团,不断调动兵力、调整部署,依托预设阵地,顽强抗击,但损失惨重。第9军军长郝梦龄、第54师师长刘家麒、独立第5旅旅长郑廷珍阵亡。

为与国民党军第二战区晋北部队共同保卫忻口,遵照八路军总部的命令,第115师自10月10日至29日,以独立团、骑兵营和第344旅主力,在察南、冀西和晋东北地区,主动袭击日军后方兵站和据点,先后收复涞源、繁峙、浑源、广灵、曲阳、灵丘、蔚县、平山、唐县和完县,共十座县城,切断了张家口至代县间的日军后方交通线。

当日军于9月下旬开始突破内长城上茹越口、下社村国民党军防线时,八路军第120师师长贺龙根据晋北忻口方向战局发展的趋势,于28日主持召开军政委员会议,决定:以第358旅第716团第2营为基础,编成独立支队(亦称雁北支队),由宋时轮率领,北出长城,在朔县以北、平鲁以东、怀仁以西敌占区开展游击战争,袭扰和切断交通线,迟滞日军向神池、宁武进攻,同时给师主力在晋西北的活动创造有利条件。以第358旅编成两个支队,一个支队进至内长城边上的朔县利民堡,消灭由平鲁向朔县前进的敌人;另一个支队威胁宁武城。29日夜,雁北支队900余人由神池地区出发,经利民堡,北越内长城,挺进雁北地区。自10月1日至26日,在不足一个月的时间里,雁北支队先后收复井坪(今平鲁县城)、平鲁县城(今平鲁镇),袭击岱岳(今山阴县),逼近大同,展开对同蒲铁路朔县至大同段交通破袭战,初步打开了雁北地区抗战局面。10月13日,第358旅主力收复宁武。第120师的作战行动,给大同和同蒲铁路北段日军造成严重威胁。

第358旅第716团在以一部兵力于雁门关以北地区积极作战的同时,以主力两次进攻雁门关以南黑石头沟地区。登上毗邻山顶,俯视全沟:一条弯弯曲曲的公路,由雁门关盘旋而下;公路西面是悬崖峭壁,北面是一片陡坡,顺公路向南不远有一座石拱桥,这是一个神兵巧伏的好战场。贺龙指出:忻口会战正在进行,敌人从大同经雁门关不断往忻口输送弹药、给养。这是日军最重要的一条运输线。

但是，他们很嚣张，自以为那一带已成为他们的后方，没有中国军队，因此，警戒疏忽。你们到那里去就是要充分利用日军这个弱点，发动群众，给鬼子来个突然打击，把这条运输线切断。[①]

10月16日，第716团召开了连以上干部动员会。会上，指战员们控诉了日本帝国主义在宁武的法西斯暴行：把一个8口之家，杀了7口，用刺刀活活戳死一个不满3岁的小孩，剩下的一个老大娘连眼泪都哭干了。指战员们个个义愤填膺。副团长廖汉生说："是的，我们一定要为死难的同胞报仇！要把敌人血洗宁武的罪行，作为向部队进行战斗动员的材料，在全团掀起复仇的怒潮。"[②]17日，团长贺炳炎和廖汉生决定：第1、第3营埋伏在陡坡南北，以第3营担任主攻；另以这两个营的各一个连担任向阳明堡方向警戒和在石拱桥西断敌退路的任务。

10月18日，第一次进攻雁门关。黎明前，部队在黑夜的笼罩下，怀着满腔义愤，沿着陡峭的山间小道，进入埋伏阵地。上午10时许，日军满载步兵的100辆汽车驶入第716团伏击区。第716团遂以密集的火力向日军车队进行袭击。步枪，轻、重机枪一齐吐出愤怒的子弹，黑石沟硝烟弥漫；第3营营长王祥发，把驳壳枪一挥，率领部队扑向敌人。第11连指导员胡觉三，连续使用二万五千里长征时带过来的鬼头刀，砍死两个日本兵，解救了被围战士，自己却被钻在汽车下的日本兵打中前胸，光荣牺牲。顿时，"为指导员报仇"的口号声震动山谷，激励着广大指战员与日军拼杀。正当双方激战时，载有日军的200辆汽车由

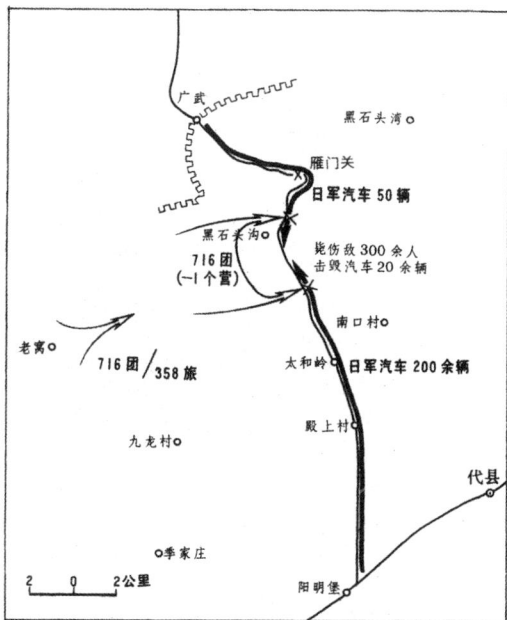

雁门关伏击战要图(1937年10月18日)

---

① 《贺龙传》，第223页，当代中国出版社，1993年版。
② 《星火燎原》选编之五，第21页，中国人民解放军战士出版社，1981年版。

阳明堡方向驶来,八路军第716团遂撤出战斗。

20日夜,第716团分兵三路:一路占雁门关,一路向广武镇,一路向太和岭,连夜破坏桥梁8座。21日拂晓前,各支部队集结隐蔽设伏于黑石头沟地区。上午9时,日军"由南向北汽车百余辆。由北向南之汽车因公路破坏不进,下车之步兵约一个营,敌机五架。激战两小时,结果我伤十三名,亡二十名,敌三倍于我。三营仍占雁门关"①。由于日军接受教训,防守严密,因而一时难以得手,遂撤回部队。这是第二次进攻雁门关。自18日至21日,八路军第358旅第716团主力在雁门关以南黑石头沟地区,歼日军500余人,毁日军汽车30余辆,切断了其由大同经雁门关至忻口的后方补给线。

10月23日,第359旅旅长兼政治委员王震指挥第717团在阳明堡以西王董堡设伏,歼日军20余人,击毁日军汽车24辆,切断了平型关至忻口的日军后方交通线,也有力地配合了忻口作战。

雁门关之战,是八路军第120师取得的重要胜利;也是继平型关大捷后,八路军打的又一个较大的胜仗。对于第120师在雁门关南北配合忻口战役的作战行动,毛泽东在《抗日游击战争的战略问题》一文中,给予高度评价,指出:"游击战争还有其战役的配合作用。例如,太原北部忻口战役时,雁门关南北的游击战争破坏同蒲铁路、平型关汽车路、阳方口汽车路,所起的战役配合作用,是很大的。"②

1937年10月18日,第120师在晋北雁门关以南伏击日军汽车运输队。这是第120师领导人在晋西北前线观察地形。右起:贺龙、周士第、关向应、甘泗淇

日军在忻口地面部队进

---

① 贺炳炎、廖汉生1937年10月21日向贺龙作的报告,引自《周士第日记》未刊稿。
②《毛泽东选集》第2卷,第417页,人民出版社,1991年版。

攻和后勤补给不断受阻的情况下，频繁地由代县西南阳明堡前线飞机场出动飞机，以加强空中轰炸和运输力量。当时，八路军第 129 师抗日先头部队第 769 团，正由东冶向原平东北山地挺进，执行侧击南犯忻口日军后方的任务。

阳明堡一角

10 月中旬，第 769 团抵代县西南、滹沱河东岸的苏龙口村。隔河五公里处，则是阳明堡机场。到达苏龙口的第二天，团长陈锡联率几个营长，顺着一条山沟，前往阳明堡附近的一个山头上进行现地侦察，祖国山河壮丽的景色立刻呈现在眼前：东面的五台山峰峦重叠，西边的管涔山在雾气笼罩中忽隐忽现，滹沱河从山间穿流而过，山水交相辉映，此情此景令人感叹不已。举目远眺，阳明堡机场清晰可见，一群灰白色的飞机排列在空地上，机体在阳光映照下射出刺眼的光芒；天空中，日军飞机往来穿梭，时而盘旋瞭望，时而呼啸掠过头顶。大家一方面为祖国母亲的美貌而深感自豪，另一方面也为她备受凌辱而满腔怒火。

经现地侦察和向当地群众调查了解："机场里共有二十四架敌机，白天轮番去轰炸太原、忻口，晚上都停在这里。敌香月师团的一个联队大部驻在阳明堡街里，机场里只有一小股警卫部队。看来，敌人正忙于夺取太原，根本想不到我们会绕到背后来揍它。这正是歼敌的好时机。如果我们出其不意，给它以突然袭击，胜利是有把握的。"[1]

八路军第 769 团决心乘机袭击阳明堡镇东南的日军飞机场。其具体部署是：

---

[1]《星火燎原》选编之五，第 29 页，中国人民解放军战士出版社，1981 年版。

以第1、第2营各一部,置于崞县至阳明堡之间,开展交通袭击战,破坏公路和桥梁,阻击分别由崞县和阳明堡镇方向可能来援之敌,并保证突击分队的侧后安全;以能攻善守、夜战见长的第3营,作为突击分队,担任袭击机场、炸毁飞机的任务;团迫击炮连和机枪连置于滹沱河岸边,随时准备对第3营进行火力支援;团预备队第2营一部和团指挥所置于苏龙口北侧地区。各营、连任务和部署确定后,分别召开党支部大会、军人大会,进行战斗动员;干部、战士一律轻装,放下棉衣、背包,绑紧刺刀、手榴弹和枪支;当地群众扎起几十副担架,也随时准备投入战斗。

10月19日夜,八路军第769团由老乡作为向导,各分队分途出动。第3营利用夜暗,钻过日军铁丝网,迅速隐蔽地摸进飞机场后,分路逼近机场警卫分队和飞机群。与日军哨兵遭遇后,第3营第10、第11连遂按预定目标,向日军展开猛烈的火力袭击。轻重机枪子弹、手榴弹一齐倾泻,一团团的火光照亮了夜空。刹那间,飞机燃起大火,浓烟滚滚,火乘风势,风助火威,烟火弥漫了整个机场。在机群中间,双方依托飞机,进行了三次肉搏。第3营营长赵崇德在指挥战斗时冷不防被一颗子弹打倒,献出了宝贵的生命。有战士把所带手榴弹绑在自己身上,与飞机同归于尽。经过一个小时的激烈战斗,日军飞机被全部摧毁。当驻阳明堡镇的日军急援时,八路军第769团撤出战斗。

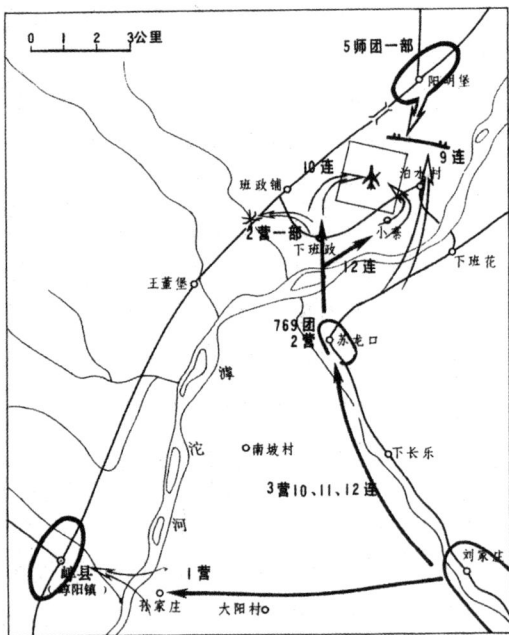

1937年10月19日,第129师第769团在山西省代县阳明堡夜袭日军飞机场。这是夜袭阳明堡机场要图

八路军第129师第769团夜袭飞机场,歼日军100余人,击毁飞机24架。阳明堡之战,取得了该师出师抗日后的首战胜利。这一仗,削弱了日军进攻忻口的突击和运输力量,有力地支持了正面战场国民党军作战。

至此,八路军第120、第129师,在南犯忻口日军的翼侧和后方地区,相互策应，进行了雁门关、阳明堡等战役、战斗，连战皆捷，切断了日军由大同经朔县至宁武，由大同经雁门关至忻口，由张家口经平型关、代县至忻口的运输，并摧毁了阳明堡机场，一度使其人员和粮、弹、油料等补充陷于中断，地面和空中攻击受挫。我方与国民党军共同进行忻口正面防御战，使这一战役得以持续达 20 余天。

二、八路军第 129 师转战正太铁路沿线地区，配合国民党军进行娘子关争夺战

娘子关，坐落在太行山中麓、平定县城东北 45 公里处，是晋东著名关隘，也是正太铁路线上的重要咽喉。沿正太铁路西进的日军华北方面军第 1 军第 20 师团先头部队，于 1937 年 10 月 12、13 日，相继侵占井陉、长生口和旧关等地，逼近娘子关，以配合日军在晋北忻口方向的进攻。

当时，部署在晋东娘子关方向的国民党军第 1 军团军团长孙连仲、第 14 军团军团长冯钦哉、第 3 军军长曾万钟等部共 8 个师，虽以一部多次反击，但斩获不大。日军在其忻口方向进攻受阻的情况下，于 21 日以第 20 师团主力编成左、右两个纵队，由石家庄出发，分路沿微水镇、测鱼镇、石门口和井陉、旧关，企图先迂回攻占娘子关，后解忻口之危。国民党军第 3 军军长曾万钟一部和第 169 师师长武士敏部被围在旧关以南山地。晋东娘子关方向国民党军防线告急。

在这种情况下，八路军总部令第 129 师向进攻娘子关的日军侧后挺进，寻机歼敌，配合友军阻止日军西进。10 月 18 日，第 129 师师部率第 386 旅抵平定东南地区后，驰援娘子关地区国民党军，在日军侧后寻机作战。自 10 月 21 日起，第 129 师首长率第 386 旅，在娘子关以东的长生口，以北的东石门村、马石村等地，以袭击、伏击、阻击等手段，给进犯日军以沉重打击。

10 月 25 日下午，沿微水

1937 年 12 月，左权(左起)、彭德怀、朱德、彭雪枫、萧克、邓小平在山西省洪洞县马牧村八路军总部合影

镇、测鱼镇一线,迂回进攻娘子关的日军第 20 师团一部,改向平定方向进犯。八路军第 129 师师长刘伯承判断,"七亘村是测鱼镇通往平定的咽喉要道,日军明天一定经七亘村向前方运送军需物资"①,遂决定在七亘村设伏,打击日军,夺取其辎重物资。

七亘村,位于山西省平定、昔阳和河北省井陉三县交界处。此地重峦叠嶂、峡谷陡峭,素有"龙虎环抱"之称,是屯兵设卡之要地。由测鱼镇通往平定、位于七亘村一带的大道,宽不足两米,部队不易展开。大道北侧是几十米深的山沟;大道南侧的土坝,高约十米,杂草、灌木丛生,便于部队埋伏,出奇制胜。

26 日拂晓前,八路军第 129 师第 386 旅第 772 团副团长王近山,带领第 3 营进入七亘村至甲南峪间大道南侧伏击区域。其具体部署是:以第 11 连在七亘村以南,占领通向平定方向大道南侧阵地,切断日军辎重部队同前面步兵部队的联系;以第 12 连及团特务连一个排,占领第 11 连右侧至甲南峪间阵地,第 12 连正面突击日军辎重部队,团特务连另一个排阻击后退部队;以第 9、第 10 连为营预备队。全营指战员严阵以待,离大道最近的仅有一二十米。

上午 9 时许,当由测鱼镇方向来的日军先头部队刚通过伏击区,其后尾部队尚在七亘村以东东石门村,而辎重部队全部进入伏击区时,八路军第 772 团第 3 营乘机发起攻击。顷刻间,成群的手榴弹、密集的子弹,袭入日军辎重部队。经过短促火力袭击后,第 3 营指战员犹如猛虎下山,杀向敌群,展开了肉搏战。战士杨绍清连续刺死 6 个、捅伤 1 个日本兵。第 12 连将日军辎重部队打得人畜相撞、血肉飞溅。第 11 连和团特务连的一个排,分别阻击了回援的日军先头部队和由七亘村经甲南峪以北向测鱼镇方向败退的残兵。第 9、第 10 连也投入了战斗。战至 11 时左右,八路军第 772 团第 3 营,共歼日军 300 余名,缴获骡马 300 余匹和大批军用物资,取得了第一次七亘村伏击战的胜利。

在八路军第 129 师的直接配合下,晋东娘子关国民党军防线一度趋于稳定。恰在这时,参加娘子关方向作战的国民党军第 1 军团军团长孙连仲、第 3 军军长曾万钟部却撤至平定、阳泉地区,准备转用于晋北忻口方向,由预定增援在晋北方向

---

① 中国人民解放军历史资料丛书编审委员会:《八路军·回忆史料》第 1 册,第 276、277 页,解放军出版社,1988 年版。

作战的第 41 军孙震部接防。日军乘国民党军换防之际，于 26 日侵占娘子关。

三、八路军第 115、第 129 两师主力掩护娘子关方向国民党军撤退，保卫太原

日军华北方面军侵占晋东娘子关后，进一步加强了这一方向的兵力：派出第 109 师团，沿元氏、赞皇、昔阳一线前进；接着，派出第 108 师团第 104 旅团主力部署在获鹿、微水镇地区，配合沿正太铁路西进的第 20 师团，企图进占榆次、切断同蒲铁路、威胁晋北忻口方向守军侧后。但国民党军在娘子关地区仍未能组织起有效的防御，遂向太原方向撤退。与此同时，晋北忻口方向国民党军防线受到侧后的严重威胁，部队腹背受敌，遂于 1937 年 11 月 2 日夜也撤向太原。太原，处在晋东、晋北两路日军的钳击之中。

为掩护晋东娘子关方向国民党军撤退，并保卫太原，八路军总部于 10 月下旬由五台地区南下，进抵寿阳以南地区后，指挥第 115、第 129 两师主力，不断打击沿正太铁路西进之日军。30 日，第 115 师主力则进至昔阳以西沾尚村，待机歼灭由平定、昔阳西进太原、榆次之日军。广阳，是一个有着近 200 户人家的小山村，也是由沾尚至松塔镇向榆次的必经之地。这一带，山峦重叠，沟长且深，沟内有一条坎坷不平的泥石路，不利于机械化部队行动；路侧山沟高地，或打或走，进退自由，便于部队隐蔽埋伏。

11 月 3 日夜，八路军第 115 师一部进至广阳至松塔之间大道南侧地区，完成了一翼侧击的部署：以第 686 团为突击部队，位于离村、前小寨以北高地；以第 685 团位于狼沟北山，除以第 3 营配合第 686 团作战外，其余分队准备打击回援日军。初冬的夜晚，寒风呼呼作响，干部、战士相互依偎着，背靠着背取暖，静静地等待着日军的到来。

4 日晨 7 时，日军第 20 师团第 14 旅团等，由沾尚经广阳向松塔前进。13 时，当其先头部队伸至松塔镇，后尾部队拖在广阳，辎重部队进入我伏击区内时，八路军第 115 师部队突然出击。指战员们的喊杀声、枪声和手榴弹、迫击炮弹的爆炸声，此起彼伏，震彻山谷。干部、战士乘势东冲西杀，分割围歼日军，与其展开白刃格斗。经过 4 个小时的激战，天色已黑，我方给进入我伏击区内日军以毁灭性打击：共歼日军约 1000 人，缴步枪 300 支、骡马 700 余匹和一批军用物资。

在八路军总部的指挥下，第 115、第 129 两师主力，先后于 10 月 26 日、28 日和

1937 年 11 月 7 日，第 129 师第 386 旅及第 769 团于平定县广阳、户封村间设伏。这是徐向前（正面中立者）在前线指挥作战

11 月 2 日、4 日、7 日，在七亘村、昔阳东南黄崖底及以西的广阳和户封地区等，连续成功地打击敌人，迟滞沿正太铁路及其南侧西进太原、榆次的日军第 20、第 109 师团达一周之久，有力地掩护了正面战场娘子关方向国民党军的撤退；同时，为晋北忻口方向国民党军撤退和保卫太原赢得了一定时间。但由于敌强我弱和国民党军抵抗无力，太原于 11 月 8 日失陷。太原会战，是抗日战争时期国共两党两军在战役战斗上协同抗击日军最密切的一次。

1937 年 8 月下旬至 11 月上旬，八路军大胆地挺进华北抗日前线，广泛开展敌后游击战争和有利条件下的运动战，相继取得了平型关、雁门关、阳明堡、七亘村、黄崖底和广阳等 100 余次战斗的胜利，歼日军 1.1 万余人，毁敌机 24 架、汽车 400 余辆，缴获步马枪 1500 余支、轻重机枪 76 挺、骡马 2000 余匹及其他大批军用物资，迟滞了日军的战略进攻。不仅在战略上，而且在战役战斗上，与正面战场国民党军共同作战；同时，也为八路军深入发动群众，进一步开展敌后游击战争，创建抗日根据地，发展壮大自己，创造了条件。

第二章　开展独立自主的游击战争，创建华北抗日根据地

第一节　太原失守后的华北战局，八路军的任务和部署

1937 年 11 月 8 日日军侵占太原后，继续发展在华北的战略进攻。至中旬，沿平绥、同蒲、平汉和津浦铁路进攻的华北方面军，分别侵占了归绥、平遥、彰德（今安阳）和齐河各地，基本上控制了冀、察（哈尔）两省和晋、绥大部、鲁北的大中城市及铁路、公路主要交通干线。与淞沪地区作战相比较，日军感到华北作战较顺利，遂将作战的重点向华中地区逐步转移。

为了加强和统一侵华战争的政略、战略指导，协调陆、海两军的作战行动，日军于 11 月 17 日设立了大本营，作为最高统帅部。24 日，召开了第一次御前会议。参加会议的有参谋总长、陆军大臣、海军大臣和军令部总长等。会议制定了继续作战的方针和计划，确定："华北方面军对残存在现在占领地区的敌人及蠢动在靠近前线的敌人，实行扫荡，力求安定这些地区。为此，目前在山西省部署约两个师团、河北省约四个师团、察哈尔方面约一个师团。还有，这方面的陆军航空部队协同海军航空兵力，将继续摧毁位于山东地区及陇海线重要地区的敌人军事设施及航空势力。"[1]

---

[1] 日本防卫厅防卫研究所战史室：《中国事变陆军作战史》第 1 卷第 2 分册，齐福霖译，第 104 页，中华书局，1981 年版。

与此同时,国民党军继续溃败,正规部队"已用到相当数目,而全民全面的动员,军队的改造,战略战术的改变,后方工作的改善,在全国范围内依然没有开始。战争的失利,部队的损伤,给养的不充,这使部分的军人发生颓丧失望的心理"①。沦陷区内,国民党地方政权分崩离析,中华民国临时政府、各种牌号的治安维持会等伪政权纷纷出笼,亲日派日趋活跃。

在共产党内部,绝大部分共产党员是能够正确理解和执行抗日统一战线中的独立自主原则的,但也有一部分党员由于理论水平不高,缺乏北伐战争时期国共两党合作的经验,在统一战线中存在迁就国民党的无原则倾向。尤其是王明从苏联回国后,在12月政治局会议上,主张国共两党共同负责、共同领导,八路军和国民党军实行统一指挥、统一纪律、统一武装、统一供给和统一作战计划。从而,使一切经过统一战线、一切服从统一战线的思想有所抬头。

在上述形势下,毛泽东指出:"共产党和八路军的政治影响极大地极快地扩大,'民族救星'的声浪在全国传布着。""在华北,以国民党为主体的正规战争已经结束,以共产党为主体的游击战争进入主要地位。"为了坚持抗战,变片面抗战为全面抗战和争取最后胜利,必须坚持、扩大和巩固统一战线,但同时"必须密切地联系到独立自主的原则","这个原则的说明、实践和坚持,是把抗日民族革命战争引向胜利之途的中心一环"②。因此,在共产党内,反对阶级对阶级的投降主义;在全国,反对民族对民族的投降主义。11月15日,中共中央北方局作出《关于目前形势与华北党任务的决定》,指出:我党在华北就是要进一步独立自主地去领导游击战争;在民族统一战线的原则下,更加独立自主地去发动民众运动;在游击战争中,我党即应以华北最大政党的资格,出来建立统一战线的民主的抗日政权与新的抗日武装部队。

关于八路军的当前任务,毛泽东于11月9日在给八路军的指示中指出:在华北正规战争业已结束,游击战争转入主要地位的形势下,日寇不久即将移其主力向着晋西北、晋东北、晋东南和晋西南各要点进攻。八路军各部部署的纲领,以控制一部为袭击队,大部尽量分散于各要地,组织民众武装,为第一要义。大批靠近

①《周恩来选集》上卷,第82页,人民出版社,1980年版。
②《毛泽东选集》第2卷,第388、389、394页,人民出版社,1991年版。

铁路公路地带先布兵先工作，偏僻地方后布兵后工作；敌快要到地区先工作，敌暂不到地区后工作。国民党大溃，阎锡山无主。八路军应在统一战线基本原则下，放手发动人民，废除苛捐杂税，减租减息，收编溃军，购买枪支，筹办军饷，实行自给，扩大部队，打击汉奸，招纳左翼，进一步发挥独立自主精神。如此做法，期于一个月内收得显著成绩，以便准备充分力量，对付敌向内线进攻。

11 月 13 日，毛泽东致电八路军总部，再次强调指出：八路军的任务，"在于发挥进一步的独立自主原则，坚持华北游击战争，同日寇力争山西全省的大多数乡村使之化为游击根据地，发动民众，收编溃军，扩大自己，自给自足，不靠别人，多打小胜仗，兴奋士气，用以影响全国，促成改造国民党，改造政府，改造军队，克服危机，实现全面抗战之新局面"。毛泽东还指出：扩军方法"主要经过扩大游击队，其次则向大地方招募"。① 要立即以八路军的名义，在晋东南、晋西南和晋西北等地区，组织若干游击支队。

23 日，毛泽东和张闻天致电中共中央北方局，强调：坚持山西游击战争的方针，是中央已定下的方针，谁也不应该对此方针发生动摇。又说：八路军主力的使用，决定于今后全国抗战形势的发展，不仅要看山西一省的形势，而且要看到全国。周恩来也指出："八路军留在华北抗战，也为推动和领导华北持久抗战的重要因素。因为八路军是红军改编的，他有着长期运动战及游击战的素养。他将要发挥在这方面的特长，来影响友军，来组织和领导广大民众齐来抗战。"②

关于八路军的部署，毛泽东于太原失守的同日，依据华北战局的发展趋势，进一步明确了八路军的具体部署：除第 115 师一部和第 120 师继续创建晋察冀与晋西北抗日根据地外，以第 115 师主力部署在以吕梁山区为依托的晋西南的汾阳、蒲县地区，第 129 师全部部署在晋东南地区。这样，八路军在山西四角实行战略展开，相互策应，将会对侵占太原和同蒲铁路之日军，取四面包围的有利态势，处于非常主动灵活的地位。

为了加强对八路军和华北抗日根据地的领导，中共中央书记处于 1938 年 3 月 24 日作出《关于北方局领导人员分工的决定》，指出：书记胡服（即刘少奇）"暂时住

---

① 中央档案馆编：《中共中央文件选集》第 11 册，第 390、391 页，中共中央党校出版社，1991 年版。
② 《周恩来选集》上卷，第 85 页，人民出版社，1980 年版。

延安,在中央指导下,仍旧担负华北党的领导工作";副书记杨尚昆"率北方局工作人员住吕梁山脉,就近与华北各地党部联络,直接布置晋西南工作";朱瑞以北方局代表名义前往晋东南,"指导同蒲路及平汉路东西两面党的工作";彭真"住晋察冀以北方局代表名义协同聂荣臻同志指导晋察冀平汉路东及平津党的工作"。①

第二节 八路军第115师和第120师各一部创建晋察冀军区、晋察冀抗日根据地,粉碎日军的围攻

一、八路军第115师和第120师各一部创建晋察冀军区、晋察冀抗日根据地,粉碎日军"八路围攻"

晋察冀抗日根据地,依托恒山、五台山区,主要地处平汉、平绥、同蒲、正太铁路和北平、天津、张家口、太原、石家庄之间,具有重要的战略地位和作用。

早在平型关战役前,毛泽东就开始关注这一地区。1937年9月23日,毛泽东致电彭雪枫并告周恩来、朱德等:五台山脉应使之成为重要的游击战争区域之一,现在就宜加紧准备。24日,毛泽东又指出:"山西地方党目前应以全力布置恒山五台管涔三大山脉之游击战争,而重点于五台山脉,因该处可得阎(锡山)、杨(爱源)更多协助,将来可向北恒山山脉发展。因此,该处应设置军政委员会一类的领导机关,应选择能独立领导党政军各方面之干部,应立即开始普遍地组织地方支队[部]及群众组织,在半个月内应全部布置完毕,并表现初步成绩。"②遵照上述指示精神,八路军第115师在以主力配合国民党军作战的同时,由政训处主任罗荣桓率领师政治部机关、骑兵营、教导队和第686团第6连组成的工作团,东进晋察冀边区北岳区的阜平地区,发动和组织群众。

当时,这一地区的国民党政权,实际上大都瓦解,社会动荡不安,市场萧条,人心惶惶。工作团一到,就通过贴标语、画漫画和演节目等多种形式,积极宣传共产党抗日主张,扩大人民军队的影响。罗荣桓还和晋察冀临时省委成员王平等,以

---

① 中央档案馆编:《中共中央文件选集》第11册,第477页,中共中央党校出版社,1991年版。
② 《毛泽东军事文集》第2卷,第55页,军事科学出版社、中央文献出版社,1993年版。

当地抗敌后援会为基础,迅速成立了中国民族革命战争战地总动员委员会,有力地推动了阜平县的抗日救亡运动,控制了县政权。随后,骑兵营解放曲阳。至 10 月下旬,阜平、曲阳地区的义勇军发展到 4000 余人。

10 月 11 日,毛泽东致电聂荣臻,指出:你们应在一个月内建立武装与群众工作之基础,以便一个月后有充分力量反对日寇的进攻。根据这一指示,第 115 师主力南下,留独立团、骑兵营、教导队 2 个队与八路军总部特务团团直大部和第 3 营营部 2 个连,第 343 旅工作团、第 685 团 1 个

第 115 师师长林彪

第 115 师副师长聂荣臻(1937 年 10 月改任政治委员)

第 115 师参谋长周昆

第 115 师政训处主任罗荣桓(后改任政治部主任)

连,第 120 师第 359 旅工作团等,共约 3000 人,由聂荣臻领导,继续发展晋察冀边区抗日武装和创建抗日根据地。

留在晋察冀边区的各部队,以五台山区为中心,乘敌后空虚之际,大刀阔斧地向四面发展。

杨成武、邓华率领独立团向晋察冀边区北部发展,相继收复涞源、浑源、广灵、灵丘、蔚县、阳原、易县 7 座县城。不久,独立团扩编为独立第 1 师,师长杨成武,政治委员邓华,辖 3 个团:第 1 团,团长陈正湘,政治委员罗元发;第 2 团,团长黄寿发,政治委员袁升平;第 3 团,团长季光顺,政治委员王道邦。

第 115 师骑兵营在平型关战役后留在敌后参加开创晋察冀抗日根据地,后扩建为晋察冀军区骑兵团。这是骑兵团成立时排以上干部的合影

舒同、赵尔陆率领八路军总部机关干部组成的工作团和总部特务团一部,向晋察冀边区西部发展,开辟五台以西和定襄地区。

王平和刘云彪分别率教导队一部、骑兵营,向东部发展,收复曲阳、完县、满城等,发展抗日义勇军和游击队 4000 余人。

周建屏、刘道生率第 359 旅工作团和一部兵力,向南部发展,以平山、盂县为重点,并在浑源、寿阳、阳泉、井陉、获鹿、正定等地组织农村游击队,建立了平山独立团,团长陈宗尧。

各支部队和工作团,紧密依靠中共地方党组织和人民群众,不仅使游击队获得迅速发展,而且使主力部队扩大到 7600 余人。

1937 年 11 月 7 日,晋察冀军区在山西五台县成立。司令员兼政治委员聂荣臻,参谋长唐延杰,政治部主任舒同,供给部部长查国桢,卫生部部长叶青山。11 月 13 日,军区以活动在晋察冀边区的工作团和部队为基础,统一组成 4 个军分区:

独立第 1 师兼第 1 军分区,师长兼司令员杨成武,政治委员邓华,参谋长熊伯涛,邓华兼政治部主任(后罗元发),辖区为灵丘、广灵、阳原、蔚县、涞源、易县、涞水、定兴、徐水、满城。

第2军分区，司令员兼政治委员赵尔陆，参谋长刘兴隆，政治部主任朱潘显，辖区为五台、定襄、忻县、崞县、代县、繁峙、应县、浑源、山阴等。

第3军分区，司令员兼政治委员王平，副司令员黄永胜，参谋长刘少白，王平兼政治部主任，辖区为阜平、曲阳、唐县、完县、望都、新乐、定县一部。

第4军分区，司令员周建屏，政治委员刘道生，参谋长叶长庚，刘道生兼政治部主任，辖区为平山、行唐、正定、获鹿、井陉、平定、盂县、寿阳、阳曲等。

遵照中共中央军委和八路军总部的指示，晋察冀军区于12月中旬对所属部队进行了整编：各军分区和独立第1师部队，均不以正规军的名目出现，一律成立支队，由军分区兼，各辖相当于团的3个大队，每个大队人数不一，1500人至2000人。

第1军分区兼第1支队，司令员杨成武，政治委员邓华，辖3个大队：第1大队，大队长陈正湘，政治委员王道邦；第2大队，大队长黄寿发，政治委员袁升平；第3大队，大队长邱蔚，政治委员萧锋。另辖广灵、察南、易县、涞源和灵丘上寨游击支队。

第2军分区兼第2支队，司令员兼政治委员赵尔陆，辖3个大队：第4大队，大队长李和辉，政治委员萧文玖；第5大队，大队长何能彬，政治委员黄文；第6大队，大队长刘兴隆，政治委员林接标。另辖五台游击队，游击第1、第2中队。

第3军分区兼第4支队，司令员（后陈漫远）兼政治委员王平，辖3个大队：第10大队，大队长兼政治委员王紫峰；第11大队，大队长朱仰兴，政治委员张毅忱；第12大队，大队长辛力生，政治委员李光辉。另辖唐县、完县、望都、定县和曲阳游击队。

第4军分区兼第3支队，司令员周建屏，政治委员刘道生，辖3个大队：第7大队，大队长阮平，政治委员廖庆先；第8大队，大队长叶长庚，暂没有政治委员；第9大队，大队长陈祖林，政治委员袁子庆。另辖新乐、正定、平山和行唐游击队。

至此，全军区部队已发展到2万余人，拥有约6000支枪。晋察冀军区领导机关，于11月18日，由山西省五台县移到河北省阜平县城。

第5支队由活动在平西的国民抗日军改编，司令员赵侗，副司令员高鹏，参谋长常戟武，政治部主任汪之力，辖3个总队：第1总队，总队长纪亭榭；第2总队，总队长宋明皋;第 3 总队,总队长刘凤梧。1938 年 7 月赵侗逃跑后,该支队编入第 1 军分区兼第 1 支队。

同时,在晋察冀边区休整的第 115 师第 344 旅,通过工作团,扩兵五六千人,遂以第 687、第 688 团的两个第 2 营为基础,于 1937 年 12 月在河北平山县成立第 689 团,团长韩先楚,政治委员崔田民。全旅发展到 1 万人。

晋察冀军区的成立,部队的迅速壮大和独立自主的游击战争的蓬勃开展,形成了对侵占平汉、平绥、同蒲、正太铁路和北平、天津、张家口、太原、石家庄等大中城市日军的严重威胁。日军华北方面军为确保其后方和交通线的安全,集中第 5、第 14、第 109 师团和关东军察哈尔派遣兵团各一部,共 2 万余人,在飞机的掩护下,自 1937 年 11 月 24 日开始,由平汉、平绥、同蒲、正太铁路沿线各据点出动,分八路围攻晋察冀边区的涞源、行唐、曲阳、满城、蔚县、浑源、广灵、平山等地,并逐步向腹地推进,企图歼灭和驱逐晋察冀军区部队。

晋察冀军区的部署是:以独立第 1 师兼第 1 军分区歼灭浑源、阳原、涿鹿,易县方向之敌;以第 2 军分区歼灭代县、崞县、原平、忻口方向之敌;以第 3 军分区歼灭满城、完县、唐县、曲阳、行唐方向之敌;以第 4 军分区歼灭平山、阳泉、寿阳、阳曲方向之敌。各军分区部队利用日军兵力不足、对地形生疏、不敢贸然深入腹地等弱点,采取军民结合、新老部队结合、主力部队与地方部队结合的方式,以袭击、阻击、伏击等战术手段积极打击进犯之日军。主力避免正面抵抗,寻机歼敌一路;游击队则袭击日军后方据点和交通线。至 12 月 21 日,晋察冀军区在第 120、第 129 师的配合下,取得了乱岭关、大小龙华等战斗的胜利,粉碎了日军的“八路围攻”,即第一次大规模围攻。

这次反围攻作战,晋察冀军民共歼日军 1087 人,缴获步马枪 312 支、机枪 10 挺、子弹 5 万发、马 10 余匹、电台 1 部、汽车 1 辆、坦克 1 辆。我方伤亡营、连、排干部 40 余人,班以下战士 600 余人。

与此同时,晋察冀军区成立了军政干部学校,孙毅任校长。军政干校共办了三期,培养了 1500 余名学员,缓解了部队发展中缺乏干部的问题。晋察冀军区反日军“八路围攻”胜利结束后,于 12 月 25 日召开了第一次政治工作会议。会议在聂荣臻主持下,着重研究如何解决军区发展中的组织、纪律和作风等各种政治问题。至 1938 年 1 月,全军区连队中党员比例逐步达到 20％至 35％,共发展共产党员 4810 人，清洗了 1300 多名各种不良分子，纯洁了共产党的组织，巩固了部队。

二、晋察冀抗日根据地建成，晋察冀军区在第 120 师主力等部配合下粉碎日军空前大规模围攻

平型关战役前后，罗荣桓率领的第 115 师工作团，以动委会为基础，建立了阜平、曲阳等晋察冀边区第一批县抗日民主政权。聂荣臻率独立团等留在晋察冀边区后，在晋东北和冀西地区，继续发展动委会和抗日救国会等一些半政权性质的组织，以有利于发动群众、组织武装、筹粮筹款，为建立完全意义上的抗日政权和边区抗日根据地创造条件。

晋察冀军区成立后，晋察冀边区的抗战出现了新的局面，晋察冀抗日根据地也初具规模。不久，中共晋察冀省委在阜平成立，黄敬任书记，特委和县以下各级党组织也逐步建立，从而加强了创建抗日根据地的党的领导力量。经边区党政军民各方领导人充分交换意见，相互协商，12 月 5 日在阜平成立了晋察冀边区临时政府筹备处。筹备处工作得到了冀中、冀西、晋东北各地抗日团体、抗日部队和动委会的积极支持和广泛响应。

1938 年 1 月 10 日至 15 日，晋察冀边区军政民代表大会在阜平召开。出席会议的有共产党、国民党、边区各县和蒙、回、满少数民族以及和尚、喇嘛等各界代表，共 149 人。会议通过了全区关于军事、行政、财政经济、文化教育、民运工作等

晋察冀边区军政民代表大会全体代表合影

多种议案,经民主选举产生了晋察冀边区政府,即晋察冀边区临时行政委员会——这是敌后由中国共产党领导建立的第一个统一战线性质的抗日民主政权。委员会由聂荣臻、宋劭文、胡仁奎、张苏、刘奠基、吕正操、孙志远、娄凝先、李杰庸 9 人组成,宋劭文任主任委员,胡仁奎任副主任委员。晋察冀军区和晋察冀边区抗日政府的建立,标志着晋察冀抗日根据地的胜利建成。至此,晋察冀抗日根据地已发展为拥有 40 余县、1200 万人口的广大地区。

3 月,工人、农民、妇女等各界县级救国会普遍建立,仅农民救国会成员就达 57 万人,并动员 1.5 万人参军。4 月,中共晋察冀边区抗日根据地第一次代表大会召开。会上,彭真受中共中央北方局委托,作了《关于全国抗战形势和争取抗战胜利方针》的报告;聂荣臻作了《几个月来支持华北抗战的总结与我们今后的任务》的报告;黄敬、舒同分别作了关于地方党和部队工作的总结报告。会议强调指出:巩固共产党的组织,健全各级领导机构,保持共产党在抗日民族统一战线中的独立性,加强共产党对军队、政权、人民团体的领导;敌后抗战必须坚持持久战的方针,大力开展游击战争,努力扩大、巩固抗日根据地,增强部队的机动性;加强武装建设,大量发展游击队和自卫队,加强组织和训练,提高其战斗力。会议还根据中共中央指示,将晋察冀省委改为晋察冀区委,刘澜涛任书记。这次会议,确定了建党、建军、根据地建设等各项任务和斗争方针,对于发展晋察冀抗日根据地,具有重要指导意义。

晋察冀军区部队先后于 2 月上中旬、4 月下旬至 5 月上旬和 7 月上旬,三次主动出击敌之平汉、平绥、同蒲和正太铁路及其沿线重要据点,多次袭入保定、涿县、代县、平山县城,进入北平郊区卢沟桥、石景山,使平汉铁路几次交通中断,并打退了日军向北岳区腹地阜平的进攻。争取了涞水、保定、徐水、满城等地的伪军反正,充分显示了敌后游击战争的威力,继续配合了正面战场国民党军的作战。

日军华北方面军认为,扰乱其治安的根源,在于以共产党领导下的八路军为代表的抗日势力的活动,强调:对抗日势力的讨伐,"重点指向共军,特别对已建成的共产地区,努力尽早将其摧毁"。"对共军应彻底进行扫荡。为此,在共军地区,应一面进行讨伐,一面采取宣传及其它方法,尽量灌输防共思想"。"尤其皇军威力未曾达到的山西北部及连结太行山脉的山岳地带,乃共军巢穴,其影响至今及于华北全区。因此，必须彻底扫除，以绝后患"。①

在南取广州、中攻武汉的同时，日本华北方面军从9月10日开始，集中第1军的第109师团、独立混成第4旅团，驻蒙军的第26师团、独立混成第2旅团和方面军直辖的第110师团，共5万余人，以北岳区的五台、冀西为重点目标，准备对晋察冀抗日根据地进行大规模的围攻，企图歼灭晋察冀军区领导机关和主力部队。

为此，中共晋察冀区委和军区，进行了深入的战前思想动员和充分的作战准备，号召边区军民一切为了战争、一切为了前线的胜利，为保卫家乡而战；实行坚壁清野，拆墙破路；各县、村普遍组织起游击队、自卫队，配合部队作战，担负支前任务。

晋察冀边区军民反围攻作战，分为三个阶段：

第一阶段自9月20日至10月6日。9月20日，驻平汉铁路北段、平绥铁路、同蒲铁路和正太铁路沿线据点的日军，在数十架飞机的配合下，分东线、北线、西线和南线，开始围攻晋察冀边区；并施放毒气，直指抗日根据地中心区五台、阜平和涞源等地。10月1日，军区学兵营第3连第3排，为掩护机关转移，在五台城南教场作战中，全部壮烈牺牲。军区参谋长唐延杰，在下耿家庄指挥作战中，负重伤。

10月2日，毛泽东、朱德等致电晋察冀军区首长，指出：日军此次围攻较前任何一次来得有计划与持久性；根据日军构筑据点、步步推进、紧缩边区及兵力不足但很顽强的优缺点，应相当地集中主力于我有利的各种条件（敌人弱，地形有利）方面准备待机；以小部队与敌进行极不规则的小战，迟滞和疲惫敌人，以相当有力部队转入敌之后方交通线，打击敌之运输；如敌无弱可乘，不便我主力集中打击或消灭时，仍以小部队分途逐渐引敌深入，使敌疲惫疏忽扑空，待敌转移方向或退却时，给以突然的袭击或追击。同时，令第120、第129师策应晋察冀军区，进行反围攻作战。这一指示，对于晋察冀军民取得反围攻胜利，具有重要的指导意义。

东线日军先后于9月22日、10月2日，由曲阳直逼阜平。晋察冀军区首长鉴于东线日军威胁最大，调整部署：以第3军分区一部，节节抗击，不断袭扰、伏击、疲惫各路日军；以第1军分区、第3军分区主力和第3纵队兼冀中军区部队一部，隐蔽埋伏于东西庄一带。10月4日，在东西庄一战，歼日军1000余人。至6日，

---

① 日本防卫厅战史室编：《华北治安战》上册，天津市政协编译组译，第67、69、80页，天津人民出版社，1982年版。

日军侵占了涞源、五台、阜平县城。

第二阶段自10月7日至15日。日军深入晋察冀抗日根据地腹地后,加修工事和据点,进行分割、"清剿",企图寻歼晋察冀军区领导机关和主力部队。针对敌情,根据毛泽东、朱德等指示精神,中共晋察冀区委于10月7日,对粉碎日军围攻提出了进一步的要求。晋察冀军区决定以一部兵力化整为零,开展分散的游击战争,袭扰日军;主力则乘机深入日军侧后,部署在曲阳至阜平、五台至台怀、蔚县至涞源、广灵至灵丘间,破袭交通线,断其补给,陷其被动。

10月中旬,西线日军在东线、北线日军的配合下,分路搜寻五台山区的台怀、石咀地区,捕捉晋察冀军区领导机关和主力部队。晋察冀军区领导机关,先机转移至蛟潭庄地区。其第2军分区部队在台怀、石咀地区不断袭扰日军辎重运输,使其难以立足。10日,晋察冀军区骑兵营成功地夜袭曲阳县高门屯据点,缴获日军全部粮食。

与此同时,第120、第129师和八路军第3纵队兼冀中军区,分别袭击日军控制的同蒲、正太、平汉铁路,有力地牵制和打击了日军。

晋察冀边区人民群众,十分踊跃地投入了支前工作。各县新组织的游击队员约有3000人,曲阳、唐县组织的自卫队员2000余人,平山县出动2.3万人配合部队作战。由于晋察冀边区军民一致努力,加上获得兄弟部队的大力支援,日军陷于十分被动的地位。

第三阶段自10月16日至11月7日。晋察冀军区乘日军退缩被动之机,除以一部兵力在游击队配合下,继续困扰日军外,集中第1军分区主力,在曲阳至阜平的日军后方交通线上,进行了19次袭击战和伏击战。其中,仅10月20日的郑家庄伏击战,就缴获日军各种车140余辆。第120师第359旅第717团则于17日拂晓,在蔚县至涞源间的明铺,伏击日军一个运输大队,歼大队长以下400余人,毁汽车35辆;第359旅主力于28日上午,在广灵至灵丘间的邵家庄伏击敌人,歼日军400余人,毁汽车10余辆;第358旅第716团于11月4日,在五台至高洪口之间的滑石片伏击敌人,歼日军500余人。

在此阶段,第129师继续打击正太铁路沿线之日军。晋察冀边区人民,又作出了不懈的努力。仅平山人民,就出动了3万多人参加交通破袭战。在平山温塘、天井战斗中,当地群众烙了2万多斤饼子送给八路军。至11月7日,反围攻作战胜利结束。

在这次反日军围攻作战中，晋察冀军区在第 120 师主力、第 129 师一部和边区抗日根据地人民群众的有力支援下，共进行了东西庄、郑家庄、邵家庄、滑石片等大小战斗 136 次，歼日伪军 5200 余人，缴获长短枪 570 余支、轻重机枪 49 挺、各种炮 10 门等。

晋察冀边区军民，经过多次严峻斗争的考验，得到了磨炼，提高了战斗力；部队获得了进一步发展壮大；边区抗日根据地的北岳区不断扩大，成为发展平西、平北、冀东和冀中的战略依托。

平西地区，包括北平以西的房山、涿县、涞水、蔚县、宣化、涿鹿、怀来、延庆、昌平等县的一部或大部，拥有 1100 余个村庄，30 万人口。七七事变后，中共平西地方组织就以共产党员、青年学生为骨干，组成国民抗日军等抗日游击队，营救共产党员和爱国志士，在颐和园附近天门沟、北平西郊妙峰山等地，开展抗日游击活动。1937 年冬，国民抗日军被调到晋察冀抗日根据地中心区阜平地区整训，改编为第 5 支队，编入晋察冀军区。

1938 年 3 月，晋察冀军区将第 1 军分区兼第 1 支队第 3 大队主力，改编为邓华支队，亦称冀东支队。同时，以涞源、灵丘游击队为基础，建立新的第 3 大队，编入第 1 支队。邓华

1938 年春，晋察冀军区邓华支队挺进平西地区

支队挺进平西地区后，在第 5 支队的配合下，活动在昌平、房山、涿县、涞水等地，建立县的联合抗日政权，组织了 1500 人的自卫队，初步创建了平西抗日根据地，成为晋察冀抗日根据地的重要组成部分。

10 月 5 日，中共扩大的六届六中全会主席团，致电聂荣臻、晋察冀边区党委并

八路军全体将士及边区全体党员,表示慰勉,指出:"中共中央第六次全会扩大会听了彭真同志关于晋察冀边区的报告,并得悉你们全体党员、将士与人民正在与敌人作英勇的斗争,不胜欣庆!全会并向在战斗中死难与受伤的同志致崇高的敬礼!全会完全同意边区党委所执行的坚定的统一战线的方针,并在这个方针下,依靠全党全军的努力,已经创造晋察冀边区成为敌后模范的抗日根据地及统一战线的模范区,这些都在坚持华北抗战中已经和将要尽其极重大的战略作用,而且你们的经验,将成为全党全国在抗战中最有价值的指南。全会完全相信你们必能更加团结一致,联合一切友党友军,胜利地粉碎敌人对于你们的围攻,并且进一步巩固与扩大你们的根据地。希望你们继续坚持统一战线的方针,动员一切力量,执行灵活的游击战与运动战,进行坚壁清野,准备长期战斗,镇压汉奸日探,粉碎敌人的围攻,以便同友党友军一起更完备地进行各种战时建设,巩固与扩大抗日部队,广泛的组织群众,建立民主制度,提高边区生产,并发展与巩固党,长久保持晋察冀边区是最进步的模范的抗日根据地,作为将来进攻日寇最好的前进阵地,全会对你们有无限的慰问与希望。"①

中共扩大的六届六中全会的慰问电,深刻总结了晋察冀抗日根据地成为华北敌后第一个模范抗日根据地的有益经验,高度评价了其重要的战略地位和作用,指明了党政军民的斗争方针和方向,对于粉碎日军围攻、加强人民军队和抗日根据地建设,具有重大指导意义。

第三节　八路军第120师创建晋绥抗日根据地,粉碎日军首次围攻

一、八路军第120师创建晋西北抗日根据地,大力扩大主力部队

晋绥抗日根据地,包括晋西北抗日根据地和大青山抗日游击根据地两部分。

晋西北地区,地处黄河以东,外长城以南,同蒲铁路北段以西,汾(阳)离(石)公路以北,是中共中央、中央军委所在地陕甘宁边区的东面屏障和联系华北其他抗日根据地的纽带。第120师创建晋西北抗日根据地的工作,是在1936年9月成立的群众抗日团体山西牺牲救国同盟会(简称牺盟会)和1937年9月20日成立的

---

① 北京军区晋察冀战史编写组:《晋察冀军区抗日战争史》,第73页,军事科学出版社,1986年版。

第二战区民族革命战争战地总动员委员会（简称战动总会）的配合下进行的。战动总会是有共产党、八路军代表参加领导的统一战线和政权性质的组织。

9月13日，日军侵占大同后，晋西北地区沦为敌后。"由于敌人的长驱直入，政权被敌人摧毁了，地方官吏逃亡了，汉奸政权——维持会产生了，而溃兵又到处骚扰，居民惶惶不安。这种情况，使晋西北前线和接近前线的后方，成了一种非常混乱的局面。当时摆在120师面前的紧急任务，就是挽救战局，克服危机。"①在这种情况下，八路军第120师师部率第358旅，按照中共中央军委9月17日、19日和23日调整的战略部署，于22日离开忻县，开赴晋西北管涔山区的神池、八角堡地区。第359旅，在八路军总部的指挥下，进至晋察冀边区五台、平山地区活动。9月28日，第120师以第716团第2营为基础组成雁北支队，宋时轮任司令员（支队长），随后挺进雁北地区，开展敌后游击战争。

第120师主力于9月28日在神池、八角堡地区集结，在第358旅开展雁门关南北、同蒲铁路北段抗日游击战争，与国民党军共同进行太原会战的同时，于10月1日由师政训处主任关向应率政治机关大部和教导团等共700余人组成地方工作团，分赴晋西北地区的兴县、保德、河曲、偏关、

第120师师长贺龙　　第120师副师长萧克

第120师参谋长周士第　第120师政训处主任关向应（1937年10月改任政治委员）

① 中国人民解放军历史资料丛书编审委员会：《八路军·回忆史料》第1册，第85页，解放军出版社，1988年版。

神池、宁武、静乐、岢岚、临县等14个县。

10月6日,毛泽东电示贺龙、萧克指出:"估计敌人深入后,在后方的兵力,只能守主要的据点,企保持其交通线。"故你们目前的任务是"开展游击运动,创造抗日根据地"。"主要的是繁殖游击队、义勇军"和"组织若干游击小组"。① 11月,中共晋西北临时省委成立,马林(后赵林)任书记,统一领导晋西北、大青山两个地区的抗日斗争。接着,中共晋西北临时省委和工作团在牺盟会、战动总会的支持下,积极宣传《抗日救国十大纲领》,动员和武装群众;组织工人、农民、青年、妇女等各种团体的抗日救国会,建立各级战地动员会;成立了岢岚、静乐、临县、兴(县)岚(县)保(德)等县委或地委;吸收散兵游勇,扩大人民武装,发展主力部队。仅晋西北各县组织的游击队和自卫军,就发展到约1.1万人。

第120师某部向晋西北进军

① 《毛泽东军事文集》第2卷,第74页,军事科学出版社、中央文献出版社,1993年版。

11 月 8 日太原失陷后，在华北国民党军正规战争业已结束、八路军游击战进入主要地位的形势下，第 120 师主力在晋西北全境展开，准备长期坚持游击战争。其具体部署是：张宗逊率第 358 旅一部兵力，进至太原、交城、古交镇地区；贺炳炎、廖汉生支队活动于吴城镇地区；王震率第 359 旅进至崞县至忻口一线；雁北支队进至怀仁、口泉地区；王兆相率警 6 团进至偏关、右玉地区活动，开展独立自主的山地游击战争，进一步发动群众，扩大主力部队，建立抗日民主政权。战动总会在晋西北 68 个县成立了县、区、村各级动委会组织。1938 年 1 月，中共晋西北临时省委正式改为晋西北省委，主要领导人未变。

至此，偏关、右（玉）平（鲁）、大（同）怀（仁）左（云）、朔县等一批抗日民主政权建立，标志着晋西北抗日根据地初步形成。

同时，新建立了 5 个团：学兵团，团长刘开锡，政治委员曾祥煌；忻（县）崞（县）独立团，团长顿星云，政治委员彭德大；平山独立团，团长陈宗尧；崞县独立团，团长贺庆积，政治委员陈文彬；侯马独立团，主官不详。

1938 年 1 月，第 120 师进行整编：将上述新部队编入第 120 师，使 2 旅 3 团扩大为 1 旅 3 团，雁北支队扩大为 5 个营。忻崞独立团改编为第 358 旅第 714 团，团长顿星云，政治委员彭德大；平山独立团改编为第 359 旅新的第 718 团（原第 718 团改为八路军后方留守处警备第 8 团），团长陈宗尧，政治委员罗章；崞县独立团改编为第 359 旅第 719 团，团长贺庆积，政治委员陈文彬；侯马独立团分别补充各团；神池、五寨地区的游击队改编为师独立第 1 支队，支队长杨嘉瑞，政治委员戴文彬。至此，全师由东渡黄河、出师抗日时的 8227 人，发展到 25454 人，扩大了三倍多。

其中，第 358 旅为 9500 人，第 359 旅为 9480 人，雁北支队为 2960 人，独立第 1 支队为 1626 人，教导团为 707 人，学兵团为 1181 人。全师共有步枪 4451 支，马枪 559 支，驳壳枪 652 支，手枪 102 支，自动步枪 2 支，手提式枪 426 支，重机枪 32 挺，轻机枪 236 挺，花机关枪 4 挺，迫击炮 15 门，手榴弹 14648 颗，马刀 172 把，刺刀 444 把，骡 805 匹，马 134 匹。

6 月前后，在一些县游击队的基础上，组建了 5 个独立支队：第 2 支队，支队长毛少先，政治委员胡全；第 3 支队，支队长曾来古，政治委员陈远波；第 4 支队，支队长康干生；第 5 支队，支队长孙春荣；第 6 支队，支队长王宝珊，政治委员胡一新。

至此,第120师发展到2.9万余人。

二、八路军第120师主力粉碎日军首次围攻,收复晋西北七城

1938年2月,日军由汾阳、平遥和邯郸出动,分三路向晋南临汾地区进攻。2月18日,八路军总部下达了配合晋南国民党军作战的命令,指出:第120师应确占石岭关、忻口之线,切断敌之联络,集结主力于铁路以西山地,打击敌之增援,小部向朔县之敌袭击,并与太原以南傅作义集团联络。

根据八路军总部的命令,第120师自2月18日至27日,以第358旅第715、第716团,第359旅第717团、第718团第2营,在日军侧后同蒲铁路北段开展破袭战。经10天作战,歼日军约250人,攻占了日军平社、豆罗车站和石岭关、关城镇、田家庄等据点,拆毁铁路15余公里、桥梁8座①,炸毁火车3辆、汽车10余辆,切断了忻县麻会至阳曲县高村间的铁路交通,有力地牵制了日军向晋南的进攻,配合了正面战场国民党军作战。第358旅第715团团长王尚荣负重伤。

日军华北方面军为配合其在晋南的进攻,解除对其侧后的威胁,乘第120师主力在同蒲铁路北段作战之际,集中驻蒙兵团(1938年7月4日,改编为驻蒙军,隶属华北方面军)第26师团、方面军直辖的第109师团和伪蒙军各一部,共1万余人,于2月21日由平绥、同蒲铁路和太(原)汾(阳)公路沿线出动,分五路首次开始围攻晋西北抗日根据地。第1路为第26师团一部,由朔县出动,侵占宁武、神池,28日占保德;第2路为第26师团另一部,由井坪镇出动,侵占偏关、河曲;第3路为伪蒙军,由绥远南犯,侵占清水河后,进至偏关与日军会合;第4路为第109师团一部,由太(原)汾(阳)公路据点出动,沿汾(阳)离(石)公路行进,26日进至黄河东岸的军渡、碛口,隔河炮击八路军后方留守处阵地;第5路为第109师团另一部,由文水、交城出动,侵占岔口、古交、河口地区。当时,在晋西北地区虽有第二战区司令长官阎锡山部4个军,但未起什么作用。

与此同时,留在晋西北抗日根据地的第358旅第714团积极活动于原平、忻口以西地区,第359旅第718团主力和第719团活动于原平、崞县以西地区,雁北支队活动于怀仁、岱岳、左云、右玉、平鲁、朔县,警备第6团一部活动于河曲、保德地

---

① 贺龙、萧克关于120师战斗向朱德、彭德怀作的汇报,1938年3月19日。

区,独立第 1 支队和师属骑兵营活动于朔县、神池、三岔堡、利民堡地区。各部队在地方游击队的配合下,积极开展游击战争,为师主力部队实行机动回师争取了时间。

在这种情况下,贺龙认为,第 120 师主力在同蒲铁路北段的任务已经完成,需要马上返回晋西北。遂于 28 日令第 358 旅进至离石、碛口以北,侧击日军,阻止其西渡黄河、保卫陕甘宁边区;以第 359 旅阻止日军向岢岚、兴县的进攻。28 日,第 120 师主力冒雪回师晋西北抗日根据地。

3 月初,日军由黄河渡口军渡、碛口和府谷撤离,同时侵占了五寨、岢岚。至此,日军侵占了晋西北抗日根据地的宁武、神池、五寨、岢岚、保德、河曲、偏关七座县城。八路军第 120 师主力星夜回到岚县、岢岚附近和娄烦以西地区。6 日,毛泽东致电指出:第 358 旅和第 359 旅单独作战不能击破敌之一路,而集中则确能击破一路,则以集中打一路为合宜,但打岢岚一路为宜和打娄烦一路为宜,须以当前情况妥为决定;第 358 旅不必再往碛口、军渡方向,目前重点在坚决击破向静乐、方山、五寨三点前进之敌,必须击破此三路中之一路或两路,方能破坏敌之包围计划,巩固晋西北抗日根据地,策应其他区域之作战。

据此,第 120 师决定以第 358 旅第 715、第 716 团和第 359 旅第 717 团、第 718 团一部,打击深入岢岚、五寨的一路日军,相机于运动中歼灭之;同时,以其他部队在日军侧后地区,配合师主力作战。

3 月 7 日,第 359 旅主力在地方游击队的配合下,首先围困了岢岚县城。当时,城内驻有日军第 26 师团一部共 1000 余人,尚未来得及修完备的工事。城内没有水源,四周环山,生活用水来源于城南一条水沟。第 359 旅遂攻占日军城南、城东警戒阵地和城西高地,切断水源,断其补给,逼其于 10 日离城南逃。接着,在三井镇,趁日军立足未稳,歼其 300 余人。第 359 旅第 717 团政治委员刘礼年,壮烈牺牲。

围困岢岚成功后,第 120 师以第 718 团一部和地方游击队继续围困五寨,以第 358 旅主力于 17 日进至义井以南虎北村、山口村地区,以第 359 旅主力于 18 日进至三岔堡地区,分别打退了神池、三岔堡增援之敌,切断了五寨日军的东西依托,于 22 日收复了神池,孤立了五寨。雁北支队在右玉,警备第 6 团在保德,第 719 团在神池、宁武间,不断袭击敌后据点和交通线,有力配合了师主力围困五寨的行动。

侵占五寨的日军,在孤立无援的情况下,被迫于 25 日弃城逃走。侵占偏关、河曲和保德的日军也都撤离。第 120 师乘胜于 4 月 1 日夜又收复了宁武,并以第 716、第 719 团分别在石嘴子、石湖河追歼日军一部。

收复宁武县城的第 120 师部队

至此,八路军第 120 师收复岢岚、五寨、偏关、河曲、保德、神池、宁武 7 座县城,歼日伪军 1500 余人,缴获炮 1 门、长短枪 200 余支,从而粉碎了日军对晋西北抗日根据地的首次围攻。第 120 师伤亡 600 余人。

4 月 10 日,毛泽东致电贺龙、萧克、关向应等,对晋西北军民胜利开展同蒲铁路北段破袭战和粉碎日军首次围攻,表示祝贺,指出:你们努力奋战击破敌人整个进攻,取得伟大胜利,中央诸同志闻之极为兴奋。伤亡颇大,补充整训极为必要。当巩固内部团结,加紧整训,争取新的胜利,造成巩固的抗日根据地,坚持华北抗战,在全国抗日战争中完成自己的任务。

从 5 月开始,第 120 师以一部继续巩固与扩大晋西北抗日根据地,主力则向东、向北发展。除雁北支队挺进冀东外,第 359 旅全部东进恒山山区的浑源、广灵和应县等地区,配合晋察冀军区创建抗日根据地。9 月 20 日至 11 月 7 日,第 120

师主力为配合晋察冀军区粉碎日军 5 万余人的围攻作出了重要贡献。

三、八路军第 120 师一部创建大青山抗日游击根据地，扩大晋西北抗日根据地为晋绥抗日根据地

大青山，横亘绥远境内、阴山中段，东西绵延 350 余公里，南北宽 40 余公里。当地群众流传着这样一句话来形容大青山的地形特点："远看是高山，近走似平川。骑马一奔子，走路两三天。"山区拥有 140 余万人，是汉、蒙、回族汇居的地区，多是三五户的小村，几十户稍微大一点的村就很少见，村落之间一般相隔几十里。一年到头，二分之一时间是冬季；一天之中，早晚和中午温差很大。但大青山区地处晋西北抗日根据地的外翼，也是中共中央、中央军委所在地——陕甘宁边区的北方门户，具有重要的战略地位。

当时，日军驻蒙兵团第 26 师团大部兵力和伪蒙军主力，部署在平绥铁路沿线的集宁、归绥和包头及其两侧附近的城镇。土匪、汉奸、流氓频繁骚扰百姓，无恶不作，群众痛苦不堪。

1938 年 5 月 14 日，毛泽东致电朱德、彭德怀并贺龙、萧克、关向应。指出：在平绥铁路以北，沿大青山脉建立游击根据地，甚关重要。第 120 师师长贺龙立即派人对大青山的情况作了进一步调查研究，并及时经八路军总部报告了中共中央军委。6 月 11 日，毛泽东复电指出：大青山脉的重要性如来电所述，该地区派何种部队、何人指挥及如何做法，由你们依情况处理之。

第 120 师在贺龙、关向应率领下挺进晋西北，开展游击战争，建立以管涔山脉为依托的抗日根据地。至 1938 年 1 月，晋西北抗日根据地基本形成。随后，开辟了大青山抗日游击根据地。这是贺龙（中）、关向应（左）在前线接见记者

为了创建大青山抗日游击根据地,第 120 师大青山支队由 1 个团、1 个支队和师骑兵营一部组成,司令员兼政治委员李井泉,参谋长姚喆,政治部主任彭德大。第 715 团,团长王尚荣,政治委员朱辉照;战动总会游击第 4 支队,1937 年 11 月由太原市成成中学师生组成,约 300 人,支队长刘墉如。大青山支队共 2500 余人,其中,老红军占近二分之一,党员占三分之一,是一支战斗力很强的部队。第 120 师首长赋予大青山支队的任务是:用迅速的手段消灭地方上汉奸武装及伪军,先予以坚决打击,创造政治上瓦解的有利条件,加强蒙汉团结,做好上层的统一战线工作;坚决瓦解伪政权及伪公安局组织;充分做好行军中及刚到驻地时遭受敌人夹攻的准备。

挺进中的大青山支队一部

大青山支队梯次于 7 月 29 日、8 月 2 日由晋西北五寨地区出发,辗转右玉、平鲁、偏关地区,夜行晓宿,摆脱了日军的跟踪,先后从杀虎口越过长城,在绥远凉城县广汉营集结后,进至蛮汗山地区。为保持大青山与晋西北抗日根据地的联系,除留第 715 团第 1 营坚持绥南以蛮汗山为中心的游击战争外,大青山支队主力于 9 月 1 日凌晨,跨过平绥铁路,到达大青山区的武川县大滩、甘沟子地区,开展绥中抗日游击战争。下旬,在归绥以东的面铺窑子,与共产党领导的蒙汉抗日游击队会师。

大青山支队主力于 9 月 3 日,夜袭陶林(今察哈尔右翼中旗),歼伪军一部,扩大了八路军的影响。随后,挥戈西进,在大滩地区成立了绥蒙总动员委员会,并加紧进行攻占乌兰花(今四子王旗)的准备工作。乌兰花是绥中重镇,环镇土城高 3 米,外壕深宽各为 2 米,只有西、南、北三面城门,镇内东山梁为全镇制高点。驻有居民约 600 户,伪军骑兵 100 余人。据此,大青山支队决定:以第 715 团第 2 营对乌兰花实施主要攻击,控制东山梁制高点和由南门发展进攻,直逼伪军驻地;第715团第3营除一个连担任预备队外,其余兵力分别部署在北门、西门外和乌兰花至武川大道上,执行阻击和打援任务。

9月10日23时许,大青山支队进至乌兰花东南高地后,按预定部署,利用夜暗,迅速隐蔽地接近指定目标。当伪蒙军发现第715团第2营自南、东两面攀越城墙时,已来不及组织起有效的抵抗。第715团第2营遂乘势由南门和东山梁两面向街心发动进攻,夹击伪军。战至11日凌晨2时,伪蒙军除一部分由西门败逃外,大部分被俘。乌兰花战斗,大青山支队共俘伪蒙军和保安队180余人,缴机枪9挺、长短枪80余支和战马100多匹。不仅打击了日伪军,而且扩大了八路军的影响,为宣传、组织群众,开展绥中抗日游击战争,创造了条件。

乌兰花战斗后,大青山支队指战员积极宣传共产党的抗日主张,释放俘虏,团结争取蒙古族上层人物,并以即使塞外寒风呼啸只身着单衣也不入民宅的严明纪律,赢得了绥东地区广大群众的拥护和爱戴,安定了群众情绪,恢复了社会秩序。

大青山支队在抗击日军

9月下旬至11月上旬,大青山支队深入归绥至武川公路以西地区,相继在石拐镇和萨拉齐以北山区,多次粉碎日军进攻,开展了绥西抗日游击战争。

11月22日,中共绥远省委成立,白如冰任书记,武新宇、李井泉等为委员。绥远省委,受中共中央北方局领导,以大青山支队活动地区为中心,领导包头至大同和大青山至后套地区的抗日斗争。在此前后,绥蒙总动员委员会在绥中、绥东、绥西3个游击区内设立了办事处,并建立县级动员委员会,行使政权职能,标志着大青山抗日游击根据地的初步形成。

至12月,第120师南出晋中,北上大青山,东进冀东、平西和北岳恒山地区,创建了拥有50余县、近1000万人口的抗日根据地。主要形成了包括晋西北抗日根据地和大青山抗日游击根据地的晋绥抗日根据地。

第四节 八路军第129师创建和发展晋冀豫抗日根据地,粉碎日军首次围攻和"九路围攻"

一、八路军第129师创建晋冀豫抗日根据地,晋冀豫军区成立

晋冀豫边区,基本处在同蒲铁路以东,正太铁路以南,平汉铁路以西,黄河以北;其间太行、太岳两山脉绵延穿行,是坚持华北敌后抗战和向冀鲁豫平原发展的重要战略依托。太原失守前,八路军第129师主力于1937年10月中旬进抵晋东南平定地区,在以主力配合正面战场国民党军作战的同时,由秦基伟、赖际发率领教导团第5连一部和少数干部,进至太谷、榆次、寿阳、阳泉、昔阳、和顺地区,开展游击战争。他们依靠中共地方组织,动员和组织矿工、纱厂工人、农民、青年学生和国民党军散兵游勇,积极开展对日作战和建立县、区、村各级抗日民主政权。与此同时,第129师骑兵营被派到冀西的元氏、赞皇、内丘地区,开展剿匪、锄奸、反霸斗争,迅速结束了"五里一霸、十里一王"的混乱局面,成立了农救会、妇救会等各种抗日群众团体,初步打开了冀西地区的抗战局面。

太原失守后,11月10日和13日,八路军第129师先后在晋东南昔阳县武家庄、和顺县石拐镇两次召开干部会议。会上,传达了毛泽东和八路军总部关于依托太行、太岳山区创建晋冀豫边抗日根据地的指示和决定;刘伯承作了游击战术

和进一步开展敌后游击战
争的动员报告,总结了全师
抗战以来的工作,具体部署
了开展敌后游击战争的行
动和任务。

11 月 15 日,八路军第
129 师师部由和顺县石拐镇
移驻辽县(今左权县)县城
后,在中共晋冀豫省委的支
持下,有步骤、有计划地分
散大部兵力,派出多支部
队,到晋东南、冀西、冀南、
豫北等地,开展独立自主的
游击战争。

第 129 师师长刘伯承　　　第 129 师副师长徐向前

师政治部副主任宋任
穷、组织部部长王新亭、宣
传部部长刘志坚,分别率工
作团和一部兵力,到晋东南
沁县、长治、晋城、高平、陵
川、武乡、襄垣、平顺、沁源、

第 129 师参谋长倪志亮　　第 129 师政训处主任张浩
　　　　　　　　　　　　(1937 年 10 月改任政治委员)

安泽、屯留等地,在山西牺牲救国同盟会帮助下,开展工作。

秦基伟、赖际发领导的 3 支游击部队和阳泉矿工游击队,于 11 月 18 日编成了
晋冀豫抗日义勇军第 1 纵队。27 日,这支纵队改编为第 129 师独立支队(又称秦
赖支队),司令员秦基伟,政治委员赖际发,继续活动在晋中地区。

汪乃贵支队于 12 月 12 日,以第 769 团 1 个连和一部分干部为基础组成,支队
长汪乃贵,活动在昔阳地区。

挺进支队以教导团 30 余名干部为基础编成,支队长孙继先,政治委员胥光
义,于 12 月 13 日进至冀南隆平县地区活动。

1938 年 1 月,第 129 师派出部分干部组建独立团,团长夏云廷,政治委员邓永

耀,该团后编入新第 385 旅;以第 772 团 4 个连为基础组建补充团,团长韩东山,政治委员丁先国,该团后编入第 386 旅;28 日以教导团部分干部为基础组建游击大队,亦称谢张大队,大队长谢家庆,政治委员张国传,活动于榆社、武乡、襄垣、黎城地区。

2 月,师骑兵营扩编为骑兵团,团长王振祥,政治委员邓永耀。9 日,教导团 30 余名干部协同中共地方组织建立游击支队,亦称桂张支队,司令员桂干生,政治委员张贻祥,活动于晋冀边地区;10 日,以教导团 2 个连为基础成立先遣支队,司令员张贤约,政治委员张南生,活动在辽县以东、平汉铁路邢台至磁县段以西、漳河以北的冀豫边地区;17 日,第 771 团 1 个连和教导团部分干部组成独立游击支队,亦称赵涂支队,司令员赵基梅,政治委员涂锡道,活动在白(圭)晋(城)公路以东、平汉铁路以西、漳河以南的太(行)南地区。

4 月 28 日,以工人、农民和青年学生为基础组成晋豫边游击支队,司令员唐天际,全支队共 1500 人,活动在同蒲铁路以东、曲(沃)高(平)公路以南、高(平)博(爱)公路以西、黄河以北的中条山地区。

第 129 师一部向太行山区挺进

八路军第 129 师各工作团和部队,到达活动地区后,依靠中共地方组织,大力宣传《抗日救国十大纲领》和共产党的各项方针政策,放手发动群众,组织各种抗日团体和群众武装,开展游击战争,实行合理负担政策,既扩大了部队,又在太谷、榆次、寿阳、平定、井陉、获鹿、昔阳、元氏、赞皇、高邑、临城、内丘、邢台、沙河、磁县等地,建立了一批抗日民主政权。至此,同蒲铁路以东、正太铁路以南、平汉铁路以西、黄河以北的晋冀豫边区的游击战争全面展开,抗日根据地基本形成。

4 月下旬,晋冀豫军区成立,该军区对外称第 129 师后方司令部,师参谋长倪志亮兼司令员,政治委员黄镇,副司令员王树声,政治部主任赖际发。5 月 15 日,按游击支队活动的地区和方向,建立五个军分区:第 1 军分区对外称独立支队,司令员秦基伟,政治委员赖际发,政治部主任朱效成,辖区为晋中地区;第 2 军分区对外称游击支队,司令员桂干生,政治委员张贻祥,辖区为冀晋边地区;第 3 军分区对外称先遣支队,司令员张贤约,政治委员张南生,辖区为冀豫边地区;第 4 军分区对外称游击大队,司令员张国传,政治委员谢家庆,并指挥太岳游击大队,辖区为浊漳河流域地区;第 5 军分区对外称独立游击支队,司令员赵基梅,政治委员涂锡道,辖区为太(行山)南部地区。

晋冀豫军区的任务是:一方面,组织自卫队、游击队,补充兵员,安置伤病员,积蓄武装力量;另一方面,指挥基干武装部队,独立作战或配合正规部队作战。

二、进行正太、邯长路破袭战,粉碎日军对晋冀豫抗日根据地的首次围攻和 "九路围攻"

太原失守后,八路军第 129 师按照中共中央军委和八路军总部的部署,正在同蒲铁路榆次至太谷段以东、正太铁路以南、平定至昔阳公路以西、寿阳东南实行战略展开之际,日军华北方面军第 1 军以第 20 师团一部 5000 余人,于 1937 年 12 月 22 日由太谷、榆次、寿阳、阳泉、平定、昔阳出动,分六路围攻八路军第 129 师部队。八路军第 129 师遂以第 386 旅第 772 团,在松塔、独堆山、马坊镇等地与日军周旋,在内线牵制、侧击日军;以第 769 团、汪乃贵支队和秦赖支队,于昔阳以西西寨、沾尚等地,在外线积极袭击日军。至 26 日,八路军第 129 师内外线密切配合,粉碎了日军的"六路围攻",歼日军 700 余人,取得了晋冀豫边区军民首次反围攻的胜利,增强了坚持敌后游击战争的信心。

1938 年 2 月中旬,沿平汉、道(口)清(化,今博爱)、正太、同蒲铁路沿线进攻的日军华北方面军第 1 军指挥第 14、第 20、第 108、第 109 师团各一部,共 3 万余人,向晋南、晋西的国民党军进攻。为配合正面战场国民党军作战,牵制与打击日军,八路军总部于 2 月 18 日命令:第 129 师与第 115 师第 344 旅向正太铁路阳泉至井陉段出击。据此,八路军第 129 师于 2 月 21 日夜,以第 386 旅主力埋伏于正太铁路上的井陉及其西南旧关之间的长生口附近地区。22 日拂晓,又以第 769 团一部佯攻、包围旧关日军,吸引井陉日军出援。果然,井陉日军 200 余人,乘 8 辆汽车驰援。早晨 6 时,当井陉日军通过长生口八路军伏击区时,第 129 师第 386 旅主力突然发起攻击。经 5 个小时激战,歼日军 130 余人,缴获步枪 50 余支、重机枪 2 挺、迫击炮 3 门,击毁汽车 5 辆。陈赓在记述长生口作战时,指出:"我们一时出发。山路崎岖,气候严寒,冷风刺面,但均卸枪疾走,勇气百倍,到达红土岭时,东方尚未发白。拂晓前开始部署。四时许,旧关发生激烈枪声,知第七六九团已到,开始袭击了。时至六时,尚未见敌援兵到来。正在焦急之际,忽然前面传来枪声,这时真有说不出的痛快。敌人约二〇〇余,一部乘车,一部步行。我军突然开火,敌先头第一部汽车即被我击坏……"[1]与此同时,第 115 师第 344 旅袭击井陉至娘子关日军据点,歼日军 200 余人,一度切断正太铁路交通运输线。

当八路军第 129 师主力和第 115 师第 344 旅进击正太铁路沿线日军时,日军第 108 师团沿邯(郸)长(治)公路,于 2 月 20 日侵占长治后,企图配合沿同蒲铁路南下的第 20 师团,向晋南国民党军进攻。3 月 3 日,八路军总部发出命令:在襄垣无敌的情况下,第 129 师师部应进驻襄垣,其主力位于襄垣东南适当地点,配合国民党军,准备随时由北向南侧击继续由东阳关向潞城、长治前进之敌及其辎重部队;继续开展这一区之游击战争,彻底破坏东阳关至长治公路。据此,第 129 师主力迅速南移襄垣、武乡地区,寻机破袭邯长路,牵制与打击向晋南国民党进攻的日军。

邯长公路,东起河北省邯郸,横穿太行山区,沿线依次为武安、涉县、黎城和潞城日军据点,均有重兵据守,西与山西省长治至临汾公路相衔接,是连接同蒲、平汉铁路,晋西、晋南日军取得后勤补给的重要交通线。长治东北 12.5 公里处的神头岭,是一座仅有 100 余米宽的山梁。邯长公路蜿蜒其间,路两旁的地势略高于路面。公路附近,有国民党军修的一些工事。山梁北侧,有一条大山沟,西部是居有 10 余户人家的神头村。

神头岭,对于八路军来说,从地理条件上看,地形狭窄,第 129 师难以展开,但

---

[1]《陈赓日记》,第 62 页,战士出版社,1982 年版。

第 386 旅进入神头岭设伏位置

附近的工事可以利用,而且来往的日军对此习以为常,只要潜伏部队注意隐蔽,就可收到出敌意外之效;同时,日军骑兵也难以左右机动,技术兵器不好展开。综合敌我双方因素,权衡战场利弊,八路军第 129 师决定采用"吸打敌援"战术,其具体部署是:以第 769 团一部"攻其所必救",袭击黎城日军,吸引长治、涉县日军来援;该团主力置于黎城东北的东黄须、西黄须,伏击由涉县来援之日军;第 386 旅则置于长治东北的神头岭,伏击由长治来援之日军。

3 月 16 日 4 时许,八路军第 769 团第 1 营袭入黎城城关,惊醒了熟睡的日军,歼其 100 余人后,主动撤至城外乔家庄地区。涉县、长治日军闻讯后,赶来增援。第 769 团主力在东、西黄须将涉县出援日军击退,第 771 团特务连烧毁了浊漳河大桥,切断了由神头岭至黎城的交通。9 时 30 分,当长治出援日军 1500 余人完全进入神头岭第 129 师伏击地区时,第 386 旅立即发出攻击的信号。其第 771 团在公路左侧迎头截击,第 772 团和补充团在公路右侧展开攻击,造成夹击日军之势,并以一部兵力切断其退路。枪声、手榴弹爆炸声和指战员们的喊杀声,打破了神头岭的宁静。弹片横飞,火光闪闪,硝烟翻滚,黄土腾飞。八路军手持刺刀、大刀和长矛——有的司号员抱起石头,有的炊事员挥起扁担——与日军拼杀。第 772 团第8连连长邓世松胸部负重伤,牺牲前仍指挥连队向日军冲击;第1营1个战士四处受伤,用毛巾包扎一下伤口后,一口气刺倒3个日本兵。

在八路军的沉重打击下,日军陷入混乱,由于重兵器和骑兵难以发挥作用,大部被歼。余部逃至神头村内企图依托村落进行反扑,但尚未站稳脚跟,就被第772团第7连第1排赶出村子。随后,第129师又连续击退了黎城、潞城日军的多次增援。至16时,战斗胜利结束。

神头岭伏击战,共歼日军1500余人,俘其8人,缴获长短枪550余支,击毙与缴获骡马600余匹。第129师伤亡240余人。这是八路军继平型关、广阳伏击战后,进行的又一次较大规模的歼灭战。日本战地随军记者,也不得不称此战运用了八路军第129师的"典型游击战术"。刘伯承对神头岭的伏击战术,作了入情入理的分析:"这次采用'吸打敌援'的战术。袭击黎城驻止之敌,以吸引涉县、潞城两地敌人来援,在必经之路东、西黄须和神头村予以伏击。袭击是手段,伏击才是目的。我之所以把这种战术叫'吸打敌援',是因为要使人一见就知道重点在打援。这一战术的关键是吸援地点的选定。这要侦察和估计敌人驻军布防的系统,哪里是敌人驻军的本队,哪里是敌人驻军的分支,哪一分支又是敌人驻军最关痛痒,十分爱护的环节。这环节就是我们吸援的地点,黎城正是符合了这个原则的。"[1]刘伯承的分析,令人折服不已,收画龙点睛之效。

神头岭战斗后,八路军第129师主力于3月31日,又在邯长公路上涉县至黎城东阳关间的响堂铺地区,伏击日军运输部队,歼日军400余人,焚毁汽车181辆,缴获迫击炮4门、重机枪2挺、长短枪130余支。第129师伤亡317人。当年指挥这次战斗的徐向前在题为《忆响堂铺之战兼贺抗战胜利40周年》的诗中,写道:"巍巍太行起狼烟,黎涉路隘隐弓弦。龙腾虎跃杀声震,狼奔豕突敌胆寒。扑灭火龙吞残虏,动地军歌唱凯旋。弹指一去四十载,喜看春意在人间。"[2]

晋冀豫抗日根据地的创建和游击战争的全面展开,对日军造成很大威胁。日军华北方面军为了驱逐或消灭八路军总部、第129师和部分国民党军,摧毁抗日根据地,决定于4月初,大规模地围攻晋东南地区。为此,朱德、彭德怀于3月24

---

[1]《刘伯承传》,第188页,当代中国出版社,1992年版。

[2] 中国人民解放军历史资料丛书编审委员会:《八路军·回忆史料》第1册,第331页,解放军出版社,1988年版。

日至 28 日,在沁县小东岭主持召开了第二战区东路军将领会议。八路军第 115、第 129 师,山西青年抗敌决死队,国民党军第 3、第 17 军及第 94 师等部的将领,共 30 余人,出席了会议。会议分析了抗战形势,确定了反围攻的方针和任务,决定以一部兵力钳制各路日军,集中主力歼灭日军一路,以粉碎日军围攻。

据此,第 129 师在辽县以南的西井,召开了团以上军政干部会议。会议决定:先发制敌,与国民党军一起,分头迎击敌人,破袭平汉、正太、同蒲、白晋路等运输线,粉碎其计划;推迟日军围攻,准备给其更大打击;在敌实行围攻时,以各军分区基干支队,领导县、区游击队和村自卫队,扼其粮弹接济,使敌饿困其中,随时受袭,不能立足久停;我军在敌侧背抓其弱点,特别在其分进不能合击之际,集结优势兵力,消灭日军一路,达各个击破之目的;第 129 师作为反围攻的主力要实现击破日军一路的目的,不能化整为零地在合击圈内与敌周旋,应立即转到合击圈外去,打击日军的后方与补给线,抓住其薄弱的一路予以猛袭,一定会收到奇效。

会后,第 129 师各支部队进行了一系列的充分准备工作:纷纷举行反围攻誓师大会,普遍提出了看谁最能够执行命令、坚决勇敢、节省子弹、多抓俘虏、多缴枪炮、严守战场纪律的竞赛条件;派出部分干部协同地方抗日民主政府,深入群众进行反围攻的动员;召开村民众大会,揭露日军"消灭八路、安抚百姓"的欺骗宣传;组织游击队、自卫队带领群众,实行空室清野、清除汉奸、改造地形等。

4 月 4 日,日军华北方面军第 1 军集中第 16、第 20、第 108、第 109 师团各一部,共 3 万余人,由平汉铁路上的元氏、邢台,邯长、临(汾)屯(留)公路上的长治、屯留,同蒲铁路上的太谷、榆次,正太铁路以南的平定等地,分九路从东、南、西、北四面围攻晋东南地区的八路军和国民党军。八路军总部遂以第 129 师第 769 团、第 386 旅和第 115 师第 344 旅第 689 团,由辽县(今左权县)以南转至日军合击圈外的涉县以北地区,隐蔽待机;以留在内线的各部队,进行游击战和运动防御战,消耗、疲惫、阻止日军,为转至外线的部队创造战机。

10 日前后,参加围攻的日军大部兵力被阻止于麻田、沁源、东团城、西团城、马坊、九龙关和芹泉地区,只有第 108 师团一部突破国民党军第 3 军的防御,侵入抗日根据地的腹心地区辽县、武乡、沁县、襄垣,成为孤立突出之敌。

面对这一情况,在涉县以北隐蔽待机的第 129 师主力和第 344 旅第 689 团,奉八路军总部之命,立即挥师西进,于 15 日进至武乡附近,准备歼灭城内日军。同

在粉碎日军"九路围攻"战役中,第 129 师一部攻入榆社县城

日,侵占武乡的日军第 108 师团第 117 联队 3000 余人北犯榆社扑空后,被迫撤回武乡。武乡日军在一天之内,来回跑了近 80 公里,实际上已成了疲惫之敌。当日黄昏日军放弃武乡城,沿浊漳河东撤。八路军第 129 师遂以第 689、第 772 团为左纵队,以第 771 团主力为右纵队,分别沿浊漳河两岸,实施平行追击;以第 769 团沿武乡至襄垣大道跟进。至 16 日清晨 7 时,八路军第 129 师左、右两路纵队追至武乡以东长乐村附近,对走在河谷中的日军形成了夹击之势。第 386 旅第 771、第 772 团,乘机发起了进攻。刚刚装备部队的苏式机枪发出浑厚的射击声,连续射出的 20 多发迫击炮弹在敌群中开花。全旅指战员勇猛地杀入敌群,左刺右砍,将困在河谷里的日军 1500 余人截成数段。已通过长乐村的日军 1000 余人,为解救其被围部队,向第 772 团左翼戴家垴阵地猛攻。第 772 团以第 10 连同 10 倍于己的日军激战 4 个多小时,打退了日军的多次攻击,其中一个排全部壮烈牺牲,阵地失守。后续部队第 769 团赶到后夺回了阵地,从而有力地保障了河谷里的歼灭战。接着,八路军第 129 师主力和第 344 旅第 689 团在打击辽县出援日军后,主动撤出战斗。

长乐村袭击战,共歼日军 2200 余人,缴获步马枪 100 余支、轻机枪 2 挺。八路军伤亡 800 余人,第 772 团团长叶成焕光荣殉国。刘伯承在第 129 师为叶成焕举行的追悼会上,要求全师指战员"向烈士学习,为烈士报仇,向着他们未完成的事业突击,征服一切艰险和困难"[①]。

[①]《刘伯承传》,第 202、203 页,当代中国出版社,1992 年版。

长乐村战斗的胜利,对粉碎日军围攻具有关键性的作用。此后,日军开始撤退。八路军第129师和第115师第344旅,乘胜追击、截击日军,收复了辽县、黎城、潞城、襄垣、沁县等县城。至29日,粉碎了日军对晋东南的"九路围攻"。是役,共消灭日军4000余人,收复县城19座,将日军全部驱逐出晋东南地区。此后,这一地区的国民党军也大部分转至豫北和中条山地区。从此,第129师基本上控制了晋冀豫边区北部(通常称太行北部)地区。

经过正太、邯长路破袭战和粉碎日军对晋东南地区的"九路围攻",共产党和八路军的影响扩大了,广大人民坚持敌后抗战的信心增强了;同时,给日军造成极大的不安,使其不得不承认:"在第一军地区,有力的中国军退入山西省内的山地,会同原来盘踞该地的共军,扰乱我占领地区,其威势已不容轻视。第一军从3月中旬至4月下旬之间,在占领地区内进行肃正讨伐,虽予敌以一定的打击,但未能达到预期目的,特别是对五台山及潞安北方的共军,未能进行讨伐。"①

三、扩大晋冀豫抗日根据地,发展晋冀豫军区部队

晋东南军民粉碎日军"九路围攻"后,晋冀豫边区当面的日军第16、第14师团先后调往徐州战场。为扩大晋冀豫抗日根据地并策应正面战场国民党军作战,八路军总部于1938年4月22日发出命令,除第344旅(欠第689团)在长治附近整训外,第129师主力及第344旅一部,迅速由太行山区向冀南、豫北平原和各铁路沿线展开。据此,第129师军政委员会于4月25日决定:除第769团和第115师第5支队(同年1月,以第343旅第685团第2营为基础组成,支队长曾国华,政治委员王叙坤)、第344旅第689团组成平汉路东纵队,继续开辟冀南抗日根据地外,以第386旅(欠第771团)为平汉路西纵队,挺进冀西,相机发展豫北地区。

4月下旬,第386旅主力进至平汉铁路以西的冀西地区后,并指挥先遣支队等,由北向南,先后歼灭了邢台、沙河、武安、磁县以西山区的十余股伪军、汉奸、土匪和反动会道门武装,连克峰峰、西佐、彭城等伪军据点,削弱了日伪军的力量。至5月底,已初步改变了这一地区自2月沦为敌后后的社会混乱局面,安定了群众情绪。

---

① 日本防卫厅战史室编:《华北治安战》上册,天津市政协编译组译,第73页,天津人民出版社,1982年版。

1937 年秋冬, 第 129 师在八路军总部的直接指挥下, 进入晋东南太行山区, 创建了晋冀豫抗日根据地。这是朱德(右)与刘伯承(中)、邓小平(左)在研究作战计划

6 月上旬, 第 386 旅主力南越漳河, 进至豫北的道清铁路以北地区后, 并指挥赵(基梅)涂(锡道)支队和补充团, 连克观台、水冶, 攻入汤阴、辉县等, 消灭日伪军近千人。同时, 打击了一批十恶不赦的汉奸、土匪、恶霸, 初步打开了安阳、林县、辉县和道清铁路两侧地区的抗战局面。

6 月 12 日, 新第 385 旅成立, 旅长陈再道(未到职, 后陈锡联), 政治委员谢富治, 副旅长汪乃贵, 参谋长范朝利, 谢富治兼政治部主任, 辖 2 个团和 1 个支队: 第 769 团, 团长王近山, 政治委员黄振棠; 独立团, 团长邹国厚, 政治委员韩连生; 汪乃贵支队, 汪乃贵兼支队长, 政治委员李定灼。新第 385 旅(欠第 769 团)并指挥独立支队、游击支队等, 在正太铁路以南、平汉铁路石家庄至邢台段以西和平(定)昔(阳)公路沿线, 积极开展游击战, 广泛打击日伪军据点和运输部队, 摧毁了一批伪组织, 有力地推动了晋冀边抗日根据地的建设工作。至 9 月, 第 385、第 386 旅各发展到约 7000 人。

正当第 385、第 386 旅两旅主力分别向晋冀边和冀西、豫北地区展开时, 中共晋冀豫省委(8 月 18 日, 改为晋冀豫区委)于 6 月作出了《新形势下省委工作的新任务》的决定, 提出了建立巩固晋冀豫抗日根据地和广泛开展游击战争的新要求。7 月起, 晋冀豫抗日根据地普遍开展了以扩大民主、改善民生、改造政权为主要内容的群众运动。在辽县、和顺、邢台、赞皇、沁县等一些开辟较早且群众基础较好的地区,开始实行减租减息,改造村政权。同时,在豫北、冀西地区建立了林县、辉县、修武等 13 个县的抗日政权。这样,不仅扩大了晋冀豫抗日根据地,而且调动了新老抗日根据地广大农民参军支前的积极性。各种形式的游击队、自卫队得到了发展,各军分区的基干支队,也由开始时的 100 至 200 人,发展到 1000 至 2000 人。

随后,除晋豫边游击支队、冀西游击总队外,各基干支队和中共地方党组织的游击队合编为 3 个相当于旅的新基干支队。

9 月 21 日,新独立支队由原独立支队即秦赖支队和游击支队编成,司令员桂干生,政治委员赖际发,辖第 1、第 2、第 3 大队。

11 月,新先遣支队由原先遣支队、挺进支队和太行梯队、独立第 3 大队编成,司令员张贤约,政治委员张南生,辖第 1、第 2、第 3 大队,指挥人民抗日游击总队、河北抗日民军第 13 支队(1939 年 4 月,这两支地方游击队编入先遣支队)。

1938 年 12 月,新独立游击支队由原独立游击支队和道清支队、太行南区游击支队、游击第 4 支队编成,司令员赵基梅,政治委员涂锡道,辖第 1、第 2、第 3 大队。

与此同时,各军分区作了相应的调整:独立支队兼第 1 军分区,先遣支队兼第 2 军分区,独立游击支队兼第 3 军分区,太岳游击大队兼第 4 军分区,晋豫边游击支队兼第 5 军分区。

在此期间,以鲁西北抗日游击司令部第 31 支队为基础成立平原纵队,司令员袁仲贤,辖第 1、第 2、第 3 团。

12 月 30 日,晋冀豫军区对外由第 129 师后方司令部改称晋冀豫边游击司令部,司令员倪志亮,政治委员黄镇,副司令员王树声。

至此,第 129 师由出师时的 9160 余人,发展到 5 万余人。其中主力近 3 万人,晋冀豫军区的基干武装为 2 万余人。

根据第 129 师军政委员会 1938 年 4 月决定,留在长治进行整训的第 115 师第 344 旅(欠第 689 团),在 2 个月中,扩兵 3000 余人,壮大了自身的力量。为配合晋南国民党军作战,第 344 旅主力于 7 月 1 日由长治出发,先是顶着烈日骄阳,后是冒着雷电风雨,行进 100 多公里,当日夜急进到阳城以北的町店设伏。

町店地处山区,一条东西走向的公路经町店而过。部队扎营后,构筑了工事,进行了具体部署,等待日军的到来。7 月 6 日,天气已经很热,部队埋伏在青纱帐里潮湿的泥土上,几乎透不过气来,汗水湿透了衣服。不知名的小虫,不是叮脸,就是咬脖子,痛痒难忍。

上午10点钟,日军第108师团一部骑兵和步兵乘50余辆汽车,从晋城方向进至八路军第344旅伏击区内,如入无人之境,遂停止前进而休息起来。有的坐在树荫下乘凉,有的钻在汽车底下睡觉,有的索性跳到路边的河沟里洗起澡来。八路军第344旅乘机向日军发起攻击。神枪手郭本银,弹无虚发,以11发子弹打死11个日本兵。外号"傻大个"的战士,用梭镖连续捅死几个日本兵。日军顿时慌作一团,稍事整顿后,发起了14次冲锋,均被打退。战斗直到傍晚才结束。町店战斗,共歼日军500余人,缴步枪900余支、轻机枪30挺、重机枪8挺。町店战斗后,第344旅主力以团、营为单位,分散至豫北平汉铁路沿线的安阳、淇县及其两侧的滑县、博爱、修武、武陟地区,镇压民愤极大的恶霸,消灭土匪,争取和打击伪军,积极对日作战,继续开展游击战争,扩大了部队,并利用缴获的武器改善了装备。新成立的独立团,编入第344旅。

晋冀豫边区敌后游击战争全面展开以来,八路军第129师并指挥第344旅先后于5月13日,6月6日,7月5日、17日,8月6日、27日,9月10日、21日,10月9日、22日,11月3日、20日,对平汉、正太、道清铁路,进行了12次破袭战。其中,第7次破袭战的注意事项是:绝对保守秘密;深入政治动员,充分侦察及战斗准备,确保达成任务并报朱(德)彭(德怀);避免无条件无把握的攻坚;尽可能破袭敌车辆,发动伪军暴动。提出的目的是:破坏要害,即桥梁、山洞、水塔等;袭击、毁灭要点;打击、消灭敌人小部队;使火车出轨或汽车瘫痪,进而消灭乘车之敌;拖走铁轨,烧毁枕木,挖坏路基,毁电杆,收电线。

至10月,晋冀豫抗日根据地扩大至豫北、冀西地区,发展了包括太行、太岳抗日根据地在内的地区,辖有2300万人口,大大超出了边区的范围。

第五节　八路军第115师主力创建晋西南抗日根据地,并与第120师配合后方留守处保卫陕甘宁抗日根据地

一、八路军第115师主力挺进晋西南地区,创建抗日根据地

晋西南地区,以吕梁山脉为依托,位于汾(阳)离(石)公路以南,同蒲铁路以

西,黄河以东。北与晋西北抗日根据地接壤,是保卫中共中央、中央军委所在地陕甘宁抗日根据地的东部屏障和联结晋冀豫抗日根据地的纽带。

1937年11月8日,太原失守的同一天,毛泽东指出:吕梁山脉是八路军的主要根据地,但其工作尚未开始。因此,不但徐(海东)旅(第344旅)须立即迅速转移,林(彪)率陈(光)旅(第343旅)亦不应在东边恋战,以立即开始转移为宜。彼时敌已深入汾河流域并占领孝义等处。转移后,徐旅以汾阳为中心,陈旅以蒲县为中心为宜。根据毛泽东的指示,八路军总部于9日发出命令:第115师直属队及陈旅,应适时准备转移吕梁山区,执行创造山西基本抗日根据地之任务,翌日由现地开始南进,徐旅行动另令规定。10日,毛泽东关于日军占太原后八路军部署的指示中,再次提出:林师主力准备转移于汾河以西吕梁山区。

当时,八路军第115师师部率第343旅活动在昔阳、平定地区,第344旅继续在晋察冀边的五台、平山地区作战。遵照毛泽东和八路军总部的指示和命令,第115师师部率第343旅于11月9日开始向以吕梁山脉为依托的晋西南地区挺进,创建抗日根据地。在国民党军第二战区司令长官阎锡山部的百般阻挠下,八路军第115师主力于12日进至汾河流域的赵城、洪洞地区后,被迫停止向吕梁山开进,转入整训。同时,分兵一部至襄垣、屯留地区,进行扩兵。在短短的20余天里,扩兵3000余人。这些新兵,除充实第685、第686团外,于12月新组建了补充团,团长邓克明,政治委员符竹庭。该团编入第343旅。至1938年3月中旬,第115师师直和第343旅发展到约1.2万人。

2月中旬,日军第1军第20、第109师团,向晋西南发动进攻,侵占汾阳、介休、孝义等地。国民党军第二战区司令长官阎锡山部,继续向晋南和黄河以西败退。晋西南地区遂成为敌后。为配合国民党军作战,并创建晋西南抗日根据地,八路军第115师主力立即进至灵石、孝义以西的兑九镇、张兰、段村、大麦郊、川口地区,开展游击战争,袭击日军交通线,收复失地。

26日,日军第20师团侵占隰县。27日,日军第109师团侵占黄河东岸军渡、碛口,窥视陕甘宁边区抗日根据地。在这种情况下,毛泽东于28日电示林彪,指出:敌从军渡、碛口两点猛击河西,准备渡河,绥德危急;第115师迅速以一部控制大麦郊、川口、石口地区,发动群众,组织游击队,巩固战略枢纽;派出足够工作人员,猛力发动石楼、永和两县群众,组织游击队,巩固渡河点;向灵石、汾西两县派出工作人员，发动群众，组织游击队，准备晋东部队必要时向西转移；主力转入隰县、午城、大宁地区，寻机作战，消灭该敌。遵照这一指示，八路军第115师主力于3月3日进至隰县午城地区，尔后活动在蒲县至大宁公路一线。同时，分兵一部，组成地方工作队，在永和、石楼等地发动群众，组织地方抗日游击队。

1938年3月2日，林彪在隰县被第二战区司令长官阎锡山部误伤，由陈光任八路军第115师代师长。第343旅旅长，遂由第686团团长李天佑代理。

午城，地处晋西南昌梁山区南部腹地，东连蒲县，西至大宁，北通隰县。日军第20师团于2月27日占临汾，3月14日占午城。八路军第115师第343旅先后于3月14日、16日、17日，在蒲县至大宁间公路沿线的井沟、午城地区多次袭击、伏击日军，歼日军500余人，收复午城。

为了粉碎日军的报复性进攻，第115师主力于3月18日拂晓前，全部进入午城、井沟伏击区域。以第685团埋伏于午城南北高地，阻击由大宁接应之敌；第686团在汾西游击队的配合下，于井沟至午城以东张庄公路两侧高地和山沟，打击由蒲县出犯之敌。上午10时，沿蒲县至大宁公路行进的日军步骑兵800余人，进入第343旅伏击区域井沟至张庄一带，一边火力搜索、侦察，一边缓慢前进。第

午城战斗中缴获的日军汽车

343 旅预伏部队沉着应战,等日军接近时,突然发起攻击。手榴弹一齐飞出,机枪喷射着怒火,顿时陷敌于一片混乱之中。日军立即抢占有利地形,在炮火的支援下,进行反扑。14 时许,日军派了 6 架飞机增援,向第 343 旅阵地丢下 100 多枚炸弹,其地面部队乘机突围。经反复冲杀、肉搏,战至 19 日拂晓,除 100 余名日军突围外,其余大部分被歼灭。3 月 14 日至 19 日,午城、井沟之战共歼灭日军 1000 余人,毁汽车 69 辆,缴获步枪 200 余支、机枪 9 挺、山炮 2 门,缴获骡马 200 余匹。第343 旅伤亡 500 余人。

与此同时,第 115 师主力派出数支游击支队和多个工作团,与先期进入晋西南地区的中共山西省委、山西青年抗敌决死队第 2 纵队密切合作,发动群众,废除苛捐杂税,实行减租减息,发展抗日自卫队和游击队,建立了隰县、蒲县等 16 个县的抗日民主政权。至 1938 年夏天,初步建成了晋西南抗日根据地。

二、八路军第 115 师主力与第 120 师配合八路军后方留守处,保卫陕甘宁边区抗日根据地

陕甘宁边区,位于六盘山以东,长城以南,黄河以西,泾水以北。地处黄土高原,塬、梁、峁、沟壑纵横,冬季较长,人烟稀少。这里是中国共产党及其领导下的红军在土地革命战争时期得以保存下来的唯一革命根据地,并在红军主力到达陕北后成为中共中央、中革军委(后改为中共中央军委)所在地。全国抗战爆发后,陕甘宁边区抗日根据地成为全国人民坚持抗战的政治指导中心,是领导敌后抗战和八路军、新四军、华南人民抗日游击队、东北抗日联军的指挥中枢和总后方。

1937 年 9 月 6 日,陕甘宁边区苏维埃政府改为陕甘宁边区政府,辖神木、府谷、靖边等 26 县,面积为 12 万余平方公里,人口约 200 万。陕甘宁边区抗日根据地,南、北、西三面被几十万国民党军重兵包围,东面与日军隔黄河相望。当时,边区内社会秩序混乱,尤其是土匪蜂起,除散匪外,有以两延(延长、延川)陈老大、三边张廷芝、陇东赵老五为头子的 43 股土匪,达 4000 余人,约 2000 支枪。他们有的打家劫舍,掠夺财物;有的专门摧残中共党、政、军机关和群众组织及工作人员;有的与国民党顽固派勾结,四处窜扰,寻衅滋事,奸淫烧杀,无恶不作。如不除掉这些土匪,边区的社会秩序和群众情绪就难以安定,中共中央、中央军委的安全也没

有保证。

为了彻底清除匪患,八路军后方留守处运用猛打穷追、堵截合击的战术,采用军事打击与政治瓦解相结合的做法,充分依靠人民群众,在不到一年的时间里,经过几十次大小战斗,基本上肃清了土匪,俘匪900余人,缴获机枪、步马枪1700余支、子弹20余万发、迫击炮2门。同时,边区的军事、政治、经济、文化、教育事业得到了迅速恢复和发展,抗日根据地建设得到了全面加强。

为了防止日军进犯,保卫陕甘宁边区抗日根据地安全,中共中央军委于1937年11月17日将府谷至宜川的黄河千里河防划分为三段,成立三个河防司令部,作为后方留守处驻当地军事指挥机构。两延(延川、延长)河防司令部,司令员何长工,副司令员白志文;五县(绥德、米脂、葭县、吴堡、清涧)河防司令部,司令员陈奇涵;神府(神木、府谷)河防司令部,司令员王兆湘。

1938年2月下旬至3月初,日军第26、第109师团首次围攻晋西北抗日根据地时,侵占了黄河东岸的偏关、河曲、保德、碛口、军渡和府谷,直接威胁着中共中央、中央军委的安全。3月,八路军后方留守处采取"半渡而击"的战术:当日军隔河炮击边区河防时,以警备第6团沉着应战,隐蔽待机,避开日军飞机、大炮的狂轰滥炸;当日军兵力密集渡河时,则集中火力,猛烈射击,陷日军于慌乱之中。同时,分兵一部,乘势渡河,进至日军侧背,两面夹击敌人。至3月底,八路军后方留守处在第120师的配合下,打退了进犯河防的日军,歼敌140余人。5月上旬,八路军后方留守处采取"主动出击"的战术,以警备第8团东渡黄河,进到离石西北方的王老婆山地区,乘日军立足未稳,猛烈袭击,歼其200余人,又一次粉碎了日军进犯陕甘宁边区抗日根据地的企图。

7月8日,毛泽东致电第115师,指出:目前,第343旅仍以对同蒲、太(原)军(渡)两路大肆破坏,妨碍敌渡黄河为主要任务,协助地方发展游击队为辅助任务。遵照这一指示,第343旅由灵石、孝义地区进至通向军渡的汾离公路和同蒲铁路介休至灵石段沿线地区,伺机打击敌人。日军华北方面军为策应华中派遣军进行武汉作战,以第1军第108师团于9月上旬沿汾(阳)离(石)公路西犯,侵占离石、柳林,进逼军渡、碛口,进犯黄河河防,威胁陕甘宁边区抗日根据地。

为粉碎日军进犯,配合八路军后方留守处保卫陕甘宁边区,第343旅第686团于9月14日拂晓,进至汾离公路上的薛公岭地区设伏。薛公岭,位于吴城镇以东,周围峰峦重叠,沟壑交错。汾离公路顺着山势,由东蜿蜒向西,经过薛公岭一段陡坡后,伸入岭西的沟洼地。公路两旁,茅草、蒿草、灌木,漫山遍沟,足有成年人半人多高,有利于部队伏击。公路北侧的山头上,有一座碉堡,是控制这段公路的制高点。由汾阳西进的日军 200 余人,分乘 21 辆汽车,打打、走走、停停,一边搜索,一边前进,于上午 8 时许进入第 686 团伏击地区。第 686 团首先以迫击炮连发连中,歼灭控制碉堡之敌;尔后,发起冲击。班长孙林贵,射出 5 发子弹,击毙 4 名日兵。经 1 个小时激战,全歼了这股日军。

9 月 17 日拂晓,八路军第 115 师又以第 343 旅补充团,冒雨进至汾离公路上的吴城镇以西油房坪附近设伏。这时,日军正带着通信、渡河器材,分乘约 20 辆汽车,从汾阳出发,在坎坷不平的泥泞公路上颠簸前进。待日军进入我伏击区域后,补充团勇猛顽强地迅速出击,歼日军 100 余人,击毁汽车 9 辆,缴步枪 100 余支、炮 1 门。从而,取得了第 343 旅在汾离公路连战皆捷的胜利。

日军第 108 师团遭第 343 旅连续打击后,其汾离公路运输线时常被切断,遂于 9 月 19 日由离石东撤。根据这一情况,八路军第 115 师以第 343 旅主力于 9 月 20 日拂晓进至汾离公路上的王家池附近设伏。王家池一带,山高路窄,筑有日军据点。上午 9 时许,日军 800 余人,前拥后挤,进入第 343 旅伏击区域。随着一声冲锋号起,喊杀声震荡着山谷。第 343 旅以第 685、第 686 和补充团三个团的第 2 营,在公路北侧,向日军实施主要突击;以第 686 和补充团两个团的主力在公路南侧配合作战。在第 343 旅的猛烈冲杀下,日军被分割成数段。经 2 个小时奋战,歼日军 500 余人。

八路军在汾离公路上的薛公岭、油房坪、王家池,三战三捷,歼日军 800 余人,缴获枪 560 余支、战马 100 余匹,击毁汽车 30 余辆。

八路军第 115 师主力挺进吕梁山区后,积极开展独立自主的游击战争,连战皆捷,创建晋西南抗日根据地;同时,多次粉碎了日军进犯黄河河防的进攻,从而配合八路军后方留守处部队保卫了陕甘宁边区抗日根据地。

第六节　八路军一部挺进冀鲁豫平原,发展华北抗日根据地

1937 年 8 月,中共中央、中央军委在洛川会议上制定人民军队军事战略方针

时,就提出了发展平原游击战争的问题。冀鲁豫的平原地区,平均海拔不足 50
米,人口众多,物产丰富,平汉、津浦两大铁路干线纵贯南北,是敌我争夺和控制的
重要地区。

太原失守后,八路军在广泛开展独立自主的游击战争,以主力创建山区抗日
根据地的同时,分兵一部开始了平原抗日根据地的建立工作。

在开展平原地区游击战争具有一定基础和经验,但兵力薄弱亟待加强的情况
下,毛泽东、张闻天、刘少奇于 1938 年 4 月 21 日,发出了广泛开展平原游击战争的
指示,指出:"(甲)根据抗战以来的经验,在目前全国坚持抗战与正在深入的群众
工作两个条件之下,在河北,山东平原地区扩大的发展抗日游击战争是可能的,而
且坚持平原地区的游击战争,也是可能的。(乙)党与八路军部队在河北,山东平
原地区,应坚决采取尽量广大发展游击战争的方针,尽量发动最广大的群众走上
公开的武装抗日斗争。秘密的抗日斗争,只有在敌人统治的城市与铁道附近,才
成为主要的方式。(丙)根据在上述方针,应即在河北,山东平原划分若干游击军
区,并在各区成立游击司令部,有计划的系统的去普遍发展游击战争,并广泛组织
不脱离生产的自卫军。(丁)在收复的地区应即建立政府,设法多少恢复当地的抗
日秩序,这些政府由上级或司令部委任,或由民众团体推选,都跟随一个游击队行
动,发布简单的布告与法令,组织民众抗日斗争,镇压汉奸,保护民众利益,帮助部
队筹借给养等。"①遵照毛泽东等的上述指示,八路军开始了第一次大规模向平原
推进的行动。

一、八路军第 115 师一部、第 129 师主力创建冀南、冀鲁豫边平原抗日根据地

冀南地区,位于平汉铁路以东、沧(州)石(家庄)公路以南、卫河以西和漳河以
北的平原地区。1937 年 10 月,日军侵占德县、邯郸后,冀南平原地区成为敌后。
中共冀南特委,立即在隆平组织了冀南抗日游击队,在南宫一带组建了八路军别
动大队,在赵县、藁城、栾城地区组建了抗日义勇军第 5 支队。在共产党的影响、
帮助下,在宁晋、束鹿一带还建立了民众抗日自卫军等地方抗日武装。从而,奠定
了发展冀南平原武装力量和抗日根据地的基础。

---

① 中央档案馆编:《中共中央文件选集》第 11 册,第 505、506 页,中共中央党校出版社,1991 年版。

为了迅速创建冀南抗日根据地,八路军派出多支部队挺进冀南地区。12月5日,第129师抽调第769团第1、第5、第10连3个步兵连和1个机枪连及第769、第771、第772团的各1个骑兵排组成的骑兵连,另干部22人,组建东进抗日游击纵队(简称东进纵队),司令员陈再道,政治委员李菁玉。该纵队于1938年1月15日到达隆平县的魏家庄地区,与先期抵这里的挺进支队会合。

1937年12月13日,第129师以教导团部分干部组成挺进支队,支队长孙继先,政治委员胥光义。该挺进支队由晋东南东越平汉铁路,进至隆平县魏家庄,取得与中共冀南特委的联系。这是八路军第129师第一次派出部队挺进冀南。

1938年2月8日,师骑兵营扩编为骑兵团,团长王振祥,政治委员邓永耀。15日,成立了东进纵队第1团,团长程启光,政治委员桂承志;津浦支队,支队长孙继先,政治委员王育民;骑兵连也扩编为骑兵大队。

3月中旬,师政治部副主任宋任穷率骑兵团抵南宫,并由宋任穷接任东进纵队政治委员。20日,成立了以李菁玉为书记的中共冀鲁豫边区省委(后改称中共冀南区委)。4月20日,带有政权性质的冀南军政委员会成立。至4月底,相继解放了广宗、曲周、南和、平乡,在冀县、新河、宁晋、束鹿等县建立了抗日政权或战委会。

1938年春,宋任穷(右起)、朱瑞、张霖之、李菁玉在冀南合影

徐向前(左1)、宋任穷(左3)和萧华(左4)、符竹庭(左2)1939年在河北省南宫县合影

4月27日,冀南的八路军部队初步划分为5个军分区:挺进大队兼第1军分区,司令员冷赤哉,政治委员宋匪石,辖区为隆平、尧山、任县、柏乡;冀南游击大队兼第2军分区,司令员楚大明,辖区为巨鹿、广宗、平乡、鸡泽、南和;独立营兼第3军分区,司令员耿协福,辖区为威县、清河、武城、临清;第4军分区,司令员、政治委员暂缺,辖区为新河、冀县、枣强、景县、故城、南宫;独立支队兼第5军分区,司令员马玉堂,政治委员徐绍恩,辖区为宁晋、赵县、栾城、藁城、晋县、束鹿。至此,以南宫为中心的冀南平原抗日根据地,初具规模。

5月15日,冀南青年抗敌义勇军团改编为青年抗日游击纵队(简称青年纵队),司令员段海洲,政治委员李聚奎。下旬,第129师东进纵队第1团,扩编为第1、第2、第3团。至6月中旬,东进纵队主力歼灭了临清朱庄、唐元和平原地区伪军,攻克夏津,进入高唐、恩县;骑兵团和第771团占领了肥乡、广平、成安;汪乃贵支队主力进至赵县、栾城、藁城、束鹿、宁晋地区,随后,第385旅一部分也进入该地区活动。上述各部队在冀南地区展开后,大力充实主力部队、军分区基干武装,加强了正规军建设。

7月,冀南军分区重新划分,并由隶属于东进纵队的新成立的5个支队兼:第1支队兼第1军分区,支队长兼司令员徐绍恩,政治委员李林,政治处主任李汉英,辖区为宁晋、赵县、栾城、藁城、晋县、束鹿;第2支队兼第2军分区,支队长兼司令员周光策,政治委员彭学桂,辖区为巨鹿、平乡、南和、任县、隆平、尧山;第3支队兼第3军分区,支队长兼司令员孙树林,政治委员周发田,辖区为永年、鸡泽、曲周、肥乡、成安、广平、大名、临漳、邯郸;第4支队兼第4军分区,支队长兼司令员余伦胜,政治委员王心高,辖区为威县、广宗、南宫、冀县、新河、清河和临(清)丘(县)冠(县)边区;第5支队兼第5军分区,支队长兼司令员葛贵斋,副司令员赵义京,政治部主任刘建章,辖区为枣强、衡水、武邑、阜城、景县、故城。

7月28日,活动在冀南地区的八路军第129师部队,进行了整编。以第386旅第771团、东进纵队第2团和冀鲁游击第1支队编成师独立旅,旅长徐深吉,参谋长卜盛光,辖3个团:第771团,团长吴诚忠,政治委员吴富善;第2团,团长郑炳银,政治委员王昌才;第3团,团长李继孔。东进纵队第1团和码头李第2支队合为新第1团,编入第386旅。8月14日,冀南军政委员会撤销,成立冀南行政主任公署,主任杨秀峰,副主任宋任穷。该公署辖5个专员公署、51个县。

8月21日,师独立旅与青年纵队合编为新的青年纵队,司令员段海洲,政治委员李聚奎,副司令员徐深吉,参谋长卜盛光,辖3个团:第771团,团长吴诚忠,政治委员王贵德;第2团,团长陈子斌,政治委员吴洪芳;第3团,团长李继孔,政治委员刘福胜。31日,汪乃贵支队与民众抗日自卫军合编为冀豫支队,支队长赵辉楼,政治委员赵月舫,辖第1、第2团。10月6日,第769团由冀南返冀西,归建第385旅。

秋,冀南抗日游击军区(通称冀南军区)成立,原兼军分区的5个支队编入东进纵队。该军区司令员兼政治委员宋任穷,副司令员王宏坤(1939年1月任职),参谋长文建武,政治部主任王光华,辖5个军分区:第1军分区,司令员李林,副司令员赵鹤亭;第2军分区,司令员周光策,政治委员彭学桂;第3军分区,司令员程启光,副司令员孙树林,政治部主任甘思和;第4军分区,司令员马玉堂,政治部主任王发武;第5军分区,司令员葛贵斋,副司令员赵义京。

至1938年8月初,在冀南近30个县建立了抗日政权。9月,冀南全区性的总工会、农救总会、妇救总会、文救总会等各种群众抗日组织成立。至此,平汉铁路以东,沧(州)石(家庄)公路以南,津浦铁路以西,漳、卫河两岸及其以北,以南宫为中心,拥有800万人口的冀南平原抗日根据地基本形成。

11月2日,各军分区基干武装、各县民兵、保安队,统一整编为东进纵队第1、第2、第3、第4、第5、第6、第7、第8支队和独立团,团长王筱石,政治委员李汉英。至此,八路军在冀南的部队达2万余人。经过多次整编后,冀南武装的军政素质明显提高,共产党的领导进一步加强。

随后,东进纵队除独立团不变外,其他支队编成新的3个团:以第1、第8支队合编为第1团,团长徐绍恩,政治处主任李汉英;以第2、第4支队合编为第2团,团长余伦胜,政治委员余品轩;以第3、第7支队合编为第3团,团长刘杰三,政治委员周发田。

自8月31日至9月26日,八路军第115师第344旅第688、第689团,第129师第386旅新1团、青年纵队、东进纵队第3团和骑兵团,胜利进行了漳(河)南战役和扩大战果的作战,共歼灭伪军7800余人,缴各种枪3200余支,基本上肃清了平汉铁路以东、漳河以南、卫河以西,南北近50公里地区的伪军和土匪,开辟了安阳、内黄、汤阴、浚县、滑县地区,为创立冀鲁豫边抗日根据地奠定了基础。

漳南战役结束后,第344旅第688、第689团和第386旅新1团,调至平汉路西进行整训。在大力发展武装力量和进行作战的同时,八路军第115师第344旅主力、第129师主力,充分依靠中共冀南区委和广大人民群众,抓紧进行抗日根据地建设。

二、八路军第115、第129师各一部发展冀鲁边平原抗日根据地

冀鲁边地区,东靠渤海湾,南抵黄河,西达津浦铁路,北接(天)津(塘)沽地区。1937年7月至1938年4月,中共冀鲁边工委领导这一地区人民举行抗日武装起义,初步打开了冀鲁边的抗战局面。

为了发展冀鲁边抗日根据地,八路军第115师第5支队和第129师津浦支队,于6月底由冀南出发,经鲁西北,进抵乐陵、宁津地区,与冀鲁边人民地方部队会合,加强了这一地区的抗战力量。

随后,第115师第343旅政治委员萧华率旅机关干部和补充团各一部共100余名,以东进抗日挺进纵队名义由晋西南出发,经冀南,于9月27日进至乐陵。接着,调整了冀鲁边军政委员会和正式编成八路军东进抗日挺进纵队。军政委员会书记、纵队司令员兼政治委员萧华,参谋长邓克明,政治部主任符竹庭,辖3个支队:

第5支队由原第5支队和部分地方部队编成,支队长曾国华,政治委员王叙坤,参谋长刘正,政治部主任刘贤权,辖3个营,后扩大为3个团:第4团,团长诸连三,政治委员朱廷祥;第5团,团长龙书金,政治委员曾庆洪;第6团,团长张策平,政治委员杨俊生。

第6支队由冀鲁边起义的平津支队编成,支队长邢仁甫,政治委员周贯五,副支队长冯鼎平,参谋长程政杰,政治部主任王辉球,辖3个营,后扩大为3个团:第7团,团长李子英,政治委员崔岳楠;第8团,团长杨柳新,政治委员陈德;第9团,团长杨铮侯。

津浦支队由第129师编入第115师,支队长孙继先,政治委员潘寿才。

东进抗日挺进纵队隶属第115师,暂归第129师指挥,待第115师主力抵山东后归建。该纵队成立后,充分依靠中共地方党和群众,分散向新区发展,相继成立了津南支队、泰山支队和宁津、鲁北、阳信、惠民、商河等支队。至1939年上半年,八路军东进抗日挺进纵队等发展到2万余人,并初步开辟了包括(天)津南、鲁北15个县,以宁津、乐陵为中心区的冀鲁边平原抗日根据地。

三、八路军第4纵队在中共冀热边特委配合下创建冀东抗日根据地

冀东地区,南临渤海,西接平津,北依长城,是连接东北与华北的走廊。七七事变后,中共河北省委和冀热边特委就开展了抗日宣传,组织起抗日游击队和学生、妇女等群众抗日团体,进行公开的抗日武装斗争。1938年2月9日,毛泽东电示朱德、彭德怀等:"雾龙[灵]山为中心之区域,有广大发展前途,但是独立作战区域,派去部队须较精干,且不宜过少,军政党领导人员须有独立应付新环境之能力,出发前须作充分准备。"①据此,以晋察冀军区第1军分区兼第1支队第3大队

---

① 《毛泽东军事文集》第2卷,第153页,军事科学出版社、中央文献出版社,1993年版。

为主组成的邓华支队,亦称冀东支队,由司令员兼政治委员邓华率部进到(北)平西地区,为挺进以雾灵山为依托的冀热边抗日根据地做准备工作。

至 1938 年 5 月,中共在冀东建立了 7 个县委,发展党员 500 多人。原冀热边特委和京东特委合并为新的冀热边特委,书记胡锡奎。新的中共冀热边特委成立后,积极展开了迎接八路军主力、发动武装起义的准备工作。

27 日,八路军第 120 师雁北支队即宋时轮支队 2500 余人,进抵平西斋堂、杜家庄地区,与晋察冀军区冀东支队即邓华支队,合编成八路军第 4 纵队,由八路军总部直辖,由晋察冀军区指挥。该纵队司令员宋时轮,政治委员邓华,参谋长李钟奇,政治部主任伍晋南,辖第 11、第 12 支队和独立营、骑兵大队。

第 11 支队,邓华兼司令员,辖 3 个大队:第 31 大队,大队长季光顺,政治委员杨克武;第 32 大队,大队长王效国,政治委员刘慎之;第 33 大队,大队长萧思明,政治委员李志远。

第 12 支队,宋时轮兼司令员,辖 3 个大队:第 34 大队,大队长陈仿仁,政治委员王再兴;第 36 大队,大队长唐家礼,政治委员丁盛;骑兵大队,大队长王正川,政治委员李炳雄。

全纵队共 5000 余人。为下一步开辟冀东、平北地区增强了力量。

6 月 8 日,八路军第 4 纵队由平西出发,连克昌平、延庆后,留第 36 大队和骑兵大队在平北、承德以西地区开展游击战争;主力则东越平承(德)铁路,跨入冀热边区,于 21 日进至蓟县的靠山集、将军关一带。

在八路军第 4 纵队挺进冀东的有利形势下,加上原定起义行动暴露,中共冀热边特委遂决定将发动冀东人民抗日武装大起义的时间由 7 月 16 日提前为 7 月 6 日。这次起义,以丰(润)滦(县)迁(安)遵(化)、滦昌(黎)乐(亭)和蓟县三个地区为中心,工农配合行动,长期连续罢工,组织起义武装,主动袭击据点,破袭北宁铁路,狠狠打击日伪军,席卷了通县以东、长城以南、抚宁县以西、渤海湾以北的整个冀热边区。其中,周文彬、节振国率领的开滦矿工 500 余人,主动与丰润县榛子镇农民共同打击敌人,闻名遐迩。冀东人民抗日武装大起义,遍及 20 余县,共 20 万人参加,组织抗日联军 39 个总队,达 7 万余人,连同其他抗日武装共 10 万人。

参加冀东人民抗日武装大起义的部分战士

与冀东人民抗日武装大起义同时，八路军第 4 纵队于 7 月中旬以主力北出热河、兴隆受挫后，于下旬返回将军关、靠山集地区，并在人民起义武装的配合下，分兵一部，活动于蓟（县）平（谷）密（云）、丰（润）玉（田）遵（化）和迁安、卢龙地区。至 8 月中旬，在上述部分地区开始建立抗日政权，成立区、乡政府，委派县长，初步开创了以蓟县、平谷、密云为基本区的冀东抗日根据地，成为晋察冀抗日根据地的重要组成部分。

8 月下旬，八路军第 4 纵队、中共冀热边特委和冀东抗日联军领导干部，在遵化县铁厂召开重要会议。会议分析了冀东的抗战形势，作出了统一指挥、统一领导、整顿部队、建设抗日根据地的决定。会议决定：建立冀察热宁军区，司令员宋时轮，副司令员邓华，辖 5 个军分区；同时成立冀察热宁边区行政委员会，作为统一抗日政权机构。铁厂会议后，八路军第 4 纵队召开党委会议，决定：东面以热（河）南的都山为根据地向平原发展；西面依托兴隆县境内的雾灵山向平原发展。八路军第 4 纵队向都山进军的一部分兵力，由于途经伪满边境，敌人戒备严密，因而在长城线上的桃林口、燕河营地区受阻,被迫回到滦河以西的迁安莲花院地区;另一部分兵力,进至白河以西,袭击了赤城、龙关日伪军。

10月2日,毛泽东、朱德等电示聂荣臻及宋时轮、邓华:"在冀热边区创造抗日根据地有极重要的战略意义",要"提高部队党及地方党内纪律","造成团结和睦的空气","在工作上应即扩大八路军,吸收地方游击队加入八路军,开办短期训练班,改造游击队"。[①] 10月中旬,第4纵队除留3支游击队共300余人继续坚持冀东斗争外,主力和冀东人民起义抗日武装4万余人,经蓟县北部,开赴平西整训。由于不断遭到日伪军袭击,减员较大,中共冀热边特委在平谷县北樊各庄召开干部会议,决定带剩余的起义武装6000余人返回丰润、滦县、迁安、遵化地区,继续坚持游击战争。起义武装返回丰滦迁遵地区后,仅余1400人。开赴平西整训的部队和起义武装,也只剩下4000余人。

11月25日,中共中央军委致电八路军总部、晋察冀军区和第4纵队,指出:"宋、邓纵队深入冀东苦战数月,配合并促成地方党所领导的冀东起义,恢复了冀东的中国政权,发动了群众,建立了冀东的游击区,扩大了我军在敌深远后方的政治影响,给敌人以打击,一般说来是获得了成绩的。但是没有尽可能的保持并发展这一胜利,没有很好的团结地方党及军队,没有很镇静的应付那里的局面,以致退出原地区,军队及群众武装受到相当大的损失。"[②]中共中央的指示,既充分肯定了八路军第4纵队挺进冀东后,在中共冀热边特委的配合下,开展平原游击战争的经验和成绩;同时,又指出了该纵队存在的问题及教训,为尔后继续开展冀热察的抗日斗争,指明了方向。

1937年11月8日太原失守后,在华北国民党军正规战争业已结束,以共产党领导的八路军为主体的游击战争进入主要地位的形势下,八路军广泛开展独立自主的游击战争,在以主力创建山区抗日根据地的同时,分兵一部,挺进冀南平原。尤其是1938年4月21日毛泽东等关于发展平原游击战争的指示发出后,八路军第115、第120、第129师,以一部兵力或主力,深入冀鲁豫平原开展游击战争。这是八路军第一次大规模向平原地区挺进的战略行动,从而使平原与山区抗日根据

---

① 《毛泽东军事文集》第2卷,第367、368页,军事科学出版社、中央文献出版社,1993年版。
② 中国人民解放军历史资料丛书编审委员会:《八路军·文献》,第254页,解放军出版社,1994年版。

地彼此支持、相互依托，初步形成了广阔的华北敌后战场。斗争的实践证明，平原地区的条件，有利有弊，只要趋利避害，平原游击战争是能够继续坚持和得到发展的。

第七节　山西、河北、山东等省地方抗日游击战争的开展和人民地方武装的建立

七七事变后，日本帝国主义全面侵华的第一步战略目标，是夺取华北。随着日军对华北的侵占步步深入，中共中央在指挥八路军大力开展敌后游击战争、创建抗日根据地的同时，连续对北方局发出指示，要求"整个华北工作应以游击战争为唯一方向，一切工作例如民运，统一战线等等，应环绕于游击战争"。"发动全华北党（包括山东在内）动员群众收编散兵散枪，普遍的但是有计划的组成游击队。"①

太原失陷后，中共中央北方局在《关于目前形势与华北党的任务的决定》中又指出：我党在华北，就是要进一步独立自主地去领导游击战争，动员最广大的群众加入游击战争，争取广大的乡村成为游击战争的抗日根据地。遵照中共中央和北方局的指示，山西、河北、山东等省的共产党组织，充分依靠八路军，深入动员群众，大力开展地方游击战争，积极建立人民武装，为各抗日根据地的创建作出了努力。

一、山西新军协同八路军开展地方抗日游击战争

1935 年一二·九运动和中共中央政治局瓦窑堡扩大会议后，在中日民族矛盾上升为中国社会的主要矛盾的形势下，中共中央不失时机地加强了对阎锡山的统战工作。1936 年 5 月，中共中央在红一方面军东征回师陕北后发表《停战议和一致抗日通电》，并于 25 日由毛泽东亲笔致函阎锡山，倡议其共同抗日。阎锡山是长期统治晋绥地区的地方实力派，在日军进逼、蒋介石排挤的情况下，认为抗日、拒蒋没有力量，经反复权衡利弊，把联共作为一条出路，因而在抗日的道路上，迈出了犹豫的一步。他虽然试图借助共产党的政治影响，采取某些进步措施，起用一批在山西有一定号召力的坚决抗战的共产党人，在实际上允许共产党员进行抗日活动，但不愿明确提出联共抗日的政治主张，也不愿意直接接受共产党的口号，

---

① 中央档案馆编：《中共中央文件选集》第 11 册，第 353 页，中共中央党校出版社，1991 年版。

不准共产党人以公开的面目出现。这样,我党就与阎锡山在山西建立与保持着一种特殊形式的抗日统一战线关系。

薄一波于 1939 年 1 月在山西省沁县南沟村

1936 年 9 月 18 日,即九一八事变五周年之际,原属阎锡山的核心组织山西省自强救国同志会的左派进步青年宋劭文、戎子和等,倡议和发起组织了群众性的抗日团体山西牺牲救国同盟会(简称牺盟会)。10 月,中共中央北方局利用阎锡山邀薄一波等由北平回山西工作、共同完成"保晋大业"之机,成立了中共山西省公开工作委员会(简称山西工委),以利于采用合法形式开展上层统一战线工作。中共山西工委,由薄一波、杨献珍、董天知、韩钧、周仲英组成,薄一波任书记,后增加了 11 名委员。下旬,薄一波等 5 人作为抗日救亡活动家抵太原后,以诚相待,谨慎从事,很快取得了阎锡山的信任,站住了脚跟。经与阎锡山协商,牺盟会改组,由阎锡山和其亲信梁化之分任会长和总干事,共产党员薄一波、董天知、韩钧等参加了领导班子,实际工作由薄一波负责。薄一波等按照"站稳脚跟,抓住实权,多做实事,反对空谈"的方针,运用牺盟会这种特殊形式的组织,开展了以掌握武装为重点的卓有成效的工作。

牺盟会改组后,薄一波等参加领导工作的共产党员,立即着手建立武装的准备工作。他们以名为"军政训练班""民训干部教练团""国民兵军官教导团""村政协助员训练班"等,实为中共军政干部学校的形式,培训了来自山西和全国 22 个省市的知识青年及东南亚华侨达 2 万多名,使其成为山西各级共产党组织、政权机构和新军各部队的骨干。其中,仅军政训练班和民训干部教练团就培训了约 4000 人,为组建山西新军和建立抗日政权培训了骨干。经过 3 个多月,发展了 20 余万名牺盟会成员。

经与阎锡山谈判，并征
得其同意，1937 年 8 月 1
日，以军政训练班、民训干
部教练团和国民兵军官教
导团第 8、第 9 团各一部为
基础，组成相当于团的山西
青年抗敌决死队，政治委员
薄一波。这标志着以青年
抗敌决死队为骨干的山西
新军建立。至 10 月，青年
抗敌决死队改称决死第 1
总队，并以平定、曲沃、晋西
北的 3 个教导团和太原工
人等组成决死第 2、第 3、第
4 总队，山西工人武装自卫
总队和山西政治保卫队也
相继建立。

牺盟会及组建的山西
青年抗敌决死队，大力组织
城乡人民，开展抗日救亡活
动，为八路军在山西站稳脚
跟、进行抗日游击战争、创
建抗日根据地创造了条件。
同时，八路军进入山西敌
后，有力地促进和推动了山
西青年抗敌决死队的进一步发展与壮大。

山西新军在晋东南、晋西南、晋西北等地区协同八路军开展
游击战争，胜利地进行了阻击日军进攻的多次战斗，为创建
和巩固华北抗日根据地作出了重要贡献。这是山西新军活
动区域示意图(1939 年)

至 1938 年 3 月，山西青年抗敌决死队的 4 个总队，迅速发展成为相当于旅的
4 个纵队。

第 1 纵队，由第 1 总队、军政干部训练班、国民兵军官教导团第 8、第 9 两团各

一部及游击第 1、第 2、第 3 团,保安第 5、第 6 团组成,政治委员兼纵队长薄一波(后纵队长鲁应麟),政治主任牛佩琮,参谋长梁述哉,辖第 1、第 2、第 3 总队,主要活动于晋东南沁县、沁源地区。

1937 年冬,山西新军自太原市迎敌北上,开赴抗日前线。这是部队越过滹沱河向五台县东冶镇前进

第 2 纵队，由国民兵军官教导团第 9 团一部，军事训练团第 1、第 2 团和洪（洞）赵（城）游击队组成，纵队长陈庆华，政治委员张文昂，政治主任韩钧，参谋长艾子谦，辖第 4、第 5、第 6 总队，主要活动于洪洞、赵城地区。

第 3 纵队，由国民兵军官教导团第 6、第 7、第 10 团等部组成，纵队长陈光斗，政治委员戎子和，政治主任董天知，参谋长颜天明，辖第 7、第 8、第 9 总队，主要活动于曲沃、翼城地区。

第 4 纵队，由国民兵军官教导团第 2 团及第 9 团一部等部组成，纵队长梁浩，政治委员雷任民，政治主任刘玉衡，参谋长马骥，辖第 10、第 11、第 12 总队，主要活动于临汾、大宁、临县地区。

5 月，工人武装自卫总队扩编为相当于旅的工人武装自卫纵队，纵队长兼政治委员郭挺一，辖第 1、第 2 总队。山西政治保卫队扩大为旅的建制，代司令员刘岱峰，政治主任张韶芳，主要活动于汾阳、蒲县等地。

1938 年，政治保卫队和第 1、第 2、第 3、第 4 支队成立。

1939 年 7 月，工人武装自卫纵队改为国民革命军第 207 旅，通称工人武装自卫旅（简称工卫旅）；决死第 1 纵队改编为独立第 1 旅和第 216 旅；决死第 2 纵队改编为独立第 2 旅和第 196 旅；决死第 3 纵队改编为独立第 3 旅和第 197 旅；决死第 4 纵队改编为独立第 7 旅和第 203 旅。但决死纵队的番号仍在沿用。政治保卫队第 4 支队编入决死第 4 纵队。

同年 5 月，政治保卫队改编为第 209 旅，旅长张韶芳，政治主任廖鲁言。6 月，政治保卫队第 2、第 3 支队合编为第 213 旅，旅长郝玉玺。7 月，政治保卫队第 1 支队改编为第 212 旅，旅长孙定国，政治委员朱佩瑄。

在牺盟会大力组建武装的同时，战动总会活动在同蒲铁路沿线北段、长城内外敌后地区，涉及 50 多个县。至 1938 年 1 月，共组建了 25 支游击支队，除 1 个支队于 6 月编入八路军第 120 师大青山支队外，其余支队于 1939 年 7 月整编为山西新军暂编第 1 师，师长续范亭。

山西新军成立后，军事指挥官由阎锡山的旧军官担任，各级政工干部则由共产党员、八路军干部和进步青年担任。在这种复杂的情况下，如何保证共产党对新军的领导，是一个十分突出的问题。中共中央指出："在'全国团结''坚持抗战'的总口号下，提出巩固山西内部团结统一，拥户〔护〕阎锡山坚持抗战，巩固晋绥军与八路军的合作,巩固民族革命统一战线。""对山西旧军旧派应当采取争取的方针,指出脱离山西团体分解山西内部是自杀政策。""对山西新派应帮助巩固其已得阵地与力量,这对山西今后统一战线有重大的决定意义。"[①]根据中共中央的指示精神,中共山西工委、山西省委在山西新军的创建和发展过程中进行了成功的实践。

在保证中国共产党对新军的领导问题上,由于各地区执行抗日民族统一战线的情况不同,新军各部队中采取的组织形式也不同。如在晋西南地区新军部队中规定的组织形式及职责是:第一,在中共晋南区委设立军事部,负责领导新军和地方游击队中共产党的工作。第二,在新军团一级单位设立共产党的总支部,直接受区党委军事部领导;在连队建立共产党支部。第三,团职以上干部的共产党员,其组织关系不在党总支,分别与中共区委直接联系;营职干部的共产党员,其组织关系在党总支,单独编为党小组;战士党员三人编为一个小组,与党支部书记个别联系,开党小组会,不开党支部大会。第四,共产党的组织活动对外以民族革命青年团的名义开展。第五,对新的文件和指示精神,以党总支为单位,口头往下传达。这种组织形式对于保证共产党在新军中的领导起了重要作用。

政治委员负责制在山西新军中的确立与实行,是保证共产党领导的又一项重要举措。早在与阎锡山建立统一战线之初,共产党即与阎锡山达成协议,在用人方面取得主动权,并由薄一波担任牺盟会常务秘书这一掌有实权的职务。后来,在成立国民兵军官教导团的过程中,共产党开始建立政治部,由秘密的共产党员任主任,并在营、连两级分别设立了指导员和工作员。新军组建时,经阎锡山同意,在新军中设立政治委员,并颁布了《政治委员制度条例》,规定:政治委员是部队的最高首长,拥有最后决定权。这就在政治和组织上有力地保证了共产党对新军的领导。

为顺利贯彻政治委员负责制,新军政治机关针对政工人员大都没有做过军事工作、缺乏军事指挥知识的状况,要求他们必须熟悉军事工作,逐步学会指挥作战,并以英勇无畏、身先士卒的行动树立起自己的威信,把士兵、群众紧密地团结在自己的周围。后来,很多政工人员成为优秀的军政双全的指挥员。

[①] 中央档案馆编:《中共中央文件选集》第12册,第65、66页,中共中央党校出版社,1991年版。

新军在发展过程中，得到八路军的巨大援助。八路军先后支援新军各部队的军事干部达 400 余名，还代培了大批其他干部。1938 年夏，八路军总部在山西沁县西林村决死第 1 纵队开办了游击干部训练班，朱德和彭德怀等亲自授课，对提高新军部队的军事、政治素质起了重要作用，史称"西林整军"。

至 1939 年底，山西新军发展到 4 个决死纵队，即第 1、第 2、第 3、第 4 纵队，每个纵队各辖 3 个相当于团的总队和 3 个游击团，计 24 个团；一个工卫旅即第 207 旅，辖 3 个团；3 个政治保卫旅，即第 209、第 212、第 213 旅，每旅各辖 3 个团，计 9 个团及 3 个相当于团的游击支队；3 个行政区保安旅，即第 3、第 5、第 6 行政区保安旅，各辖 2 个团，计 6 个团；一个暂编第 1 师，辖 4 个团及 1 个相当于团的游击支队，计 5 个团。以上为 46 个正规团和 4 个相当于团的游击支队，总计 7 万余人。

山西新军分兵活动在晋东南、晋西南和晋西北地区，在适当分散的同时，组织大批工作队，深入农村，宣传抗日救国道理，实行合理负担，发动群众，建立工、农、青、妇等各界抗日救国组织，组建自卫队，收容散兵，安定社会秩序，并委派共产党员、进步青年替换旧政权机构人员、担任县长等，为配合八路军开展山西敌后游击战争，创建晋冀豫边、晋西南和晋绥抗日根据地，作出了重要贡献。

1940 年春，国民党顽固派发动的第一次反共高潮被打退后，山西新军除一部先期在打退反共高潮中编入八路军第 115 师外，主力编入第 120、第 129 师和第 2 纵队。

二、八路军山东纵队成立，创建山东抗日根据地

山东，地处黄河下游、华北东翼。境域包括半岛和内陆两部分，东部山东半岛伸入黄海、渤海之间，为平津海上的门户；内陆部分自北而南与冀、豫、皖、苏接壤。其境内地形复杂，鲁中、鲁南地区，泰山、沂山、蒙山、鲁山巍峨挺拔；鲁西、鲁北地势平坦，是华北平原的一部分；大运河穿行而过，著名的微山湖点缀其间。山东古为齐鲁之邦，历史悠久、人杰地灵。当时人口约为 3800 万，面积约为 15.3 万平方公里。山东人民具有光荣的革命斗争传统。

七七事变后，中共中央要求山东省委，除极力争取国民党抗战建立统一战线外，主要是迅速动员组织人民，积极准备开展游击战争，建立抗日根据地，把坚持山东抗战的责任独立自主地担当起来。遵照中共中央的指示，以黎玉为书记的中

共山东省委立即开展了广泛的抗日救亡运动。通过发展抗日救国会、救国青年团、民众训练队、抗敌后援会、抗敌救亡社、民众动员委员会、游击战训练班、战地服务团,利用集会、演讲、唱歌、演戏、办报刊等各种合法或半合法的形式,大力宣传《抗日救国十大纲领》,阐明抗战必胜的道理,团结工人、农民、革命知识分子和广大爱国人士,为举行抗日武装起义奠定了广泛的群众基础。

(一)举行抗日武装起义,建立抗日武装

10月,中共山东省委制定了发动抗日武装起义和组织抗日武装的十条纲领,其主要内容是:建立共产党直接领导的武装,发动抗日武装起义是当前的紧迫任务;在韩复榘的军队开始撤退或溃散、日军尚未到达或立足未稳之时,是发动起义的最好时机;起义部队可用"山东人民抗日救国军"或"山东人民抗日游击队"名义;用"有人出人,有钱出钱,有力出力,有枪出枪"的口号,筹集抗日经费和枪支弹药等。并制定了分区发动抗日武装起义的计划,请求中共中央和北方局派一批红军干部、抗大学员到山东帮助组织抗日武装。

沿津浦铁路进攻的日军华北方面军第2军于10月,开始入侵山东。12月27日,侵占济南,后分兵一部,于翌年1月侵占青岛;主力于3月进至鲁苏边境、徐州外围地区。国民党军韩复榘部,未作任何抵抗,一味南逃。整个山东地区,完全沦为敌后。日军所到之处,奸淫烧杀,汉奸、土匪蜂起,激起了山东人民的无比愤怒和抗战热情。

日军开始入侵山东时,中共山东省委召开了紧急秘密会议,决定抓住日军入侵、国民党军逃跑、人民群众抗日情绪高涨的时机,在各地党组织的领导下,以中华民族解放先锋队、抗日救国会等成员为骨干,发动全省人民群众举行抗日武装起义。在省委紧急会议召开前后,廖容标、洪涛、韩明柱、赵杰、程绪润、周凯东、廖云山等一批红军干部和革命青年知识分子调到山东,成为各地抗日武装起义的骨干力量。

正当全省各地抗日武装起义初步举行的时候,中共中央于1938年1月15日,再次发出关于在山东发动群众游击战争、建立抗日根据地的指示,要求中共山东省委:以发动游击战争与建立游击根据地为中心,动员好的干部党员,创立党领导下的可靠基干游击队;游击战争必须密切联系群众,必须实行抗日统一战线政策,必须对土匪有正确的政策;充分估计游击战争的长期性,必须准备长期坚持艰苦斗争；党的工作、群众工作、游击战争，都必须采取积蓄力量、保存力量的方针，即"赚钱就来，失本不干"；山东省委工作以鲁中蒙阴和莒县为重心，依靠新泰、莱芜、泰安、邹县的工作基础，努力向东发展。中共中央的指示，对于广泛、深入地开展山东游击战争，组建人民抗日武装，创建抗日根据地，具有重要的指导意义。

在中共山东省委和苏鲁豫皖边区省委的先后主要领导及河南省委的领导下，山东各地人民的抗日武装起义如火如荼、蓬蓬勃勃地开展起来，包括河南省委领导的鲁南、（微山）湖西地区，著名的共有冀鲁边、鲁西北、天福山、黑铁山、鲁东、徂徕山、泰（安）西、鲁东南（后称滨海）、鲁南、（微山）湖西十大抗日武装起义。

冀鲁边起义 1937年7月15日，华北民众抗日救国军成立，总指挥崔吉章，辖第1、第2大队。这是全国抗战爆发后关内第一支人民抗日地方武装。9至10月，盐山、乐陵、宁津、庆云、无棣等地的抗日武装编入华北民众抗日救国军。10月上旬，该军统一整编为4个团：第1团，崔吉章兼团长；第2团，团长李子英；第6团，团长杜步舟；特务团，团长邢仁甫。

由于名为起义司令实为土匪头子的刘景良的破坏，华北民众抗日救国军一度由7000余人缩减至300余人，12月改为国民政府革命军事委员会别动总队第31游击支队，司令邢仁甫，辖3个路和1个团：第1路，指挥刘子芳；第2路，指挥李子英；第3路，指挥杜步舟；特务团，团长路牟班。1938年1月31日，起义部队一度攻克盐山，歼日军30余人、伪军400余人。2月，中共冀鲁边工委（亦称鲁北特委或鲁北特工委）书记于文彬牺牲。一度攻克无棣，歼灭了伪军组织，缴枪500余支；3月，攻占乐陵，解放南皮东部地区；4月，收复庆云，除争取一部伪军反正外，全歼其余守城伪军。至此，起义部队发展到2000余人，建立了乐陵、庆云、盐山3个县抗日民主政权，初步打开了冀鲁边的抗战局面。7月，第31游击支队相继改编为八路军冀鲁边游击支队和平津支队。

鲁西北起义 七七事变后，中共山东省委派组织部部长张霖之等70余名共产党员，赴鲁西北聊城地区，加强对鲁西北党的领导力量，将原鲁西特委和鲁西北特委合并为新鲁西特委，开展抗日救亡运动。在日军侵入山东后，共产党员和红军干部与国民党山东省第6区行政督察专员兼保安司令部司令范筑先建立了良好的统战关系，并帮助他收编了这一地区的大批杂牌武装和建立了各种抗日救亡团体，在范部武装的10余个支队中建立了共产党的组织，派遣了一些党员担任地方政权的县长。

1937年11月19日,第6区保安司令部改为第6区抗日游击司令部。1938年5月,第6区抗日游击司令部改称为鲁西北抗日游击总司令部,司令范筑先。随后,在中共鲁西特委的领导下,独立自主地将堂邑、冠县、馆陶、范县、博平、寿张等地方部队合编为第6区抗日游击司令部第10支队,司令张维翰。另在齐河、长清等地建立了第12、第13、第27、第31支队,由共产党直接领导的武装发展到1万余人。至同年秋,鲁西北抗日游击总司令部共发展到35个支队、3路民军,另外还有直属部队和独立团等,约6万人。1938年11月15日聊城失陷、范筑先殉国后,共产党领导的鲁西北抗日武装力量分别编为八路军第129师先遣纵队、筑先纵队和平原纵队。

天福山起义 胶东半岛,指山东半岛胶莱河以东的地区。1937年12月24日,在中共胶东特委的领导下,胶东人民在文登县境天福山举行了抗日武装起义。起义部队以原昆嵛山红军游击队为基础,成立了山东人民抗日救国军第3军。1938年1月19日,胶东军政委员会和山东人民抗日救国军第3军司令部成立,主席兼司令员理琪,辖2个大队和1个特务队:第1大队,大队长孙端夫,政治委员宋澄;第2大队,大队长于烺,政治委员林乎加;特务队,队长杜梓林,指导员孙镜秋。该军共发展到200余人。

1月30日,黄县抗日武装编为第3大队,大队长李希孔。2月,文登县黄山抗日武装编为第41大队,大队长朱志洪,政治委员王明光;蓬莱县抗日武装编为另一个第3大队,大队长于仲淑(后周雍鹤),政治委员于眉;牟平县抗日武装编为第5大队,大队长王亮,政治委员宋竹庭;即墨县抗日武装编为第7大队,大队长兼政治委员袁超,随后该大队被打散;荣成县抗日武装编为第8大队,大队长王斌;莱阳县抗日武装编为第9大队,大队长庄国瑞,政治委员张咨明。

2月13日,蓬莱县第3大队扩编为第2路,指挥周雍鹤。同日,该军一部攻克牟平县城,歼伪军100余名。随后,在胶东抗战第一战即雷神庙战斗中,理琪英勇牺牲。至4月,第2路发展到2500余人。

3月,收复福山,成立别动总队,该总队不久后解体。与此同时,掖县、蓬莱、黄县的起义武装收复了这三座县城,建立了县抗日政权。

19日,该军在牟平县观水进行整训和整编:将第41大队编入第5大队;第2、第 5 大队和特务队合编为第 1 路，指挥高嵩，政治委员李耀文；第 1、第 8 大队合编为第 3 路，指挥丁光，政治委员孙德运。5 月，黄县第 3 大队和莱阳县第 9 大队合编为第 4 路，指挥李希孔，政治委员陈迈千。至此，山东人民抗日救国军第 3 军发展到 3500 余人。6 月，高锦纯任总指挥。

8 月 12 日，第 3 军与胶东抗日游击队第 3 支队合编为新的山东人民抗日救国军第 3 军，司令员高锦纯，政治委员宋澄，辖第 55、第 61、第 62 和第 63 团。

在胶东地区，另有中共掖县县委领导、1938 年 3 月 12 日成立的胶东抗日游击第 3 支队，支队长郑耀南。经过近 2 个月的斗争，该支队发展到 16 个大队，共 3700 余人。

黑铁山起义　黑铁山，位于山东省淄博地区长山、桓台和临淄三县边界地区。1937 年秋，中共山东省委派林一山、姚仲明、廖容标等赴长山县，与爱国进步人士、长山中学校长马耀南密切合作，开展抗日救亡活动，进行游击战争训练，掌握了部分武器。12 月 26 日，在黑铁山领导人民举行抗日武装起义，成立了山东人民抗日救国军第 5 军，司令员廖容标，政治委员姚仲明。随后，起义部队编为 6 个中队。第 5 军成立后，活动在小清河以南、胶济铁路南北的广大地区。1938 年 1 月，袭入长山城；破袭小清河日军运输线，击沉汽艇一艘，歼日军 12 名。2 月，在长山城西南的长白山区打退了日军 400 余人的报复进攻，歼其 100 余人。随后，与淄川矿区武装一起攻克淄川。至 4 月，山东人民抗日救国军第 5 军发展到 30 余个中队，共 5000 余人。

鲁东起义　1937 年 12 月 29 日，中共鲁东工委和寿光县委在寿光城北牛头镇，发动人民举行抗日武装起义，成立八路军鲁东游击队第 8 支队，指挥马保三，政治委员张文通，全支队共 300 余人。1938 年 2 月 5 日，第 8 支队进行了三里庄伏击战，歼日军 3 名，毁汽车 1 辆。3 月中旬，第 8 支队发展到辖有第 1、第 3、第 5 大队、特务队、骑兵队和交通队，共 2000 余人，1000 余支枪。

1938 年 1 月 27 日，中共鲁东工委在潍县北部蔡家栏子和昌邑北部瓦城地区，领导人民举行抗日武装起义，成立八路军鲁东游击队第 7 支队，支队长王培汉，政治委员鹿省三，辖第 1、第 2、第 3 中队。不久，成立第 4 中队和特务队。3 月 20 日，第 7 支队进行整编，代理支队长张鸿礼，政治委员鹿省三，辖 3 个大队和 1 个特务中队：第 1 大队，大队长魏培德，政治委员于晓辉；第 2 大队，张鸿礼兼大队长；第

3大队,大队长陈龙飞,政治委员郭焕中;特务中队,队长陆升勋,指导员董振才。全支队共700余人。

4月5日,第7、第8支队合编为八路军鲁东游击指挥部,指挥马保三,政治委员鹿省三。第7支队,支队长张鸿礼;第8支队,支队长王云生。另辖特务大队,大队长陆升勋,政治委员薛绍庚;骑兵队,队长陈介章。4月6日,鹿省三牺牲。

接着,部队东进黄县、掖县,与山东人民抗日救国军第3军取得联系后,得到了共同发展。至6月中旬,八路军鲁东游击指挥部部队发展到4000余人。

徂徕山起义 1938年1月1日,中共山东省委在泰安城东南徂徕山的大寺,直接领导人民举行了抗日武装起义,以原泰安县民众抗敌自卫团为基础,成立了八路军山东人民抗日游击队第4支队,司令员洪涛,黎玉兼政治委员,辖第1、第2中队。第4支队相继进行了寺岭、四槐村等战斗,歼日军40余人。随后,一度攻克博山、莱芜城,与博山、泗水、临沂、莒县等地武装会合。至4月下旬,第4支队发展到10余中队,共4000余人,改称山东人民抗日联军独立第1师,师长洪涛,政治委员林浩,辖3个团;第1团团长程绪润,政治委员景晓村;第2团,团长赵杰,政治委员程照轩;第3团,团长汪洋,政治委员张岗。全师共4000余人。5月25日,洪涛病逝。

泰(安)西起义 中共山东省委派出张北华等于1938年1月1日在泰安城西南的夏张镇领导农民和青年知识分子举行抗日武装起义。11日成立山东西区人民抗敌自卫团,主席张北华,辖第1、第2大队和特务队。随后,自卫团一度攻克肥城;相继在津浦铁路沿线的界首、黑虎泉、万德等地,对日军展开交通破袭战,炸火车,拆铁路、桥梁,一度中断交通10余天。至3月,自卫团迅速发展到17个大队、1个先锋连、1个特务队,共2700余人。5月,张北华任自卫团主席。

同年2月5日,汶上县人民抗日自卫队成立。5月,该队改编为中共鲁西特委领导的第10支队第2营。

鲁东南(后称滨海)起义 1938年3月下旬,八路军山东抗日游击队第4支队第6大队在沂水以西公家疃成立,大队长鲁滨,党代表邵德孚。大队陆续编为第1至第5中队和特务中队,共500余人。6月,罗积伟任大队长,杨昆任政治委员。此后,第4支队第6大队在莒县以南十字路、良店,日照西南的碑廓,临沂、莒县间汤头,歼灭伪军刘桂棠部等200余人。

鲁南起义 在鲁南地区,中共苏鲁豫皖边区特委于1937年8月领导峄县邹坞乡农学校暴动后,以暴动武装为基础成立了鲁南抗日自卫团,有100余人。随后,自卫团吸收了枣庄矿区一部分青年,部队有了新的发展。1938年3月,鲁南抗日自卫团改为峄县人民抗日义勇大队;在沛县成立了第五战区游击总指挥部人民抗日义勇队,并利用这一名义,公开在沛县、滕县、峄县发展抗日武装。在滕县,以农民抗日训练班为基础,于4月成立人民抗日义勇队。

5月21日,以人民抗日义勇队为基础在老古泉成立第五战区人民抗日义勇总队,总队长张光中,政治委员何一萍,辖第1、第2、第3大队,共600余人。随后,在临沂、郯城地区成立了临郯青年抗日义勇队,不久将其并入人民抗日义勇总队。同时,在抱犊崮山区,成立了人民抗日义勇总队第4大队。6月,人民抗日义勇总队改称人民抗日义勇队第1总队,部队发展到1000余人。鲁南人民起义武装,相继在临(城)枣(庄)公路上的邹坞、大甘林设伏,歼日军10余人,缴枪10余支,后于7月打退了反动武装申从周部的进攻。

在鲁南地区,中共领导的抗日武装还有鲁南民众抗日自卫军、临(沂)郯(城)费(县)峄(县)边区联庄会武装、临郯青年救国团抗日义勇队、邳县青年救国团抗日义勇队、鲁南人民抗日自卫团等。

(微山)湖西起义 1937年11月至1938年5月,中共苏鲁豫皖边区特委和鲁西南工委,分别领导沛县、铜山县、丰县、砀山、永城、宿县和单县、金乡人民,举行抗日武装起义,建立了人民武装。6月11日,在丰县城南渠楼,成立人民抗日义勇队第2总队,总队长李贞乾,政治委员王彬,共1000余人。8月,第2总队进行了县西北黄庙战斗,歼日军1个小队,缴轻机枪1挺、步枪17支。至12月,起义部队发展到20余个大队,约5000人。

各地起义武装成立后,继承红军光荣传统,建立共产党的组织、政治机关;实行军民一致、官兵一致的原则,每到一地,立即以访问、开大会等方式,发动群众;严格执行三大纪律、八项注意,有时在寒风中露宿。这些举措增强了军内、军外团结,提高了部队战斗力。仅1938年1月至5月,作战100余次,解放了肥城、长山、邹平、淄川、牟平、蓬莱、掖县、黄县、福山、盐山、庆云、乐陵、无棣、莱芜、博山15座县城,在10余个地区建立了抗日游击根据地。至6月,山东起义武装发展到4万余人。

（二）部队进行整编，山东纵队成立

5月下旬，中共中央决定山东省委改为苏鲁豫皖边区省委，书记郭洪涛。在郭洪涛离延安赴山东时，毛泽东、刘少奇强调指出：要选择较好的游击队，逐渐培养成主力；要建立抗日民主政权，创建山东抗日根据地，使山东成为八路军在华北的一个战略据点。6月6日、8日，毛泽东、刘少奇连电指出：山东的基干武装，应组建成支队，恢复和使用八路军游击部队的番号，目前可组成四至五个支队，县区武装则以支队领导下的游击队名义出现，用抗日联军名义不好。凡属我党领导、已得广大民众拥护又邻近友党友军之游击队，以用八路军名义为宜。据此，中共苏鲁豫皖边区省委决定：起义部队除冀鲁边和鲁西北地区的外，整编为八路军山东人民抗日游击队5个支队、1个义勇总队和2个自卫团，共3万余人。8月至11月，张经武、江华、吴克华、胡奇才等160余名干部，由延安调至山东，又为山东起义部队送来了一批领导骨干。

第2支队于7月由八路军山东抗日游击队第4支队第6大队改编，司令员罗积伟，政治委员杨昆。8月，刘涌、景晓村分任司令员和政治委员，辖第1、第2营，共700余人。

1938年6月，山东人民抗日救国军第5军改为八路军人民抗日游击队第3支队。这是在山东省清河地区举行支队成立大会

第 3 支队于 6 月由山东人民抗日救国军第 5 军改编,司令员马耀南,政治委员霍士廉,副司令员杨国夫,政治部主任鲍辉,辖第 7 至第 9 团,后又成立第 10、第 11 团和特务团:第 7 团,团长马晓云;第 8 团,团长程绪润;第 9 团,杨国夫兼团长;第 10 团,团长李人凤,政治委员陈兴;第 11 团,团长亓振东;特务团,团长潘建军,政治委员孙正。全支队共 5000 余人。

第 4 支队于 6 月恢复番号,撤销"山东人民抗日联军独立第 1 师"番号,司令员廖容标,政治委员林浩,副司令员赵杰,参谋长王彬,政治部主任周赤萍,辖 4 个团:第 1 团,团长徐化鲁,政治委员景晓村;第 2 团,赵杰兼团长,政治委员程照轩;第 3 团(7 月撤销),团长汪洋,政治委员张岗;第 4 团,廖容标兼团长,政治委员姚仲明。全支队共 4000 余人。

第 5 支队于 9 月 18 日由山东人民抗日救国军第 3 军改编,司令员高锦纯,政治委员宋澄,参谋长赵锡纯,政治部主任于眉,辖第 55、第 61、第 62 和第 63 团。

第 8 支队于 7 月下旬由鲁东游击队第 7、第 8 支队合编,指挥马保三,政治委员张文通,副指挥韩明柱,参谋长刘光汉,政治部主任王翼之,辖相当于团的 3 个区队:第 1 区队,区队长李福泽,政治委员张子明;第 3 区队,区队长何凤池,政治委员于晓辉(余辉);第 5 区队,区队长魏德培,政治委员王永周。另辖特务大队、炮兵大队、骑兵大队。全支队共 5000 余人。

人民抗日义勇队第 1 总队,于 9 月改称山东省第三区保安司令部直辖第 4 团(简称直辖第 4 团),团长张光中,政治委员李乐平。

人民抗日义勇队第 2 总队,总队长李贞乾,政治委员郭影秋,参谋长张如,郭影秋兼政治部主任,辖 20 余个大队,共 5000 余人。

山东西区人民抗敌自卫团番号未变,主席张北华,副主席何光宇,参谋长马继孔,辖相当于团的第 1、第 2 基干大队,大队长分别是崔子明、李国厚,教导员分别是边裕昆、张正富,另辖大峰山独立营。全团共 3000 余人。

11 至 12 月,八路军山东游击第 5 支队扩编为辖第 19、第 21 和第 25 旅。全支队共 7000 余人。

第 19 旅,旅长高嵩,政治委员宋竹庭,参谋长王瀛洲,政治部主任李丙令,辖 3 个团:第 55 团,团长李华(回东),政治委员常青;第 61 团,团长赵一萍,政治委员刘中华;第 63 团,团长于得水,政治委员李丙令(后张玉华)。

第 21 旅,旅长郑耀南,政治委员李耀文,参谋长王兆林,政治部主任张加洛,辖 2 个团:第 62 团,团长徐承勋,政治委员张襄旭;第 64 团,团长陈龙飞,政治委员翟瑞甫。

第 25 旅,旅长刘万岭,政治委员柳运光,辖第 65 团,团长李兆岐。

同时,新成立了第 6、第 9 和第 12 支队。

第 6 支队由山东西区人民抗敌自卫团、原鲁西北第 10 支队到泰西东(平)汶(上)地区改编的东进梯队和大峰山独立营编成,支队长刘海涛,政治委员张北华,辖第 1、第 2、第 3 团和泰安独立团,共 4000 余人。

第 9 支队在安(丘)莒(县)边成立,支队长王林肯,政治委员傅骥。

第 12 支队在临(沂)费(县)边成立,支队长董慕仲,政治委员张岗。

至此,山东起义部队发展到 8 个支队和 1 个总队,创建了鲁中、鲁东南、清河、胶东、鲁南、湖西、泰西等抗日根据地。随后,山东各地起义武装,在中共苏鲁豫皖边区省委领导下,除冀鲁边和鲁西北两地武装外,统一整编为八路军山东纵队。

1939 年冬,黎玉与第 5 支队和中共胶东区委部分干部合影。第 1 排左起:高嵩、何致平、林一山、王文、黎玉、高锦纯、宋澄、王一平、曹曼之。第 2 排右 1 为鲍奇辰、右 4 为华楠

1938年12月27日，八路军山东纵队在沂水王庄正式成立，指挥张经武，政治委员黎玉，参谋长王彬，政治部主任江华，供给部部长马馥堂、政治委员冯平，卫生部部长白备五，辖第2、第3、第4、第5、第6、第8、第9、第12、第13支队和陇海游击支队、第4团、临(沂)郯(城)独立团等。

第2支队，由活动在沂水、莒县地区的山东人民抗日游击队第2支队改编，支队长刘涌，政治委员景晓村，政治部主任徐斌洲，辖第1、第2营和特务连。

第3支队，由山东人民抗日游击队第3支队改编，支队长马耀南，政治委员霍士廉，副支队长杨国夫，参谋主任叶更新，政治部主任鲍辉，辖第7、第8、第9、第10团和特务团。

第4支队，由山东人民抗日游击队第4支队改编，支队长廖容标，政治委员林浩，副支队长赵杰，政治部主任周赤萍，辖第1、第2、第4团和相当于团的先遣大队、特务大队。

第5支队，由山东人民抗日游击队第5支队改编，支队长高锦纯，政治委员宋澄，副支队长吴克华，参谋长赵锡纯，政治部主任于眉，辖3个旅：第19旅，旅长高嵩，政治委员宋竹庭；第21旅，旅长郑耀南，政治委员李耀文；第25旅，旅长刘万岭，政治委员柳运光。

第6支队，支队长刘海涛，政治委员张北华，副支队长何光宇，参谋长马继孔，政治部主任李冠元，辖第1、第2、第3团和泰西独立团。

第8支队，由八路军鲁东游击队第8支队改编，支队长马保三，政治委员张文通，副支队长胡奇才，参谋主任马健生，政治部主任赖萍(艾萍)，辖第1、第3、第5团。

第9支队，由山东人民抗日游击队第9支队改编，支队长王林肯，政治委员傅骧。

第12支队，由山东人民抗日游击队第12支队改编，支队长董慕仲，政治委员张岗，副支队长钱钧，政治部主任董少白。

第13支队，由湖西的人民抗日义勇队第2总队改编，支队长李贞乾，政治委员兼政治部主任郭影秋，副支队长李发。

陇海游击支队，由邳县、睢宁、铜山等县的青年抗日救国团义勇队编成，支队长兼政治委员钟辉，副支队长梁海波，政治部主任李浩然。

山东纵队共 2.45 万人,另有所属地方部队 1 万余人。该纵队的成立,标志着山东人民抗日起义武装已成为在战略上统一指挥的游击兵团,山东抗战的局面已初步打开,山东抗日根据地开辟了。在没有八路军主力参加的情况下,由中共山东省委和苏鲁豫皖边区省委先后领导人民,举行抗日武装起义,组建抗日武装,开辟抗日根据地,正是山东抗日根据地初创时期的特点。中共中央军委对此给予高度评价,指出:"山东工作在同志们艰苦创造中,已获得巨大的成绩,没有八路军和没有足够数量的具有军队经验的干部帮助条件下,地方党已经单独创造出较有战斗力走向正规化的军队,它将成为坚持山东抗战的主力军。"①

是月,中共苏鲁豫皖边区省委改为中共中央山东分局,书记郭洪涛,委员张经武、黎玉。

三、八路军第 3 纵队兼冀中军区成立,创建冀中抗日根据地

冀中地区,地处平汉、北宁、津浦铁路及沧石公路和北平、天津、石家庄等大城市之间;地势平坦,沃野千里,河流纵横,公路、大道交织,著名的白洋淀等湖泊像一颗颗璀璨的明珠镶嵌在冀中平原上。这里,人口稠密,物产丰富,盛产粮棉,并具有共产党多年工作的基础。

1937 年 9 至 10 月间,保定、石家庄和德县相继失守,冀中地区遂沦为敌后。中共平汉线省委和保东特委,抓紧时机,迅速开展了以发动人民抗日游击战争为中心的各项工作。红军干部孟庆山到达冀中后,在中共保东特委(后改为保属省委、冀中省委),通过举办武装训练班等方式,发动群众,组织抗日游击队。与此同时,在定县、安新、高阳、蠡县、安平、安国、深泽、无极等县,地方党组织创建的抗日义勇军、人民自卫团等群众武装也得到了迅速的发展。至 12 月中旬,上述冀中地方部队发展到 3600 余人。其中,游击第 1、第 2 师各 300 人,游击第 3 师 200 人;游击第 1、第 2 支队各 100 余人,第 3、第 4 支队各 300 余人;晋察冀抗日义勇军第 5 支队 300 人,第 8 支队 800 人;安新、高阳、蠡县、安国、安平人民自卫团各 200 人,深泽人民自卫团 20 人。

当时,国民革命军第 53 军第 691 团团长、中共党员吕正操部,实际上是共产党

---

① 《毛泽东军事文集》第 2 卷,第 500 页,军事科学出版社、中央文献出版社,1993 年版。

掌握的一支部队。10月初，这个团抵河北藁城梅花镇后，决定回师北上抗日，遂突破日军包围，进至晋县小樵镇。10月14日，第691团举行抗日誓师大会，改称人民自卫军，司令员吕正操，从而鼓舞了冀中人民，激发了广大群众的抗日热情。随后，人民自卫军由小樵镇，经深泽、安国，抵蠡县，与中共保属省委取得联系，成为冀中共产党组织直接领导下的一支抗日武装。至12月中旬，人

1938年活动在大清河上的第3纵队兼冀中军区一部

民自卫军发展到辖第1、第2、第3团，特务团和炮兵营、通信营、机枪营，共3000余人。12月12日，人民自卫军主力和原冀中地方部队一部，西越平汉铁路，开始了紧张的整训。人民自卫军初步学习了人民军队的光荣传统，共产党的抗日统一战线政策和开展游击战争的战略战术；提高了部队的政治思想觉悟和发动群众、建党、建政的政策水平；克服了军阀习气，增强了团结；明确了主要任务，增强了创建冀中抗日根据地的信心。

与此同时，中共保属省委军委改为河北游击军司令部，司令员孟庆山，参谋长白赐令，政治部主任李晓初，辖第1师，孟庆山兼师长；第2师，师长段石曾，党代表王凤斋，参谋长杨万林；第3师，师长马佑民，政治部主任安贵朴；第1路，总指挥许佩坚，参谋长田同春；第2路，总指挥王贲；第3路，总指挥陈术新，政治部主任韩印堂；第4路，总指挥王烈军，政治部主任张义亭；第5路，总指挥高士一，政治部主任杨琪良；第6路，总指挥郭墨村；第7路，总指挥孟阁臣；第8路，总指挥刘克忠，副总指挥刘义科，政治部主任阎军；第9路，总指挥李庆锁，政治部主任边伴山；第10

路,总指挥赵玉昆,参谋长宋学飞;第 11 路,总指挥马玉祥;第 12 路,总指挥柴恩波,政治部主任徐恩荣;小八路,总指挥项修文;军政干部学校,孟庆山兼校长,政治委员王志;第 22、第 23、第 24 团等。至 12 月底,河北游击军发展到 6.97 万余人。

在河北游击军周围的各种杂色武装,也纷纷建立起来。有的是抗日爱国进步人士自发组织的,如马本斋领导的回民支队,英勇善战,于 1938 年夏在河间县城整编后,转战于冀中平原、渤海之滨,驰骋于冀鲁豫广大敌后战场,被八路军第 3 纵队兼冀中军区授予"能征善战的回民支队"的荣誉称号。也有的是土匪、汉奸、流氓聚众成伙组织起来的,打家劫舍,滋扰百姓。还有的是由国民党军的散兵游勇组织,被国民政府委任的,与共产党领导的人民武装相对抗。联庄武装,则是地主豪绅在"不抗日、防土匪、保村庄"的口号下发展起来的,少数与敌人暗中勾结,大多数看风使舵、见机行事。另有封建会道门武装等。一时间,司令如牛毛,主任遍天下。

为了稳定和发展冀中抗日局面,晋察冀军区于 1938 年 1 月决定,人民自卫军主力和河北游击军的抗日义勇军第 8 支队,结束整训,返回冀中地区。中共冀中省委确定的主要任务是:坚决消灭土匪、汉奸武装,争取改造杂色武装,整顿混乱局面,扩大部队,进一步改造政权,发展群众组织,开辟新地区。在中共冀中省委的领导下,人民自卫军与河北游击军密切配合,连续打击、歼灭了深县、深泽、保定等 10 余股土匪、汉奸武装共近 1 万人;采用宣传教育和武力解决相结合的办法,瓦解了大部分封建会道门武装;以政治争取为主,军事打击为辅,分化上层,争取下层,有效地改造了大部分联庄武装,至 1938 年底,争取了约 2 万人加入八路军;对国民党军的地方部队,则是以民族利益为重,按照抗日民族统一战线的精神,在其不进行公开反共活动的前提下,与其友好相处,促进他们抗战与进步。

在此期间,人民自卫军于 1 月 20 日和 22 日,在保定东南的石桥和高阳西南的南于八村,两次与日军作战,共歼敌 200 余人,受到人民群众的称赞。同年春,冀中军民连续发动攻势,与日军进行大小战斗 100 余次,攻克高阳县城。自 1938 年 1 月至秋,冀中军民还掀起了以破路、拆城为主要形式的大规模改造平原地形的群众运动,为长期坚持平原敌后游击战争创造了条件。

随着对各种杂色武装的改造和人民群众抗日情绪的高涨,政权改造和群众工作有了新的进展。在人民军队经常活动的地区，各县普遍建立了共产党领导的县政权，县长改由地方士绅或共产党员及革命知识青年担任；改救国会为战地总动员委员会，普及到区、乡，协助政府实行合理负担政策，发动群众参军参战，为八路军筹措给养、经费等。

至4月，人民自卫军发展到辖有游击第1师，第1、第2、第3、第4、第5、第6、第7、第8、第9团，独立第1、第2团，清苑支队，晋（县）束（鹿）支队，游支第4支队等，共3万余人；河北游击军辖第1、第2、第3、第4、第5、第6、第7、第8、第9团，第4、第5、第8、第10路，共3.6万余人。

4月21日，中共冀中省委在安平召开了第一次代表大会。地方区以上、部队团以上干部参加了会议。会议传达了中共中央北方局关于统一战线问题的指示；总结了建军和创建抗日根据地工作的经验；提出了部队内共产党工作的方针是保证共产党对部队的绝对领导，健全党的领导机关，严密发展党的组织，严格组织生活，反对极端民主化、平均主义和宗派主义，加强党的团结；制定了减租减息、改善人民生活，财政经济统筹统支，调剂金融，统制贸易等政策；决定了建立统一的冀中党、政、军机构等问题；确定了具体作战的方针是主动袭扰敌人，破坏铁路牵制敌人，配合主力正面防御、迟滞敌人战略进攻。5月初，会议结束。

会后，中共冀中省委改为冀中区党委，书记黄敬，以下统一分为地委、县委、区委和村支部。冀中区主任公署正式成立，主任吕正操，副主任李耕涛，其基本政纲是：发动民众，组织民众，积极参加、坚持抗日战争，争取最后胜利；实现民主，进行区、村普选，发展群众组织；改善民生，取消苛捐杂税，提倡发展手工业和农村经济，实行合理负担，减租减息，优待抗属。

八路军第3纵队兼冀中军区，以人民自卫军和河北游击军编成，司令员吕正操，副司令员孟庆山，参谋长李英武，政治部主任孙志远，供给部部长熊大正、政治委员王文波，卫生部部长杜显让、政治委员伍辉文，辖4个军分区、5个支队、6个独立支队及回民教导总队。

第7支队兼第1军分区，司令员赵承金，政治委员旷伏兆（后），参谋长刘玉璋，政治部主任许涛，辖3个大队和2个独立团：第19大队，大队长李亚锋；第20大队，大队长李星伍；第21大队，大队长赵东寰；独立第1团，团长王宝均；独立第2团，团长庞大川。该支队兼军分区辖区为束鹿、深县、饶阳、武强、献县和交河。

第8支队兼第2军分区,司令员于权伸,政治委员吴西,参谋长张珍,政治部主任刘哲华,辖3个大队:第22大队,大队长杨书明;第23大队,大队长唐朴农;第24大队,大队长翟家骏。该支队兼军分区辖区为蠡县、清苑、徐水、容城、安新和高阳。

第9支队兼第3军分区,司令员沙克,政治委员王远音,参谋长王洗凡,政治部主任刘洪涛,辖4个大队:第25大队,大队长李剑卜;第26大队,大队长张胜昆;第27大队,大队长胡乃超;特务大队,大队长郝宝祥。该支队兼军分区辖区为定县、安国、博野、深泽、晋县和藁城。

第10支队兼第4军分区,孟庆山兼司令员,政治委员王紫峰,参谋长霍雨村,政治部主任黄兴义,辖3个大队和3个团:第28大队,大队长董庆云;第29大队,大队长杨万伦;第30大队,大队长刘亦珂;独立第1团,团长贾桂荣;独立第2团,团长张汉生;特务团,团长吕书元。该支队兼军分区辖区为河间、任丘、文安和大城等。

北上挺进支队,支队长赵东寰,政治委员谭斌,政治部主任李修来。

独立第1支队,司令员朱占奎,副司令员阎力瑄,参谋长饶民孚,政治部主任杨雨民,辖5个大队和3个团:第1大队,大队长刘树芬;第2大队,大队长崔文炳;第3大队,阎力瑄兼大队长;第4大队,大队长王录祥;特务大队,大队长曹玉振;游击第1团,团长张吟飞;游击第2团,团长马维周;游击第3团,团长边孟炎。

独立第2支队,司令员柴恩波,政治委员张毅忱,副司令员徐恩荣,参谋长李剑卜,政治部主任铁英,辖2个大队:第1大队,大队长杨秀昆;第2大队,大队长马吉庆。

独立第3支队,司令员赵玉昆,参谋长宋学飞,辖3个大队:第1大队,大队长马以然;第2大队,大队长翟秀逢;第3大队,大队长尹玉虽。

独立第4支队,司令员高士一、政治委员辛世修,参谋长陆冠洲,政治部主任杨琪良,辖3个大队:第1大队,大队长黄久征;第2大队,大队长韩溪泉;第3大队,大队长戈声福。

独立第5支队,司令员魏大光,政治委员王同安,参谋长赵振国,政治部主任李公侠,辖2个大队:第1大队,大队长杨洪才;第2大队,大队长徐立树。

独立第6支队,司令员江东升,政治委员唐宝蘅,副司令员左清臣,政治部主任刘佩荣。

回民教导总队，总队长马本斋，副总队长马仲三，参谋长刘邦俊，政治主任丁铁石。

第3纵队兼冀中军区总兵力为4万余人。

此外，第3纵队兼冀中军区还指挥独立第1、第2旅，津南人民自卫军和冀西民军北上先遣支队，共4000余人。

8月，王平任纵队兼军区政治委员；冀中行政主任公署和八路军第3纵队兼冀中军区机关，由肃宁、安平迁至任丘青塔镇。下旬，新组建了河北抗日民军，司令员张存实，辖第1、第2支队，第7团和特务团。

9月，收编了大清河两岸及其以北地区的游杂武装，成立了第5军分区，由独立第1支队兼，辖区为雄县、霸县、永清、固安、安次和新城。

为了加强对第3纵队兼冀中军区的政治工作，军委总政治部指出："应在干部中坚持平原游击战争的信念从全局去看冀中，指出斗争是艰苦的前途是光明的"，"坚持平原游击战争，在于具有最大忍耐心和警惕性，必需同敌人争时机熬过困难"，"因此政治工作必需最大限度的发挥机警灵活不间断不迟延的作风，加强连队特别支部，以至班排小组的工作"，"部队质量必需是坚强的，不能有一个奸细和不可靠的分子混杂其中"。[①] 部队在整编过程中，深入进行以改编八路军为光荣的思想教育，健全政治工作制度，有组织有计划地进行锄奸工作和党员的审查工作；团以上各级成立党务委员会，连队建立党支部，编余干部送学校集训；执行抗日民族统一战线政策，团结基本群众，争取中间分子，取得人民群众广泛拥护；严明军队纪律，密切与地方党政的联系；统一主力部队与地方部队的指挥关系，从而加强了部队建设。

至1938年10月，八路军第3纵队兼冀中军区共发展到63120人，步马枪41818支，短枪2610支，轻机枪218挺，重机枪27挺，迫击炮21门，野炮3门，平射炮2门。同时，基本形成了平汉铁路以东，北(平)(辽)宁(沈阳)铁路以南，津浦铁路以西，南越沧(州)石(家庄)公路，拥有30余个县、约800万人口的冀中抗日根据地，成为晋察冀抗日根据地的一个重要组成部分。

---

① 中央档案馆编：《中共中央文件选集》第11册，第543、544页，中共中央党校出版社，1991年版。

第八节　共产党加强对八路军的绝对领导和八路军部队的全面建设

全国抗战爆发后,共产党及其领导下的人民军队,处在新的历史转折关头。战争的性质,由过去反抗国民党反动派的土地革命战争,转变为抗日民族解放战争。作战的对象,由过去的国民党军,改为日本帝国主义者。国共两党,实行再度合作。国共两军,变成友军,对付一个共同的敌人。两者主要实行战略上配合,有时也进行战役战斗上的协同作战。红军改编为国民革命军,由过去主要是正规军和运动战争,变为基本上是游击军和游击战争。在这种新的历史形势下,中共中央和中央军委始终坚持了党对人民军队的绝对领导和加强部队全面建设。

一、共产党坚持对八路军的绝对领导,加强政治工作

中共中央、中央军委的指示和决定　红军主力改编为八路军,编入国民革命军战斗序列,这在部队中是一次很大的组织和思想转变,给政治工作提出了新的课题。围绕着改编问题,中共中央和中央军委在改编前后,作出了一系列指示和决定。

为了保证部队顺利进行改编,尤其是改编后坚持共产党对军队的绝对领导,继承和发扬红军光荣传统,1937年7月下旬,中国工农红军前敌总指挥彭德怀,在红军党的高级干部会议上作关于红军改编的意义和今后工作的报告,明确指出:要"保障共产党的单一领导",就必须"保障与加强政治工作传统。政治工作是红军的生命线"。① 同时,要求各级政治机关,广泛深入地进行抗日民族统一战线新政策的教育,使部队正确了解改编的意义。

8月1日,中革军委(后改称中共中央军委)总政治部在《关于新阶段的部队政治工作的决定》中指出,红军改编后政治工作的基本任务是:一切为着积蓄与加强抗战的力量,保证抗战的胜利;保证共产党对部队的绝对领导,保持红军的光荣传统,巩固和提高部队战斗力;提高部队的军事技术与战术和指战员的政治、文化水平,迅速走上正规化的道路,并造就大批新干部,使之适应于对日作战的需要。

---

① 中国人民解放军历史资料丛书编审委员会:《八路军·文献》,第7页,解放军出版社,1994年版。

《决定》重申，政治机关应保持其党的工作机关的特点，要健全与加强其在部队中的组织与作用。同日，中共中央组织部在《关于改编后党及政治机关的组织的决定》中规定：在师以上及独立行动的部队，组织军政委员会；在师、团两级及总部直属队，组织党的委员会，领导党的一切工作和部队政治工作；在连队建立党的支部，是党在部队中的基本组织；师以上设政治部，团设政治处，营设政治教导员，连设政治指导员；政治机关，其中心是进行共产党的工作，保证党的路线、方针和政策的贯彻执行。

8月25日，中共中央军委在宣布红军主力改编为八路军的命令中，强调指出：各师改编为国民革命军后，必须加强共产党的领导，保持和发扬十年斗争的光荣传统，坚决执行党中央与军委会的命令，为党的路线及政策而斗争，完成中国革命之伟大使命。

中共中央军委前方分会和部队军政委员会的建立　8月29日，中共中央决定：在红军主力改编为国民革命军第八路军，开赴抗日前线的情况下，设立中央军委前方分会(1941年4月16日，改称华北军分会)，由朱德、彭德怀、任弼时、张浩、林彪、聂荣臻、贺龙、刘伯承、关向应组成，书记朱德，副书记彭德怀。

同日，八路军第115师军政委员会，由林彪、聂荣臻、罗荣桓、周昆、萧华组成，书记林彪；第120师军政委员会，由贺龙、关向应、萧克、甘泗淇、王震组成，书记贺龙；第129师军政委员会，由刘伯承、张浩、徐向前、陈赓、王宏坤组成，书记刘伯承。

各师军政委员会及以后独立行动部队成立的军政委员会，均受中共中央军委前方分会领导，是共产党在八路军部队中的秘密组织，向中共中央及上级军政委员会负责，由军政主官、副职和部门负责人组成，指导部队的军事、政治和党的工作。"其关于军事政治和党的工作的决定，分别交给军事政治及党的机关执行，但不干预单一首长的日常职务和工作。""单一首长对于军政委员会的决定不同意时，则由上级军政委员会或中央解决之，但在未解决前仍须执行军政委员会的决定。"①在部队党委制中断期间，军政委员会实际上具有党委会的性质。

同时，八路军总部和师两级直属队及团、支队组织了党务委员会、党总支。其

---

① 中央档案馆编：《中共中央文件选集》第11册，第312、313页，中共中央党校出版社，1991年版。

职责是:领导部队中党的一切工作,保证完成上级赋予的各项任务,负责对干部的审定。连队成立党支部,设书记、副书记,宣传、组织、青年和民运委员。

恢复政治委员制度和政治部、处　红军主力改编为八路军时,由于蒋介石集团的干扰,一度取消了政治委员制度,将师、旅政治部和团政治处改为政训处,因而降低了政治思想工作的地位和作用,削弱了共产党对八路军的绝对领导,损害了部队的建设。鉴于这种情况,八路军总部于10月19日致电洛甫(张闻天)并告周恩来、邓小平,建议部队保持党代表,即恢复政治委员制度。指出:"部队改编,政治工作人员的公开地位降低职权,因而影响到政治工作人员积极性降低,政治工作已开始受到若干损失。而在各级指挥方面仍有个别同志,因改单一领导不大接受他人意见,多数单一首长感自己能力不够致使军队建设上也受到某些损失。对此现象,我们认为除教育干部,反对地位观念及轻视政治工作外,还需积极的从组织上得到适当的解决,以红军的传统,并以此传统影响友军。"因此建议:

一、团以上或独立营执行党代表制度,争取党代表名义的公开。党代表的职权一般与过去政委相同。应是负责保证党的路线与上级命令之执行,领导政治工作和党的工作。对党及政治工作有最后决定权力。

二、估计到山地游击战争任务和方式,部队分开活动,旅应设政治处,负责全旅政治工作之领导。

三、各旅单独行动时,可临时派遣营党代表,并由团政治处分配一部分工作人员,在营代表或教导员指挥之下,进行政治工作。

四、师政治处改为政治部,连仍为指教〔导〕员。①

10月22日,洛甫、毛泽东复电朱德、彭德怀、任弼时、邓小平并告周恩来,同意八路军恢复政治委员制度和"政治部"名称,指出:关于恢复政治机关原有制度,我们完全同意,请速令执行。唯党代表名义不妥,仍应为政治委员,等将来国民党采用党代表时,方可改为党代表。于是,在人民军队中恢复了政治委员及政治机关原有制度,团以上及独立营设政治委员;各师、旅、团政训处改为政治部、处,其职权与过去政治部、处相同,主任由政治委员兼任。

---

① 中国人民解放军历史资料丛书编审委员会:《八路军·文献》,第73、74页,解放军出版社,1994年版。

10 月 28 日,朱德、彭德怀、任弼时、邓小平致电各师,任命聂荣臻为八路军第 115 师政治委员(1938 年底罗荣桓接任),关向应为第 120 师政治委员,张浩为第 129 师政治委员(1938 年 1 月邓小平接任)。

随后,中共中央军委和八路军总部任命了各旅、团的政治委员:

第 115 师第 343 旅政治委员萧华,第 685 团政治委员吴文玉(吴法宪);第 344 旅政治委员黄克诚,第 687 团政治委员崔田民,第 688 团政治委员何柱成。

第 120 师第 358 旅政治委员李井泉,第 715 团政治委员朱辉照,第 716 团政治委员廖汉生;第 359 旅旅长王震兼政治委员,第 717 团政治委员刘礼年,第 718 团政治委员帅荣;师教导团政治委员苏启胜。

第 129 师第 385 旅政治委员王维舟,第 769 团政治委员黄振棠,第 770 团政治委员萧元礼;第 386 旅政治委员陈再道,第 771 团政治委员吴富善,第 772 团政治委员萧永智。

1937 年 10 月 10 日,中共中央军委决定成立总政治部,主任任弼时(毛泽东代理),副主任谭政。

1938 年 1 月 28 日,总政治部以八路军政治部名义出现,主任任弼时,副主任傅钟、谭政,机关设在延安。

8 月 4 日,王稼祥任总政治部主任兼八路军政治部主任。

同日,成立八路军野战政治部,主任傅钟。八路军野战政治部,随八路军总部在前方行动。1940 年 5 月,野战政治部主任罗瑞卿,副主任陆定一。1943 年 9 月,野战政治部副主任张际春。

与此同时,各级政训处改为政治部、处,政训处主任遂改为政治部、处主任。

第 115 师政治部主任罗荣桓,第 344 旅政治委员黄克诚兼政治部主任;第 120 师政治委员关向应兼政治部主任,第 358 旅政治部主任张平化,第 359 旅政治部主任袁任远;第 129 师政治委员张浩兼政治部主任,第 385 旅政治部主任苏精诚,第 386 旅政治委员王新亭兼政治部主任。

做好部队改编和出师时的政治工作　国共两党两军十年来兵戎相见,如今红军主力改编为国民革命军的部队,部队在思想认识上出现了许多新的复杂的情况:十年内战,国民党军对红军围追堵截,多少干部和战士的亲人、战友倒在血泊中,听到改编的消息后在感情上难以接受;有些干部和战士认为,参军就是为打倒国民党反动派,而红军改编则是向国民党投降,与国民党军在本质上没有区别了,对红军换装、戴青天白日帽徽有抵触情绪,感觉无脸去见乡亲,表示宁愿回家重当农民;另有少数干部和战士对独立自主的原则缺乏清醒的认识,丧失了对国民党的警惕性,出现了以接受国民党委任为荣耀等现象。

为了统一八路军广大指战员对部队改编和出师的思想认识,各部队深入进行了形势教育、抗日民族统一战线教育和独立自主原则的教育。

首先,增设了抗日课程,把毛泽东的《为动员一切力量争取抗战胜利而斗争》和党的《抗日救国十大纲领》等作为基本教材,通过教员上课、召开誓师大会、列举日本法西斯暴行等多种形式,激发部队的民族仇恨和爱国热情,提高改编的自觉性。

其次,各级领导和机关干部,及时深入部队,做了大量深入细致的思想工作。朱德出席了八路军第120师成立大会,指出:我们可以统一服装,穿灰衣服,戴白帽徽,但正如毛泽东指出的,有一条不能改变,就是在共产党的绝对领导下,保持政治上的独立性。左权到随营学校各团,耐心地指出:我们取下红星不是要丢掉它,这里有烈士的鲜血和我们的理想。要往远处看,为了抗日救国,可以把红星保存起来,把它放在心坎里;红星在我们心里,我们就不会迷失革命方向。罗荣桓几乎跑遍了一个红军团的所有连队,与干部战士促膝谈心,深入浅出地讲解:只有与国民党实行合作,共赴国难,才能打败日本侵略者。第120师师长贺龙深入连队时说:戴白帽徽,外表是白的,可心里是红的,红军是名改心不变,一颗红心为人民嘛!刘伯承在第129师成立大会上说:"对改编这件事需从这样的高度来认识,换帽子算不了什么,那不过是形式,我们人民军队的本质是不会变的,红军的优良传统不会变,我们解放全中国的意志也不会动摇!"①八路军通过深入的政治教育和细致的思想工作,不仅保证了部队改编任务的完成,而且提高了由国内土地革命战争向抗日民族解放战争转变的认识和投入抗日洪流的自觉性。

确立政治工作三大原则　八路军编成后,立即奔赴华北抗日前线,密切联系广大人民群众,连战皆捷,与国民党单纯依靠政府和军队、丧师失地的情况形成鲜明的对照。1937年9月29日,毛泽东在《国共合作成立后的迫切任务》一文中分

①《刘伯承传》,第150页,当代中国出版社,1992年版。

析国民党军队抗战以来的教训时指出：他的制度还是老制度，这种制度不适应去执行彻底战胜日本帝国主义的任务，必须加以改变；其中心环节是改变国民党军队的政治精神和政治工作，改变的原则就是实行官兵一致、军民一致的。今天，中国共产党领导的红军，虽然在全国性的抗战中，还只能起先锋队的作用，不能起决定性的作用，但她经过许多改造工作，主要是肃清了军队内部的封建主义，实行了官兵一致和军民一致的原则，这些经验是可以供国民党借鉴的。这是毛泽东从加强革命军队建设出发，首次明确提出官兵一致、军民一致的政治工作的两大原则。

官兵一致、军民一致、瓦解敌军是军队政治工作的三大原则。军队内部推行民主制度是八路军的优良传统。这是部队实行政治民主，正在开展批评与自我批评

10 月 25 日，毛泽东在《和英国记者贝特兰的谈话》中，结合北伐军、红军和八路军的历史经验，第一次完整地提出了政治工作的三大原则："八路军的政治工作的基本原则有三个，即：第一、官兵一致的原则，这就是在军队中肃清封建主义，废除打骂制度，建立自觉纪律，实行同甘共苦的生活，因此全军是团结一致的。第二、军民一致的原则，这就是秋毫无犯的民众纪律，宣传、组织和武装民众，减轻民

众的经济负担,打击危害军民的汉奸卖国贼,因此军民团结一致,到处得到人民的欢迎。第三、瓦解敌军和宽待俘虏的原则。我们的胜利不但是依靠我军的作战,而且依靠敌军的瓦解。"①政治工作三大原则的提出,是对我军政治工作的创造与发展,成为人民军队的重要政治工作制度。八路军坚决执行这三大原则,有力地促进了部队的政治建设。

二、适应敌后游击战争的需要,抓紧进行军事教育和训练

八路军面对强敌,在武器简陋、装备后进的情况下,为了适应敌后作战尤其是游击战争的需要,通过开办军政干部学校和召开业务会议等方式,认真学习毛泽东的《抗日游击战争的战略问题》《论持久战》等军事著作,教育广大指战员充分认识游击战争在抗日战争中的战略地位,弄懂抗日战争为什么是持久战和如何进行持久战的思想,提高由以国内正规战争为主向以抗日游击战争为主转变的自觉性,顺利地实现了军事战略转变。

开展游击战争,是我军的拿手好戏。为了继续充分发挥这一特长,八路军在认真进行军事思想教育的同时,抓紧进行了技术、战术的教育和训练。1938 年 1 月 13 日,八路军总部在关于广泛开展华北游击战争的指示中,要求部队除加紧进行政治方面的民族教育、增强政治坚定性外,还要在军事方面加紧进行技术、战术教育,使大批新战士迅速成为技术优良的战士。25 日,八路军总部发出了关于战术原则的训令,针对敌人兵力分散、山地不利其技术兵器发挥作用、外翼侧暴露、供给困难、与群众对立等致命弱点,详尽而系统地阐述了八路军的战术原则:在敌人实行分进合击中,应在敌诸支队之暴露外翼侧实行机动;在预定的伏击地点,采用伏击来突击运动中的敌人,主要的是突击敌之后尾部队;在突击敌一支部队时,应以积极的行动隔绝可能来援之敌;突击时,要保持高度的突然性质,切忌犹豫、动摇、迟缓;应保持自己的主动地位,能迅速地转变自己的突击方向;行动应极端秘密,应利用昏暗、夜间接近敌人;集中主要兵力兵器于主要突击方向;突击部队的战斗队形,应避免一路前进的行军纵队和集团冲锋;对驻止的敌人不应强攻,应力求在运动中突袭增援之敌;配合作战的部队,应保持密切联系和行动上的配合,

---

① 《毛泽东选集》第 2 卷,第 379 页,人民出版社,1991 年版。

一切等待与互不相关、各自为战的现象是有害的;游击队,应袭击敌人的后方与侧背,保持高度的机动性、敏捷性、弹韧性;加强管理,封锁消息,经常变换自己的宿营地;加强防空,注意隐蔽与伪装;破坏敌人可能利用的道路;以优良的射手,不时给敌人以杀伤。这一系列战术原则的成功运用,成为八路军克敌制胜的重要因素。

改编前后,各部队以投弹、射击、土工作业和夜间战术为主要内容,着重进行了实地战斗、夜间动作、袭击战斗、防空技术、长途行军、无后方作战等各种形式的军事训练,使部队战斗力不断提高。

同时,进一步明确了司令部工作和参谋职责;及时编拟战役战斗计划和命令,组织好部队的宿营、警戒、通信、作战行动;多方搜集和整理情报;调制兵要地志,学会测绘知识,能勘察地形,会标图、识图、用图;建立严格的作战值班制度等。从而加强了司令部机关建设,提高了协助首长指挥作战的能力。

三、树立独立自给的思想,改进后勤保障工作

八路军主力脱离陕甘宁边区后方基地,挺进华北敌后开展抗日游击战争,给后勤保障工作提出了新问题。平型关战役后,华北进入深秋、初冬,干部、战士穿着单衣、草鞋,有时因吃不上饭影响作战行动。人多枪少,不少人背着大刀、扛着长矛作战。缺医少药,伤病员得不到及时治疗。

在后勤保障工作十分困难的情况下,毛泽东于 11 月 13 日致电八路军总部和中共中央北方局,指出:"自给自足,不靠别人。"①16 日,周恩来在《目前抗战危机与坚持华北抗战的任务》中,提出:"要建立各部队的后方,要有源源不绝的后方接济,在困难时也要独立自给。这样的军队是活的,是人民的,是革命的军队。"②独立自给思想的确立,对于八路军做好后勤工作,克服困难,保障供给,具有重要指导意义。

在独立自给思想指导下,八路军在红军后勤机构的基础上,调整、健全了后勤体制。设立了军需处,处长叶季壮;卫生处,处长姜齐贤。不久,处改称部,部下设

---

① 《毛泽东军事文集》第 2 卷,第 116 页,军事科学出版社、中央文献出版社,1993 年版。
② 《周恩来选集》上卷,第 86 页,人民出版社,1980 年版。

科,增设了兵站部。各师和晋察冀军区及其旅,设供给部和卫生部。团设供给处和卫生队,营设供给员,连设司务长。各级供给部,下设军需、财务、粮秣、采办等处(科);卫生部,下设医务、材料、供给等处(科)和医院;兵站部,下设兵站分部。各级后勤机构的调整和建立,从组织上保障了后勤工作的开展。

八路军各级后勤机构建立后,广开门路,通过多种渠道,筹集经费和物资:

一是取之于友。全国抗战爆发后,根据国共两党达成的协议,八路军从国民政府每月可领取 55 万元法币、5 万发子弹。但驻陕甘宁边区的机关、院校和部队,不能领取分文。八路军总部则将所领取的经费,一半分给陕甘宁边区,一半发给前方部队。八路军每个师,每月可得到 4 万至 6 万元。这些钱,包括吃饭、穿衣和医疗费用,对于日益壮大的八路军来说,只不过是杯水车薪而已。从师长到士兵,每人每月仅发 1 元的零花钱。各部队利用有限的经费,派人四处奔波,从商人手中购买所需的物资。另外,八路军挺进华北抗日前线后,还搜集了国民党败退时遗弃的大批武器和弹药,装备了部队。

二是取之于民。八路军正确贯彻执行共产党的各项政策,实行军民一致的原则,不仅在人力上,而且在财力、物力上,都得到了广大人民的支援。社会各界人士组织动委会、抗敌会和工、农、青、妇等各种抗日救亡组织,以多种形式为八路军筹措经费和被服、药品等物资。连身居祖国大西北新疆的维吾尔、哈萨克等少数民族,至 1938 年也筹集了折合 60 余万银圆的新疆币,购买了 10 架战斗机,连同募捐的 8 万件皮衣、1 万架马鞍、一批药材一起送往延安。社会民主党派和知名人士,也付出了自己的努力。宋庆龄自 1937 年起,就积极为八路军奔走,筹集了大批钱款、设备和药品。随着抗日根据地的建立和发展,八路军的经费和物资来源逐渐有了可靠的保证。

三是取之于己。生产,是人民军队的三大任务之一。

八路军在作战任务十分繁重的情况下,坚持开展了生产自救运动。1937 年10 月,第 115 师办起了兵工厂,生产武器、弹药。1938 年初,左权在辽县亲自主办了八路军总部军工厂。2 月,晋察冀军区开办了炸弹厂和修械所;炸弹厂,月产手榴弹由 3000 枚迅速发展到 4 万枚;修械所,月装配步枪 180 余支。各师还办起了被服厂,利用当地群众纺织的土布和指战员采集的黄柏根、黄芩、槐树籽加工的颜色,自制被服。虽然,被服的质量有好有坏,颜色也五花八门,但解决了部队穿盖

八路军部队被服厂人员在做军服

的燃眉之急。八路军各前方部队，也利用战斗间隙，开荒生产、种粮种菜，在一定程度上改善了部队的生活。同时，通过各地办事处，筹集了一些经费和物资。

四是取之于敌。八路军作战勇敢，在战场上缴获的日军武器、弹药和被服、粮食可作为对部队的一种补充。正如《游击队歌》中所唱的那样："没有枪，没有炮，敌人给我们造。"随着日军对大中城市和主要交通线的驻守，这种补充日渐困难。

五是取之于海外爱国侨胞和国际友人。马来亚华侨彭士馨等10余人，筹集了4万多元，购买了2辆雪佛兰牌救护车和大批医疗用品，于1938年8月26日回国后，一辆赠给新四军，一辆历时2个多月、经7000多公里路程于11月1日送到延安。以开餐馆为业的美籍华侨李兆焕，将自己的1.7万美元转赠给八路军、新四军。就连生活非常贫苦的侨胞，也尽了微薄之力。在国际友人中，如伟大的国际主义战士白求恩，由加拿大不远万里来到中国，于1938年6月抵晋察冀抗日根据地后，出主意、想办法，发展医疗卫生事业，亲自抢救伤病员。印度柯棣华大夫参加了援华医疗队，抵延安后，转战在晋冀豫和晋察冀抗日根据地。白求恩、柯棣华等为中华民族的解放事业献出了宝贵的生命。

通过多方努力和支持,八路军的后勤保障工作不断改进,供应不断改善。但以蒋介石为首的国民政府在武汉失守、全国抗战进入相持阶段后,逐渐转为消极抗日、积极反共,给予八路军的军饷越来越少。至 1940 年 10 月 19 日即开始发动第二次反共高潮后不久,则完全停止了对八路军的供给。同时,随着共产党及其领导下的八路军地位的提高和抗日根据地的发展,通过减租减息、合理负担,征收粮税等办法,八路军得到的人民支援的财富、物资越来越多。加上八路军将士尤其是后勤工作人员的积极努力,部队生产自救的比重也越来越大。因此,取之于民和取之于己,逐渐成为八路军后勤供应的主渠道。

1937 年 7 月 7 日至 1938 年 10 月下旬,是全国抗战的战略防御阶段,也是八路军出师华北抗日前线,创建抗日根据地、开辟华北敌后战场的阶段。在这一阶段,日军实行速战速决的战略方针,展开对中国的战略进攻;国民党军对抗日采取了比较积极的态度,但由于其实行片面抗战路线和消极防御的作战方针,因而在正面战场节节失利,丧失大片国土。八路军正确执行共产党的抗日民族统一战线政策、全面的全民族的抗战路线、持久战的战略总方针和"基本的是游击战,但不放松有利条件下的运动战"的军事战略方针,顺利地进行了改编,及时实现了由以国内正规战争为主向以抗日游击战争为主的军事战略转变。先后作战 1500 余次,歼日伪军 5.1 万余人,缴获各种枪 1.2 万余支,收复了大片国土。抓住日军长驱直入、国民党军溃败、敌后空虚的时机,大胆向敌后农村发展,分兵发动群众,广泛开展游击战争,不断扩大影响,加紧动员积极抗战和热爱祖国的人民参军,大量吸收和改造民间游杂武装,积极收编国民党溃军,大力争取伪军投诚反正,独立自主地发展,由改编时的近 4.6 万人发展到近 15.7 万余人,新成立了晋察冀军区和山东纵队。依托山区,推进到平原,由山西扩展到整个华北,创建了晋察冀、晋绥、晋冀豫、晋西南、冀鲁豫和山东等抗日根据地,开辟了广阔的华北敌后战场,构成了对敌占中心城市北平、天津、济南、石家庄、太原和主要交通线平汉、津浦、平绥、同蒲、正太铁路的严重威胁。在战略和战役战斗上,与正面战场国民党军共同进行了太原会战,有力配合了徐州会战和武汉会战。这一切行动,对于迟滞日军的战略进攻,挫败其速战速决的战略,加速战略相持阶段的到来,起了重要作用。

第三章 八路军发展成为华北抗战的主力军，华北抗日根据地成为全国抗战的重要战场

第一节 抗日战争进入战略相持阶段，中国共产党及其领导下的人民军队的方针和任务

一、日军侵占广州、武汉后，中国抗日战争进入战略相持阶段

武汉，由武昌、汉阳、汉口三镇组成，位于华夏腹地的江汉平原，是平汉、粤汉铁路和长江、汉水的交会点，为长江中游地区的水陆交通枢纽。顺江而下，东经赣、皖、苏，直抵上海；溯江而上，西联川、滇，南通湘、广，北穿豫、冀可达平、津，具有十分重要的战略地位和作用。

南京失守后，武汉是国民政府军事委员会等领导机关所在地，一时成为国民党军作战指挥中心，遂被日军列为战略进攻的重点目标。日本帝国主义认为，"只要攻占汉口、广东，就能支配中国"，就"可以做到以武力解决中国事变的大半"。"只要控制中原，实质上即能支配中国。"[①]1938 年 5 月，日军以华北方面军和华中派遣军，沿津浦铁路南北对进，于 19 日占领徐州，把华北、华中两大战场联系起来。这时，进攻武汉的问题，就被正式提上了议事日程。6 月 15 日，日本帝国御前

---

① 日本防卫厅防卫研究所战史史室：《中国事变陆军作战史》第 2 卷第 1 分册，田琪之译，第 90 页，中华书局，1979 年版。

会议作出了攻占汉口的决定。18日,日军大本营发出准备进行作战的预备命令,指出:"以初秋为期,攻占汉口。"①

与此同时,担任进攻武汉任务的华中地区日军集结于南京和合肥地区,准备以一部分兵力沿大别山北麓,直插信阳,切断平汉铁路,继而南下;主力则沿长江及其两岸,正面西进武汉,造成两路夹击之势。至8月初,日军华中派遣军,司令官畑俊六,辖2个军和1个航空兵团:

第2军,司令官东久迩宫稔彦王,辖3个师团:第10、第13、第16师团。

第11军,司令官冈村宁次,辖4个师团和1个支队:第6、第27、第101、第106师团和波田支队。

航空兵团,司令官德川好敏,辖第1、第3、第4飞行团;该兵团于8月2日编入派遣军。

派遣军直辖第3、第9、第15、第17、第18、第22、第116师团。

此时,日军华中派遣军共2个军、14个步兵师团、1个支队、1个航空兵团、3个飞行团,占关内侵华陆军总兵力的61%。

实际上,日军华中派遣军参加武汉会战的为第3、第6、第9、第10、第13、第16、第27、第101、第106师团,第15、第17、第116师团各1个支队和波田支队,计9个师团、4个支队,约25万人。另3个飞行团,各型飞机约300架;海军第3舰队等,各型舰艇约120艘。

为保卫武汉,国民政府军事委员会于6月中旬决定:蒋介石任作战总指挥,以第五战区司令长官李宗仁部所辖第3、第4兵团,部署于大别山北麓、东麓和长江以北的黄陂、黄梅地区;以第九战区司令长官陈诚部所辖第1、第2兵团和武汉卫戍部队、江防守备队,位于九江、武昌地区,粉碎日军进攻。国民党军参加武汉会战的兵力为第2、第3、第5、第9、第11、第20、第21、第24、第26、第27、第29、第30、第31、第33集团军,共14个集团军,计120余个师、近100万人。另舰艇30余艘、飞机约200余架。

8月22日,日军大本营正式发出了进攻武汉的作战命令。国民党军以四倍于

---

① 日本防卫厅防卫研究所战史室:《中国事变陆军作战史》第2卷第1分册,田琪之译,第112页,中华书局,1979年版。

日军的兵力,依托有利地形,在遍及安徽、江西、河南、湖北四省,纵横千里的战线上,同日军华中派遣军展开了殊死的搏斗。经过长江及两岸地区的作战、大别山北麓地区和武汉市郊之战,歼日军近4万人(日方公布为3.5万余人),击落击伤炸毁日军飞机约100架,炸沉炸伤日军舰艇104艘,沉重打击了日军的有生力量,并掩护了武汉工厂、机关、学校向大西南、大西北的迁移和大后方的建设。但由于国民党军军事素质低、技术装备落后,尤其是在战役指导上,消极防守,分兵把口,处处设防,且没有建立各级的预备队,节节抗击变为节节败退,部队牺牲了25万余人。10月26日,日军侵占武昌、汉口。27日,侵占汉阳。至此,武汉三镇均告陷落。

日军在进攻武汉的同时,为了切断国民党军华南方面的国际补给线,并配合华北、华中作战,自10月12日至21日,以第21军和海军第5舰队,共4万人的兵力,同国民党军第12集团军、计6万余人的兵力,在广州及其外围地区,进行了广州战役。国民党军第四战区第12集团军总司令余汉谋部,由于丧失警惕性,作战指挥和部队主力远离战场,部署分散,简直到了望风披靡、兵败如山倒的程度,使日军如入无人之境。日军仅用了10天时间,就兵不血刃地占领了广州。

日军侵占广州、武汉后,控制了华北、华中、华南的一些主要交通线和大中城市,基本上做到了点、线的占领,部分实现了速战速决的战略意图,但所面临的矛盾也日益突出起来。在军事上,战线过长,兵力分散,接近枯竭。至年底,日军侵华面积达100万平方公里,战线绵延约4000公里。在进行广州、武汉作战时,日军共有34个步兵师团,除国内2个、朝鲜1个外,其余31个即陆军总兵力的92%已用于中国战场,几乎是倾巢出动。在政治上,愈来愈陷入孤立的国际社会境地。日本侵华战争的非正义性及犯下的法西斯暴行,遭到了包括中国人民在内的世界上一切爱好和平、伸张正义的国家和人民的反对。在经济上,财政负担过重,经费紧张。七七事变以来,军费耗费了近100亿日元,占财政总支出的69%以上。在重重矛盾面前,连日本人也不得不承认:要想"在辽阔无垠的大陆上,以派遣军的有限兵力,欲期急速结束事变,几乎被认为是不可能的事了"①,从而宣告了日军速战速决战略方针的破产。

至此,中国军民尤其是共产党及其领导下的八路军、新四军,经过16个月的

①《今井武夫回忆录》,天津市政协编译委员会译,第126页,中国文史出版社,1987年版。

战争磨炼,创建了山东、晋察冀、晋西北、晋西南、晋冀豫、冀南、豫东、皖中、苏南、皖南等抗日根据地,开辟了广阔的华北、华中敌后战场,牵制了关内侵华日军兵力的58%以上。同时,与正面战场的国民党军配合,对日军形成了夹击之势和包围反包围的犬牙交错的战争形态,构成了对日军的严重威胁。通过上述敌我力量的消长,中国的抗日战争由战略防御进入战略相持阶段。

二、广州、武汉失守后的形势,中国共产党及其领导下的人民军队的方针和任务

广州、武汉失守后,国际国内形势和敌、我、友的方针、任务发生了重大变化。日本帝国主义在军事战略上,被迫由速战速决转入战略持久,不得不准备长期对华作战,但为准备南进,又急于解决中国问题;由战略进攻改为以保守占领区为主,重点确保北起西苏尼特、百灵庙、安北,沿黄河,经庐州(今合肥)、芜湖,至杭州一线以东地区和武汉、广州地区,主要是华北、苏南地区;由以正面战场国民党军为主,逐渐移其主力打击共产党及其领导下的八路军、新四军和华南人民抗日游击队。因为日本人懂得:国民党系统军队的政治工作和游击战,同中共方面相比,则显得不成熟、不合适,所以在国共并存的地区,共产党势力掌握着主导权。因此,在策略上,改变以往"不以国民政府为对手"的立场,转而对国民政府采取以政治诱降为主、军事打击为辅的政策。表示:只要蒋介石政府"放弃容共抗日,转而奉行亲日满防共方针,可与其他以亲日防共为其主义者同等视之,不妨害其存在"[1]。从而加紧推行以华制华的方针,大力扶植和强化傀儡政权。在经济财源上,实行以战养战的方针,大肆掠夺占领区的财力、物力,建立所谓长期自给体制。在文化思想上,积极宣传"日中亲善""共存共荣"的思想,强化在华奴化教育,欺骗和麻痹中国人民。

国际上,英、法等国为了谋求与德意法西斯的妥协,于1938年9月,签订了出卖捷克斯洛伐克民族利益的慕尼黑协定。在东方,英、美、法等国对日本法西斯继续采取绥靖主义的政策,加紧策划"远东慕尼黑阴谋",以牺牲中国的权益为条件,换取同日本帝国主义者的妥协,维持其在远东和太平洋地区的殖民利益。

---

[1] 日本防卫厅防卫研究所战史室:《中国事变陆军作战史》第2卷第2分册,田琪之译,第64页,中华书局,1980年版。

　　由于日本帝国主义对华方针、政策的变化，也由于英、美、法等国策划"远东慕尼黑阴谋"的影响，还由于国民党惧怕共产党及其领导下的人民军队的发展壮大，国民党的方针、政策发生了明显的变化。11月，国民政府军事委员会召开南岳（湖南衡山）会议，决定以第一、第二、第八战区与日军华北方面军对抗，第三、第五、第九战区与日军华中派遣军对抗，第十战区与华南的日军第21军对抗；并增设冀察、鲁苏两个战区，名为在敌后与日军作战，实际上是企图限制八路军、新四军的发展。

　　这时，国民政府虽然继续主张抗战，但其反共和对日妥协的倾向明显增长。12月18日，亲日派、国民党副总裁汪精卫潜离重庆飞到河内，公开叛国投敌，成为可耻的汉奸卖国贼。1939年1月，国民党五届五中全会，着重讨论了对付共产党的问题，正式确定了"溶共""防共""限共"的反共反动方针。4月，设立了"防共委员会"和制定了《防制异党活动办法》。从此，蒋介石集团在消极抗日、积极反共的道路上越走越远。国民党及其军队，不断制造摩擦、反共惨案，多次军事进攻抗日根据地。仅从1938年12月至1939年10月，在陕甘宁边区就制造了150多起摩擦事件，包括28次军事进攻。1939年11月，国民党五届六中全会上，进一步确定了以军事进攻为主、政治反共为辅的方针。会后，蒋介石秘密颁发了《异党问题处理办法》《沦陷区防范共党活动办法》等一系列反共文件，积极推行反共政策，进而发动了第一次反共高潮。

　　在抗日战争进入战略相持阶段前后，敌、友方针、政策发生重大变化的形势下，中国共产党于1938年9月29日至11月6日，在延安举行了扩大的第六届中央委员会第六次全体会议。出席这次中央全会的中共中央委员、候补委员共17人，另有关方面领导干部30余人，成为自1928年党的六大以来人数最多的一次。其基本任务是：认清全国抗战以来形势及发展趋势，总结经验教训，进一步克服王明的右倾投降主义错误，统一全党的思想认识，确定新阶段的基本方针和任务，为进一步发展人民力量，争取全国抗战胜利，做好准备。

　　会前，刚刚由苏联回国的中国共产党驻共产国际代表王稼祥，在中共中央政治局会议上传达了共产国际执行委员会总书记季米特洛夫的意见：中共一年来建立了抗日民族统一战线，政治路线是正确的，中共中央领导机关要以毛泽东为首解决统一领导问题。为尔后中共扩大的六届六中全会的成功召开奠定了统一的政治思想基础。

参加中共扩大的六届六中全会的部分人员合影。第 1 排左起：贾拓夫、高岗、谭政、朱德、张文彬、曾山、佚名、刘少奇、博古（秦邦宪）、萧克、项英、谢觉哉。第 2 排左起：程子华、关向应、彭德怀、徐特立、成仿吾、潘汉年、徐海东、杨尚昆、萧劲光、罗瑞卿、滕代远、李维汉、朱理治。第 3 排左起：李富春、郭述申、孟庆树、高文华、邓小平、彭真、王明、王稼祥、周恩来、冯文彬、李昌。第 4 排左起：曹轶欧、柯庆施、康生、罗荣桓、吴玉章、林伯渠、贺龙、张闻天、陈云、刘子久、林彪、张浩、毛泽东

　　会上，毛泽东作了《论新阶段》的政治报告和会议总结，张闻天作了《关于抗日民族统一战线的与党的组织问题》的报告，周恩来作了关于统一战线问题的报告，朱德作了关于华北战场问题的报告，项英作了关于新四军工作的报告，刘少奇作了关于北方局工作的报告，博古（秦邦宪）作了关于党的青年工作的报告，王稼祥传达了共产国际的有关文件和以毛泽东为中国共产党领导人的指示，王明也作了报告和发言。会议的中心议题，是讨论毛泽东的政治报告。彭德怀、陈云、贺龙、杨尚昆、关向应、张浩、邓小平、彭真、罗荣桓、林伯渠、吴玉章等作了发言。全会通过了《中共扩大的六中全会政治决议案》，批准了以毛泽东为首的中央政治局路线。同时，通过了《关于中央委员会工作规则与纪律的决定》《关于各级党部工作与纪律的决定》《关于各级党委暂行组织机构的决定》，分别规定了中央及各级党委的工作规则及组织纪律。

　　会议总结了 16 个月抗战的基本经验，指出："中华民族有抵抗外寇的不可战胜的伟大力量。然而求得速胜是不可能的，抗日战争是艰苦的持久战。"会议科学

分析了全国抗战进入战略相持阶段的形势,"基本特点就是:一方面我国的困难加多,另方面我国更加团结与更加进步"。要求既估计到困难的一面,又必须看到有利于团结、进步的一面,确定了中华民族抗战的基本任务是:"坚持抗战,坚持持久战,巩固和扩大抗日民族统一战线,以便克服困难,增加力量,停止敌之进攻,实行我之反攻,以取得最后驱逐日寇出境和建立独立自由幸福的三民主义新中国的光荣胜利。"①

为了完成这一基本任务,全会要求共产党员在民族战争中,发挥模范先锋的作用,其岗位,"首先应该是在最能打击日寇的地方——前线和敌后方"。"全会特别指出八路军、新四军中的共产党员,全体指挥员,政治工作人员及战斗员,在抗战中已经起了极光荣的作用,以后应该更加发扬这种作用。"全会强调指出,"必需国共两党长期合作","发展国共两党及一切抗日党派,强固抗日民族统一战线,支持长期抗战"。② 要把统一战线中的统一性和独立性、民族斗争和阶级斗争一致起来,坚持统一战线中的独立自主。全会决定:"党的主要工作方面是在战区和敌后。"③而"敌后游击战争大体分为两种地区。一种是游击战争充分发展了的地区如华北,主要方针是巩固已经建立了的基础,以准备新阶段中能够战胜敌之残酷进攻,坚持根据地。又一种是游击战争尚未充分发展,或正开始发展的地区,如华中一带,主要方针是迅速地发展游击战争,以免敌人回师时游击战争发展的困难"④。根据国际国内形势,敌、友方针、政策的变化和对敌后游击战争情况的分析,全会最后确定了共产党及八路军、新四军和华南人民抗日游击队关于巩固华北、发展华中和华南的战略方针、任务。

1939 年 6 月 22 日,中共中央军委、总政治部在《关于目前时局及八路军新四军之任务的指示》中,进一步指出:我们的任务,应当是在思想上、组织上、军事上、政治工作上,巩固自己,准备自己,克服困难,巩固抗日根据地,联络友军,巩固统一战线,反对投降,以坚持抗战。华北八路军的中心任务,是巩固工作;华中新四军的中心任务,是发展。

---

① 中央档案馆编:《中共中央文件选集》第 11 册,第 748、749、751 页,中共中央党校出版社,1991 年版。
② 中央档案馆编:《中共中央文件选集》第 11 册,第 755、756、753、752 页,中共中央党校出版社,1991 年版。
③《毛泽东选集》第 2 卷,第 545 页,人民出版社,1991 年版。
④《毛泽东军事文集》第 2 卷,第 399 页,军事科学出版社、中央文献出版社,1993 年版。

为了适应全国抗战进入战略相持阶段的形势和任务的需要,中共中央政治局于1938年11月9日决定撤销长江局,设立南方局,书记周恩来,负责党的统一战线和领导党在国民党大后方、港澳、华南地区的工作;成立中原局,书记刘少奇,领导长江以北、陇海铁路以南的河南、安徽、江苏、湖北地区党的工作;东南分局改为东南局,书记项英;充实北方局,常务委员朱德、彭德怀、杨尚昆,书记杨尚昆;苏鲁豫皖边区省委改为北方局山东分局,书记郭洪涛;成立晋察冀分局,书记彭真。

1938年11月,增补王稼祥为中共中央军委副主席。

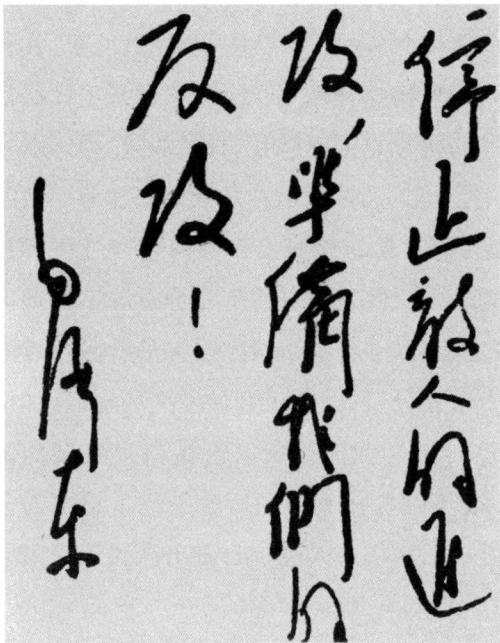

毛泽东题词:"停止敌人的进攻,准备我们的反攻!"

中共扩大的六届六中全会,是一次具有重大历史意义的会议。后来,毛泽东高度评价这次会议,指出:"六中全会是决定中国之命运的。"①这次全会正确地总结了全国抗战以来的经验教训,科学地分析了全国抗战进入战略相持阶段的形势,提出了共产党、军队和人民抗战的总任务,基本上克服了王明的右倾投降主义错误,为八路军、新四军和华南人民抗日游击队继续发展、巩固抗日根据地,粉碎敌顽进攻,从政治上、思想上、组织上提供了保证。从此,八路军发展成为华北抗战的主力军,华北抗日根据地成为全国抗战的重要战场。

第二节 八路军主力挺进冀鲁豫地区,完成在华北的战略展开任务

日军侵占广州、武汉后,其大本营陆军部于1938年11月制定了《陆军作战指导纲要》,规定今后的作战方针是:"确保占据地区,促进其安定;以坚强的长

---

① 中共中央文献研究室编:《毛泽东在七大的报告和讲话集》,第231页,中央文献出版社,1995年版。

期围攻态势，扑灭残余的抗日势力。"要求其华北方面军"要专心确保占据地区并使之安定，特别要首先迅速恢复河北省北部、山东省、山西省北部及蒙疆等重要地区的治安，并确保主要交通线。按需要可在占据地区内，进行大规模的扫荡作战"。①

根据日军大本营确定的以保守占领区为主的方针和赋予的任务，日军华北方面军颁布了1939年度"肃正"计划，其基本设想是：为了保证安定，把点、线占领扩大为面的占领，认为"以武力为中心的讨伐肃正乃是保证实现安定的首要条件"。②其根本方针是："通过讨伐作战，全部摧毁匪军根据地，同时彻底进行高度的分散部署兵力，随后即依靠这些分散的据点，对匪军反复进行机敏神速的讨伐，使残存匪团得不到喘息时间和安身处所。"③计划分为三期：1至5月为第一期作战，乘方面军扩大兵力之机，进行大规模"扫荡"作战，为分散部署兵力奠定基础，并扩大治安圈；6至9月为第二期作战，继续进行讨伐，同时利用部队调动集中之机，摧毁八路军主力和领导机关所在地，实行高度分散部署；10月至翌年3月为第三期作战，表示"由于共军势力广泛渗透、顽强进行活动，我各部队对其警备地区周围，经常反复进行肃正讨伐"。④ 这一计划，如期得到了实施。

根据上述方针、任务和计划，华北方面军兵力和部署调整的情况是：第1军的第14师团调入方面军直辖，第109师团回国，新成立的第36、第37师团和独立混成第9旅团编入该军；新成立第12军，司令官尾高龟藏，辖第21、第114师团和独立混成第5旅团、骑兵集团（欠骑兵第4旅团）；随后，第5和新成立的第32师团及独立混成第6、第10旅团编入第12军，骑兵集团主力和骑兵第4旅团编入驻蒙军，第114师团回国。至1939年9月20日，华北方面军，司令官多田骏，辖3个军：

第1军，司令官筱冢义男，辖第20、第36、第37、第108师团和独立混成第3、第4、第9旅团，部署在山西省。

---

① 日本防卫厅防卫研究所战史室：《中国事变陆军作战史》第2卷第2分册，田琪之译，第68、69页，中华书局，1980年版。
② 日本防卫厅战史室编：《华北治安战》上册，天津市政协编译组译，第108页，天津人民出版社，1982年版。
③ 日本防卫厅战史室编：《华北治安战》上册，天津市政协编译组译，第109页，天津人民出版社，1982年版。
④ 日本防卫厅战史室编：《华北治安战》上册，天津市政协编译组译，第126页，天津人民出版社，1982年版。

第 12 军,司令官尾高龟藏,辖第 21、第 32 师团和独立混成第 5、第 6、第 10 旅团,部署在山东省和苏皖北部。

驻蒙军,司令官冈部直三郎,辖第 26 师团、独立混成第 2 旅团和骑兵集团,部署在绥远省。

方面军直辖第 27、第 35、第 110 师团和独立混成第 1、第 7、第 8、第 15 旅团,部署在河北省。

另先后辖华北方面飞行队、航空兵团、第 3 飞行集团,负责对山东、河南、陕西、甘肃等省以北地区航空作战。

根据敌情和中共中央确定的"巩固华北"的战略方针、任务,中共中央北方局和八路军总部连续指出:华北敌军正分向我冀中、冀南、冀东及山东等平原地区进攻,然后再进攻我山区抗日根据地。华北我党我军必须以最大毅力克服困难,坚持华北持久抗战,不断粉碎敌之围攻。并以坚持河北、山东省平原地区游击战,巩固山岳地区抗日根据地,配合起来粉碎敌之围攻。在统一战线原则下争取军民亲密结合与持久以游击战为主,削弱疲惫敌人,争取收复平原已失城市,为坚持华北战争的基本指导原则。1938 年 10 月至 12 月,八路军主力开始了第二次大规模向平原地区的挺进行动。

一、八路军第 115 师主力挺进山东,与山东纵队共同发展和巩固抗日根据地

全国抗战进入战略相持阶段时,八路军山东纵队刚刚成立,缺乏骨干;抗日根据地初创,尚没有普遍建立抗日政权,且不巩固。为增强山东敌后的骨干力量,发展与巩固抗日根据地,中共中央军委于 1938 年 11 月 25 日指示八路军总部,令第 115 师师部率第 343 旅迅速进入山东、淮北,分布于新老黄河间,包括津浦铁路东西、胶济铁路南北的广大地区。12 月 2 日,八路军总部正式命令第 115 师向山东进军,要求抵晋东南的第 343 旅第 685 团以苏鲁豫支队名义先行入鲁。

同时决定第 343 旅补充团与晋西游击第 1、第 2、第 3 大队,合编为师独立支队,支队长陈士榘,政治委员林枫,留在晋西南活动。

1938 年 12 月 10 日,第 115 师先遣部队第 685 团以苏鲁豫支队名义,辖第 1、第 2、第 3 大队共 1700 余人,由山西省长治地区出发,于 12 月 27 日进抵(微山)湖

西丰县、单县地区。该支队首先歼灭盘踞崔庄的伪军 800 余人,接着肃清丰县、沛县等地大部伪军和反动武装。1939 年 2 月至 5 月,将起义伪军籍兴科部 2000余人改编为苏鲁豫支队独立大队,以挺进支队(山东纵队原第 13 支队改称)主力和脱离国民党军的保安队等为基础,组建第 4 和第 7 大队;将湖西各县地方武装 1000 余人改编为第 5 大队,另新建地方武装 5000 余人。活动在陇海铁路以南的挺进支队一部,仍称山东纵队人民义勇队第 2 总队,后编为新四军游击支队第 1 总队。

6 月上旬,苏鲁豫支队在安徽灵璧以北地区粉碎日伪军的七路围攻后,进入津浦铁路以西的芒砀山区休整和整编。支队扩大为旅的规模,大队扩编为团,支队长彭明治,政治委员吴文玉(吴法宪),辖 3 个新的大队:以原第 1 大队与(陇海)路北游击第 3 大队合编为新的第 1 大队,以原第 2 大队主力与第 4 大队合编为新的第 4 大队,以第 3 大队、第 7 大队和独立大队合编为新的第 7 大队。另以第 2 大队一部与(陇海)路南地方武装一部合编为警卫营。

6 月和 8 月,连续粉碎了日伪军的"扫荡"。至此,以丰县、沛县为中心的湖西抗日根据地初步创立,后成为冀鲁豫抗日根据地的重要组成部分。

整编后,部队兵分三路发展:第 1 大队和第 7 大队第 3 营与先期开辟该地区的山东纵队陇海游击支队相配合,进一步打开了皖东北地区的抗战局面;第 4 大队继回师陇海铁路以北的湖西地区,开辟巨(野)南地区后,又挺进南阳湖东,开辟了邹(县)西地区;第 7 大队主力和支队直属队开进豫皖苏边区,打通了与在永城、夏邑、商丘等地区活动的新四军游击支队的联系。至此,湖西抗日根据地扩大到苏鲁豫皖边区跨 20 余县的广大地区。

9 月,第 4、第 7 大队分别改称第 2、第 3 大队。11 月下旬,第 3 大队奉命返回湖西,担负恢复和巩固湖西中心区的任务。12 月下旬,第 2 大队奉命东进鲁南,归第 115 师直接指挥。

在此期间,随第 1 大队进入皖东北的第 3 大队第 3 营于同年 9 月改为苏鲁豫支队另一第 4 大队,11 月改称独立大队,1940 年春改为陇海南进支队第 1 团。

一年来,苏鲁豫支队在山东纵队陇海南进支队等部的配合下,共进行大小战斗 70 余次,毙伤日伪军 11800 余人,扩大和巩固了湖西抗日根据地,沟通了八路军与新四军的联系,部队发展到万余人。

1940 年 4 月,苏鲁豫支队第 2 大队扩编为新的东进支队,支队长梁兴初,政治委员王凤鸣,辖第 1、第 2 大队。苏鲁豫支队以警卫营(欠第 1 连)和(微山)湖西大队合编为新的湖西大队。6 月,苏鲁豫支队主力奉命南下,支援新四军。

在第 685 团挺进湖西地区前后,第 115 师代师长陈光、政治委员罗荣桓率师部和第 686 团 5000 余人,于 1938 年 12 月 19 日,由晋西灵石县双池镇出发,冒着风雪,先后越过汾河和同蒲铁路,经过八路军总部驻地屯留,穿过敌人的几道封锁线,跨过黄河,共行程 1500 公里,于 1939 年 3 月 1 日进入鲁西平原,这是给齐鲁大地送去的及时雨。

鲁西区,包括鲁西北、运(河)西、运东、泰(山)西 4 个地区。八路军第 115 师挺进鲁西平原后,于 3 月 3 日夜至 4 日,以第 686 团首战郓城西北樊坝,全歼伪军团长以下 500 余人,初步打开了运(河)西地区的局面,给山东父老乡亲送去了最好的见面礼。

3 月 7 日,第 115 师师部率第 686 团主力越过运河,进入泰西地区,瓦解了拥有万余会员的反动红枪会,并以骑兵连化装成日军,智擒汶上城西北的草桥据点伪军 100 余人;以第 686 团主力,连克汶河沿岸围里、葛石店等据点,歼伪军 100 余人,控制了泰西大片地区。3 月 14 日,第 115 师师部与中共泰西地委及山东纵队第 6 支队,在东平县常庄会合。下旬,第 115 师确定了依山(泰安、肥城山区,大峰山区,平阴、东阿山区)伴湖(东平湖),向四周发展,使泰西与周围各抗日根据地联成一片的任务。随后,第 115 师师部和教导大队,帮助山东纵队第 6 支队,进行了整训;政治部的部分干部,与中共地方组织成员,组成民运工作队,分赴汶上、东平、平阴、长清、肥城、泰安、宁阳等地,深入发动群众,大力扩大抗日武装,发展和建立党组织及抗日民主政权。从而初步创建了泰西抗日根据地,使之先后成为鲁西和冀鲁豫抗日根据地的重要组成部分。

4 月 13 日,八路军总部就关于创立鲁西抗日根据地的方针,致电第 115 师,指出:广泛开展游击战争,不应束缚于狭小的地区以内,应向四周发展,寻求良机机动,进行有胜利把握的战斗;注意不损害原有基本部队之元气,注意保存干部;壮大本身,繁殖和从战斗中锻炼新游击队,扩大我之影响;正确开展统一战线,与附近友党友军政府及社会各阶层抗日民众团体取得联系，帮助其进步团结，取得开展民运工作及解决本身物质供给方便。八路军总部的指示，对于发展和巩固鲁西抗日根据地，具有重要的指导意义。

5月初，日军华北方面军第12军和伪军一部共8000余人，乘汽车、坦克100余辆，带大、小炮100余门，由济南、泰安、兖州、宁阳、汶上、东平和东阿等地出发，分九路"扫荡"泰西抗日根据地，企图消灭八路军第115师部队。2至8日，日伪军首先"扫荡"了大汶河以南汶上和东平等外围地区。9日，采取稳扎稳打、步步为营的方针，开始向大汶河以北、肥城以南地区推进，逐步实施合围。10日，八路军第115师决定以第686团2个营留在内线，与日伪军周旋，掩护领导机关与其他部队分路转移。由于日伪军封锁严密，除山东纵队第6支队熟悉道路，从平阴、东阿方向顺利转移外，第115师师部、中共鲁西区委、泰西地委和津浦支队等，共3000余人，陷于肥城以南陆房周围纵横不足10公里的狭小地区内，处境十分危险。第115师特务营、津浦支队和第686团，遂抢占陆房周围凤凰山、肥猪山、牙山、鸠山、横山等有利地形，凭险据守，寻机突围。

11日拂晓，天刚蒙蒙亮，日伪军首先向朦胧的陆房上空发了3颗信号弹，然后以飞机、大炮狂轰滥炸，实施全线进攻，企图在猛烈火力的掩护下，夺取肥猪山、牙山等阵地制高点。八路军指战员从石旁、树后和峭壁边一跃而起，凭借有利地形，扔出一颗颗手榴弹，射出一梭梭子弹。一时间，枪声阵阵，木石横飞，迟滞了日伪军的进攻。日伪军遂改变战法，由轮番冲锋改为集团攻击。第686团指战员与日军展开了肉搏战。第2营第7连指导员在头部负伤的情况下，连续刺死了3个日本兵，然后与另一个日本兵扭打在一起，拳打、牙咬，直到两人滚下悬崖同归于尽。第1营第3连加强班班长光着臂膀，露出胸膛，横眉冷对，咬牙挥臂，将一颗颗手榴弹投向敌群，炸得日伪军血肉横飞。第686团连续打退了日伪军的9次冲击，师特务营和津浦支队也打退了日伪军的多次冲击，师骑兵连奇袭了陆房东北安临站日伪军。在西北部，虽有日伪军200余人一度突破阵地，但被我军迅速打退。经过一天的激战，第686团终于坚守住了阵地。

入夜，日伪军停止进攻，收缩兵力，准备翌日再战。第686团乘机准备突围。除留小部队迷惑日伪军外，部队主力和领导机关立即做了轻装，炊事员捆垫炊具，骑兵用棉布包裹马蹄。22时许,乘夜暗,由老乡宋大爷带路,指战员个个在胳膊上绑一块白毛巾作为联络标志,深一脚、浅一脚地分路突围。12日,中共泰西地委和津浦支队等安全转移到汶上,第115师师部、第686团和中共鲁西区委于13日转到东平以东无盐村休整。陆房突围战,歼灭日伪军1300余人,粉碎了日伪军围歼八路军的企图;第115师虽伤亡200余人,但胜利突围,为发展山东抗日根据地保存了骨干力量。

陆房突围战后,第115师广泛开展敌后抗日游击战争,拔除了汶上境内运河沿岸伪军据点,使运西、泰西连成一片,建立了梁山、东平后方基地;同时大力开展统一战线工作,争取了郓城、鄄城、汶上等保安武装。

早在樊坝战斗后,第115师留在运西的第686团第3营、教导大队和师直两个连就组成东进支队第1团,继续开辟抗日根据地。1939年5月,东进支队争取了郓城、鄄城、汶上等地的国民党保安武装共同抗日,其第1团扩编为第115师独立团和第7支队。与此同时,山东纵队第6支队也以其两个连和争取的汶上、郓城地区游杂武装编成第8支队。7月6日,以师独立团和第7支队为基础成立第115师独立旅,旅长兼政治委员杨勇,辖第1、第2和第3团。同时,运西地区部队在郓城、巨野、汶上等县建立抗日民主政权,使运西与泰西抗日根据地连成一片。

为了加强对地方武装的领导,鲁西军政委员会于8月决定建立鲁西军区。第115师独立旅兼鲁西军区,旅长兼司令员杨勇,副旅长兼副司令员段君毅,参谋长何德全,政治部主任欧阳文,辖第1、第3团和3个军分区:山东纵队第6支队兼泰西军分区,司令员何光宇,政治委员石新安;第2团兼运西军分区,司令员匡斌,政治委员张国华;鲁西北军分区,司令员张维翰。

7月下旬,八路军第115师指挥所抵梁山县的前集。梁山,地处黄河以南运西抗日根据地。古称水泊梁山,因黄河水多次泛滥成灾,被汪洋一片包围所致。也因北宋末年农民起义领袖宋江等108名英雄好汉在此聚义的故事而闻名遐迩。实际上,山不高,只不过是平地上隆起的山包而已。

8月1日,日军华北方面军第12军第32师团以步、骑、炮兵各一部及伪军,共400余人,由汶上出动,对梁山地区进行"扫荡"。八路军第115师决心利用高粱、玉米青纱帐起的有利条件,以特务营、骑兵连和独立第 1 团第 3 营,在梁山南麓前集庄地区设伏,歼灭日伪军。2 日,日伪军在前集庄和王府集连续遭伏击和袭击后,退守梁山西南的独山庄和独山高地。24 时许,八路军第 115 师部队发起攻击。一部夺取了独山制高点,主力扫清外围后,攻入独山庄,旋即与日伪军展开巷战,将其驱逐出村庄。日伪军凭借野外的石灰窑和客栈,据守顽抗。激战至 3 日上午 9 时,在广大群众的配合下,日伪军被全部消灭。梁山战斗,歼日伪军 400 余人,缴获炮 3 门、轻重机枪 17 挺、长短枪 200 余支。这一胜利,增强了八路军第 115 师开展平原游击战争的信心,巩固与扩大了鲁西抗日根据地。至此,八路军第 115 师主力与山东纵队,共同发展和巩固了冀鲁边、运西、泰西、湖西等抗日根据地。梁山战斗后,八路军第 115 师师部和第 686 团离开鲁西,于 9 月初进入抱犊崮山区,巩固鲁南抗日根据地。

1940 年 3 月 21 日和 4 月 13 日,独立旅与东进抗日挺进纵队一部、山东纵队第 6 支队先后合并,恢复第 343 旅番号。4 月中旬,由第 343 旅兼鲁西军区,旅长兼军区副司令员杨勇,旅政治委员、军区司令员兼政治委员萧华,副旅长段君毅,参谋长何德全,政治部主任曾思玉,辖黄河、运河支队和 4 个军分区:

黄河支队以独立旅第 1、第 2、第 3 团编成,支队长彭雄,政治委员张国华,辖第 1、第 2、第 3 团。

运河支队以东进抗日挺进纵队第 5 支队和山东纵队第 6 支队编成,支队长曾国华,政治委员王叙坤,辖第 4 和第 5 团。

第 1 军分区,王叙坤兼司令员,政治委员李冠元,辖区为泰西地区。

第 2 军分区,司令员冯鼎平,政治委员朱仓,辖区为运西地区。

第 3 军分区,司令员牛联文,政治委员王乐亭,辖区为鲁西北地区。

第 4 军分区,司令员邢仁甫,政治委员范阳春,辖区为运东地区。

7 月,鲁西抗日根据地已扩大到 30 个县 80 个区。同年底,运西、泰西、运东和鲁西北连成一片,形成鲁西抗日根据地。

同年 3 月,东进抗日挺进纵队主力调出冀鲁边区后,留下的直属队一部和陵县抗日地方武装一部成立鲁北支队,司令员兼政治委员杨忠。

二、八路军第120师主力帮助第3纵队兼冀中军区巩固冀中平原抗日根据地

1938年10月,全国抗战刚刚进入战略相持阶段时,八路军第3纵队兼冀中军区,已发展到约10万人,并初步创建了冀中平原抗日根据地。但部队成分新,缺少骨干,战斗力较弱,抗日根据地共产党党政建设不够有力。针对这种状况,中共中央军委命令八路军第120师挺进冀中,执行巩固冀中、帮助第3纵队兼冀中军区和扩大自己等三项任务。12月11日,八路军第120师召开了团以上干部会议,传达了中共扩大的六届六中全会的精神,部署了东进冀中的任务,决定:以第358旅第714团、独立第1和第2团、警备第6团、独立第6支队,留晋西北继续坚持斗争;以第715团1个营和第4支队,留大青山地区活动;师部率第716团、独立第1支队和第715团主力,共6400余人,分别由晋西北和大青山出发,挺进冀中地区。

1939年1月,第120师第358旅主力通过唐河向冀中挺进

八路军第120师主力于12月22日,由山西省岚县出发,冒着大雨,顶着寒风,先后越过同蒲、平汉两条铁路封锁线,穿过数不清的日伪军据点,行程350余公里,历时1个多月,于1939年1月25日,在河北省河间县的惠伯口与冀中的中共党政军领导机关会合。2月13日,由贺龙、关向应、周士第、甘泗淇、吕正操、程子华、王平、孙志远、黄敬等9人,组成冀中军政委员会,书记贺龙。中旬,冀中区总

指挥部成立,总指挥贺龙,政治委员关向应,副总指挥吕正操。冀中军政委员会和总指挥部的成立,统一了冀中抗日根据地的党政军领导,同时决定:以师主力部队担任主要战斗任务,以第716团主力随领导机关一起行动;以独立第1支队到第1军分区;以师直机关一部,组成独立第2支队,到第3军分区;以第716团一部组成独立第3支队,到第5军分区;并调冀中独立第4、第5支队和津南自卫军,共8000余人,归第120师建制。第120师和第3纵队兼冀中军区两支部队,相互支援,密切配合,深入发动群众,广泛开展敌后游击战争,并在作战中发展壮大自己。

八路军第120师主力初到冀中时,日军华北方面军于1938年11月12日至1939年1月24日,两次围攻冀中抗日根据地;后又于25日,集中第27、第110师团和独立混成第8旅团一部,共7000余人,由保定、沧县、泊头、定县等地出发,"扫荡"潴龙河、子牙河之间的地区,第三次围攻冀中抗日根据地。对此,冀中区总指挥部决心以第3纵队兼冀中军区一部,在潴龙河、子牙河之间,积极开展游击战争,牵制日军;以第716团和独立第1支队,在河间县曹家庄地区隐蔽待机。先后于2月2日、4日,在河间城西曹家庄、大曹村依托村落,袭击、阻击日军,歼日军近500人,粉碎了其第三次对冀中抗日根据地的围攻。

2月10日,第715团主动参战,在唐旺西南的邢家庄,歼日军130余人,粉碎了日军以深(县)武(强)饶(阳)安(平)为目标的对冀中抗日根据地的第四次围攻。

随后,侦悉河间日军单日出西门、双日出东门的规律,于3月1日拂晓,以第716团进至河间城西黑马张庄设伏。从8时半战至黄昏,歼日军200余人。

八路军第120师主力挺进冀中一个月内,在曹家庄、大曹村、邢家庄和黑马张庄,四战四捷,取得了开展平原游击战争的经验,进一步增强了坚持平原敌后游击战争的信心。第120师在总结报告中指出:这几次胜利,"影响到三纵队、地方政权和冀中群众,提高了120师在冀中的威信;兴奋了三纵队和冀中群众对战争的胜利的信心,使冀中紊乱现象初步稳定下来"①。

3月19日至4月1日,八路军第120师和第3纵队兼冀中军区,依靠群众,准

---

① 《120师冀中行动总结》,1939年11月30日。

确掌握敌情,灵活指挥,采用盘旋式打圈子的战法,摆脱了日军在肃宁、任丘、文安地区的四次合击,粉碎了日军对冀中的第五次围攻。粉碎第五次围攻后,八路军第120师和第3纵队兼冀中军区进行了整编:以第715团和独立第4支队,合编为第120师独立第1旅,旅长高士一,政治委员朱辉照,副旅长王尚荣,副政治委员幸世修,参谋长郭征,政治部主任杨琪良,辖第715团和第1、第2、第3团;成立新的师独立第4支队,支队长苏鳌,政治委员谭文帮;第359旅特务团调归第3纵队兼冀中军区。4月6日,以第716团和独立第5支队,合编为师独立第2旅,旅长魏大光,政治委员王同安,副政治委员廖汉生,参谋长赵震国,政治部主任李公侠,辖第716团和第4、第5团。随后,师新成立独立第4、第5、第6支队,依次到第2、第4、第5军分区活动。不久,独立第6支队,编入第3支队。组成纵队指挥部(简称张纵队),司令员张宗逊,政治委员张平化,指挥独立第1、第2旅作战。

4月18日,八路军第120师师部率独立第2旅,由肃宁县河西村进至河间东北的大朱村、齐会村、卧佛堂地区,与独立第1旅会合,进行整训。4月23日,日军第27师团第3联队第2大队800余人,由河间以北的三十里铺,炮击并包围了齐会。八路军第120师第716团第3营,依托房屋,与日军展开了激烈的村落战。第715团第7连,打开一缺口,冲进村内,加强了齐会我军的突围力量。第120师则以第716团第1、第2营乘机对包围齐会之敌实施反包围,并联合村内我军对被包围之敌形成夹击之势。日军进攻受阻,遂放火烧房,并向齐会和师部驻地大朱村施放毒气弹。正在大朱村边指挥作战的师长贺龙和参谋人员等20余人中毒,立刻头晕目眩,泪流满面,十分疲乏。贺龙从卫生员手里拿过一个蘸了水的应急口罩戴上,休息片刻,又继续指挥作战了。

同日20时许,第120师除以第716团内外夹击日军外,以独立第1旅第715团和第2团第1营,设伏于齐会西南的东、西保车和刘古寺,防止日军南逃;以独立第2旅第4、第5团,设伏于齐会以西的杨庄、四公村和张庄,阻止日军西撤,待其向河间撤退时,在运动中歼灭之。战斗异常激烈,村内村外一片火海。第716团第3营营长王祥发,被打断了腿,仍不下火线。战至翌日拂晓,日军激战不支,夺路南逃,遭第715团伏击后,往东逃到找子营。第120师遂以独立第1旅第2、第3、第715团和独立第2旅第716团,包围找子营的日军。第3团作战非常顽强,政治委员朱吉昆三次负伤仍不下火线,最后身中数弹英勇牺牲。第120师终于占领

齐会战斗中,日军施放毒气,八路军部队冒着毒气在坚持作战

找子营,日军夺路南逃,又被包围在找子营和南留路之间的张家坟。战至 25 日黄昏,除日军 80 余人乘隙逃走外,其余全部被歼。

齐会歼灭战,歼日军 700 余人,缴获山炮 2 门、子弹 1 万余发,对巩固冀中平原抗日根据地起了重要作用。5 月 3 日,中共中央书记处致电嘉勉贺龙:"电讯传来,惊悉在此次河间战斗中,你亲临炮火,冲锋杀敌,致中毒负伤,其他指战员同志亦多中毒者,我们无任系念。尚望安心治疗,为革命保重。同时,请代中央向一切受伤指战员同志致亲切慰问之意。"5 月 26 日,中共中央机关报《新中华报》,发表了题为《华北新胜利与贺师长光荣负伤》的社论,指出:"河间一役,我贺师英勇杀敌,战况剧烈空前,我方斩获极众,获得极大胜利。""消息传来,全国振奋。不但给了敌人'扫荡'计划以有力回击,增加在敌后活动的其他游击队胜利的信心,并以事实揭穿了部分别有用心的顽固分子对八路军的造谣中伤、恶意宣传的诡计。"社论强调指出:"我贺师长更于河间战斗中,亲率全体官兵,英勇出入敌阵地,冒烈火毒焰,击溃顽敌,虽不幸中毒负伤,但这是光荣伟大的,是为了国家民族的利益,证明了共产党员坚定不移的奋斗意志,英勇牺牲的伟大精神,是抗日前线的民族英雄。"同日,《新中华报》第一版也发表了蒋介石的贺电,指出:"贺师长,贵恙至深,系念。兹发医疗费 3000 元,由总部承领转给,以资疗养,特电慰问,并祝健康。"①

齐会战斗以后,八路军第 120 师帮助第 3 纵队兼冀中军区进一步深入发动群众,紧密依靠中共地方党政机关和农会等,实行减租减息,改造区、村政权,有力地推动了抗日根据地党的工作、政权工作、群众工作的发展,加强了抗日根据地建设。同时,两支部队联合召开了政治工作和参谋工作会议,互相观摩,交流作战训练和政治工作经验。第 120 师还帮助第 3 纵队兼冀中军区举办各种类型的军政干部训练班,加强了骨干力量,促进了部队建设。

至 1939 年 8 月,八路军第 120 师主力共作战 116 次,消灭日伪军 5900 余人。本身由抵冀中时的 6400 余人,至 10 月发展到 2.19 万余人。从而,胜利地完成了巩固冀中、帮助第 3 纵队兼冀中军区和扩大自己的光荣任务。全师则由东渡黄河时的 8227 人发展到 47997 人,成为第 120 师发展史上的一个黄金时期。为保卫陕甘宁边区,准备应付突然事变,粉碎国民党顽固派的反共阴谋,第 120 师除留独立第 2、第 3、第 4、第 5 支队协助第 3 纵队兼冀中军区继续巩固平原抗日根据地外,其余部队分为两个梯队,先后于 8 月 18 日和 9 月 19 日,由冀中出发,向晋察冀抗日根据地北岳区转移,进行整训待命。

三、八路军第129师主力挺进冀南,第115、第129师各一部挺进冀鲁豫地区,巩固 平原抗日根据地

广州、武汉失守后,冀南平原成为日军华北方面军进攻的重点地区。1938 年 11 月 14 日至 30 日,日军华北方面军第 114 师团和独立混成第 3 旅团各一部,共 3700 余人,侵占了冀南敌后平原抗日根据地边缘的宁晋、故城、恩县和永城及鲁西北平原抗日根据地的聊城。与此同时,国民党顽固派河北省主席鹿钟麟部,乘机包围枣强、新河,扬言要"撤换县长、驱逐八路"和取消冀南行政主任公署,另委派国民党的专员、县长等。国民党鲁西北行署主任李树椿和国民党军山东保安第 7 旅旅长齐子修则互相勾结,企图把共产党领导下的第 10 支队赶出馆陶、冠县、丘县地区。冀南和鲁西北敌后平原抗日根据地,处于日、顽夹击之中。

---

① 《贺龙传》,第 272、273 页,当代中国出版社,1993 年版。

在这种严重形势下,八路军第 129 师师长刘伯承率师直属队和第 386 旅补充团、先遣支队第 3 大队,于 12 月 21 日由太行向冀南挺进,与先期到达的第 386 旅新编第 1 团、第 344 旅第 688 团,共同执行巩固冀南和鲁西北平原抗日根据地的任务。

12 月 30 日,八路军第 129 师在冀南南宫落户张庄,召开军政干部会议,传达中共扩大的六届六中全会精神,确定了依靠广大群众,依托广大乡村,坚持平原游击战争,巩固抗日根据地的斗争方针。会后,八路军第 129 师通过会谈、晓明礼义和帮助解决给养、被服等,争取了国民党军冀察战区第 69 军军长石友三部,孤立了国民党顽固派河北省政府民政厅厅长、民军总指挥张荫梧。同时,协助中共地方党政机关,继续实行减租减息、合理负担政策,切实改造乡村政权,巩固了冀南平原抗日根据地。第 129 师还大力改造平原地形,挖沟、拆墙、破寨,设置檑木、滚石,挖掘了长达数万里的道沟,既有利于敌后军民隐蔽行动,又限制了日军机械化部队的快速行动,从而为长期坚持敌后平原游击战争创造了条件。

1939 年 1 月,日军华北方面军集中第 10、第 27、第 110、第 114 师团的主力或一部,共 3 万余人,分 11 路对冀南平原抗日根据地进行"扫荡",企图消灭和驱逐八路军第 129 师主力。八路军第 129 师决定:除以小部队开展广泛的游击战,与日军周旋,消耗、疲惫敌人外,以第 385、第 386 旅和青年抗日游击纵队(简称青年纵队)、东进纵队、先遣纵队(1938 年 12 月 9 日成立,司令员兼政治委员李聚奎,参谋长刘致远,政治部主任王幼平,辖津浦支队和第 2 团)等,分成几个作战集团,与冀南军区部队实行分区作战,寻机歼敌。

西线日军于 1 月 7 日,由石家庄、邢台、邯郸、大名等地出动。东线日军于 2 月初,由泊头、德县等地出动。两线日军在航空兵部队的配合下,采用东西对进、逐步推进的战术,于 2 月 9 日侵占了冀南中心区南宫、冀县、枣强等县城。八路军第 129 师主力,遂转至日军侧后,积极袭击其补给线和守备部队。第 386 旅清楚日军每次"扫荡"受挫后必派出部队进行报复,加上侦得威县及其周围据点兵力空虚,于是决心在香城固诱歼北面威县的日军。

香城固,地处威县以南一条干涸的河道里,有公路穿过,河道两边灌木丛生。西侧沙岗边是张家庄,东北三里外是庄头村。第 386 旅作战集团的兵力部署是:以骑兵连置于香城固以北,担负引诱威县之日军任务;以第 344 旅第 688 团第 1 营

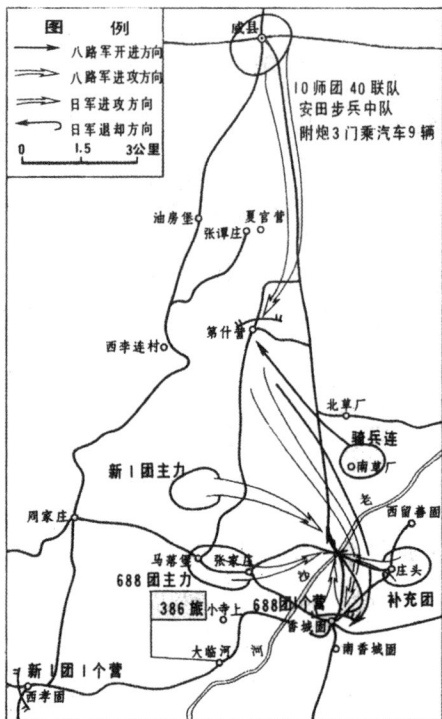

1939年2月，第115师一部和第129师第386旅进行香城固战斗。这是香城固战斗要图（1939年2月10日）

香城固战斗中缴获的山炮和炮弹

置于香城固，担任正面阻击任务；团主力置于香城固西北的张家庄、马落堡；第386旅补充团设伏于香城固东南的南香固、东北的庄头，与第688团主力构成袋形预伏阵地；以第386旅新编第1团位于香城固以西，对曲周方向日军实行警戒。

随后，八路军第129师第386旅以小部队，多次主动袭击威县，且战且退，于2月10日将日军第10师团第40联队一部，诱入香城固地区。日军发动猛攻并一度突入村内，但在八路军第386旅作战集团的三面火力袭击下措手不及。17时，日军改向西突围，受阻于张家庄、马落堡，回威县的退路亦被截断，遂放毒气作垂死挣扎。战至黄昏，第386旅部队从四面发起进攻，全歼了日军。这次战斗，歼日军大队长以下200余人，缴获各种炮4门；第386旅作战集团，伤亡50余人。刘伯承赞赏香城固战斗，指出："这次战斗敌我伤亡的比例是四比一，我们的代价是小的，是赚钱的生意。这是个模范的诱伏战。"[1]

① 《刘伯承传》，第218页，当代中国出版社，1992年版。

在进行香城固战斗期间,八路军第 129 师东进纵队与冀南军区于 1 月 16 日分开。冀南军区,司令员宋任穷,副司令员王宏坤,参谋长文建武,政治部主任王光华,辖第 1、第 2、第 3、第 4、第 5 军分区。3 月 1 日,东进纵队进行整编:第 1、第 2、第 3 团,独立团和第 5 支队,合编为第 5、第 8 支队,共 6 个团。司令员陈再道,政治委员徐立清,副司令员韩东山,参谋长范朝利,政治部主任邓永耀(后牺牲),辖第 5、第 8 支队。其中,第 5 支队,支队长吴中泰,政治委员吴建初,辖第 1、第 2、第 3 团;第 8 支队,支队长汪乃贵,政治委员李定灼,辖第 2、第 3 团和独立团。至此,八路军第 129 师主力在冀南平原抗日根据地,作战 100 余次,歼日伪军 3000 余人。

在八路军第 129 师挺进冀南的同时,1938 年 9 月和 12 月,第 115 师第 344 旅第 688 团第 3 营、第 1 营两个连分别与该旅警卫营、鲁西北抗日游击总司令部第 13 支队等合编为该旅独立团、特务团,第 688 团番号仍然保留。12 月,第 129 师第 386 旅补充团也进入鲁西北地区。他们依靠中共鲁西北特委,发动群众,掌握政权,发展武装。1939 年 1 月 14 日,为纪念壮烈殉国的范筑先将军,八路军总部决定以在鲁西北的第 10 支队为基础,将第 6、第 7、第 16 支队各一部组成筑先抗日游击纵队,司令员张维翰,下辖独立团,第 1、第 2、第 3 团。从而使鲁西北地区的抗战局面迅速稳定下来。

7 月 6 日,八路军总部命令,黄河以北鲁西北地区的军事斗争归第 129 师领导,筑先纵队归第 129 师指挥;黄河以南的军事斗争归第 115 师领导。

同年 3 月后,日军“扫荡”的重点由平原移向山区。鉴于这种情况,八路军第 129 师对冀南平原抗日根据地的工作作出安排后,由师部率第 386 旅主力、冀豫支队、先遣纵队第 2 团、青年纵队第 3 团等部,返回太行山区。

在八路军第 115 师第 344 旅、第 129 师第 386 旅各一部挺进鲁西北后,第 344 旅旅直一部于同年 2 月 16 日,由晋东南进至冀鲁豫边的直(隶)南(即河北南部)和今河南北部的南乐、清丰、濮阳、长垣、东明地区。3 月 9 日,以第 115 师第 344 旅特务团和独立团等,合编为第 115 师冀鲁豫支队,司令员杨得志,政治委员兼政治部主任崔田民,参谋长卢绍武,辖第 1、第 2、第 3 大队,共 2000 余人。冀鲁豫支队成立后,依靠中共地方党组织和群众,采取壮大八路军、中立国民党濮阳专员兼保安司令丁树本、孤立山东第二专员芦翼之、打击日伪军的方针,相继打击了金乡、曹县日军,歼灭了定陶反动武装 1500 余人,将芦翼之驱逐出鲁西南地区。6 月底,

冀鲁豫区部队在练武

又粉碎了日伪军1万余人对鲁西南的大"扫荡"。至1939年底,冀鲁豫支队成立了第4(编入第3大队)、第5大队,扩大为4700余人。另新建豫北大队、独立大队和县、区地方部队,达1.7万人。至此,包括冀南和鲁西北、豫北、泰西、直南、鲁西南的冀鲁豫敌后平原抗日根据地,得以扩大和巩固。

1938年10月下旬,广州、武汉失守,全国抗战进入战略相持阶段后,八路军第115、第120、第129师主力,分别挺进鲁西、冀中和冀南等地区,帮助地方部队巩固了平原抗日根据地,同时发展壮大了主力部队。这是继1938年4月以后,八路军主力第二次大规模向平原地区挺进的行动。至此,八路军完成了在华北的战略展开,人民军队军事战略转变也得以全面实现。

四、抗大总校迁至华北敌后办学,大力培养八路军干部队伍

在中日民族矛盾上升为中国社会主要矛盾、国内阶级矛盾降低为次要矛盾的形势下,中共中央政治局扩大会议于1936年5月8日决定创办红军大学。1936年6月1日,中国人民抗日红军大学(简称抗大)在瓦窑堡正式成立,校长林彪,教育长罗瑞卿,党总支书记莫文骅。7月11日,抗大迁至保安(今志丹)县城。12月7日,刘伯承任副校长。1937年1月,中国人民抗日红军大学改称中国人民抗日军事政治大学(仍简称抗大),随中共中央机关迁至延安,并设立总校教育委员会,毛泽东任主席。

全国抗战爆发、红军主力改编为八路军后,林彪任第115师师长兼抗大校长。抗大总校工作由教育长罗瑞卿和政治部主任莫文骅主持。1938年1月28日,罗

1937 年的延安抗大总校校门

瑞卿任副校长。1940 年 5 月 25 日,副校长罗瑞
卿调任八路军野战政治部主任,何长工任抗大总
校教育长,滕代远任抗大总校副校长。1942 年 8
月,张际春任抗大总校代政治委员兼政治部主
任,何长工代理副校长。

　　1938 年 3 月 5 日,毛泽东为抗大同学会题
词:"坚定不移的政治方向,艰苦奋斗的工作作
风,加上机动灵活的战略战术,便一定能够驱逐
日本帝国主义,建立自由解放的新中国。"1939 年
5 月 26 日,毛泽东明确提出:"抗大的教育方针
是:坚定正确的政治方向,艰苦奋斗的工作作风,
灵活机动的战略战术。这三者,是造成一个抗日
的革命的军人所不可缺一的。"①从而使全体教职
员工明确了办校的方向。

**1938 年 5 月,毛泽东在抗大作《论
持久战》的报告**

①《毛泽东文集》第 2 卷,第 188 页,人民出版社,1993 年版。1960 年 5 月 6 日,解放军总政治部主任谭政就
　宣传"三八作风"问题,作了书面请示报告。5 月 8 日,毛泽东在请示报告上指出:"以一九三九年的三句为
　好,奋斗二字改朴素为宜。"此后,"艰苦奋斗的工作作风"改为"艰苦朴素的工作作风"。

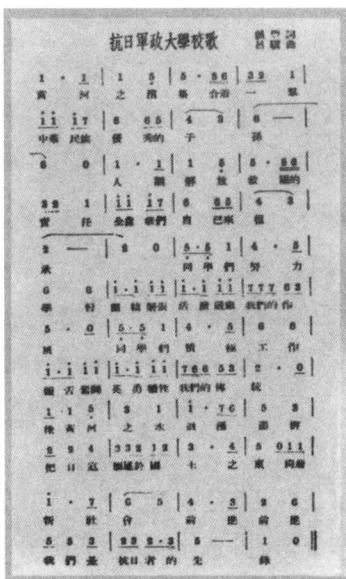

1937 年底创作于延安的《抗日军政大学校歌》

随着中国共产党的威望日益提高，广大爱国知识青年和一些知名人士及华侨，冲破阻力，涌向抗大总校。他们当中有参加过一二·九运动的平津地区及上海、南京、武汉等地的大中学生，有知名的文艺界人士，有来自世界各地的华侨青年等。广大知识青年奔向延安，报考抗大，不仅壮大了中国共产党领导的抗日力量，而且对改善中国共产党及其领导下的八路军、新四军的知识结构等方面产生了重大影响。抗大总校还充分利用各地负责人聚集延安的宝贵时机，请周恩来、刘少奇、朱德、彭德怀、贺龙、罗荣桓、彭真、博古（秦邦宪）、萧克、程子华、潘汉年等作报告，这对于提高抗大学员的政治水平等方面产生了重要影响。

抗大学员自己动手兴建校舍

为了打破国民党顽固派对陕甘宁边区的封锁,有利于就地吸收和培养更多的干部,中共中央政治局于1939年6月20日作出《关于抗大陕公本校等迁到晋东南的决定》,挺进敌后办学。根据这一决定,抗大总校除留下一部外,于7月10日从延安出发,9月下旬相继进至河北省灵寿县麒麟园和陈庄地区,参加了著名的陈庄战斗。1940年2月,抗大总校由晋察冀边区的陈庄南下,3月与第1分校留守大队在晋东南武乡县洪水和蟠龙镇会合。至此,抗大总校完成了挺进敌后的任务。随后,移址山西省黎城和河北省浆水镇地区。抗大总校还参加了百团大战,经过了实战锻炼。

抗大学员住的窑洞宿舍内景

抗大总校人员行进在晋察冀抗日根据地的山岭中

　　为最大限度地保存干部,准备进行战略反攻,抗大总校 1000 多名教职学员于 1943 年 1 月 24 日,由河北省邢台浆水镇出发,3 月上旬返回陕甘宁边区的绥德。经中共中央决定,抗大总校与军事学院及第 2 分校、第 7 分校各一部合并为新的抗大总校。代理校长徐向前,政治委员兼政治部主任李井泉,副校长彭绍辉,代理副校长(后副校长)何长工。同年 8 月至翌年 11 月,抗大总校进行整风。1943 年和 1944 年,教职学员还参加大生产运动,取得丰硕成果。

抗大师生参加延安军民集会

　　抗大总校在深入敌后办学的前后，还在陕北、华北和华中敌后创办了13所抗大分校、1所总分校、5所陆军中学和1所附设中学。其中，第1、第2、第3、第6、第7分校和太行、太岳分校在华北敌后抗日根据地，为培养八路军干部发挥了重要作用。抗大总校及其各分校、总分校，坚决贯彻执行中共中央、中央军委制定的教育方针，先后培养出10多万名干部，包括一大批知识分子干部，对于八路军和新四军的发展壮大作出了重要贡献。

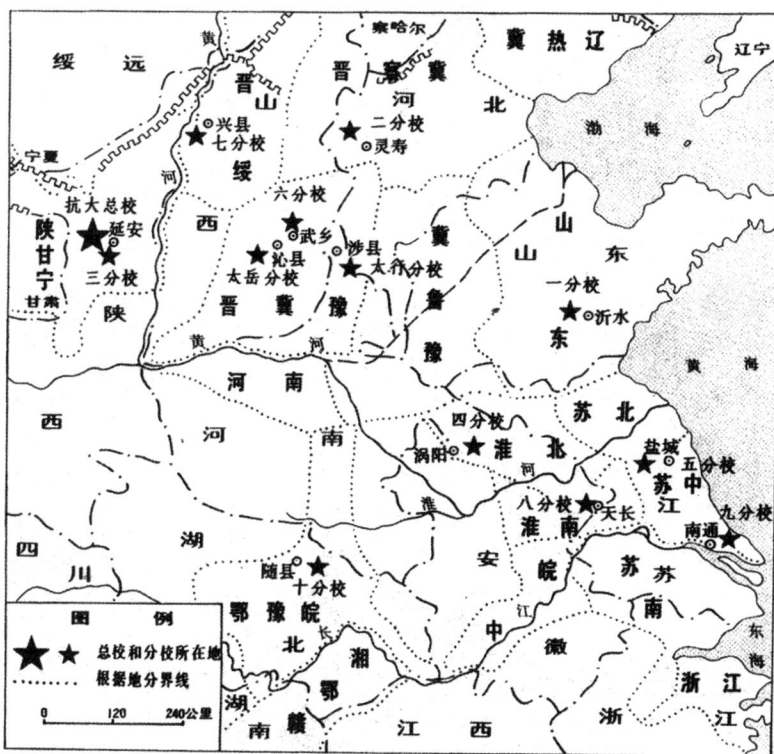

抗日军政大学分布图

　　在建立抗大的同时，中共中央军委及八路军还先后建立了八路军军政学院、第十八集团军工程学校等一批抗大式的指挥和专业技术院校。

　　八路军各部队也建立了随营学校、卫生学校、军事工业学校、军政学校和工农学校等院校。这些军事院校与抗大共同培养了各级各类干部和骨干，在抗日战争史上写下了光辉的篇章。

抗大毕业学员开赴抗日前线

　　抗大既是培养干部的基地,又是以中国共产党的路线、方针、政策统一干部思想的阵地。抗大坚持知识分子工农化、工农干部知识化的方针,一方面将文化教育作为对工农干部进行军事、政治教育的桥梁;另一方面大量吸收知识分子参加革命,把他们培养成为中国共产党和人民军队的优秀干部。

　　抗大等院校在极端艰苦的条件下迅速发展壮大,积累了丰富的办学经验,充分体现了在无产阶级军事教育实践中所产生的抗大精神:坚持共产党的领导,树立坚定正确的政治方向,发扬艰苦奋斗的工作作风,掌握灵活机动的战略战术,培养崭新的革命校风,贯彻理论联系实际的教学原则,确保抗战军事教育工作的中心地位,注重教员队伍建设,发挥院校在部队建设中的集体干部部的作用。

　　1945年8月,抗大总校第8期学员毕业。随后,总校及各分校一部并入东北军政大学,一部分配到部队,一部组建晋冀鲁豫军政大学等。

第三节　粉碎日伪军的连续"扫荡"，巩固华北抗日根据地

一、粉碎日伪军对华北山区抗日根据地的"扫荡"

晋察冀抗日根据地军民反"扫荡"作战　1939年5月8日至9日，日军华北方面军第109师团和独立混成第3旅团各一部，共5000余人，分别由五台县城、繁峙及其以东的砂河镇、大营出动，合击晋察冀抗日根据地北岳区五台县城东北的豆村和台怀镇地区，企图消灭八路军第120师第359旅第717团。晋察冀军区决心指挥第359旅主力、第2军分区部队和地方部队，歼灭日军一路，粉碎日军"扫荡"。

10日拂晓前，八路军第359旅第717团离开豆村。在东进至铜钱沟，准备到阜平以西的龙泉关与晋察冀军区领导机关靠拢时，遭到日军飞机的轮番轰炸和炮火的连续袭击。入夜，全团指战员在老樵夫的带领下，借着星光，不畏寒风刺骨、雪冻路滑，沿着陡峭的山路，于11日拂晓穿过五台山的东台和台怀镇之间的空隙地带，登上高达3000多米的五台山北峰，从而摆脱了日军的合击，并且在附近群众的掩护和关怀下休整了一天。

日军合围扑空后，分路撤退。12日，由大营镇出动的日军独立混成第3旅团一部800余人，在撤至台怀镇东北的口泉地区时，被八路军第359旅第718团、教导营、骑兵大队阻击。激战竟日，这股日军被歼一部，感到原路撤退无望，乘夜改走口泉西北的上、下细腰涧，企图突围。八路军第359旅在以第718团继续追击日军的同时，以第717团由台怀镇西北的上、下峨河，于14日晨先敌进至上、下细腰涧地区截击日军，将其包围。战至15日中午，被围日军除少数逃窜外，大部被歼。上、下细腰涧战斗，歼日军1000余人，缴获炮5门、轻重机枪19挺、步枪400余支。这次战斗，八路军以灵活机动的战术手段，把日军逼向不利地形，从而达成被动中的主动、防御中的进攻，为在运动中歼敌创造了经验。

在进行上、下细腰涧战斗以前，即5月7日，日军华北方面军第110师团和伪军各一部，共700余人，由易县以西的梁各庄西进至大龙华，企图控制易（县）涞（源）公路，分割晋察冀抗日根据地北岳与平西区的联系。八路军晋察冀军区第1军分区决心以第1团一部，攻歼大龙华日军；以第1团主力、第3支队、第3团一部，预伏在梁各庄和大龙华之间，阻击梁各庄西援之敌。

经过充分准备后,各参战部队于 5 月 19 日夜,隐蔽地进到指定位置。担任攻击任务的第 1 团一部,在中共大龙华村党支部书记和几位老乡的引导下,于 20 日晨 1 时绕过日军警戒,突然发起攻击。战至天明,歼日伪军 50 余人。8 时许,日伪军 130 余人由大龙华逃至小龙华,大部被八路军晋察冀军区第 1 军分区预伏和追击部队歼灭,一部退回大龙华。战至 20 时,大龙华日伪军大部被歼,梁各庄日伪军的三次增援皆被打退。当地群众集中了 2000 余名青壮年和 500 余副担架,支援作战。大龙华战斗,共歼灭日伪军 360 余人,这是军民团结奋战的结果。

9 月 1 日,八路军第 120 师独立第 1、第 2 旅,独立第 1 支队,抵北岳区行唐西北的口头镇地区,整训待命。在整训期间,独立第 1 旅第 1、第 2 团,合编为该旅第 2 团;独立第 2 旅改编为张第 358 旅,旅长张宗逊,政治委员张平化,参谋长李夫克,政治部主任金如柏,辖第 4 团(原第 4、第 5 团合成)、第 716 团。25 日,第 120 师师部率第 716 团抵行唐南北城寨附近的刘家沟。同日,日军华北方面军独立混成第 8 旅团和伪军各一部,共 1500 余人,由石家庄、灵寿、行唐出发,进占灵寿县慈峪镇,企图以所谓"牛刀子战术",远距离奔袭晋察冀抗日根据地后方机关和学校驻地陈庄。第 120 师和晋察冀军区决定:以第 359 旅第 719 团(原津南自卫军)和晋察冀军区第 4 军分区第 5 团,置于慈峪以北地区,节节抗击,诱敌深入;以独立第 1 旅第 2 团、第 358 旅第 716 团、独立第 1 支队,置于口头镇、陈庄地区,准备侧击敌后,配合正面阻击部队,将运动中的日伪军歼灭在东、西岔头和南、北谭庄地区;以第 358 旅第 4 团向行唐、曲阳方向实行警戒。

26 日,日伪军在慈峪以北的南谭庄、伍河地区遭到八路军第 359 旅第 719 团的阻击后,撤回慈峪,并佯装向灵寿方向撤退,声东击西,以迷惑八路军。27 日,正是农历八月十五日。日伪军乘抗日根据地军民欢度中秋佳节之际,除以 400 余人留守慈峪外,以 1100 余人,沿鲁柏山南麓,经南燕川、长峪,轻装奔袭陈庄。晋察冀抗日根据地后方机关、学校人员和群众,先敌安全转移。同日 11 时,日伪军侵占陈庄,"扫荡"扑空。

八路军第 120 师和晋察冀军区,根据侵占陈庄日伪军孤军冒进、不能久留和撤退时可能不走原路的情况,调整了兵力部署。同时,附近灵寿、平山、行唐、正定等县的游击队和民兵也发动起来,参加侦察警戒,传递情报,捕捉奸特,组织担架队、运输队,等等。28 日拂晓,日伪军焚烧陈庄房屋后,在八路军第 120 师独立第 1

支队的节节阻击下,沿磁河两岸东撤,企图夺路回窜。10时,全部进入八路军伏击区域。12时,被第716团、第2团和独立第1支队包围在冯沟里、破门口地区,双方展开激战。入夜,八路军第120师以刺刀班、投弹班,轮番冲击,搅得日伪军惊恐万状;同时,以第359旅第719团在白头山打退了慈峪镇和灵寿800余日伪军的增援。29日上午,将被围日伪军逼上方圆不足500平方米的鲁柏山主峰,使其陷入绝境。从下午1时至6时,以炮兵、步兵,发起两次较大规模冲击,枪炮齐鸣,杀声震天。日伪军多次突围未逞,连续呼救飞机来援。第1次飞来3架飞机,由于地面上敌我双方扭打在一起,白白地转了几圈。第2次又飞来3架飞机,投下的弹药和饼干,大部分落在八路军阵地上。战至30日,战斗结束。陈庄战斗,共歼日伪军1380余人,缴获山炮3门、轻重机枪23挺、步枪500余支。

　　11月3日拂晓,日军驻蒙军独立混成第2旅团第1、第4大队,共1500余人,由涞源出动,分路北向银坊、走马驿进犯。从涞源,经雁宿崖到银坊,都是深山大谷,山岭陡峭,其间辟一条山道,是伏兵藏弩的好地方。3日7时后,晋察冀军区第1军分区第3支队,边打边撤,将进犯银坊的日军独立混成第2旅团第1大队,诱至雁宿崖八路军伏击地区。晋察冀军区遂以第1军分区第1、第3团各一部,切断日军退路和封锁其前进谷口;以第1军分区主力和第2军分区一部,在峡谷两侧发起攻击。战至16时许,歼日军500余人,缴获各种炮6门、轻重机枪13挺、步枪210支、骡马300余匹。同时,以第120师第715团一部,阻击了另一路进犯走马驿的日军,有力地配合了雁宿崖战斗的胜利。

　　雁宿崖战斗后,晋察冀军区和第120师根据日军遭沉重打击后常来报复的规律,迅速撤离战场、休整待机。4日,日军独立混成第2旅团一部1500余人,由涞源经雁宿崖向黄土岭进犯,企图寻找八路军主力,进行报复"扫荡"。

　　黄土岭,位于涞源、易县交界处,听起来似乎是一座黄土堆起来的土山,实际上是太行北部群山中的一个垭口。由黄土岭通向易县,先是一条五里长的山谷,后才是平坦大道。6日傍晚,日军抵黄土岭地区。晋察冀军区第1军分区第1、第3、第25团和第3支队,第3军分区第2团,第120师特务团乘机在一夜之间,完成了对日军的包围。

　　7日,细雨绵绵。日军自清晨至15时,全部由黄土岭地区入峡谷中山道。八路军突然出击,四面包围,100多挺机枪一齐射向日军,将其压缩在长约1500米、

黄土岭战斗中炮兵向敌人射击

宽约 100 米的山谷里。附近涞源、易县、满城、完县、唐县的基干自卫队,踊跃参加巡逻警戒,运送伤病员和弹药;人民群众给八路军送饭送水,极大地鼓舞了参战的指战员。军民协力,打得日军欲进无望,欲归无路。激战中,晋察冀军区第 1 军分区第 1 团团长陈正湘,通过观察,发现了日军的指挥所和观察所,立即指挥军分区炮兵连摧毁了这两个重要目标,结果把日军独立混成第 2 旅团旅团长阿部规秀中将击毙。被围日军失去战地最高指挥官,极其恐慌,左突右冲,战法大乱,被迫收缩兵力固守。8 日中午,在日军第 26、第 110 师团和独立混成第 2 旅团余部即将对黄土岭地区八路军形成反包围的不利情况下,八路军适时撤出了战斗。

黄土岭战斗,歼灭日军旅团长以下 900 余人,极大振奋了全国抗战军民的热情。全国各大报纸,纷纷报道黄土岭战斗胜利的消息。晋察冀军区颁发嘉奖令:"查在黄土岭战斗中,我第一军分区炮兵连充分发挥了炮兵的作用,给予敌人以极大的杀伤和威胁,以准确的射击命中敌酋,使敌失去指挥与掌握,致全线动摇而陷于极端混乱状态中,并密切配合我之步兵获得黄土岭的胜利。"蒋介石也致电嘉奖:"朱总司令:据敌皓日(十

黄土岭战斗中杨成武(右 1)在前线指挥作战

九日)播音,敌辻村部队本月江日(三日)向冀西涞源进犯……支日(四日)阿部中将率部驰援,复陷我重围,阿部中将当场毙命等语。足见我官兵杀敌英勇,殊堪奖慰。希饬将上项战斗经过及出力官兵详查具报,以凭奖赏,为要。"①而对日军,这是一个沉重的打击。日《朝日新闻》哀称:"名将之花凋谢在太行山上","自从皇军成立以来,中将级将官的牺牲,是没有这样例子的"。②

特别值得指出的是,雁宿崖战斗前夕,伟大的国际共产主义战士白求恩,因为一名患头部蜂窝质炎的伤员做手术而感染,但他仍积极参加了雁宿崖和黄土岭的战场救护。战后,白求恩病情恶化,于11月12日在河北省唐县黄石口村逝世。毛泽东专门写了《纪念白求恩》一文,赞扬他毫无自私自利之心,他的共产主义精神及对技术精益求精的态度。白求恩永远活在中国人民的心中。

为了纪念伟大的国际主义战士白求恩,晋察冀军民在唐县军城修建了白求恩烈士墓。这是在墓前开追悼大会的情景

① 《聂荣臻传》,第289、288页,当代中国出版社,1994年版。
② 中国人民解放军历史资料丛书编审委员会:《八路军·回忆史料》第2册,第195页,解放军出版社,1989年版。

11月20日起,日军华北方面军集中第26、第110师团,独立混成第3、第8旅团各一部,共2万人,由灵丘、曲阳、正定、灵寿、五台等地出动,采取梯次编队,多路分进,连续合击,对晋察冀抗日根据地北岳区,进行大规模的"扫荡",企图将八路军晋察冀军区和第120师领导机关与主力部队,聚歼在阜平地区。25日,驻阜平地区我党政军领导机关和主力部队,乘日军包围圈将要形成而未形成之机,转至外线。随后,八路军各部队在人民群众的紧密配合下,以广泛、分散的敌后游击战争,袭击日军曲阳、灵寿等重要据点,破袭平汉、同蒲、正太铁路,陷日军于被动挨打的境地。

侵占阜平地区的日军扑空后,残酷地进行烧杀掠夺。27日,除留一部兵力继续修路、增建据点外,主力在被迫撤退后,又对转至其外线和侧后的八路军晋察冀军区、第120师领导机关和主力部队,实行再合围,结果一次次扑空。八路军则抓住有利时机,歼灭孤立的一股或一路撤退的日军。至12月8日,共作战108次,歼日伪军3600余人,缴获炮2门、轻重机枪21挺、步马枪400余支、炮弹170发、手榴弹300余枚、子弹4万余发、战马80余匹,彻底粉碎了日军的冬季"扫荡"。八路军伤亡约2000人。

在晋察冀抗日根据地北岳区不断巩固的同时,中共冀热察区委和军队,以主要力量加强了对平西地区的抗日斗争。1938年11月25日,中共中央军委电示八路军总部和第4纵队,决定以第4纵队为基础,组成冀热察挺进军。1939年2月7日,冀热察挺进军在平西野三坡正式成立,司令员兼政治委员萧克,参谋长程世才,政治部主任伍晋南,辖第11、第12支队,各支队领导人和所辖大队不变。该挺进军,编入晋察冀军区,同时由萧克、马辉之、伍晋南、宋时轮组成军政委员会。随后,中共冀热察区委成立,书记马辉之。中共冀热察区委和挺进军的"战略任务是确保平西根据地,发展冀东游击战争,直至热河山海关,并准备将来再向辽宁前进","扩大军队的方针仍应是在巩固基础上力求一步一步的扩大"。①

同年春,冀热察挺进军在中共冀热察区委的领导下,积极开展游击战争,发展了房(山)涞(水)涿(县)和宣(化)涿(鹿)怀(来)地区。随着晋察冀边区第6行政专员公署在平西的建立,成立了宛平、涞(水)涿(县)、房(山)良(乡)、宣(化)涿(鹿)怀(来)等

---

① 中央档案馆编:《中共中央文件选集》第12册,第292页,中共中央党校出版社,1991年版。

县抗日政权和工、农、青、妇等群众抗日团体,重新打开了平西地区的抗战局面。2月、4月、6月,平西军民先后三次粉碎了日伪军2000余人的"扫荡"。

第4纵队留在冀东的第1、第2、第3支队,即陈群支队、包森支队和单德贵支队,共扩大到约2000人。这3个游击支队与当地抗日联军,紧紧依靠人民群众,进行了坚持不懈的斗争,成为坚持冀东的骨干。1939年6月,合编为冀热察挺进军第13支队,司令员李运昌,政治委员李楚离。11月,撤销第11、第12支队的番号,部队统一整编为第6、第7、第9、第10团,陈群支队和单德贵支队合编为第12团。随后,各团和地方游击队进行了3个月的整训,进一步巩固了共产党的各级组织,增进了新老部队的团结,提高了部队的战斗力。经过调整与扩充,冀热察挺进军在平西地区的部队有5个团,加上县、区游击队,总兵力发展到1.2万余人。

1940年3月,日军华北方面军集中独立混成第2、第15旅团和伪军各一部,共9000余人,对晋察冀抗日根据地平西地区,进行大规模"扫荡"。3月9日起,冀热察挺进军第7、第9、第10团,分别在涞水、门头沟和涿鹿矾山堡地区,袭击、阻击和伏击日伪军;并在张家庄、杜家庄战斗中,歼灭日伪军370余人。日伪军合击计划失败后,到处搜剿,又遭到了敌后军民的沉重打击。至22日,冀热察挺进军歼日伪军900余人,缴轻重机枪8挺、步枪100余支,击落飞机1架,粉碎了日伪军的"扫荡"。

4月,平西军分区成立,萧克兼司令员,辖第7、第9团;第6团调入晋察冀军区第5军分区。至9月,平西地区已发展成为包括宛平、房山、良乡、涿县、涞水、宣化、涿鹿、怀来的大部或一部,拥有30余万人口、1100余个村庄的抗日根据地。该军分区隶属于冀热察挺进军。

7月,撤销第13支队番号,冀东军分区成立,司令员李运昌,政治委员李楚离,辖第12团和由包森支队新组建的第13团。

平北地区,是指冀热察三省交界处,即北平、承德、张家口之间的地区。这里,地广人稀,沿长城内外,山岭连绵,交通不畅。1940年1月,中共冀热察区委和冀热察挺进军第9团一部,在昌平、延庆地区,建立了县抗日政权、村救国会和自卫队等。随后,向怀柔、赤城、龙关地区发展,先后建立起10余人或几十人的游击队。4月下旬至5月下旬,冀热察挺进军第10团,进至丰宁、滦平、密云地区。5月,平北军民粉碎了日伪军3000余人的"扫荡"。至6月,共建立了昌(平)延(庆)

怀(柔)、龙(关)崇(礼)赤(城)、昌(平)怀(柔)密(云)、龙(关)延(庆)怀(来)四个联合县的抗日政权和昌(平)延(庆)、延(庆)北、赤(城)北抗日游击根据地。

随后,冀热察挺进军第7团也进到平北地区,发动群众,扩大队伍。秋天,建立了平北军分区,程世才兼司令员,辖第10团和由地方游击队编组的平北挺进游击第1支队,开辟了平北抗日根据地。

9月至11月,作战37次,粉碎了日伪军4000余人的"扫荡",歼日伪军700余人。

至此,冀热察挺进军创建了平西、冀东和平北军分区,部队本身获得了发展;活动范围扩大到长城内外的辽西和察南,其创建的抗日根据地成为晋察冀抗日根据地的组成部分。

山东抗日根据地鲁中、鲁南区军民反"扫荡"作战　1939年5月31日,日军华北方面军第12军集中第5、第21、第32、第114师团和独立混成第5旅团的主力或一部,共2万余人,由胶济、陇海、津浦等铁路沿线据点出动,采取长驱直入、分进合击的战术,以鲁中沂蒙山区为主要目标,由北向南,自西而东,先后占领了莒县、沂水、蒙阴等县城,继而增建据点,控制公路,实行分区"扫荡",企图割断鲁中与滨海、鲁南地区的联系,围歼中共中央山东分局和山东纵队指挥机关及主力部队。

中共中央山东分局、山东纵队指挥部率特务团,转战在沂蒙山区北部的新泰和蒙阴以东、沂水以西地区,坚持内线斗争;同时,以第1、第2、第4支队的主力一部或全部,分散活动在外线的新(泰)蒙(阴)泗(水)边、费县北部、鲁山北部和莲花山区,开展广泛的游击战。各地方游击队、自卫团和广大群众,也寻机打击日军。鲁中军民密切配合,内外线协同作战,至7月下旬,作战20余次,歼日军1000余人,粉碎了日军对山东抗日根据地第一次较大规模的"扫荡"。

9月,八路军第115师师部率第686团主力、特务团和随营学校进入鲁南后,在临(沂)费(县)峰(县)滕(县)边,创建了以抱犊崮山区为依托的抗日根据地,使其成为山东抗日根据地的重要组成部分。1940年2月,攻占鲁南白彦镇后,于3月7日、12日至13日、19日至21日,三次打退日军100余人至2000余人的进犯,共歼日伪军800余人,缴获长短枪350余支,为进一步发展和巩固鲁南抗日根据地创造了条件。

4月14日,日军华北方面军第12军集中第21、第32师团,独立混成第6、第10

旅团和伪军各一部，共8000余人，由滕县、邹县、费县、临沂、峄县、枣庄出动，采取宽大正面、梯次配备、避开大路、步步为营的战术，分10余路，首先"扫荡"鲁南抗日根据地边沿区，尔后向抱犊崮中心区合围，企图在青纱帐起之前，消灭八路军。

为粉碎日军"扫荡"，八路军第115师以少数兵力坚持内线斗争，由师机关率特务团主力，在地方部队的配合下，在抱犊崮山区东麓的大炉、车辋、埠阳和滕县东部山区，寻找空隙，灵活穿插，多次避开日军的合击。同时，以大部分兵力在外线配合内线分散活动：师教导大队在崮口山区，第686团在费县西北地区，苏鲁支队在滕费边地区，峄县支队、运河支队在峄县以南地区，东进支队在郯码地区，保持高度机动，灵活转移，以伏击、袭击手段，寻机多次打击了多股的日伪军。至5月5日，共作战32次，歼日伪军2000余人，粉碎了日伪军对鲁南抱犊崮山区抗日根据地的"扫荡"。至年底，八路军第115师完成了巩固鲁南抗日根据地的任务，并打通了与湖西、鲁西、鲁中、滨海的联系。

晋冀豫抗日根据地军民进行反"扫荡"作战　1939年7月3日起，日军华北方面军集中第10、第20、第35、第36、第108、第109师团和独立混成第4旅团主力或一部分兵力，共5万余人，由平汉、道清、同蒲、正太各铁路沿线据点出

第129师主力为粉碎敌人的"扫荡"正在向外线转移，待机歼敌

动,企图合击八路军第129师主力于辽县、榆社、武乡和阳城、晋城地区。对此,八路军第129师决定:以一部分兵力在地方部队和民兵游击队的配合下,采取分散持久的游击战疲惫消耗日军;主力则适当集中,隐蔽相机歼灭日军,以粉碎其"扫荡"。

7月6日至11日,八路军第129师第385旅主力、第386旅和特务团,分别在辽县城以西石匣村、榆社以西云簇镇、涉县城以西河南店地区,打击了进犯的日军。第386旅新编第1团团长丁思林,在作战中英勇牺牲。日军合击八路军第129师主力失败后,于7月14日、8月7日,分别打通了白晋公路北段和邯长大道,并占领沿线长治、黎城等城镇,企图分割晋冀豫抗日根据地,压缩围歼第129师主力。八路军第129师则对日军展开破袭战和围困战。至下旬,共进行大小战斗70余次,歼日军2000余人,收复了榆社、武乡,沁源、高平等,粉碎了日军"扫荡"。

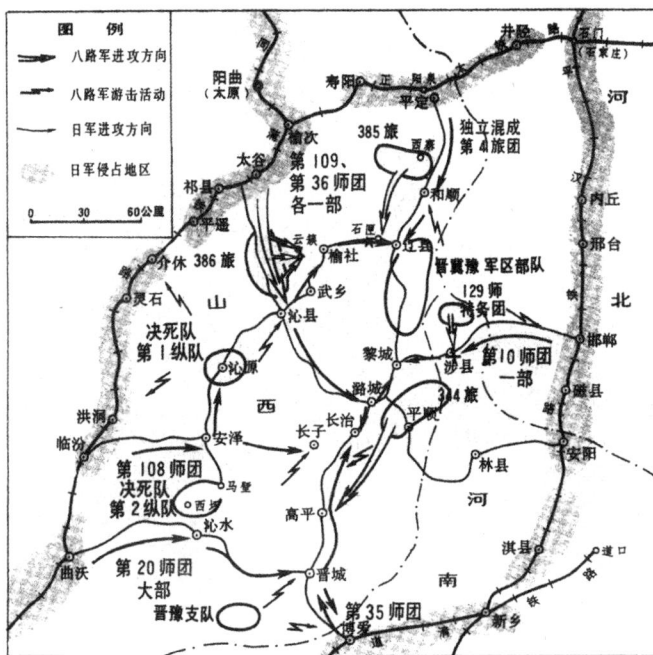

这是晋冀豫敌后军民反"扫荡"作战要图(1939年7月—8月)

同年冬至翌年6月,晋冀豫边区军民在八路军第129师师部的统一指挥下,组成破路队、掩护队、预备队,并以工兵为技术指导,先后进行了邯长公路、平汉铁路、白晋铁路(1940年春,开始改公路为铁路)和武(安)沙河公路破袭战,一度中断交通,粉碎了日军分割封锁晋冀豫抗日根据地的计划。

晋西北抗日根据地军民反"扫荡"作战　1940年2月上旬,八路军第120师主力由晋察冀返回晋西北抗日根据地。10日,中共中央、中央军委指示第120师:"将整个晋西北及绥远,南起汾离公路,北至大青山脉化为巩固根据地,建立西北与华北战略枢纽。"①24日,晋西北军政委员会成立,由贺龙、关向应、甘泗淇、周士第、王震、萧克、林枫、赵林、陈士榘、罗贵波、张宗逊、李井泉、彭绍辉组成,书记贺龙,副书记关向应,统一了晋西北抗日根据地党政军的领导。

同时,日军华北方面军以第1军和驻蒙军各一部,开始了大"扫荡"的准备工作:调动兵力、修筑公路、增设据点、运输物资、侦察情况等。企图首先占领黄河渡口,切断晋西北与陕甘宁边区的联系,尔后由东、南、北三面合击晋西北抗日根据地中心区,压缩围歼八路军第120师。5月下旬,日军第1军独立混成第3、第9、第16旅团和驻蒙军第26师团一部分兵力,共2万余人,进到晋西抗日根据地的五寨、神池、宁武、静乐、离石等地。针对敌情,八路军第120师决定:采取内外线结合的战术,在作战初期避实就虚,以广泛分散的游击战杀伤和消耗日军;在反"扫荡"作战后期,集中兵力,歼日军一路,以己之长击敌之短。

6月7日至19日,为反"扫荡"作战的第一阶段。日军独立混成第9旅团一部于7日由静乐出动,8日侵占岚县;主力于12日由静乐、交城、文水等地出动,合击文水西北地区的八路军第120师特务团和工卫旅。特务团和工卫旅及时跳出合围圈,使日军扑空。第358旅遂以第716团、独立第4团和独立第2支队设伏于米峪镇地区,于17日歼灭向静乐撤退的日军500余人。19日又歼残敌一部分,尔后迅速转移。

6月20日至27日,为反"扫荡"作战的第二阶段。6月21日开始,日军分多路向晋西北抗日根据地推进,连续合击八路军第120师部队。第120师第358旅先后在岚县西南的赤坚岭、马坊和兴县以北的寨上、阳坡,摆脱了日军独立混成第9旅团的合击,于24日进至兴县与师部会合;独立第1旅在临县西南安家庄,摆脱了日军独立混成第16旅团的合击,于27日转至清凉寺地区;独立第2旅和暂编第1

---

① 中央档案馆编:《中共中央文件选集》第12册,第286页,中共中央党校出版社,1991年版。

师,节节抗击,把日军诱至兴县西北方向,并摆脱了日军独立混成第3旅团和第26师团一部对保德、河曲、岢岚地区的合击,分别转至保德以东和兴县东北地区。27日,日军撤回三岔堡、岢岚。

6月28日至7月6日,为反"扫荡"作战的第三阶段。日军合击八路军第120师扑空后,从28日开始,集中4000余人,由岚县、岢岚、保德出发,合击兴县,企图聚歼八路军第120师领导机关和第358旅。第120师领导机关主动转至兴县西北黑峪口地区后,决心集中第358旅、独立第1旅和第3、第5支队,在兴县以东二十里铺地区,伏击撤退之日军。7月4日,由兴县向东撤退的日军,遭到八路军的伏击。战至6日,各路日军全部撤退,晋西北军民反"扫荡"作战胜利结束。这次反"扫荡"作战,共进行大小战斗250余次,歼日伪军4500余人,缴枪300余支(挺)。

为适应新的斗争形势的需要,晋西北军区于11月7日成立,由第120师兼,师长兼司令员贺龙,政治委员关向应,副司令员续范亭,参谋长周士第,政治部主任甘泗淇,辖5个旅、3个纵队、4个支队、1个暂编师和4个军分区:

第358旅兼第3军分区,旅长兼司令员张宗逊,政治委员李井泉,副旅长兼副司令员贺炳炎,参谋长李夫克,政治部主任金如柏,辖第7、第8、第716团。

第359旅,旅长兼政治委员王震,副旅长郭鹏,参谋长唐子奇,政治部主任袁任远,辖第717、第718、第719团,雁北支队,第4支队。

独立第1旅兼第4军分区,旅长高士一,副旅长兼司令员王尚荣,政治委员朱辉照,副司令员雷任民,副政治委员冼恒汉,参谋长谷志标,政治部主任杨琪良,辖第2、第715团和决死第4纵队(司令员兼政治委员雷任民,副司令员孙超群,参谋长王兰麟,政治部主任李力果,辖第19、第20、第35团)。

独立第2旅兼第2军分区,旅长兼司令员彭绍辉,政治委员张平化,副司令员张希钦,参谋长李文清,政治部主任刘惠农,辖第9、第714团和暂编第1师(师长续范亭,副师长兼参谋长张希钦,政治部主任饶兴,辖第36、第37团)。

决死第2纵队兼第8军分区,司令员韩钧,政治委员王逢源,副司令员刘德明,参谋长李敏,政治部主任廖井丹,辖第4、第5、第6团,工卫旅(旅长兼政治委员侯俊岩,参谋长张新华,政治部主任李明,辖第21、第22团)和洪赵纵队。

大青山骑兵支队,司令员姚喆,副司令员陈刚,参谋长张成功,政治部主任张达志,辖第1、第2、第3团,第4支队。

晋西北新军总指挥部,总指挥续范亭,政治委员罗贵波,副总指挥雷任民、张文昂。

晋西北军区的成立,标志着晋西北的军事建设发展到了一个新的阶段,促进了游击战争的深入开展。晋绥抗日根据地,也发展成为东起平绥铁路集宁至大同段、同蒲铁路大同至平遥段,西至黄河,南迄汾(阳)离(石)公路,北到大青山的广阔战场。

二、粉碎日伪军对冀中、冀鲁豫边平原抗日根据地的"扫荡"

冀中平原军民反"扫荡"作战　为对冀中进行全面"扫荡",日军华北方面军以第110师团一部,先后于1940年2月21日至3月5日和3月17日至30日,由定县、安国和高阳、河间、武强、安平、蠡县出动,分别对滹沱河两岸和滹沱河以北、潴龙河以东、子牙河以西地区,实行侦察性"扫荡",企图消灭八路军第3纵队兼冀中军区主力和后方机关。八路军第3纵队兼冀中军区采取避敌锋芒、分散活动、与敌周旋、坚决打击其薄弱部分的方针,使日军顾此失彼,"扫荡"连连扑空。

4月10日开始,日军华北方面军以津浦、平汉铁路沿线的第27、第110师团,独立混成第15旅团各一部及伪军,共3万余人,分区对大清河以北,唐河、潴龙河流域,子牙河流域和沧(州)石(家庄)公路沿线地区,进行全面"扫荡"。八路军第3纵队兼冀中军区,以第3、第4、第10军分区部队和第23团,在人民群众的支援下,时而分散,时而集中,以机动灵活的战术,歼日伪军3460余人,缴获炮2门,轻重机枪10挺。至5月底,日伪军对冀中抗日根据地的全面"扫荡"被迫结束。

为保卫麦收,冀中军民自6月1日至25日,作战40余次,歼日伪军537人,连克据点9处。随后,利用青纱帐起、阴雨连绵的有利时机,连续伏击、袭击日军。至8月10日,冀中军民共作战140余次,毙伤日伪军2600余人,俘伪军500余人,连克据点15处。

冀鲁豫边平原抗日根据地军民反"扫荡"作战　1940年6月5日,日军华北方面军第35师团和骑兵第4旅团,共6000余人,从开封、商丘等地出动,分路对冀鲁豫抗日根据地濮阳地区"扫荡"。活动在这一地区的八路军第2纵队新编第3旅一部,与日军激战后,摆脱日军合击。日军以为发现了八路军第2纵队兼冀鲁豫军区主力,遂集中第 21、第 32、第 35 师团和独立混成第 1 旅团、骑兵第 4 旅团各一部,共 1.5 万余人,由徐州、商丘、开封、安阳、泰安、兖州等地出动,分 12 路合击清丰、濮阳地区。八路军第 2 纵队新编第 3 旅、新编第 2 旅一部和河北抗日民军第 1 旅等,以广泛分散的游击战,到处袭击日军。日军"扫荡"连连扑空后,除留一部分兵力侵占内黄、清丰、濮阳、东明、滑县、浚县等地外,大部分兵力于 6 月 18 日撤回原据点,被迫结束"扫荡"。

1940 年 5 月,冀鲁豫抗日根据地部分领导人合影。左起:昌炳桂、刘震、杨得志、吴信泉、卢绍武、崔田民、李雪三、覃健

1939 年夏至 1940 年夏,日军华北方面军对山区抗日根据地和平原地区均进行大规模的全面"扫荡",企图消灭八路军主力。然而,八路军在共产党的领导下,充分依靠人民群众,实行内外线作战相结合,采取以分散的游击战为主、相机歼敌一部于运动中的方针,粉碎了日军的"扫荡",壮大了人民抗日武装力量,在巩固中发展了华北抗日根据地。

第四节　坚持抗战、团结、进步的方针，打退国民党顽固派第一次反共高潮

一、国民党顽固派重蹈反共覆辙，中共中央确立坚持抗战、团结、进步的方针

全国抗战爆发后，国民党迫于全国人民的压力，在中共倡导和日本帝国主义军事威胁下，与共产党正式实现了第二次合作，携手抗日。但全国抗战进入战略相持阶段后，由于国际国内各种因素的影响，尤其是受到日本帝国主义政治诱降为主、军事打击为辅政策的影响，加上对日益发展壮大的人民抗日力量的惧怕，国民党顽固派逐步走向了消极抗日、重新反共的道路。

1939 年 1 月，国民党五届五中全会专门讨论了对付共产党的问题，确定了溶共、防共、限共的反共反动方针，表明了对共政策发生了转折性的变化。为此，中共中央于 23 日，发出指示，作出对策，揭露国民党顽固派的反共行径和实质："国民党目前的进步同时包含着防共限共工作的强化，这种进步中的恶劣现象，一时尚不会降低。最近蒋令敌后抗战部队不得擅自移驻，不得兼行政，坚持取消冀南甚至冀中行政公署，石(友三)高(树勋)之开入冀南，东北军一部开入山东，某部之移驻长治消息，战地政治委员会之设立，国民党中央发出防共密令等等，都说明蒋及国民党之政策，在于加紧限制八路军发展，同时使八路军与各地方系统部队关系恶化，以孤立八路军。"①"蒋在五中全会前后曾一再宣称：抗战到底的意义，是恢复芦沟桥事变以前的状况；中日问题的解决办法，在于召集太平洋会议；对共产党政策，目前是联共和防共，最后要达到以三民主义溶化共产党的目的。""其实质上亦包含有抗战最高目的为恢复芦沟桥事变前状况，及不依靠民众而依靠外援，对民权主义实行，一无表示，蒋在参政会演说则公开反对民主政治，这都是不正确的。"②

国民党五届五中全会后，国民党中央于 4 月又向全国各省、市党部和政府秘密颁发了《防制异党活动办法》，指出："目前共产党控制下之陕北，彼能无论男女老幼悉纳于各种组织之中，而由该党分子予以切实之领导与控制，遂造成今日形

① 中央档案馆编：《中共中央文件选集》第 12 册，第 12 页，中共中央党校出版社，1991 年版。
② 中央档案馆编：《中共中央文件选集》第 12 册，第 29、30 页，中共中央党校出版社，1991 年版。

同铁桶之陕北特区,不但外人不易轻入,即入内亦难立足,更无论有所活动。"故以组织对组织之意义,提出防制中共等异党活动办法,"对于异党之非法活动应采取严格防制政策不可放弃职守";"未经事前呈准有案而假借共产党或八路军与新四军等名义擅自组织武装队伍者当地驻军得随时派兵解散不得有误";"如发现有宣传阶级斗争鼓动抗租抗税罢课罢工破坏保甲扰乱治安者无论其假借任何名义应一律依法从严制裁";等等。① 正如毛泽东所指出的:"其内容全部是反动的,是帮助日本帝国主义的,是不利于抗战,不利于团结,不利于进步的。"②

从 3 月末开始,国民党顽固派先后在山东博山,陇东宁县、镇原,陕西旬邑,河北深县,湖南平江,湖北东部,河南确山等地,连续制造血案,袭击八路军、新四军后方机关和医院,杀害中共党政军机关人员,八路军、新四军指战员,伤病员和家属近 1600 人。仅对陕甘宁边区,自 1938 年 12 月至 1939 年 10 月,制造了 150 余起摩擦事件,其中军事进攻为 28 起;从 1939 年 6 月至 12 月,对八路军山东部队进攻 90 多次,杀害八路军 1350 人,并扣压 812 人。全国团结、进步、抗战的局面,面临着分裂、退步、妥协的危险。

1939 年 3 月 30 日,国民党顽固派在山东省博山县太和(河)地区制造惨案。这是《大众日报》有关太和惨案的报道

---

① 中国人民解放军国防大学党史党建政工教研室编:《中共党史教学参考资料》第 16 册,第 141、142 页,国防大学出版社,1986 年版。
②《毛泽东选集》第 2 卷,第 577 页,人民出版社,1991 年版。

关于 1939 年 6 月河北省深县惨案的消息报道

为了维护团结抗战的局面,争取国内时局好转,中共中央在《为抗战两周年纪念对时局宣言》中,全面分析了全国抗战两年以来的形势,指出:"凡此所述,一则日寇政治诱降的恶毒阴谋,二则中国投降妥协分子之投降与分裂的罪恶活动,三则国际东方慕尼黑的暗中酝酿;三者汇合,便造成今日抗战形势中的两种最大危险,即中途妥协与内部分裂的危险。这就是今日政治形势中的重要的特点,可能的趋向。认清这个特点,克服这个趋向,才能使抗战获得胜利而避免悲惨的命运。"基于上述分析,中共中央明确提出:"坚持抗战到底——反对中途妥协! 巩固国内团结——反对内部分裂! 力求全国进步——反对向后倒退!"[1]从此,形成"坚持抗战、反对投降""坚持团结、反对分裂""坚持进步、反对倒退"三大著名政治口号,并成为与顽固派进行坚决斗争,直到全国抗战胜利的重要指导方针。

在政治上争取有利地位的同时,中共中央认为"在军事上必须提高警觉性,免受袭击,布置必须严密,不宜给我中下级干部以随便进行武装冲突之权,以免弄坏

---

[1] 中央档案馆编:《中共中央文件选集》第 12 册,第 142、143 页,中共中央党校出版社,1991 年版。

事情,影响统战并免吃亏"。对国民党顽固派军队挑起局部武装冲突的立场,"是明确的自卫原则,人不犯我,我不犯人,人若犯我,我必犯人,这样才可以一方面不给分裂者以借口影响统战,另一方面在自卫的立场上,给武装磨擦者向我进攻的行动以应有的坚决的打击与教训"。① 据此,中共中央军委加紧调整防御力量,以八路军第 120 师师部率独立第 1、第 2 旅,独立第 1 支队,于 9 月由冀中转至晋察冀抗日根据地整训待命,视情况返回晋西北;以第 359 旅由恒山地区于 10 月初调至陕甘宁抗日根据地,接替绥德警备区防务;12 月,以绥德警备司令部为基础,成立警备第 1 旅,旅长文年生,政治委员阎红彦,辖警备第 3、第 8 团,调防关中地区。

同年 10 月 10 日,中共中央在《目前形势和党的任务》中,进一步指出:"抗日统一战线中的投降危险、分裂危险和倒退危险仍然是当前时局中的最大危险,目前的反共现象和倒退现象仍然是大地主大资产阶级准备投降的步骤。我们的任务,仍然是协同全国一切爱国分子,动员群众,切实执行我党《七七宣言》中'坚持抗战、反对投降','坚持团结、反对分裂','坚持进步、反对倒退'三大政治口号,以准备反攻力量。"要求"在敌后方,必须坚持游击战争,战胜敌人的'扫荡'";"在正面,必须支持军事防御,打退敌人可能的任何战役进攻";"在我后方,必须迅速地认真地实行政治改革,结束国民党一党专政"。"我党各级领导机关和全体同志,应该提高对当前时局的警觉性,用全力从思想上、政治上、组织上巩固我们的党,巩固党所领导的军队和政权,以准备对付可能的危害中国革命的突然事变,使党和革命在可能的突然事变中不致遭受意外的损失。"② 至此,中国共产党及其领导下的人民和军队,无论是在前方还是后方,在思想上、政治上、军事上都已全面做好了应付突然事变的准备。

二、国民党顽固派掀起第一次反共高潮,八路军和山西新军进行自卫还击作战

11 月 12 日至 20 日,国民党五届六中全会在重庆召开,由政治限共为主、军事限共为辅,进一步确定为军事限共为主、政治限共为辅。时隔一个月,即 12 月 20

---

① 中央档案馆编:《中共中央文件选集》第 12 册,第 154 页,中共中央党校出版社,1991 年版。
② 《毛泽东选集》第 2 卷,第 616、617 页,人民出版社,1991 年版。

日,蒋介石亲自颁发了《异党问题处理办法》,并附对晋察冀边区两次实施行动的方案,提出:国民党应深入党外势力控制之地区,运用秘密方式,组织或参加各种团体工作。如系新组织者,可用种种不同名称(如商店、工厂、小学)发展国民党力量;如系参加既成团体者,可以私人关系(如亲戚、同学、同乡)密切联络团体之主持人,并取得其信仰,使于无形中仍受国民党领导。在此期间,国民党顽固派的反共活动,日趋严重,由小规模的军事挑衅,发展到向敌后抗日军民进行较大规模的军事进攻。

早在 1939 年 3 月 25 日至 4 月 22 日,第二战区司令长官阎锡山就在陕西省宜川县秋林镇,召开了高级军政民干部会议(又称秋林会议)。会议决定解散山西抗日统一战线组织动委会,改总动委会为保安司令部;组织建设委员会等特务团体,负责破坏中共及八路军的声誉;限制民众运动;提出军事领导一切,取消新军中的政治委员,逼共产党员交出新军的军权。秋林会议还具体分析了共产党领导的山西新军各部队的情况,认为:"决死一纵队为共产党所掌握,他们不易得手;在决死二纵队,他们和共产党的力量是一半对一半;在决死三纵队,他们可以大部或全部掌握;在决死四纵队、工卫旅,他们可以控制;解决处在旧军包围之中的政卫旅,觉得更容易。"因此,决定"先'解决'决死二纵队,得手后北上进攻驻扎在晋西北的决死四纵队、工卫旅、暂一师和八路军,同时借助驻扎在中条山的国民党中央军'解决'决死三纵队;对于决死一纵队则待机而动"。[①] 会议期间,阎锡山决定把新军中的工人武装自卫纵队改编为第 207 旅(通称工卫旅),决死第 1 纵队分编为独立第 1 旅和第 216 旅,决死第 2 纵队分编为独立第 2 旅、第 196 旅,决死第 3 纵队分编为独立第 3 旅、第 197 旅,决死第 4 纵队分编为独立第 7 旅、第 203 旅,阴谋取消纵队一级领导机构,分散建制,达到控制山西新军的目的。从此,山西的抗战形势日趋恶化。

11 月开始,第二战区司令长官阎锡山集中第 6 集团军第 61、第 83 军和警备军、教导师,第 13 集团军第 19、第 33 军及新编第 1 旅,共 2 个集团军、5 个军、17 个师,计 3 万余人,分南、北、东三路,由蒲县、隰县、永和、石楼和同蒲铁路沿线刘家垣、薛家窑出动,围攻活动在晋西南地区的山西新军决死第 2 纵队、政卫第 209

---

① 《牺盟会和决死队》编写组:《牺盟会和决死队》,第 140 页,人民出版社,1986 年版。

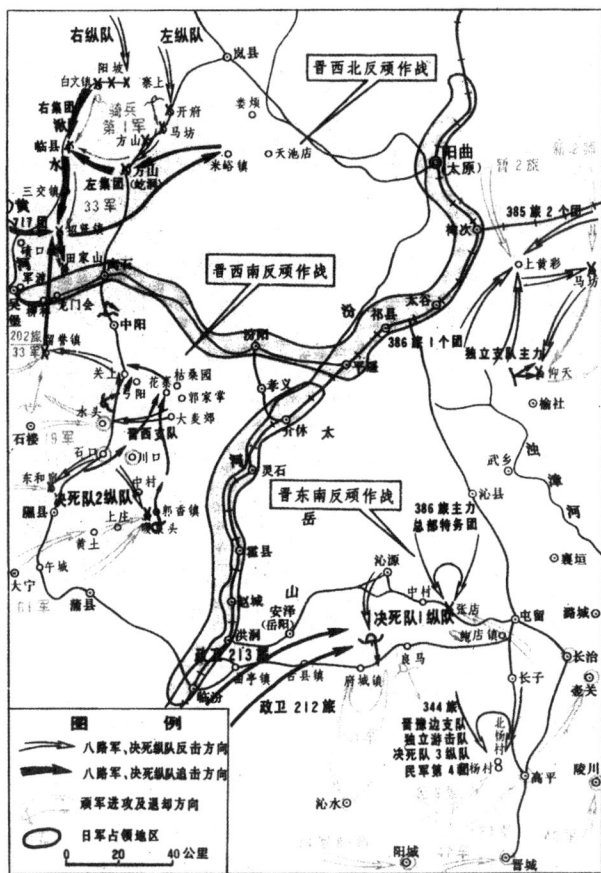

1939年,阎锡山制造了山西"十二月事变"(亦称晋西事变),指使所属部队分别向晋西南、晋西北、晋东南的山西新军和八路军进攻。这是晋西南、晋西北、晋东南敌后军民反顽作战要图(1939年12月—1940年3月)

旅和八路军第115师独立支队等。12月3日,在永和袭击了决死第2纵队第196旅旅部,逮捕了旅政治部的6名政工人员,策动了该纵队独立第2旅第6团叛变。同时,破坏了临汾、蒲县、隰县、石楼、赵城等抗日政权和永和牺盟办事处,大肆杀害中共党员、抗日县长、牺盟会干部和进步人士,共300余人,制造了"十二月事变",亦称晋西事变。

在发动"十二月事变"的同时,第二战区司令长官阎锡山以第8集团军总司令孙楚指挥独立第8旅,在第14、第27、第40、第47、第93军等部的配合下,加紧围攻活动在晋东南地区的山西新军决死第1、第3纵队和八路军第344旅。自12月4日至8日,破坏了晋城、阳城、沁水、浮山、长治等县的抗日政权、牺盟会、工农青妇抗日群众组织,杀害中共党员、进步分子500人,绑架200余人,并策动一些反动军官叛变,拉走4000余人。此时,活动在晋西北的山西新军决死第4纵队中的反动军官,在第二战区第7集团军总司令赵承绶的策动下,也蠢蠢欲动,阴谋叛乱。

与阎锡山的反共行径相呼应,国民党军第34集团军总司令胡宗南部等,共12个步兵军、1个骑兵军另2个骑兵师、8个炮兵团及地方部队,共30余万人的兵力,从南、北、西三面,重兵包围陕甘宁边区,直接威胁中共中央、中央军委所在地延安的安全。12 月 10 日至 16 日，胡宗南纠集第 97 师 3000 余人，在国民党地方保安队的配合下，用地雷和大炮，袭击驻宁县、镇原的八路军第 385 旅第 770 团和驻合水的旅直特务连，杀伤指战员 300 余人，侵占了宁县、镇原两城，制造了第二次陇东事件。以阎锡山制造的"十二月事变"和胡宗南制造的第二次陇东事件为标志，国民党顽固派掀起了第一次反共高潮。

国民党顽固派掀起的这次反共高潮，除主要在山西和陕甘宁边区外，还在晋冀鲁豫边区。面对国民党顽固派一次又一次的军事进攻，八路军、山西新军和广大人民群众，在有理、有利、有节的情况下，进行了自卫还击作战。

山西新军和八路军，粉碎国民党军阎锡山部军事进攻　山西"十二月事变"后，即 12 月 6 日，活动在晋西南的新军决死第 2 纵队、政卫第 209 旅和保安旅共 4000 余人，组成晋西南新军抗日讨逆总指挥部，总指挥张文昂，副总指挥韩钧；另八路军第 115 师独立支队，为 2000 余人。晋西南新军和八路军，在顽众我寡、双方力量悬殊的情况下，英勇奋战。首先，逮捕了新军中的全部反动军官，纯洁内部。然后，于 10 日在隰县，消灭国民党军第 19 军 1 个团部和 1 个营，并占领该城；在 14 日发生于隰县以北的暖泉头战斗中，连战 2 昼夜，追歼 20 公里，击溃国民党军第 6 集团军总司令陈长捷部 2 个团；21 日在水头，给顽军以重创；翌日主动北撤至汾阳、孝义地区。

接着，新军各部队编为第 1 梯队，八路军第 115 师独立支队编为第 2 梯队，计划分两路南下顽军后方地区，直捣永和、大宁，进军乡宁、吉县。23 日，两个梯队越过吕梁山，进至中阳县境。经两日激战，第 2 梯队先后占领留誉和三交。第 1 梯队，未至石楼即受阻，折回三交，与第 2 梯队会合。由于连续作战，弹药供应困难，部队亟须休整，加上活动地区狭小，难以回旋，决死第 2 纵队和第 209 旅遂于 27 日晚北越离（石）军（渡）公路，转至晋西北临县以南招贤镇地区。随后，决死第 2 纵队一部与第 209 旅合编为 2 个纵队共 6 个团，计 8000 余人。晋西南地区，则全部为国民党军队所占。

在晋西北地区，山西新军决死第 4 纵队采取断然措施，逮捕了阴谋叛乱的第 203 旅旅长刘武铭等反动军官，但独立第 7 旅旅长卢宪高叛逃。工卫第 207 旅和暂编第 1 师也采取举措，加紧清理内部，巩固部队。

12 月 29 日，中共晋西北区委决定成立晋西北新军抗日讨逆军总指挥部，总指

挥续范亭。同时,决定以决死第4纵队的4个团、暂编第1师的1个团,在彭第
358旅的支援下,接应决死第2纵队等部北上。自1940年1月1日至9日,晋西
北新军抗日讨逆军总指挥部指挥新军和八路军各部队,把国民党军骑兵第1军压
缩在临县地区,并与转至静乐西南米峪镇、天池店地区的决死第2纵队等部取得
了联系。10日,决定将决死第2纵队等部编为左集团,原活动在晋西北的新军、八
路军编成右集团,分别由方山、圪洞和白文镇进攻,左、右夹击临县地区的国民党
军。自11日至13日,经连续作战,分别击溃国民党军骑兵第1军和第33军各一
部,迫使其放弃临县城,向晋西南地区撤退。16日,在八路军第359旅第717团的
配合下,追歼和截击各一部。2月2日至8日,八路军第120师师部率5个主力
团,回到晋西北地区。同时,指挥彭第358旅主力和暂编第1师第36团,进至岢
岚、河曲、保德地区,打谈结合,区别对待,将国民党军全部驱走。至此,晋西北地
区已完全成为共产党及其领导下的八路军和新军控制的抗日根据地。

1940年1月,中共中央委派滕代远(前右3)到晋西北前线指挥作战。这是贺龙(2排右
2)、关向应(前排右2)率第120师主力由晋察冀返回晋西北后与滕代远等合影

1940年2月，决死第1纵队在沁源县吴家窑村召开干部大会，总结反顽斗争经验，布置今后工作。这是薄一波（右起）、牛佩琮、陈赓、王鹤峰在大会上

在晋东南地区，山西新军政卫第212、第213旅，政卫第209旅一部和决死第1纵队及决死第2纵队一部，于1940年初整编为一个纵队及所辖的一个旅：决死第1纵队，纵队长兼政治委员薄一波，副纵队长李聚奎、牛佩琮，参谋长颜天明，政治部主任王鹤峰，辖第25、第38、第42、第57、第59团；第212旅，旅长孙定国，政治委员王成林，参谋长薛克忠，政治部主任朱佩瑄，辖第54、第55团。从此，山西新军完全成为共产党领导下的人民军队。

反顽斗争中及胜利后，山西新军分别加入八路军第115、120师和129师，继续坚持敌后抗战。这是1940年1月6日，决死队第1纵队第2总队在沁源县支角村举行庆祝整编胜利大会

1月中旬，八路军第129师分别以第386旅主力、总部特务团和第344旅、晋豫边游击支队、独立游击支队、决死第3纵队、河北抗日民军第4团，阻击了国民党军第27军军长范汉杰部向临屯公路以北地区的进攻，袭击了高平以西第8集团军独立第8旅，从而巩固和恢复了太岳、太（行山）南抗日根据地。

1月30日，八路军第129师集中第385旅两个团、第386旅一个团和独立支队主力，在榆次地区全歼进犯的国民党军第19军暂编第2旅。2月2日，又以第386旅一个团和独立支队主力歼国民党军新编第2师大部。至此，晋东南地区的八路军和新军，彻底粉碎了国民党顽固派的军事进攻。

陕甘宁抗日根据地军民，反击国民党顽固派胡宗南部军事进攻　1939年12月，在国民党军第34集团军总司令胡宗南部制造第二次陇东事件时，八路军第385旅第770团等部就进行了坚决的反击，恢复了陇东大部分地区。1940年1月，国民党绥德专员何绍南集中五个保安大队，企图袭击八路军。陕甘宁边区的绥德军民，在做好军事准备的同时，及时召开群众大会，揭露何绍南的罪行。何绍南慑于八路军和人民的压力，于2月5日一度逃往榆林。23日潜回绥德地区后，大肆煽惑保安队哗变，并袭击八路军第359旅第717团等部。八路军在坚持自卫的原则下，展开了反击，基本上控制了绥德地区。从此，陕甘宁抗日根据地日趋巩固。

晋冀鲁豫地区八路军，粉碎国民党顽固派鹿钟麟部军事进攻　在国民党顽固派掀起第一次反共高潮期间，其冀察战区总司令鹿钟麟调第97军军长朱怀冰部由太（行山）南部陵川、辉县进至冀西，在于12月初到达后，加紧围攻八路军第129师青年纵队和冀西游击队等部，破坏抗日政权。为争取鹿钟麟、朱怀冰部共同抗日，八路军第129师师长刘伯承亲自向他们表明了八路军的立场，严正指出："我们以大局为重，一让再让，已经是退避三舍了，实在无地可退，你们总得让我们抗日有地！八路军一个师抵抗了10万日军、10万伪军，并非怕你们，不过为了团结，不忍自相残杀。要是逼人太甚，我们是有人民作后盾的。"[1]但鹿、朱对刘伯承的劝告充耳不闻，竟于下旬又向八路军第129师平汉抗日游击纵队发动了进攻。八路军第129师被迫实行自卫还击作战，遂集中第385旅主力，冀南、冀中地方部队各一部，冀西游击队，于1940年1月12日歼平汉路东、路西的顽军8000余人的大

---

[1]《中国人民解放军第二野战军战史》（第1卷　抗日战争时期），第110页，解放军出版社，1991年版。

部,迫使鹿钟麟、朱怀冰部于 2 月初由赞皇、元氏南撤至武安、涉县和磁县地区。2 月 18 日,鹿钟麟、朱怀冰部又袭击了八路军第 129 师先遣支队和青年纵队各一部,继续为非作歹。

在朱怀冰进攻冀西地区八路军的同时,国民党军冀察战区总司令鹿钟麟,又以第 39 集团军总司令石友三部,向冀南地区八路军发动了军事进攻,到处抓兵抢粮,残杀抗日党政人员和家属。1940 年 1 月,鹿钟麟、石友三部,将八路军第 129 师东进纵队 2 个连、青年纵队 1 个排包围缴械,并歼县大队大部。在此情况下,八路军第 129 师决定,由第 3 纵队兼冀中军区政治委员程子华和冀南军区司令员兼政治委员宋任穷统一指挥,集中冀南、冀中和冀鲁豫边区的部队,进行冀南反顽战役。2 月 9 日至 16 日,在威县、清河、曲周、丘县地区,重创顽军鹿钟麟、石友三、孙良诚部,迫使其退向冀鲁豫边的清丰东南和南乐地区。

蒋介石在鹿钟麟、朱怀冰、石友三部连遭打击后,增调黄河以南的第 41、第 71 军,企图向太行、冀南地区八路军发动新的进攻。为此,八路军总部决定:在平汉铁路以东,进行卫(河)东战役;在平汉铁路以西,进行磁(县)武(安)涉(县)林(县)战役,继续打击朱怀冰部和石友三部。八路军第 129 师遂集中冀南、冀中、冀鲁豫区部队,共 17 个团,分为鲁西支队、鲁西北支队、中央支队和豫北支队。自 3 月 4 日至 4 月 8 日,连克濮县、观城,相继在濮阳、东明等地,胜利地进行了卫东战役,消灭石友三等部 6000 余人,将其逼至冀鲁豫区边缘,改善了冀南地区的抗战形势。

在平汉铁路以西,八路军第 129 师集中青年纵队、独立支队、先遣支队、独立游击支队和晋察冀挺进支队、第 3 纵队兼冀中军区警备旅,共 13 个团(大队),编成左、中、右 3 个纵队,自 3 月 5 日至 8 日,由东南、西南、北面三方,采取包围穿插战术,直插顽军朱怀冰部纵深,胜利地进行了磁武涉林战役,歼灭国民党军第 97 军军长朱怀冰部等 1 万余人,从而控制了冀西武(安)涉(县)公路以南、西平罗与临淇以北地区。

三、打退国民党顽固派第一次反共高潮,继续保持国共两党合作抗战的局面

为了维护国共两党合作抗战的局面,中国共产党及其领导下的八路军、新军和广大人民群众,从抗日大局出发,以民族利益为重,在忍无可忍的情况下,一方面,在军事上被迫进行了自卫反击作战;另一方面,在政治上充分揭露国民党顽固

派破坏抗战、团结、进步的罪行,并多次派出代表谈判,力求避免事态扩大。

1939 年 12 月 23 日,中共中央发出指示,要求各地除了有理有利地坚决反抗国民党顽固派军事进攻外,还要极力发展统一战线工作,力争中间阶层;在战区与敌后,进一步依靠群众;八路军、新四军必须大力发展与巩固自己的力量;极力巩固共产党的组织。所有这一切,都是为了"去巩固自己的阵地,击破大资产阶级的阴谋,争取时局好转,争取继续抗战,并准备在时局逆转时足以应付一切"①。

12 月 25 日,八路军总指挥朱德、副总指挥彭德怀,第 115 师师长林彪、第 120 师师长贺龙、第 129 师师长刘伯承、后方留守兵团司令员萧劲光、陕甘宁边区政府主席林伯渠、参议会议长高岗,联名通电全国,痛斥了国民党顽固派对共政策发生转折后的一系列反共罪行,表明了共产党及八路军的严正立场,强调指出:"当此在我则抗日第一,团结为先,在敌则政治诱降,反共为亟之际,稍有人心,诚不应挑拨事端,制造摩擦,更不应枪口对内,遗〔贻〕笑万邦。"呼吁全国党政军领袖和各界人士"主持公道于下,痛国亡之无日,念团结之重要,执行国家法纪,惩办肇事祸首,取缔反共邪说",明令取消《防制异党活动办法》及《处理共产党实施方案》,"制止军事行动,勿使局部事件日益扩大"。《通电》最后指出:"国事至此唯有精(诚)团结,消弭内争之一法,否则影响前线之军心,动摇抗战之国本,敌攻于外,而自坏其长城。国脉虚危,而自伐其腑脏。我四亿黄帝子孙真不知其死所矣!"②《通电》迫切陈词,是对国民党顽固派在政治上的一次沉重打击。

1940 年 2 月 1 日,延安军民召开声讨国民党顽固派大会。毛泽东在会上愤怒地指出:"对于那些丧尽天良的坏蛋,对于那些敢于向八路军新四军阵地后面打枪的人,对于那些敢于闹平江惨案、确山惨案的人,对于那些敢于破坏边区的人,对于那些敢于攻打进步军队、进步团体、进步人员的人,我们是决不能容忍的,是必定要还击的,是决不能让步的。"毛泽东郑重提出:"我们共产党和全国人民的任务,就是团结一切抗日的进步的势力,抵抗一切投降的倒退的势力,力争时局的好转,挽救时局的逆转。这就是我们的根本方针。"同时批驳了国民党顽固派假统一之名,行一党专政之实,挂羊头卖狗肉的错误论调,指出:"只有进步才能团结,只

① 中央档案馆编:《中共中央文件选集》第 12 册,第 222 页,中共中央党校出版社,1991 年版。
② 中国人民解放军历史资料丛书编审委员会:《八路军·文献》,第 432、433、434 页,解放军出版社,1994 年版。

有团结才能抗日,只有进步、团结、抗日才能统一。"①

　　关于同国民党谈判的条件,中共中央于1月10日、11日、25日和2月9日,连续指示驻重庆南方局,要求蒋介石国民政府:下令停止全国摩擦;停止向山东、河北两省增兵;讨伐通敌的鹿钟麟、石友三;令阎锡山制止旧军进攻新军,恢复八路军兵站线;撤退包围陕甘宁边区的军队等。同时,派出中共代表谢觉哉、萧劲光和王若飞等,分别与朱绍良、阎锡山、卫立煌等进行谈判,商定:八路军在陕甘宁边区,让出镇原、宁县;在山西,以汾阳经离石至军渡公路为界,南为国民党军防区,北为八路军和新军驻地;在晋冀鲁豫边区,以临屯公路和长治经平顺至磁县为界,南为国民党军防区,北为八路军防区。至此,国民党顽固派发动的第一次反共高潮被打退,国共两党合作抗战的局面得以继续维持。

　　3月11日,毛泽东在延安中共党的高级干部会议上,作了《目前抗日统一战线中的策略问题》的报告,全面总结了打退第一次反共高潮的经验,指出:"抗日战争胜利的基本条件,是抗日统一战线的扩大和巩固。而要达此目的,必须采取发展进步势力、争取中间势力、反对顽固势力的策略,这是不可分离的三个环节。""斗争是团结的手段,团结是斗争的目的。以斗争求团结则团结存,以退让求团结则团结亡",这是真理。在同顽固派作斗争时,必须注意下列几条原则:"第一是自卫原则。人不犯我,我不犯人,人若犯我,我必犯人。……第二是胜利原则。不斗则已,斗则必胜,决不可举行无计划无准备无把握的斗争。……第三是休战原则。在一个时期内把顽固派的进攻打退之后,在他们没有举行新的进攻之前,我们应该适可而止,使这一斗争告一段落。""这三个原则,换一句话来讲,就是'有理','有利','有节'。"②这样,就有争取时局好转的可能性。毛泽东关于打退第一次反共高潮的经验总结,为尔后同国民党顽固派作斗争,奠定了思想和理论基础。

第五节　八路军进行整军,全面加强部队建设

　　全国抗战以来,八路军得到了很大的发展。至1938年10月,八路军由成立时的近4.6万人,发展到15万余人。同时,胜利地担负起发动群众,开展抗日游击战

①《毛泽东选集》第2卷,第716、717、719页,人民出版社,1991年版。
②《毛泽东选集》第2卷,第745、749、750页,人民出版社,1991年版。

争,创建、保卫华北抗日根据地和配合正面战场国民党军作战的任务。但由于新成分大量地增加——除了工人、农民和青年知识分子外,还吸收了大批国民党人、旧军人、杂色武装、地方民团、会道门成员及投诚、反正的伪军等——军政素质下降,战斗力减弱;加上部队长期分散活动,作战频繁,未能及时进行教育和训练,滋长了一定的军阀主义和游击主义倾向,因而严重影响了部队的巩固和敌后游击战争继续发展,迫切需要整训。为此,毛泽东在《论新阶段》的报告中,提出:"整理现有军队,补充缺额,同时增编新的军队,加紧教育训练,以利持久作战。""这些军队应该逐渐学会游击战术,加强政治工作,发展民众运动,创立根据地,并帮助敌后民众游击队与游击战争逐渐提高到正规军与正规战争的道路上去。"[1]

1939年2月7日、6月23日,八路军总部连续发出两期整军训令,要求各部队分期分批进行。整军的目的是:求得战胜将来的严重困难,保卫与巩固抗日根据地,争取持久抗战之胜利;加强部队中党与政治工作,巩固党的领导,提高纪律性,加强技术教育,提高部队战斗力;建立部队中的一切规章制度,克服游击主义,加强部队正规化建设;尤其提高各级干部军事、政治和文化水平。整军的方法是:由主力部队选派一定数量具有工作能力和经验的得力干部,以考察团、巡视团名义,分别协助各指定地区部队的军事、政治机关,进行整军工作。整军的计划是:第115师11个团、第120师10个团、第129师16个团、晋察冀军区16个团、山东纵队7个团、总部1个团,共61个团,约20万人,分两期整训。第一期从3月1日开始,第二期从7月20日开始,每期3个月。整军的要求是:由先整完和暂未整训的团担负战斗任务,保证进行整军团队时间的落实;选择的地点要安全;执行八路军成立时的编制,充实团以下步兵、炮兵连队,每团各增1个侦察连、工兵连,配齐全团武器;战术训练,要发扬我军优良传统,以步兵战斗条令为准;其他训练,除遵守纪律条令、内务条令要求外,可借鉴国民党军的法典条令。在对主力部队进行整军的同时,要求第115师帮助山东纵队,第120师帮助第3纵队兼冀中军区,第359旅整理6支队,第129师整理冀南、晋冀豫军区等地方部队的基干力量,并大力发展游击队和自卫队。

1939年,八路军的整军工作取得了很大成绩。至年底,整理了61个团,全军

---

[1] 中央档案馆编:《中共中央文件选集》第11册,第608、609页,中共中央党校出版社,1991年版。

发展到 27 万人。存在的主要问题是:多数团没有达到编制的要求;军事政治工作没有提高到应有的水平;老部队中的规章制度尚未完善和健全起来,新部队还没有完全脱离游击习气;部队的文化水平,没有得到应有的提高;机动性、顽强性和纪律性,仍没有增强到要求的程度;党的领导作用,须进一步加强;等等。

在这种情况下,八路军总部于 1940 年 2 月 21 日发出了继续整军的训令。整军的计划是:第 115 师 11 个团、第 120 师 9 个团、第 129 师 11 个团、晋察冀军区 11 个团、山东纵队 7 个团、总部 1 个团,共 50 个团,共整两期,每期 4 个月,预计 11 月 10 日前完成。整军的要求是:加强与巩固共产党在部队中的绝对领导;保守军事秘密,巩固与扩大部队结合起来;建立与健全规章制度,尤其是各支队机关参谋工作;加强纪律,肃清游击习气;提高游击战争的战术素养;提高射击、投掷手榴弹的技术;提高文化程度,使工农分子知识化,连以上干部要识 2000 字以上,会写简单文章;加强新老干部团结,使知识分子在实际工作中增长才干,提高觉悟;提高部队战斗力,尤其是各级干部的机动作战能力。

4 月 11 日至 26 日,中共中央北方局和八路军总部在山西黎城,召开了高级干部会议。会议总结了三年来华北敌后抗战的经验,讨论了如何巩固和扩大抗日民族统一战线的问题,提出了建党、建军、建政三大任务。6 月 22 日,中共中央军委及总政治部在《关于目前时局及八路军新四军之任务指示》中,指出:我们的任务应当是在思想上、组织上、军事上、政治工作上,巩固自己,克服困难,巩固抗日根据地,联络友军,巩固统一战线,反对投降,以坚持抗战。其中心任务,是巩固工作,尤其是巩固新部队。而在巩固部队方面,应继续整军。

8 月 13 日,中共中央军委及总政治部对八路军的政治工作提出要求:"共产党领导的军队中的政治工作,在抗战中应有其独立性。""我们应当使军队的政治工作变成实现党的每个政策的有力武器。""军队政治机关与军队各级干部,尤其是军政干部,必须了解与掌握党的政策与策略。"必须正确处理以下几种关系:"在军队党与地方党的关系中,应更多更严格地要求军队党负责任";"在外地干部与本地干部的关系中,应更多地要求和责备外地干部";"在老干部与新干部关系中,应更多地要求和责备老干部"。①

---

① 《毛泽东军事文集》第 2 卷,第 553、554 页,军事科学出版社、中央文献出版社,1993 年版。

一、八路军各部队分期分批进行整训

根据中共中央军委、总政治部的指示和八路军总部的部署,八路军各部队结合实际情况,制定了具体的整军计划和步骤,抓紧利用作战间隙,分期分批地进行了整军。经过两年整军,八路军各部队在军事、政治、后勤等各方面,全面加强了部队的建设。

八路军出版的部分画报

第一,整顿部队中共产党的组织,加强党的建设。加强党的建设,是坚持敌后抗战的根本环节。各部队针对某些基层党支部战斗堡垒作用和党员模范带头作用不强、骨干不善于开展工作等问题,普遍举办了干部党员、新党员轮训班,进一步学习中共扩大的六届六中全会精神和毛泽东的《中国革命和中国共产党》等著作及共产党的基本知识,开展批评和自我批评,发扬成绩,纠正缺点,加深了对党的认识,增强了党支部书记、委员的责任心及工作能力;先后开展了创造模范党支部的活动,建立和健全了经常性的党日、党课和党内生活制度,强调干部的升降、调动和发生的思想问题都要经过党支部讨论决定;在团或相当团的单位建立总支部,营建立分总支,连普遍建立党支部;纯洁组织,清洗政治上不坚定分子,吸收先进分子入党,注重工农和知识分子成分,使主力部队中党员占部队总人数的比例达到 30％～40％,地方部队中为 25％～30％,一般做到班有党员。

第二，加强思想教育，提高广大指战员的政治觉悟。整训期间，八路军各部队主要学习了毛泽东的《新民主主义论》、共产党的抗日民族统一战线政策和《三大纪律八项注意》等著作、精神、文件，认真进行了形势任务教育、无产阶级思想教育、人民军队革命传统教育和党的方针政策纪律教育等。在这一政治教育中，以干部为重点，组织他们参加党校、抗大分校、随营学校、教导队、教导团和各类训练班等，有的部队还建立了每天两小时学习制度。抗大总校及分校，为在整军中和整军后培训干部，发挥了巨大作用。通过政治教育，广大指战员对抗战的前途、人民军队的本质与光荣传统和肩负的历史使

1939 年 4 月 24 日，毛泽东在去参加抗大生产运动初步总结大会的路上和小八路亲切交谈

命，有了进一步的认识，从而更加坚定抗战必胜的信心，提高了觉悟和政策、策略水平。同时，各级政治机关，建立和健全了青年工作、锄奸工作、民运工作、瓦解敌军工作和文化娱乐等组织和制度。

第三，抓紧技术、战术训练和加强各级司令部建设。整军中的大部分时间，是进行技术、战术训练。训练则贯彻区别对象、因人施教的原则。对干部，主要是提高其指挥能力，使其善于带兵，减少伤亡。对战士，则是以射击、投弹和刺杀为重点内容，提高短兵相接的本领，力争用较少的弹药杀伤较多的日伪军。训练中，还要因地制宜，对活动在不同地区的部队提出不同的要求，要区别山地与平原、河川水网与村落等。但无论是何种地区的部队，都要学会夜战和利用青纱帐作战。同时，抽调一批干部，进军事学校和短训班，充实各级司令部机关。开展侦察、通信等各项业务训练，建立一些必要的制度，加强司令部建设。

为坚持持久抗战,八路军执行自力更生的方针,依靠抗日根据地广大群众的支援,加强了后勤工作建设,保证了部队作战和生活需要。这是 1940 年 10 月,朱德出席在延安王家坪召开的军工生产会议。左起:李涛、叶剑英、佚名、朱德、叶季壮、李强

抗日根据地人民为八路军运送军粮

第四，坚持自力更生精神，加强后勤保障工作。全国抗战进入战略相持阶段后，八路军在敌顽夹击下，后勤保障出现困难。抗战以来，八路军虽有较大的发展，但国民政府仍按改编时的人数拨发军饷，并且常常少发、迟发。从 1939 年 8 月起，八路军就未再得到国民政府的武器弹药接济。1940 年 11 月 19 日，国民政府完全停止了对八路军经费的供给。

八路军整军期间，中共中央军委、八路军野战政治部多次发出指示，要求发展生产、做好财经工作等。中共中央军委指出：财经问题的解决，必须提到政治的高度，广辟财源，克服困难，争取战争胜利。八路军野战政治部的训令指出：积极地开展生产运动，提高生产，克服困难，力求经济上做到自力更生，是全军一项重要的战斗任务。

八路军将生产的手榴弹装箱运往前线

依据中共中央军委、八路军总部的指示和训令，各部队坚持自力更生的精神，大力开展生产运动。1939 年主要是开展农副业生产，补充了部队的供应。1940年基本上做到了蔬菜、马草自给，并解决了两个月的粮食供应。此外，建立了若干小型的被服厂、纺织厂、染布厂、兵工厂和修械所，解决部队的衣被、毛巾、手榴弹、刺刀短缺和枪支修理等问题。八路军各部队，还逐渐建立了统一的供给制度。晋察冀军区每个战士每年可领到两套单军装、一套衬衣、一套棉军装、三至五双布鞋、一双棉鞋;寒区部队每人还可发一件棉大衣或皮大衣。医疗卫生工作,也取得了一定成绩,建立了制药厂,培训了一批医务人员,提高了他们的医疗水平。

八路军军医院就设在这一排窑洞里

同时,调整充实了后勤机构。八路军后勤部除原有的供给部、卫生部外,新成立了财经部和军事工业部,负责筹集经费和武器、弹药生产及维修。有的师或军区,还建立了军工部或生产部、兵工部、兵站部和保健部等。1939年,八路军后勤部部长兼政治委员杨立三,辖供给部,部长周玉成、副部长周文龙;卫生部,部长姜齐贤、政治委员孙仪之;军工部,部长刘鼎、政治委员孙开楚、副部长刘鹏;财政经济部,部长张慕光。

二、在整训的基础上,八路军进行整编

八路军在军政整训的基础上,既加强充实了主力部队,尽量保持原建制,又注意新老搭配,以强带弱,进行了大规模的整编。

晋察冀军区 1939年共整编了31个主力团,每团由3个营9个连组成,少数团每营编4个连,即3个步兵连、1个机枪连。团直属队编有机炮连、特务连(警卫连)、通信侦察连。每团兵力2000至2500人。第3纵队兼冀中军区,除将2个独立支队调归第120师建制外,其余整编为警备旅和第6至第10支队,第6至第10

支队依次兼第5、第1至第4军分区。

1940年1月，第3纵队兼冀中军区警备旅，旅长王长江、政治委员旷伏兆，辖第1、第2团。由警备旅和第1军分区第1团、第4军分区第5团组成南下支队，司令员陈正湘，政治委员刘道生；由第3纵队兼冀中军区第16、第21、第22、第23、第24团和津南自卫军组成南进支队，司令员赵承金，政治委员谭冠三。两个支队分别开赴晋东南和冀南地区，参加反顽作战。完成任务后，南进支队除指挥机关和第16、第21团继续活动在冀鲁豫地区外，其余部队于五六月间归建；南下支队全部归建。

同年2月，第1军分区成立第34团。3月，在北岳正式成立另一第5军分区，司令员兼政治委员邓华，辖第6团、雁北支队和察南游击队。4月，平西军分区成立，萧克兼司令员；第3纵队兼冀中军区改东北抗日先遣团为骑兵第2团。6月，第3纵队兼冀中军区撤销第6至第10支队。7月，晋察冀军区第1至第4支队和第13支队撤销，冀东军分区成立，司令员李运昌，政治委员李楚离。8月，第3纵队兼冀中军区第1至第5军分区，依次改称第6至第10军分区。秋天，平北军分区成立，程世才兼司令员。

至1940年底，晋察冀军区司令员兼政治委员聂荣臻，参谋长唐延杰，政治部主任舒同，供给部部长查国桢，卫生部部长游胜华，军事工业部部长刘再生、政治委员杨成，直辖第1至第5军分区、第3纵队兼冀中军区和冀热察挺进军。

第1军分区，司令员杨成武，政治委员罗元发，辖第1、第3、第25、第34团。

第2军分区，司令员郭天民，政治委员赵尔陆，辖第4、第19团。

第3军分区，司令员黄永胜，政治委员王平，辖第2、第20团。

第4军分区，司令员熊伯涛，政治委员刘道生，辖第5团和特务团。

第5军分区，司令员邓华，政治委员李天焕，辖第6、第26团和雁北支队。

第3纵队兼冀中军区，司令员吕正操，政治委员程子华，参谋长沙克，政治部主任孙志远，供给部部长封永顺、政治委员王文波，卫生部部长陈淇园、政治委员伍辉文，辖5个军分区、1个支队：

第6军分区兼警备旅，司令员兼旅长王长江，政治委员旷伏兆，辖第1、第2团。

第7军分区，司令员于权伸，政治委员吴西，辖第17、第22团。

第8军分区,司令员常德善,政治委员王远音,辖第23、第30团。

第9军分区,司令员孟庆山,政治委员帅荣,辖第18、第24、第33团。

第10军分区,司令员朱占魁,政治委员周彪,辖第27、第29、第32团。

南进支队,司令员赵承金,政治委员谭冠三,辖第16、第21团和回民支队。

第3纵队兼冀中军区直辖骑兵第2团和教导团。

冀热察挺进军,司令员兼政治委员萧克,参谋长程世才,政治部主任伍晋南,辖3个军分区:

平西军分区,萧克兼司令员,辖第7、第9团。

平北军分区,程世才兼司令员,辖第10团。

冀东军分区,司令员李运昌,政治委员李楚离,辖第12、第13团。

晋察冀军区直辖骑兵团、教导团和特务团。晋察冀军区共发展到约11万人。

第115师 第115师于1940年10月下旬至1941年6月,所属部队编为7个教导旅、3个军区,其部队序列为:代师长陈光,政治委员罗荣桓,参谋长陈士榘,政治部主任萧华,供给部部长吕麟、政治委员彭显伦,卫生部部长谷广善、政治委员李宽和。

教导第1旅(亦称八路军第5纵队第1支队),由苏鲁豫支队编成,旅长彭明治、政治委员朱涤新,辖第1、第2、第3团。

教导第2旅,由鲁南支队、苏鲁支队和独立支队第1团大部编成,旅长曾国华、政治委员吴文玉(吴法宪,后符竹庭),辖第4、第5、第6团。

教导第3旅,由第343旅运河支队和独立支队第2团编成,兼鲁西军区,旅长兼司令员杨勇,政治委员苏振华,辖第7、第8、第9团和4个军分区:第1军分区,司令员刘贤权,政治委员李冠元;第2军分区,司令员冯鼎平,政治委员刘星;第3军分区,司令员黄骅,政治委员王乐亭;第4军分区,司令员刘致远,政治委员石新安。

教导第4旅,由第343旅黄河支队编成,旅长邓克明,政治委员张国华,辖第10、第11、第12团。

教导第5旅,由东进支队编成,旅长梁兴初,政治委员罗华生,辖第13、第14团。

教导第6旅,由原东进抗日挺进纵队第6支队一部与鲁北支队编成,后兼冀鲁边军区和成立军分区,旅长兼司令员邢仁甫,政治委员周贯五,辖第16、第17团和3个军分区:第1军分区,司令员石景芳,政治委员杜子孚(田战胜);第2军分区,司令员徐尚武,政治委员何郝炬;第3军分区,司令员杨铮侯,政治委员李广文(李建国)。

教导第7旅,代旅长余克勤,政治委员赵基梅,辖第19、20团。

鲁南军区,司令员兼政治委员邝任农,辖2个军分区:第1军分区,司令员封振武,政治委员许言;第3军分区,司令员贺健,政治委员李乐平。

第120师　第120师,除第359旅外,于1939年3月以第358旅第715团与第3纵队兼冀中军区独立第4支队编成独立第1旅,旅长高士一,政治委员朱辉照,辖第1、第2、第3和第715团。

4月,新的第358旅在晋西北组成,亦称彭第358旅,旅长彭绍辉,政治委员罗贵波,辖第714团、独立第1团、警备第6团、雁北第6支队。

独立第2旅,以第716团和八路军第3纵队兼冀中军区独立第5支队组成,旅长魏大光,政治委员王同安,辖独立第4、第5团和第716团。

9月10日,独立第2旅改称第358旅,亦称张(宗逊)第358旅。1940年2月,晋西北新军总指挥部组成,总指挥续范亭,政治委员罗贵波,副总指挥雷任民,辖暂编第1师,决死第2、第4纵队和工卫旅等。4月29日,八路军总部同意彭第358旅改称独立第2旅,7月正式改称。

11月7日,成立晋西北军区,其领导机关由第120师兼。至年底,第120师兼晋西北军区的部队序列为:师长兼司令员贺龙,政治委员关向应,副司令员续范亭,参谋长周士第,政治部主任甘泗淇,辖1个暂编师、5个旅、3个纵队、4个支队和4个军分区等。

第358旅兼第3军分区,旅长兼司令员张宗逊,政治委员李井泉,辖第7、第8、第716团。

第359旅,旅长兼政治委员王震,辖第717、第718、第719团,雁北支队,第4支队。

独立第1旅兼第4军分区,旅长高士一,副旅长兼司令员王尚荣,政治委员朱辉照,辖第2、第715团和决死第4纵队。决死第4纵队,司令员兼政治委员雷任民,辖第19、第20、第35团。

独立第2旅兼第2军分区,旅长兼司令员彭绍辉,政治委员张平化,辖第5、第9、第714团和暂编第1师。暂编第1师,师长续范亭,辖第36、第37团。

决死第2纵队兼第8军分区,司令员韩钧,政治委员王逢源,辖第4、第5、第6团和洪赵纵队、工卫旅。洪赵纵队,纵队长晏显生,政治委员解学恭。工卫旅,旅长兼政治委员侯俊岩,辖第21、第22团。

大青山骑兵支队,司令员姚喆,辖第1、第2、第3团和第4支队。

晋西北新军总指挥部,续范亭兼总指挥,政治委员罗贵波,副总指挥雷任民、张义昂,指挥暂编第1师,决死第2、第4纵队,工卫旅,洪赵纵队。

直辖教导团、特务团、雁北第6支队。

第120师兼晋西北军区达5.1万人。

第129师 第129师继1939年两期整军后,1940年五六月间除保留第385、第386旅建制外,编成了6个新编旅,原新编第1旅和决死第3纵队由第2纵队归建第129师,撤销了晋冀豫军区(1939年秋对外改称晋冀豫边游击纵队),成立了太行、太岳军区,调整了军区、军分区划分。

师部兼太行军区机关,师长兼司令员刘伯承,政治委员邓小平,军区副司令员王树声,参谋长李达,政治部主任蔡树藩,供给部部长施作林、政治委员赖勤,卫生部部长钱信忠、政治委员周光坦,生产部部长张克威。

第129师辖第385旅,第386旅兼太岳军区,新编第1、第4、第7至第11旅,冀南军区等。

第385旅,旅长陈锡联,政治委员谢富治,辖第769、第13、第14团。

第386旅兼太岳军区,旅长兼司令员陈赓,政治委员王新亭,辖第772、第16、第17、第18团和3个军分区:第1军分区,司令员张春森,政治委员金世柏;第2军分区,司令员张汉丞,政治委员史建;第3军分区,司令员王清川,政治委员孙雨亭。

新编第1旅,旅长韦杰,政治委员唐天际,辖第1、第2团。

新编第10旅,由晋冀豫边纵队第1、第3团和平汉抗日游击纵队等部改编,旅长范子侠,政治委员赖际发,辖第28、第29、第30团。

新编第11旅,由晋冀豫边纵队第2团、冀西游击队和赞皇独立团等部改编,旅长尹先炳,政治委员黄振棠,辖第31、第32、第33团。

决死第 1 纵队,纵队长兼政治委员薄一波,辖第 25、第 38、第 42、第 57、第 59 团和第 212 旅。第 212 旅,旅长孙定国,政治委员王成林,辖第 54、第 55 团。10 月,第 212 旅,旅长孙定国,政治委员马英,辖第 54、第 55、第 56 团。

决死第 3 纵队,纵队长戎子和,政治委员董天知,辖第 7、第 8 和第 9 团。6 月,第 8 团撤销,所部分别编入第 7、第 9 团。

太行军区,辖 5 个军分区:第 1 军分区,司令员秦基伟,政治委员高扬;第 2 军分区,司令员张国传,政治委员赖若愚;第 3 军分区,司令员郭国言,政治委员王一伦;第 4 军分区,司令员石志本,政治委员王孝慈;第 5 军分区,司令员皮定均,政治委员鲁瑞林。

冀南军区,司令员陈再道,政治委员宋任穷,副司令员王宏坤,参谋长范朝利,政治部主任刘志坚,辖 5 个军分区和 4 个旅:

原第 1 军分区,划归晋察冀军区第 3 纵队兼冀中军区,重新成立第 1 军分区,司令员丁先国,政治委员刘大坤,辖第 18 团。

新编第 4 旅由青年纵队改编,兼第 2 军分区,旅长兼司令员徐深吉,政治委员吴富善,辖第 771、第 10、第 11 团。

新编第 7 旅由东进纵队改编,兼第 4 军分区,旅长兼司令员易良品,政治委员文建武,辖第 19、第 20、第 21 团。

新编第 8 旅由筑先纵队和先遣纵队改编,兼第 3 军分区,旅长兼司令员张维翰,政治委员萧永智,辖第 22、第 23、第 24 团。

新编第 9 旅由冀南军区第 1 至第 4 军分区基干武装改编,兼第 5 军分区,旅长兼司令员桂干生,辖第 25、第 26、第 27 团。

第 129 师师部直辖由特务团改称的第 34 团,以及骑兵团。

11 月 23 日,新编第 9 旅番号撤销,其领导机关并入冀南第 5 军分区,所辖部队依次编为第 2、第 1、第 5 军分区基干团。

第 129 师共 11 万余人。

山东纵队 1939 年至 1940 年进行了四期整军。

第一期于 1939 年 3 月至 5 月,整编为 7 个支队和特务团、第 19 团。

第 1 支队由原第 2、第 8、第 9 支队编成,支队长马保三,政治委员周赤萍。

新第 2 支队由原第 5 支队第 19 旅第 61 团主力和第 12 支队编成,支队长吴克华,政治委员阎世印。

第3支队由5个团缩编为第7、第10团和特务团,并增建寿光独立团,支队长马耀南,政治委员霍士廉。

第4支队由3个团和先遣大队,缩编为3个营和特务团,支队长廖容标,政治委员林浩(后胡奇才)。

第5支队撤销旅的建制,除以1个团主力编入第2支队外,5个多团整编为第15、第65团和3个直属营,支队长高锦纯,政治委员宋澄。

第6支队由4个大团缩编为4个小团,支队长何光宇,政治委员张北华。

陇海游击支队辖第3、第8团和邳县独立团等,支队长兼政治委员钟辉。

山东纵队直辖第4团改为第19团。

1939年8月至12月,山东纵队进行第二期整军,除第1、第4支队外,整编了6个支队、1个纵队和2个军区。

新第2支队由津浦支队与第2支队合编,支队长孙继先,政治委员潘寿才。

第3支队,支队长杨国夫,政治委员徐斌洲。除保留寿光独立团外,其余3个团缩编为基干第1至第3营。

第5支队编为第13、第14、第15团,领导人未变。

第6支队的3个小团缩编为3个基干小营和1个独立营,支队长何光宇,政治委员张北华。

第19团改编为苏鲁支队,支队长张光中,政治委员彭嘉庆。

陇海游击支队改称陇海南进支队,领导人未变。

苏皖纵队成立,司令员兼政治委员江华,辖陇海南进支队。

第1军区(对外称山东纵队后方司令部),司令员刘海涛,政治委员林浩,辖第1至第5军分区和特务团,各军分区大多为支队后方司令部。

第3军区,司令员王彬,政治委员王文,辖蓬(莱)黄(县)战区指挥部(后改称第3军区第2军分区)。

10月13日,山东纵队与第1纵队机关正式合署办公。

第三期整军于1940年2月1日至5月30日进行,按照三三编制,将前两期整军中编为基干营的部队恢复团的建制。

第1支队扩编为第1、第2、第3团,第2支队由原来的3个营改为3个基干营,第3支队扩编为第7、第8、第9团,第4支队扩编为第1、第2、第3团,第5支队的3个团改为3个主力团。

新组建第6军分区,司令员马千里,政治委员景晓村。

山东纵队直辖特务第1、第2团。

与此同时,第6支队和苏鲁支队划归第115师建制,撤销第1军区,一部组建第9支队,支队长刘海涛,政治委员刘其人,辖第1团和独立团。该军区第1、第2、第5军分区调归山东纵队,第3、第4军分区调归第115师。

全纵队达到5.35万余人。

1940年7月,苏皖纵队番号撤销,陇海南进支队直属山东纵队。8月,陇海南进支队编入八路军第5纵队。

第四期整军于1940年9月至1941年2月底进行,将所属部队整编为4个旅、3个支队、1个军区和2个直属特务团。其中,第1旅由第1、第4支队各2个团编成,第2旅由第2、第9支队及第1支队第2团编成,第3旅由第3支队编成,第5旅由第5支队编成;新建立第1支队兼第2(沂蒙)军分区,第4支队兼第1(泰山)军分区,第3军区改编为新的第5支队;撤销了第6军分区,新建了清河军区;另有特务第1、第2团。

山东纵队经过第四期整军,其编制序列为:指挥张经武,政治委员黎玉,副指挥王建安,政治部主任江华,参谋处处长罗舜初,供给部部长冯平、政治委员艾楚南,卫生部部长白备伍,辖4个旅、3个支队和1个军区、4个军分区。

第1旅,王建安兼旅长,政治委员周赤萍,辖第1至第4团。

第2旅,旅长孙继先,江华兼政治委员,辖第4、第5、第6团和独立团。

第3旅,旅长许世友,政治委员刘其人,辖第7、第8、第9团。

第5旅,旅长吴克华,政治委员高锦纯,辖第13、第14、第15团。

第1支队兼第2(沂蒙)军分区,司令员胡奇才,政治委员王子文,辖第1、第2团。

第4支队兼第1(泰山)军分区,司令员赵杰,政治委员王叙坤,辖第1、第2团。

第5支队,司令员王彬,政治委员王文,辖第1、第2、第3团。

清河军区,司令员杨国夫,政治委员景晓村,参谋长袁也烈,政治部主任陈楚,辖2个军分区:清东军分区,司令员陈乙斋,政治委员韩克辛;清西军分区,政治委员张文韬。

纵队直辖特务第 1、第 2 团。

在这期整军中,全纵队除调给新四军 5000 余人和第 115 师 1.5 万余人外,主力和基干部队达 4 万余人。

随后,新建立了蒙南支队和独立支队(后编入蒙山支队)。

八路军后方留守兵团 1938 年 1 月,绥德警备司令部成立,司令员陈奇涵,政治委员郭洪涛,参谋长毕占云,政治部主任张际春,辖区是绥德、米脂、佳县、清涧和吴堡五县。3 月 28 日,骑兵营扩编为骑兵团,团长孔令甫,政治委员马泽迎。5 月,警备第 7 团编入第 385 旅。1939 年 7 月 2 日,八路军总部炮兵团编入后方留守处。

8 月,八路军后方留守处正式改称八路军后方留守兵团(对外仍用后方留守处番号)。同时,成立鄜甘(泉)警备司令部,司令员曹里怀。同年秋,新的雁北支队和第 4 支队成立,编入第 120 师第 359 旅。10 月,炮兵团与鄜甘(泉)独立营合编为特务团。11 月,第 359 旅旅长、政治委员王震兼绥德警备司令部司令员和政治委员。12 月,绥德警备司令部改为警备第 1 旅,旅长文年生,政治委员阎红彦,辖第 3、第 8 团。1940 年春,警备第 6 团改隶第 120 师。8 月,警备第 2 团编入第 385 旅。

至 1940 年底,八路军后方留守兵团的编制序列为:司令员兼政治委员萧劲光,参谋长曹里怀,政治部主任莫文骅,辖 2 个旅和保安司令部等。

警备第 1 旅,旅长文年生,政治委员阎红彦,辖第 3、第 8 团。

第 385 旅,旅长王维舟,政治委员甘渭汉,辖第 2、第 7、第 770 团。

保安司令部,司令员高岗,辖 4 个军分区和 1 个团:关中军分区,司令员张仲良,政治委员习仲勋;庆(阳)环(县)军分区,司令员王世泰,政治委员马文瑞;三边(定边、安边、靖边)军分区,司令员白寿康,政治委员刘英勇;神(木)府(谷)军分区,司令员黄罗斌,政治委员张秀山;保安第 2 团。

兵团直辖警备第 1、第 4、第 5 团,骑兵团,特务团。全兵团总兵力约 2 万人。

八路军第 1 纵队 为统一指挥山东省与苏北地区八路军部队,中共中央北方局、八路军总部于 1939 年 5 月 4 日,根据中央决定组织八路军第 1 纵队,以徐向前为司令员,朱瑞为政治委员。

正在冀南的徐向前和在晋东南八路军总部驻地的朱瑞接到命令后,分别带上一个小分队和从八路军总部、抗大第一分校选调的干部,星夜向山东进发。6 月 7 日,两人在鲁西北馆陶(今属河北省)会合,29 日到达位于沂蒙山区的中共中央山东分局、山东纵队指挥部。8月1日,八路军第1纵队正式成立。9日,山东军政委员会成立,统一领导山东地区的党政军工作,书记朱瑞。10月13日,第1纵队与山东纵队领导机关合署办公,并以第1纵队名义指挥山东纵队各部队,保留山东纵队番号。1940年6月,徐向前奉命回延安。翌年1月,第1纵队番号撤销。

从1938年12月至1940年底,第115师主力与山东纵队并肩作战,互相支援,扩大和巩固了山东抗日根据地。

八路军第2纵队　第2纵队于1940年2月6日在太(行山)南地区成立,直属八路军总部。左权兼司令员,政治委员黄克诚,副司令员杨得志,参谋长韩振纪,政治部主任崔田民,供给部部长傅家选,卫生部部长吴子南、政治委员刘彝荣,辖3个旅、1个决死纵队、1个支队。

第344旅,代旅长韩先楚,政治委员康志强,辖第687、第689团。

新编第1旅由第344旅第688团和地方部队一部编成,旅长韦杰,政治委员唐天际,辖第1、第2团。

河北抗日民军第1旅,旅长朱程,政治委员闻允志,辖第1、第3团。

决死第3纵队,司令员戎子和,政治委员董天知,辖第7、第8、第9团。

独立游击支队,司令员赵基梅,政治委员谭甫仁。

4月,八路军第2纵队除留新编第1旅和决死第3纵队归第129师外,主力由太行南部进至冀鲁豫地区。30日,与冀鲁豫支队合编,成立第2纵队兼冀鲁豫军区,仍直属八路军总部,纵队司令员杨得志,纵队政治委员兼军区司令员黄克诚,参谋长卢绍武,纵队政治部主任兼军区政治委员崔田民,军区政治部主任唐亮,辖第344旅,新编第2、第3旅,河北抗日民军第1旅和3个军分区。

第344旅,旅长刘震,唐亮兼政治委员,辖第687、第688、第689团。

新编第2旅由冀鲁豫支队主力改编,杨得志兼旅长(后田守尧),政治委员吴信泉,辖第4、第5、第6团。

新编第3旅由独立游击支队和部分地方部队改编,旅长韩先楚,政治委员谭甫仁,辖第1、第3团。

河北抗日民军第1旅,旅长朱程,政治委员闻允志,辖第1、第3团。

第1军分区,司令员赵遵康,政治委员王凤梧,辖区为直南地区。

第2军分区,司令员周桂生,政治委员张应魁,辖区为豫北地区。

第 3 军分区,司令员张耀汉,政治委员赵基梅,辖区为鲁西南地区。

5 月 20 日和 6 月初,第 344 旅和新编第 2 旅第 5、第 6 团,先后南下豫皖苏边区,参加华中抗日斗争;其他部队继续坚持冀鲁豫地区抗日斗争。至年底,第 2 纵队辖新编第 2 旅第 4 团、新编第 3 旅、河北抗日民军第 1 旅和 3 个军分区。

八路军第 4 纵队 1940 年 7 月 2 日,以八路军第 344 旅,新编第 2 旅第 5、第 6 团和新四军第 6 支队(欠第 4 总队)编成,司令员彭雪枫,政治委员黄克诚,参谋长张震,政治部主任萧望东,供给部部长谢胜坤,卫生部部长张化一、政治委员李毅,辖 4 个旅和 1 个保安司令部:

第 2 旅,由新编第 2 旅第 5、第 6 团编成,旅长田守尧,政治委员吴信泉。

第 4 旅,旅长刘震,政治委员康志强,辖第 687、第 688、第 689 团。

第 5 旅,由第 6 支队第 1、第 2 团编成,旅长滕海清,政治委员孔石泉。

第 6 旅,由第 6 支队第 3 团和第 1、第 3 总队缩编的 2 个团编成,旅长谭友林,政治委员赖毅。

豫皖苏边区保安司令部,司令员耿蕴斋(后叛变),吴芝圃兼政治委员,辖萧县独立团、永城独立团、睢杞独立团。

8 月中旬,第 2 旅第 5、第 6 团和第 4 旅第 687 团编入第 5 纵队。

随后,第 4 纵队留在淮北津浦铁路以西的部队重新整编为八路军第 4 纵队,司令员兼政治委员彭雪枫,参谋长张震,政治部主任萧望东,辖 3 个旅和 1 个保安司令部:

第 4 旅,旅长刘震,政治委员康志强,辖第 11、第 12 团。

第 5 旅,旅长滕海清,政治委员孔石泉,辖第 13、第 14 团。

第 6 旅,旅长谭友林,政治委员赖毅,辖第 16、第 17、第 18 团。

豫皖苏边区保安司令部,司令员耿蕴斋,政治委员吴芝圃。

全纵队共 1.7 万余人。

11 月中旬,第 4 纵队归华中新四军八路军总指挥部指挥。12 月 12 日,豫皖苏边区保安司令耿蕴斋等率第 18 团一部叛变后,撤销保安司令部,成立第 1、第 2、第 3 军分区;睢(县)杞(县)太(康)独立团改为第 5 旅第 15 团;永城独立团和第 18 团一部合编为第 6 旅新第 18 团;成立萧县独立旅,旅长纵翰民,政治委员李中道(李砥平),新成立亳(县)北抗日自卫团。

至此,第 4 纵队共 1.3 万余人。

八路军第 5 纵队 1940 年 8 月中旬,以在陇海铁路以南、淮河以北、津浦铁路以东的皖东北地区的八路军苏鲁豫支队,陇海南进支队,第 4 纵队第 2 旅第 5、第 6 团与第 4 旅第 687 团,新四军第 6 支队第 4 总队,皖东北保安司令部部队编成,司令员兼政治委员、政治部主任黄克诚,参谋长韩振纪,供给部部长刘炳华,辖 3 个支队和 1 个保安司令部:

第 1 支队,后亦称第 115 师教导第 1 旅,由苏鲁豫支队编成,司令员彭明治,政治委员朱涤新,辖第 1、第 2、第 3 团。

第 2 支队由第 2 旅第 5、第 6 团和第 4 旅第 687 团编成,司令员田守尧,政治委员吴信泉,辖第 4、第 5、第 6 团。

第 3 支队由第 4 总队和陇海南进支队编成,司令员张爱萍,政治委员韦国清,辖第 7、第 8、第 9 团。

皖东北保安司令部,张爱萍兼司令员。

至此,全纵队共约 2 万人。11 月中旬,第 5 纵队归华中新四军八路军总指挥部指挥。

1940 年春天,在晋东南的决死第 1 纵队与从晋西南转战而来的政治保卫第 209 旅、决死第 2 纵队各一部及政治保卫第 212、第 213 旅,组建为新的决死第 1 纵队,辖第 212 旅和第 25、第 38、第 42、第 57、第 59 团。第 212 旅,旅长孙定国,政治委员王成林,辖第 54、第 55 团。10 月,整编为第 54、第 55、第 56 团 3 个小团。12 月,第 42 团撤销,部队分别编入第 25、第 38 团。

经过 1939 至 1940 年整军,八路军加强了军政建设,第 115、第 129 师,第 120 师兼晋西北军区,山东纵队和第 2 纵队兼冀鲁豫军区,等等,发展到近 170 个团或支队、总队,共 40 万人,分布在陕甘宁和华北的晋察冀、山东、晋绥、晋冀豫、冀鲁豫、豫皖苏和苏北等各抗日根据地,担负起华北和华中部分地区敌后抗战的艰苦任务,成为华北抗战的主力军。

八路军在主力军进行整军的同时,对地方部队、自卫团(队)也进行了整顿和训练。大力加强组织纪律、政策观念教育,建立、健全组织制度,积极补充主力军,充实干部,整顿基层党支部,实行县以上各级党委书记兼任地方部队政委制度等。

八路军大部分部队进行了三期整军,至 1940 年底,工作基本结束。小部分部队,如第 3 纵队兼冀中军区部队至 1941 年 9 月结束。有的部队如第 115 师和山东纵队进行了五期整军,分别至 1941 年上半年和 1942 年 2 月结束。

1939 年至 1940 年,八路军通过整军,进一步加强了共产党对八路军的领导,提高了军政素质,促进了后勤保障工作,全面加强了部队建设,取得了丰硕的成果。但少数地区出现了过多编并地方部队补充主力的问题,在一定程度上影响了地方部队游击战争的开展。

第六节 八路军发动百团大战

1940 年秋,在八路军总部的统一指挥下,晋察冀军区、第 120 师、第 129 师等,共 105 个团,在华北发动了以破袭敌占正太铁路及沿线据点为重点的带战略性的大规模进攻战役。这就是震惊中外的百团大战。

一、百团大战的背景和战役决策

1939 年 9 月 1 日,德国法西斯闪击波兰;英、法根据与波兰的安全保障条约,于 9 月 3 日对德宣战,从此第二次世界大战在欧洲展开。9 月 4 日,日本帝国政府发表声明:"当此欧洲战争爆发之际,帝国决定不予介入,一心向解决中国事变的方向迈进。"[①]

在此种情况下,为加强对驻关内日本陆军的统一指挥,并有利于对国民政府的诱降工作和汪精卫政权的建立工作,日军大本营于 9 月 23 日下达了成立中国派遣军的命令,规定其自 10 月 1 日行使统帅权。

中国派遣军总司令官西尾寿造,总参谋长板垣征四郎,辖华北方面军,第 11、第 13、第 21 军和第 3 飞行团等。

华北方面军,司令官多田骏,辖 3 个军:第 1 军,司令官筱冢义男,辖第 20、第 36、第 37、第 108 师团,独立混成第 3、第 4、第 9 旅团;第 12 军,司令官饭田贞固,

---

① 日本防卫厅防卫研究所战史室:《中国事变陆军作战史》第 3 卷第 1 分册,田琪之译,第 2 页,中华书局,1981 年版。

辖第 21、第 32 师团，独立混成第 5、第 6、第 10 旅团；驻蒙军，司令官冈部直三郎，辖第 26 师团，骑兵集团，独立混成第 2 旅团。方面军直辖第 27、第 35、第 110 师团和独立混成第 1、第 7、第 8、第 15 旅团。

第 11 军，司令官冈村宁次，辖第 3、第 6、第 13、第 33、第 34、第 101、第 106 师团和独立混成第 14 旅团。

第 13 军，西尾寿造兼司令官，辖第 15、第 17、第 22、第 116 师团和独立混成第 11、第 12、第 13 旅团。

第 21 军，司令官安藤利吉，辖第 18、第 104 师团和台湾混成旅团。

第 3 飞行集团，集团长木下敏，辖第 1、第 3 飞行团，第 21 独立飞行队。

10 月 2 日，第 38 师团编入第 21 军，第 39、第 40 师团编入第 11 军，第 41 师团编入第 1 军；16 日，第 5 师团编入第 21 军。11 月 7 日，独立混成第 16 旅团编入第 1 军，独立混成第 17 旅团编入第 13 军，独立混成第 18 旅团编入第 11 军；第 20、第 101、第 108 师团回日本，第 106 师团调往第 21 军。15 日，近卫混成旅团编入第 21 军。至年底，中国派遣军猛增至 25 个师团、18 个独立混成旅团、1 个骑兵集团、1 个飞行集团、1 个独立飞行队，总兵力为 85 万人。

日军大本营赋予中国派遣军的任务是：

（一）确保大概为西苏尼特王府、百灵庙、安北、黄河、黄泛地区、庐州、芜湖、杭州之线以东地区的稳定。特别要首先迅速恢复蒙疆地方、山西省北部、河北省及山东省的各要地和上海、南京、杭州等地区的治安。

（二）确保岳州（今岳阳）以下扬子江下游的交通；以武汉三镇及九江为根据地，摧毁敌之抗战企图。其作战地区大概定为安庆、信阳、岳州、南昌之间。

（三）要占领广州附近、汕头附近及海南岛北部要地，尽最大努力切断敌之南方补给线。广州附近的作战地区，大概在惠州、从化、清远、北江及三水以下之西江下游之间。

（四）在超越以上各项所揭示的地区进行地面作战时，须依另外命令。

（五）适时进行航空进攻作战，压制和搅乱敌之战略及政治中心，同时防止敌人重建空军。

（六）在以上各项作战中，凡沿海及水域作战或在航空进攻作战时，要与中国方面舰队司令长官密切配合。

（七）为促使抗日势力的削弱，要有效地加强谋略的压力。①

在中国派遣军成立前后，日本政府决定扶植汪伪政权。同时派参谋本部的铃木与国民政府西南运输公司董事长宋子良，进行代号为"桐工作"的秘密和谈，加紧对国民党的政治诱降。

1940年6月至7月，日本帝国主义逼迫法、英相继关闭了滇越铁路和滇缅公路，切断了中国的西南国际交通运输线。同时，侵占了沿长江入川的重要门户宜昌，直接威胁并猛烈轰炸国民政府所在地重庆；并且，声称进攻西安，企图切断中国西北国际交通线。一时间，国统区大后方人心躁动，中间派对时局悲观，亲日投降派又异常活跃起来。

日本帝国主义在对国民政府进行军事迫降和政治诱降的同时，继续以大部兵力打击中国共产党及其领导下的人民军队，尤其是在华北，加紧推行1940年度"肃正建设计划"和以"铁路作柱、公路作链、据点作锁"的"囚笼政策"。据不完全统计，在1939年至1940年两年中，日军修复了同蒲、正太、胶济、道（口）清（化，今博爱）等铁路，计1870公里；新建白（圭）晋、德石等铁路，计477公里；新建（北）平大（沽口）、济（南）邢（台）、济（南）邯（郸）等公路15600公里；新建碉堡、据点2749个。日军依托铁路、公路、碉堡和据点，结合大规模的"扫荡"，重点指向八路军，使八路军控制的县城由1939年春的103个锐减至1940年夏的几个，且这几个县城地处山区，活动、供应也日趋紧张。

中国战局和华北敌后战场的严重敌情，引起了八路军总部领导人朱德、彭德怀和左权的极大焦虑。朱德、彭德怀于1940年2月7日告诫八路军各部指挥员："敌人的筑路行动有战略上和战术上的重大意义，丝毫不能忽视，要提醒大家从总体上来认识和对付敌人的阴谋。"一个大规模的以交通破袭战为重点的进攻战役，开始酝酿。

与此同时，朱德、彭德怀要求八路军各部队详细侦察日军筑路的起止地点、方法和沿路设施及兵力部署等，并从4月10日起，发动一次对日军交通线的总破袭

---

① 日本防卫厅防卫研究所战史室：《中国事变陆军作战史》第3卷第1分册，田琪之译，第3、4页，中华书局，1981年版。

战。但由于须分兵对付国民党顽固派军队的反共摩擦,因而各部分散出击,未能形成统一的战役。

随后,朱德离开山西王家峪八路军总部,赴洛阳,然后返回延安。这样,八路军前线指挥的重担,就落到了彭德怀的肩上。

4月底,左权受彭德怀之托,来到榆社县潭村第129师师部,与刘伯承、邓小平和尚在此的聂荣臻等,集中讨论了华北敌后形势,分析了敌情,研究了对策。大家一致认为:横贯在晋察冀和晋冀豫"两区间的正太路是日军控制山西、河北的交通命脉,也是阻隔两区联系的重大障碍。要是切断正太路,既可使日军在山西的运输补给失去可靠的保障,又有利于两区在军事、经济等方面的互相支持和帮助"[1]。同时,"提出聂和刘、邓可以一个负责破袭东段,一个破袭西段"[2]。

经过几个月的洞察敌情和深思熟虑,大规模破袭正太铁路的决心日渐形成。彭德怀认为:"敌伪深入我根据地后,普遍筑碉堡,兵力分散,反而形成敌后的敌后。主要是交通线空虚,守备薄弱,这对我是一个有利

彭德怀在前线指挥作战

1940 年 8 月,八路军召开高级干部会议,部署发动一次大规模的对日军的进攻,即百团大战。这是会议旧址——河北省涉县温村天主教堂

①《刘伯承传》,第 247 页,当代中国出版社,1992 年版。
②《彭德怀传》,第 211 页,当代中国出版社,1993 年版。

的战机。"①7月中旬,八路军总部召开军事会议,中共中央北方局书记杨尚昆出席,正式决策:发起破袭正太铁路战役。战役发起后,迅速发展成为百团大战。

二、百团大战的战役意图和敌我双方的部署

正太铁路,东起河北石家庄,与平汉铁路相接;经娘子关天险至山西榆次、太原,与同蒲铁路接轨。在华北,具有重要的战略地位和作用。

7月22日清晨,由朱德、彭德怀和左权签发的破袭正太铁路战役的预备命令,通过无线电波,传给聂荣臻、贺龙、关向应、刘伯承、邓小平,并上报中共中央军委,指出,关于情况和任务是:"由于国际形势的变动,我西南国际交通路被截断,国内困难增加。敌有于八月进攻西安、截断西北交通消息。似此,一大部分大地主、大资产阶级之更加动摇,投降危险亦随之严重。"同时,"敌寇依据各个交通要线,不断向我内地扩大占领地区,增多据点,封锁与隔截我各个抗日根据地之联系,特别是对于晋东南,以实现其'囚笼政策',这种形势日益严重"。因此,"创立显著的战绩,影响全国的抗战局势,兴奋抗战的军民,争取时局的好转,这是目前严重的政治任务"。

战役的意图和目的是:"为打击敌之'囚笼政策',打破进犯西安之企图,争取华北战局更有利的发展,决定趁目前青纱帐与雨季时节,敌对晋察冀、晋西北及晋东南'扫荡'较为缓和、正太沿线较为空虚的有利时机,大举击破正太路。""以彻底破坏正太线若干要隘,消灭部分敌人,收复若干重要名胜、关隘据点,较长期截断该线交通,并乘胜扩大拔除该线南北地区若干据点,开展该路沿线两侧工作,基本是截断该线交通为目的。"

关于参加战役的总兵力,预备命令要求:"直接参加正太线作战之总兵力应不少于二十二个团。计:聂区(冀中在内)应派出十个团;一二九师派出八个团;一二○师派出四至六个团;总部炮兵团大部、工兵一部。"②

预备命令还要求参战部队于8月10日前完成战役准备工作:晋察冀军区负责侦察正太铁路平定至石家庄段及石家庄至北平卢沟桥段,第120师负责侦察同蒲

---

① 《彭德怀自述》,第235页,人民出版社,1981年版。
② 中国人民解放军历史资料丛书编审委员会:《八路军·文献》,第531、532页,解放军出版社,1994年版。

铁路忻口至榆次段，第129师负责侦察正太铁路平定至榆次、同蒲铁路榆次至太谷、太谷至洪洞、平汉铁路石家庄至安阳段及白圭路；应够吃一个月的粮食；准备好破路用的爆破器材；做好部队的调动与休整；做好对敌占区民众与会门等组织的宣传工作；集中大批地方工作干部，开展敌占区工作的政策学习及工作方法训练等。

8月8日，朱德、彭德怀和左权，向聂荣臻、贺龙、关向应、刘伯承、邓小平，发出了战役行动命令，作出了战役部署：

1940年8月，八路军总部参谋处在山西省武乡县绘制的百团大战战役部署略图

（一）聂集团主力约十个团破坏平定（平定县不含）东至石家庄段正太线，破坏重点应在娘子关平定段。对北宁线、德县以北之津浦线、德石路、沧石路、沧保路，特别是对元氏以北至卢沟桥段之平汉线，应同时分派足够部队宽正面的破袭之，阻击可能向正太线增援之敌，相机收复某些据点。对西、北两面之敌，以适当兵力监视之。另以有力部队向盂县南北敌据点积极活动，相机克复某些据点。

（二）刘邓集团以主力八个团附总部炮兵团一个营，破击平定（含）至榆次段正太线之破坏重点阳泉张净镇。对元氏以南至安阳段平汉线、德石路、邯大路，榆次至临汾段同蒲线，平遥至壶关段白晋线，临屯公路，应同时分派足够部队宽正面的破袭之，阻敌〔向〕正太路增援，相机收复某些据点。对辽平公路应派有力部队积极活动，相机收复沿线某些据点。另以一个团主力位于潞城、襄垣间地区。

（三）贺关集团应破袭平遥以北同蒲线同蒲线及汾离公路（部署）应以重点置于阳曲南北，阻敌向正太线增援。该集团原拟一个团在阳曲以南配合作战,兵力较小,应加强之。如汾河可能徒涉时,该集团阳曲以南配合作战部队,应力求以约两个团之兵力进至榆次南北地区,直接加入刘、邓集团作战并归刘、邓直接指挥之。对晋西北腹地内各个敌之据点与交通路,应分派部队积极破袭,相机收复若干据点。

(四)总部特务团主力集结下良、西营地区。

战役行动命令还规定:"上列各集团及总部特务团统由总部直接指挥之。"同时,"限八月二十日开始战斗"。①

当时,日军华北方面军的兵力部署情况是:方面军司令部,驻北平,辖3个军:

第1军,司令部驻太原,辖3个师团和4个独立混成旅团:第36师团,驻长治;第37师团,驻运城;第41师团,驻临汾;独立混成第3旅团,驻崞县;独立混成第4旅团,驻阳泉;独立混成第9旅团,驻太原;独立混成第16旅团,驻汾阳。

第12军,司令部驻济南,辖2个师团和3个独立混成旅团:第21师团,驻徐州;第32师团,驻兖州;独立混成第5旅团,驻青岛;独立混成第6旅团,驻莒县;独立混成第10旅团,驻泰安。

驻蒙军,司令部驻张家口,辖1个师团、1个独立混成旅团和1个骑兵集团(欠第4旅团):第26师团,驻大同;独立混成第2旅团,驻张家口;骑兵集团(欠第4旅团),驻包头。

方面军直辖第27师团,驻天津;第35师团,驻开封;第110师团,驻石家庄;独立混成第1旅团,驻邯郸;独立混成第7旅团,驻惠民;独立混成第8旅团,驻石家庄;独立混成第15旅团,驻北平;骑兵第4旅团,驻商丘。

以上日军华北方面军,共9个师团、12个步兵独立混成旅团、1个骑兵集团,计25万人,平均每平方公里为0.36人。仅第12军,就分驻在山东省和苏北的800余个据点上,平均相隔18公里的1个据点上,驻有20人。另华北有伪军约15万人。

三、百团大战的经过

(一) 第一阶段

8月20日至9月10日,重点是摧毁正太铁路,进行交通总破袭战。

---

① 中国人民解放军历史资料丛书编审委员会:《八路军·文献》,第536、537页,解放军出版社,1994年版。

8月20日22时,"一颗颗攻击的红色信号弹腾空而起,划破了夜空,各路突击部队简直像猛虎下山,扑向敌人的车站和据点,雷鸣般的爆炸声,一处接着一处,响彻正太路全线"。① 同一时刻,平汉、同蒲、德石、沧石等铁路和公路干线上,枪炮声、炸药的爆破声震撼着华北大地。在八路军总部的统一指挥下,晋察冀军区、第120、第129师等,向日军侵占的华北主要交通干线,展开了全面攻击,一场以正太铁路为重点的、声势浩大的交通总破袭战打响了。

晋察冀军区,将参战部队分成主攻部队、牵制部队和总预备队。主攻部队,又划分为左、中、右三个纵队。右纵队以第4军分区第5团,第2军分区第19团、特务营和第3纵队兼冀中军区两个炮兵连组成,由第2军分区司令员郭天民、第4军分区政治委员刘道生统一指挥。战役打响后,右纵队遂以第5团潜入娘子关内,立即依托村庄,穿过日军的火力网,前赴后继,经过三小时激战,占领了日军堡垒。翌日黎明,八路军胜利的旗帜飘扬在娘子关头。上午,乘胜摧毁了娘子关以东的铁路石桥,歼敌大半,并一度袭入火车站。下午,日军援兵赶到,晋察冀军区右纵队主动放弃娘子关。

中央纵队,以第1军分区第3团、第3军分区第2团、第5军分区第26团及平(山)井(陉)获(鹿)游击支队一部、第3纵队兼冀中军区炮兵一个连组成,由第1军分区司令员杨成武统一指挥。第3团在工兵的配合下,切断井陉之东王舍新矿的总电源,并由工人做内应,利用夜暗隐蔽接近日军,突然发起攻击。至21日黎明,全歼该矿日军30余人,俘4人,缴获长短枪17支、子弹3000余发。第2、第26团,则乘胜连克日军堡垒、据点,破袭了铁路和桥梁。

在进攻井陉煤矿的战斗中,第1军分区第3团第1营的战士们救起了父母双亡、年仅五六岁的日本小女孩美穗子和她尚在襁褓中的妹妹。聂荣臻指示部队把孩子送到指挥所后,立即派人找哺乳期的妇女给小一点的女孩喂奶,并亲自给大一点的美穗子喂饭。22日,写了一封洋溢着革命人道主义精神的信,其中两段是:

"中日两国人民本无仇怨,不图日阀专政,逞其凶毒,内则横征暴敛,外则制造战争。致使日本人民起居不安,生活困难,背井离乡,触冒烽火,寡人之妻,孤人之

---

①《聂荣臻回忆录》中册,第496页,解放军出版社,1984年版。

八路军战士在井陉东王舍煤矿的战火中救出了两名日本小女孩。这是聂荣臻同其中一名小女孩的合影

子,独人父母。对于中国和平居民,则更肆行烧杀淫掠,惨无人道,死伤流亡,痛剧创深。此实中日两大民族空前之浩劫,日阀之万恶罪行也。"

"我八路军本国际主义之精神,至仁至义,有始有终,必当为中华民族之生存与人类之永久和平而奋斗到底,必当与野蛮横暴之日阀血战到底。深望君等幡然觉醒,与中国士兵人民齐心合力,共谋解放,则日本幸甚,中国亦幸甚。"

在聂荣臻派人把信和美穗子姊妹两个交给日军后,不幸的是,美穗子的妹妹,在石家庄医院夭折。40年后的1980年,美穗子及其全家来中国探望聂帅,说:"当年参加过正太路作战的日本旧军人再三向她表示,他们对不

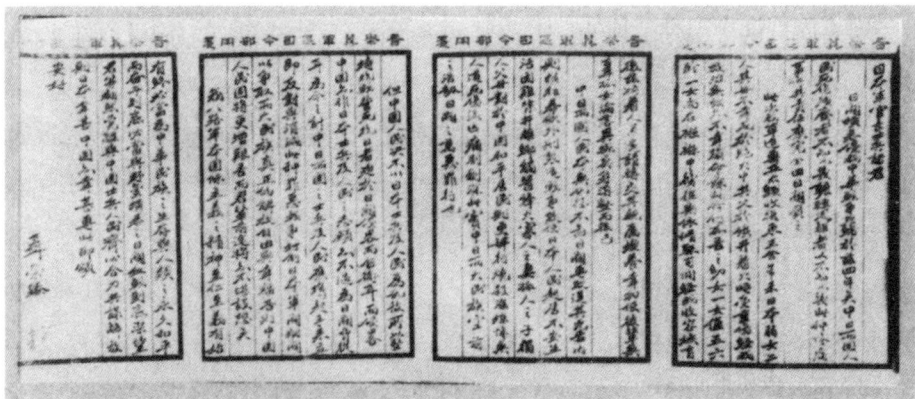

1940年8月,聂荣臻给日本军官长、士兵写信,义正词严地斥责了日本军阀的侵略罪行,希望日军士兵反对此种罪恶战争,打倒日本军阀;并要他们把在战火中被八路军救出的日本小女孩转送其亲属抚养。这是聂荣臻写的信

攻打井陉煤矿时,杨成武、萧应棠、陈宗坤等在前线指挥作战

起中国人民,非常抱歉。"聂帅回答说:"让我们化干戈为玉帛吧,日本民族是勤劳智慧的民族,愿中日两国人民世世代代友好下去,永不兵戎相见。""没有想到,百团大战中这个小小的'插曲',四十年后,竟成了中日人民友好的佳话。"①

左纵队,以第 6 军分区兼警备旅第 2 团、第 4 军分区特务团(欠一个营)、平井获支队另一部组成,由第 4 军分区司令员熊伯涛统一指挥。8 月 20 日晚,左纵队进攻石家庄至微水段岩峰、上安据点,未能得手。

与此同时,担负牵制任务的晋察冀军区骑兵第 1 团(欠一个营)、第 4 军分区骑兵连、行(唐)灵(寿)支队组成的独立支队和津南自卫军(即第 120 师第 359 旅第 719 团)、军区特务团的一个营、第 4 军分区特务营组成的总预备队,破袭了平汉铁路上正定以北铁桥。

第 129 师将参战的部队,分别组成左翼破击队、右翼破击队、总预备队(中央纵队)和平(定)和(顺)支队。左翼破击队以第 386 旅第 16 团,决死第 1 纵队第 25、第 38 团,两个工兵连和榆(次)太(谷)独立营组成,由第 386 旅参谋长周希汉指挥;右翼破击队,以新编第 10 旅第 28、第 30 团和两个工兵连组成,由该旅旅长范

---

① 《聂荣臻回忆录》中册,第 512、515 页,解放军出版社,1984 年版。

子侠、政治委员赖际发指挥;总预备队,以第385旅第14、第769团,第386旅第772团组成,由第386旅旅长陈赓和第385旅旅长陈锡联、政治委员谢富治指挥;平和支队,以新编第10旅第29团和平定、昔阳、和顺地方部队组成,由该旅副旅长汪乃贵指挥。

第129师一部破袭正太铁路芦家庄至段廷段

8月20日22时,战役打响后,第129师各破击队,利用夜暗,在正太铁路西段展开了进攻。首先,连克芦家庄、马首等日军车站、据点;然后,于21日至25日又相继攻克上湖、坡头、芹泉等车站、据点。与此同时,各破击队在成千上万地方游击队和民工的配合下,按照不留一个车站,不留一座水塔,不留一座桥梁,不留一个铁轨,不留一根枕木,不留一根电杆,彻底破坏路基和破一里铁路等于消灭一个连的敌人的要求,大规模地进行破袭战。控制阳泉西南四公里处狮垴山高地的总预备队,据险坚守6昼夜,连续打退了日军在飞机轰炸和施放毒气掩护下,200至600余人的多次猖狂进攻,歼日军400余人,控制了正太铁路西段这个咽喉,从而保证了各破击队作战的顺利进行。

第120师,也于8月20日22时,在同蒲铁路北段及忻(口)静(乐)、太(原)汾(阳)、汾(阳)离(石)公路等,展开了大规模的破袭战。首先,攻克了忻静公路上的最大据点康家会,并全歼该据点和由静乐增援的日军;然后,炸桥梁、拆铁轨、烧枕木、平路基,对附近的铁路、公路进行破袭。

战役之初,由于八路军准备工作充分,战役的突然性强,指战员动作勇猛,打得日军极度恐慌,一度切断了正太和同蒲铁路。日军惊魂稍定后,急忙由白晋铁路和同蒲铁路南段,调第36、第37、第41师团各一部和冀中、冀南的日军增援独立混成第4、第8、第9旅团进行正太铁路沿线作战,反击晋察冀军区和第129师。同蒲铁路北段及两侧公路地区的日军,也对第120师展开了反击。

根据敌情变化,八路军总部于8月26日,确定的行动方针是:"乘胜开展正太线两侧之战斗,力求收复深入我各该根据地内之某些据点,继续坚持沿正太线之游击战,缩小敌占区,扩大战果,同时以一部兵力进行休整。"①同时,调整了兵力部署:晋察冀军区以4个团兵力,力求收复上、下社以北各据点,并向太原、寿阳、盂县以北和定襄、忻县以南进行破袭;另以3个团的兵力,坚持正太铁路石家庄至阳泉段两侧地区游击战争。第120师以5个团兵力,继续在忻口至太原段破袭,并以适当兵力拔除晋西北抗日根据地腹地内若干据点,打通与晋察冀、晋东南抗日根据地的联系。第129师以4个团兵力,彻底破袭和(顺)辽(县)公路,并收复这两城;另以2个团兵力,坚持正太铁路阳泉以西沿线和榆次、太谷地区游击,并打通与晋西北抗日根据地的联系。

随后,晋察冀军区和第120、第129师,按照调整后的部署,连续打退了日军的多次袭扰、反击与合击。晋察冀军区连克盂县下社、上社等据点,歼敌一部;第120师继续在同蒲铁路忻口至太原段等,进行了破袭;第129师先后于9月3日、5日,在和顺以西的张建村和榆社以北的双峰镇,歼日军600余人。至9月10日,晋察冀军区共歼日伪军900余人,缴火炮5门,破坏铁路30余公里、桥梁18座,克据点10余个;第120师歼日伪军2700余人,俘25人;第129师摧毁正太铁路平定至太原段三分之二以上,并与晋察冀军区合力,使原为日军控制下的正太铁路全线一度陷于瘫痪。至此,战役的第一阶段,胜利结束。

(二) 第二阶段

9月22日至10月上旬,中心任务是扩大前一阶段战果,继续进行破袭战,重点攻克交通线两侧和深入抗日根据地内的日军据点。

第一阶段结束后,八路军各参战部队边休整边进行第二阶段的准备工作。在此期间,朱德、彭德怀和左权,于9月16日签发了八路军总部关于第二阶段的作战命令,决定作战的基本方针是:1.继续破坏敌寇交通;2.克服深入我基本根据地内之某些据点。同时,确立了作战部署:晋察冀军区,以打开边区西北局面为目的,

---

① 中国人民解放军历史资料丛书编审委员会:《八路军·文献》,第550页,解放军出版社,1994年版。

集中主力重点破袭涞灵公路和夺取涞源、灵丘两城,并以一部兵力配合第 120 师在同蒲铁路北段东侧作战;第 120 师,以切断同蒲铁路北段交通为目的,集中主力破袭宁武至轩岗段;第 129 师,以收复榆社、辽县为目的,并以一部兵力破袭白晋铁路北段。

第二阶段,八路军各部主要进行了涞(源)灵(丘)战役、榆(社)辽(县)战役、同蒲路宁武南北段破袭战役、任(丘)河(间)大(城)肃(宁)战役,破袭德石路、邯(郸)济(南)路战役等。

涞灵战役　当时,驻涞灵地区的是日军华北方面军驻蒙军第 26 师团和独立混成第 2 旅团及伪军各一部,共 2500 余人。为进行涞灵战役,晋察冀军区以第 1 军分区第 1、第 3、第 25 团,特务营,第 3 军分区第 2、第 20 团,骑兵第 1 兵团主力,第 1、第 3 游击支队,军区工兵连组成右翼队,由第 1 军分区司令员杨成武指挥;以第 5 军分区第 6 团、察(哈尔)绥(远)支队,第 5 支队第 26 团组成左翼队,由第 5 军分区司令员邓华指挥。

9 月 22 日 22 时,晋察冀军区右翼队向涞源城及附近据点,发起了攻击。经一夜激战,第 1 团夺取了涞源城东、西、南关,迫日军退入城内;第 2、第 3 团等部袭击了三甲村、中庄、东团堡、上庄等据点,歼日军一部,但由于日军火力猛烈和施放毒气,进展不大。

23 日 20 时,右翼队再次发起攻击。第 1、第 2 团各一部,在炮兵的掩护下,越过日军铁丝网、外壕,相继袭入东团堡和三甲村,全歼日伪军 100 余人。进攻东团堡的第 3 团,突破村外铁丝网、土围以后,在大部中毒气的情况下,与日军展开肉搏,苦战至 25 日下午,歼日军独立混成第 2 旅团大队长以下 100 余人,俘 1 人,缴获轻重机枪 4 挺、步枪 100 余支。与此同时,其他部队攻克下北头、中庄、北石佛等10 余处据点。

涞源日军遭到沉重打击后,集中 3000 余人进行疯狂反扑,至 10 月 1 日夺回了被晋察冀军区部队攻克的大部分据点。

10 月 8 日,晋察冀军区部队又对驻灵丘及附近的日军第 26 师团发起了攻击。右翼队第 2 团与古之河、南坡头日军激战一天,歼其 50 余人;第 1 团一部乘机袭入南坡头,全歼日军 70 余人。左翼队第 6 团,于 8 日至 9 日,先后攻击了浑源以南的抢风岭、金峰店等据点;10 日,歼抢风岭日军 300 余人。第 26 团,在广灵南部,一度攻入黄台寺据点。至 10 月 10 日，涞灵战役结束。共毙伤日伪军 1000 余人，俘86 人，缴获轻重机枪 34 挺、长短枪 290 余支、各种子弹 4.5 万余发。晋察冀军区共伤亡 1400 余人，消耗子弹近 9 万发。

在进行涞灵战役的同时，八路军第 3 纵队兼冀中军区部队，除以一部兵力破袭北宁铁路、津浦铁路，并协同冀南军区破袭德石铁路、沧石公路外，以主力自 10月 1 日至 20 日，乘日军抽兵加强重点交通干线之机，在民兵和游击队的配合下，进行了任河大肃战役，毙伤日伪军 1100 余人，俘日军 3 人、伪军 336 人，缴获枪 300余支，破袭公路 150 余公里，摧毁据点 29 个，沉重打击了日军，并策应了涞灵战役的进行。

榆辽战役　侵占榆辽地区的是日军独立混成第 4 旅团第 13 大队。为进行榆辽战役，八路军第 129 师将参战部队编为左、右翼队，平（定）辽支队和沁（县）北支队。左翼队，由第 386 旅第 16、第 772 团，决死第 1 纵队第 25、第 38 团组成；右翼队，由第 385 旅和新编第 11 旅第 32 团组成；平辽支队，由新编第 10 旅组成；沁北支队，由第 386 旅第 17 团、决死第 1 纵队第 57 团组成。其余部队，在同蒲、平汉和德石铁路沿线地区，执行配合上述部队的作战任务。

9 月 23 日 23 时，八路军第 129 师发起榆辽战役。24 日，右翼队在辽县以西狼牙山地区，击退了辽县日军的西援，并与左翼队相继攻克了榆辽沿线的沿毕、王景、小岭底、铺上等日军据点。在王景村战斗中，封锁逼迫 40 余名日军自杀或跪地求饶。左翼队越过绝壁和铁丝网层层障碍，三次强攻榆社城，迫该城日军退入中学。日军依托校内碉堡，负隅顽抗。左翼队遂改用坑道近迫作业，把坑道挖至中心碉堡下面。25 日 16 时，发起第四次强攻，首先进行坑道爆破，然后展开白刃格斗，终于攻占了榆社。共歼日军 400 余人，其中俘 10 余人，缴获炮 12 门、轻重机枪 17 挺、步枪 200 余支。

进攻管头据点的右翼队，则进展不大。除以一部兵力继续围困管头日军外，另以一部兵力于 28 日攻克石匣，歼日军 60 余人，其中俘 12 人。至此，榆辽公路上的日军据点，除管头外，均被八路军第 129 师攻克。同时，平辽支队，已攻占辽县城以北寒王据点。从而，使辽县日军陷入孤立突出的地位。

这时，驻和顺、武乡的日军分别急援辽县、管头。根据敌情变化和八路军总部的指示，第 129 师遂改变进攻辽县的计划，除以一部兵力牵制和顺增援辽县之日军外,以主力预伏红崖头、关地垴地区,并积极进攻管头,以吸引、歼灭由武乡东援管头之日军,29 日攻克管头。30 日 9 时,第 385 旅与武乡东援管头日军先头部队,展开遭遇战。第 386 旅和决死第 1 纵队,则从日军侧后进行围攻。经连续十次猛攻和数次白刃格斗,至 24 时歼武乡出援之日军大部,将残敌逼迫在几个山头上,形成对峙状态。至 30 日中午,辽县和和顺日军分别突破狼牙山和侵占寒王镇,八路军第 386 旅等部再次强攻无效,遂撤出战斗。

在榆辽战役进行的同时,八路军第 129 师冀南、太行、太岳军区部队,分别破袭了德石、白晋、同蒲铁路和邯济、邯长(治)公路等,直接配合了主要方向的作战。

同蒲铁路北段破袭战战役第一阶段结束后,八路军第 120 师第 358 旅和独立第 1 旅,从 9 月 14 日起,三打静乐至宁武之间的头马营,袭击忻县以北的奇村、楼板寨、忻口,激战黄松沟、上庄等,扫除了一些据点,打击了日伪军,开辟了通道,为战役的第二阶段做了准备。

9 月 23 日至 27 日,第 120 师第 358 旅和独立第 1、第 2 旅,在同蒲铁路忻县至朔县段,展开了破袭战,一度控制了原平至朔县段,断敌交通。其余部队,则主动袭击了离石、柳林、五寨、义井、岚县等日伪军据点。这些行动,都有力地配合了晋察冀军区的作战行动。

(三) 第三阶段

10 月上旬至 1941 年 1 月 24 日,中心任务是反击日军的报复"扫荡"。

日军华北方面军在遭到八路军的沉重打击后,深感不安,其参谋部提出:"共军、匪的机动游击战法极为巧妙、顽强,成为我治安上最大的祸患。他们回避与日军直接战斗,采取乘日军配备空虚、搜索我小部队进行袭击等方针。但最近在 8 月 20 日以后放弃了以往的方针,对山西、河北的全部及蒙疆的一部分地区,果敢地进行了前所未有的、全面的、有组织的出击。破坏铁路、公路、通信线路以及袭击日军的小部队。"同时认为:八路军在百团大战中,把出师华北"三年来惨淡经营积累的资材几乎全部耗尽,根据地的设施遭到破坏,加以与重庆的对立激化,军费支付已感困难。因此,要想恢复重建,绝非短时间内可以完成"。① 基于上述认识,从 10 月 6

---

① 日本防卫厅战史室编:《华北治安战》上册,天津市政协编译组译,第 342、345 页,天津人民出版社,1982 年版。

日起,日军对八路军及其华北敌后各抗日根据地疯狂进行报复"扫荡"。

10月19日,朱德、彭德怀和左权,签发了反击日军报复"扫荡"的作战命令:

1.敌人对我采取空前毁灭政策,我党政军民密切配合,深入战争动员,进行空室清野;

2.军队应集结适当位置,休整并准备坚决歼灭一至二路,广泛开展游击战争,打击敌人,分散部队;

3.为了保持长期不断战争,注意兵员补充;

4.各部应有粉碎敌人"扫荡"而配合作战互相策应共收战争胜利之功。

在八路军总部统一指挥下,晋察冀军区,第120、第129师,依靠自卫队、民兵和广大人民群众,发扬不怕牺牲和连续作战的作风,展开了反"扫荡"作战。

太行、太岳抗日军民反"扫荡"作战　从10月6日起,日军华北方面军开始进攻太行抗日根据地,重点指向中共中央北方局、八路军总部和第129师师部及地方党政机关所在地麻田、砖壁、王家峪、左会、涉县、偏城。由潞城、襄垣、武乡、辽县等地出动的日军华北方面军第1军第36师团、独立混成第4旅团各一部,共3000余人,于11日开始合围"清剿"榆(社)辽(县)公路以南,武乡、蟠龙以北地区,14日又犯麻田、左会地区,相继遭八路军第129师第385、第386旅、决死第1纵队等部阻击和在和(顺)辽(县)公路上的弓家沟遭新编第10旅一部伏击,被毁汽车44辆、被歼近100人,于17日分路撤退。

10月20日起,日军第36师团和独立混成第4旅团等部近万人,分由潞城、武安、辽县、武乡等地出动,合击桐峪、黄烟洞、西辽城、索堡、偏城等地。八路军第129师,进行阻击。由于准备不足,因而对日军打击不力。日军于23日始进到合击区后,实行野蛮的"三光"政策,27日则进行分区"扫荡"。29日夜,八路军第129师集中第385旅、第386旅主力、新编第10旅和决死第1纵队各一部,在蟠龙以东关家垴山地,包围日军第36师团1个大队500余人。被围日军一面构筑工事,一面抢占了关家垴西南凤垴顶高地。于是,激战在关家垴和凤垴顶同时展开。在关家垴,第129师主力冒着日军飞机的轮番轰炸,猛攻日军阵地,将其压缩在狭小地区内,展开白刃格斗。至31日拂晓,歼日军400余人。在凤垴顶,第129师一部,连续发动10次猛攻,进展不大。31日16时,进攻黄烟洞的1500余人,在10余架飞机的配合下,援助关家垴、凤垴顶被围日军,八路军第129师遂撤出战斗。日军

11月3日再次合击八路军总部机关,遇到八路军第129师第386旅的抗击。扑空后,遂于11月14日结束对太行抗日根据地的"扫荡"。

11月17日,日军华北方面军第1军集中第37、第41师团和独立混成第16旅团各一部,共7000余人,对太岳抗日根据地沁源及其以北的郭道镇地区进行"扫荡"。八路军第129师第386旅兼太岳军区除以地方部队在内线袭击进犯日军外,以领导机关和主力部队组成沁东、沁西两个支队,转至外线沁河东西岸地区,寻机打击日军"扫荡"部队。日军"扫荡"扑空后,遂实行分散"清剿",疯狂残害抗日军民。仅沁源一县,被害群众达5000余人,被抢杀牲畜近万头。23日和27日,第386旅兼太岳军区沁西支队第42、第59团先后在官滩和胡汉坪、马背地区,共歼日军260余人;沁东支队第17、第57团,在光凹、陈家沟、龙佛寺、吾元镇、南卫村、南里地区,第212旅在交口地区,也重创日军。在太岳抗日军民内外线打击下,日军于12月上旬被迫撤退。

晋察冀抗日军民反"扫荡"作战 10月13日,日军华北方面军第1军、驻蒙军和方面军直辖的第110师团、独立混成第15旅团及伪军各一部,共1万余人,分十路,向以斋堂、野三坡地区为重点的晋察冀抗日根据地的平西地区进行"扫荡"。平西军民密切配合,开展广泛的游击战,苦战半月,歼日伪军190余人,迫使"扫荡"的日伪军于27日撤退。

11月9日和14日,日军华北方面军以第110师团和独立混成第8旅团等部1.2万余人,由河北省涞源、易县、保定、完县、唐县、定县、曲阳、行唐、正定和山西省五台、定襄等地出动,合击晋察冀抗日根据地北岳区的易县管头、唐县店头、阜平城南庄和五台县耿镇地区。为粉碎日伪军"扫荡",晋察冀军区遂以一部兵力在地方游击队和民兵的配合下,在内线同日伪军保持接触,疲惫和消耗敌人;另以主力隐蔽于机动位置,寻机打击日伪军一路或两路。

11月21日,日伪军侵占阜平城后,即进行分区"清剿"。仅在易县,烧房屋2200余间。坚持内线的抗日军民,采取敌人进村我们出村,敌人出村我们进村的办法,连续打击日伪军。平山县下庄的民兵自制石雷,有的村民兵把手榴弹挂在门上,炸得日伪军惊魂落魄。12月3日起,发起阜(平)王(快)战役。至1941年1月3日,晋察冀抗日军民反"扫荡"结束。

晋西北抗日军民反"扫荡"作战　日军华北方面军第1军以独立混成第3、第16旅团各一部共4000人，自10月下旬至11月上旬，在汾阳、交城和岚县以南米峪镇地区"扫荡"后，从12月14日至19日，以独立混成第3、第9、第16旅团和第37、第41师团及伪军，共2万余人，分由太原、汾阳、离石、岢岚、岚县等据点出动，采取"铁壁合围"战术，对晋西北抗日根据地开始了全面大"扫荡"。至12月23日，侵占了除保德、河曲以外的大部分县城、集镇和黄河渡口，进行"清剿"。

日军所到之处，实行野蛮的"三光"政策。凡是抢到的牲畜、粮食、财物，能带走的，全部带走，掘地三尺，一扫而光；不能带走的东西，就放火烧掉它，到处是烟火弥漫；见人就杀，刀劈、枪击、火烧、水煮、投井、剖腹、喂狗，一次在兴县烧死关在屋内男女老幼200余人；见女人就奸，奸

日军在北岳区放火烧毁村庄

杀并举，在临县将一个12岁的女孩奸后煮死，将一群妇女奸后剖腹。许多家庭被杀绝，许多村庄化为灰烬。据不完全统计，晋西北抗日根据地群众，被杀5000余人。仅兴县，被抢、烧粮食达7.5万公斤。日本帝国主义在中国犯下了不可饶恕的法西斯罪行。

反"扫荡"开始后，八路军第120师兼晋西北军区，分散部分主力部队，带领民兵、游击队，掩护群众转移；同时，集中部分主力部队，在方山、临县、米峪镇、兴县、平川、大武等地日伪军的侧后地区，不断袭击日军交通线和据点。至12月27日，共进行战斗近100次，歼灭了一部分日军，切断了太（原）汾（阳）、忻（县）岚（县）、神（池）岢（岚）等日军的公路交通线。

日军遭到晋西北抗日军民沉重打击后，遂以兴县、临县、方山为中心，增设据点，加修公路，建立维持会，企图长期进行"清剿"。针对日军企图，八路军第120师兼晋西北军区，依靠广大人民群众，破袭了三（交）大（武）、离（石）军（渡）、汾

(阳)柳(林)、太(原)汾(阳)、兴(县)岚(县)公路,袭击了临县、下曲镇、神池、阳方口、义井、解家岭等据点,打击了"清剿"的日军。晋西北抗日军民在这次反报复"扫荡"中,共作战 217 次,歼日伪军 2500 余人,破袭公路 125 公里、桥梁 23 座,迫使"扫荡"日军于 1941 年 1 月 24 日,全部撤出抗日根据地。

四、百团大战的作用和影响

战役之前,八路军总部在预备命令中要求参战的兵力不少于 22 个团,即晋察冀军区 10 个团、第 120 师 4 至 6 个团、第 129 师 8 个团、总部炮兵团大部、工兵一部。但战役发起后,八路军总部作战科科长王政柱于 8 月 22 日下午,向彭德怀、左权汇报实际参战兵力时,情况发生了很大变化:"正太路 30 个团,平汉线卢沟桥至邯郸段 15 个团,同蒲线大同至洪洞段 12 个团,津浦线天津至德州(县)段 4 个团,邯郸至济南公路线 3 个团,代县至蔚县公路段 4 个团,北平至大同线 6 个团,辽县至平定公路线 7 个团,宁武、岢岚、静乐公路线 4 个团……共计 105 个团。"左权听后,脱口而出:"好! 这是百团大战,作战科要仔细查对确数。"彭德怀接着说:"不管是一百零几个团,就叫百团大战好了。"①其中:

晋察冀军区:第 1 军分区第 1、第 3、第 25、第 34 团;第 2 军分区第 4、第 19 团;第 3 军分区第 2、第 20 团;第 4 军分区第 5 团、特务团、平井获支队,第 5 军分区第 6、第 26 团、雁北支队;军区教导团、骑兵第 1 团和特务团;第 3 纵队兼冀中军区的第 6 军分区兼警备旅第 1、第 2 团和游击总队,第 7 军分区第 17、第 22 团和游击总队,第 8 军分区第 23、第 30 团和游击总队,第 9 军分区第 18、第 24、第 33 团和游击总队,第 10 军分区第 27、第 29、第 32 团和游击总队,南进支队第 16、第 21 团和教导团,骑兵第 2 团,回民支队;冀热察挺进军的平西军分区第 7、第 9 团,平北军分区第 10 团和挺进支队,冀东军分区第 12、第 13 团。共 36 个团。

第 120 师兼晋西北军区:第 358 旅兼第 3 军分区第 7、第 8、第 716 团,第 359 旅第 717、第 718、第 719 团、雁北支队、独立第 4 支队,独立第 1 旅兼第 4 军分区第 2、第 715 团,独立第 2 旅兼第 2 军分区第 5、第 9、第 714 团,大青山骑兵支队第 1、第 2、第 3 团和第 4 支队,决死第 2 纵队兼第 8 军分区第 4、第 5、第 6 团、洪赵纵队

---

① 《彭德怀传》,第 218 页,当代中国出版社,1993 年版。

和游击第 8 支队，决死第 4 纵队第 19、第 20、第 35 团，暂编第 1 师第 36、第 37 团和特务团，工卫旅第 21、第 22 团，师兼军区教导团、特务团，雁北第 6 支队，共 27 个团。

第 129 师兼太行军区：第 385 旅第 13、第 14、第 769 团，第 386 旅兼太岳军区第 16、第 17、第 18、第 772 团，新编第 1 旅第 1、第 2 团，新编第 4 旅兼冀南军区第 2 军分区第 10、第 11、第 771 团，新编第 7 旅兼冀南军区第 4 军分区第 19、第 20、第 21 团，新编第 8 旅兼冀南军区第 3 军分区第 22、第 23、第 24 团，新编第 9 旅兼冀南军区第 5 军分区第 25、第 26、第 27 团，新编第 10 旅第 28、第 29、第 30 团，新编第 11 旅第 31、第 32、第 33 团，决死第 1 纵队第 25、第 38、第 42、第 57、第 59 团，决死第 3 纵队第 7、第 8、第 9 团，第 212 旅第 54、第 55、第 56 团，师直属第 34 团，骑兵团；另总部特务团、炮兵团。共 42 个团。

八路军晋察冀军区，第 120、第 129 师和总部直属部队，参战的总兵力为 105 个团、约 27 万人。与此同时，华北人民作出了巨大的贡献。仅冀南一区，参战群众达 25 万余人。

百团大战，不仅参战兵力多，而且作战时间长、地区广大。其基本作战地区，东起海滨，西达晋绥，南临黄河，北至塞外，包括冀察全境，晋绥大部和热河地区。战线绵延 2800 余公里，是八路军自全国抗战以来最大的一次带战略性的进攻战役。

据不完全统计，仅前三个半月，即 1940 年 8 月 20 日至 12 月 5 日，八路军共作战 1824 次、毙伤日军 20645 人、伪军 5155 人、俘日军 281 人、伪军 18407 人、日军投降 47 人、伪军反正 1845 人；缴获各种炮 53 门、轻重机枪 224 挺、手枪 281 支、步马枪 5437 支；破坏铁路 474 公里、公路 1502 公里、桥梁和车站及隧道 261 处、煤矿 5 座，拔除据点 2993 个。如果统计到 1941 年 1 月 24 日，歼日伪军至少应为 5 万余人。

百团大战，破袭了日军华北方面军控制的平汉、津浦铁路北段、北宁、正太、平古（北口）、沧石、德石等铁路、公路的全线和平绥、同蒲铁路的大部，多次中断交通，断其补给，并拔除了深入抗日根据地的一些据点，从而沉重地打击了日伪军的"囚笼政策"和巩固华北占领区的企图。

百团大战的胜利，是在中国全国抗战处于战略相持阶段、妥协投降危机空前严重的形势下取得的，具有重大的军事和政治意义。

第一，百团大战沉重打击了日军的"囚笼政策"，巩固了华北抗日根据地。全

八路军《前线画报》刊登的《百团大战胜利歌》

国抗战进入战略相持阶段后,日军逐渐移其主力围攻八路军,加紧推行"铁路作柱、公路作链、据点作锁"的"囚笼政策",大力修复铁路,新建公路,增建据点,企图分割、封锁和摧毁华北抗日根据地。百团大战,破袭了日伪军大量的铁路和公路,拔除了大批据点,沉重打击了日伪军的"囚笼政策",有效地巩固了华北抗日根据地。

第二,百团大战策应了正面战场作战,抑制了国民党顽固派的投降逆流。日本帝国主义为了迅速解决中国问题,促进蒋介石与汪精卫政权合流,从 1939 年 6 月至 1940 年 9 月进行了代号为"桐工作"的政治诱降活动。日军与蒋介石双方代表正式进行了谈判。在此期间,日军先后发动了枣(阳)宜(昌)会战和代号为"一百零一号作战"的战略行动,对重庆、成都和西安等地实施大规模轰炸,发动了一场新的军事攻势,以配合"桐工作"的进行。百团大战,牵制和消耗了日军大量兵力,极大地减轻了正面战场国民党军的压力,从而有力地策应了正面战场作战,抑制了国民党顽固派的投降逆流。同时,百团大战的胜利,有力地克服了国内部分人的悲观情绪,极大地鼓舞了抗日根据地和大后方的军民,进一步提高了对抗战胜利的信心。

第三,彻底粉碎了国民党顽固派诬蔑八路军"游而不击"的谎言,提高了中国共产党和八路军的威望。八路军出动主力部队,在华北的大部分地区,进行了长达 5 个多月的作战,作出了重大牺牲,至少歼灭日伪军 5 万余人,获得了社会各界人民的普遍好评和广泛赞誉。从而戳穿了国民党顽固派散布的种种谎言,极大提高了中国共产党及其领导下的八路军的抗战地位和作用。同时，向世界表明了中国共产党及其领导下的八路军，是坚持华北抗战的主力军，充分显示了中华民族的精神和力量。

群众热烈欢迎参加百团大战胜利归来的八路军英雄们

这次战役，八路军作出了很大牺牲，仅前三个半月就伤亡 1.7 万余人，决死第 3 纵队政治委员董天知殉国。尤其是战役第二阶段，进行了与八路军装备不相适应的攻坚战，过多地消耗了抗日军民的人力、物力，给尔后坚持华北抗战带来一定的不利影响。

1938 年 10 月广州和武汉失守后，全国抗战开始进入了战略相持阶段。至 1940 年底，也是八路军继续大发展的阶段。八路军坚决贯彻中共中央确定的"巩固华北"的战略方针和任务，坚持以游击战为主，认真执行建党、建政、建军三大任务，首先以 3 个师的主力挺进冀、鲁、豫平原地区，尔后回师山区，从而粉碎了日伪军 1000 人至 5 万人大"扫荡"近 100 次，并积极、主动地进行了大规模的交通破袭战，共作战 1 万余次，抗击了华北大部分的侵华日军和全部伪军，打退了国民党顽固派发动的第一次反共高潮；同时，八路军发展到 40 万人，成为华北抗战主力军，华北抗日根据地已成为全国抗战的重要战场。

第四章　战胜严重困难，坚持华北敌后抗战

第一节　华北敌后抗战进入严重困难时期,中共中央及八路军的方针、任务

　　1940 年下半年,日本帝国主义乘德、意法西斯横扫西、北欧,英、美等国无暇东顾之机,积极推行南进太平洋的政策。9 月,以一部兵力入侵印度支那北部,迈出了南进的关键一步。9 月 27 日,与德、意缔结了三国军事同盟。《德意日三国同盟条约》规定:"日本承认并尊重德国和意大利在欧洲建立新秩序的领导权";"德国和意大利承认并尊重日本在大东亚建立新秩序的领导权"。① 翌年 12 月 7 日(当地时间),日本帝国主义偷袭美国珍珠港,次日美对日宣战,太平洋战争爆发。

　　为解除南进的后顾之忧,日本帝国主义亟须解决中国问题,遂于 1940 年 11 月13 日制定了《处理中国事变纲要》,决定:"除继续进行武力作战外,应采取断绝英美的援蒋行为及调整日苏邦交等一切政治和军事手段,力求摧毁重庆政权的抗战意志,以迫使其迅速屈服",促进蒋汪合流。强调:根据整个形势进行部署的同时,于适当时期转入长期武力进攻。"一面确保由蒙疆及华北的重要地区、汉口附近

---

① 军事科学院军事历史研究部:《第二次世界大战史》(第 2 卷　大战的全面展开),第 173 页,军事科学出版社,1995 年版。

到长江下游的重要地区、广东的一部分及华南沿海重要地区，经常保持用兵的机动性；另一方面彻底整顿占领地区的治安状况，同时继续进行封锁和空中作战。"①

依据《纲要》，日军大本营陆军部于 1941 年 1 月 16 日，制定了《对华长期作战指导计划》，明确指出："作战以维持治安及占据地区肃正为主要目的，不再进行大规模进攻作战。如果需要，可以进行短时间的以切断为目的的奇袭作战。但以不扩大占据地区和返回原驻地为原则。"②

根据上述精神，日军中国派遣军更加强调以巩固占领区、打击中国共产党及其领导下的人民军队为主的方针，进行军事、政治、经济与文化相结合的"总力战"，旨在"本年内在歼灭敌人有生力量方面取得显著成果"。③ 而对正面战场的国民党军，则是继续执行以政治诱降为主、军事打击为辅的政策。

2 月 25、26 日，日军中国派遣军华北方面军召开了参谋长联席会议，认为"华北治安肃正工作至今未能满意的根源，在于共军对群众的地下工作正在不断深入扩大。因此，决定以对共施策为重点，积极具体地开展各项工作，并且努力尽快恢复治安"。强调指出："剿共一事，仅靠武力进行讨伐，不能取得成效。必须以积极顽强的努力和统一发挥军、政、民的力量，摧毁破坏敌的组织力量和争取群众为重点。"关于作战问题，要利用增兵的机会，"除计划扫清黄河以北敌军外，主要应对共军根据地进行歼灭战"。④ 同年夏季，日军华北方面军将华北地区划分为"治安区"（即占领区）、"准治安区"（即游击区）、"未治安区"（即抗日根据地）三种，计划在三年内变"未治安区"为"准治安区"，变"准治安区"为"治安区"，逐步缩小"未治安区"，扩大"治安区"。于是，集中 11 个师团、12 个独立混成旅团，共 28 万余人，另伪军 10 万余人，主要对八路军作战，连续大规模地进行"扫荡""蚕食"和"治安强化运动"，造成了华北敌后抗战的困难。

蒋介石集团则继续执行消极抗日、积极反共的方针。1940 年 7 月 16 日，抛出

① 日本防卫厅防卫研究所战史室：《中国事变陆军作战史》第 3 卷第 2 分册，田琪之、齐福霖译，第 91、92、93 页，中华书局，1983 年版。

② 日本防卫厅防卫研究所战史室：《中国事变陆军作战史》第 3 卷第 2 分册，田琪之、齐福霖译，第 101 页，中华书局，1983 年版。

③ 日本防卫厅战史室编：《华北治安战》上册，天津市政协编译组译，第 361 页，天津人民出版社，1982 年版。

④ 日本防卫厅战史室编：《华北治安战》上册，天津市政协编译组译，第 362、364、365 页，天津人民出版社，1982 年版。

所谓"中央提示案",强令：中国共产党取消陕甘宁边区和一切敌后抗日民主政权；八路军、新四军集中冀察两省和鲁北、晋北一隅；八路军、新四军不得超过 10 万人。11 月 19 日，停止了对八路军、新四军的军饷供应。1941 年 1 月，以 7 个多师约 8 万人围歼新四军皖南部队，制造了震惊中外的皖南事变，并将包围陕甘宁边区的兵力增加至 50 万人。同时，对日军执行上山、观战政策，仅进行有限的防御战。还在"曲线救国"的幌子下，驱使孙良诚、吴化文、孙殿英、庞炳勋等一批国民党军高级将领投敌，充当伪军，以配合日军夹击八路军，从而加重了华北敌后抗战的困难。

敌顽夹击和连续的旱、涝、蝗等自然灾害，使华北敌后抗战从 1941 年开始进入严重困难时期。

对于国际国内形势的变化和包括华北在内的敌后抗战即将出现的严重困难局面，中共中央和毛泽东做了科学的分析。中共中央于 1940 年 7 月 7 日在《关于目前形势与党的政策的决定》中指出："日本准备在太平洋参加德意战线"，并"企

坚持华北敌后抗日根据地斗争略图(1941—1942 年)

图用增大的压力分裂中国内部,压迫中国投降,这样就使中国抗战局面亦处于新的环境中"。①

9月10日,中共中央在《关于时局趋向的指示》中,进一步指出:日本为了放手南进与准备对美战争,正在采取交通封锁、军事进攻、政治诱降等各种办法,以求迅速结束对华战争。国民党顽固派则动摇于英美与日德之间,暗藏的投降派策动蒋汪合流,进步与中间势力则要求国共两党继续团结抗日。10月25日,毛泽东告诫全党全军:"我们应估计到最困难最危险最黑暗的可能性,并把这种情况当作一切布置的出发点,而不是把乐观情况作出发点。"②12月25日,毛泽东在关于时局和党的政策的指示中,针对统一战线、对敌斗争和抗日根据地建设等,制定了一系列的方针和政策。

1941年12月17日,中共中央在《关于太平洋战争爆发后敌后抗日根据地工作的指示》中,明确指出:日本为进行太平洋战争,其榨取在华资源、巩固占领地之心必更切,对抗日根据地的"扫荡"、财富之掠夺及经济之封锁,必更强化与残酷;同时,必然控制伪军伪政权,增强其特务活动和破坏工作。中共中央要求抗日根据地军民对日益严重的困难要有充分的认识,树立长期坚持敌后抗战的信心,在物质和精神方面做好充分准备;要咬紧牙关,度过今后两年最困难的斗争。敌后抗战的总方针,仍是长期坚持游击战争,准备将来的反攻。

同年1月6日和2月26日,中共中央北方局和八路军总部先后发出对敌斗争指示。指出:敌可能增加华北兵力,进行大规模"扫荡",国内可能发生突然事变,华北战局将比以往任何一年严重;华北应成为我生息力量之地域,因此目前应以最大努力认真建立具有独立性的军区工作,广泛组织地方部队,以便在任何环境仍能坚持华北战争,保卫各抗日根据地,这是目前最中心最严重的任务。

3月,中共中央北方局在《关于敌占区及接敌区工作的指示》中,指出:扩大与巩固抗日根据地,缩小与封锁敌占区,深入敌后去开展敌占区工作,这是一再指示的正确方针;敌占区工作政策,是执行广泛的统一战线,精干地发展组织,谨慎地组织群众;对日伪军队及其政权,是采取长期争取与瓦解的方针,对两面的汉奸则

---

① 中央档案馆编:《中共中央文件选集》第12册,第417、418页,中共中央党校出版社,1991年版。
② 《毛泽东军事文集》第2卷,第566、567页,军事科学出版社、中央文献出版社,1993年版。

争取之,以便孤立日寇和死心塌地的汉奸;对广大不愿当亡国奴的群众,则耐心教育团结之,以便积极准备反攻力量。

遵照中共中央、中央军委和中共中央北方局、八路军总部的指示,八路军展开了全面的对敌斗争,进行反"扫荡"、反"蚕食"和反"治安强化运动",并打退了国民党顽固派第三次反共高潮。

第二节　1941年八路军的对敌斗争

1941年,日军华北方面军为巩固其占领区,积极实施"治安肃正"计划,实行"总力战",在以"扫荡"为主要作战形式的同时,又进行"蚕食"和"治安强化运动",以"剿共"为重点,企图摧毁抗日根据地,消灭共产党领导下的人民军队。其兵力规模之大、持续时间之长和作战手段之残酷,都达到了前所未有的程度。

1941年初,日军华北方面军辖第1、第12军和驻蒙军,共9个师团,12个独立混成旅团和1个骑兵集团。2月14日,日军华北方面军得到第17、第33师团主力加强后,其具体部署是:以第1军第36、第37、第41师团,独立混成第3、第4、第9、第16旅团置于山西地区;以第12军第17、第32师团,独立混成第5、第6、第10旅团,置于山东和江苏,安徽省北部地区;以驻蒙军第26师团、独立混成第2旅团、骑兵集团主力置于察(哈尔)绥(远)地区;以方面军直辖的第21、第27、第33、第35、第110师团和独立混成第1、第7、第8、第15旅团,置于河北省和河南省北部,并以其中的第21、第33师团执行机动作战任务。

为了粉碎日伪军的"扫荡""蚕食"和打破其"治安强化运动",巩固和扩大华北抗日根据地,中共中央北方局和八路军总部根据中共中央和中央军委的方针、政策,结合华北对敌斗争的实际,作出了一系列重要指示。1941年3月,中共中央北方局明确提出了深入敌后去开展敌占区工作的方针,并具体指出开展敌占区工作的特点和方式、方法。

据此,华北敌后军民针锋相对地加强了军事、政治、经济、思想和文化相结合的全面对敌斗争,实行敌进我进的方针,广泛深入地开展群众性的游击战争,展开了艰苦的反"扫荡"、反"蚕食"、反"治安强化运动"斗争,有效地消灭敌人,坚持了抗日根据地,部队也得到了保存和生息。

八路军在青纱帐里准备伏击敌人

一、八路军展开反"扫荡"作战

日军对华北抗日根据地军民的"扫荡",往往集中机动和分散驻守点线的兵团,由伪军配合,力求造成局部优势兵力,在飞机的掩护下,以汽车、坦克和步兵组成机械化部队,以八路军总部及其各战略区领导机关和主力部队所在的地区为重点,采取分进合击、铁壁合围、捕捉奇袭、反转电击和辗转抉剔等战法,进行梳篦式、拉网式、车轮式和铁滚式大"扫荡"。上半年,日军华北方面军集中兵力,有重点地对鲁西、冀鲁豫、冀东、冀中等平原抗日根据地,进行了毁灭性的春、夏季"扫荡"。下半年,有重点地对山区抗日根据地,进行了"梳篦清剿""铁壁合围"式的秋、冬季大"扫荡",甚至一次时间长达2个多月,兵力多达7万余人,并组织所谓"挺进杀入队",企图一举歼灭八路军主力部队和中共党政军领导机关及后方重要目标;同时实行残酷的"三光"政策,企图彻底摧毁抗日根据地军民赖以生存的各种资源。

鲁西、冀鲁豫抗日根据地军民反"扫荡"作战 日军华北方面军以第17、第32、第35师团和独立混成第1、第10旅团各一部,共7000余人,另伪军2万余人,安设据点 240 余处,构成了对鲁西、冀鲁豫抗日根据地的严重威胁。

1月7日晚,八路军第115师教导第3旅第7团和鲁西军区第2军分区部队,利用夜暗,除以一部兵力围困敌据点侯集、吸引郓城之敌出援外,以大部分兵力隐蔽进至郓城和侯集之间的潘溪渡地区,寻机打击出援之日军。8日11时许,当日军一个中队、伪军一个大队由郓城出援进入伏击区时,八路军遂发起数次冲锋。战至傍晚,共歼日军127人、伪军19人,缴获92式步兵炮1门,轻、重机枪2挺,步马枪42支。八路军伤亡138人。

潘溪渡战斗后,日军华北方面军集中第21、第32师团和独立混成第1旅团、骑兵第4旅团各一部,共7000余人,另伪军3000余人,乘汽车300余辆,在20余辆装甲车、坦克和10余架飞机的掩护下,由济南、菏泽、临清、大名等地出动,于15日,对以范县、观城为中心的鲁西抗日根据地,进行报复"扫荡"。17日拂晓,日伪军向朝城以西苏村、马集地区的中共鲁西党、政、军机关合击。八路军第115师教导第3旅第7团与日伪军激战一小时,掩护领导机关突出重围。11时,特务营在完成掩护任务后,陷入日伪军重围。日伪军遂狂轰滥炸,掩护坦克冲击,并施放毒气。特务营主力几次突围未果,126名指战员壮烈牺牲。接着,日伪军将鲁西抗日根据地分成五块,反复"清剿"。教导第3旅则以营为单位,配合民兵,分散活动,在南乐、清丰、郓城、观城地区,积极打击日伪军,迫使其于2月6日结束对鲁西的"扫荡"。

随后,日军华北方面军集中第35师团、独立混成第1旅团各一部,共8000余人,另伪军2000余人,隐蔽集结于冀鲁豫抗日根据地中心区的内黄、濮阳、滑县之间的沙区周围,企图歼灭八路军第2纵队兼冀鲁豫军区领导机关。4月11日,在以2000余伪军进占内黄县茨藩、安化等地,企图吸引军区主力的同时,各路日军乘虚秘密接近抗日根据地边沿。八路军第2纵队兼冀鲁豫军区领导机关遂以主力围攻安化伪军。战至12日拂晓,在该地伪军即将被歼之际,日军突然由五陵集、大堤口、许村、蔡村等地出动,严密包围了沙区。从13至19日,日伪军反复合击沙区,纵横搜索10余次,实行毁灭性的"三光"政策:烧毁高陵县(新设县)房屋2800余间,抢走、烧毁内黄和高陵两县粮食各为6.62万和6.61万担,砍伐人民群众赖以生活的枣树5万余株,用开水浇、机枪射、炸弹炸、挖眼睛、割耳朵、掏五脏等极其残忍的手段杀害沙区群众4000余人、杀绝53户;将青年妇女脱光衣服,肆意在大街上凌辱,并将一名 4 岁女孩剥皮致死,暴尸树上。日伪军的残酷暴行,激起抗日军民的极大愤慨。

对此,八路军第 2 纵队兼冀鲁豫军区领导机关,采取以分散对集中、以集中对分散和内外线结合的方针,除以一部兵力配合地方部队、民兵坚持内线斗争外,纵队兼军区机关则率主力,并掩护地方党政机关和群众,利用沙丘、枣林,分两路穿插于日伪军间隙之中。4 月 12 日晚,转至外线观城和南乐地区,并袭扰清丰县据点,歼日伪军 700 余人,毁汽车 5 辆。坚持内线的新编第 2 旅第 2 营,寡不敌众,除第 5 连突围外,其第 6、第 7 连全部殉国。与部队失去联系的独立团第 6 连副连长何尚,率 6 名战士在薛村机智勇敢地歼灭日军 7 名,被誉为“打遍沙区的 7 勇士”。南张堡民兵模范班 30 余人,依托村落,歼日伪军 40 余人。在内外线抗日军民的打击下,日伪军于 4 月 20 日全部撤退。

冀东、冀中抗日根据地军民反“扫荡”作战　冀东,是华北与东北的交通走廊。冀东抗日根据地是晋察冀抗日根据地的重要组成部分。1941 年 1 月 25 日即农历腊月二十八日夜,日军华北方面军以第 27 师团和伪军各一部,共 1500 余人,由迁安、卢龙、滦县、遵化、丰润等 5 个县、16 个据点出动,乘群众在家准备过春节之际,突然包围了坚决抗日的潘家峪。该村位于丰润城东北,共 1500 余人。日伪军烧毁房屋 1000 余间,并将男女老幼驱赶到一个大院里,以机枪扫射和火烧,集体屠杀手无寸铁的无辜群众 1300 余人,制造了骇人听闻的潘家峪惨案。

5 月 29 日,日军华北方面军第 27 师团和关东军第 101 师团及伪军,共 4 万余人,在东沿滦河三屯营至奔城段,北沿长城的喜峰口、马兰峪、兴隆、镇罗营,南沿北宁铁路上的唐县、滦县等地,包围了冀东抗日根据地。随后,自东向西、由北而南,将八路军晋察冀军区冀东军分区部队压缩至玉田南部的杨家套、杨家板桥地区。冀东军分区部队,遂分路向西北和东南方向转移。朝西北方向转移的第 13 团于 6 月 1 日和 2 日相继在杨家套、杨家板桥和十棵树、六道街、大小胡庄地区,依托村落,打退日军多次冲击,伤亡 60 余人,歼日伪军 500 余人,后转至平北和蓟县地区。朝东南方向转移的第 12 团由杨家套以东孟四庄,于 6 月 2 日转至窝洛沽东南韩庄后,经丰润油胡芦泊,以团直和第 3 营及丰玉遵基干队,于 8 日在新军屯地区,与日伪军激战竟日,以伤亡 150 余人的代价歼日伪军 300 余人,突出重围;以第 2 营由油胡芦泊,远距离跳至丰滦迁山地;以第 1 营于 7 月 3 日在韩庄地区顽强搏斗,打破日伪军多次合围,歼其数百人。第12团第1营营长以下100余人壮烈牺牲。日伪军遂结束这次"扫荡"。

日军华北方面军在"扫荡"冀东抗日根据地期间,还以第110师团主力,第21、第27师团和独立混成第15旅团及伪军各一部,共2万余人,于6月10日由保定、新城、固安、安新等地出动,对地处北平、天津、保定三大城市之间的晋察冀军区第3纵队兼冀中军区第10军分区所在地区,进行"扫荡"。首先,依托大清河、拒马河和周围公路,建立临时据点,尔后从四面逐步向大清河以东地区压缩,企图消灭中共领导机关和主力部队。冀中第10军分区部队,与日伪军激战5天,在掩护领导机关转至容城以西地区后,又转至白洋淀附近地区,继在雁翎队的配合下,利用芦荡草丛,机智勇敢地打击日伪军。日伪军相继合围大清河以东和容城以西地区扑空后,遂以密集队形,采用搜身、恐吓、拷打、利诱和叛徒指认等办法,进行梳篦式"清剿"。冀中第10军分区军民,遂转入以隐蔽为主的斗争方式。

晋察冀抗日根据地北岳、平西军民反"扫荡"作战 7月9日,日军华北方面军下达了关于晋察冀边区的"肃正"作战命令及作战计划。其作战方针是:在击溃晋察冀边区共军及消灭抗日根据地的同时,结合封锁,破坏其自给自足,进而消耗、困死该地的共产势力。在指导要领中强调:进攻时,应击溃敌集体战斗力,尔后,急袭、抓捕潜伏山内及流动的敌匪,或追踪予以消灭,或烧毁搬走敌人的设施资材等,以削弱敌人势力,力求捕获敌军党的首脑,破坏党组织的中枢,使其组织力量陷于混乱。在作战计划中,将"扫荡"的部队,区分为进攻兵团和封锁兵团,而进攻兵团又分为甲、乙、丙3个兵团。参加"扫荡"的部队为第21、第26、第27、第33、第35、第36、第40、第110师团和独立混成第2、第3、第4、第15旅团的主力或一部,共6万余人,另伪军万余人,由方面军司令官冈村宁次指挥。日军号称这次"扫荡"为"百万大战",以示对八路军发动百团大战的报复。

7月22日,八路军晋察冀军区发出了反"扫荡"的战役训令,预计:敌对我边区之"扫荡"兵力必大,时间必长,在步步推进、分区"清剿"上必更加强,斗争将特别残酷。训令要求:基干兵团的战斗力,尽量减少逃亡及疾病减员;区队、游击队及县、区基干游击队,应扩大与积极活动,以限制和打击日伪活动;相机拔除敌深入我内线之据点,彻底破坏其公路,平毁其护路沟;政治上应充分地组织宣传,针对敌人在面的扩展运动予以有力的打击和粉碎;各后方医院,应从技术上及教育上,保证病员之尽量减少。根据这一训令,晋察冀军区部队和人民认真进行了反"扫荡"的准备工作。

8月14日至9月7日,为反"扫荡"的第一阶段。8月14日,日军华北方面军分别以甲和乙、丙兵团,"扫荡"了晋察冀抗日根据地平北区的古北口、密云和冀中的深泽、安平、饶阳地区;以封锁兵团2万余人,沿晋冀两省边界北起上寨、下关,经高洪口、柏兰、上社,南至娘子关,实行封锁。从此,开始了对晋察冀抗日根据地北岳、平西区的"铁壁合围"大"扫荡"。根据日伪军动向,晋察冀军区于8月21日发出作战命令,指出:敌主力将转向北岳区和平西区,要求各部队继续完成反"扫荡"的准备工作,严密侦察,防敌突然进攻。

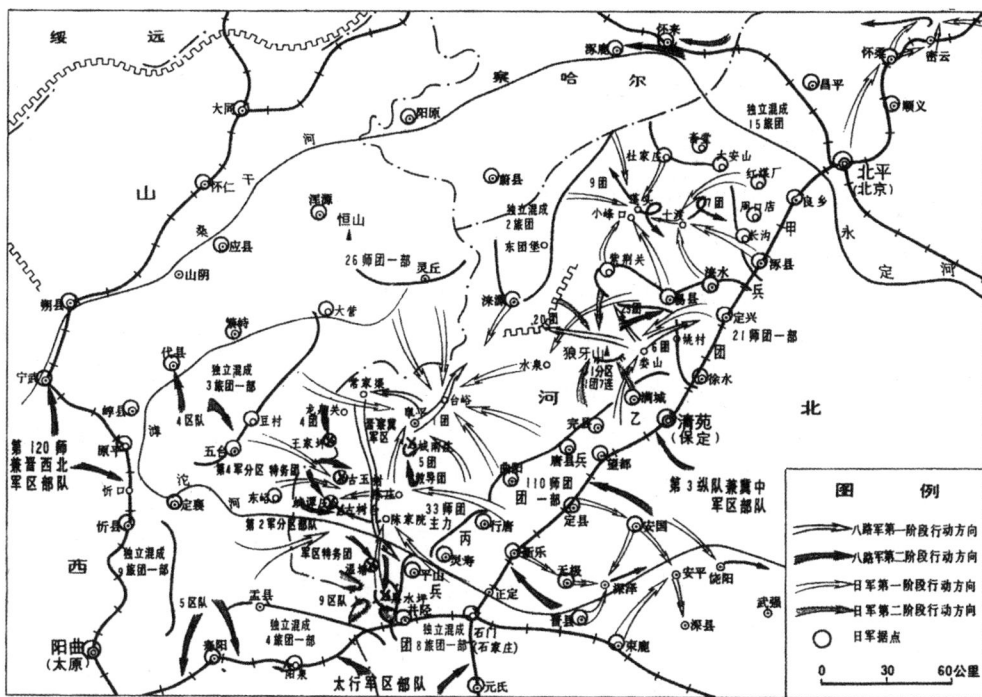

1941年秋,晋察冀边区北岳、平西地区的军民采取机动灵活、避实击虚的战术,粉碎了日军围歼晋察冀军区主力部队和摧毁晋察冀抗日根据地的企图。这是北岳、平西区军民反"扫荡"作战要图(1941年8月14日—10月17日)

8月23日，日军华北方面军果然将"扫荡"的重点转向北岳、平西地区。甲兵团第21师团、独立混成第15旅团各一部，共3000余人，由红煤厂、涿县、涞水，分三路纵队合击平西房山十渡地区。乙兵团第110师团等部8000余人，由定兴、方顺分三路纵队，围攻北岳娄山、水泉地区。丙兵团第33师团、独立混成第8旅团两部主力，共1.5万余人，由新乐、正定、井陉分三路纵队，由东南向西北包围压缩驻平山县陈家院、六亩园和灵寿县陈家庄地区的中共晋察冀边区党政军机关；并以封锁兵团第41师团、独立混成第3和第4旅团，共5000余人，配合丙兵团作战。

为了粉碎日伪军"扫荡"，八路军晋察冀军区决定：主力按地区以营为单位适时转至平汉、正太铁路沿线等敌侧后地区，在外线积极向封锁线和据点展开活动；主力一部则配合地方部队，在内线开展广泛的游击战，进行阻击和侧击，以迟滞、疲惫和消耗敌人，并掩护机关和群众转移。内外线部队和人民群众遂分头行动，在东城子、南城寨和五台城以北等地，速战速决，予日伪军很大杀伤。仅平山县的200余民兵，在米汤崖一带，就消灭日伪军60余名。

日伪军合围扑空后，从8月29日起，集重兵对以阜平为中心的沙河两岸地区和以蓬头、小峰口为中心的平西地区进行大合围。留在内线唐县娘子神地区指挥作战的晋察冀军区领导机关于27日转移至阜平东北6公里处的马驹石。在南线、东线和东北线三面敌人逼近的情况下，于31日黄昏由马驹石经阜平南越沙河，跳至外线马兰地区，恰与中共中央晋察冀分局、北岳区党委机关相遇。当时，沙河以南日伪军重兵设防，晋察冀抗日根据地党政军机关7000余人遂于9月1日转至沙河以北雷堡地区。结果，仍然陷入一个东西约25公里、南北约30公里的狭小圈子里。而且，敌数架飞机轮番轰炸，包围圈越来越小，机关处境十分不利。司令员兼政治委员聂荣臻等军区首长冷静地分析敌情后，决定派出一个侦察分队，携带一部电台，于同日黄昏到雷堡以东的台峪地区，以军区的呼号呼叫，故意暴露目标，制造假象，吸引敌人主力。果然，日伪军7000余人于2日下午向台峪合击。晋察冀抗日根据地党政军机关乘机利用夜暗，由雷堡向西进至40余公里外的常家渠一带山区，停止电台联络和烧火做饭，分散隐蔽，从而成功地甩掉和迷惑了敌人。7日，晋察冀抗日根据地党政军机关经龙泉关、漫山，进至平山县东、西文玉一带，粉碎了日伪军围歼领导机关的企图。与此同时，日伪军6000余人合围驻蓬头、小峰口地区平西敌后党政军机关的计划也已落空。

在晋察冀抗日根据地党政军机关粉碎日伪军合围期间，转到外线的部队，乘敌后方空虚之机，迅速隐蔽地摧毁了望都、唐县间的常早据点，烧死日伪军 9 人，俘伪军 3 人；在正太铁路卢家庄至段廷段，炸毁敌火车 1 列、坦克 1 辆；平山洪子店地区民兵，在 20 余天中，摧毁伪组织 8 个；另一个村的民兵，乘日军夜晚熟睡之际，摸进据点，用铁锹劈死 1 名军官、烧死士兵 5 人，俘 3 人。

9 月 7 日至 25 日，为反"扫荡"的第二阶段。日伪军合围晋察冀边区北岳区及平西区党政军领导机关和主力部队的计划落空后，即以三分之二的兵力，调至各要点和交通干线上待机而动；以三分之一的兵力，留在抗日根据地内，实行分区"清剿"。日伪军或化装成八路军和群众，长途奔袭、多股继续寻歼主力部队、分散部队和机关及地方组织；或抓捕、屠杀人民群众及耕畜，抢粮，抢物、烧屋等。敌人采取活埋、刀砍、破肚、剥皮、喂狗、点灯、毒熏等手段，大肆残害抗日群众。仅在平山黄泥、通家口、冷泉和曲阳县沟里村，就残杀 600 余人。许多村庄化为灰烬。

针对敌人暴行，晋察冀军区于 7 日、15 日，先后发出第二阶段反"扫荡"的指示，要求：各军分区部队一方面适当集中主力一部，打击敌"清剿"部队；另一方面，以一部兵力，开展更为分散的游击战争，打击伪政权，恢复社会秩序。各地区队和区、县游击队，协助群众进行秋收。聂荣臻等领导同志，带头挥镰割稻。19 日至 23 日，第 2、第 4 军分区各一部在古树台，第 4 军分区特务团在马蹄沟至古玉树，军区教导团在温塘、城南庄附近，第 4 团在葱皮子至王家坪，第 5 团在红岭子以北、以东，第 6 团第 2 营在大悲，分别伏击、阻击、袭击敌人，共歼敌 600 余人。仅第 9 区队在井陉焦家垴，就歼敌 120 余人。该村青年妇女秀兰子，右胸被敌子弹射穿，仍高喊："乡亲们快跑，鬼子来了……"最终为掩护群众倒在敌人刺刀之下。盂县峪口村几十名青年，宁可牺牲，也拒绝被抓丁当伪军。

9 月 24 日，日伪军 3500 余人，多方合围隐蔽在狼牙山区的涞源、易县、徐水与满城 4 个县的党政机关领导干部和数万群众。狼牙山，距易县城约 25 公里，地势险要，因山峰陡峭并形似狼牙得名。晋察冀军区第 1 军分区遂以第 3、第 20 团，猛攻管头、周庄一线，吸引、调动敌人。第 1 团则乘隙掩护数万干部和群众，由狼牙山向北突围至大良岗、牛岗、田岗一带。25 日，日伪军 500 余人继续向狼牙山主峰棋盘坨围攻。负责后方掩护的第 1 团第 7 连第 2 排完成任务后，已来不及摆脱敌人。其第 6 班班长马宝玉、副班长葛振林和战士宋学义、胡福才、胡德林，奉连长

"狼牙山五壮士"中的葛振林(右)、宋学义(左)在庆功会上

之命,为了掩护排主力撤退,毅然把敌人引向了棋盘坨。他们连续打垮了敌人4次冲击,歼敌90余人。经12个小时激战,地雷炸完了,子弹打光了,他们把最后一颗手榴弹投向敌群,摔断枪支,高喊着"打倒日本帝国主义!""最后的胜利是我们的!"一齐跳下深谷。马宝玉、胡福才、胡德林殉国;葛振林、宋学义被山腰树丛托住,由群众抢救脱险。这就是人们广为传颂的"狼牙山五壮士"。

与此同时,平西抗日军民,积极在昌平、宛平、房山、门头沟矿区附近和宣化、涿鹿、怀安地区活动,成立了房宛昌县政府,恢复了部分地区。

9月26日至10月17日,为反"扫荡"的第三阶段。日军华北方面军在晋察冀及其邻区晋西北、太行、太岳、冀鲁豫抗日军民的打击下,被迫于9月24日下令撤退。26日,"扫荡"晋察冀抗日根据地的日伪军,部分撤退到方代口、灵山、定县等地。但其并不甘心"扫荡"的失败,采取边撤退、边合击的办法。

为此,晋察冀军区决定:集中主力,在地方部队和人民群众的配合下,大量杀伤日伪军有生力量,迅速逼其撤退。各部队分别在完县山阳庄,盂县赵家岔、七里河,井陉黑水坪、米汤崖,平山黑山关等地,袭击、伏击敌人。至10月17日,"扫荡"的日伪军基本撤退。

晋察冀抗日根据地北岳、平西军民,在晋西北和晋冀鲁豫区部队的配合下,历时2个多月,共作战800余次,歼日伪军5500余人;仅北岳区民兵,就毙伤日伪军485人、俘其30人。八路军伤亡2000余人,群众伤亡4500余人,青壮年被捉走近2万人,房屋被烧毁15万余间,约损失粮食2900万公斤、庄稼5.2万余亩、牲畜3万余头,北岳、平西抗日根据地面积缩小4000余平方公里,并有部分地区变成了无人区,给抗日根据地建设造成了严重困难。

太岳、太行抗日根据地军民反"扫荡"作战 8月6日,八路军第386旅兼太岳军区第17、第18团和决死第1纵队第57团,组成太岳南进支队,在第212旅的接应下,开辟了临屯公路以南、沁河以西地区的抗日根据地。9月22日,日军华北方面军第1军以第36、第41师团和独立混成第4、第9、第16旅团一部或主力,共2万余人,由安泽、浮山、屯留、长子等地出动,分9路向太岳南部的南北孔滩、马壁地区,进行"铁壁合围"大"扫荡"。第386旅兼太岳军区南进支队,遂以小部队和民兵与敌接触,不断打击敌人;主力则转至高平东西峪地区。日伪军合击扑空后于29日又合击东西峪地区,再次扑空。10月3日,"扫荡"之日伪军开始撤退。是役,共作战10余次,歼日伪军500余人,第386旅兼太岳军区南进支队伤亡50余人。此后,组成第386旅兼太岳军区第4军分区,并建立了长子、高平、沁水、浮山等7个县的抗日政权,从而巩固了(太)岳南(部)抗日根据地。

10月6日,"扫荡"岳南的日伪军增至3万余人,相继对以沁源为中心的太岳北部抗日根据地进行"扫荡"。岳北军民以游击队在腹地到处袭扰敌人;主力则分路转至安泽圪塔沟和沁源将军沟地区,痛击敌人;以地方部队在同蒲铁路平遥至灵石段,开展破袭战,毁日军机车3台。至18日,日伪军被迫撤出岳北抗日根据地。是役,共作战47次,歼日伪军916人,俘13人。第386旅兼太岳军区伤亡166人,被俘164人。

10月31日和11月3日,日军华北方面军第1军先后以第36师团4000余人和独立混成第4旅团2000余人,由潞城、襄垣和辽县、武乡出动,采取捕捉奇袭的战术,夜袭八路军第129师司令部驻地涉县赤岸、八路军总部机关单位驻地黎城西井和大有、贾豁、宋家庄等地。太行军民预有准备,进行了空舍清野和备战演习,从反"扫荡"一开始,即以地雷战、麻雀战大量杀伤敌人。11月6日,南、北两路日伪军分别撤回黎城和武乡、辽县。

11月9日,日军第36师团由黎城出动,奔袭八路军总部兵工厂所在地黄烟(崖)洞、水腰地区。八路军总部特务团凭借山险,自12日至19日与日伪军展开肉搏战,激战8昼夜,连续打退敌数十次冲击,歼日军近1000人,拆埋机器设备后主动转移。配合特务团作战的第129师第385旅、新编第1旅共4个团,在敌之侧后和敌回窜途中的横岭、三十亩、曹庄地区,歼日伪军500余人,从而迫使其于20日由黎城逃至潞城。太行军民自10月31日至11月20日,共作战62次,歼日伪军1384人,我军伤亡396人。

鲁中沂蒙山抗日根据地军民反"扫荡"作战　为消灭中共山东党政军领导机关和主力部队,并摧毁鲁中沂蒙山区抗日根据地,日军华北方面军抽调第21、第33师团,独立混成第7旅团和第1军第36师团,独立混成第3、第4、第9旅团主力或一部,加强第12军第17、第32师团,独立混成第5、第6、第10旅团,连同伪军,共5万余人,先后于9月19日和10月上旬,对沂蒙山区周围的泰山区和鲁南郯(城)码(头)地区进行了"扫荡",以构成对沂蒙山区的封锁。

针对敌情,中共中央山东分局、山东军政委员会于10月7日,发出关于紧急备战、粉碎敌对沂蒙区"扫荡"的指示,要求:全区党政军民,紧急动员,做好充分的思想准备;大量组织民兵,广泛开展群众性游击战争,配合主力作战;缩减各级机关,实行战斗化;采取争取主动,除留守小部配合地方坚持游击战争外,主力应适时转移外线,寻求打击敌之一路,在可能范围内应以强有力一部乘敌后空虚击其弱部,并相继克服某些据点的军事指导方针。10月13日,八路军第115师也发出反"扫荡"的指示,强调了上述指示精神。这次反"扫荡"作战,分为三个阶段:

11月2日至12日,为敌之合围、我之反合围阶段。日伪军于11月2日、3日,由新泰、蒙阴、沂水等地出动,4日偷袭了八路军山东纵队指挥机关驻地蒙阴东南马牧池和山东纵队第2旅主力驻地沂(水)蒙(阴)公路以北地区。山东纵队指挥机关转至沂水西北南墙峪、突破日伪军再次合围后,遂转至外线泰(安)泗(水)宁(阳)边的石莱一带。第2旅则分路转至南墙峪、石莱和泰山区,寻机打击日伪军。

5日,日伪军2万余人由临沂、费县、蒙阴、沂水、莒县等地出动,在7架飞机、10辆坦克的掩护下,分11路合击中共中央山东分局、八路军第115师领导机关驻地临沂以北孙祖、留田地区。同时,日伪军根据沂蒙军民在以往反"扫荡"中多东向滨海区转移的规律,在沂河边河阳和临沂东北葛沟预伏重兵,布成口袋,企图待机围歼第 115 师东移部队。察明敌情后，中共中央山东分局和第 115 师等领导机关约 5000 人，在仅 1 个营的兵力掩护下，于 5 日黄昏迅速而隐蔽地在留田东南铁山子附近，借仅有的 1 公里半和 2 公里半的间隙，先后通过 2 道封锁线。6 日拂晓，安全转至外线的蒙山南端黄埠前，跳出了敌人合围圈。随队突围的国际友人、德国记者希伯赞誉这次突围是"无声的战斗"，歌颂指挥突围的神奇。日伪军合围留田扑空后，继续寻找第 115 师和山东纵队主力决战。鲁中军区司令员刘海涛光荣牺牲。

11 月 12 日至 12 月 8 日，为敌之"清剿"、我之反"清剿"阶段。"扫荡"鲁中沂蒙山区之日伪军连连扑空后，除以一部兵力位于机动位置，继续寻找我主力决战外，以大部兵力在抗日根据地基本区内，增设临时据点，加修公路，实行分区"清剿"。日伪军每"清剿"一地，即逐村挨户威逼群众搬往敌占区，搜剿被冲散的军政干部和伤病员。同时，实行"三光"政策。仅对马牧池村，就纵火 3 次，房屋化为灰烬。130 户的沂南南寨村，被夷为平地，80 余人被抓走。

为粉碎敌之"清剿"，八路军第 115 师师部除令教导第 2 旅、山东纵队第 2 旅主力在外线滨海区积极打击敌人外，与山东分局率山东纵队第 2 旅、抗大第 1 分校、蒙山支队等各一部，转回基本区，分成若干干部工作组，依靠广大群众，打击"清剿"之日伪军，坚持内线东、西蒙地区斗争。自 11 月 19 日至 29 日，第 115 师特务营先后在蒙阴东南的垛庄，以东的旧寨、三角山和孙祖北的绿云山等地，连战 7 次，打退日伪军多次冲击，歼日伪军 420 余人。山东纵队第 2 旅第 4 团第 3 营第 9 连和地方部队 1 个连，在蒙阴东李林战斗中，遭日伪军合击，歼日伪军 300 余人后，全部壮烈牺牲。同月底，山东纵队领导机关和第 1 旅也转回内线南、北沂蒙地区，进行反"清剿"斗争。

在主力部队的支援下，沂蒙基本区的基层抗日政权逐渐恢复，地方部队和民兵游击队也积极活动起来开展反"清剿"斗争。沂水共产党员徐明山率领 30 余人的游击小组，机智灵活地打击敌人。沂南鲁山后、艾山后等 5 个村的群众掩护了 1300 余名八路军伤病员。横山村哑巴妇女明德英掩护并用乳汁救活 1 名被日军追捕的八路军重伤员，史称"沂蒙红嫂"。沂水西五拱桥村长保存了价值 25 万公斤粮食的军用物资，被敌人 3 次放进铡刀，刃破脖子，仍拒不吐露真情。蒙山军鞋厂女工，隐蔽在山洞里，坚持生产。在日伪军连续"清剿"的情况下，中共中央山东分局和第115师领导机关,于12月4日,由大青山附近瓮城子突至天宝山区。

12月8日至28日,为敌之撤退、我之反击阶段。为掩护主力撤退,日伪军除以少数部队企图继续侵占沂蒙抗日根据地基本区外,以一部兵力于12月上、中旬,先后"扫荡"了天宝山和滨海区。我军一面集中较大兵力,袭扰留在抗日根据地的敌人,一面以一部兵力尾追敌人。山东纵队第1旅第3团两个连另一个排,在天宝区白彦东苏家崮,与日伪军激战终日,歼日伪军200余人后,最后坚守阵地的30余名战士与敌同归于尽。第115师教导第2旅和山东纵队第2旅,则在滨海区内外夹击敌人。山东纵队宣传部部长刘子超在敌合击纵队领导机关时殉国。莒县西南渊子崖群众用土枪土炮打退了500余名日伪军的进攻,歼其近100人。23日,日伪军主力分路撤退。第115师和山东纵队乘机于28日基本上恢复了鲁中沂蒙山区抗日根据地,反"扫荡"作战即告结束。

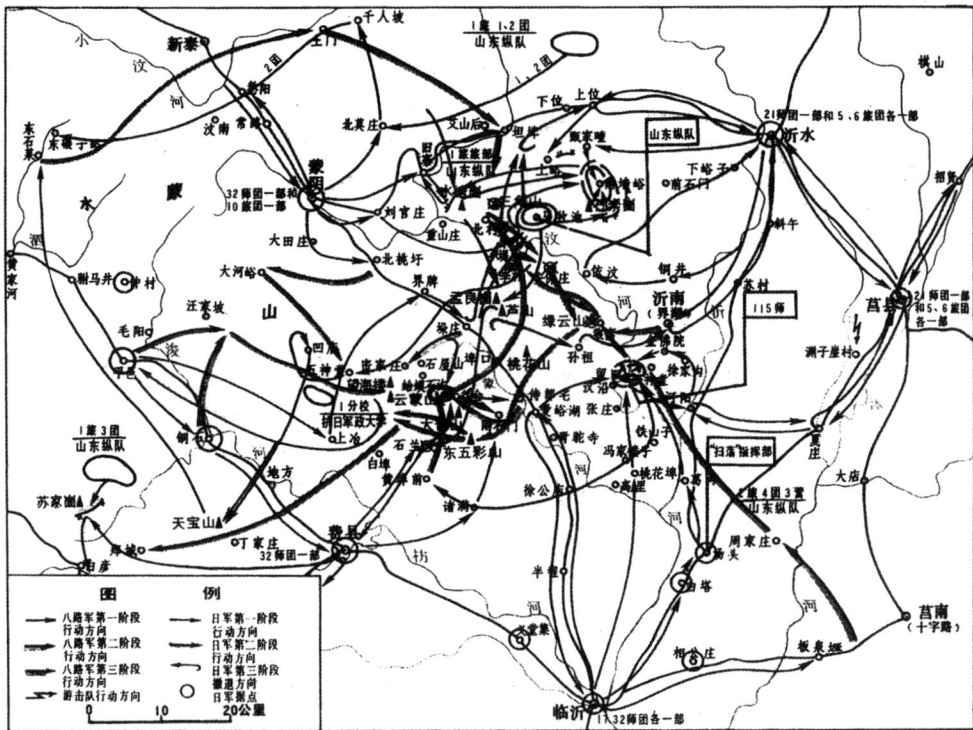

鲁中抗日根据地沂蒙山区军民反"扫荡"作战要图(1941年11月4日—12月28日)

第 115 师和山东纵队，在沂蒙区群众的支援下，经近 2 个月的反"扫荡"作战，共作战 150 余次，歼日伪军 2000 余人，粉碎了其围歼党政军领导机关、主力部队和摧毁抗日根据地的企图。第 115 师和山东纵队伤亡 1400 余人，群众被捉被杀 1 万余人，粮食被抢走 80 余万公斤，基本区房屋四分之一以上被烧毁。

二、八路军开展反"蚕食"斗争

"扫荡"反"扫荡"，是敌我之间的主要作战形式。与之相辅而行的，则是"蚕食"反"蚕食"斗争。日军华北方面军于 1941 年逐渐认识到："中共具有惊人的实力"，以军事为主的"扫荡"作战，"仅是将其驱散，殆未取得歼灭的成果，终归于徒劳"。① 因此，必须大力扶植伪政权，结合政治、经济等各项措施，才能达到确保占领区的目的。

日军华北方面军为歼灭中共地方党政军领导机关和八路军主力，摧毁华北抗日根据地，巩固其占领区，进行不同形式的"蚕食"。

一是在抗日根据地边缘地区，沿主要铁路，增修公路和据点，并在铁路和公路两侧，挖封锁沟，筑封锁墙，建立新的封锁线，力图切断山区与平原及各抗日根据地之间的联系，对抗日根据地边缘区和游击区进行边缘"蚕食"。如在平汉铁路北段两侧各 10 公里的地带，构筑了长达 500 公里的封锁线。其中，平汉铁路西侧获鹿至安阳水冶段，加修了第二道封锁沟墙，企图切断北岳、太行山区抗日根据地与冀中、冀南抗日根据地的联系。

二是日伪军依托铁路、公路和据点，或以"扫荡"为先导，突入抗日根据地内部，大量增设据点、加修公路，并大量扶植伪军、伪政权，利用汉奸和特务，然后向四周扩张，进行跃进"蚕食"。尤其是在平原地区，三里一个据点，五里一个岗楼，将抗日根据地分割成"格子网"状。在北岳、平西区，仅 1 月至 8 月，敌人据点碉堡由 283 个增到 613 个，公路由 2000 公里增到 3000 余公里，封锁沟墙由 219 公里增到 800 余公里；在冀鲁豫边区，6 月至 11 月，据点由 243 个增至 531 个，公路由 25 条增至 145 条；在鲁中区，12 月 5 万人大"扫荡"后，增设据点 70 余个；在晋西北

① 日本防卫厅战史室编：《华北治安战》上册，天津市政协编译组译，第 411、414 页，天津人民出版社，1982 年版。

区,全年增设据点 30 个,加修公路 220 公里。

在分割封锁的基础上,日军华北方面军继续依托铁路、公路和据点,或大量扶植伪军、伪政权,利用特务和汉奸,对抗日根据地边缘区或游击区,进行边缘"蚕食";或以"扫荡"为先导,突入抗日根据地内部,然后向周围扩张,进行跃进"蚕食"。

由于日伪军的"扫荡""蚕食",华北抗日根据地遭到严重分割,大面积缩小。冀南抗日根据地滏阳河西地区,从 1 月开始变为游击区。晋察冀抗日根据地北岳、平西地区,至 7 月,被分割的形势基本形成。冀鲁豫抗日根据地,至年底分割为泰西、运东、鲁西北、沙区、鲁西南、钜南、范(县)观(城)若干地区,面积缩小三分之一。鲁南抗日根据地面积全年缩小二分之一。晋西北抗日根据地面积全年缩小六分之一、人口减少了 50 万。

为了打破敌之"蚕食",中共中央军委多次发出指示,提出对策。1941 年 1 月 6 日,中共中央军委在《关于交通战的指示》中,指出:"道路不可不破亦不可太破,凡与我太有害而于敌非必争者(如插入我根据地内之公路)必须彻底破袭之,凡在敌为必争,在我无力控制者(如正太路平汉路北)不可因破袭而引起敌之守备加严。凡我方所需要之交通线通过之道路不可破坏以免敌之注意,而应加紧当地之伪军伪组织内工作以求交通便利。"[1]6 月 9 日,中共中央军委强调指出:击破敌"蚕食"政策的"中心环节,在于有正确的政策,主要应从政治上着手,而不能只是军事进攻,或以军事进攻为主"。"应多采用两面派政策,加强伪组织伪军工作,多交朋友,不要大吹大擂(隐蔽自己)","处处为民众着想,要保护民众,使民众不致吃亏(也就是保存自己)"。[2] 遵照上述指示,八路军在地方部队、民兵与自卫队的配合下,依靠广大人民群众,采用军事斗争与政治斗争相结合、公开斗争与隐蔽斗争相结合的方式,展开广泛的反"蚕食"斗争。

八路军第 2 纵队兼冀鲁豫军区主力,从 1 月中旬起,在卫河以南连续拔除店集、东永建等据点。自 3 月 6 日起,在沙区人民群众的支援下,对南(乐)清(丰)、南(乐)内(黄)、濮(阳)滑(县)等公路,展开较大规模破袭战。7 月中旬至 10 月上旬,

---

[1] 中央档案馆编:《中共中央文件选集》第 13 册,第 35 页,中共中央党校出版社,1991 年版。
[2] 中央档案馆编:《中共中央文件选集》第 13 册,第 124、125 页,中共中央党校出版社,1991 年版。

教导第3旅主力和冀中南进支队在鲁西北冠(县)堂(邑)莘(县)、聊城、东阿间的七级、官门、王官庙和南乐、清丰、观乐地区，教导第7旅在鲁西南东明、菏泽地区，分别袭击了"蚕食"之敌，并恢复了少部分地区，破袭了一些公路。

晋察冀军区第4军分区部队，配合地方部队和民兵，从3月20日开始，历时半个多月，在北岳区的平山、建屏、井陉地区，作战38次，连克碉堡3座，破袭公路、封锁沟50余公里，摧毁100余村的伪政权，恢复了抗日政权；5月2日至29日，袭入了灵寿东关、获鹿城关、平山东关等据点，并连克行唐南贾素、平山白塔坡等据点14个，歼日伪军近170人；7月中旬至月底，破袭了平山分别至蒲吾、西焦、孙庄的公路，歼日伪军300余人。第1军分区部队带领数万民兵，先后于4月中旬在涞源地区，破袭了日伪军王安镇经乌龙沟至千树底一线和紫荆关至大盘石一线及王安镇一线的公路、电线、桥梁；5月中旬，连克易县城西夏庄和满城西北的市头、眺山庙、眺山营、眺山坡等敌据点。同月底，易县、满城、徐水、定兴等县的4万余民兵和群众，历时一周，破袭日伪军公路100余公里、封锁沟15公里，摧毁碉堡4座，中断满城至易县、保定通车半个月，并在徐水、漕河间的史各庄，炸翻火车一列。8月上旬，第1军分区一部，在地方部队、民兵、群众7万余人配合下，在易县分别至满城、涞源间，破袭日伪军公路60余公里，歼日伪军100余人。第2军分区部队，于7月26日强攻了日伪军据点上社，歼其130余人。第3军分区部队，则在唐县、望都、完县地区，相机破路、填沟，拔除日伪军据点，曾发动万余民兵出击唐县至完县段封锁线，歼日伪军100余人。

第3纵队兼冀中军区第8、第9军分区部队，从7月20日至8月底，乘青纱帐起的有利时机，作战50余次，攻克大城西南大流河、河间东米各庄，肃宁北青口等日伪军据点多处，破坏铁路、公路150余公里，歼日伪军1000余人。第6、第7军分区部队，连克安国北西伯章、深泽北吕羊、赵县东南换马店等据点10余处，歼日伪军400余人。第10军分区部队，在大清河西容城地区，恢复了60余村庄的工作。9月至12月，冀中区抗日军民，动员了40余万群众，破袭铁路30公里、公路360余公里，平沟100余公里，毁碉堡37个，炸毁日军火车5列、铁甲车2辆、汽车10辆，收电线9000余公斤。

八路军第129师冀南军区部队，将新编第7、第8旅和第3、第4、第5、第6军分区部队，编为左、右翼破击队和南、北破击队，从5月4日至9日，在近6万群众的配合下,分别对日伪军主要公路和封锁沟墙,展开了较大规模的破袭战,共进行大小战斗 55 次,攻克据点 8 处,破路 95 公里,破坏封锁沟墙 60 余公里,收电线 3200 余公斤,歼日伪军 249 人,缴获长短枪 79 支。冀南军区伤亡 153 人。

八路军第 129 师,以新编第 8 旅主力、冀南军区第 3 军分区部队和第 385 旅,太行军区第 1、第 5 军分区部队,平汉纵队一部分别组成(平汉)路东、路西两个破击队,从 8 月 31 日至 9 月 3 日,共同进行邢(台)沙(河)永(年)战役,并以新编第 1、第 10 旅和太行军区第 2、第 3、第 4 军分区部队及太岳军区部队进行策应作战。经 3 昼夜奋战,攻克南和、沙河县城,拔除据点 8 处、碉堡 53 座,歼日伪军 1343 人,缴获长短枪 653 支、轻机枪 20 挺、炮 1 门。八路军伤亡 459 人。与此同时,太岳军区破袭了同蒲、白晋铁路,有力打击了"蚕食"之敌。

八路军第 115 师和山东纵队,一方面,以主力一部,配合地方部队和民兵,分散发动群众,组成民兵联防队,开展各村民兵协作,打击出扰的小股日伪军,镇压汉奸特务,封锁据点,进行反伪化斗争,打击在边沿区"蚕食"的日伪军;另一方面,以小股主力深入敌占区,彻底实行群众化,采取高度分散、昼伏夜出、频繁转移的办法,专打小股日伪军,边打边撤,灵活机动。同时,要求被日伪军"蚕食"地区的地方部队和工作人员,以武装斗争为核心,县不离县,区不离区,积极进行隐蔽斗争,打击"蚕食"之日伪军。

一年来,八路军采用主力部队和地方部队及民兵相结合、军事斗争与政治斗争相结合的做法,开展群众性的反"封锁"、反"蚕食"斗争,取得了明显成效,迟滞了日伪军在华北的"蚕食"。但敌强我弱的形势,基本上没有改变,华北敌后斗争的形势仍然十分严峻。

三、八路军反对敌第一、第二、第三次"治安强化运动"的斗争

日军华北方面军在对八路军和华北敌后人民及其抗日根据地进行"扫荡""蚕食"的同时,利用伪华北政务委员会,于 1941 年在占领区内,整顿和加强伪军、伪政权,推行伪化统治,搜捕敌后地下抗日组织,进行小规模军事进攻和实行经济战,加紧推行了三次"治安强化运动"。

3 月 30 日至 4 月 3 日,华北日伪军主要在其占领区内,进行了第一次"治安强化运动"。其方针是:"加强华北政务委员会的政治统治力量,以期扩大华北政务

机关的政治统治范围。"①主要内容是:扩大和加强伪政权、伪组织、伪军;实行保甲制度、统一清查户口;破坏共产党的地下组织;修路架桥、挖沟筑墙,加强控制等。第一次"治安强化运动",仅进行了短短的五天,就草草收场了。华北日军自我标榜为:这是一次"由日方在幕后暗中极力指挥下所促成的。这是以政务委员长为首的中国各界要人,率先活动于第一线,并在一元化的领导下开动所有的宣传、报道机器,唤起了广大民众的自觉和热情,从而展开了前所未见的军、政、会、民,同心合力的民众运动"②。

7月7日至9月8日,日军华北方面军扶植伪华北政务委员会,进行了第二次"治安强化运动"。其方针是:"剿灭成为新生华北唯一祸患的中共及其武装团体,使民众得到安居乐业的幸福。"其工作重点是"实行剿共,巩固治安"。③

为了打破华北日伪军推行的第二次"治安强化运动",八路军各部队除了粉碎敌之军事进攻外,还借七七抗战四周年之际,普遍组织了由党、政、军基层骨干组成的武装宣传队,深入敌占区及据点附近,通过喊话、贴标语、散传单等多种办法,揭露敌人的欺骗宣传,开展以"中国必胜、日本必败"为主要内容的政治攻势,对于瓦解伪军、伪组织,打击汉奸特务,起了重要作用。

第129师第386旅组织的武装宣传队,摧垮了襄垣、潞城地区日伪军据点5公里范围内的全部伪组织。太行军区第1军分区和元氏、赞皇的党政组织共同组成的武装宣传队,进入敌占区,有力地打击了日伪军的伪化活动。

第120师组织的武装宣传队,连续发动政治攻势,散发宣传品30余万份,在宁武、崞县、神池、朔县地区,恢复了210余个村的抗日政权。

晋察冀军区、第115师和山东纵队,也分别开展了政治攻势,有效地争取和瓦解了伪军、伪组织。华北敌后军民经过强大的政治攻势和军事打击,终于打破了日伪军推行的第二次"治安强化运动"。

11月1日至12月25日,日军华北方面军利用伪华北政务委员会,推行了第三次"治安强化运动"。其方针是:"扩大过去治安强化运动的成果,采取更加机动和进攻性的活动,以期加强治安工作。"运动的重点"在于进行灵活的军事行动的

① 日本防卫厅战史室编:《华北治安战》上册,天津市政协编译组译,第374页,天津人民出版社,1982年版。
② 日本防卫厅战史室编:《华北治安战》上册,天津市政协编译组译,第376页,天津人民出版社,1982年版。
③ 日本防卫厅战史室编:《华北治安战》上册,天津市政协编译组译,第420页,天津人民出版社,1982年版。

同时,断然进行强有力的经济战"。①

据此,日军继续加强省、市、县等各级伪政权的领导,利用警备队、保甲自卫团等各种武装团体及宗教团体,不断侵占抗日根据地,扩大敌占区和进行经济掠夺。同时,在其占领区内,大力密切与各种公司、合作社、大商人及一般工商者的联系,建成牢固的治安经济阵营;通过横征暴敛等各种办法,增加生产,获取各种物资;实行计口售物、计口售粮的"配给制度"。这是一方面。另一方面,在贸易上实行垄断,通过提高敌占区工业品价格、压低抗日根据地土产品价格,实行不等价交换,从经济上增加抗日根据地的困难;利用铁路、公路、封锁沟墙,千方百计切断敌占区与抗日根据地及各个抗日根据地之间的联系,严禁钢、铁、粮食、布匹、食盐、医药等重要物资的交流,力图从经济上窒息华北抗日根据地。

为了打破敌人的第三次"治安强化运动",八路军展开了针锋相对的斗争。一方面,以主力部队、地方部队与游击队相结合,并依靠广大群众,向敌之铁路、公路和封锁沟墙,展开了猛烈的破袭战,积极打通各地区之间的联系。11月10日至12月20日,晋察冀军区部队,在人民群众支援下,破路50余公里,平沟340余公里,毁墙60余公里,拆毁碉堡、岗楼142个,收电线5750余公斤,毙伤日伪军1400余人,抓捕伪组织人员、汉奸特务517人。12月18日至23日,第129师以第385旅,太行军区第1、第5、第6军分区,新编第8旅主力,冀南军区第3军分区和新编第4旅主力、冀南军区第2军分区部队,组成第1、第2、第3破击集团,在2.6万余群众的支援下,在平汉铁路高邑至邯郸段两侧的邢台、临城、沙河、任丘地区,对敌封锁线展开了较大规模的破袭战。共进行大小战斗45次,歼日伪军916人,破袭公路69公里、铁路4公里,摧毁碉堡52座、封锁沟100公里。八路军伤亡营以下352人。

另一方面,则积极加强经济斗争。一是充分发动群众,实行坚壁清野,打击日伪军的抢掠。二是加强物资出入境管理,严禁粮食、棉花、布匹、油料、皮毛、铁等物资出境和奢侈品、毒品等入境。三是利用贸易机构、合作社和商人等,广开门路,进行物资交流。四是利用货币和价格政策,打击伪钞,保护边币,吸收敌占区

---

① 日本防卫厅战史室编:《华北治安战》上册,天津市政协编译组译,第449、450页,天津人民出版社,1982年版。

和游击区的各种物资。八路军在人民群众的支援下,经过一系列艰苦斗争,终于打破了日伪军推行的第三次"治安强化运动"。

1941年,是华北敌后严重困难的一年。日伪军对华北抗日根据地进行了疯狂的"扫荡""蚕食",仅1000人以上的"扫荡"为69次,万人至7万人的大"扫荡"为9次,并推行了三次"治安强化运动",其人数之多、规模之大、时间之长、手段之残酷和毁灭性,都达到了空前的程度。同时,国民党顽固派制造皖南事变、发动的第二次反共高潮波及华北。敌顽夹击,加上水、涝、蝗等严重自然灾害,华北抗日根据地面积缩小、人口减少,八路军总兵力下降至30.5万人,干部损失很多,财政经济严重困难。但八路军在中共中央北方局和八路军总部的领导下,依靠广大人民群众,坚决贯彻执行中共中央、中央军委的各项方针、政策,广泛开展游击战争,不仅提高了自身的军政素质,而且保卫了各抗日根据地基本区,为1942年继续坚持华北抗战创造了条件。

第三节　1942年八路军的对敌斗争

一、太平洋战争爆发后的形势,中国共产党及其领导下的人民军队的方针和任务

1941年12月7日(当地时间),日本帝国主义发动了太平洋战争。中共中央先后于9日和17日,发表了《中国共产党为太平洋战争的宣言》和《关于太平洋战争爆发后敌后抗日根据地工作的指示》,指出:中国共产党及其领导的人民军队决心"继续忍受艰难困苦,坚持华北华中敌后抗战,粉碎敌人的扫荡,大量的牵制敌人";要求全党全军"咬紧牙关,渡过今后两年最困难的斗争"。敌后抗战的总方针,仍是"长期坚持游击战争,准备将来的反攻"。[①]

28日,中共中央和中央军委联合发出《关于一九四二年中心任务的指示》,指出:"一九四一年我根据地受了很大损害,应乘一九四二年敌人忙于太平洋对中国采取战略守势之际,集中精力恢复元气……精兵简政,发展经济,发展民运,发展敌占区工作,发展对敌伪的政治攻势,有计划的训练干部,在军事上是粉碎敌人可能的扫荡(任何扫荡必须坚决粉碎之),收复敌人撤退地区,对深入

---

① 中央档案馆编:《中共中央文件选集》第13册,第249、263、265页,中共中央党校出版社,1991年版。

我区之据点,尽可能使之陷于孤立,自动撤去,对某些最必要的地方,可以个别地采取强攻收复手段。"1942 年的中心任务是"积蓄力量,恢复元气,巩固内部,巩固党政军民"。①

1942 年 6 月 7 日,《解放日报》社论指出:"今后两年将是华北最艰苦最困难的两年。但这是达到胜利必经的困难,正如天将破晓前的黑暗,我们一方面要有在敌后坚持抗战争取胜利的信心,另一方面又要对日益增加的困难,有充分的认识,才能在精神上,在各方面工作上有很好的准备,去迎接困难与克服困难。"②

中共中央和中央军委的上述指示,对于华北敌后军民坚持敌后抗战,渡过难关,具有重要的指导意义。

二、八路军粉碎日伪军春夏季"扫荡",打破敌第四次"治安强化运动"

太平洋战争爆发后,日军华北方面军于 1941 年 12 月 10 日在内部公布了推动这一战争的纲要,指出:"当前华北面对的敌人是中国共产党及共军","对于以治安为主的华北施策,不应有任何变更,必须更加促进日华合作的发展",以完成把华北建设成太平洋战争基地的任务。③ 1942 年 2 月 25 日、26 日,日军华北方面军召开了所属各兵团参谋长会议,下达了年度治安计划大纲,指出:"特别在军事方面,灵活实行积极的不间断的作战讨伐","治安肃正的重点,应放在以剿共为主的作战讨伐上"。④ 据此,以冀中为重点,开始了对华北抗日根据地的春夏季"扫荡",并推行了第四次"治安强化运动"。至同年春,华北抗日根据地面积缩小三分之一。

为了粉碎敌"扫荡"和打破其"治安强化运动",中共中央北方局和八路军总部于 2 月 11 日至 25 日,连续指出:自本年 2 月 1 日敌人开始对我华北各个根据地进行比较大规模的"清剿""扫荡"以来,整个华北正处在严重的"扫荡"之中;太平洋战争爆发后,日伪军对抗日根据地的军事进攻是不会松懈的,与敌人和平相处基

---

① 中央档案馆编:《中共中央文件选集》第 13 册,第 272、273 页,中共中央党校出版社,1991 年版。
② 中央档案馆编:《中共中央文件选集》第 13 册,第 518 页,中共中央党校出版社,1991 年版。
③ 日本防卫厅战史室编:《华北治安战》下册,天津市政协编译组译,第 72 页,天津人民出版社,1982 年版。
④ 日本防卫厅战史室编:《华北治安战》下册,天津市政协编译组译,第 100、101 页,天津人民出版社,1982 年版。

本上是不可能的,全华北各个抗日根据地均必须经常有反"扫荡"之准备,坚决反对敌人的进攻;从各方面所得材料,证明敌人此次对我各个地区的"扫荡",是有整个计划的。敌抽出一定的机动兵团,向我各个地区进行反复的清剿"扫荡",提出所谓以"消灭我之生存条件"为目的的作战方针,这和过去任何一次"扫荡"均有不同。在敌人的严重"扫荡"中,可能产生对积蓄力量的曲解,可能把积蓄力量曲解为不寻求一切机会去打击敌人、杀伤敌人、疲劳敌人。应当把积蓄力量和削弱敌人联系起来,削弱敌人也就是生息自己,要积蓄力量生息力量,就必须积极地开展对敌斗争。

同时,强调指出:必须派武装工作队,携带大批宣传品,到敌占区及各联络公路沿线去工作,对这一工作表示迟缓和进行不力是不对的。

对于反"扫荡"的作战指导,应以破坏日伪军长期"扫荡"与分散"清剿"为目的:

第一,当敌主力进入我腹地后,我军主力部队应大胆向敌之重要交通线上,特别是进入我抗日根据地之敌人的后方乘虚积极活动,破路翻车,袭击敌据点,消灭伪组织,破坏日伪金融,打击敌之移动运输部队,断敌交通……

第二,应以主力部队从正面向敌之临时补给线上活动,打击敌运输队,中断其后方供给。

第三,另以一部兵力配合地方部队及人民武装,向深入我腹地之敌开展大规模之游击战争,给敌不断消耗与损失,使敌坐卧不宁,不敢分散,不敢"清剿"。

第四,在有利条件之下,亦不放弃集结较大兵力消灭敌之一股或一路,但一般在"扫荡"末期为宜。

华北敌后各抗日根据地军民,遵照上述指示精神,展开了艰苦的对敌斗争。

太行、太岳和晋西北抗日根据地军民的春季反"扫荡"作战 2月上旬开始,日军华北方面军以第1军和方面军直属部队各一部共3万余人,"在山西全境进行剿共作战,企图击溃共军和彻底摧毁其根据地,获得并搬运其武器和物资,以便扩大治安地区的范围"[1]。其具体部署是:以第36师团主力,独立混成第1、第4、第8旅团和伪军各一部共1.2万余人,进攻中共中央北方局、八路军总部和第129师及

---

① 日本防卫厅战史室编:《华北治安战》下册,天津市政协编译组译,第18页,天津人民出版社,1982年版。

其太行军区所在的太行抗日根据地桐峪、洪水、王家峪地区；以第 41 师团主力计 7000 余人，奔袭八路军第 129 师太岳军区领导机关所在的太岳抗日根据地唐城、郭道地区；以独立混成第 16、第 3 旅团主力，共 9000 余人，分别奔袭第 120 师兼晋西北军区领导机关所在的晋西北抗日根据地兴县和第 2 军分区、暂编第 1 师所在的保德地区；以独立混成第 4 旅团和第 110 师团一部配合作战。

这次春季"扫荡"的特点是："以大部队从正面广阔展开包抄，然后逐步缩小包围圈"；采取远处集结、声东击西、避开有名道路和村庄、进行便衣侦察等手段，隐蔽企图；"夜间采取大规模的灵活行动，乘敌不备，在拂晓前完成包围或隔断敌人"，即奇袭包围的方法；以适当兵力，"限制在某种程度的小地区，形成细小的网眼，必要时可以反复进行彻底的局部包围"；向某方向佯动前进"以欺骗敌人，在适当时机，迅速掉头来进行攻击"，即"反转攻击法"。①

因此，这次春季"扫荡"是非常残酷的，"反复奔袭抗战首脑机关"。"日寇曾在抗战区采取'三光'政策，此次更为厉害，对壮丁捉走，女子掳走，老弱者杀之，牲畜牵走，不能走者杀而食之，食不完者放毒，房屋烧毁，财物抢走，生产工具搬走，不能搬走者毁灭之，埋藏者挖出，特别是对兵工设施的毁灭尤为重视。残存房屋还遗放毒质。其目的在于摧毁我军民的生存条件，造成无人区，以便抗战自趋没落，特别在我们军民血肉团结求解放的斗争中，兽性的强盗认为须如此。"②

面对日伪军的"扫荡"，八路军第 129 师师部率第 385 旅、新编第 1 旅、太行军区、第 386 旅、第 212 旅，第 120 师兼晋西北军区以第 358 旅和第 2、第 4、第 5、第 8 军分区部队，分别对当面之敌，采取"敌进我进"、内外线结合的反"扫荡"作战方针，以主力一部，结合地方部队和民兵，在内线广泛袭击、伏击"清剿"的日伪军；另以主力一部组成若干轻便支队，深入敌占区，乘虚袭击日伪军据点和交通线。在内外线军民的打击下，"扫荡"太岳和太行、晋西北抗日根据地的日伪军，被迫于 3 月上旬撤退。太行军区第 3 军分区司令员郭国言、第 6 军分区司令员范子侠光荣牺牲。八路军共作战 600 余次，歼日伪军 4000 余人。

5 月 14 日，日军第 1 军第 69 师团以第 85 大队和伪军共 700 余人，由岚县东

---

① 日本防卫厅战史室编：《华北治安战》下册，天津市政协编译组译，第 20、21 页，天津人民出版社，1982 年版。
② 刘伯承：《总结太行军区 1942 年 2 月反"扫荡"军事经验教训》，1942 年 3 月。

村、寨子出发,再次奔袭驻兴县的中共晋西北党政军领导机关。八路军第 120 师兼晋西北军区领导机关决定:以小部队及游击队,沿途袭扰、消耗和疲惫日伪军,待日伪军深入根据地后,则集中兵力相机歼灭之;领导机关、学校和群众,撤出城外,实行空室清野。

17 日拂晓,日伪军进至兴县城。由于第 120 师早有准备,日伪军扑空,遂于同日中午撤出兴县城,向东南逃窜。18 日上午,日伪军逃至二京山,遭到第 358 旅第 716 团和工卫旅的迎击。在遭到前堵后追、两侧截击的不利情况下,日伪军时而转向西南,时而回转东南,于同日夜被包围在兴(县)岚(县)临(县)边界地区的田家会。19 日 18 时 30 分至 21 时,经两个半小时的激战,第 120 师兼晋西北军区以伤亡 75 人的代价,歼日伪军 700 余人,取得了田家会战斗的胜利。

冀东、冀南抗日根据地军民反"扫荡"作战　日军华北方面军在制定 1942 年度"肃正"作战计划时,认为:"冀中地区是河北省中部的粮仓地带,在战略上、经济上居于重要地位,中共势力已经在此根深蒂固。"[1]因此,把冀中抗日根据地作为上半年"扫荡"的重点地区。

为使敌后军民"误认为例行的春季讨伐,并且兼起佯攻牵制的作用,以配合 5 月开始的冀中作战"[2],日军华北方面军从 4 月开始,分别"扫荡"了冀东和冀南抗日根据地。

4 月 1 日,日军华北方面军以第 27 师团主力、独立混成第 15 旅团和关东军、伪军各一部,共 3 万余人,对冀东抗日根据地进行大规模"扫荡"。首先,东自冷口经建昌到滦县,西起古北口沿潮河至密云、三河,南由滦县沿北宁路到芦台、宝坻,北从冷口沿长城经三道河至古北口,构成严密包围圈,切断冀东与其他地区的联系;然后,重点指向丰(润)玉(田)遵(化)和丰(润)滦(县)迁(安)地区,以讨伐队进行突袭,破坏窑洞和地道,搜索中共冀东党政军领导机关和主力部队。

晋察冀军区第 13 军分区,除留一部主力即第 12 团第 2 营在丰滦迁、迁滦卢,第 13 团第 2 营(欠一个连)在蓟(县)宝(坻)三(河)地区,在地方部队、群众抗日队、游击小组的配合下,以分散的游击战疲惫消耗日伪军外,主力大部积极转向外线

---

① 日本防卫厅战史室编:《华北治安战》下册,天津市政协编译组译,第 131 页,天津人民出版社,1982 年版。
② 日本防卫厅战史室编:《华北治安战》下册,天津市政协编译组译,第 130 页,天津人民出版社,1982 年版。

越过长城,进到热(河)南地区,破袭敌之公路、铁路,牵制日伪军,并相机回师打击日伪军。

4月3日,第12团第4连和警卫第2连在遵化东南夜明峪,遭日伪军3000余人包围,虽打退日伪军10余次冲击、歼日伪军数百人,但终因敌我兵力悬殊,第13军分区政治部主任刘诚光等200余人牺牲,仅40余人利用夜暗突围。4月18日,日伪军4000余人,包围军分区卫生部门所在地遵化以南鲁家峪、炉子峪和阎王峪地区。随后,采用施放毒气、堵塞洞口等办法,搜剿半个月,残害抗日军民190余人。

坚持内线基本区作战的冀东军分区第12团第2营和第13团第2营主力及地方部队,一个月作战20余次,歼日伪军100余人,缴步枪113支。转到外线热(河)南地区的部队,破袭了锦(州)承(德)铁路、承(德)兴(隆)公路,并连克平泉以南亮甲台、承德以南榆树沟等据点,有力打击了日伪军。

5月初,日伪军将"扫荡"重点转向西部蓟(县)平(谷)密(云)、蓟宝(坻)三(河)和长城沿线地区,同样遭到了冀东军分区内外线部队的打击。5月底,"扫荡"被迫结束。但抗日根据地损失也很严重,许多村庄被洗劫一空,2万余青壮年被抓到中国东北、日本当苦工,约2万名群众遭屠杀。

日军华北方面军第12军在"扫荡"冀南之前,"特别注意彻底隐蔽其企图,极力以假计划、假命令、散布流言等,欺骗敌人,真实命令一概限用口头传达"[1]。其部署是:以独立混成第1旅团主力,位于曲周附近;独立混成第7旅团,位于武城以北;独立混成第8旅团一部,位于武城以西;第35师团,位于濮阳附近。

4月29日7时,日军第12军以独立混成第7旅团和华北方面军直辖的独立混成第1、第8旅团及伪军各一部或主力,共1.2万余人,对驻武城北的中共冀南党政军领导机关、主力部队和第6军分区及在邢(台)济(南)公路沿线地区的第4军分区部队,展开大规模"扫荡"。其特点是:临时编成骑兵、汽车中队,利用拂晓进行急袭,以轻快移动构成包围圈等。

至14时,八路军第129师新编第7旅一部和冀南军区特务团、骑兵团、第6军分区部队、新编第4旅、第4军分区部队,分别在武城北和威县南的香城固、下堡寺

---

[1] 日本防卫厅战史室编:《华北治安战》下册,天津市政协编译组译,第136页,天津人民出版社,1982年版。

地区，与日伪军激战后，掩护党政军机关突出重围。但第 4 军分区司令员杨宏明、政治部主任孙毅民和新编第 4 旅政治部副主任陈元龙光荣牺牲。

接着，日伪军展开了残酷的"清剿"，血洗村庄、大捕壮丁，碉堡、据点不断增加，严重摧残冀南抗日根据地，给大部队活动带来很大困难。5 月 7 日，日伪军开始从冀南抗日根据地撤退。随后，冀南军区决定：实行主力军地方化，主力旅与军分区合并，紧缩领导机关，抽出部队加强对地方游击队和主力部队分遣小部队的领导，继续坚持敌后平原游击战争。

冀中抗日根据地军民反敌五一大"扫荡"作战　日军华北方面军在"扫荡"冀东、冀南前后，对冀中地区的人口、面积、道路、河流、农产品品种，八路军的兵力及

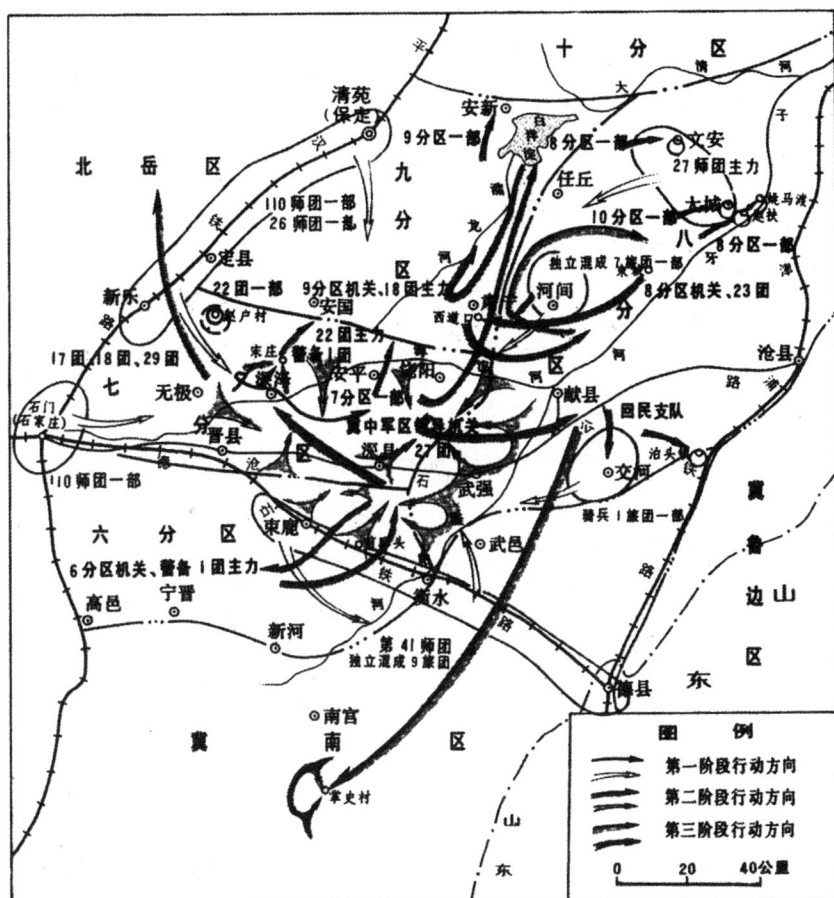

冀中抗日根据地军民反敌五一大"扫荡"作战要图(1942 年 5 月 1 日—7 月初)

活动情况,进行了大量调查,加紧进行大"扫荡"的准备工作。其认为,5 至 6 月间,河水"水量缺乏时,即不成障碍";到 5 月下旬,像高粱、玉米等高秆作物,"对射击虽然有些妨碍,但部队的了望和通行并无不便"。①

华北方面军通过调查,认为冀中抗日根据地的特点是:第一,"尽管我方武装扫荡目标指向敌方基干部队,但在广泛地区分散存在的小股兵力是很难捕捉的"。因此,"必须隐蔽作战意图,予以突然急袭"。第二,"我方剿灭的对象虽为此等武装,但由于他们之中大部分与生产完全结合在一起,致使匪民难分,而且由于其依靠动员民众成立的联防组织,使我方难以进行远距离的包围奇袭"。第三,"在邻接的非治安区中间,隔有治安地带,其中村民或中国方面的团体在表面上做出协助我方的态度,暗地里却进行资敌工作,致使我方人员、物资的移动以及切断敌人的联络都很困难"。②

这次"拉网式"大"扫荡"的方针是:"对以吕正操为司令的冀中地区的共军主力,进行突然袭击的包围作战,摧毁其根据地,同时在政治、经济思想上采取各种措施,以便将该地区一举变为治安地区。"③其部署是:以独立混成第 7、第 9 旅团,第 26、第 41、第 110 师团一部或主力和骑兵第 1 旅团第 13 联队,为直接参加作战部队,置于新乐、定县、保定、安国、博野、蠡县、肃宁、河间及德石铁路沿线地区;以第 27 师团主力和第 110 师团一部,为配合作战部队,共 5 万余人。

针对日伪军动向,中共冀中区委和第 3 纵队兼冀中军区曾多次发出指示,要求军民做好物质、精神上的准备。各部队普遍拟定了对敌活动方案,划分了活动区域,疏散机关、医院等后方单位,进行了紧张的准备工作。

5 月 1 日至 13 日,为敌之"扫荡"、我之突破"铁环阵"向外线转移的第一阶段。日军华北方面军首先从"扫荡"冀中抗日根据地的边缘区开始,以独立混成第 7 旅团一部突然袭击肃宁以北和滹沱河以北地区,以独立混成第 9 旅团和骑兵第 1 旅团第 13 联队"扫荡"德石铁路以南地区,以第 110 师团一部包围袭击潴龙河以北、安平以北和滹沱河以北地区。然后,增加兵力,稳进稳扎,向中心压缩,沿公路、铁

---

① 日本防卫厅战史室编:《华北治安战》下册,天津市政协编译组译,第 140、141 页,天津人民出版社,1982 年版。
② 日本防卫厅战史室编:《华北治安战》下册,天津市政协编译组译,第 147 页,天津人民出版社,1982 年版。
③ 日本防卫厅战史室编:《华北治安战》下册,天津市政协编译组译,第 148 页,天津人民出版社,1982 年版。

坚持反敌五一大"扫荡"作战的第 3 纵队兼冀中军区部队一部在反"扫荡"结束后合影

路、河流和据点,逐步构成一个环绕中心区深县、武强、饶阳,安平、献县的所谓"铁环阵"。反复巡逻,实行严密封锁和包围。

5 月 7 日,中共冀中区委和第 3 纵队兼冀中军区联合发出《敌"扫荡"冀中与我之对策》的指示,指出:反"扫荡"的总方针,在于发动全民武装自卫,展开广泛的全面的游击战争,进行全面的坚持。一方面要求在目前严重的形势下,尽可能地保持军民人力、物力,避免被"扫荡"之敌摧残。另一方面要抓紧一切可能,积极扼住阵地,以消耗敌人,降低敌人破坏的程度。要求主力除留必要一部分分散坚持外,应迅速先机跳出外线,伸向反"扫荡"作战重点及敌后空隙,积极向敌主要点线袭扰。在内线分散的主力军与地方军,中心任务在于领导民兵和群众武装,积极开展游击战争,打击敌之捕捉、烧杀,抢救群众,抢救资财,配合地方坚持工作。

在日伪军重兵围攻的情况下,中共冀中区委、第 3 纵队兼冀中军区的警备旅兼第 6 军分区,第 7、第 8、第 9 军分区机关各一部,第 23、第 27、第 30 团和警备第 1 团、骑兵团,抗大第 3 团、第 18 团各一部,被迫退入深(县)武(强)饶(阳)安(平)中心区,陷于拥挤、被动的局面。

5月11日起，日伪军在飞机的配合下，采取多路并进的"拉网战术"，梯次配备，加大纵深，连续合击晋县、深泽、安平、饶阳、武强、深县、束鹿地区。进入抗日根据地腹心区后，逐村"扫荡"，全面展开，一旦一路与八路军接触，其他各路纷至沓来，企图捕捉中共冀中党政军领导机关和主力部队。

由于日伪军没有确定的目标，中共冀中党政军领导机关和主力部队，乘隙分路向滏阳河以东、滹沱河以东、德石铁路以南、沧石公路以北转移。11日晨，警备旅兼第6军分区机关一部、警备第1团第2营、第40区队，在深县南部的东西景萌地区遭日伪军合围。12时许，日伪军8000余人由武强、衡水、武邑出动，逼近我军。除第40区队突围外，被围我军以仅一个营的兵力，战至18时，打退了日伪军在飞机、坦克配合下的猛攻，毙日伪军200余人。至13日，中共冀中党政军领导机关和部队大部突破敌"铁环阵"，转至外线。但第3纵队兼冀中军区政治部宣传部部长张仁槐、警备第1团政治委员陈德仁光荣牺牲。

5月14日至6月初，为敌实行"压倒战"、我进行内外线配合作战的第二阶段。5月14日后，日军华北方面军集重兵，凭借优势兵力，分多路，利用快速交通工具，连续在晋县、深泽、安平、肃宁、河间、深县、束鹿地区袭击第3纵队兼冀中军区向外突围的部队。利用骑兵、自行车队，穿树林、蹚麦田，搜剿隐蔽在野外的干部和群众。同时，留出机动部队，隐蔽在主要点线，待第3纵队兼冀中军区主力回到中心区后，实行"压倒战"。

冀中军民艰苦奋战，顽强斗争。有的部队一次次被敌人冲散，又一次一次地集合起来；几个被冲散的单位，立即组成一个新的战斗集体；上一级指挥员伤亡了，下一级就主动指挥。在反"扫荡"斗争十分紧张的时候，中共中央北方局和华北军分会于5月20日指出："冀中大规模'扫荡'正在急剧发展，日益过〔达〕程〔到〕'扫荡'的高潮"，"必然是目〔空〕前艰苦与严重的"。同时，"由于冀中区有五年来抗日平原游击战争的基础与经验，有广大群众斗争的发展，我们相信冀中区是有力量与有把握来粉碎敌人任何残酷的'扫荡'。但这种空前艰苦与空前严重的情况下，就要求冀中全区的党政军民学加强密切的团结，以最大的顽强性与毅力坚持斗争到底"。①

---

① 中国人民解放军历史资料丛书编审委员会：《八路军·文献》，第800页，解放军出版社，1994年版。

第 3 纵队兼冀中军区的警备旅兼第 6 军分区、第 8 军分区机关及主力各一部，先后于 23、24 日，分别在深县南部和河（间）肃（宁）公路以南西道口地区，遭日伪军合围，展开浴血苦战。分散在中心区的党政军人员，带领群众和民兵游击小组，顽强地同日伪军周旋，隐蔽物资，收容失散人员，掩护战斗部队转移，坚持斗争。

为配合中心区的斗争，转至外线的第 7 军分区第 17、第 22 团，在民兵的配合下，以班、排为单位，分散活动在深泽、无极、新乐、定县地区，或依托村落，或利用地道，或隐蔽在路旁，伏击、袭击、迎击、阻击日伪军。至 6 月初，共进行大小战斗 94 次，毙伤日伪军 1000 人。但在 5 月 27 日的定县北疃战斗中，由于地道设备不完善，定县大队和群众 800 余人，被敌用毒气毒死在地道中，制造了北疃惨案。转至沧县杜林地区的第 8 军分区部队和回民支队，袭击了津浦铁路，炸毁敌火车两列。转至大清河以南、任丘以北地区的第 9、第 10 军分区部队各一部，依托白洋淀的水泊、苇塘，时而水中、时而陆上，灵活机动地杀伤和消耗日伪军，袭击了敌安新、大城县城。

6 月初至 7 月初，为敌之"清剿"、我之向外转移和反"清剿"的第三阶段。6 月初起，日军华北方面军一方面以二分之一的兵力，控制平汉、津浦、德石铁路和沧石公路等冀中周围的主要交通干线，利用机动位置和稠密的点线，实行封锁、阻拦和围追堵截，反复奔袭我主力部队和领导机关；一方面以二分之一的兵力，加紧在抗日根据地中心区，捕捉我方留下的武装、地方干部、失散人员，破坏党政民组织，并利用"新民会""宣抚班"等汉奸组织，欺骗群众，逐村逐户搜查，疯狂进行"清剿"。

当时，冀中地区的我军处于高度分散的状态。中共中央晋察冀分局和晋察冀军区于 6 月 10 日指出：今后冀中环境，已不可能有过去一样大块地区，而是在敌之严重封锁分割下，变成多数小块，今后我们在这些小块地区互相配合、互相联系，坚持平原的小块的游击战争，这是冀中今后游击战争的新特点。因此，必须大力加强外翼工作与东部工作，作为我们的基点与今后恢复中心区的据点，并在中心地区与外翼环境日益严重地区，改变组织形式与斗争形式，使之适合于新的斗争环境。中共冀中区委、第 3 纵队兼冀中军区先后于 6 月 4 日、11 日和 21 日，多次作出决定和发出指示：主力部队继续向外转移，基干团和地区队也可相机外转，自拟路线、自定时间；补充的新战士，要随走随收；留下的工作人员，要广泛运用革命的两面政策,坚持小型隐蔽的武装斗争。

遵照上述指示精神,各军分区机关率主力,分多路选择敌之兵力薄弱的地区,避实就虚、灵活穿插,先后向外线转移,进行了宋庄和掌史村等战斗。6月9日,第3纵队兼冀中军区第22团、警备旅第1团、骑兵团和地方部队、民兵各一部,共1000余人,在深泽城北宋庄,依托村落,构筑了四道防御工事,自9时至15时,经过30余次的反复争夺,打退了日伪军300余人至2000余人的进攻,歼其863人,这就是有名的宋庄战斗。6月12日,中共冀中党政军领导机关一部率第27团主力,在冀南南宫和威县之间的掌史村,遭到日伪军100余人至1300余人的围攻。我方则组织部队和机关勤杂人员一起参战,冒着敌施放的毒气,有的多次负伤不下火线,阵地几次失而复得,战至22时,伤亡90余人,毙伤日伪军300余人,迫使其停止了进攻。

至7月初,中共冀中党政军领导机关和主力部队,风餐露宿,几经曲折,连续苦战,终于突破日伪军重围、封锁,胜利转移到外线预定地区。中共冀中党政军领导机关、第27团、警备旅第1团、抗大第3团、骑兵团、回民支队,先后转至冀鲁豫和北岳区;第17团(欠一个营)、第18团、第29团,转至北岳区;警备旅第2团,转到太行区;第23团,转至冀鲁边区。在向外线转移的过程中,第8军分区司令员常德善、政治委员王远音,第9军分区政治部主任袁心纯,第18团政治委员钟洲、副团长焦玉礼,第30团团长高德宣英勇牺牲。

在领导机关、主力部队向外线转移的同时,留下的武装部队、地方干部等,依靠英雄的冀中人民,冒着敌人严密搜寻的危险,顽强地坚持着斗争。有的群众,在家里挖地洞、垒夹墙,甚至为掩护我军伤病员、地方干部及失散人员,将其认作家人;有的群众,宁肯受灌凉水、压杠子之苦,也不愿供出枪支和粮食藏在何处。深南县王家铺27名被捕群众,连续被日伪军杀了14名,始终没有一人妥协。深南县蔡家张村群众被逼修路,先后8人被治死,村长则带领群众挥镐抢锨地弄死了几个敌人。至7月初,历时2个多月的反"扫荡"作战结束。

自5月1日至7月初,第3纵队兼冀中军区部队,在广大人民群众支援下,在2个多月的反"扫荡"作战中,共作战272次,毙伤日伪军1.1万余人,粉碎了日军华北方面军消灭中共冀中领导机关和主力部队的企图,得到了保存。冀中地方游击队和抗日两面政权,团结广大人民群众,仍在继续坚持平原抗日斗争。

　　然而,部队和抗日根据地的损失是严重的。第 3 纵队兼冀中军区部队减员达 46.8％,地方干部被捕、牺牲很多,群众伤亡和被抓共 5 万余人。日伪军据点增到 1635 个,公路增到 6000 余公里,封锁沟墙增到 3000 余公里,冀中抗日根据地被分割成 2670 余块,大部变为敌占区,部分成为游击区,出现了"抬头见岗楼,迈步上公路,无村不戴孝,处处闻哭声"的悲惨景象。

　　粉碎敌夏季"扫荡"和打破敌第四次"治安强化运动"　与对冀中的"扫荡"相呼应,日军华北方面军第 1 军,从 4 月上旬起,就开始了对太岳、太行抗日根据地的夏季"扫荡"准备:实行新的编制,"在战术上加以革新,并且实行了准备训练"。其新的编制是以步兵大队为单位,编成支队。步兵大队一般包括 3 个步兵中队(每中队 80 名或 90 名)、1 个机枪中队、1 个作业小队(约 20 名)、1 个俘虏工作队(队长由下级军官担任,每队 10 名,负责收集、调查情报和管理居民、俘虏)、1 个特务工作队(约 20 名,队长由宪兵下级军官担任,全员武装,负责在"进攻时担负挺进和搜索任务,在支队转移分散部署之后,担负搜捕敌人首领、剔抉地下组织以及扫荡村庄内部等任务"),还组成了特别挺进杀入队和政治宣传队等组织。① 同时,预定这次夏季"扫荡",分为三期实施。

　　针对敌之夏季"扫荡",八路军第 129 师借鉴春季反"扫荡"经验,加强了战备工作:进行了紧急动员,在日伪军可能进犯的途中设置秘密情报通信所,派出部队干部协助地方党政机关指挥民兵作战等。

　　5 月 14 日,日军华北方面军第 1 军以第 36 师团主力和第 69 师团一部,共 7000 余人,在飞机的配合下,以"反转电击"的战法,重点"扫荡"太岳南部的东西峪地区。活动在这一地区的八路军第 129 师第 386 旅主力,先敌转至外线,威胁临(汾)屯(留)公路敌交通线。日伪军扑空后,以第 36 师团主力于 19 日转向太行北部地区,留第 69 师团一部继续"扫荡"。但在第 386 旅第 16、第 772 团一部的打击下,"扫荡"之日伪军被迫于 28 日撤回浮山、府城据点,结束了对太岳南部地区的"扫荡"。

　　日军华北方面军第 1 军于 5 月 19 日,以第 36 师团,独立混成第 3、第 4 旅团

① 日本防卫厅战史室编:《华北治安战》下册,天津市政协编译组译,第 176、177 页,天津人民出版社,1982 年版。

主力和独立混成第 1、第 8 旅团各一部,共 2.5 万余人,分别由平定、昔阳、井陉、元氏、赞皇和长治、武乡、辽县、武安等地出动,于 24 日进至峻极关、上庄、下庄和黎城、砖壁、桐峪、阳邑地区,从东、北、西、南四面,构成对中共中央北方局和八路军总部所在的太行北部窑门口、南艾铺、青塔、偏城地区的合围。25 日,日军在 6 架飞机和大炮的猛烈炮火配合下,向南艾铺发起攻击。中共中央北方局和八路军总部机关大部分人员在第 385 旅第 769 团一部掩护下,经激战,分南、北、西三面突出重围。但在突围中,八路军副参谋长左权在十字岭指挥战斗时,壮烈殉国。这是全国抗战以来,我党我军牺牲的最高将领,是一重大损失。

1942 年 5 月 25 日,八路军副参谋长兼前方总部参谋长左权在山西辽县麻田附近指挥部队进行反"扫荡"作战时英勇牺牲。这是左权的遗像

左权,1905 年 3 月 15 日诞生在湖南醴陵县平桥乡的一个贫苦农民家庭里。从上中学起,就参加了共产党领导下的进步团体,立志寻求救国救民的真理。1924 年 11 月,入黄埔军校第一期学习,被周恩来称赞为优秀学生。1925 年 1 月,光荣地加入中国共产党。黄埔军校毕业后,参加了讨伐陈炯明的东征,任排长、连长,初立战功。1925 年 12 月,被选派到苏联,先后入莫斯科中山大学、伏龙芝军事学院学习。1930 年 6 月,奉调回国后,由上海赴苏区工作。1930 年 12 月,任红军第 12 军军长。1931 年春起,历任红一方面军总部作战参谋、参谋处长,红五军团第 15 军政治委员、军长,为贯彻古田会议决议精神、教育和改造部队,作出了贡献。1933 年 12 月,任红一军团参谋长,在开辟和发展中央革命根据地及二万五千里长征的作战中,屡建战功。1936 年 5 月,代理红一军团军团长。1937 年 2 月,任红军前敌总指挥部参谋长。1937 年 8 月 25 日任八路军副参谋长,1938 年 12 月兼任前方总部参谋长,率部开展敌后抗日游击战争,多次参与指挥了反"扫荡"、反"蚕食"、反"治安强化运动"的斗争，为创建、发展、巩固和坚持华北抗日根据地，壮大八路军和人民力量，建立了不可磨灭的功绩。1942 年 5 月 25 日，左权殉国后，八路军总司令朱德赋诗悼念："名将以身殉国家，愿拼热血卫吾华。太行浩气传千古，留得清漳吐血花。"随后，为纪念左权，晋冀鲁豫边区政府于 9 月 18 日决定改山西省辽县为左权县，在河北省邯郸市晋冀鲁豫烈士陵园建立了左权纪念馆和纪念墓。

1942 年 5 月 26 日，日军转入"辗转清剿"，进行反复无定的穿插合击，并假装妇女喊叫、儿童啼哭等，疯狂诱捕我地方干部、群众，抢掠资财。对此，太行、太岳敌后军民，向辽县至黄漳、潞城至黎城、武安至偏店等日伪军补给线和城镇据点，实施破袭。5 月 30 日，第 385 旅第 769 团一部，在 40 余名民兵的配合下，严密组织火力，充分发挥地雷、滚石的作用，在苏亭镇成功伏击由粟城向辽县的日伪军运输队，歼其 140 余人，缴获骡马 80 余匹，受到了刘伯承的称赞。31 日，新编第 1 旅组成的突击营，奇袭长治敌飞机场，毁飞机 3 架、汽车 14 辆、油库 2 座。第 385 旅另一部，一度袭入五阳、黄碾等据点。与此同时，太行、太岳基干武装和民兵，破袭平汉、正太、同蒲、白晋等铁路 20 余公里，炸毁日军火车 3 列、汽车 27 辆，克据点 29 处，摧垮伪组织 340 余处，狠狠地打击了日伪军。

"扫荡"太行北部的日军在撤至邯（郸）长（治）公路沿线及清漳河两岸地区后，于 6 月 9 日以第 36 师团，计 1.2 万人，分 20 余路合击驻太行南部涉县西南石城、黄花地区的八路军第 129 师直属队和新编第 1 旅一部。我军适时隐蔽于机动位置，待机乘夜暗从敌隙中跳出合围圈。日军扑空后，于 20 日撤退。

自 5 月 15 日至 6 月 20 日，太行、太岳敌后军民的夏季反"扫荡"作战，历时 38 天，共歼日伪军 3000 余人，粉碎了其围歼中共党政军领导机关和部队主力的企图，坚持了抗日根据地。抗日根据地人民，表现出了坚贞不屈的精神：涉县寨上 39 名群众，被敌用开水烫死，仍正气凛然；庄上村一老汉，带着敌人故意绕道，保护了在山上隐蔽的 1000 余民兵的安全，最后死在敌人屠刀之下。

在进行上述春、夏季"扫荡"的同时，日军华北方面军自 3 月 30 日至 6 月中旬，发起了为期两个半月的第四次"治安强化运动"。这次"治安强化运动"，"以过去三次治安强化运动所收获的综合成果为基准，由华北政务委员会领导，以新民会为实践运动的核心力量，方面军和兴亚院联络部予以合作，大力动员全体民众，特别要促进警备队的积极行动、民众的组织化和武装训练与保甲训练等"。其目标是:"东亚解放""剿共自卫""勤俭增产"。企图与春、夏季"扫荡"作战"形成一体,极力扩大治安地区"。①

为了粉碎日伪军"扫荡"、反对其"蚕食"和第四次"治安强化运动",争取对敌斗争的主动权,华北抗日根据地军民实行了"敌进我进"的对敌斗争的指导方针。在中共中央北方局和八路军总部的统一指挥下,晋察冀军区和第115、第120、第129师等,普遍组织由部队中的中下级干部、模范战士,地方干部,敌工人员和日人反战同盟成员组成的武装工作队、武装宣传队和小部队。其成员既是战斗员、又是宣传员;既能单独作战,又能独立进行政治活动。他们携带宣传品、慰问品等,隐蔽越过敌人封锁线,挺进敌占区,开展军事、政治、经济和文化等各方面的全面对敌斗争。有的小部队,采取除首恶、攻心战、记红黑点活动。这样,深入敌后之敌后,开展军事、政治、经济、思想和文化斗争,发挥党政军民的整体力量,尤其是连续发动政治攻势,打击与分化、瓦解日伪军,建立隐蔽的抗日根据地,变敌之后方为其前线,将斗争焦点引向敌占区,加深了日伪军中的厌战情绪,致使酗酒、逃跑、自杀事件增多,有力地配合了抗日根据地军民的反"扫荡"作战和反"蚕食"斗争,打破了敌第四次"治安强化运动"。

三、八路军粉碎日伪军秋冬季"扫荡",打破敌第五次"治安强化运动"

日军华北方面军于1942年7月下旬、8月初、9月下旬,分别以1万余人的兵力,先后对晋绥抗日根据地大青山区、晋察冀抗日根据地冀东区和冀鲁豫抗日根据地中心区濮(县)范(县)观(城)地区,进行"扫荡"。如对冀东区"扫荡",采取的办法是:

(一)大力开展宣抚工作,扩大居民的保甲自卫组织。

(二)剔抉共军的潜伏分子、地下组织和秘密交通线。

(三)构筑隔断壕、碉堡、城寨等以防止敌人侵入和移动(规模最大的隔断壕是为了封锁以铁厂镇为中心的根据地,完全包围了通到遵化、丰润、沙河镇、迁安西方地区,长约二百公里)。

(四)设置无人区,为了隔断与满洲国的出入,在长城内侧由马兰峪(遵化以西约三十公里)到建昌(迁安以北约二十公里)附近,使宽约四公里、长约一

---

① 日本防卫厅战史室编:《华北治安战》下册,天津市政协编译组译,第119页,天津人民出版社,1982年版。

百公里的带状地区成为无人区，将原有的村庄迁并到别处。①

据参加"扫荡"冀东的日军第 27 师团中国驻屯步兵第 2 联队记载，共"构筑了隔断壕 245 公里、其他封锁线工事 74 公里，共计 319 公里；棚舍 132 个、碉堡 3 个、城寨 18 个、关卡 2 个，共计 155 个。此项工事共用 52 天，作业人员达到 1,957,000 人次。并新架电话线 258 公里，维修 153 公里，共计 411 公里；新建汽车公路 83 公里，补修 392 公里，共计 475 公里。长城无人区包括 76 个村、1235 户、6454 人；暂时无人村 28 个、2342 户、12036 人"②。

在敌众我寡的情况下，被"扫荡"的中共大青山、冀东和冀鲁豫中心区的党政军机关和部队，除以大部转至其他地区粉碎敌之"扫荡"外，以一部改变组织形式与斗争形式，化整为零、分散活动，带领群众继续坚持原地斗争。

为了扩大春、夏季以来"扫荡"作战的战果，进一步扩大、巩固治安圈，日军华北方面军利用伪华北政务委员会，自 10 月 8 日至 12 月 10 日，大力推行了以"灭共"为主、在军事上以连续不断的"治强战"即全面"扫荡"为主要内容的第五次"治安强化运动"。其方针："继承以往运动的精神，以期逐渐扩大战果，同时应特别注意与军事工作相配合

晋绥军区塞北军分区司令员姚喆(左 1)等在大青山反"扫荡"中

的文化工作，并且要使目标及施策的内容与民众生活相结合，以促进和加强其主动的活动，以日华军、政、会、民真正上下一体的总体力量，开展讲求伦理的国民运动，使治安强化达到空前飞跃的时期。"其指导要领："在本运动的各个部门，大力开展以青少年男女为主要对象的运动。为此，除特别要对各级学校进行积极的工作外，并要灵活运用宗教团体及社会教育设施的教化宣传力量。"其

---

① 日本防卫厅战史室编：《华北治安战》下册，天津市政协编译组译，第 214 页，天津人民出版社，1982 年版。
② 日本防卫厅战史室编：《华北治安战》下册，天津市政协编译组译，第 215 页，天津人民出版社，1982 年版。

口号:完成大东亚战争,"剿灭共匪,肃清思想!"①

10月中旬开始,日军华北方面军分别以1.6万和1.5万余人的兵力,对太行北部、太岳北部和鲁中沂蒙山区、胶东栖(霞)牟(平)海(阳)边的牙山、马石山区及平(度)招(远)掖(县)莱(阳)边区进行"扫荡",企图消灭中共党政军领导机关和主力部队。太行军区、太岳军区、山东军区及其胶东军区,采取内线坚持与外线出击相结合,主力军、地方军和民兵相结合的形式,展开广泛的群众性游击战争,迫使"扫荡"的日伪军先后于11月中旬和12月底撤回原据点,从而打破了以"治强战"为主要内容的第五次"治安强化运动"。

但是,敌后抗日军民也遭受了严重损失。山东军区机关由滨海甲子山区于11月2日转至沂蒙山区的南墙峪时,再次遭日伪军合围,虽分路突出重围,但担任掩护任务的特务营大部壮烈牺牲。25日,在胶东马石山区未来得及转移的500余名群众全部被杀害,称为马石山惨案。

与此同时,日军在对太岳北部抗日根据地进行"扫荡"时,以第69师团的一个大队和部分伪军侵占了沁源县城。我沁源地方部队和民兵,在太岳军区主力一部配合下,自1942年11月11日至1945年4月11日,共作战2730次、毙伤日军4000余人,围困沁源日军两年半之久,创造了一面生产、一面战斗的群众性长期围困战的范例。

四、八路军的反"蚕食"斗争

1942年,日军华北方面军在对抗日根据地进行"扫荡"、推行"治安强化运动"的同时,继续疯狂地进行"蚕食"。其目的"就是要使我抗日根据地变质,就是把我占区变为敌占区,同时要在其统治的区域中,消灭我武装力量的存在,改变与征服我国人民的爱国心与民族意识,以达到他确实掌握占领地的目的"。其内容"非常复杂,不简单是军事斗争,而且包含政治的、军事的、经济的、文化的斗争,以及其他各种斗争成分的相互渗透的整体"。其斗争方式"更加多样,有公开的、秘密的,有流血的与和平的等等。但总结起来看,其斗争重点是政治斗争","其他一切斗

---

① 日本防卫厅战史室编:《华北治安战》下册,天津市政协编译组译,第244、245页,天津人民出版社,1982年版。

争是围绕着政治斗争,服从于政治斗争的,在其具体实施上,也是极其灵活的,不拘于一定的形式"。其基本特点"就是实施这一政策时一种较缓和的、隐蔽的、波浪式的,同时是逐渐的方式向我各抗日根据地侵占,一般的不给我根据地军民很大的震荡,……容易使我抗日军民忽视其严重性及对我根据地之危险性,以致放松反敌'蚕食'政策的斗争"。①

　　由于日伪军疯狂进行"扫荡""蚕食"和推行"治安强化运动",华北抗日根据地处于严重退缩的局面。仅 1942 年春,"面积缩小了六分之一,人口锐减了三分之一,冀中、冀南平原游击根据地变成了许多小块的游击根据地,处于非常严重的局面"(彭德怀对美军观察组谈话,1944 年 8 月。)。至 1942 年 6 月,晋西北抗日根据地由 1941 年的 14.11 万平方里减至 11.41 万平方里,减少了 2.7 万平方里;太行抗日根据地基本区由 1941 年的 7.78 万平方里减至 7.51 万平方里,减少了 2700 平方里。至下半年,有的抗日根据地如大青山区大部沦为敌占区或变为游击区,抗日军民难以立足。

1941 年至 1942 年,日伪军对华北抗日根据地疯狂进行"扫荡""蚕食"和推行"治安强化运动"。这是当时各地报纸关于日军野蛮摧残抗日根据地的报道

---

① 左权:《开展反对敌人"蚕食"政策的斗争》,1942 年 5 月 10 日。

针对日伪军"蚕食",中共中央北方局、华北军分会于5月4日,联合发出《关于反对敌人"蚕食"政策的指示》,指出:坚决地展开反"蚕食"斗争,是目前华北全党、全军的一个最紧要的任务。只有争取这一斗争的胜利,才能使我们走过这一段黎明前黑暗的艰苦路程。反"蚕食"斗争的基本方针是:停止敌占区的继续扩大,组织我们全面的力量,彻底粉碎敌人对我们的"蚕食"政策。《指示》强调指出:如果没有坚强武装斗争的核心,反"蚕食"斗争的胜利,将是不可能的。合法的斗争形式,只有在敌占区,才是主要的;在游击区及一时不能击退敌之"蚕食"的新占领区,并不是完全放弃合法斗争,而是说合法斗争是次要的。《指示》要求:在反"蚕食"斗争中,各地正规军,特别是平原地区,应以三分之一或二分之一的正规部队,以连、营为单位,分散到各县去,深入到敌后去活动。必须更进一步地改善武装工作队的工作,必须使其在反"蚕食"斗争中,起更大的作用。必须给武装工作队以政策的及必要的技术训练,如锄奸、反奸细、破路、爆炸等。加紧培养地方部队。加紧发展民兵,加强游击小组的活动与建设。这是打击敌人,粉碎"蚕食"的最重要的一个条件。

遵照上述指示,八路军紧密依靠地方党组织和人民群众,以武装斗争为中心,把军事斗争与政治斗争、隐蔽斗争与公开斗争有机地结合起来,展开了全面的反"蚕食"斗争。第115师和山东纵队(8月,该纵队改称山东军区),运用"敌打到我这里来,我打到敌那里去"的"翻边战术",有效地打击了"蚕食"之敌。11月3日,驻滨海地区的教导第2旅发动反"蚕食"斗争,在6天之内,连克海陵县(赣榆、海州、郯城之间新设立的县)敌据点16处,歼灭伪军600余人。

晋绥抗日根据地军民,认真贯彻执行毛泽东关于"把敌人挤出去"的指示,一个村庄一个村庄地向敌人挤地盘,从6月至10月,共收复218个自然村。

太行、太岳抗日根据地军民,实行正面坚持与敌后游击相配合,自5月至7月,共摧垮伪维持会1064个,仅太行军民就铲除汉奸405人;在从7月开始的二至三个月的政治攻势中,冀南和太行、太岳区军民散发宣传品70余万份,仅太行、太岳两区就召开群众会1200余次、宣传群众40余万人。冀鲁豫沙区游击支队,通过做家属工作,争取223名伪军反正。

晋察冀军区第1、第2、第3、第4军分区部队,于5月在北岳区2.1万余民兵的配合下,实行军事打击和政治攻势相结合,攻克碉堡39座,一度攻入完县、唐

县、易县城关,毙伤日伪军 1258
人,俘伪军、伪组织人员 367 名;
第 3 军分区民兵,仅在 12 月下半
月,就摧毁敌碉堡 50 余座。至秋
冬季,华北敌后军民基本上制止
了敌人的"蚕食"。

战斗间隙

　　1942 年,是华北敌后军民坚
持抗战战胜严重困难的第二年。
日军华北方面军,在伪政权华北
政务委员会及伪军的配合下,疯
狂地对八路军及其所在的华北抗

日根据地进行"扫荡""蚕食"和推行"治安强化运动"。其中,1000 人以上的"扫荡"
为 77 次,1 万人至 5 万人的大"扫荡"达 15 次,从而使华北抗日根据地面积和人口
减少,八路军减至 34 万人,干部损失很多,财政经济十分困难。但是,"经过这个
困难时期,我军和解放区受到了锻炼,数量缩小而质量增强"①,为之后转入恢复再
发展阶段积累了经验。

第四节　1943 年八路军的对敌斗争

　　1943 年,第二次世界大战形势朝着有利于人民而不利于法西斯的方向发展。
在欧洲战场,德国法西斯军队于春天在斯大林格勒战役后转入战略防御;意大利
法西斯政府于 9 月 3 日投降。日本法西斯军队于同年 2 月瓜达尔卡纳尔岛作战
后,在太平洋战场也被迫转入战略防御;在中国战场上,则厌战反战情绪增加,士
气低落,战斗力下降。同时,日本国内矛盾加剧:政局不稳,东条内阁于 4 月和 10
月,连续改组;战争经济日趋恶化,军需生产急剧增加,民需生产投资骤减;大批青
壮年入伍和不断扩大的军需工业对劳动力需求的增加,造成人力来源枯竭;等等。
这一切,从内部动摇了日本帝国主义赖以进行扩大侵略战争的基础。

①《朱德选集》,第 146 页,人民出版社,1983 年版。

1942年12月21日,日本帝国御前会议制定了《为完成大东亚战争对华处理根本方案》,决定:以伪"国民政府参战为打开日华间当前局面的一大转机,根据日华提携之根本方针专心致力于加强国民政府政治力量","力图使对华各项政策获得成功"。① 1943年,日军华北方面军的使命是:"应付1942年晚秋以来日趋严重的整个战局,为了完成大东亚战争,确保华北兵站基地的安定,向开发建设迈进,对支援战争应做出比过去更大的贡献。"其作战警备计划的内容是:"在1943年7月以前的作战指导,为迅速实行兵备整顿,正确、圆满地实行对华处理根本方针,使之不受阻碍,同时要以准备兵团抽出转用及今后作战为重点。"3月24日,方面军各兵团参谋长会议决定:"贯彻野战军的特性,将作战警备的重点指向共军。应与中国方面的措施互相配合,以期消灭中共势力。"②据此,继续对华北抗日根据地进行"扫荡"。

在国际国内形势有利于中国抗战和华北敌后抗战困难暂时存在的情况下,毛泽东于1943年1月5日的指示中,指出:"希特勒总崩溃为期不远,战胜希特勒后,中国时局将好转,日寇亦将夺气,有利我军抗战,我们应利用这种形势,鼓励军心民心,达到坚持目的。""整个抗战,尚须准备两年,你们须想各种办法熬过两年。"6月1日,毛泽东对抗日战争的形势重新作了估计,指出:"抗战还须准备三年","我党应在此三年中力求巩固,屹立不败。对敌应用一切方法坚持必不可少之根据地,反扫荡反蚕食之军事斗争与瓦解敌伪之政治斗争均须讲究最善方策"。③

根据国际国内形势和华北对敌斗争情况,中共中央北方局于1942年12月23日,发出《关于华北敌后抗日根据地一九四三年工作方针的指示》,指出:"一九四三年,是国际上两条阵线进入决战之年,反法西斯阵线力量在日益增长,而法西斯阵线则败局已成。在我国内部,自国民党十中全会后,民族团结已较前进步。国际国内形势都在向我有利方向发展。同时,敌寇为挽救其垂死命运,

---

① 日本政府防卫厅防卫研究所战史室:《昭和十七、八(1942、1943)年的中国派遣军》下册,吉林省社会科学院日本问题研究所高书全译,第4页,中华书局,1984年版。
② 日本防卫厅战史室编:《华北治安战》下册,天津市政协编译组译,第282、283、284页,天津人民出版社,1982年版。
③ 中央档案馆编:《中共中央文件选集》第14册,第5、6、44页,中共中央党校出版社,1992年版。

必将加紧对我国正面的进攻与敌后的'扫荡',华北敌后抗日根据地必将进入空前紧张、空前艰苦的局面。华北党的基本任务,在于进一步巩固敌后抗日根据地,坚持敌后抗日游击战争,克服困难,积蓄力量,等〔为〕反攻及战后作准备,以便准备迎接伟大新时期之到来。"军事指导原则在于强化普遍的群众性质的游击战争:

（甲）必须加强民兵建设工作。扩大民兵数量,提高民兵政治质量,以及民兵的军事技能。

（乙）巩固现有的县、区游击队,加强其政治、军事教育,使之成为群众性质的游击战争的基本力量。一方面能独立担负战斗任务,另一方面成为民兵的模范,领导民兵作战。

（丙）提高正规军的质量。加强正规军中游击战的教育,改善教育方式,适应游击战争环境,加强各种具体政策教育。至如〔于〕文化教育,在基本根据地亦须大力进行。①

根据中共中央和北方局的指示精神,八路军和华北敌后人民,继续展开对敌斗争,恢复和发展抗日根据地。

一、进一步开展群众性游击战争,粉碎日伪军的"扫荡"和"蚕食"

1943 年,日军华北方面军并伪军,按照年度作战警备计划和作战警备纲要,以7000 余人至 4 万余兵力,对山东的清河、冀鲁边区,晋察冀边的北岳区、冀东区,太行、太岳,晋西北和冀鲁豫抗日根据地,进行了春、夏和秋、冬季"扫荡"。

春、夏季"扫荡"的特点是:"为了剿灭中共势力,决不能满足于击溃其表面的势力,必须以其潜伏组织,特别是指挥中枢、秘密设施为主要目标,实行搜索剔抉的战法。"如在对晋察冀抗日根据地北岳区"扫荡"时,强调注意以下事项:

（一）指定的目标要适合我方兵力。

（二）在作战准备期间,要严守秘密,更要发挥夜间轻快的机动力,迅速地、无间隙地构成包围阵地。

---

① 中国人民解放军历史资料丛书编审委员会:《八路军·文献》,第 876、877 页,解放军出版社,1994 年版。

（三）担任扫荡剔抉的挺进队，要准备建立专门负责甄别民匪，挖掘隐藏物资的特别工作队等。

（四）为了隐蔽作战企图，要将大行李、小行李分别运送。另外，为了便利反复扫荡，要将补给站设置在包围圈内的中心地点。①

秋、冬季"扫荡"的要领是："以彻底摧毁中共党、军、政的根据地为重点，特别是扫荡剔抉其地下组织，破坏其各种设施（弹药、被服、粮秣等仓库，工厂、银行、行政机关等），通过彻底运出敌地区内的物资，以期使敌人势力枯竭。"②同时，不断变换新的战法。如对太岳抗日根据地"扫荡"时，实行所谓"铁滚式"新战法，即"车轮战术"。所谓"车轮战术"，是将"扫荡"的日伪军和配属的特工队、便衣队等，编成三个梯队：第一梯队，以日军为主，主要任务是合击八路军之主力兵团；第二梯队，由日、伪军混合编组，并胁迫大量民夫，编成物资搜索队、俘虏工作队等，其任务是"剔抉清剿"，抢掠物资；第三梯队，也是以日军为主，其任务是捕捉八路军零星人员，扩大"剔抉"战果，维护交通运输线。并派出由旅团长和联队长以下120人组成的战地观战团，推广这一新战法。更为残忍的是，8月下旬至10月下旬，日军华北方面军第59师团第53旅团第44大队，在关东军731部队的指导下，利用卫河洪水暴涨泛滥之机，在鲁西北和冀南地区肆意散布霍乱菌，仅鲁西北18县就有约20万人染菌致死。

针对日军华北方面军春、夏和秋、冬季"扫荡"，敌后各抗日根据地军民，继续贯彻"敌进我进"的方针，除了坚持内外线结合的方针外，地道战、地雷战、院落伏击战、水上游击战、麻雀战、民兵联防战等群众性游击战争，得到了进一步发展。同时，涌现了许多可歌可泣的英雄事迹。

在山东抗日根据地，新的山东军区，以600余名干部组成43支武工队，深入铁路沿线和被敌"蚕食"的地区，采取点"红黑点"和记"善恶录"等办法，争取日伪军，打击死心塌地的汉奸，开辟了7000余个村庄的据点。鲁南铁道游击队，积极活动在铁路线上，爬火车、破铁路、袭据点、截物资，严重威胁枣庄、滕县之敌。山东地

---

① 日本防卫厅战史室编：《华北治安战》下册，天津市政协编译组译，第301、302、303页，天津人民出版社，1982年版。

② 日本防卫厅战史室编：《华北治安战》下册，天津市政协编译组译，第343页，天津人民出版社，1982年版。

区民兵，大摆地雷战，不仅制造了铁雷、石雷、瓦罐雷、瓷瓶雷等，而且埋雷方法日益神巧，有拉雷、绊雷、滚雷、水雷、连环雷，明暗处相结合的真假雷、大小雷相连的子母雷，形成群众性的"飞行爆炸运动"，炸得敌人丧魂落魄。同时，普遍开展了麻雀战、敌人走到哪我打到哪的车轮战、与敌人转圈子的推磨战、一处打响四处驰援的蜂窝战等，打得敌人晕头转向。

游击队和群众制造、使用各种地雷封锁、限制敌人的行动，经常将敌人炸得人仰马翻、魂飞魄散。这是部队战士和民兵一起埋地雷

在春季反"扫荡"中，驻高苑西樊家林一带的山东军区清河军区清西军分区部队，于1月14日，遭日军华北方面军第12军"扫荡"部队合围。翌日晨，大部跳出合围圈。但清西军分区独立团第7连，由北向东南，在大邵家遭日伪军包围。第7连集中兵力、火力，杀开一条血路，但突出不久又陷重围。打完了子弹，就拼刺刀；刺刀弯了，就用枪身砸；枪身砸烂了，就与日伪军扭打在一起，拳打牙咬。一位被炸断双腿的战士，打光子弹后，拉响了仅有的一颗手榴弹，与日伪军同归于尽。终因寡不敌众，独立团参谋长韩子衡、第7连连长孙林泉和全连指战员壮烈牺牲，充分表现了八路军的英雄气概。

在冬季反"扫荡"中，留在内线坚持斗争的八路军山东军区的鲁中军区第2军分区第11团第3营第8连和第7连第1排的共130余名指战员，自11月10日至29日，在当地民兵送粮送水的支持下，在沂水西北岱崮，凭险据守，冒着飞机大炮的狂轰滥炸和毒气，以地雷和滚石等，抗击了2000余名日伪军一次又一次的轮番进攻，最终突出了日伪军包围圈，并配合了外线部队的作战。这次战斗，歼日伪军300余人。战后，第8连获山东军区通令嘉奖和"岱崮连"光荣称号。

1943 年冬季反"扫荡"斗争中,鲁中军区第 2 军分区第 11 团第 3 营一部在鲁中南北岱崮,抗击 10 余倍的敌人,毙伤日伪军 300 余人,完成任务后胜利突围。其第 8 连被山东军区授予"岱崮连"荣誉称号。这是保卫战中的英雄班

全年,山东敌后军民共粉碎带战役性的"扫荡""蚕食"50 次。其中,1000 人至 1 万人的 46 次,1 万人以上的为 4 次。共拔除据点 342 个,在伪军伪组织中建立了 1000 多个内线关系,瓦解伪军 7000 多人。整个山东抗日根据地,斗争形势明显好转。

在晋察冀抗日根据地,斗争仍然十分艰苦。至 1943 年 6 月,日伪军的据点和碉堡达 4756 个。仅在秋季"扫荡"中,就制造了一系列惨案。阜平平阳惨案:日军用火烧、刀砍、剖腹、活埋、石头和木棒敲、轮奸等各种残忍的办法杀死、凌辱青年男女及老弱妇孺达 1000 余人。易县寨头惨案:日军"从 11 月 5 日至 8 日四天内搜捕了附近村庄的百余平民,绑到寨头,挖了 10 个大坑,用刺刀狂戳之后全部活埋,被害人数现已查明者有 121 人"。涞源的走马驿、北城惨案:"被敌屠杀的群众都被埋在地窖里,现已发现的 4 个大窖中,就有 130 余具尸体。"平山县岗南惨案:"12 月 12 日拂晓敌包围了平山的东西岗南,把无辜村民 134 人圈到旷场里,用火烧死。"井陉黑水坪惨案:"11 月 14 日到 24 日,井陉的黑水坪有将近 400 个平民也是

被敌寇残害死的,他们有的被铡死,有的被杀头,有的被洋狗咬死,有的被砸成泥。"井陉北东陶的老虎窝惨案:在"老虎窝山洞避难的 100 多平民,被敌寇发现后施放腐烂毒气,全部毒杀"。平山柏叶沟惨案:12 月 6 日深夜,敌人"包围了平山柏叶沟,杀死居民百余,尸体堆满了山沟"。①

日军在"无人区"里进行残酷的"集家并村",取名为"部落",老百姓叫它"人圈"。"人圈"里的人们都过着非人的生活,只要稍有不满,就被加上罪名处死。这是"人圈"的一部分

与此同时,日伪军疯狂地在晋察冀抗日根据地冀东区推行"集家并村"活动。仅在兴隆一县,就烧毁民房 7 万余间,屠杀群众数千人,将黄花峪、马架子村地区洗劫一空;热(河)南部地区人民,陷入无人、无粮、无房等缺乏生存条件的境地。对集中并入"人圈"的群众,实行法西斯管制。"人圈"周围五里以外,划为"无住禁作"地区,断绝圈内外群众的任何联系。圈内设有伪政权,建立"检举""汇报"制度,强迫群众加入伪组织,无故杀害平民百姓。1943 年 2 月 10 日,兴隆秋木村、大磨儿峪的青壮年男子,一次在圈内被杀死 180 余人。圈内生活条件恶劣,伤寒等各种疫病流行。人们流传着这样一首歌谣:"'人圈'的日子没法熬,租税重、利息高,招来穷人三把刀,借债、上吊、坐监牢。"

---

① 晋察冀军区发言人:《关于 1943 年秋季北岳区反"扫荡"战役的谈话》。

面对日伪军的法西斯暴行,晋察冀敌后军民进行了艰苦的斗争。活动在北岳区的第 1、第 2、第 3、第 4 军分区部队,抽出主力的三分之一或二分之一,组成多支小部队或武工队,越过封锁沟墙,深入敌人后方,广泛开展群众性的游击战争。他们通过细心调查以摸清敌情,打击坐探、密探等特务组织,镇压罪大恶极的汉奸,等等办法,站稳脚跟,密切了与人民群众的联系,不断改善斗争形势。至年底,共恢复和建立了具有 1600 个村政权的隐蔽根据地和小块根据地。

阜平县五丈湾民兵中队队长李勇率领游击小组,在 5 月中旬的春季反"扫荡"中,在阜平至党城、龙泉关间,大摆地雷阵,炸死炸伤日伪军 130 余人,被誉为民兵"爆炸英雄"。在秋季反"扫荡"中,他创造了地雷和冷枪结合杀敌的经验,爆炸地雷 69 枚,杀伤日伪军 364 名。民兵李殿冰,以麻雀战打死 17 个敌人,掩护了 14 名妇女脱险,被授予"神枪手"称号。

地道战是依托构筑的地道同敌人作战。地道家家相通、村村相连,平原军民利用地道村自为战、人自为战,进可攻、退可守,出其不意地打击敌人,在坚持平原游击战中发挥了重大作用。这是民兵通过地道转移

冀中的地道,经过改造,逐步完善,形成干、支线相接,户与户相通、村与村相连,进出方便,打藏结合,能防水、防火、防烟、防毒,机动性、战斗性能较强,房上、地面、地下连成一体的立体地道体系。地道对于坚持和发展平原游击战争,发挥了重要作用。第 8 军分区青(县)沧(县)交(河)县大队和第 7 区小队,共 50 余人,在沧石公路北西河头村,依托地道,打退了日伪军的多次冲击,粉碎其 1500 余人的包围,毙伤日伪军 90 余人。第 8 军分区仅伤亡 4 人。

冀中的水上游击战,开展得有声有色。位于文安、新镇、霸县之间的文新、胜芳苇塘地区,河流纵横,小块陆地星罗棋布,芦苇高达 10 余尺。仅胜芳苇塘,面积就有 1600 平方里。第 10 军分区部队,充分利用苇塘这一天然屏障开展游击战争,

恢复了一些小块游击根据地和隐蔽根据地。尤其是活动在白洋淀水上的雁翎队，利用苇荡中回旋余地较大、水路错综复杂等有利条件，神出鬼没、飘忽不定，或头顶荷叶潜入水中，或驾驶小船隐匿在芦苇塘中，待敌接近时，突然出击，速撤速离，以截获物资、保护群众、打击敌人。

白洋淀雁翎队轻舟飞桨，水上进军，打击敌人

晋察冀抗日根据地北岳区人民，更是可亲可敬。平山县盘松村妇救会主任戎冠秀，冒着生命危险，抢救了多名伤员。以对子弟兵慈母般的热爱，精心护理四昼夜，抢救了一名重伤员，被誉为子弟兵的"母亲"。易县五回岭下小山庄贫苦农民崔洛唐，不顾自己家人的安全，背着伤员几度转移，并打工讨饭照料伤员，直至伤员痊愈归队，他被授予"拥军模范""子弟兵大哥"的光荣称号。平山水峪村一名妇女，用锥子同要奸污她的敌人作斗争，手脚被捆起来，就用牙咬，最后被割舌挖眼惨死在烈火中。曲阳县罗家峪一位20多岁的年轻女治安员，尽管被敌人扒光衣服，吊在门框上，用刺刀刮脸、刺乳房，用火炙身，也不肯吐露一句口供，充分表现了中国人民不屈不挠的精神。

晋察冀敌后军民进行春、夏和秋、冬季反"扫荡"的经验是：实行主力部队与民兵、内线与外线、军事打击与政治攻势等各种斗争相结合，从而保证了反"扫荡"的胜利。具体来说，不仅要有全面反"扫荡"的部署，而且要有应付各种突然情况的不同方案;准备工作,既要有具体要求,又要有实际步骤;除熟悉本区地形外,还要熟悉邻区地形。

晋绥军区,继续贯彻执行毛泽东关于"把敌人挤出去"的指示,增调 320 名有斗争经验的党、政、军干部,加强武工队的领导力量,使武工队由 15 个增至 37 个。同时,派出 39 个连和 49 个游击中队,配合武工队活动。武工队和小部队,以离岚、忻静、五(寨)三(岔堡)公路和交城以西山区为重点,采取发动群众、利用日伪矛盾、与"维持会"上层分子接触、打击汉奸、建立秘密交通站等多种形式,开展斗争。仅 1943 年 1 月至 4 月,就摧毁了 827 个村的"维持会",争取了 403 个村的"维持会",恢复、建立了 535 个村抗日政权,解放人口 8.1 万余人;敌后军民,共作战 462 次,毙伤日伪军 939 名,俘其 162 名。上半年,晋绥抗日根据地已开始改变敌进我退的局面。

晋绥敌后军民,在秋季反"扫荡"作战中进行了有名的甄家庄歼灭战。9 月 26 日,曾在田家会战斗中遭我军歼灭性打击的日军第 1 军第 69 师团第 85 大队和伪军一部,计 900 余人,分别从岚县以西的寨子村出动经界河口和由临县以北的白文镇出发经康宁镇,两路奔袭驻兴县的中共晋绥党政军领导机关。我方先敌转移,日伪军于 27 日夜进至兴县城扑空后,北犯瓦塘、魏家滩,续犯黄河东岸渡口裴家川口、黑峪口和西岸盘塘河阵地。在我方河防炮兵打击下,日军第 85 大队被迫于 10 月 2 日退至兴县的赵家川口。

根据对敌情的判断,八路军晋绥军区决定:在日伪军撤退时,集中近七个团的优势兵力,在民兵、游击队的配合下,采取沿途分段伏击围歼的战术,再次歼灭性打击日军第 85 大队。

10 月 5 日,当日军第 85 大队由赵家川口向东南撤退到小善畔附近时,晋绥军区第 17、第 26、第 36 团和特务团、军区警卫营,对敌实行了第一次包围,并在附近民兵和群众的支援下,依托 1280 高地,打退了日伪军在五架飞机配合下的五次冲击。

10 月 6 日 21 时,日军第 85 大队在飞机掩护下,由小善畔附近向康宁镇方向南逃。7 日晨,撤至花子村以南高地。沿途连续遭我部队、民兵和游击队的阻击、伏击、追击,死伤严重。第 17、第 21 团和特务团,遂对日伪军实行第二次包围。

7 日黄昏,当日军第85 大队东逃至甄家庄时,我第 17、第 21、第 26、第 29 团,对其实行了第三次包围;并以第 36 团和特务团,分别置于田家会和郑家岔,断敌退路和打击可能来援之敌。在我方不断打击下,敌仅靠空投食物、弹药,作负隅顽抗。11 日拂晓,战斗结束。

甄家庄战斗,共歼灭日军 700 余人、伪军 100 余人,缴重机枪 2 挺、轻机枪 15 挺、长短枪 200 余

破袭战是对敌军占领的铁路、公路及各种交通、通信设施进行破坏和袭击,以消灭敌人或给敌人的机动、联络、补给等造成困难。这是八路军和民兵在铁路上埋设地雷

支、子弹 3 万余发,是对日伪军的又一次歼灭性打击。

在晋冀鲁豫抗日根据地,中共中央太行分局于 1943 年 1 月 25 日至 2 月 20 日,召开了温村(今属河北省涉县)高级干部会议,总结了第 129 师出师华北五年以来对敌斗争的经验教训,确定了在极端困难的条件下,坚持华北抗战,坚持抗日根据地,从抗日根据地和敌占区的各方面积蓄力量,为战略反攻及战后作准备的基本方针。

温村会议后,全区部队在春季就组织了近 1000 支武工队、小部队,开展边沿区和敌占区的斗争。至 1943 年底,冀南敌后军民逼退和拔除日伪军据点 140 余处,恢复和开辟了全区面积的五分之一;冀鲁豫军区第 1 军分区恢复和发展了 1147 个村庄,并在齐河、茌平、禹城边敌占区开辟了一块方圆 30～35 公里的游击根据地。全年,由武工队和小部队恢复、扩大的抗日根据地面积与人口,占晋冀鲁豫抗日根据地恢复和发展总数的五分之二。

在夏季反"扫荡"作战中,八路军第 129 师兼太行军区,以主力转向外线,进击平汉、白晋铁路沿线地区,破坏敌之后方交通线和基地;以游击集团,广泛开展麻

雀战、地雷战。太行全区军民,爆炸地雷1900余个。仅左权县军民,7天内以地雷炸死、炸伤日伪军150余人。人民群众踊跃参战。老人将敌带至绝境,与其同归于尽;妇女们用剪刀与敌搏斗;少年儿童站岗放哨,盘查行人。全太行区,参战的民兵达14679人,作战2500余次,毙伤日伪军1902名,俘日伪军26名,捉汉奸敌探445名。

在秋、冬季反"扫荡"作战中,冀鲁豫、太岳抗日根据地军民,在邻区的密切配合下,抓住日伪军兵力不足、顾此失彼的弱点,在坚持内外线结合的同时,实行主力军、地方军和包括民兵、自卫队的人民武装三结合的武装体制,打击"扫荡"之敌。其中,进行了有名的韩略村战斗。10月24日凌晨3时,太岳军区第2军分区第16团一部,隐蔽进入距临汾东北25公里的韩略村西南公路两侧地区。8时许,当日军120余人乘13辆汽车进入伏击圈时,突然开火,展开白刃战。经3个小时激战,除3名敌人逃窜外,绝大部分被歼灭,缴获轻重机枪3挺、步枪80余支。从缴获的文件查明,被歼之日军系华北方面为推广"铁滚式"新战法,由旅团长和联队长组织的战地观战团。秋、冬季"扫荡"被粉碎后,日军华北方面军除对局部地区,主要是沿海地区进行"扫荡"外,未再对抗日根据地腹心地区进行大规模"扫荡"。

二、八路军第129师和山东军区等部开始攻势作战,恢复和发展抗日根据地

卫南、林南战役　1943年4月24日,国民党军第24集团军新编第5军军长孙殿英,在河南省临淇率部投敌,充当伪军;5月10日,国民党军冀察战区第24集团军总司令庞炳勋,在山西省陵川率部投敌,也充当伪军。6月22日,庞炳勋、孙殿英部与豫北伪军杜淑部合编为伪第24集团军,总司令庞炳勋,副总司令孙殿英,辖暂编第5、暂编第6、暂编第7军,独立第1、第2、第3、第4旅和太行保安队,部署在平汉铁路安阳至新乡段及两侧地区,配合日军进攻抗日根据地。

7月10日,伪第24集团军暂编第5、暂编第7军和太行保安队,共2万余人,配合日军第12军第35师团一部,侵占太行抗日根据地的林县地区;伪暂编第6军和独立第1、第2旅,进犯冀鲁豫抗日根据地卫河以南地区,侵占了滑县、长垣间的焦虎集、瓦岗集等地。为了恢复和巩固抗日根据地,在八路军总部的统一指挥下,冀鲁豫军区和太行军区等先后发起了卫(河)南、林(县)南战役。

根据伪暂编第6军杜淑部与庞炳勋、孙殿英部派系矛盾严重,位置孤立、突

出,兵力分散的弱点,八路军冀鲁豫军区决心集中第 4 军分区第 16、第 21 团和新四路、卫河支队、骑兵团一部,在地方部队的配合下,发起卫南战役。

八路军冀鲁豫军区于 7 月 30 日,除以一部吸引伪暂编第 6 军杜淑部外,以主力打退了其对我官桥营一带的试探性进攻后,于 7 月 31 日夜和 8 月 2 日、19 日,在焦虎集、瓦岗集、袁庄等地,先后强袭、奔袭了伪第 7 师和独立第 1、第 2 旅等,并向其军部驻地大范庄发动了总攻,胜利结束了卫南战役。

卫南战役,共歼伪军 5600 余人,缴获轻机枪 35 挺、长短枪 2000 余支,收复了被伪暂编第 6 军侵占的卫南地区。接着,建立了卫南、滨河、滑县三个县抗日民主政权。

在卫南战役结束前夕,八路军第 129 师决心乘胜集中太行军区、冀南军区一部,在第 3 纵队兼冀中军区警备旅和太岳军区的配合下,发起林南战役,消灭盘踞在平汉铁路以西太行山南部地区的伪第 24 集团军庞炳勋、孙殿英部主力。根据伪军庞炳勋、孙殿英部指挥不统一,部署分散、士气低落,且与周围日军有矛盾等情况,八路军第 129 师决定首先分割围歼林县地区伪军主力,然后扩张战果,消灭合涧、东姚、临淇等地伪军,同时,以少数兵力阻击、侧击可能出援之日军。

林南战役的部署是:东集团由太行军区第 13 团、冀南军区第 771 团全部,太行军区第 1、第 10、第 34 团和第 3 纵队兼冀中军区警备旅第 2 团各一部,太行军区第 5 军分区工兵排组成,进攻林县城附近的姚村、横水、东姚等地伪军;西集团由太行军区第 2、第 3、第 32、第 769 团和第 3 纵队兼冀中军区警备旅第 20、第 32 团及太行军区第 3、第 4 军分区的工兵排组成,进攻林县城及其西南的合涧、原康等地伪军,重点摧毁伪第 24 集团军庞炳勋、孙殿英部指挥机关;以第 129 师师部特务营和太行军区第 5 军分区及地方部队各一部,组成汤安支队,在水冶、观台一线阻击安阳可能出援之日伪军;以抗大第 6 分校学员组成武工队,在人民群众配合下,牵制和袭扰日伪军。同时,太行地区 3000 余民兵参战,太岳军区部队出击白晋铁路线上日伪军,策应作战。

8 月 18 日零时 30 分,林南战役开始。东集团从东、西两方钳击林县城东北南、北陵阳,东、西夏城和蒋里等据点之伪军,以引起林县城伪军注意,迅速消灭了伪暂编第 5 军第 4 师一部和一个独立旅。西集团则乘势进攻林县城及其西北外围据点之伪军。战至 12 时,城内除头道营之日军被围外,伪军全部被歼。19 日,头道营日军乘夜暗,逃至城南关。20日起,东、西集团乘胜扩大战果,分别收复东姚集、李家厂、鹤壁集和合涧、原康、西平罗、南平罗等地。25、26日,西集团第769团和第2团,相继打退了安阳、辉县出援日军1400余人的进攻。

林南战役,八路军共歼日伪军7000余人,缴山炮1门、迫击炮20门、轻机枪83挺、步枪3118支,击落日机1架,攻克据点80余处,解放人口40余万,控制了林南、辉北广大地区。八路军伤亡790余人,太行军区第3团团长周凯东为国捐躯。

卫南战役和林南战役,是晋冀鲁豫敌后军民在1943年发起的两次较大规模的进攻战役,并且取得了胜利,为尔后恢复和发展增强了信心和力量。与山东敌后军民的抢占诸(城)日(照)莒(县)山区和沂鲁山区战役,一起揭开了战略反攻的序幕。

山东敌后军民开始展开攻势作战 山东敌后军民,在反"扫荡"、反"蚕食"的同时,从1943年夏季起,相继发动了抢占诸日莒山区和沂鲁山区战役,讨伐伪军刘桂棠、吴化文战役和赣榆战役,展开了一系列攻势作战,取得了一个个胜利。

抢占诸日莒山区和沂鲁山区战役。诸(城)日(照)莒(县)高(密)山区,南接甲子山区,西连沂水,是滨海区与胶东区沟通的重要依托。鲁中沂鲁山区,峰峦连绵,东迄诸(城)莒(县)安(丘)边,西与泰山、南同蒙山相连,北达胶济铁路,方圆数百里,为山东战略要地。原来活动在诸日莒、沂鲁山区的国民党军鲁苏战区新编第4师师长吴化文、第2纵队司令厉文礼和保安第2师师长张步云率部投敌后,上述地区沦入敌手,人民重新生活在水深火热之中。为此,八路军山东军区决定集中滨海军区、鲁中军区部队,胶东军区一个营,在鲁南军区、清河军区部队的配合下,发起抢占诸日莒山区和沂鲁山区战役。

战役于7月5日开始。山东军区滨海军区第6团一部和第13团,北越日(照)莒(县)公路,至14日,占领了全部诸(城)日(照)地区。18日,反击了日军1500余人在伪军张步云部配合下的进攻,并奔袭伪军张步云在诸城西南三关地区的第5旅,歼其756人。8月2日后,胶东军区第14团一部,开辟了诸(城)胶(县)高(密)边游击区,第一次打通了胶东与滨海两区的联系。同时,滨海支队由甲子山区进入诸日莒山区后,控制了洪凝(今五莲)、石场和松林等地。

7月12日后,鲁中军区第1团一部和第2、第3军分区部队,抢占了蒙阴东北大崮、坡里一带阵地和莒(县)沂(水)安(丘)边山区;第 4 团和第 2 军分区部队各一部,控制了沂山,并打通了与鲁山区的联系。7 月 28 日后,我军在安丘西南城顶山、大安山地区,粉碎了伪军厉文礼部配合日军独立混成第 5 旅团一部和伪军吴化文部分别由安丘和沂水东北大庄坡发动的夹击。8 月 6 日,鲁中军区第 1 团一部乘胜袭击伪军厉文礼部后方据点安丘西南夏坡、辛庄子等地,歼其特务团大部。

抢占诸日莒山区和沂鲁山区战役,是山东军区部队集中兵力抓住时机,在 1943 年进行的一次较大规模的协同作战。这一战役胜利后,我军基本上控制了诸日莒山区、沂山山区全部和鲁山山区一部,并打通了两个山区之间及其与胶东区之间的联系,从而大大地改善了八路军在山东的对敌斗争形势。

讨伐伪军刘桂棠战役。秋季,国民党军鲁苏战区新编第 36 师师长刘桂棠率部投敌后,驻在鲁南费县西南东硅子地区,为乱一方。八路军山东军区集中鲁南军区第 3、第 5 团,在地方部队和民兵的配合下,于 11 月 15 日分路远距离奔袭、包围了伪军刘桂棠部据点东硅子后,突破了据点外围墙。接着,爆破炸毁据点东北角和西北角的两个炮楼,突入据点,与伪军展开巷战。第 3 团第 4 连通信员何荣贵击毙只身而逃的刘桂棠。战至 16 日晨,共歼灭伪军 1100 余人。

赣榆战役。赣榆城,为伪和平建国军第 36 师第 71 旅旅长李亚藩部驻地。11 月 19 日 21 时半,八路军山东军区以滨海军区一部组成的突击队,利用在伪军中的内线关系做向导,打开城东北门,俘虏了睡梦中的伪军 1 个排。此时,一颗红色的信号弹划破夜空。滨海军区第 6 团第 1、第 2 营和第 23 团,迅速攻入城内。同时,我方利用伪军矛盾,发动政治攻势争取一部观战、反正,集中军事力量打击另一部。战至 20 日上午,俘虏伪军李亚藩旅长以下 1600 余人,解放了赣榆城。此战,共歼灭伪军 2000 余人。26 日,滨海军区政治委员符竹庭在日伪军反击中光荣牺牲。

第二次讨伐伪军吴(化文)战役。盘踞在鲁山山区的伪军吴化文部主力,虽然在夏季中遭到了山东军区的讨伐,但在冬季日军"扫荡"时,乘机侵占了我北沂蒙地区。

12 月 4 日,八路军山东军区的鲁中军区,集中了第 1、第 2、第 4 团,第 11、第 12 团主力,第 1 军分区一部,在地方部队和民兵的配合下,分左、中、右、后 4 个纵队,四面进攻驻沂水西北的大张庄以东、东里店以西、石桥以南的伪军吴化文部。首先,突破其各部接合部;然后,实行各个击破。激战 4 昼夜,攻克东里店、石桥和岱崮据点 20 余处,歼伪军 1000 余人。

1943 年,是华北敌后军民逐渐由被动转为主动的过渡年。在广大人民的全力支援下,进一步发展群众性的游击战争,粉碎了日伪军的春、夏和秋、冬季"扫荡",基本制止了敌人的"蚕食",并在晋冀鲁豫和山东抗日根据地开始发动攻势作战,共作战 2.48 万多次,歼灭了大量日伪军,拔除据点 740 余处。八路军发展到 33.9 万人,发展了山区抗日根据地,恢复了平原抗日根据地,初步扭转了敌进我退的不利局面,为尔后全军正式转入战略反攻中的局部反攻创造了条件。

第五节　打退国民党顽固派第三次反共高潮

1943 年,在国际国内形势朝着有利于中国抗战转变的情况下,国民党蒋介石集团却继续推行消极抗日、积极反共的方针,采取"上山""观战"政策,除以中国的驻印军配合盟军在缅北反攻作战中取得一定胜利外,仅在国内正面战场上进行了常德战役等有限的防御作战,而对共产党及其领导下的敌后军民加紧进攻,乘共产国际解散之机,掀起了第三次反共高潮。同时,在"曲线救国"的口号下,驱使吴化文、庞炳勋、孙殿英等部 4 万余人,充当伪军,配合日军夹击我军。

3月,蒋介石发表了臭名昭著的《中国之命运》一书,大力攻击"共产主义者,致力于所谓'土地革命'与'农民革命',军行所至,赤地千里,以破坏我国和平的农村",阻碍民族工业的进步;污蔑中国共产党组织武力是"割据地方,企图破坏抗战,妨碍统一",是封建军阀的行动,"如果这样武力割据和封建军阀的反革命势力存留一日,国家政治就一日不能上轨道,军政时期就一日不能终结,不惟宪政无法开始,就是训政亦无从推行";暗示两年内一定要解决中国共产党,从而为发动第三次反共高潮作了思想舆论准备。

与此同时,国民党蒋介石集团以驻安徽省阜阳、蒙城地区的第 31 集团军副总司令王仲廉部和驻淮阴地区的鲁苏战区副总司令韩德勤部,东、西对进,侵占华中的淮北和苏北抗日根据地。新四军军部根据关于首先给韩部以打击,然后转移兵力阻止王部东进的方针,以第 4 师主力,在第 2、第 3 师各一部的配合下,于 3 月 17 日夜至 18 日上午,胜利地进行了青阳镇(今泗洪县城)以北山子头战役,俘韩德勤及以下官兵 1000 余人,迫使进占灵璧以北地区的王仲廉部和韩部第 89 军撤至津浦铁路以西地区,粉碎了王、韩两部东、西对进的反共计划。从抗战大局出发,新四军在自卫作战后释放韩德勤,归还其部分人枪,划给他睢宁、宿迁之间地区。4月上旬,新四军第 16 旅,也打退了国民党军第三战区第 23 集团军第 28 军两个师对苏南抗日根据地溧阳、溧水地区的进犯。

为了适应国际反法西斯斗争的需要,共产国际执行委员会主席团于 5 月 15日,作出了《关于提议解散共产国际的决定》,指出"既然各个国度底内部和国际形势已经变得更其复杂,那末,要由某个国际中心来解决每一个别国度的工人运动底各种问题,是会遇到不可克服的障碍的",再加上"各国共产党及其领导干部底成长与政治上的成熟",主席团因此提议"解散国际工人运动底指导中心——共产国际,解除共产国际各支部因共产国际章程及历届代表大会决议所负的义务"。①

26 日,中国共产党中央委员会作出《关于共产国际执委主席团提议解散共产国际的决定》,指出:"中国共产党在革命斗争中曾经获得共产国际许多帮助;但是,很久以来,中国共产党人即已能够完全独立地根据自己民族的具体情况和特殊条件,决定自己的政治方针、政策和行动。"《决定》表示:"完全同意共产国际执行委员会主席团一九四三年五月十五日关于解散共产国际的提议。"②

共产国际的解散,不仅在思想上、政治上和组织上解放了中国共产党人,而且有利于中国抗战的胜利。但国民党蒋介石集团将之视为发动反共高潮的大好时机。在蒋介石的授意下,军统特务头子戴笠于 6 月拟定了《国民党解决中共问题之方案》(以下简称《方案》),提出国民党可利用时机与共产党进行政治谈判,以达到使其逐步交出军权政权之目的。《方案》表示:派大员赴延安,建立国民党中央分社,实行配合谈判与分化共党内部之办法,求中共问题之彻底解决。其原则是:利用第三国际解散时机,把握中共弱点,以达政治解决为原则,惟军事上仍须施极大压力,促其就范。其方案是:军事上,使十八集团军完全国军化,由国民党进行"调训""接充""编遣";政治上,取消(陕甘宁)边区政府;党务上,正式解散中国共产党。其步骤是:发动社会舆论,加强宣传攻势;一面开始谈判,一面进行分化;配合政治谈判,进行军事、党务、宣传和特务等多方面的工作。③

① 中央档案馆编:《中共中央文件选集》第 14 册,第 444、446 页,中共中央党校出版社,1992 年版。
② 中央档案馆编:《中共中央文件选集》第 14 册,第 40、38 页,中共中央党校出版社,1992 年版。
③ 八路军驻重庆办事处致毛泽东及中共中央书记处电报,1943 年 6 月。

6月12日,国民党西安劳动营训导处长、复兴社特务头子张涤非,纠集九个人,以文化团体的名义,召开了一个约十分钟的座谈会,讨论国际形势,发出所谓通电,叫嚣"马列主义'破产',中共应解散"等。国民党中央通讯社竟借此大造舆论,声称:促使毛泽东自觉"及时解散共产党组织,放弃边区割据",从而进一步掀起反共政治攻势。①

6月9日和18日,国民政府军事委员会参谋总长何应钦、副参谋总长白崇禧,偕第八战区副司令长官胡宗南,先后在陕西省耀县、洛川两次召开作战会议。在此前后,自5月上旬至7月上旬,胡宗南从驻守黄河河防和封锁陕甘宁边区的第二线部队中抽调第57军第8师至铜川以北,第90军第28、第53、第167师进至邠县(今彬县)地区,加强进攻陕甘宁边区第一线的力量。同时,在淳化、耀县、洛川等地设置了兵站派出所,在韩城、宜川等地设立了伤兵医院或预备医院,修通了三原至口头镇和彬县至职田镇、山河镇的公路,架设了相应的电话线,积极进行军事进攻的准备。

准备进攻陕甘宁边区的国民党军兵力共60万人,计划分为三步:第一步,以第37、第38集团军,分别组成关中、陇东两个兵团,实行封锁,完成攻击准备;第二步,以关中兵团的13个师,分由洛川、耀县、彬县三个方向,实施进攻,企图夺取位于正宁、旬邑、宜君、铜川之间的关中"囊形地带",逼我方就范,接受其方案中的无理要求;第三步,如我方反击,则在空军和第二战区司令长官阎锡山部的配合下,全力夺取关中、陇东全部。同时,不断袭击我鄜县(今富县)和关中地区。7月2日,胡宗南电令各部队于10日前完成一切准备,待命行动。至此,国民党蒋介石集团发动的第三次反共高潮,达到了顶点。

为了打退国民党蒋介石顽固派掀起的第三次反共高潮,中共中央决定坚持"有理、有利、有节"和"人不犯我,我不犯人;人若犯我,我必犯人"的一贯方针和原则,在政治上发动宣传反击,同时准备在军事上粉碎其可能的进攻。

早在7月4日,中共中央军委就致电八路军、新四军,列举了国民党顽固派准备闪击陕甘宁边区的情况,指出:"三月蒋发表《中国之命运》一书,自己公开出面反对共产主义与共产党,可说是进攻的思想准备。""五月共产国际解散,蒋胡均认

---

① 新华社新闻报道和重庆电,1943年7月6日。

为此乃对共党镇服良机。六月,蒋允许周恩来、林彪二同志回延安,但不给以任何具体意见(周、林现尚在重庆至西安途中),其用意似在周、林回延,我党中央正讨论如何改进国共关系问题时,彼即发动闪击战式的军事行动,逼迫我党接受彼方提出交出军队取消边区之条件"。近日,"胡进攻边区之部队已经集结完毕,部队的动员,粮弹的准备,均已完成,只须待命进攻"。①

同日,毛泽东致电八路军驻重庆办事处负责人董必武,要求他们发动大后方人民,制止内战运动;通知英、美驻华使团,揭露国民党顽固派军队的阴谋;向国民党代表张治中等提出交涉,说明共产党谋求改善两党关系,现若动兵,全局破裂,绝非国家之福。

八路军总指挥朱德于7月4日、6日,分别致电胡宗南和蒋介石,呼吁国共两党、两军团结抗日,避免内战,指出:国民党军已将河防大军向西调动,弹粮运输络绎不绝,内战危机有一触即发之势。当此抗战艰虞之际,力谋团结,犹恐不及,若遂发动内战,必至兵连祸接,破坏抗战团结大业,而使日寇坐收渔利,陷国家民族于危境。

7月8日,中共中央向各地发出指示,要求"各地应响应延安的宣传,在七月内先后动员当地舆论,并召集民众会议,通过要求国民政府制止内战,惩办挑拨内战分子之通电,发来新华总社,以便广播,造成压倒反动气焰之热潮,并援助陕甘宁边区之自卫斗争"②。

7月9日,延安抗日军民召开了有3万人参加的紧急动员大会。大会由陕甘宁边区政府主席林伯渠主持,他号召全边区的人民紧急动员起来! 武装起来! 保卫边区! 保卫抗战建国大业! 朱德在会上发表讲话,重申中国共产党是主张团结抗战到底,反对内战的;要求蒋介石、胡宗南撤退包围陕甘宁边区的军队,去守卫黄河河防;严惩挑拨内战的日寇第五纵队。大会通过了《关于呼吁团结反对内战通电》(以下简称《通电》),指出:国民党顽固派的行动,实际上是替垂死的法西斯主义做支持者,是掩藏在抗战营垒内的亲日派汉奸,因为在此种时机发动内战,除了牺牲民族利益,是绝对没有其他结果的。

---

① 中央档案馆编:《中共中央文件选集》第14册,第62、63、66页,中共中央党校出版社,1992年版。
② 中央档案馆编:《中共中央文件选集》第14册,第71页,中共中央党校出版社,1992年版。

《通电》以事实驳斥了国民党顽固派对中共及其领导下的人民军队和陕甘宁边区的诬蔑,义正词严地指出:"在过去六年抗战中,证明中国共产党对于保卫祖国的神圣战争,是无限忠诚的。他是抗日民族统一战线的发起者和坚持者;他曾使西安事变获得和平解决,释放蒋委员长,达到全国的团结抗战。""新四军甚至被诬为'叛军',但是新四军至今在华中敌后战场坚持着英勇的抗战,而且至今仍然拥护国民政府,没有任何的'叛变'行为。""八路军在华北艰难百战,不予奖励,反予妨害。""陕甘宁边区的党政机关与民众团体,坚决地实行了三民主义,实行了联合各抗日阶层的三三制政策,使一切抗日人民都有人权、政权、财权,都有说话机会,都有衣穿、有饭吃、有事做、有书读,使他们各得其所。"

《通电》进一步揭露了国民党顽固派的反共行径,指出:"反共分子的欺压毒焰,继长增高,暴行虐政,有加无已。今竟敢于冒天下之大不韪,调抗战之将士,肆内战之阴谋;反共第一,抗日第二;一党至上,专制集中;反对自由主义与共产主义,无异盗卖法西斯;放弃团结原则与统一战线原则,无异置民族于死地。"

《通电》呼吁蒋介石、胡宗南及国民政府,"立即命令抗日军队仍返原防,保持团结,避免内战"。呼吁进攻陕甘宁边区的国民党军队"鉴于过去十年内战之惨,不要打共产党,不要打八路军,不要打边区,不要枪口对内"。国民党顽固派的反共阴谋,"是不利于国家民族的,是帮助日寇侵略的",呼吁全国同胞共同"制止内战"。① 此外,晋察冀、晋绥和晋冀鲁豫等抗日根据地军民,也分别举行大会,发表通电,誓为陕甘宁边区军民的后盾,坚决粉碎国民党顽固派的进攻!

7月12日,中共中央机关报《解放日报》发表了毛泽东撰写的《质问国民党》的社论,一针见血地揭露了国民党顽固派发动第三次反共高潮的实质,指出:近月以来,中国国民党领导的许多党政军机关发动了一个破坏团结抗战的运动。这个运动是以反对共产党的姿态出现,而其实际,则是反对中华民族和反对中国人民的。社论列举了国民党反对共产党,国民党军队围攻陕甘宁边区的一系列罪恶行径,质问国民党,批驳了其诬蔑共产党破坏抗战、破坏团结的谬论;提出强烈抗议:撤退河防大军,准备进攻边区,发动内战,这是一种极端错误的行为,是不能容许的。

8月24日,《解放日报》发表了《国共两党抗战成绩的比较》和《中国共产党抗

---

① 中央档案馆编:《中共中央文件选集》第 14 册,第 489、490、492 页,中共中央党校出版社,1992 年版。

击的全部伪军概况》,详细叙述了 1943 年侵华日军、国民党军和人民军队的兵力部署及态势,说明了国民党军队 300 万人,仅仅抗击了(关内)侵华日军的 42％;而共产党领导的 50 万人民军队,则抗击了侵华日军的 58％和几乎全部伪军,即 62 万人。正如《解放日报》编者所指出的:"没有共产党抗击如此大数目的敌伪军,不但中国亡了,就连国民党也早已亡了,这难道还不明白吗?"①

在发动上述政治攻势的同时,中国共产党及其领导下的抗日军民,在军事上也做好了迎击国民党军进攻的充分准备。为了保卫陕甘宁边区,6 月下旬,第 358 旅由晋西北进至延安以南、鄜县(今富县)以西的葫芦河地区;毛泽东于 7 月 9 日,致电彭德怀,令八路军总部调晋察冀、太行区部队赴陕甘宁边区,准备应变。

7 月 10 日,八路军总部决定:调晋察冀军区的部分部队进至晋绥地区;第 129 师的太行、太岳、冀南军区和冀鲁豫军区的部分部队,进抵陕甘宁边区,加强其军事防卫力量。据此,陕甘宁晋绥联防军司令部,则统一对保卫陕甘宁边区的部队,作了重新部署:除以警备第 1 旅在关中马栏镇囊形地带、警备第 3 旅在三边(靖边、定边、安边)、第 358 旅一部在陇东(合水、庆阳、曲子镇、孟坝镇)继续防卫外,以第 358 旅另一部和骑兵旅置于鄜县以西黑水寺和葫芦河地区,以第 359 旅置于南线的固临(今临真镇)、甘泉、鄜县地区,以独立第 1 旅置于北线的佳县、米脂、绥德、吴堡地区,坚决粉碎国民党军可能的军事进攻。

中国共产党及其领导下的人民军队的正义之举,得到国内外人士的广泛同情和支持。重庆中外记者在七七抗战六周年纪念大会上,纷纷质询国民党官员。爱国人士、国民党元老续范亭于 7 月 18 日通电全国,呼吁制止内战,反对进攻边区。爱国民主党派组织之一中华职教社的刊物《国讯》,发表文章,主张每个人把所有智力和体力,尽量贡献给关乎中华民族生存的抗战,反对把力量消耗在内战上。苏联塔斯社驻重庆分社社长罗果夫,发表了《对于中国政府之批评》一文,批评国民党顽固派破坏团结抗战,阴谋用武力解散共产党,取消八路军、新四军,而实际上帮助日本帝国主义征服中国的反共行径。蒋介石顾问、美国的史迪威也表示,如蒋发动内战,他将把飞机调走。

考虑到国内外舆论,加上中国共产党及其领导下的抗日军民发动了强大的政

---

① 中央档案馆编:《中共中央文件选集》第 14 册,第 558 页,中共中央党校出版社,1992 年版。

治攻势并在军事上做了充分准备,蒋介石被迫于 7 月 10 日电令胡宗南停止对陕甘宁边区的军事行动。从而,基本上停止了一场大规模的反共内战。随后,八路军冀鲁豫军区和山东军区的鲁南军区部队,于 7 月 24 日至 8 月 18 日,胜利反击了国民党军第一战区第 15 集团军副总司令李仙洲部对河北省成武以南天宫庙附近和山东省滕(县)峄(县)地区的进攻。新四军第 5 师,于 7 月上旬至 9 月初,在鄂东、鄂南、鄂中和豫南等地,作战 50 余次,粉碎了国民党军第五战区第 21 集团军总司令李品仙部的"围剿"。

9 月 13 日,国民党召开了第五届第十一中全会。在会上,蒋介石虽然继续发表反共言论,但不得不作出退步姿态,表示:中共问题是一个纯粹的政治问题,因此应该以政治方法来解决。这是这次大会在努力解决这一问题时所应遵循的原则。9 月 18 日,国民参政会第三届第二次会议召开,以保证不进行反共为条件,邀请参议员、中共代表董必武参加。然而,国民政府军事委员会参谋总长何应钦在做军事报告时,仍然攻击共产党、八路军和新四军;会上通过了反共的《关于十八集团军决议》,企图为其反共辩解。董必武即席提出质问,并愤然退场以示抗议。10 月 5 日,毛泽东为《解放日报》撰写了《评国民党十一中全会和三届二次国民参政会》的社论,又一次全面揭露了以蒋介石为首的国民党顽固派的反共阴谋。

在迫不得已的情况下,蒋介石派代表王世杰、邵力子与董必武会谈,提出:双方停止互相刺激,表白无对陕甘宁边区用兵之意,以政治谈判解决问题。10 月 6 日,中共中央发出指示:一切揭露国民党稿件暂时停止发表,风平浪静,以示缓和。至此,国民党顽固派发动的波及陕甘宁边区和华北、华中、华南地区的第三次反共高潮,终于被打退了。

第六节 八路军部队深入贯彻共产党的十大政策,渡过难关

1941 年至 1943 年,是八路军和华北敌后人民的严重困难时期。为了战胜严重困难,坚持敌后抗战,中共中央和中央军委,相继制定了一系列的方针和政策。1943 年 10 月 1 日,中共中央在总结全国抗战爆发以来,尤其是 1941 年敌后军民进入严重困难阶段以来斗争实践经验的基础上,在《关于减租生产拥政爱民及宣传十大政策的指示》中明确提出了著名的十大政策,指出:"我党在各根据地所实

行的各项政策中,举其现时最切要的,共有十项。这十项政策就是:第一,对敌斗争;第二,精兵简政;第三,统一领导;第四,拥政爱民;第五,发展生产;第六,整顿三风;第七,审查干部;第八,时事教育;第九,三三制;第十,减租减息。这十大政策是互相联系不可分割的。"《指示》强调指出:"只要全党同志认真地实行了十大政策,我们就一定能够造成许多有利条件,达到克服困难迎接光明之目的。我们是有一切把握克服困难的,我们的前途是无限光明的,我们一定要打倒日本帝国主义,建立自由平等的新中国!"①

中共中央、中央军委和毛泽东提出的一系列方针、政策和任务,对于敌后军民战胜严重困难,坚持持久抗战,积蓄人民军队力量,发挥了重要的指导作用。八路军和华北敌后人民,认真贯彻共产党的十大政策,推动了军队和抗日根据地建设,粉碎了日伪军的"扫荡""蚕食",打破了其"治安强化运动",打退了国民党顽固派掀起的第三次反共高潮,胜利地渡过了难关。

一、实现共产党的一元化领导,发挥党政军民整体力量

全国性抗战爆发后,八路军出师华北,开展独立自主的游击战争,创造了晋察冀、晋绥、晋冀豫、山东和冀鲁豫等抗日根据地。随着各抗日根据地的创建和不断发展,其内部的党政军民等组织系统也相应建立起来。在中共中央局及其中央分局或省委的领导下,成立了具有党委性质的军政委员会,一般以地区冠名,如晋察冀军政委员会和晋西北军政委员会等。同时,八路军各师和独立行动部队也成立了以自身番号命名的军政委员会。

1941年2月7日和2月25日,中共中央军委先后颁布《军政委员会条例》和《关于各级军政委员会人员之批准权限的规定》,要求在军、师、旅、团及纵队、支队、军区、军分区各级均设立军政委员会。原各抗日根据地由军队和地方党政干部合组的军政委员会,一律改名为军政党委员会,以示区别。各抗日根据地的军政党委员会或军政委员会的设立,有利于保证中国共产党的领导和掌握党的各项方针政策,因而对于各个抗日根据地的建设曾经发挥了重大作用。但由于这种组织形式没有常设的工作机关,地委及二级军区或军分区以下没有统一的军政党委

---

① 中央档案馆编:《中共中央文件选集》第14册,第101页,中共中央党校出版社,1992年版。

员会或军政委员会,党政军民基本保持纵向的领导系统,相互间的横向联系不够,再加上党内某些人某种程度上存在的主观主义、宗派主义、本位主义的思想和作风,因而,在某些地区的党政军民关系中,往往存在着一些不协调的现象,如统一精神不足,步伐不齐,各自为政,党员干部闹独立性,军队尊重地方党、地方政权的精神不够,等等,迫切"要求每个根据地的领导一元化"。

同时,敌后抗战进入严重困难阶段后,由于日伪军在军事、政治、经济和思想、文化等"总力战"方针的指导下,实行残酷的"扫荡""蚕食"和推行"治安强化运动",因而各抗日根据地处于被严重封锁、分割的状态,其独立性和游击性增大,严重削弱了对敌斗争的整体力量。

为了统一各个抗日根据地共产党的一元化领导,发挥党政军民的整体力量,有利于全面对敌斗争,1942 年 9 月 1 日,中共中央政治局通过了《关于统一抗日根据地党的领导及调整各组织间关系的决定》(简称《决定》)。

《决定》指出:"党是无产阶级的先锋队和无产阶级组织的最高形式,他应该领导一切其他组织,如军队、政府与民众团体。根据地领导的统一与一元化,应当表现在每个根据地有一个统一的领导一切的党的委员会。"这里所说的统一领导,是指中国共产党在政治上和大政方针上的领导,不是领导一切具体事务,更不是包办代替一切工作。

《决定》规定:"确定中央代表机关(中央局、分局)及各级党委(区党委、地委)为各地区的最高领导机关,统一各地区的党政军民工作的领导,取消过去各地党政军委员会","中央代表机关及区党委地委的决议、决定或指示,下级党委及同级政府党团,军队军政委员会,军队政治部及民众团体党团及党员,均须无条件的执行"。

在规定了各级党委的最高领导地位及其工作范围后,《决定》进一步规定:各区党委、地委,由军队和地方党组织统一召开的代表大会选出,包括军队、政府和党团组织负责人,报上一级党组织批准。主力军负责同志是否参加县委,根据各地具体情况而定。如中共中央分局、区党委和地委书记,兼任军区、军分区或师、旅政治委员,则另设副书记负责地方党务工作;如军区、军分区或师、旅政治委员担任中央分局、区党委和地委书记,则另设副政治委员专管军队政治工作。中央分局、区党委、地委书记要照顾各方面工作,除兼部队政治委员外,不宜兼其他具体工作。如党委书记不兼部队政治委员或政治委员不担任党委书记时,须得到中央或上级党委批准。

《决定》还要求各级党委书记，"能掌握党政军民各方面工作"，"不仅须懂得党务，还必须懂得战争和政权工作"。

《决定》强调指出："党的领导一元化，一方面表现在同级党政民各组织的相互关系上，又一方面则表现在上下级关系上。在这里，下级服从上级，全党服从中央的原则之严格执行，对于党的统一领导，是有决定意义的。"同时，指出："加强各抗日根据地领导的统一，是为了更顺利的进行反对日寇的战争，'一切服从战争'是统一领导的最高原则。"①

9月12日，中共中央军委总政治部向全军发出讨论和执行该《决定》的通知，指出：中共中央《关于统一抗日根据地党的领导及调整各组织间关系的决定》，是确立各抗日根据地共产党的领导之统一与一元化的重要文件。要求在军队党组织中、干部中、军事学校中必须深刻讨论与研究，并列为整风文件之一；在战士中则须根据《决定》编写上课材料。军队同志应根据这个《决定》的精神检讨自己与地方党、政府、民众团体的关系，彻底肃清主观主义、宗派主义的遗毒，扫除某些同志身上存在着的不尊重地方党、政府与民众团体，遇事责备地方，只顾本位不顾全盘的习气。《通知》强调指出："军队同志应首先拥护统一服从统一并成为统一中的模范。"

根据中共中央《决定》和中央军委总政治部《通知》的精神，各部队首先从思想教育入手，提高广大指战员尤其是党员干部对实行党的一元化领导的必要性和重要性的认识，主要克服本位主义思想，妥善处理军队与地方的关系，自觉服从抗日根据地各级党组织领导，坚决执行党的路线、方针和政策，既要看到军队自身在抗日根据地建设和对敌斗争中的重要作用，更要看到党政民力量的作用和支持。同时，强调军队干部要认识到，党政军民关系不协调，在一般情况下军队干部应负主要责任；军队应从严要求自己，主动承担责任，养成服从党的领导、拥护政府和爱护人民群众的优良作风。

在提高思想认识的基础上，各抗日根据地也相应地进行了组织落实。

在晋察冀抗日根据地，中共中央北方分局于1941年1月25日改为中共中央

---

① 中央档案馆编：《中共中央文件选集》第13册，第427、428、433、435页，中共中央党校出版社，1991年版。

北方局晋察冀分局,晋察冀军区司令员兼政治委员聂荣臻任书记。1942 年 11 月至 1943 年春,改组了分局下属的北岳区委和平西、平北、冀东地委。1943 年 8 月,程子华代理分局书记和军区政治委员。

在山东抗日根据地,1943 年 3 月,山东军区与第 115 师合并为新的山东军区后,实行了共产党的一元化领导;9 月,山东军区司令员兼政治委员罗荣桓接朱瑞任中共中央北方局山东分局书记。

在晋绥抗日根据地,1942 年 5 月,中共中央北方局晋绥分局正式成立,第 120 师兼晋西北军区,政治委员关向应任书记。

在晋冀豫抗日根据地,1942 年 9 月,中共中央北方局太行分局成立,第 129 师政治委员邓小平任书记,统一领导中共太行、太岳、冀南和晋豫边四个区委。10 月 21 日,中共太岳、晋豫两区委合为中共太岳区委。

在冀鲁豫抗日根据地,1941 年 7 月 1 日,中共冀鲁豫区委与鲁西区委合并为新的中共冀鲁豫区委,书记张霖之。1942 年 12 月,中共冀鲁豫区委书记黄敬兼任冀鲁豫军区政治委员。1943 年 1 月,中共水东地委划归中共冀鲁豫区委领导。11 月,中共中央冀鲁豫分局(亦称平原分局)成立,书记黄敬,领导中共冀鲁豫和冀南两区委。

同时,抗日根据地各区党委、地委、县委、区委书记,任同级部队军区、军分区、独立营、区基干队政治委员或指导员。军分区司令员由专员兼,游击队长由同级县、区长兼;县、区游击队长和政治委员,任同级常委或执委,参加党委的领导工作。军队的军政委员会和政治部成为各中央局、分局、区党委和地委的一个部门,与组织部、宣传部具有同等的权利与义务,具体军事行动则由司令员和政治委员最后决定。

各抗日根据地,实现共产党的一元化领导后,调整了党政军民各方面的关系,统一了各方面的整体力量,较好地形成了坚持敌后游击战争的合力,推动了抗日根据地的全面建设,从组织上提供了战胜严重困难、坚持敌后抗战的根本保证。

二、实行精兵政策,提高部队质量

精兵政策是精兵简政的重要组成部分。全国抗战爆发以来,八路军、新四军在开展敌后游击战争、创建抗日根据地和发展部队等方面取得了很大成绩。但由于敌后军民进入严重困难阶段后,抗日根据地和游击区面积缩小,生产力遭到很大破坏,部队庞大、机关臃肿,逐步形成鱼大水小、兵多难养的矛盾,造成了军事上的行动困难、指挥不便,这不仅严重影响了敌后游击战争的坚持,也极大地制约了人民军队的发展和建设。在这种情况下,必须相应地缩小军政机关,紧缩部队,关心群众利益,减轻人民负担。同时,由于日伪军据点星罗棋布,抗日根据地被严重分割封锁,大兵团活动回旋困难,只有充实基层提高战斗力,才能符合抗战形势的新变化和人民军队积蓄力量的要求。

中共中央、中央军委清醒地认识到敌后军民所面临的严重困难,积极寻求解决的办法。1940年8月20日,中共中央发出《关于各抗日根据地内节省人力物力坚持长期抗战的指示》,明确要求党政军民学脱产人员占抗日根据地全部人口的比例不能超过3%;军队与党政民脱产者的人数比例至多为2∶1。

首先,提出紧缩平原地区政治机关的要求。1941年6月6日,中共中央军委总政治部在《关于平原地区政治机关组织机构的指示》中,指出:平原地区一切组织的基本原则是,"紧缩上面加强下面,取消重迭机关","使各个独立作战的行动单位,具有相当的自主能力"。据此,"团以上的政治机关必须大大紧缩,尽可能留少数主要干部担任总结检讨的工作,而应将大多数的干部充实团、营、连级的领导";"或将较强的干部加强下面,或组织若干的巡视团,轮回去各地视察,实地指导其工作,或者组织各种不同的工作队,如敌伪、民运、锄奸等,由部队掩护分区进行,以提高这些工作的效能";"凡因情况较为严重,须以营为单位活动的地区,应将政工的重心由团移到营,缩小团政治处,成立营的政治处及设立营政治委员,但人选必须精干,不可庞大","连队的组织应力求简单,除支部军人俱乐部(即救亡室)及锄奸工作网三种组织外,其余均可暂行取消或合并"。①

然后,1941年11月7日,中共中央军委在《关于抗日根据地军事建设的指示》中要求全军把"军事建设的中心注意力,应放在地方军及人民武装的扩大与巩固上"。指出:"由于人力物力的限制及运动战的可能绝对减少,主力军应采取适当的精兵主义,其工作重心是提高其政治军事技术的质量,缩编与充实编制。""在山

---

① 中国人民解放军政治学院政治工作教研室编:《军队政治工作历史资料》(抗日战争时期)第6册,第340页,中国人民解放军战士出版社,1982年版。

地根据地内主力军与地方军(人民武装不在内)数量上的比较,一般应以二与一之比为原则,在平原根据地内则以一与一之比为原则。在某些最困难的区域(如冀东、大青山、苏南),应当打消主力军与地方军的区别,全部武装地方化。至于人民武装(不脱离生产的自卫军),应当包括人民的最大多数,其中之骨干(即民兵,模范自卫队及青抗先或青年自卫队)数量应超过地方军与主力军之全部数量。而每个根据地脱离生产者全部数目(包括党、政、军、民、学),仍只能占我统治区全人口百分之三左右。"规定:"区应有约五十人枪的区游击队,县应有约二百人枪的县游击营,分区应有约二千人枪的独立营团。区游击队归区的党政机关指挥;县游击营归县的党政机关指挥;分区则应成立指挥部,不由主力兼,地委书记应兼分区政委;军区则由主力兼,或单独成立指挥,但无论主力是否兼任军区一级,主力军与地方军之建制仍是各自独立的。"①

1941 年 11 月 6 日,党外著名民主人士、参议员李鼎铭等 11 人,在陕甘宁边区第二届参议会上提出"精兵简政"的提案,指出:"对军事应实行精兵主义","对于政府应实行简政主义"。② 这一提案,在毛泽东的支持下,于 18 日经大会通过并形成边区政府的决议。

12 月 6 日,中共中央机关报《解放日报》发表了社论《精兵简政》,着重指出:"精兵简政"的施政方针"不仅在陕甘宁边区,即在各敌后抗日根据地,也是非常恰合时宜的主张"。"精兵主义的执行,主要的应该是提高主力部队的战斗力,保证他们的物质供给,保证他们有充分时间进行政治的和军事的教育,更进一步的提高他们的文化程度,更认真的遵守群众纪律,开展群众工作。"③12 月 28 日,中共中央、中央军委发出《关于一九四二年中心任务的指示》,明确把精兵简政作为全党全军的中心工作之一,要达到积蓄力量,恢复元气,巩固内部、巩固党政军民之目的。

为了推动精兵工作的深入开展,《解放日报》于 1942 年 8 月 3 日发表了社论《彻底实行精兵政策》,指出:"今后建军的方针'精兵主义应为今天主力军的原

① 中央档案馆编:《中共中央文件选集》第 13 册,第 213、215 页,中共中央党校出版社,1991 年版。
② 西北五省区编纂领导小组、中央档案馆:《陕甘宁边区抗日民主根据地》文献卷(下),第 100 页,中央党史资料出版社,1990 年版。
③ 中央档案馆编:《中共中央文件选集》第 13 册,第 502、503 页,中共中央党校出版社,1991 年版。

则’。"实行精兵政策，是敌后军事建设的当务之急，不仅是为了打破目前的困难，而且是为了准备将来局势开展，为了将来担负全面反攻的任务。《社论》强调指出：所谓"精兵"并不是消极地裁减主力兵团的员额，简单地缩小后方勤务机关；也不是裁兵减员，拆台散伙；而是加强主力部队的作战力量；而是要按照敌后各种不同的情况，规定何者应减，何者应紧缩，何者应充实，按照敌后斗争形势发展的规律，主动地改变自己的战斗组织。"我军力量的生长，应在质量中去求改进，而不是在量上去求扩大。"《社论》最后要求："各抗日根据地应用一切力量来彻底实行精兵政策，扩大民兵的武装。只有这样才能打破目前敌后严重的难关，争取抗战的最后胜利。"①

9月7日，毛泽东在为《解放日报》撰写的社论《一个极其重要的政策》中，明确要求各抗日根据地都要把精兵简政"当作一个极其重要的政策看待"，并以人要适应春夏秋冬四季的变化适时更换衣服、孙行者钻进铁扇公主的肚子里和黔驴技穷的故事教育大家，说："目前我们须得变一变，把我们的身体变得小些，但是变得更加扎实些，我们就会变成无敌的了。"②《解放日报》的社论和毛泽东的指示，促进了全党和全军对精兵政策认识的统一。

12月1日，中共中央发出《关于加强统一领导与精兵简政工作的指示》，强调了精兵简政的迫切性；要求部队实行彻底的精简，而不是小的不痛不痒的精简；除特殊情况外不再补兵；作战损失后，连、营、团两个并为一个，旅的番号撤掉一部分；军区、军分区机关合并，并设想全军缩小一半以上，由57万人减至20余万人，做到量小而质精，更有战斗力。据此，八路军的精兵工作陆续展开。

实行精兵政策，涉及部队体制编制的变化、人员的去留和工作岗位的变动等问题，是一项政策性很强的工作。广大指战员对中共中央和中央军委的决策是拥护的，但一部分人在思想上也反映出了一些模糊认识：对敌后军民严重困难的情况认识不足，没有看到党政军脱产人员过多，鱼大水小的矛盾愈加突出的趋势；没有看到在过去几年内大力发展主力军是必须的，现在的精简也是必要的，精简是为了将来更大的发展；片面地追求机关的庞大和主力军的数量，没有认识到主力

---

① 中央档案馆编：《中共中央文件选集》第13册，第523、525页，中共中央党校出版社，1991年版。
②《毛泽东选集》第3卷，第880、883页，人民出版社，1991年版。

军的发展规模必须与抗日根据地的人力、物力和财力相适应,具有很大的盲目性;不懂得在目前情况下兵贵精不在多的道理,忽视部队工作效率和质量的提高;有的对本部队和本人变动考虑太多,对到新单位工作顾虑重重,造成工作不安心,积极性不高。这些模糊认识,严重影响了精兵政策的实行。

为了提高广大指战员对实行精兵政策的认识,各部队先后召开干部动员大会和整军会议,有的成立了整军委员会,进行了深入的思想动员。1942年1月13日,八路军副参谋长兼前方总部参谋长左权在总部直属机关连以上干部精兵简政动员大会上指出:所谓精兵,就是提高部队军事的政治的质量,提高战斗力,提高干部的质量与工作能力,紧缩机关,充实连队,使工作效率加强增高,克服在过去部队大发展时期,各种组织庞大,工作上粗枝大叶的现象。只有如此,才能够适合今后敌后战争的环境;才能够适当地使用干部,提高干部;才能够节省经费,克服过去人力物力财力的某些浪费现象!

在提高广大指战员思想认识的基础上,八路军的体制编制进行了较大的调整和精简。1941年1月,八路军总部供给部、卫生部分别与第129师供给部、卫生部合并,供给部部长周玉成、政治委员周文龙,卫生部部长钱信忠、政治委员孙仪之。1942年8月25日,滕代远任八路军副参谋长兼前方总部参谋长。10月20日,成立总部警备团。1943年9月10日,杨立三任副参谋长,仍兼后勤部部长和政治委员。10月6日,八路军总部与第129师领导机关合并,保留第129师番号,总部直辖太行、太岳、冀南和冀鲁豫军区。

晋察冀军区 1941年4月1日,撤销了第5军分区,雁北支队等划归了第1军分区。随后,进行了4次精简。1942年2月至9月进行第一次精简,撤销了冀热察挺进军的番号,晋察冀军区直辖由平西、平北和冀东军分区分别改编的第11、第12和第13军分区,并根据各团斗争历史和当时状况,将全区部队整编为甲、乙两种编制的团。甲种团为3营12连制,直辖迫击炮、特务和侦察连各1个,定额为2770人。乙种团为4连制,另辖特务和侦察连各1个,定额为1080人。甲、乙两种团后一律缩编为6连和7连制;地方军则分为地区队、县基干游击队和区基干游击队。

在北岳地区的部队和第3纵队兼冀中军区,共整编为11个甲种团,分别是第1至第6团,警备第1团,第17、第18、第23、第27团;21个乙种团,分别是警备第

2 团,第 7、第 9、第 10、第 11、第 13、第 19、第 20、第 22、第 24、第 25、第 29、第 30、第 34、第 35、第 36、第 40、第 41、第 42 团,骑兵第 1 团,教导团;另有抗大第 3 团,骑兵第 2 团,回民支队,青年支队。同时,以一部分主力团加强地方部队,与地方游击队编成新的第 1 至第 4、第 10、第 12、第 13 和第 14 地区队,这些地区队连同 1941 年 5 月编成的第 1 至第 9 地区队和年底前编成的第 31 至第 38、第 40 至第 45 地区队,使地区队的数量达到 31 个。

第 1 军分区,司令员杨成武,政治委员罗元发,辖第 1、第 3、第 6、第 20、第 25 团和第 1、第 2、第 3、第 10 地区队,雁北支队。

第 2 军分区,司令员郭天民,政治委员赵尔陆,辖第 4、第 19、第 34 团,第 4、第 5 地区队。

第 3 军分区,司令员黄永胜,政治委员王平,辖第 2、第 41、第 42 团,骑兵团,第 6、第 7 地区队。

第 4 军分区,司令员邓华,政治委员刘道生,辖第 5、第 35、第 36 团,第 8、第 9 地区队。第 1 至第 4 军分区部队活动在北岳地区。

第 11 军分区,司令员黄寿发,政治委员萧文玖,辖第 7、第 9 团和第 12 地区队等。

第 12 军分区,司令员覃国翰,政治委员段苏权,辖第 8、第 10、第 40 团和骑兵大队等。

第 13 军分区,司令员李运昌,政治委员李楚离,辖第 11、第 12、第 13 团和第 1 至第 4 地区队。

第 3 纵队兼冀中军区,司令员吕正操,政治委员程子华,政治部主任孙志远,辖 1 个警备旅和 5 个军分区:

警备旅兼第 6 军分区,旅长兼司令员王长江,政治委员旷伏兆,辖第 1、第 2 团,第 31、第 40、第 44 地区队。

第 7 军分区,司令员尹诗炎,政治委员吴西,辖第 17、第 22 团,第 32、第 36、第 45 地区队。

第 8 军分区,司令员孔庆桐,政治委员金城,辖第 23、第 30 团,第 33、第 37、第 41 地区队。

第 9 军分区,司令员韩伟,政治委员魏洪亮,辖第 18、第 24 团,第 34、第 38、第

42 地区队。

第 10 军分区,司令员刘秉彦,政治委员帅荣,辖第 27、第 29 团,第 35、第 43 地区队。

纵队兼军区直辖回民支队,支队长马本斋,政治委员韩同钰;骑兵第 2 团和抗大第 3 团。

晋察冀军区直辖骑兵第 1 团、教导团和青年支队。

1942 年 2 月 4 日,萧克任晋察冀军区副司令员;8 月 12 日,程子华、刘澜涛任晋察冀军区副政治委员。随后进行了第二次精简。

1943 年 2 月,晋察冀军区进行第三次精简,撤销第 3 纵队兼冀中军区后勤部和第 12 军分区机关;新成立平北支队,划归第 11 军分区;第 10 团一部划归第 13 军分区指挥;原教导团改为第 30 团,成立军区干部教导团。全军区的大团一律缩编为由特务连、侦察连和四至五个步兵连组成的小团。除警备旅归第 129 师外,在北岳、冀中、平西、平北和冀东的部队,共编为第 1 至第 7、第 9 至第 13、第 17 至第 20、第 22、第 24 至第 27、第 29、第 30、第 34 至第 36、第 40、第 42 团,独立团,骑兵团,干部教导团,骑兵大队和第 1 至第 14、第 30、第 32 至 37、第 41、第 43、第 44 地区队。

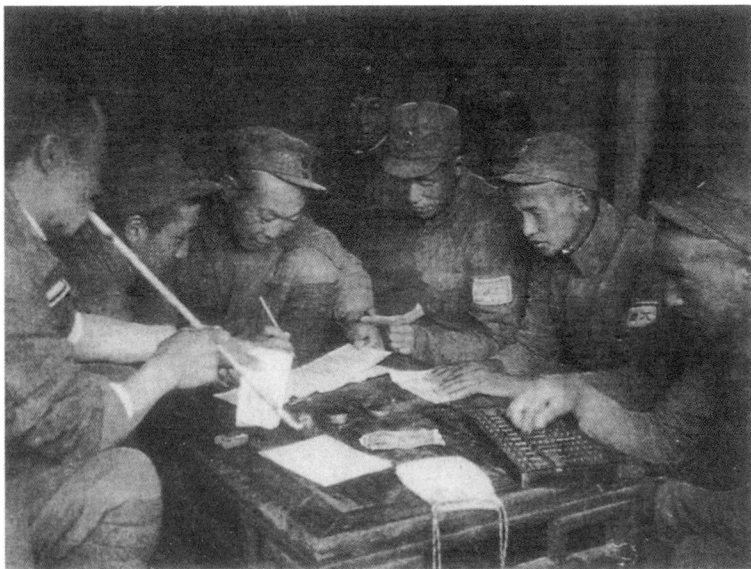

实行经济民主,经济委员会由官兵民主选举产生,监督伙食管理,改善生活

6月,晋察冀军区进行了第四次精简,进一步精简了军区和各军分区的后方机关,充实了战斗部队,使战斗部队的人数占到全军区人数的84.36％。经过这次精简,全区部队由12.5万人减至9.59万人。

晋察冀军区连同抗日根据地政权系统简政后的脱产人员,基本上接近了中共中央规定的不超过全区人口3％。

1943年8月,晋察冀军区司令员兼政治委员聂荣臻启程赴延安,萧克任代司令员,程子华任代政治委员,刘澜涛继续任副政治委员,唐延杰继续任参谋长,朱良才代理政治部主任;第3纵队兼冀中军区第17、第18、第22、第26、第27和第29团调往晋绥地区。9月5日,第3纵队兼冀中军区机关并入晋察冀军区机关,由军区直接领导各军分区。10月12日,警备旅编入晋绥军区。

山东纵队、第115师与山东军区　1941年8月至1942年2月,山东纵队进行了第五期整军,撤销第1、第4支队,新成立第4旅和鲁中军区。

第4旅由第1旅第3、第4团,第4支队第1团和大崮独立团编成,旅长廖容标,政治委员汪洋,辖第10、第11、第12团和大崮独立团。

新的第1旅第3团由纵队直属的2个特务团编成。蒙山支队和蒙南支队先后编入第1旅。

纵队直属青年团,由青年营和第115师独立支队一部编成。

鲁中军区,司令员刘海涛,政治委员霍士廉,辖2个军分区:第1(泰山)军分区,司令员赵杰,政治委员刘莱夫;第2(沂蒙)军分区,司令员王兆相,政治委员王一平,辖第1团。1941年冬,鲁中军区在反对日伪军"扫荡"后,实际已不存在。

1942年2月,山东纵队第3旅与清河军区组建为山东纵队第3旅兼清河军区,旅长许世友,司令员杨国夫,政治委员景晓村,副政治委员刘其人,参谋长袁也烈,政治部主任徐斌洲,辖3个军分区:清东军分区兼独立团,司令员兼团长董有炳,政治委员岳拙元;清西军分区兼独立团,司令员兼团长许云轩,政治委员李曼村;清中军分区兼独立团,司令员兼团长马千里,政治委员王效禹。

军区还辖直属团和昌潍独立团。第3旅的番号保留至1943年3月。

1942年7月1日,山东纵队以第5支队为基础,组建了胶东军区,司令员许世友,政治委员林浩,副司令员王彬,参谋长贾若瑜,政治部主任彭嘉庆,辖4个军分区:第1(东海)军分区,司令员李发,政治委员仲曦东;第2(北海)军分区,司令员孙端夫,政治委员王夷藜;第3(西海)军分区,司令员赵一萍,政治委员于寄吾;第4(南海)军分区,司令员王侯山,政治委员刘宿贤。军区直辖第16、第17团。

8月1日,山东纵队改为山东军区,政治委员黎玉,副司令员兼参谋长王建安,政治部主任江华,供给部、卫生部与第115师供给部、卫生部合并,军区部队归第115师指挥,其番号仍保留。除保留清河军区、胶东军区、第5旅外,组建滨海独立军分区和新的鲁中军区;以第1旅主力和第2旅第4团改为第115师新的教导第1旅,旅长孙继先,政治委员王麓水,辖第1、第3和第4团;鲁南军区由第115师改隶山东军区。至此,山东军区辖鲁中军区、清河军区、胶东军区、鲁南军区、滨海独立军分区和第5旅。

鲁中军区由纵队机关一部、第1旅第2团、第4旅和纵队直属青年团组成,司令员兼政治委员罗舜初,参谋主任石潇江,政治部主任周赤萍,辖3个军分区:第1(泰山)军分区,司令员廖容标,政治委员汪洋,辖第10、第12团;第2(沂蒙)军分区,司令员吴瑞林,政治委员王一平,辖第1、第2团;第3(泰南)军分区,司令员赵杰,政治委员董琰,辖第11团。

鲁中军区直辖第2团和青年团。

第2旅主力组建为滨海独立军分区,司令员何以祥,政治委员王叙坤(王力生),辖第5、第6团和独立团。

第4旅机关并入鲁中军区第1军分区机关,其所辖部队分别划归第1、第2和第3军分区。

第5旅,旅长吴克华,政治委员高锦纯,辖第13、第14和第15团。该旅是军区机动部队。

鲁南军区,司令员张光中,政治委员邝任农,参谋长贾耀祥,政治部主任曾明桃,辖3个军分区:第1军分区,司令员董鸣春,政治委员杨士法;第2军分区,贾耀祥兼司令员,政治委员冯起;第3军分区,司令员王献庭,政治委员王六生。该军区由第115师改隶山东军区。11月,鲁中军区第2军分区第1、第2团撤销。

1941年1月皖南事变后,第115师教导第5旅改为新四军独立旅。7月,鲁西军区和教导第7旅编入第2纵队兼冀鲁豫军区。

1942 年春至 1943 年春,经过精简整编,第 115 师机关干部减少 66%,师直人员减少 49%,单位减少 55%。与此同时,连队得到充实,每连由 70 人增加到 130 人。

1942 年 12 月 5 日,独立旅由新四军归建第 115 师,恢复教导第 5 旅番号。第 115 师教导第 3 旅、教导第 4 旅兼湖西军分区调入冀鲁豫军区。

1943 年 3 月中旬,山东军区与第 115 师合并为新的山东军区,第 115 师和原山东军区各旅、支队全部撤销,第 115 师番号保留。

第 115 师代师长、政治委员和山东军区司令员兼政治委员罗荣桓,副政治委员黎玉,政治部主任萧华,参谋处处长李作鹏,后勤部部长吕麟、政治委员周贤,卫生部部长谷广善、政治委员周贤(兼),辖 6 个军区:

鲁中军区,由原鲁中军区和第 115 师教导第 1 旅主力编成,司令员王建安,政治委员罗舜初,政治部主任周赤萍,辖 3 个军分区:第 1 军分区,司令员廖容标,政治委员林乎加;第 2、第 3 军分区,司令员、政治委员未变。另辖第 1、第 2、第 4 团。9 月,第 4 军分区成立,司令员赵杰。

鲁南军区,由原山东军区的鲁南军区、第 115 师教导第 1 旅第 3 团和教导第 2 旅第 5 团编成,司令员张光中,政治委员张雨帆,副司令员王麓水,政治部主任曾明桃,后组建 3 个军分区:第 1 军分区兼第 3 团,司令员兼团长王吉文,政治委员杨士法;第 2 军分区,司令员贾耀祥,政治委员张雄;第 3 军分区兼第 5 团,司令员兼团长胡大荣,政治委员王六生。此外,军区直辖沂河、运河、尼山和独立支队。

胶东军区,由原胶东军区和第 5 旅编成,司令员许世友,政治委员林浩,副司令员吴克华,副政治委员王文,政治部主任彭嘉庆,辖 4 个军分区:东海军分区,司令员刘涌,政治委员未变;西海军分区,司令员陈华堂,政治委员吕明仁;南海军分区,司令员王侯山,政治委员刘宿贤;北海军分区,司令员、政治委员未变。此外,军区直辖第 13、第 14、第 16 团,警备团。随后,该军区成立了税警团和新团。

清河军区,领导人未变,辖 4 个军分区:清东军分区兼独立团,司令员兼团长赵寄舟,政治委员未变;清西军分区兼独立团,司令员兼团长、政治委员未变;清中军分区兼独立团,司令员兼团长程绪润,政治委员张文韬;垦区军分区兼独立团,司令员兼团长王兆相,政治委员张辑光。此外,军区辖直属团。

冀鲁边军区,由教导第6旅兼冀鲁边军区编成,司令员黄骅,政治委员王卓如,副政治委员周贯五,政治部主任刘贤权,辖3个军分区:第1军分区,司令员傅继泽,政治委员彭瑞林;第2军分区,司令员龙书金,政治委员曾旭清;第3军分区,司令员杨铮侯,政治委员李广文。此外,军区直辖特务团和回民支队。

滨海军区,由教导第2旅主力、教导第5旅和滨海独立军分区编成,司令员陈士榘,政治委员符竹庭,后辖2个军分区:第1(滨北)军分区,由第13团兼,团长兼司令员梁兴初,政治委员刘西元;第2(滨南)军分区,由第4团兼,团长兼司令员罗华生,政治委员张雄。军区直辖第6、第23团,警备团和海陵独立团。

山东军区直辖特务团和教导第1、第2团。

第120师兼晋西北军区、晋绥军区　第120师兼晋西北军区于1941年3月成立兴(县)岚(县)直属军分区,司令员陈漫远;5月成立第5军分区,司令员郭鹏,政治委员胡全。7月7日,第120师教导团改编为抗大第7分校。8月,第359旅雁北支队、第4支队分别改为该旅特务团和补充团。

同年12月至翌年3月,第120师兼晋西北军区进行精简。旅和纵队实行甲、乙两种编制,团实行甲、乙、丙三种编制。第358、第359旅,独立第1、第2旅和决死第2纵队,实行甲种编制,辖2—3个甲、乙种团或3个乙、丙种团。暂编第1师、决死第4纵队和工卫旅,实行乙种编制,辖2个丙种团。甲种团为1700人,乙种团为1200人;丙种团在1000人以下。全军区机关抽出730余人充实到连队,仅第358旅的旅、团两级机关,就调出367人补到连队,使连队的人数达到60至120人;全区部队由5.1万余人,减至3.6万余人。

1942年9月,晋西北军区番号撤销,晋绥军区成立,编入陕甘宁晋绥联防军,司令员贺龙,政治委员关向应,副司令员续范亭,副政治委员林枫,参谋长周士第,政治部主任甘泗淇,后勤部部长陈希云,辖4个旅、5个军分区等。

第358旅兼第3军分区,旅长兼司令员张宗逊,政治委员李井泉,辖第716、第7、第8团和游击第2支队。

第359旅,旅长兼政治委员王震,辖第717、第718、第719团,特务团和补充团。

独立第1旅,旅长高士一,政治委员朱辉照,辖第715、第2团和决死第4纵队。决死第 4 纵队司令员兼政治委员雷任民,辖第 19、第 35 团。

独立第 2 旅兼第 2 军分区,旅长兼司令员许光达,政治委员张平化,辖第 714、第 9 团和暂编第 1 师。暂编第 1 师师长由续范亭兼任,辖第 36、第 37 团和游击支队。

第 5 军分区,司令员郭鹏,政治委员胡全。

决死第 2 纵队兼第 8 军分区,司令员兼政治委员韩钧,辖第 4、第 5、第 6 团和工人武装自卫旅。工人武装自卫旅旅长兼政治委员侯俊岩,辖第 21、第 22 团等。

兴岚直属军分区,司令员陈漫远。

河防司令部,司令员刘忠,政治委员武开章。

大青山骑兵支队,司令员姚喆,辖第 1、第 2、第 3 团。

晋西北新军总指挥部,续范亭兼总指挥,政治委员罗贵波。

1942 年 10 月初至 1943 年 3 月底,晋绥军区部队继续进行精简,调整了军分区的划分,裁减与合并师、旅、团指挥机关,有的团合并为支队。

晋西北新军总指挥部番号撤销,部队并入第 8 军分区;第 4 军分区并入第 3 军分区,第 3 军分区仍由第 358 旅兼;独立第 1 旅调至陕甘宁边区;撤销大青山骑兵支队和第 5 军分区番号,成立塞北军分区,司令员姚喆,政治委员高克林,辖第 1、第 2、第 3 团和雁北支队;在忻县、崞县、静乐和宁武新成立第 6 军分区,司令员雷任民,政治委员刘文珍,辖第 19、第 35 支队;暂编第 1 师和工卫旅取消师、旅指挥机关,仅保留番号,前者的第 36、第 37 团合编为独立第 2 旅兼第 2 军分区第 36 团,后者的第 21、第 22 团合编为第 8 军分区第 21 团;决死第 2 纵队第 4、第 5、第 6 团合编为第 8 军分区第 5、第 6 支队;决死第 4 纵队第 19、第 35 团改编为第 6 军分区第 19、第 35 支队。

经过这次精简,晋绥军区团级以上机关人员由 9151 人减至 3580 人,减少 60.9%。其中,军区与所属的旅、纵队、军分区两级机关人员由 7132 人减至 1754 人,减少 75.4%。每个连队编为 9 个步枪班、3 个轻机枪班和 1 个掷弹筒班,共 130 人。整个军区的主力军除调往陕甘宁边区的以外,减至 2.5 万人,地方部队由 6500 人减至 5000 人。

1943 年 6 月,第 714 团由独立第 2 旅改隶独立第 1 旅;第 715 团由独立第 1 旅改隶第 358 旅;第 358 旅改由陕甘宁晋绥联防军指挥。8 月,警备旅由第 129 师改归晋察冀军区指挥。10 月 12 日,警备旅编入晋绥军区第 8 军分区,第 1、第 2 团改为第 1、第 2 支队。

11 月,晋绥军区领导人调整,司令员吕正操,政治委员林枫,副司令员续范亭,副司令员兼参谋长周士第,政治部主任张平化,后勤部部长陈希云。原第 3 纵队兼冀中军区第 18、第 27、第 29 团,合编为晋绥军区直辖第 27 团;第 17、第 22、第 26 团,合编为第 3 军分区第 17 团。

第 129 师 1941 年 1 月,新编第 11 旅和决死第 3 纵队领导机关分别与太行军区第 1、第 4 军分区合并,保留决死第 3 纵队番号,其部队分别编为太行军区第 1、第 4 和第 3 军分区基干团。

第 1 军分区,司令员秦基伟,政治委员高扬,辖第 31 团。

第 3 军分区,司令员郭国言,政治委员王一伦,辖决死第 7、第 8、第 9 团。

太岳军区从由第 386 旅兼改为由决死第 1 纵队兼,司令员兼政治委员薄一波,辖第 25、第 38、第 57、第 59 团。

2 月,在临漳和成安地区成立冀南军区第 6 军分区,司令员邹国厚,政治委员夏祖盛。

8 月 11 日,太岳纵队成立,并兼太岳军区,隶属八路军总部,司令员陈赓,政治委员薄一波,政治部主任王新亭,参谋长毕占云,辖决死第 1 旅(由决死第 1 纵队改)、第 212 旅、第 386 旅和第 1 至第 4 军分区。

决死第 1 旅,旅长李聚奎,政治委员周仲英,辖第 25、第 38、第 57、第 59 团。

第 212 旅,旅长孙定国,政治委员马英,辖第 54、第 55、第 56 团。

第 386 旅,陈赓兼旅长,王新亭兼政治委员,辖第 772、第 16、第 17、第 18 团。

第 1 军分区,司令员高志和,政治委员金世柏。

第 2 军分区,司令员张汉丞,政治委员史健。

第 3 军分区,司令员王清川,政治委员孙雨亭。

第 4 军分区,司令员钟美科,政治委员韩柏。

9 月,太行军区建立第 6 军分区,司令员范子侠,政治委员朱穆之。

10 月,新编第 10 旅保留番号,机关编入太行军区第 2 军分区,部队编入第 2、第 6 军分区。第 2 军分区,司令员张国传,政治委员赖若愚。

1942 年 1 月 10 日,太岳纵队兼太岳军区归建第 129 师。随后,第 129 师进行了 3 次大的精简。1 月 15 日,第 129 师颁发《关于实施精兵建设的命令》,开始了第一次精简。2 月至 4 月,全师的团实行甲、乙、丙 3 种编制:甲种团为 3 营 9 连制,乙种团为 2 营 6 连制,丙种团为 4 连制。至 5 月,除冀南军区外,太行军区、太岳纵队兼太岳军区和第 385、第 386 旅,新编第 1 旅,决死第 1 旅,共编了 4 个甲种团、7 个乙种团和 13 个丙种团。决死第 1 旅第 57 团转隶晋豫联防区,第 59 团编入第 1 军分区。

5 月 8 日,第 129 师决定进行第二次精简,旅与军分区领导机关合并,部队编为军分区基干团。

太岳纵队兼太岳军区的第 212 旅撤销番号,其 3 个团合编为新的第 54 团,编入第 4 军分区,司令员马英。

第 1 军分区,司令员苏鲁,政治委员刘植岩,辖第 59 团。

6 月,新编第 4 旅,旅长徐深吉,政治委员钟汉华,辖第 771、第 20 团和骑兵团;其第 11 团和冀南军区第 4 军分区第 36 团合并为该军分区新的第 11 团。

新编第 7 和第 8 旅番号撤销,部队分别编入冀南军区第 6、第 3 军分区。第 6 军分区,司令员易良品,政治委员夏祖盛。第 3 军分区,司令员高厚良,政治委员李定灼。

11 月下旬至 12 月底,新编第 4 旅撤销,所辖第 20、第 771 团,骑兵团分别编入冀南军区第 1、第 4 军分区和军区直辖序列。第 1 军分区,司令员桂干生,政治委员吴建初。第 4 军分区,司令员徐深吉,政治委员钟汉华。

1943 年 1 月,第 57 团归建决死第 1 旅。第 3 纵队兼冀中军区警备旅 2 月归第 129 师建制,8 月调回晋察冀军区指挥,10 月调归晋绥军区。

同年春,第 129 师实行第三次精简。2 月,冀南军区撤销特务团,骑兵团和第 21 团改隶冀鲁豫军区。

3 月 20 日,新第 385 旅撤销,第 769、第 14 团并入太行军区第 3 军分区,第 13 团并入太行军区第 6 军分区。第 3 军分区,司令员陈锡联,政治委员彭涛。第 6 军分区,司令员宗凤洲,政治委员朱穆之。

22 日,新编第 1 旅撤销,第 2、第 3 团编入太行军区第 4 军分区,第 1 团并入第 5 军分区。第 4 军分区,司令员黄新友,政治委员王孝慈。

24 日,太岳军区原第 1 至第 4 军分区合并为第 1 至第 3 军分区,成立新的第 4

军分区。

决死第1旅兼第1军分区,司令员李聚奎,政治委员顾大川,辖第25、第38、第57、第59团。

第386旅兼第2军分区,司令员王近山,政治委员刘忠,辖第772、第16、第20团。

第3军分区由原第4军分区扩编,司令员孙定国,政治委员刘聚奎,辖第54、第57团。

新的太岳军区第4军分区由晋豫联防区改称,司令员唐天际,政治委员李哲人,辖第2、第17团。

7月,冀南军区第7军分区由冀鲁豫军区第3军分区改编,司令员赵健民,政治委员萧永智,辖第22团和基干团。同时,各军分区基干团、营与县区基干队、民兵组成游击集团。

9月,太行军区成立第7和第8军分区:第7军分区,司令员皮定均,政治委员高扬;第8军分区,司令员黄新友,政治委员江明。冀南军区第10团编入太行军区第1军分区。

10月6日,第129师与八路军总部合并,保留第129师番号,撤销太岳纵队,太行、太岳和冀南军区由八路军总部直辖。

太行军区,司令员李达,政治委员李雪峰,副司令员王树声,副政治委员兼政治部主任黄镇,李达兼参谋长,辖8个军分区:

第1军分区,司令员秦基伟,政治委员郭峰,辖第10、第31团。

第2军分区,司令员曾绍山,政治委员赖际发,辖第28、第30团。

第3军分区,司令员陈锡联,政治委员彭涛,辖第769、第14团,决死第7、第9团。

第4军分区,司令员石志本,政治委员王孝慈,辖第2、第3、第32团。

第5军分区,司令员韦杰,政治委员徐子荣,辖第1、第34团。

第6军分区,司令员宗凤洲,政治委员谢富治,辖第13团和基干团。

第7、第8军分区,司令员、政治委员未变。

太岳军区,司令员陈赓,政治委员薄一波,代政治委员王鹤峰,副政治委员兼政治部主任王新亭,参谋长毕占云,辖4个军分区:

决死第 1 旅兼第 1 军分区,旅长兼司令员李聚奎,政治委员顾大川,辖第 25、第 38、第 59 团和洪赵支队。

第 386 旅兼第 2 军分区,旅长兼司令员王近山,政治委员刘忠,辖第 772、第 20 团,第 16 团调入陕甘宁晋绥联防军。

第 212 旅兼第 3 军分区,司令员孙定国,政治委员刘聚奎,辖第 54、第 57 团。

第 4 军分区,司令员唐天际,政治委员李哲人,辖第 2、第 17 团和豫北义勇军(原第 18 团)。

冀南军区,司令员陈再道,政治委员宋任穷,副司令员王宏坤,副政治委员李菁玉,参谋长王蕴瑞,政治部主任刘志坚,辖 7 个军分区:

第 1 军分区,司令员桂干生,政治委员陈荣,辖第 20、第 26 团。

第 2 军分区,司令员吴诚忠,政治委员杜义德,辖第 25 团。

第 3 军分区,司令员张维翰,政治委员李福祥,辖第 23 团和滏西支队。

第 4 军分区,司令员范朝利,政治委员钟汉华,辖第 771、第 11 团。

第 5 军分区,司令员牟海秀,政治委员李尔重。

第 6 军分区,司令员周发田,政治委员文建武,辖第 19 团。

第 7 军分区,司令员赵健民,辖第 22 团和基干团。

冀鲁豫军区　1941 年 7 月 7 日,该军区与第 115 师鲁西军区合并为新的冀鲁豫军区,仍由第 2 纵队兼,归八路军总部直辖,鲁西军区第 1 至第 4 军分区和原冀鲁豫军区第 1 至第 3 军分区依次改称新冀鲁豫军区第 1 至第 7 军分区,南进支队由第 3 纵队兼冀中军区改隶第 2 纵队兼冀鲁豫军区。教导第 3 旅由其指挥。

第 2 纵队司令员杨得志,冀鲁豫军区司令员崔田民,政治委员苏振华,副司令员杨勇,参谋长卢绍武,政治部主任唐亮,共辖 2 个旅、1 个支队、7 个军分区和指挥教导第 3 旅:

教导第 3 旅,代旅长王秉璋,政治委员曾思玉,辖第 7、第 8、第 9 团。

教导第 7 旅,旅长韩先楚,政治委员赵基梅,辖第 19、第 20 团。

南进支队,司令员赵承金,政治委员谭冠三,辖第 16、第 21 团。

第 1 军分区,司令员刘贤权,政治委员李冠元。

第 2 军分区,司令员周桂生,政治委员刘星。

第 3 军分区,司令员刘汉,政治委员李乐亭。

第 4 军分区,司令员刘志远,政治委员石新安。

第 5 军分区,由河北抗日民军第 1 旅兼,旅长兼司令员朱程,政治委员王凤梧,辖第 1、第 3 团和基干团。

第 6 军分区,司令员唐哲明,政治委员裴志耕。

第 7 军分区,司令员张耀汉,政治委员张应魁。

10 月,第 8 军分区成立,赵基梅兼司令员和政治委员。

随后,冀鲁豫军区进行了多次精简整编。第一次精简于 1941 年 12 月下旬开始,重点在团以下单位,实行大团、甲种小团和乙种小团制。大团为 3 营制,甲种小团为 5 个步兵连和 1 个特务连制,乙种小团为 4 个步兵连和 1 个特务连制。还有的团为 2 营或 4—5 个步兵连制。教导第 3 旅缩编为直辖 5 个步兵连、1 个特务连的甲种小团,教导第 7 旅缩编为直辖 4 个步兵连、1 个特务连的乙种小团,南进支队由 2 个团扩编为 3 个团。全区主力部队为 15408 人。

1942 年 3 月,第 8 军分区撤销,部队并入第 7 军分区,司令员张耀汉,政治委员张应魁。4 月,第 8 军分区重建,司令员吴机章(后),政治委员刘德海。

第二次精简自 1942 年 6 月开始。第 2 纵队撤销,军区机关部门合并,营、连取消勤务员,教导第 3、第 7 旅分别兼第 2、第 7 军分区。第 2 军分区,司令员周桂生,政治委员关盛志。第 7 军分区,司令员张耀汉,政治委员赵基梅。

1942 年 12 月,部队又进行了精简和调整:

原第 1、第 4 军分区合并为新的第 1 军分区,司令员刘志远,政治委员石新安。

原第 2、第 8 军分区和教导第 3 旅番号撤销,合并为新的第 2 军分区,司令员曾思玉,政治委员段君毅。

原第 3 军分区和回民支队合并为新的第 3 军分区,司令员马本斋,政治委员刘星。

南进支队与河北抗日民军第 1 旅兼第 5 军分区、第 6 军分区合并为新的第 4 军分区,司令员赵承金,政治委员张国华。

教导第 7 旅撤销,与第 7 军分区编为第 5 军分区,司令员昌炳桂,政治委员由刘星兼。

第 115 师教导第 4 旅兼湖西军分区编入冀鲁豫军区后，其番号撤销，改编为新的第 6 军分区，司令员王秉璋，政治委员唐亮。

1943 年 2 月，骑兵团和第 21 团由冀南军区改隶冀鲁豫军区。

7 月，其第 3 军分区改为冀南军区第 7 军分区，司令员赵建民，政治委员萧永智；并重新成立冀鲁豫军区第 3 军分区，司令员马本斋，政治委员刘星。

八路军后方留守兵团 1941 年 2 月，保安司令部成立第 1、第 3 团和骑兵团。5 月，警备第 4 团编入警备第 1 旅。8 月 8 日，关中军分区撤销，关中警备司令部成立。10 月，特务团编入警备第 1 旅。

同年底，后方留守兵团指挥第 359、第 385 旅，警备第 1 旅，关中警备司令部，保安司令部，警备第 1、第 5 团和骑兵团：

第 359 旅，旅长兼政治委员王震，辖第 717、第 718、第 719 团，特务团和补充团。

第 385 旅，旅长王维舟，政治委员甘渭汉，辖第 770 团，警备第 2、第 7 团。

警备第 1 旅，旅长文年生，政治委员阎红彦，辖警备第 3、第 4、第 8 团和特务团。

关中警备司令部，文年生兼司令员，政治委员习仲勋，辖保安第 1、第 3 团。

保安司令部，司令员兼政治委员高岗，辖保安第 2、第 4 团和骑兵团。

全兵团共 20 个团和 10 个独立营，达 31177 人。

陕甘宁晋绥联防军 为了统一陕甘宁边区和晋绥地区的军事指挥，中共中央军委于 1942 年 5 月 13 日决定在延安成立陕甘宁晋绥联防军。6 月 10 日，陕甘宁晋绥联防军正式成立，司令员贺龙，政治委员关向应，代政治委员高岗，副司令员兼参谋长徐向前，副司令员萧劲光，副政治委员高岗、林枫和谭政，后张经武任参谋长，辖第 120 师兼晋西北军区、晋西北新军总指挥部、八路军后方留守兵团和总部直辖炮兵团等。

同年 9 月，晋西北军区改称晋绥军区，后方留守兵团司令部与联防军司令部合并，仅保留后方留守兵团名义。

关中警备司令部撤销，部队编入警备第 1 旅，旅长文年生，政治委员阎红彦，辖第 1、第 2、第 3 团。

10 月 1 日，保安司令部撤销，其第 2 团和警备第 1、第 5 团等部改编为警备第

3 旅,旅长贺晋年,政治委员王世泰,辖第 7、第 8、第 9 团。

10 月 30 日,原保安司令部骑兵团和后方留守兵团骑兵团、第 359 旅骑兵大队合为骑兵旅,旅长康健民,政治委员朱子珍。

至 1942 年底,陕甘宁晋绥联防军共 75307 人。

1943 年 1 月 16 日,中共中央决定成立陕甘宁晋绥联防军政治部,军委总政治部副主任谭政兼联防军副政治委员和政治部主任,总政治部副主任傅钟兼联防军政治部副主任,联防军政治部第二副主任甘泗淇,联防军后勤部部长张令彬。同时,后方留守兵团政治部并入陕甘宁晋绥联防军政治部。

3 月,第 385 旅,旅长王维舟,政治委员马文瑞,除辖第 770 团外,第 2、第 7 团与地方部队分别编成该旅第 4、第 5 团。

10 月,太岳军区第 16 团编入陕甘宁晋绥联防军。

同时,进行艰苦细致的组织工作,妥善安置编余人员。能否妥善安置超编人员尤其是超编干部,是落实精兵政策工作的重要组成部分,直接关系到精兵工作的施行和效果。八路军副参谋长左权曾指出:“紧缩人员的安置问题,这需要我们领导干部必须认识,这不是裁兵,而是合理的使用人力。因此,绝对不允许随便处理与轻视编余人员。”①安置的主要方式是:送大批人员入校学习,提高其文化和科学知识;选派一部分青年人半工半读,参加农业生产;将年轻力壮的战士和机关事务人员,充实到战斗部队;对不适宜继续在部队的老弱人员,由地方政府安排;调整少数干部到其他地区学习或工作。

晋察冀军区在 1943 年 6 月的一次精简中,选调了一批红军老干部和青年干部到延安学习。

第 115 师在 1942 年春天至秋天的两次精简中,调整编余干部的 14%(老工农干部)入学受训,31%(新干部)加强地方部队,19%加强民兵工作,31%(老弱病残者)交地方政府安置;选派杂务人员的 38%充实战斗部队,33%的老弱者参加后方生产,其余人员送学受训、当炊事员和到地方工作。

晋绥军区在 1942 年 10 月至 1943 年 3 月的第二次精简中,根据全军区的总定

---

① 中国人民解放军政治学院政治工作教研室编:《军队政治工作历史资料》(抗日战争时期)第 6 册,第 28 页,中国人民解放军战士出版社,1982 年版。

额对超编人员作出安排:选调 1174 人入校学习,3674 人充实部队,477 人加强到武工队,3108 人退伍,1087 人参加生产。

第 129 师在 1942 年 1 月至 4 月的第一次精简中,选调太行、冀南军区 2000 余名干部入抗大和陆军中学学习,安排太行、冀南军区的 660 余名年老体弱者转业,安排太行、太岳和冀南军区的 6000 余名战士退伍。

八路军各部队区别对象,妥善安排编余、调动、调学、退伍的干部、战士,做到人尽其才、才尽其用、各得其所,促进了精兵政策的落实。

至 1943 年底,八路军的精兵工作基本结束,并收到明显的成效。首先,八路军进行精兵和地方党政机关简政后,军队和地方党政机关的人数达到了不超过抗日根据地人口百分之三的要求,减轻了人民群众的负担,有力加强了抗日根据地的建设和部队发展的后劲,进一步增强了战胜敌后严重困难和加强对敌斗争的能力。

其次,实行这一政策的结果是,缩编了军队领导机关,减少了师、旅、团等指挥层次和建制单位,充实和加强了战斗连队,改变了各级领导机关与战斗连队人员的比例,较好地理顺了上下级之间的关系,解决了头重脚轻的问题,提高了领导机关的工作效率,增强了军事指挥和部队行动的灵活性,提高了部队的战斗力,强化了主力军、地方军和人民武装三结合武装力量体制,使部队体制编制更加适合部队积蓄力量和敌后分散游击战争的需要。

三结合武装力量体制,是进行人民战争的最佳武装力量体制模式,在抗日战争时期尤其是在敌后军民严重困难阶段得到发展。1941 年 11 月 7 日,中共中央军委在《关于抗日根据地军事建设的指示》中指出:"敌寇对我抗日根据地的残酷'扫荡',我军人力、物力、财力及地区之消耗,使敌后抗日根据地的敌我斗争,进入新的更激烈的阶段。""每个根据地的军事机构均应包含三部分:(甲)主力军,(乙)地方军,(丙)人民武装(即不脱离生产的自卫队[①]及民兵)。"[②]这是中共中央军委第一次以文件的形式明确提出抗日根据地的武装力量由主力军、地方军和自卫队及民兵组成。

---

① 抗日战争后期,自卫队亦称自卫军。
② 中央档案馆编:《中共中央文件选集》第 13 册,第 212、213 页,中共中央党校出版社,1991 年版。

主力军、地方军和人民武装的区别在于：主力军，也称主力兵团或正规军，是统一指挥、不限于某一地区、担任较大的战斗任务的精干的正规部队；地方军，是限于一定地区、担任分散游击任务、游击性极大的地方部队；包括自卫队、民兵的人民武装，由各级（由边区到县）人民武装委员会统一领导，是广大民众保卫家乡、保卫抗日根据地、不脱离生产的武装自卫组织。

就人民武装来说，自卫队、民兵的组成和任务也是不同的。自卫队是全民的群众组织，其组成不分阶级、种族、信仰和性别，16 至 55 岁无残疾者，统一按居住的地区编为中队、分队和小队，人数多少不一；其基本任务是进行群众游击战争，维持抗日根据地内的治安，担任抗战勤务（如运输、担架、送信、封锁消息、坚壁清野等）。如《晋察冀边区人民武装抗日自卫队组织章程》规定：晋察冀边区人民武装抗日自卫队是"人民自己的群众武装组织"，在"边区、专区、县、区、村设各级人民武装抗日委员会"，其宗旨是"以组织与加强边区广大人民武装自卫力量，保卫家乡，保卫抗日政权、抗日团体，保卫边区，争取抗战胜利，实现独立自由幸福的三民主义新中国"。①

民兵是人民武装中的骨干力量，由模范自卫队和青年抗敌先锋队等群众组织组成；其基本任务是侦察敌情，独立自主地作战及配合主力作战，袭扰敌人，封锁与围困敌人的据点，破坏敌人交通，打击少数敌人与汉奸之活动，在敌人进攻时领导自卫队掩护群众转移，等等。

主力军、地方军和自卫队及民兵，三者相互依存并相互转化，彼此之间没有不可逾越的鸿沟。在八路军和华北抗日根据地发展、巩固阶段，需要着重发展和建设主力军。

敌后军民进入严重困难阶段后，随着敌我斗争形势的变化，主力军与地方军的关系也随之改变，实行主力军地方化，辖地方军的军区、军分区具有独立的指挥机关和建制，着力发展、巩固地方军和人民武装。这也是必要的和正确的。

主力军、地方军和自卫队及民兵三结合的武装力量体制，是毛泽东人民战争思想的生动体现，也是中国共产党全面的全民族的抗战路线的具体形式。对于加强人民军队建设和夺取全国抗战胜利，发挥了重要作用。

---

① 中央档案馆编：《中共中央文件选集》第 13 册，第 221、222 页，中共中央党校出版社，1991 年版。

精兵政策的实行,为人民军队的建设提供了宝贵的经验,实践表明军队发展的规模要适度、结构要合理,在任何情况下,一定要与当时的经济状况和战争形势相适应。作为战争指导者,应审时度势,把握一个阶段军队建设的大局和重心,及时制定和调整政策,采取相应的部队组织形式和军队建设的有效措施。正如毛泽东所指出的:"克服了鱼大水小的矛盾,使我们的战争的机构适合战争的情况,我们就将显得越发有力量,我们就不会被敌人战胜,而要最后地战胜敌人。所以我们说,党中央提出的精兵简政的政策,是一个极其重要的政策。"①

三、参加全党整风运动,增强全军团结统一

抗日战争时期中国共产党进行的整风运动,是一次加强党内思想建设的伟大创举,是一次普遍的马克思主义教育运动,也是破除党内把马列主义教条化、把共产国际决议和苏联经验神圣化的深刻思想解放运动。整风运动的宗旨是"惩前毖后,治病救人"。其内容是反对主观主义以整顿学风、反对宗派主义以整顿党风、反对党八股以整顿文风,中心是反对主观主义。其方法是开展调查研究,坚持实事求是,实行理论联系实际和批评与自我批评的教育方法。

1942 年 2 月开始,中共中央和毛泽东领导全党开展了整风运动。这是毛泽东于 1943 年 12 月为中央党校新建的礼堂题写的"实事求是"四个大字

---

① 《毛泽东选集》第 3 卷,第 882 页,人民出版社,1991 年版。

全党的整风运动,首先进行了充分的准备,主要是组织高级干部学习马克思主义理论。1941年5月,毛泽东在延安高级干部会议上,作了题为《改造我们的学习》的报告,指明了全党整风学习的方向。中共中央于7月1日和8月1日,先后作出《关于增强党性的决定》和《关于调查研究的决定》,对于开展整风,起了思想动员作用。9月10日至10月22日,中共中央政治局召开了扩大会议,毛泽东深刻分析了主观主义的表现、危害和根源,会议确认了王明等人在土地革命战争时期所犯的"左"倾冒险主义错误。在会议期间,决定成立中共中央学习研究组和各地高级干部学习组,以组织约300名高级干部,结合党的六大前后的历史经验,学习马列主义理论。这是全党整风运动的准备阶段。

晋察冀军区直属机关部分人员参加整风学习

1942年2月1日和8日,毛泽东在中共中央党校和延安干部会上,作了《整顿党的作风》(当时名为《整顿学风、党风、文风》)和《反对党八股》的报告,全面论述了整风的内容、宗旨和意义。中共中央宣传部于4月3日和6月8日,先后作出《关于在延安讨论中央决定及毛泽东同志整顿三风报告的决定》和《关于在全党进行整顿三风学习运动的指示》。从此,由陕甘宁到华北、华中和华南抗日根据地,由敌后党组织到国民党统治区的中共中央南方局,一次全党整风运动普遍展开。

随后,组织高级干部进一步讨论和研究党的历史。1943 年 10 月,中共中央分别召开了关于土地革命战争时期一些苏区和抗日战争时期抗日根据地的历史座谈会,以使干部结合切身的实践经验,认识党的历史上的是非问题。1944 年 4 月 12 日,毛泽东在延安高级干部会议上,作了《学习和时局》的讲演,指明了正确分析党的历史问题的方向。1945 年 4 月 20 日,中共六届七中全会通过了《关于若干历史问题的决议》,对建党以来特别是土地革命战争和抗日战争时期党的许多重大历史问题均做了结论,标志着伟大的全党整风运动胜利结束。

1942 年 9 月,毛泽东在延安给干部作报告

全军整风运动是全党整风运动的重要组成部分。1942 年 6 月 16 日,中共中央军委和总政治部发出《关于军队中整顿三风的学习与检查工作的指示》;7 月 1 日,《解放日报》发表了《关于军队中的整顿三风的社论》,着重强调,军队开展整风是为了反对军事领域中的教条主义、经验主义,提高党性,增强团结,提高战斗力,发展无产阶级的军事理论,更好地贯彻执行共产党的路线、方针和政策。同时,明确指出了军队整风运动实施的步骤、方法和要注意的问题等。

全军的整风运动自 1942 年 4 月至 1945 年 4 月,大体上分为三步:第一步,是学习文件,结合抗战的形势、任务和我党我军的地位,明确整风的宗旨和内容,认清整风的意义,以提高整风的自觉性;第二步,是进一步领会整风文献精神,联系实际,开展认真的批评与自我批评,划清马列主义与主观主义、宗派主义、党八股的是非界限,对政治立场、思想方法和工作作风等进行全面检查;第三步,在前面学习和检查的基础上,个人和单位,写出总结,并进行了审查干部的工作。

根据中共中央和中央军委的指示精神,八路军野战政治部于 1942 年 4 月 20

日,发出《关于整风运动周的指示》;1943 年 1 月,召开会议,总结了 1942 年整风的经验和教训;2 月 5 日,与中共中央北方局宣传部联合发出《关于 1943 年整风运动的指示》,规定整风是当年的中心任务之一。

在整风运动中,连队指导员给战士们讲课

八路军各部队按照全党全军整风的目的、宗旨、内容、步骤、方法和要求,结合自身的实际情况,严肃地开展了整风运动,收到了巨大的成效。解放了思想,极大地提高了马列主义、毛泽东思想的理论水平;增强了党性,增强了坚持共产党对军队的绝对领导,军队拥护执行党的路线、方针和政策的自觉性;改进了思想作风,纯洁了队伍,提高了战斗力,增强了对敌斗争的信心,促进了作战和其他各项任务的完成;使全军在马列主义、毛泽东思想的基础上达到空前的团结和统一,为战胜严重困难,夺取抗日战争以至新民主主义革命在全国的胜利,奠定了牢固的思想基础。

四、开展大生产运动,奠定坚实物质基础

八路军的大生产运动是从驻陕甘宁边区的八路军后方留守处等部队开始的。

八路军成立后,国民政府只发给一点很少的军饷,不过杯水车薪。干部战士几乎全部穿着打补丁的衣服,并且不能随着季节的变化而及时得到更换,甚至连子弹袋也不能更换,破烂不堪,无法使用。

早在1938年,八路军后方留守处在第一次党代表会议上,就提出了把开展生产作为三大任务之一。从7月开始,后方留守处的一些部队在战斗和训练之余,率先组织干部战士喂猪、养羊、种菜、织衣、做鞋,开展农副业生产,明显地改善了指战员的生活。这一做法,立即推广到后方留守处的所有部队和中央军委直属机关。

1939年2月2日,毛泽东在延安召开的陕甘宁边区抗日军民生产动员大会上指出:陕甘宁边区有200万居民,还有4万脱离生产的工作人员,要解决这204万人的穿衣吃饭问题,就要进行生产运动。同年春,毛泽东提出了"自己动手,生产自给"的方针,并在为中国人民抗日军事政治大学开展生产运动题词时指出:"现在一面学习,一面生产,将来一面作战,一面生产,这就是抗大的作风,足以战胜任何敌人的!"[1]

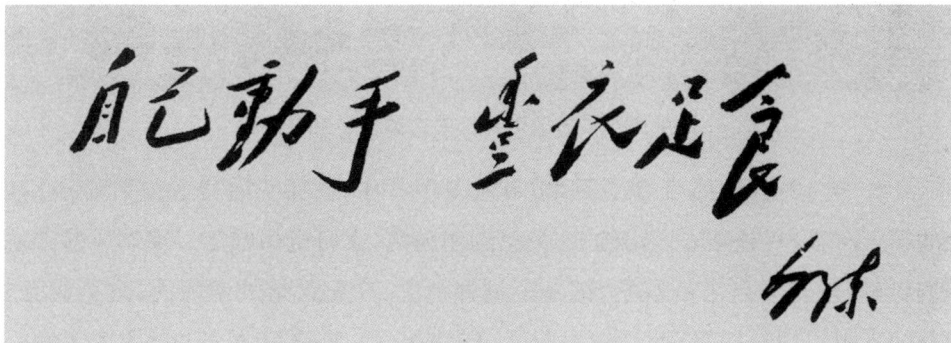

毛泽东题词

1940年2月10日,中共中央和中央军委发出《关于开展生产运动的指示》,指出:"斗争已进入更艰苦阶段,财政经济问题的解决,必须提到政治的高度,望军政首长,各级政治机关努力领导今年部队中的生产运动。开辟财源,克服困难,争取战争的胜利。"要求各部队根据不同环境和条件,开展生产运动,做到"一面战斗

---

[1] 李志民:《革命熔炉》,第293页,中共党史资料出版社,1986年版。

(非战斗机关是一面工作)、一面生产、一面学习"。① 根据中共中央和中央军委的指示精神,陕甘宁边区党政军民,首先开展了大生产运动。从此,以改善生活为目的的局部性的农副业生产,发展为整个陕甘宁边区军民以逐步实现经济自给为目的的大生产运动。

中共中央军委总政治部机关人员参加生产劳动

1940年12月至1941年3月,担负保卫中共中央、中央军委和陕甘宁边区安全的第359旅,开赴延安东南约50公里的南泥湾,实行屯田政策。他们风餐露宿、披荆斩棘,硬是靠自己的双手,把一个荆棘丛生、荒无人烟的南泥湾,改造成五谷丰登的米粮川,赛过了江南。1941年至1943年底,八路军第359旅共种地13.8万亩,粮食自给率由79.5％达到完全自给有余,经费自给率上升到93.3％。1944年,该旅不仅实现了粮食和日用品全部自给,而且达到了"耕一余一",逐步实现了"自己动手,丰衣足食"的目标,开始向边区政府上交粮食。第359旅成为全军大生产运动的一面旗帜,创造了以自力更生、艰苦奋斗、官兵一致、同甘共苦等为内容的南泥湾精神。

---

① 中央档案馆编:《中共中央文件选集》第12册,第289、290页,中共中央党校出版社,1991年版。

战士们在南泥湾新开垦的土地上插秧

1942 年 4 月 12 日,王震(右 2)陪同朱德(右 3)、贺龙(右 4)等视察南泥湾

1942 年 7 月 10 日,朱德视察南泥湾,即兴赋诗赞道:"去年初到此,遍地皆荒草。夜无宿营地,破窑亦难找。今辟新市场,洞房满山腰。平川种嘉禾,水田栽新稻。屯田仅告成,战士粗温饱。农场牛羊肥,马兰造纸俏。""熏风拂面来,有似江南好。"①12 月,毛泽东在为中共中央西北局高干会议写的书面报告《经济问题与财政问题》中,充分肯定了八路军驻陕甘宁边区留守部队的成绩,称赞他们:"不仅起了保卫边区的政治上与军事上的作用,而且起了直接解决大数量的财政供给与帮助着发展边区经济的作用。"12 月 12 日,中共中央机关报《解放日报》专题发表了社论《积极推行"南泥湾政策"!》,向各个抗日根据地推广了第 359 旅的经验,指出:八路军第 359 旅是执行"屯田政策的模范","经过披荆斩棘,耕耘种植,今天的南泥湾,已成了'陕北江南'"。"不但驻守边区的十八集团军其他部队应该效法,而且也可以供全国许多友军的参考,这是毫无疑义的。"社论号召各部队像第 359 旅一样,"都建设起自己的'南泥湾',来克服物质困难,支持长期抗战,争取最后胜利"。②

在实践南泥湾精神的大生产运动中,中共中央和中央军委的领导同志,率先垂范,身体力行。毛泽东在杨家岭窑洞对面的山沟里,亲自开垦出一块土地,浇水、拔草、种菜。周恩来、任弼时,经常盘腿而坐,手摇纺车,都成为纺纱能手。

毛泽东等领导同志的模范行动,极大地鼓舞了抗日军民的劳动热情,有力推动了大生产运动的开展。

晋西北抗日军民,1941 年共开垦荒地 30 余万亩,其中部队开荒 7.3 万余亩,收细粮 9 万公斤、蔬菜 28.5 万公斤,养猪 4000 头、牛和羊共 2000 余头。

1942 年,第 115 师部队做到了每人每天 5 钱油、5 钱盐、1 斤菜。晋察冀军区大部分单位,做到了每人每天 3 钱盐、2 钱油。

1943 年,八路军后方留守兵团开荒近 20 万亩,收细粮 465 万公斤、蔬菜 1650 万公斤,织布 1.3 万余匹,养猪 1 万余头。

10 月 1 日,中共中央在《关于减租生产拥政爱民及宣传十大政策的指示》中,要求各抗日根据地"党部、政府及军队,必须于今年秋冬准备好明年全根据地实行

---

① 中共中央文献研究室编:《朱德传》,第 519、520 页,人民出版社、中央文献出版社,1993 年版。
② 中央档案馆编:《中共中央文件选集》第 13 册,第 537、539 页,中共中央党校出版社,1991 年版。

自己动手克服困难(除陕甘宁边区外,暂不提丰衣足食口号)的大规模生产运动"①。从此,八路军各部队与党政民一道,在已有的基础上,开展了更大规模的轰轰烈烈的生产运动。

全军的大生产运动,由补助生活,克服困难起步,到实现半自给、自给,发展为自己动手,丰衣足食,这是一个了不起的成就。正如毛泽东于1945年4月27日所指出的:"军队的生产自给,在我们的条件下,形式上是落后的、倒退的,实质上是进步的,具有重大历史意义的。""军队生产自给,不但改善了生活,减轻了人民负担,并因而能够扩大军队,而且立即带来了许多副产物。"②这些"副产物"就是:改善了官兵关系,增强了劳动观念,加强了组织纪律性,密切了军民关系,改善了军政关系,促进了地方群众的生产运动。全党全军开展的大生产运动,是当时整个革命链条中起决定性作用的环节之一,为保障人民军队的发展和建设,战胜日本帝国主义、夺取全国抗战的最后胜利,奠定了坚实的物质基础。

1940年12月至1941年3月,第359旅开赴南泥湾,实行屯田政策。他们成绩显著,成为全军大生产运动的一面光辉旗帜

① 中央档案馆编:《中共中央文件选集》第14册,第98页,中共中央党校出版社,1992年版。
②《毛泽东选集》第3卷,第1106、1107页,人民出版社,1991年版。

战士们在纺线

1944年9月5日,中共中央警卫团战士张思德在陕北安塞县烧炭,因炭窑崩塌而牺牲。为纪念张思德,毛泽东于9月8日发表了题为《为人民服务》的著名讲演。

五、开展拥政爱民运动,加强军政、军民团结

八路军开展拥政爱民运动,是加强军政、军民团结的一种新形式,是贯彻人民军队政治工作军民一致原则的一个新发展。

全国抗战以来,八路军实行军政一致、军民一致的原则,建立了严格的群众纪律,因而整个说来,在各抗日根据地,军政、军民关系是比较好的。但是,由于军阀主义、宗派主义和本位主义等旧思想旧作风残余的影响,加上游击战争的环境高度分散、纪律教育有所放松等原因,少数干部和战士把军政、军民利益关系对立起来的现象时有发生。在部队中,有的干部和战士自高自大,把军队看得高于政府和人民,不尊重政府,违犯政府法令,侵犯群众利益,违反群众纪律;在地方,有的人对部队的困难了解与帮助解决不够,也有的甚至夸大军队的缺点,埋怨军队。因此,严重影响了军政、军民团结,极不利于坚持敌后抗战。

在延安整风运动中,1942 年 10 月 19 日至 1943 年 1 月 14 日,中共中央西北局高级干部会议召开。在这次会议上,八路军后方留守兵团和陕甘宁边区政府的领导干部,都各自认真检查了在军政、军民关系上存在的问题。为了克服缺点,增进军政、军民团结,建设和巩固边区,双方共同商定,根据中共中央《关于统一抗日根据地党的领导及调整各组织间关系的决定》精神,分别在军队和地方开展一次"拥护政府,爱护人民"和"拥护军队"的运动。

1943 年 1 月 15 日,陕甘宁边区政府作出《关于拥护军队的决定》,指出:"八路军不仅坚持了华北抗战,在全国抗战中起了支柱作用,而陕甘宁边区的保卫,人民民主、民生利益的保护,亦全赖有八路军之镇守。""八路军是值得政府和人民拥护的军队;拥护军队,是各级政府与全体人民应有的责任与义务。"①同日,陕甘宁边区政府主席林伯渠、副主席李鼎铭,作出《边区政府关于拥军运动月的指示》,确定从 1 月 25 日至 2 月 25 日,为陕甘宁边区政府和人民的拥军运动月。同时,陕甘宁边区政府修订了《优待抗日军人家属条例》等。

1 月 25 日,八路军后方留守兵团司令部和政治部联合作出《关于拥护政府爱护人民的决定》,指出:陕甘宁边区政府,是一个革命的政府,是一个模范的抗日民主政府,是为了人民、为了抗战利益的。边区人民,是经过长期革命斗争的很好的人民;"边区军队与边区人民,象鱼和水一样,是分不开的,军队脱离了人民,就无法打胜仗,无法存在"。对"这样的政府与人民,我们军队应该拥护它、保卫它、爱护它。拥护政府、拥护人民,是我们革命军队的责任,是响应党的领导一元化的具体表现"。《决定》强调指出:"必须提高全军爱护根据地、建设根据地、拥护政府、爱护人民的认识,使党政军民更加团结一致。"②

《决定》要求全体指战员:认识拥政爱民的意义,坚决执行政府法令;尊重各级政府和机关人员,禁止逮捕政府人员和人民;在边境发生敌情、匪情或政府机关人员和重要物资受到袭击时,积极参加救援;帮助政府和人民,进行春耕、秋收、冬学和建立民兵等;严格遵守三大纪律、八项注意,尊重民情风俗;帮助政府发展教育和卫生事业;军政、军民关系出现纠纷时,军队负主要责任等。

---

① 中国人民解放军历史资料丛书编审委员会:《八路军·文献》,第 890 页,解放军出版社,1994 年版。
② 中国人民解放军历史资料丛书编审委员会:《八路军·文献》,第 896、897 页,解放军出版社,1994 年版。

　　同日,八路军后方留守兵团政治部发出了《关于拥政爱民运动月的工作指令》,确定二月五日至三月四日为全边区部队拥政爱民月。进行的主要工作是:扩大宣传鼓动,造成拥政爱民的热潮;值旧历年关之际,采取贺年、聚餐、同乐晚会、帮助居民整理家务等方式,增进军民感情;召开座谈会或进行访问,以谦逊和蔼的态度,主动征求党政机关和群众团体对部队的意见,消除误会;清理拖欠群众的债务、用具和土地,该还的还,该赔的赔。

　　2月1日,《解放日报》公布了八路军后方留守兵团《拥政爱民公约》,分为十条,其内容是:服从政府法令;拥护政府,帮助政府,尊重政府;爱惜公共财物;不侵犯群众利益;借物要送还,损坏了要赔偿;积极参加生产,减轻政府和人民的负担;帮助人民春耕秋收和冬藏;帮助人民进行清洁卫生运动;了解民情风俗,尊重民情风俗;向人民宣传,倾听人民意见。这是我军历史上第一个拥政爱民公约。这样,一个拥政爱民和拥军优属的群众运动,首先在八路军后方留守兵团部队和陕甘宁边区抗日根据地人民中,迅速开展起来。中共中央、中央军委直属机关和学校,自2月1日至2月7日,开展了拥军优抗和拥政爱民的"双拥"运动周。

部队住进民房,每天把水缸加满

　　随后,陕甘宁边区军民的拥政爱民和拥军优属运动,在华北各抗日根据地普遍推广和展开。3月,山东军区作出《关于拥政爱民的决定》。4月,晋绥军区政治部规定5月为拥政爱民月。

　　5月8日,《解放日报》发表了关于陕甘宁边区军民开展《拥军运动和拥政爱民运动的经验》的社论。中共中央于1943年10月1日发出《关于减租生产拥政爱民及宣传十大政策的指示》,明确指出:"为了使党政军民打成一片,以利于开展明年的对敌斗争与生产运动,各根据地党委及军政领导机关,应准备于明年阴历正月普遍地、无例外地举行一次拥政爱民与拥军的广大规模的群众运动";"再三再四地宣读拥政爱民公约与拥军公约,再三再四地将各根据地曾经发生的军队欺压党政民及党政民关心军队不足的缺点错误,实行公开的群众性的自我批评(各方面批评自己,而不批评对方),而彻底改正之";要求军队"重新宣布拥政爱民公约,自己开检讨会,召集居民开联欢会(当地党政参加),有损害群众利益者,实行赔偿、道歉"。① 要彻底检查在1943年军民关系方面存在的缺点和错误,实行公开的群众性的自我批评,不批评对方,并在1944年坚决改正之。

1943年12月10日,中共中央书记处发出《关于拥政爱民拥军运动的指示》,指出:"军队的拥政爱民运动及民众的拥军运动,应规定于旧历正月举行,不应在阳历一月举行,以便利用群众过旧历新年的习惯。应规定明年旧历正月全月为拥政爱民及拥军月,以便各地、各部在这一个月内选择一周或两周举行这个运动。"② 于是,利用春节期间开展拥政爱民的光荣传统,就这样形成和发扬起来。从此,拥政爱民和拥军优属的工作,在八路军和华北各抗日根据地人民中逐渐形成制度。

在实行党的一元化领导、对敌斗争、精兵简政、整风运动、大生产运动、拥政爱民运动的同时,八路军还进行了时事教育、审查干部,华北各抗日根据地党政机构和人民群众,还认真执行了"三三制"政权和减租减息的政策,从而促进了军队和抗日根据地的全面建设。

1941年至1943年,中国共产党领导的敌后军民处在严重困难阶段。日本帝国主义为了准备和进行太平洋战争,变中国为进行"大东亚战争"的兵站基地,更加强调以打击共产党及其领导下的人民军队为主的方针,集中58%至75%的关内侵华日军和90%至100%的伪军,对八路军、新四军和华南人民抗日游击队实行军事、政治、经济、思想和文化相结合的"总力战",除了以"扫荡"为主和进行"蚕食"外,在华北、华中分别进行了"治安强化运动"和"清乡",重点寻歼敌后党政军领导机关、主力部队和后方重要目标,摧残敌后军民的生存条件。同时,国民党顽固派

---

① 中央档案馆编:《中共中央文件选集》第14册,第100、101页,中共中央党校出版社,1992年版。
② 中国人民解放军历史资料丛书编审委员会:《八路军·文献》,第955页,解放军出版社,1994年版。

连续发动了第二、第三次反共高潮。

由于敌顽夹击和连年的自然灾害,自 1941 年至 1942 年,抗日根据地面积缩小,人口由 1 亿降到 5000 万以下,干部损失严重,财政经济十分困难,八路军由 40 万人降至 34 万人。从 1943 年下半年起,华北敌后军民开始向恢复与再发展阶段过渡。1943 年底,八路军为 33.9 万人。

八路军在中共中央、中央军委的正确领导和华北敌后人民的大力支援下,深入贯彻执行党的十大政策,尤其是开展了整风、生产两大运动,奠定了牢固的思想和物质基础,从而粉碎了日伪军的"扫荡""蚕食",打破了"治安强化运动",配合新四军打退了国民党顽固派发动的第二次反共高潮,直接打退了第三次反共高潮,打破了敌顽的经济封锁,克服了自然灾害,战胜了严重困难,开始恢复和发展抗日根据地,向扭转被动不利局面的方向过渡,为尔后在广阔的敌后战场上正式展开包括局部反攻和全面反攻的战略反攻,创造了条件。

第五章　参加战略反攻，夺取抗日战争的最后胜利

1944年,第二次世界大战的形势继续朝着有利于反法西斯阵线的方向发展,转入了大规模战略反攻和进攻阶段。苏军完全取得了对德军的战争主动权;美军不断对日军发动战略进攻,进逼太平洋上的马里亚纳群岛和菲律宾;英军和中国驻印军、远征军,则大规模反攻当面之日军。日军基本上丧失了在太平洋战场上的制空、制海权,在东南亚的50万部队也存在着与本土失去联系的危险。至此,日军已完全丧失战争的主动权。

日本帝国主义为了支持太平洋战争,在海上交通被切断时能够经中国大陆交通线保持与本土的联系和解除美军空军飞机从华南基地起飞空袭本土的威胁,分别从日本国内与其朝鲜军、关东军和中国派遣军中抽调共50余万人的兵力,自4月中旬至次年2月上旬向正面战场国民党军发动了贯穿华北、华中和华南的长达近2000公里的平汉作战、湘桂作战和粤汉南段作战,又称河南会战、湖南会战和广西会战。这一打通大陆交通线作战统称为"一号作战"。

在短短的10个多月里,正面战场国民党军由于作战准备不充分、战略指导失误、内部协同不力和战术素养差,连连丧师失地,损兵近60万人,失陷大小城市146座,失地20余万平方公里,河南、湖南、广西、广东等省大片国土沦入敌手。这是自全国抗战以来,国民党军在正面战场的第二次大溃败。

日军由于以大规模的兵力对正面战场的国民党军作战,同时在豫湘桂战役准备和实施过程中从中国派遣军中抽调5个师团的老部队开赴太平洋战场,因而其

在中国占领区的兵力明显不足。为此,日军共新编了 20 余支独立步兵旅团和野战补充队,并将其中的一些独立混成旅团、独立步兵旅团扩编为新的师团,但这些部队战斗力明显下降,日军又不得不将一些次要据点交给伪军防守。1945年 2 月,日军中国派遣军实施的打通大陆交通线作战结束时,尽管达成了部分作战目的,却也消耗了大量人力、财力和物力,实际上已成强弩之末。其在华北、华中、华南敌后战场的兵力减少且相对分散,因而被迫收缩战线,实施重点守备,并在主要交通线和沿海地区采取以攻为守的手段,对抗日根据地进行"蚕食"和分区"扫荡"。

与国民党军相反,中国共产党在敌后战场领导的八路军、新四军和华南人民抗日游击队,经过长期艰苦斗争的锻炼和考验,战胜了严重困难,提高了部队的军政素质,从 1944 年初起进入恢复与再发展阶段,并使人民军队和抗日根据地人口由同年春的 47 万和 8000 余万发展到 11 月的 67 万和 9000 余万,在全国抗战中的战略地位和作用进一步提高。

根据国际国内形势的变化,中共中央确定 1944 年的斗争方针是:继续团结国民党共同抗日,集中力量打击日伪军,巩固与扩大抗日根据地。4 月 12 日和 5 月20 日,毛泽东先后在延安高级干部会议和在中共中央党校第一部所作的讲演中,明确指出:目前时局有两个特点,一是反法西斯阵线的增强和法西斯阵线的衰落,二是在反法西斯阵线内部人民力量的增长和反人民势力的衰落。前一个特点是很明显的,后一个特点正日益显露出来。中国共产党领导的敌后军民,由于深入贯彻十大政策,"特别是整顿三风和发展生产这样两项工作,发生了根本性质的效果,使我党在思想基础和物质基础两方面,立于不败之地"。中国共产党及其领导下的人民军队"现在的任务是要准备担负比较过去更为重大的责任。我们要准备不论在何种情况下把日寇打出中国去。为使我党能够担负这种责任,就要使我党我军和我们的根据地更加发展和更加巩固起来,就要注意大城市和交通要道的工作,要把城市工作和根据地工作提到同等重要的地位"。①

随着国际国内形势的进一步发展,毛泽东于 12 月 15 日在陕甘宁边区参议会上发表了题为《一九四五年的任务》的演说,提出,在世界反法西斯战争取得很大

---

① 《毛泽东选集》第 3 卷,第 943、945 页,人民出版社,1991 年版。

胜利和明年打倒希特勒可以实现的形势下,"我们唯一的任务是配合同盟国打倒日本侵略者"。在大后方,必须组织和动员一切力量,警惕投降主义,援助爱国民主运动。在沦陷区,必须组织广大人民在时机成熟时,举行武装起义,配合人民军队里应外合地驱逐日本帝国主义。"在解放区①,现在已经成了抗日救国的重心。"②

在这一演说中,毛泽东提出了解放区军民值得特别注意的 15 项工作:进攻日伪军占领而又守备薄弱的地方,扩大解放区,缩小沦陷区;在敌强我弱的形势尚未根本改变的情况下,随时准备粉碎日伪军的军事进攻;整训现有的自卫军与民兵,提高其战斗力,普遍开展地雷战;轮训正规军与游击队,开展群众性的练兵运动;以不加重人民负担为前提,在老区补充军队和在新区扩大军队;在人民军队内部,进行军事、政治整训,二者并重、相互结合,先着重政治方面,开展尊干爱兵运动,彻底克服军阀主义习气,实行官兵一致;加强拥政爱民与拥军优属工作,进一步改善军民关系;坚持抗日民族统一战线,尊重和支持"三三制"抗日政府工作,不断改善共产党与其他党派的相互关系;正确执行土地政策,实行减租减息,团结农民及工商业者共同对敌;坚定地执行发展经济、保障供给的方针和军民兼顾、公私兼顾的原则,继续普遍地开展大生产运动,并与节约、反对浪费相结合;尊重知识分子,做好文化、教育、艺术和卫生工作;有计划地轮训和教育干部,尤其是军队连级以下、地方区级以下干部,提高他们的政策和技术水平;对英模人物进行表彰和鼓励;大力提倡民主作风,实行知无不言、言无不尽和言者无罪、闻者足戒的原则,欢迎来自各方的批评意见;采取与国民党等党派谈判、人民呼吁等多种办法,促成联合政府成立。

12 月 25 日,中共中央又发出《关于时局近况的通告》,要求各解放区按照毛泽东提出的任务并结合自己的特点部署工作,强调要特别注意发展生产、城市工作及扩大解放区三方面。

根据中共中央和毛泽东提出的方针、任务,八路军从 1944 年起,向日伪军正式发动了由局部到全面的战略反攻,并在战略反攻中迅速恢复和发展自身力量。

---

① 1944 年 12 月 15 日毛泽东发表题为《一九四五年的任务》的演说以后,抗日根据地亦称解放区。——引者注

② 中央档案馆编:《中共中央文件选集》第 14 册,第 414、416 页,中共中央党校出版社,1992 年版。

八路军在华北敌后战场上举行的局部反攻,包括两个方面:一方面,以抗日根据地为依托,集中主要兵力,向日伪军守备薄弱的据点和交通线持续发动攻势,大量消灭敌人有生力量,恢复、巩固和扩大抗日根据地;另一方面,分兵一部远离抗日根据地,打到外线去,直接配合国民党军作战,开辟新区,建立全面反攻的前进基地,发展壮大人民军队力量。由于当时敌强我弱的形势尚未根本改变,这些局部反攻是以集中适当兵力作战与分散的群众性游击战争相结合、军事攻势与政治攻势相结合的方式进行的。

第一节　八路军发动 1944 年攻势作战,普遍展开局部反攻

日军华北方面军在以半数左右兵力参加打通中国大陆交通线作战和一部兵力调往太平洋战场的同时,"对旧占领地区的警备甚为忧虑,担心共军可能乘压力减轻的机会大举出动",遂对中国方面采取政治、经济措施,"特别是对剿共的措施","强调日华必须一致协力作战,集中目标对付中共"。[1] 其对华北虽无力进行大规模"扫荡",但对局部地区,主要是沿海地区的"扫荡",仍持续不断。

在上述形势下,中共中央北方局关于 1944 年华北的工作方针是:"团结全华北人民的力量,克服一切困难,坚持华北抗战,坚持抗日根据地,积蓄力量,准备反攻,迎接胜利。"主要任务是:强化对敌斗争,开展全军的大生产运动,进行整风,强化时事教育。[2] 1944 年 10 月 14 日,中共中央军委指出,"华北可能成为主要的决战战场,然而使敌最感头痛的,是共产党八路军许多民兵游击队",目前"华北敌军减弱,伪军动摇,我在可能条件下,应乘虚尽量消减伸入根据地内之伪军、顽军及敌军小据点,扩大根据地","充实现有小团,健全游击队,加强民兵组织"。[3]

在中共中央、中央军委和北方局的领导下,八路军依靠华北敌后人民,乘当面日军兵力减少、战斗力下降之机,相继发动了春、夏、秋、冬季攻势。

[1] 日本防卫厅战史室编:《华北治安战》下册,天津市政协编译组译,第 409、410 页,天津人民出版社,1982 年版。
[2] 中国人民解放军历史资料丛书编审委员会:《八路军·文献》,第 962 页,解放军出版社,1994 年版。
[3] 中央档案馆编:《中共中央文件选集》第 14 册,第 377、378 页,中共中央党校出版社,1992 年版。

一、晋察冀军区发动攻势作战

1月21日，中共中央晋察冀分局在《关于1944年工作方针及任务的指示》中指出：为了坚持根据地，不论在军事上政治上经济上均须一方面坚持我之巩固区，一方面积极向敌后之游击区、敌占区伸展。只有这样积极进攻的防御方针，才能分散敌之兵力，有利于巩固区之坚持。在北岳区，是在巩固中发展，其中某些地区则为在发展中巩固；在冀中区，主要应从反对敌之"清剿"中巩固游击根据地与游击区；在冀东区，在山地是造成几块巩固中心区，在平原主要是巩固已恢复地区，深入与连接几块新创造的块，并同时向新区发展。总的方针是巩固地向前发展。

1944年1月，由第1、第5、第9、第34团，独立团和骑兵团组建为机动旅。3月，该旅在黄永胜、邓华的率领下开赴陕甘宁抗日根据地，是年秋改编为陕甘宁晋绥联防军教导第2旅。

晋察冀军区部队，自1944年初开始，一面巩固抗日根据地的基本区；一面积极地向敌后之游击区、敌占区伸展，扩大新区，补充新兵。

1月至4月，八路军晋察冀军区部队，乘日军华北方面军抽调主力参加平汉铁路南段作战，当面日军兵力减少、撤点并碉、调整部署、收缩占领区、重点守备之机，发起了春季攻势。先后袭入或攻克了肃宁、安新、赵县、定襄等县城，袭击了门头沟西北大台煤矿、蔚县上庄煤矿、涞源煤矿、唐山以北马家沟煤矿、龙烟铁矿和陈官屯车站、忻口车站及易县坡下电灯公司，共拔除和攻克碉堡、据点957个。从而攻克一点，逼退一片，抗日根据地由零星小块连成较大块。同时，粉碎日伪军1000

晋察冀军区部队进行射击训练

人以上的分区"扫荡"21次。活动在北宁铁路上的铁道游击队,仅于3月16日就在日军火车上,缴获机枪6挺、炸弹800发、穿甲弹30发、掷弹筒4箱和其他军用品30箱。平北支队在外长城地区,拔除敌独石口、云州堡等据点,并开辟了张家口东北崇礼县大部地区。

春季攻势后,晋察冀军区部队立即转入了以保护群众麦收为主的夏季攻势。敌我之间的抢麦与护麦斗争,是以冀中为重点地区展开的。日伪军采取强征、强购、征抢并重的方法,大肆抢麦。冀中第6、第7、第8、第9、第10军分区部队,积极展开护麦斗争。仅6月份,作战100余次,攻克、逼退据点和碉堡32个,毙伤日伪军306人,俘伪军1170余人。同时,发动群众快收快打快藏,展开反资敌、反抓捕、反抢掠的群众对敌斗争,打破了敌人的抢麦计划,从而在较大程度上改变了1942年五一反"扫荡"后的严重局面。北岳第1、第2、第3、第4军分区部队,集中主力团一部和地方军全部,向敌纵深发起攻势。1944年6月,袭击了保定、望都、完县、涞源、灵丘等城。与此同时,冀东第13军分区部队先后粉碎了日伪军对平谷县土门、熊儿寨地区的"集家并村"计划和对丰(润)涞(县)迁(安)地区的"扫荡"。

进入秋季,逼日伪军撤退据点和碉堡的斗争,出现了新的局面。至9月,北岳第3军分区部队,突破唐县、曲阳间敌封锁线,恢复了西大洋和下河地区100余个村庄的工作;北岳第4军分区部队,依靠群众,填井断敌水源,采取围困、争取与打击相结合的方法,攻克和逼退据点14个,将滹沱河南岸、冶河以西方圆100余平方公里的土地全部收复;平西第11军分区部队,积极展开破袭战,打破了敌修筑门头沟至沙城铁路的计划,保持了与平北的联系;平北支队,向北平北郊的高丽营、半壁店,十三陵的长陵,宣化以东龙烟铁矿的红石山,赤城以东黑河川左岸托拉庙等地,进行全面出击,攻克和逼退了这些敌据点,并粉碎了日伪军对大海陀地区的"扫荡";察南北山支队越过桑干河,在涿鹿深井堡以西地区建立了游击根据地,并开辟了怀安、宣化、阳原部分地区;雁北第10、第11区队,第6、第20团各一部,进至应县、广灵、浑源部分地区;冀东第13军分区部队,在中共冀热边特委领导下,以蓟县基本区为重点,大力加强政权建设,积极开展游击战争,并组织精干武装工作队,进到长城以外的兴隆、承德、都山西南、古北口外和武清、宝坻、宁河地区及丰滦密地区,将冀热边发展成为东起山海关,西至密云、通县,拥有21个县、9700余个村庄、540余万人、15万人民武装的大块游击根据地;冀中各军分区部队,采取挤退敌人的办法，向敌侧后发展，开辟了东部的青县，西部的藁城、无极和平津公路上的青云店等地区。

1944年7月28日，中共中央指出，因冀中形势好转，冀东部队也大有发展，同时中共中央晋察冀分局和晋察冀军区直属单位太多，指挥不便，要求在中共中央晋察冀分局和晋察冀军区以下划4个区党委及军区。9月，晋察冀军区决定，对所属部队进行整编，成立了4个军区。这一整编工作自10月上旬至年底完成。

冀晋军区，司令员赵尔陆，政治委员王平，副司令员陈正湘，副政治委员王昭，参谋长唐子安，王平兼政治部主任，辖第2至第5军分区：

第2军分区，司令员曾美，政治委员张连奎，辖第4、第19、第43团和五台、阳曲等8个游击支队。

第3军分区，司令员李湘，政治委员黄文明，辖第2、第42团和完县、阜平等7个游击支队。

第4军分区，司令员马龙，政治委员丁莱夫，辖第30、第35、第36团和行唐、平山等7个游击支队。

第5军分区，司令员陈仿仁，政治委员刘达，辖第6团和繁峙、灵丘等8个游击支队。

冀中军区，司令员杨成武，政治委员林铁，副政治委员兼政治部主任李志民，参谋长沙克，辖第6至第10军分区：

第6军分区，司令员王先臣，政治委员魏震，辖第31、第44地区队和赵县、晋县等9个游击大队。

第7军分区，司令员于权申，政治委员张庆春，辖第32、第36、第45、第49地区队和定县、安国等8个游击大队。

第8军分区，司令员贾士珍，政治委员周彪，辖第33、第37、第41地区队和大城、河间等12个游击大队。

第9军分区，司令员魏洪亮，政治委员陈鹏，辖第24团，第34、第38、第42地区队，津南支队，任丘、肃宁等11个游击支队（大队）。

第10军分区，司令员刘秉彦，政治委员旷伏兆，辖第35、第43地区队，平南支队，新（城）固（安）等4个游击大队。

军区直辖特务团。

冀察军区,司令员郭天民,政治委员刘道生,参谋长易耀彩,刘道生兼政治部主任,辖第1、第11、第12、第13军分区:

第1军分区,司令员萧应棠,政治委员杨世杰,辖第3、第25、第45团和涞源、徐水等6个游击支队。

第11军分区,司令员萧文玖,政治委员杜存,辖第7、第44团和涿县、涞水等5个游击支队。

第12军分区,司令员詹大南,政治委员段苏权,辖第10、第40团,赤源骑兵支队,崇礼、延庆等6个游击支队。

第13军分区,司令员熊奎,政治委员黄连秋,辖第20团、独立团和广灵、宣化等6个游击支队。

冀热辽军区,司令员兼政治委员李运昌,副司令员詹才芳,副政治委员李楚离,参谋长彭寿生,政治部主任李中权,辖第14至第18军分区:

第14军分区,司令员舒行,政治委员李之光,辖第13团和丰(宁)滦(平)密(云)等5个游击支队。

第15军分区,司令员赵文进,政治委员杨文翰,辖第11团和遵化、承(德)隆(化)等6个游击支队。

第16军分区,司令员曾克林,政治委员徐志,辖第12团和迁(安)青(龙)卢(龙)等5个游击支队。

第17军分区,司令员李雪瑞,政治委员李海涛,辖昌(黎)乐(亭)、唐(山)滦(县)等4个游击支队。

第18军分区,司令员何能彬,政治委员焦若愚,辖蓟(县)玉(田)宝(坻)等5个游击支队。

经过整编,晋察冀军区共有20余个团,120余个游击支队、大队和10余个地区队。前3个二级军区的领导机构于10月组成,后1个二级军区的机构到年底组成。4个二级军区的成立,加强了部队建设、作战指挥和巩固发展了抗日根据地。

随着敌后局部反攻形势的好转,为了发展和壮大抗日力量,中共中央晋察冀分局和晋察冀军区决定,把经过长期战争锻炼的一部分游击队上升为地方部队,新编成若干地区队;将各级人民武装部改为实行民主集中制的人民武装委员会,大力发展民兵组织。随后,冀中军区以游击支队为基础,新成立第38、第39、第

40、第 42、第 45 地区队。

10 月至 11 月,冀察军区第 13 军分区部队,采取分片坚持的方针,先后粉碎了日伪军对蓟(县)平(谷)密(云)、宝坻以南、北宁铁路南和丰润、玉田、遵化、迁安、卢龙、昌黎地区的"扫荡"。但于 10 月 13 日至 17 日,在丰润以北的左家坞地区召开丰(润)滦(县)迁(安)联合县干部会议时,遭日伪军 2000 余人合击,特委组织部部长周文彬以下 200 余人牺牲,70 余人受伤。冀中的游击战争,则得到了进一步的发展。至年底,开辟和恢复了 1665 个村庄的工作,恢复和发展为拥有 20250 个村镇、819 万人口、30350 平方公里土地的抗日根据地。

1944 年,八路军晋察冀军区部队,共作战 44191 次,歼灭日伪军 4.1 万人,攻克和逼退据点和碉堡 1785 个,袭入或攻克县城 5 座,解放与开辟的村庄 9817 个、人口 758 万,收复国土 37306 平方公里。主力部队和地方部队发展到 9.1 万余人,民兵发展到 63 万余人。

二、山东军区发动攻势作战

1944 年,驻山东地区的日军华北方面军第 12 军主力被抽调参加打通中国大陆交通线作战,留在山东的仅有第 59 师团、独立混成第 5 旅团和独立步兵第 1 旅团等近 2.5 万人,成为这个地区被侵占以来日军兵力最少的时期。于是,伪军数量增至约 20 万,企图代替日军,但其战斗力较弱。日伪军遂进行重点守备,以确保重要城镇和主要交通线。

根据敌人动向,八路军山东军区的方针和任务是:"基本上不过分刺激敌人,让其安于收缩集中,但绝不是消极观望等待,应以少数主力部队配合地方部队、民兵,加强对边沿区的活动,一面有计划、有布置地辅助进行广泛的政治攻势;另则抓

1944 年,林浩在纪念"七一"大会上讲话

住有利时机,袭占和逼走某些据点,开辟更多的新区,并进行恢复区巩固工作"。严密监视敌人行动,"防其突然奔袭及发起带季节性的'扫荡',因此,加强战略侦察,进行一切反'扫荡'作战准备"。"如敌'扫荡'时,我作战指挥上不宜集中大的兵力打硬仗,基本仍以广泛开展分散性、群众性游击战争,采取'敌进我进'方针,大胆挺入敌区活动。如敌对友邻区'扫荡',应积极配合作战,加强全局观念。"①总的战略意图是:恢复和扩大解放区,缩小敌占区,打通和改善各战略区的联系,夺取有利的反攻阵地。

具体任务是:在胶济铁路以南,完全控制鲁山区,扩大沂蒙山区和诸日莒山区抗日根据地,并使这三个地区抗日根据地连成一片;在胶济铁路以北,进一步肃清胶东腹心地区日伪势力,彻底改变渤海抗日根据地被分割的局面,变游击区为抗日根据地;收复胶济铁路东段两侧地区,打通和加强胶济铁路南北各战略区的联系。按照确定的方针和任务,山东军区乘当面日军兵力减少、收缩占领区、调整部署和伪军战斗力较弱之机,先后发起了春、夏、秋、冬季攻势。

1944 年 1 月,由清河军区与冀鲁边军区组成渤海军区,司令员杨国夫,政治委员景晓村,副司令员龙书金,副政治委员刘其人,参谋长袁也烈,政治部主任周贯五。冀鲁边军区第 1、第 2、第 3 军分区,清河军区垦区军分区,清东、清西军分区,依次改称渤海军区第 1 至第 6 军分区:第 1 军分区,司令员傅继泽,政治委员陈德;第 2 军分区,司令员龙书金,政治委员曾旭清;第 3 军分区,司令员刘贤权(后),政治委员李广文;第 4 军分区,司令员王兆相,政治委员徐斌洲;第 5 军分区,司令员赵寄舟,政治委员岳拙元;第 6 军分区,司令员许云轩,政治委员李曼村。渤海军区还辖直属团。

春季攻势,以歼灭伪军为主要目标,主要是粉碎日伪军的分割和封锁,并与保卫春耕相结合。较大的作战:鲁中军区的第 1、第 2、第 4、第 10、第 11、第 12 团和滨海军区的第 6 团一部,于 3 月 25 日至 4 月 20 日进行的讨伐伪军吴化文战役,共拔除据点 100 余个,歼伪军 7000 余人,解放村庄 1000 余个、人口 30 余万、国土 1000 余平方公里,控制了鲁山区大部,打通了沂、鲁、泰、蒙各区的联系;鲁南军区于 2 月下旬,一举歼灭伪军李子瀛部,开辟了沂河以北地区;滨海军区以歼灭石沟

---

① 山东军区:《关于敌人收缩兵力和我军事斗争方针给各军区的指示》,1944 年 3 月 15 日。

崖伪军朱信斋部为重点,拔除沂、沭河之间日伪军据点 624 个;胶东军区,于 3 月 29 日至 4 月 25 日,攻克日伪军据点 34 个,俘虏日军 3 人和伪军 500 余人。

夏季攻势,以保卫麦收为目的,主要歼灭敌突入抗日根据地的据点。较大的作战:鲁南军区于 5 月 1 日至 5 日集中第 3、第 5 团和 8 个独立营等,采取远距离奔袭的战法,发挥夜间作战之特长,歼灭伪和平救国军第 10 军荣子恒部 700 余人,收复国土 277 平方公里,解放村庄 150 个、人口 4.5 万,

许世友(右前 1)在 1944 年八一建军节纪念大会上

改变了鲁南被分割的局面;讨伐荣子恒战役后,于 7 月中旬起,苦战 20 余天,收复了微山湖与津浦铁路之间东西宽 30 余公里、南北长 100 余公里的地区,解放人口 80 余万,与鲁西南抗日根据地连成一片。滨海军区,于 7 月 23 日至 8 月 5 日,集中第 6 团、第 13 团主力,滨海支队和地方部队、民兵,讨伐伪滨海警备军司令李永平部,攻克据点 40 余个,歼日伪军 680 余名,解放村庄 600 余个、人口 30 余万,加强了与胶东抗日根据地的联系。10 月 20 日,将 1942 年 8 月脱离国民党军的原东北军第 111 师一部改编为滨海支队,支队长万毅,政治委员王维平。渤海军区部队,于 7 月 21 日,争取伪灭共建国军第 8 团司令王道部 1600 余人反正,并于 22 日至 25 日,乘胜攻克益(都)寿(光)临(淄)广(饶)边区据点 23 个。8 月 3 日,反正的王道部改编为山东军区独立第 1 旅,旅长王道,辖第 1、第 2 团。

夏季攻势后,山东军区各部队又不失时机地发起了秋季攻势。7 月,鲁中军区成立第 5 军分区,兼第 2 团,司令员兼团长陈奇,政治委员李伯秋,辖第 1、第 2、第 4、第 9、第 10 团,后成立第 11 团。鲁中军区,于 8 月 15 日晚至 17 日,集中第 1、第 2、第 4、第 11 团及地方部队、民兵,以偷袭和强攻相结合的方法,对沂水城展开大规模的攻坚战,取得首次城市攻坚战的胜利;9 月 3 日至 4 日,则集中第 1、第 2、第

4、第 12 团,在沂水城北沂水两岸的陶沟、葛庄地区设伏,毙日军第 59 师团第 43 大队 300 余人、俘日军 31 人,毙伤伪军 1000 余人、俘伪军 367 人。这是继梁山战斗后,山东我军又一次取得歼灭日军一个大队的胜利。

鲁南军区,先后对滋(阳)临(沂)公路、临(沂)枣(庄)公路、滕(县)城(后)公路,展开了大规模的破袭战,共作战 141 次,拔除据点 31 个,歼日伪军 1000 余人,解放村庄 200 余个、人口 8.77 万。

渤海军区,自 8 月 11 日至 18 日,集中直属团、特务团和第 4 军分区部队,首先扫清了利津外围据点,然后偷袭和强攻相结合,歼日军 8 人、伪军 1000 余人。

胶东军区,集中第 13、第 14、第 16 团和南海、北海、东海、西海军分区独立团,自 8 月 13 日至 9 月 23 日,采取此起彼落分区作战方式,以围困、袭击、破袭、伏击等手段,结合全面的政治攻势,收到了"我打一点,敌跑一片"之效,歼日伪军 5000 余人,攻克和逼退敌据点 138 个,解放了平(度)南、大泽山区、招(远)莱(阳)栖(霞)边、牟(平)南、蓬黄山区和文登、荣成等共 5000 余平方公里土地,改变了胶东被分割的局面。此前,7 月 15 日,将反正的伪鲁东和平建国军第 10 团 1800 余人改编为独立第 4 旅,旅长韩寿臣,辖第 10、第 11 团。

在发动局部反攻的同时,山东军区于 7 月至 10 月,召开了军事工作会议。会议着重总结了对敌斗争经验,统一了作战指导思想,确定了今后的军事方针。司令员兼政治委员罗荣桓指出:敌强我弱的形势,未从根本上改变,仍以坚持分散的游击战为基本方针。同时,发挥我之特长,在局部占优势的地区,不放弃任何一个可能的机会,适当集中兵力,进行机动作战;提高攻坚战术;重视军事和政治攻势相结合,争取伪军起义。

11 月争取刘公岛、龙须岛两部伪海军起义,在此基础上成立胶东军区海防支队(亦称海军支队),支队长郑道济,政治委员欧阳文。

在冬季攻势中,重点进行了莒县城战役。山东军区,集中了直属特务团 2 个营、独立第 1 旅 5 个独立营,滨海军区第 4、第 6、第 13 团,鲁中军区第 1 团,共 1 万余人,编成攻城、打援和攻击外围据点等梯队,于 11 月 14 日至 29 日,采取军事攻势和政治攻势相结合的方法,歼灭日伪军 240 余人,争取了伪保安大队副大队长莫正民部 3500 余人反正,解放了莒县城及全县,使滨海与鲁中抗日根据地连成一片。反正的莫正民部改编为山东军区独立第2旅,旅长莫正民,辖第4、第5、第6团。12月14日,胶东军区解放栖霞城。1945年1月27日,将反正的伪诸城保安大队1300余人改编为独立第3旅,旅长张希贤,辖第7、第8团。

1944年,八路军山东军区部队,共作战3514次,"各战略单位均组织了一连串的攻势战役,此起彼落,互相呼应;此区遇有'扫荡',彼区立即发动进攻。敌人则处于被动,忙于应付,忙于'报复',折兵失地"。[①] 其中,主动进攻的战役、战斗2568次,占全年作战的73%;粉碎日伪军"扫荡"825次,即反击战781次、遭遇战44次,占全年作战的23%。在粉碎敌人的"扫荡"中,1000人以上的29次,2000人以上的8次,3000人以上的4次,4000人以上的1次,5000人以上的6次,1万人以上的1次,计49次。较之1943年,1000人至万人的"扫荡"多了10次,万人以上的少了2次。

全年,毙日军2224人,伤其2364人,俘其292人,共歼日军4880人。毙伪军7495人,伤其10712人,俘其36396人,共毙伤俘伪军54603人;争取伪军60余股、1.1万余人反正。共计歼灭和争取伪军6.6万人,占山东伪军的三分之一以上。缴获大小炮349门、重机枪30挺、轻机枪528挺、长短枪3万支、掷弹筒89具、各种炮弹子弹90余万发;破袭公路3000余公里;攻克据点765个,逼退据点500余个,共占日伪军据点50%以上;解放了文登、荣成、栖霞、利津、乐陵、临邑、南皮、沂水、莒县9座县城,村庄2万余个,人口930余万,国土44135平方公里,使山东成为拥有5个行政区、21个行署、110个县政权、850余个区政权的广大抗日根据地。山东军区部队发展到15万人,民兵为37万人。

三、晋绥军区发动攻势作战

1944年,日军华北方面军第1军,为了抽调兵力参加打通中国大陆交通线作战,将驻晋西北地区的第69师团第59旅团调走,由新编的独立步兵第3旅团(7月10日,改编为第114师团)接防,加上原独立混成第3旅团,总兵力由1942年的2.43万人减至2.27万人。

---

① 侯森:《山东去年军事的胜利》,1945年1月30日。

3月1日,中共中央晋绥分局发出《关于1944年对敌斗争工作指示》,指出:进一步地动员组织群众、依靠群众,深入地巩固工作,把挤回来的村庄从群众中深深地扎下根基。要"向下钻",深入群众工作;"向前钻",开展伪军伪组织工作。要从困难着想,作长期打算,巩固已有的成绩,逐渐地、有阵地地向前发展,准备应付更艰苦的斗争和可能到来的毁灭性的"扫荡"。

当时,全区武工队发展到49个,共有干部450名,战士380名。

晋绥军区,乘日军换防,老兵减少、新兵增多、战斗力下降之机,发动了局部反攻。在春、夏季攻势中,晋绥军民开展了群众性的联防围困斗争。尤其是围困蒲格寨据点的斗争,取得了成功。蒲格寨,位于忻县西北30公里处,驻有日军30余人和伪军50余人。这一据点周围的第6军分区军民,首先派出冷枪组到据点附近监视敌人;然后由武工队统一指挥,在据点周围地区,不分村、区、县界,划成若干地区,实行主力军、游击队和民兵相结合,分片负责。当地军民大力开展群众性的地雷爆炸运动,使日伪军不敢轻易离开据点一步。当时,人民群众形象地比喻蒲格寨据点的敌人说:"远看像座坟,近看有窗又有门;日夜常听鬼哭叫,里面圈的日本人。"蒲格寨据点的日伪军被迫于4月12日逃入别的据点,其中22人被击毙。

4月至6月,晋绥军民进入了全面联防围困敌据点的斗争,先后挤掉了头马营、湾里、石家庄、细腰、孝子渠、津良庄、普家庄、史家庄等29个据点。8月2日至10日,又连续挤掉临县以南的钟底,离石以东的朱化、以北的店坪,阳曲以北的北龙泉等22个据点。

实行联防围困,一是与破袭战紧密结合。据点内的日伪军,在严密被围的情况下,更加依赖交通线获取外援。为彻底孤立日伪军,晋绥军民于上半年,先后向同蒲铁路和离岚、忻静等公路,进行了8次破袭战。二是与经济封锁相结合。严禁粮食、煤炭、食盐和水等日常生活品和枪支、弹药流入据点,造成被围日伪军吃不上饭、喝不上水,粮弹不济。三是与开展政治攻势相结合。采取写信、喊话、送慰问袋等方式,宣传中共及人民军队的俘虏政策,瓦解日伪军。

在实行联防围困的同时,晋绥军区派出武工队,分别挺进到同蒲铁路两侧地区、晋中平川与和林地区,建立了抗日游击根据地。其间,粉碎了日伪军的多次

"扫荡"。仅 4 月下旬至 5 月初,就粉碎了日伪军 2 万余人的报复"扫荡"2 次。为保卫夏收,又粉碎了日伪军 500 至 1000 余人对五寨、离石和绥西等地区的"扫荡"9 次。

1 月至 8 月,晋绥军民共挤掉据点 58 个,解放村庄 2685 个、人口 36.45 万,并基本恢复了大青山区的绥中、绥南、绥西三块基本根据地。

在晋绥抗日根据地逐步得到恢复和发展的情况下,中共中央军委发出了向日伪军大举进击的指示,要求"从 8 月中旬到 9 月底,全根据地各分区同时(或先后)动员主力军、游击队及民兵(政府及民兵团体全力协助),大举攻袭敌伪"。"确实取得多捉俘虏、多缴敌件(武装、被服、文件、日记本等)、扩大地盘、振奋人心之实际效果。"①8 月中旬,晋绥军区召开了参谋长会议,确定了秋季攻势中各军分区的任务和部署。从下旬起,在晋绥军区的统一指挥下,又充分发挥各军分区的主动性和灵活性,实行群众和民兵、游击队、武工队相配合,采取战役上分散和战斗上集中的原则,以离岚公路和忻静公路、太汾公路沿线地区为重点,发起了秋季攻势。

8 月 28 日至 9 月 6 日,第 8 军分区部队袭入忻静公路的利润据点;第 2 军分区袭击了五寨以南的风子头据点;第 6 军分区解放了沟口;第 3 军分区奇袭了胡堡、开府和解放了马坊,并将离岚公路交通线斩为数段。军区取得了秋季攻势的初步胜利。

9 月 9 日至 14 日,第 3、第 6、第 8 军分区部队,在主力继续发动攻势的同时,以少数兵力与日伪军周旋,以民兵游击队积极袭扰敌人,粉碎了日伪军对忻静公路以北、汾河以东地区和鸦儿崖、千年里地区的"扫荡",并解放了军渡以东的南梁山和宁化堡至东寨间的山寨、石神等。

汾阳城关及其周围的罗城、仁岩、协和堡等据点,驻有日伪军 1200 余人。9 月 14 日至 16 日,第 8 军分区部队分路猛烈袭击了汾阳城关的火柴公司、大营盘据点,打退了日伪军的数次反扑,歼其一部;并通过内线关系,全歼协和堡据点日军 12 名,俘伪军 30 余名。

---

① 中共中央军委给林枫、吕正操的指示,1944 年 7 月 28 日。

1944 年 9 月 14 日至 16 日,晋绥军区部队夜攻晋中要地汾阳

汾阳城关战斗后,秋季攻势是以第 8 军分区辖区为重点进行的。第 8 军分区以第 2 支队,自 9 月 23 日至 25 日,在煤矿工人的支援下,实行坑道爆炸和进攻相结合,胜利进行了娄烦镇战斗,共消灭日伪军 80 余名;第 6 支队在游击队的配合下,于 9 月 30 日,通过伪组织人员带路,梯次进攻,袭击了交城以西的东社和五元城据点,消灭日伪军 100 余人。

晋绥军民在以往长期围困、逐个挤退敌人据点的基础上,发展到能够组织进攻和发动成批地攻克日伪军据点的秋季攻势。8 月 28 日至 9 月 30 日,共作战 297 次,毙伤日军 499 名、俘其 20 名,毙伤伪军 414 名、俘其 1014 名;攻克和挤退据点 48 个,解放国土 770 余平方公里、村庄 446 个、人口 5 万余。

全年,晋绥军民共进行大小战斗 1337 次,毙伤日军 1323 人、俘其 30 人,毙伤伪军 2237 人、俘其 1482 人,争取日伪军反正 173 人,攻克和挤掉据点 81 个,缴获迫击炮 2 门、重机枪 1 挺、轻机枪 13 挺、短枪 55 支、步枪 1150 支,解放国土 2.3203

万平方公里、村庄 3063 个、人口 37.3854 万。

四、陕甘宁晋绥联防军的发展

1944 年春,以太岳军区和太行军区各一部组成新编第 4 旅,旅长王近山,政治委员徐立清,辖第 771、第 16 和第 25 团。8 月,以冀鲁豫军区西进支队改称教导第 1 旅,旅长杨得志,政治委员张仲良,辖第 3、第 11、第 16、第 19、第 32 团和回民支队。11 月,第 3、第 11、第 19 团合编为第 1 团,第 16、第 32 团合编为第 2 团,回民支队不变,共 4800 余人。同年秋,教导第 2 旅由晋察冀军区机动旅改称,旅长黄永胜,政治委员邓华,辖第 1、第 5、第 9、第 34 团,骑兵团和独立团,共 4750 人。

五、晋冀鲁豫边区部队发动攻势作战

1944 年春,日军华北方面军为了支援太平洋战场和参加打通中国大陆交通线作战,将驻晋冀鲁豫边区周围的第 32、第 35、第 37、第 62、第 110 师团和骑兵第 4 旅团调走,由新编成的独立步兵第 1、第 2、第 4(7 月 10 日,改编为第 117 师团)、第 9、第 10、第 14 步兵旅团和第 12 野战补充队接防,另有伪军 15 万余人。

第 129 师参谋长李达指出:"高度发展真正普遍而坚强的群众性的游击战争,而辅之部分有力的运动战,打破敌人各种进攻,并主动进击敌人,以保卫壮丁、保卫粮食、保卫生产、保卫根据地,积蓄力量,准备反攻,是 1944 年战争行动的总任务。"[①]于是,太行、太岳、冀南和冀鲁豫军区,乘日军兵力减少、日伪军战斗力减弱之机,发动了春、夏、秋、冬季攻势。

太行军区的军事工作方针是:"一切适应于上述敌寇可能实施空前残酷与频繁持续的大小'扫荡'进攻和'蚕食'、'清剿'、割裂的情况,高度发扬各个组织各级干部独立负责积极性与政治责任心,在总的意图下,主动地争取不断给敌以应有的打击,争取在持续频繁的战斗环境与割裂的情况下,不断整理训练生产建设和准备战斗,以使统一领导与分割指挥(负责工作),战斗与生产,备战与建设、教育密切的有机结合起来,坚持艰苦的而在大胜利之前的 1944 年,并由此打下胜利反

---

① 李达:《1944 年的战争指导问题》,1943 年 12 月 30 日。

攻的直接基础。"①

1944 年 1 月,冀鲁豫军区西进支队由第 3、第 11、第 16、第 19、第 32 团和回民支队组成,2 月由杨得志率领开赴陕北地区。

2 月至 4 月 14 日,太行军区第 1 军分区,逼退伪军据点 28 个;第 2、第 3、第 5、第 7 军分区部队,向伸入抗日根据地腹地的蟠(龙)武(乡)公路、榆(社)武(乡)公路、水(冶)林(县)公路沿线的日伪军发起春季攻势,解放了蟠龙、榆社和林县城。太岳、冀南和冀鲁豫军区,拔除据点 200 余个,解放了朝城和沁水县城。

6 月至 7 月,第 6 军分区部队,摧毁邢(台)沙(河)段日伪军第三道封锁线,攻克了坚固的功德旺等据点 12 个,解放村庄 60 余个、面积 237.5 平方公里;第 7 军分区,开辟了新(乡)辉(县)地区,成立了县抗日政权。8 月,第 1 军分区,出击临(城)内(丘)敌第三道封锁线,攻克据点 14 个。

在秋、冬季中,第 1 军分区部队先后摧垮了内丘、井陉日伪军第三道封锁线,相继炸掉了鱼脊岭、赞皇附近的千根碉堡;第 2 军分区,一度袭入和顺。

全年,太行军民共进行大小战斗 4048 次,毙伤日军 2440 人、伪军 7339 人,俘日军 16 人、伪军 3346 人,攻克据点 66 个、碉堡 129 个,逼退据点 39 个、碉堡 130 个,缴获迫击炮 5 门、重机枪 3 挺、轻机枪 54 挺、冲锋枪 24 支、其他长短枪 2710 支、掷弹筒 14 具,解放国土 4273.25 平方公里。全军区营以下指战员牺牲 992 人,伤 2069 人。

太岳军区,1944 年的军事工作方针是:保持胜利情绪,提高警惕性,加强对敌斗争,厉行生产节约,积蓄力量。春季,以主力与地方部队、民兵相结合,向突出孤立的日伪军据点和城镇发起攻势。6 月初至 8 月 30 日,向济源、垣曲地区,发动了局部反攻,歼日伪军 800 余人,争取伪军反正 1300 余人,攻克据点 28 个,解放国土 2600 平方公里、人口近 11 万,并控制了济源西南大坡头至垣曲以内芮村之间黄河渡口,为尔后向黄河以南发展创造了条件。

与此同时,开辟了中条山地区的闻喜、夏县、平陆、安邑、垣曲和同蒲铁路以西的稷王山地区,成立了县抗日政权。8 月 1 日,在这一地区成立了太岳军区第 5 军分区,司令员孙定国,政治委员柴泽民,辖第 54 团,第 9、第 10 支队,康支队和汾南

---

① 太行军区:《1944 年的军事工作纲要》,1943 年 12 月 15 日。

支队。

冀南军区,在春季攻势作战中,先后袭入德县,攻克了冠县赵固、堂邑袁庄、丘县以东坞头、永年周村和孔村、武城马厂等据点,打击了深入抗日根据地突出孤立之日伪军。随后,在 5 月与冀鲁豫军区合并成立新的冀鲁豫军区。

冀鲁豫军区,在春季攻势中,以第 1 军分区攻克东阿县牛角店、湖西渡据点,争取该县伪军全部反正;以第 9 军分区军民,攻克滑县重镇沙店,歼伪军一个团大部,争取一个大队反正,肃清了卫河以东全部据点,拔除了卫河以西的西阳邵、韩泗滨等 20 余个据点,解放了内黄,摧毁了南乐县 30 余座日伪军炮楼和清丰县大部分据点;以第 10 军分区,攻克了定陶东南的黄店、东王店、张楼等据点 12 个,歼灭东明伪军 360 余人,并与第 8 军分区一起拔除了号称"鲁西第一碉"的菏泽西北的李庄据点,歼伪军 2 个中队,第 18 团政治委员王玊光荣牺牲。

5 月 11 日,冀鲁豫军区与冀南军区合并成新的冀鲁豫军区。6 月 4 日,宋任穷任司令员,黄敬任政治委员,王宏坤、杨勇任副司令员,苏振华任副政治委员,曹里怀任参谋长,朱光任政治部主任,傅家选任后勤部部长,刘德海任政治委员,辖第 1至第 11 军分区:

第 1 军分区,由原冀鲁豫军区第 1 军分区改称,司令员刘志远,政治委员邓存伦,辖第 1、第 2 团和独立团。

第 2 军分区,由冀南军区第 2 军分区改称,司令员兼政治委员杜义德,辖第 25 团。

第 3 军分区,由冀南军区第 1、第 3 军分区编成,政治委员王幼平,辖第 23 团、滏西支队和(广平至大名公路)路南支队。

第 4 军分区,由冀南军区第 4 军分区改称,司令员雷绍康,政治委员乔晓光,辖第 11 团。

第 5 军分区,由冀南军区第 5 军分区改称,司令员牟海秀,代政治委员陈登昆,辖第 27 团。

第 6 军分区,由冀南军区第 6 军分区改称,司令员周发田,政治委员赵一民,辖第 19 团和运河支队。

第 7 军分区,由冀南军区第 7 军分区改称,司令员赵健民,政治委员许梦侠,辖第 22 团、独立团、基干团和马颊河支队。

第8军分区,由原冀鲁豫军区第2、第3军分区编成,司令员曾思玉,政治委员段君毅,辖第5、第6、第7、第8团,独立团和抗日第3支队。

第9军分区,由原冀鲁豫军区第4军分区改称,司令员兼政治委员张国华,辖骑兵团、独立团、卫河支队、抗日第18支队和新四路等。

第10军分区,由原冀鲁豫军区第5军分区改称,司令员赵基梅,政治委员刘星,辖第17、第18和第20团。

第11军分区,由原冀鲁豫军区第6军分区改称,司令员王秉璋,政治委员潘复生,辖第9、第10、第21团,砀山独立团和嘉祥支队。

夏季,冀鲁豫军区发起了以保卫麦收为目的的夏季攻势。

第8军分区于5月10日解放了清丰城。5月11日至17日进行了昆(山)张(秋)战役,歼伪军1200余人,拔除据点、碉堡50余处,缴枪1000余支、子弹数万发,全部解放了这一地区,向东扩大了50余公里。

5月至7月,第9军分区在民兵、游击队的配合下,先后打退了伪第24集团军庞炳勋、孙殿英部对卫南、濮阳西南、滑县地区的进攻,粉碎了其抢粮计划,但军分区参谋长胡乃超光荣牺牲。

6月13日至7月,第10军分区相继在东明的赫庄、小井村,俘伪军1200余人;在金乡北羊山集,争取伪军400余人起义;在谢集西北陈海子,歼汉奸200余人。

6月23日至7月2日,第11军分区部队,拔除据点11个、碉堡86个,摧毁封锁沟170多公里,毙日军70余人,俘日军1人、伪军1000余人,打退了单县城内日伪军的抢粮计划,完全扭转了(微山)湖西抗日根据地被分割、被封锁的局面,使其连成一片。

7月31日至8月8日,第7军分区部队在莘县、朝城等县大队和马颊河支队配合及共产党员范永堂的内部接应下,俘伪莘县县长刘仙洲以下2000余人,缴迫击炮1门、轻机枪12挺、子弹数十万发,创造了一个军分区解放一个县城的模范战例。

8月5日至11日,第8军分区集中第7、第8团和独立团及鄄(城)北、郓(城)北、寿张、范县、昆山、东平等县大队、民兵,根据郓城伪军部署前实后虚的特点,在大炮的掩护下,实行军事进攻和政治攻势相结合,首先越过郓城至鄄城之间的封锁沟,扫清郓城西部大部分外围据点;尔后,向刘口、付庄、刘寺据点,实行强攻,歼伪郓城县县长兼警备大队长刘本功以下 2600 余人,攻克据点 37 个。但该军分区基干团政治委员徐翼光荣牺牲。

8 月 30 日,第 8 军分区在第 10 军分区配合下,乘胜进攻白虎集,连克高庄集、高庙、萧老家据点,改善了菏泽西北局面,使鲁西南与濮(县)范(县)观(城)连成一片。

随后,冀鲁豫军区在秋季对(微山)湖西和苏北顽军进行反击的基础上,展开了全区性的冬季局部反攻。11 月至翌年 1 月,第 1 军分区,先后袭击了东平、肥城,围攻茌平县伪军齐子修部刘望山据点 10 余天,攻克郝集据点,歼由聊城出援伪军 180 余人,军分区第 2 团团长刘克奎在刘望山战斗中牺牲;第 3 军分区,争取伪军张履亭部 400 余人起义,后攻入大名城,歼日军一个小队;第 7 军分区筑先大队,夜袭聊城伪军,攻入东关;第 8 军分区第 7 团在地方部队配合下,于 12 月 5 日解放寿张,歼伪军 400 余人,后东平县大队在芦泉屯毙日军 20 余人,俘伪军 40 余人;第 9 军分区骑兵团一部,在卫南县大队配合下,歼伪军李荣卿部 300 余人,并歼灭盘踞在卫南地区的匪首王太公以下 2000 余人;第 11 军分区,先后袭入砀山,争取鱼台县伪自卫团大队长宋德林部 400 余人反正,在丰县以南毕楼毙日军 18 人,俘日军 1 人。

全年,冀鲁豫边区军民,共进行大小战斗 3604 次,毙伤日伪军 16073 人,俘日军 27 人、伪军 32929 人,争取伪军反正 5000 余人;攻克据点、碉堡 395 个,缴获迫击炮 26 门、重机枪 13 挺、轻机枪 523 挺、掷弹筒 336 个;解放人口 500 余万和濮阳、清丰、内黄、丘县、寿张、莘县、朝城 7 座县城,连同原濮县、范县、观城,共 10 个县,国土达 5 万平方公里,较 1943 年扩大了一倍以上;一些小块游击区发展为大块抗日根据地,除水东区外,冀鲁豫抗日根据地基本连成一片;除第 2 军分区辖区和水东地区外,民兵共作战 1898 次,发展到 103304 人。

一年中,晋冀鲁豫区军民,毙伤日伪军 3.8 万余人,俘 3.4 万余人,争取伪军反正和投诚 3200 余人,解放国土 6 万余平方公里和榆社、沁水、林县、朝城、清河、内黄、丘县、清丰、濮阳、莘县、寿张等 11 座县城及人口 500 余万,改变了一些地区被日伪军分割、封锁的局面。

第二节　八路军一部挺进河南,转战湘鄂赣边区、湘粤赣边区,开辟和 扩大抗日根据地

1944 年,八路军实行的局部反攻,是带有战略性的。一个重要的特点,就是以主要兵力,连续向深入抗日根据地并守备薄弱的敌据点、碉堡和交通线发动攻势,逐步打破被分割、被封锁的局面,变小块为大块抗日根据地;并从下半年起,分兵一部,远离抗日根据地,由内线转入外线,进军河南和湘鄂赣边区、湘粤赣边区,配合国民党军作战,开辟和扩大抗日根据地。

一、发展豫东、开辟豫西抗日根据地,成立河南军区

日军华北方面军集中第 1 军一部和第 12 军主力,于 4 月 18 日,分别由晋南和豫北出发,南越黄河,参加打通中国大陆交通线的平汉铁路沿线作战。22 日,毛泽东电示八路军:乘敌南犯后方空虚时,应乘机开展豫北地方工作,以便将来可能时,开辟豫西工作基地。5 月 8 日,日军打通平汉铁路线后,河南大部地区沦为敌后。下旬,日军占领洛阳,国民党军退到洛宁、嵩县以西的伏牛山区,豫西人民处在水深火热之中。

在此种形势下,中共中央于 5 月 11 日决定:"在郑州以西地区由北方局负责;平汉路以东之豫东地区由冀鲁豫分局负责。"①7 月 25 日,中共中央在关于发展河南敌后工作的指示中指出:河南情况复杂,关键在于正确执行党的各项政策,要更灵活地去适应具体情况,要善于插入敌顽空隙地区及敌占区和边沿区发动群众抗日运动,建立抗日武装和民主政权,实行减租减息;并要求八路军厉行节约,遵守三大纪律、八项注意,与人民同甘苦,注意容纳和吸收当地专门技术人才及知识分子为民主政权服务。同时,确定了进军河南的初步部署:以八路军太岳军区一部兵力,开辟豫西抗日根据地;以冀鲁豫军区一部兵力,扩大豫东抗日根据地,并与新四军配合相机进入新黄河②以东地区。10 月 18 日,中共中央强调指出:为着确

---

① 中央档案馆编:《中共中央文件选集》第 14 册,第 232 页,中共中央党校出版社,1992 年版。
② 国民政府于 1938 年 6 月在郑州以北的花园口炸开黄河大堤,使其改道流向东南,形成新黄河,把豫东分成水东、水西两个地区。

实准备反攻,使八路军新四军南北连成一片,以便利将来反攻,集中力量,我们必须发展与建立抗日民主政权,放手发动群众,扩大八路军,建立地方部队,这是生聚力量、准备反攻的具体严重任务。

扩大水东、开辟水西,发展豫东抗日根据地 豫东系指河南东部陇海铁路以南、平汉铁路以东的广大地区。1944年上半年,冀鲁豫军区水东军分区独立团,在县、区地方部队的配合下,拔除睢县五行、西陵寺等日伪军据点10余个,使豫东的水东抗日根据地,出现了新的面貌。

为了扩大豫东的水东抗日根据地,中共中央冀鲁豫分局和冀鲁豫军区决定:由直属警卫营和第1、第2、第3、第5、第8军分区警卫连,各抽1个排,组成南下大队,辖3个连,共300余人,在余克勤、袁振率领下,南下水东地区。南下大队,于7月1日跨过陇海铁路,2日在民权县杨城地区,歼伪军一部;7月4日,与水东独立团会合。不久,两支部队合编为新的独立团,团长余克勤,政治委员袁振,辖3个大队、1个直属特务连,共11个连队、2200余人。随后,新的水东独立团,进行了张帝臣、河堤岭等战斗,打击了日伪军。至8月上旬,水东已扩大为辖有睢(县)杞(县)太(康)边、杞民(权)边和杞陈(留)通(许)边3个基本区的抗日根据地。

1945年1月29日,冀鲁豫军区第8军分区第8团与水东独立团会合后,歼睢县河堤岭伪军250余人;2月下旬在太康西南逊母口、叶寨地区,歼阻我抗日的顽军1000余人,从而建立了扶(沟)太(康)西(华)抗日政权。

3月6日,在水东地区正式成立第12军分区,司令员余克勤,政治委员袁振,辖第28(由第8军分区第8团改称)、第30(由水东独立团改称)团,仍隶属冀鲁豫军区。

为进一步加强水东地区的对敌斗争力量,与豫西抗日根据地连成一片,由中共中央冀鲁豫分局党校警卫团改称的冀鲁豫军区第29团于6月9日进至水东,7月2日歼通许伪军600余人,并打退一个中队日军的出援,毙日军中队长以下30余人,俘7人;第30团,歼通许以东欧阳岗伪军700余人。

在扩大水东抗日根据地的同时,开辟了豫东的水西抗日根据地。第28团于5月12日夜,由扶沟县白潭附近西渡新黄河进驻水西后,连克新乐村、砖桥、王亭寺等据点,并于6月初打退了国民党顽固派军队的进攻,从而建立了商水、上蔡、西华、鄢陵、临颍等县抗日政权。第29团，于7月5日夜挺进水西，6日俘扶沟伪军第33师吴东亚部600余人。7月，第28团又打退了鄢陵数百日伪军的增援。经过一段时间的作战和工作后，又相继建立扶沟、郾（城）上（蔡）西（华）、西（华）临（颍）郾（城）等县抗日政权，并控制了尉氏、许昌等县的局面，开辟了水西抗日根据地。不久，水西军分区成立，司令员汪家道，政治委员李仕才。

同年6月1日，八路军前方总部指出：豫东地域辽阔、物产丰富、人口众多，为战略要地，该区日寇兵力不多，顽伪争先觊觎，我如不迅速努力开拓，不仅无法南连鄂皖、东接苏北、西援豫西，且现有地区亦呈危殆。为统一水东、水西，加强对豫东部队的统一指挥，中共中央冀鲁豫分局决定：成立豫东指挥部，司令员王秉璋，政治委员段君毅，参谋长陈明义，政治部主任王幼平，辖水东、水西军分区。不久，豫东军民参加了全面反攻，为夺取抗日战争最后胜利，作出了贡献。

开辟豫西抗日根据地　中共中央于1944年6月30日电示北方局：以目前形势，太行、太岳应有两个健全小团，配备得力干部，附两个小电台，给以各项必要政策教育，逐渐深入登封、临汝、密县、禹县、襄城、鲁山及新安南北山地；除有广泛之统一战线工作团对敌外，还须有最严肃之纪律。10月14日，又决定：戴季英、王树声、刘子久、韩钧等率河南干部约100人，第770团、警2团约1600人，经太岳往河南。根据中共中央的指示和决定，中共中央北方局和八路军总部，先后抽调太行、太岳军区各一部和第385旅第770团、总部直属警备第1旅第2团，开辟豫西抗日根据地。

太行军区，在7月14日以前，决定以第7军分区第3团、由第5军分区平汉义勇军大部新编的第35团和豫西地方工作队，组成豫西抗日游击第1支队，司令员皮定均，政治委员徐子荣，辖第3、第35团和豫西抗日游击支队，共1502人。该支队于9月6日从林县出发，22日南渡黄河，后越陇海铁路，在彭婆镇与伊川中共地方组织负责人取得了联系。中秋节前夕，袭击了登封日军飞机场，歼其一部，解救了数千劳工，扩大了中共及人民军队的影响。随后，在中共地方党和群众的大力支援下，以第3团主力挺进嵩山地区；以第35团主力进至箕山地区，一部和宜阳地方党组织负责人进入伊河以西东赵堡地区开展工作；以支队直属部队在大峪店、白栗坪地区活动，大力宣传我党我军政策，开展统一战线工作，相继袭击了回廊镇、黑石关、高庙、全沟等据点，解放民工1万余人。从而建立了偃师、巩县、登封、伊川县抗日民主政府和伊洛办事处,初步打开了豫西抗日局面。

9月至翌年2月,该支队多次粉碎了日伪军100至4000余人的"扫荡"和国民党军顽固派的夹击,又新建立了荥阳、汜水、洛阳、广武、密县、临汝县抗日政权,在嵩山、箕山地区站稳了脚跟。同时,成立了第1军分区,由第1支队兼,司令员皮定均,政治委员徐子荣。

太岳军区,于1944年11月初,以第4军分区第18团和第1军分区第59团主力,共872人,组成豫西抗日游击第2支队,司令员兼政治委员刘聚奎。该支队于11月6日渡过黄河后,积极打击敌、顽军的进攻,配合了第1支队的反"扫荡"作战。至月底,在陇海铁路沿线的陕县、渑池、新安地区,开辟了近1250平方公里的抗日根据地。

太岳军区第59团一部和晋绥军区第6支队、中共中央党校干部各一部,与第2支队于年底在新安以北园山会合后,和洛宁地方武装一起,解放了洛宁以北大片地区。1945年1月中旬,第2军分区成立,由第2支队兼,司令员韩钧,政治委员刘聚奎。后部队整编为第18、第59团和军分区特务团及两个独立旅。

驻陕甘宁边区抗日根据地的八路军警备第1旅第2团、第385旅第770团和河南籍干部约100人,共1600人,组成豫西抗日游击第3、第4支队,第3支队司令员兼政治委员陈先瑞,第4支队司令员兼政治委员张才千。第3、第4支队,由王树声、戴季英率领,由延安启程,于1944年12月下旬经垣曲石曲、1945年2月9日经源北泉南渡黄河,挺进豫西地区。2月中旬,第3、第4支队进至伊洛之间的赵东堡地区后,各抽一个连与地方部队组成伊洛独立支队,并在第2支队第18团的配合下,迅速开辟了宜阳以南、露宝寨山以东、嵩县以北地区,建立了(锦)屏(山)南、嵩(县)北、伊(川)西三县抗日政权。同时,成立了伊洛军分区。

2月16日,王树声和戴季英提出《国民革命军河南人民抗日军八大主张》,其要点是:(一)一切不愿当亡国奴的河南同胞联合起来,保卫国家民族,保卫河南,保卫家乡,坚持抗战,准备反攻,打倒日本帝国主义;(二)彻底实行民主政治,团结河南各界人民,安定社会秩序,保障一切人民的生命、财产、言论、集会、结社、宗教信仰和武装人民的自由;(三)团结一切抗日友军与地方部队,争取伪军反正,共同对日作战;(四)帮助各地民众组织抗日团体,成立抗日自卫队和游击队;(五)改善人民生活,实行合理负担、减租减息和交租交息,发展生产,保护工商业贸易自由;(六)恢复学校,进行抗日救国教育;(七)抗日高于一切,有钱出钱,有力出力,有知识出知识,共同组织抗战力量;(八)军民合作,军爱民,民爱军。这八大主张由中共中央批转湖南、湖北和华中地区,对于开辟新区、扩大部队发挥了重要作用。

2月底,第3、第4支队主力,南进至东、西白栗坪地区,与第1军分区部队会合。接着,成立了河南军区,直属中共中央军委,司令员王树声,政治委员戴季英,副政治委员刘子久,参谋长熊伯涛,政治部主任吕振球,辖4个支队和3个军分区。不久,成立第3、第4军分区,伊洛军分区改称第5军分区。

第1支队兼第1军分区,司令员皮定均,政治委员徐子荣,辖第3、第35团。

第2支队兼第2军分区,司令员韩钧,政治委员刘聚奎,辖第59团。

第3支队兼第3军分区,司令员兼政治委员陈先瑞,辖第7、第9团。

第4支队兼第4军分区,司令员兼政治委员张才千,辖10、第12团。

第5军分区,司令员闵学胜,政治委员刘健挺,辖第18团。

3月中旬,第1支队为1060人,地方部队为9033人;第2支队为100人,地方部队为2500人;第3支队为748人;第4支队为518人。

进入豫西的部队,为了解决给养问题,采取多种办法:抽取每亩产量的5%至7%,实行减租以前由地主出,后由地主、佃农各出50%;实行田赋征实,征收公粮,与农民、士绅协商解决;抗日根据地创建之初,征收出入口税,对敌利大对我利小贸易者抽重税,反之抽轻税;统一发放粮票,作为粮户收据和部队内部按人数分配粮食的凭证。

五六月间,第6支队以太行军区第6军分区第13团第2、第3营等编成,司令员刘昌毅,政治委员张力雄,辖第36、第37团,共2024人。该支队于3月31日,进驻新安、渑池地区。随后,成立了第6军分区,由第6支队兼。

至此,八路军河南军区部队已发展到1万余人。豫西抗日根据地,也发展到拥有20个县、300余万人口的广大地区。

八路军和新四军协力发展河南解放区,在中原地区打通了华北、华中和陕甘宁解放区的联系。

二、转战湘鄂赣边区、湘粤赣边区,成立湘鄂赣军区

1944 年 4 月至 12 月,日军中国派遣军发动打通中国大陆交通线作战,相继打通了平汉、粤汉、湘桂铁路,河南、湖南、广西、广东、福建等省大部和贵州省一部地区沦为敌后。

为了解放敌后人民,并直接配合正面战场的国民党军作战,中共中央于 7 月 25 日提出,布置湘粤两省敌后工作,仍为必要。毛泽东在中共中央政治局会议上指出:向南发展,只要以"抗日的旗帜,抗日的口号,抗日的实际行动,对于国民党严守自卫的原则,我们一定胜利"①。

8 月,赋予八路军第 359 旅南下的任务是:组织敌后人民群众,发展游击战争,创建湘鄂赣边抗日根据地,并以此为依托向南发展,争取北与鄂豫皖边区的新四军第 5 师、南与活动在广东的东江纵队连成一线,在华南建立一块红色的抗日根据地。同时,积极壮大武装力量,以便配合全国的八路军、新四军和正面战场的国民党军,对日实施强大的反攻作战。为此,第 359 旅进行了充分的准备:在思想上进行了深入的动员,组织营以上干部,集中在中共中央党校学习敌后工作的方针、政策,并听取了毛泽东关于新区工作的报告,做到既要有柳树一样的灵活性,又要具备松树那样的原则性,同时组织连以下干部认真学习有关军队政治工作文件,以提高干部的思想水平和工作能力;在物质上,进行武器、弹药、被装、干粮和经费的补充;在组织上,调配干部,整编部队。

10 月,第 359 旅以第 717 团 2 个营、第 718 团 3 个营、第 719 团 1 个营、特务团教导营,加上旅直一部,共 4000 余人,另有中共中央机关和党校调赴新四军第 5 师的随队干部 900 人,新编成部队。该部队统称国民革命军第 18 集团军独立第 1 游击支队,简称南下支队,司令员王震,政治委员王首道,辖 7 个大队,共约 5000 人。中旬,南下支队由南泥湾、金盆湾地区,赴延安城郊集结待命。

11 月 1 日,南下支队在延安机场举行了誓师大会,受到毛泽东、朱德、刘少奇、周恩来和任弼时的检阅。11 月 9 日,离开延安,经绥德由螅蜊峪东渡黄河,进入晋绥的临南地区。12 月 3 日,越离岚公路,挺进吕梁山区。接着,在有地方群众作为

---

① 王恩茂:《南下支队湘鄂赣斗争的教训总结》。

11 月 1 日,毛泽东(左 2)和朱德(左 1)在王震(左 3)陪同下检阅南下支队

向导和武工队配合的情况下,以每小时 7.5 公里、一夜步行 90 公里的速度,急行穿越汾河、同蒲路的日军封锁线,于 12 月 20 日进至太岳抗日根据地的沁水地区休整,并做南渡黄河准备。南下支队,将第 7 大队分散到各个大队,第 1 至第 6 大队编为中央和左、右三路纵队。

当部队进至黄河附近地区时,侦得黄河垣曲至李圪塔地段,多少年来少有的结了冰,可谓是老天作美。于是,南下支队于 12 月 27 日由垣曲以东马湾至石曲间,涉冰河,跨过黄河天险,进入河南。12 月 29 日,在渑池县千秋镇打退了顽固派国民党军乔明礼部的堵击、越过陇海铁路后,又相继在鲁山确山县瓦岗寨和平汉铁路东的汝(南)正(阳)确(山)边区,粉碎了敌、顽的多次进攻。但在 1945 年 1 月 6 日鲁山战斗中,第 3 大队一部组成的一个加强排的兵力突围时,大部牺牲。

经过重重艰难险阻,南下支队进入湖北礼山县,于 1945 年 1 月 27 日与新四军第 5 师会师,受到鄂豫皖边抗日军民的热烈欢迎,将调给第 5 师的随队干部移交,撤销了第 6 大队,从而胜利完成了开进和护送干部的任务。

经过短暂休整后,南下支队在新四军第 5 师的配合下,粉碎了敌、顽封锁,于 2 月 4 日、19 日、23 日,梯次跨过长江天险,进入江南地区。26 日、27 日,在阳(新)

大(冶)以西的大田贩战斗中,歼日伪军 400 余人,缴炮 7 门、轻重机枪 25 挺、步枪 300 余支。3 月 3 日、4 日,乘胜在大幕山区的飞鸡墩和大源镇、金塘地区,歼顽军 300 余人。从而鼓舞了鄂南人民,为再度建立鄂南抗日根据地创造了条件。

3 月 17 日,南下支队向湘赣边挺进。在汪坪、罗家坪、太平段地区建立后方后,于 26 日进驻平江,随之改名为湖南人民抗日救国军,习惯上仍称八路军南下支队,部队扩编为 6 个支队,并成立了平江县抗日政府。在敌众我寡的情况下,湖南人民抗日救国军于 4 月 15 日撤出平江城。

国民党军第九战区第 72、第 99 军合击平江扑空后,继续围歼南下支队。随后,南下支队同第 5 师一部南渡长江,深入鄂南大幕山区,发动群众,开展游击战争,初步打开了湘鄂赣边的抗日局面。该支队除留第 6 支队 3 个连共 138 人,活动在湘阴,做渡湘江的准备工作外,以主力转战在鄂南崇(阳)通(城)边,赣北修水、武宁和湘北岳(阳)平(江)边地区。第 2 支队,于 6 月 6 日在黄岸市小湄地区与顽军发生遭遇战,支队长陈宗尧以下 30 余人牺牲。第 6 支队,从 3 月下旬起,经过 3 个多月的艰苦斗争,成立了湘阴县抗日政府,并活动在湘阴、平江、浏阳、长沙、岳阳地区,由 3 个连扩大为 4 个大队,达 3400 人。

在此期间,毛泽东于 5 月 4 日指出:"湘鄂赣边区根据地必需创立,以为南北枢纽。"①同月,成立湘鄂赣边区党委,书记王首道,行署主任聂洪钧;湘鄂赣军区司令员王震,政治委员王首道(兼),副司令员张体学,副政治委员王恩茂,参谋长朱早观,政治部主任刘型,辖 3 个军分区:

鄂南东军分区,司令员汪乃贵,政治委员刘士杰。

鄂南西军分区,司令员兼政治委员罗通。

湘北军分区,司令员张仲翰,政治委员曾涤。

全军区共 14 个县总队、3 个县大队,并建立了 3 个专署及 13 个县的抗日政权。

6 月 24 日,毛泽东要求湖南人民抗日救国军以主力"取道敌占区向南(取道敌顽接合部走'之'字路),直至湘粤边界,和广东部队联接",在湘桂边、粤赣边分散建立多块游击根据地,"使我军在日寇崩溃国民党发动内战时,能够依据五岭山脉

---

① 中国人民解放军历史资料丛书编审委员会:《八路军·文献》,第 1086 页,解放军出版社,1994 年版。

坚持并发展"。① 7 月 5 日，毛泽东致电王震，指出：你们决定南进是正确的，沿途除必要休整时间外，不宜停留过久。沿途如有有利和可靠之人民武装，应酌量派出些干部散布种子，助其扩大，主力不宜浪战，过分消耗精干力量。

7 月 11 日，湘鄂赣军区撤销，改为鄂南军分区，司令员兼政治委员张体学，辖第 40、第 41 团等；区党委和行署，分别改为鄂南地委和第 7 行政公署。至此，湘鄂赣抗日根据地扩大到 2.34 万平方公里，人口 200 余万。

根据中共中央和毛泽东的指示精神，湖南人民抗日救国军除留一部计 1200 人，坚持湘北地区斗争外，以主力 3000 余人于 7 月 7 日由鄂南大幕山区出发，向湘粤赣边区挺进。经 10 日行程，抵平江西南桃花山；24 日，在同官、下洞子湾，突破敌顽阻挠，西渡湘江成功；30 日，进至湘潭以南上方桥后，留第 4 支队创建湘潭抗日根据地；8 月 5 日，主力在湘潭、衡山间龙船港东渡湘江后，沿粤汉铁路东侧南下；8 月 10 日，进入衡山南湾地区；8 月 13 日，进至永兴东桥地区，摆脱了国民党军第九战区第 44 军的围追堵截，转入桂东、横坑一线；8 月 17 日，在桂东的四都圩地区，依托有利地形，突出了顽军的重围；越过人迹罕至、山路崎岖的八面山，以生南瓜和豆角充饥，于 8 月 24 日进至湘赣边的大余地区；8 月 28 日，挺进粤北南雄、始兴县境。由于国民党军第七、第九战区的前堵后追，湖南人民抗日救国军主力未能与东江纵队会师，难以立足，被迫于 8 月 30 日开始北返。经中共中央军委同意，通过赣西、湘北、鄂南，于 9 月 26 日、27 日，再渡长江。10 月 3 日，在礼山实现了与新四军第 5 师的第二次会师。中旬，撤销湖南人民抗日救国军，恢复第 359 旅番号。

同年 5 月 18 日，中共中央军委决定：以驻延安的八路军第 359 旅另一部，组成八路军游击第 2 支队，司令员刘转连，政治委员张启龙；以警备第 1 旅一部，组成八路军游击第 3 支队，司令员文年生，政治委员雷经天。6 月初，第 2、第 3 支队，共近 6000 人，从延安出发。当挺进河南新安地区时，恰逢日本投降，遂奉命转赴东北。

八路军南下支队，自 1944 年 11 月至 1945 年 10 月，发扬了高度的革命英雄主义精神，战胜了疟疾、痢疾、腿肿、脚烂等多种疾病及饥饿与死亡的威胁，渡黄河，跨长江，越过吕梁、大别山重重峻岭，转战陕西、山西、河南、湖北、湖南、江西、广东

---

① 中央档案馆编：《中共中央文件选集》第 15 册，第 172 页，中共中央党校出版社，1991 年版。

7省,行程7920公里,作战74次,突破了敌、顽军的重兵围攻,在第5师兼鄂豫皖军区的配合下,成立湘鄂赣军区,开辟了湘鄂赣抗日根据地,鼓舞了人民。虽然由于形势发生根本变化,未能实现创建五岭抗日根据地的战略企图,但保存了基本力量,推动了粤汉铁路沿线人民的抗日斗争,扩大了共产党和八路军的影响。

1944年,八路军在人民群众的配合下,共进行大小战斗近2万次,较大的进攻战役为50余次,粉碎日伪军1000人以上的"扫荡"为68次,歼日伪军15.5万余人,争取伪军反正2万余人,攻克据点2348个,解放县城22座、国土14万平方公里,巩固和扩大了华北抗日根据地,八路军发展到50.7万余人,各项工作出现了蓬勃发展的局面。日伪军的特点是:华北日军兵力减少,万人以上兵力的"扫荡"次数减少,而报复性和以掠夺夏粮、秋粮为目的的破坏性、季节性"扫荡"增多,其战略要点和交通线均处于敌后军民严重威胁之下,已基本上处于战略守势的被动地位。

第三节 八路军进行军政大整训,准备全面反攻

全国抗战以来,八路军根据不同阶段的形势、任务和部队情况,进行过多次军事和政治整训。在抗日战争进入局部反攻并取得重大胜利之际,中共中央和中央军委决定利用战斗间隙进行一次大规模军政整训,并加强后勤工作,全面提高部队素质,准备举行全面反攻。

一、中共中央关于军队整训的指示

为了准备全面反攻,"夺取大城市与交通要道,最后驱逐日寇出中国,并对付从国民党方面来的可能的国内突然事变(从背后来的袭击)"和"在敌后扩大根据地与扩大军事力量"①,中共中央于1944年7月1日发出《关于整训军队的指示》,不仅提出了上述目的,而且提出了进行军政大整训的总要求、内容、方法、对象及注意的问题等。

当时,"根据地一切工作的中心任务,仍然是提高,是深入,是巩固,是准备将来大发展的条件",在"除若干条件优越地区外,一般地不可能与不应该采取扩大

---

① 中央档案馆编:《中共中央文件选集》第14册,第261页,中共中央党校出版社,1992年版。

军队的政策"的情况下,进行军政大整训总的要求是:"一定要在一年内,加紧整训现有军队,在现在物质基础上与战斗生产间隙中,把我军的军事训练与政治工作极大地提高一步,准备将来使我军发展一倍至数倍的条件。"但主要是利用本年秋、冬两季,由各军区或军分区,分别组织轮番整训所有部队,或以一个团至几个团,或以营、连为单位成批集训。

整训内容和方法,分为军事、政治两个方面。军事整训的内容,"就是练兵,并总结带兵用兵与养兵的经验。练兵内容,以技术为主,战术为辅"。

军事整训方法:"第一,实行群众运动的方法,改变过去少数人包办,即司令部与教员包办的作风,而变教育为广大群众自己的事业,使群众(干部、战士、杂务人员)自觉学习,自动研究,互相帮助,互相比赛","使官教兵、兵教兵、兵教官"。

第二,实行学用一致的方法,必须纠正存在着的教条主义与形式主义的弊病。"不是不要书本,而是正确地运用书本,将书本上不合实用的加以删削,而将书本上没有包括的东西(我们的具体经验)加入进去,并且不断地吸收新的经验。总之,练兵内容要切实用,不是为练兵而练兵,而是为战胜敌人而练兵。"

1944 年,八路军在军事整训中掀起以射击、投弹、刺杀三大技术为主,以游击战术和攻坚战术为辅的大练兵运动。这是部队在练刺杀

第三，"使骨干与群众相结合"，"要创造与发现典型例子，将其经验介绍给全体，并请有优良成绩的战士当教员，要以分区或以团为单位召开模范学习者代表大会"。

第四，对于连以上干部，由军区的抗大分校负责轮训；对于班、排长以上干部，由军分区的教导队，实施训练。

政治整训的内容和方法，就是要对政治工作"做一次普遍的彻底的有计划的改造，根据古田决议及谭政报告，用检讨错误缺点，发扬优良成绩，发扬模范连队的经验，奖励战斗英雄，劳动英雄，模范工作者与模范学习者的方法，达到改造政治工作之目的"。

整训对象，不仅"包括全军四十七万主力军与游击队在内"，而且"还有二百万民兵与更多的自卫军"，"各局、各委及各军区、军分区，应分别作出关于主力军与游击队部分及关于民兵与自卫军部分两种整训计划，分头、分区、分期进行整训。在整训民兵与自卫军中，应总结民兵与自卫军的斗争经验，重新整理其编制，不足者扩大之，落后者提高之，缺乏干部者补充之，在不违农时及劳动与战斗相结合的原则下，达到全民皆兵之目的"。

朱德（中）和叶剑英（右）观看军事表演

整训,要"十分注意保护壮丁,休养民力的原则";同时,"本指示所提出之整训与提高部队质量之方针,不能误解为放松上中层机构的精简,也不能误解为要改变目前部队的分散游击性,须知精简政策与分散游击政策在目前时期仍是完全需要的"。①

二、八路军进行军政整训与加强后勤工作,全面提高部队素质

遵照中共中央的指示精神,陕甘宁晋绥联防军、晋绥军区、山东军区、晋察冀军区、晋冀鲁豫边区各部队,开始了1944年下半年至1945年上半年的军政大整训。

陕甘宁晋绥联防军在1943年冬季先行开展练兵运动,自接到中共中央指示后重新部署了练兵工作。中共中央晋绥分局于1944年9月1日作出《关于加强全党练兵与军队大整训的决定》,要求11月至翌年2月,至少整训主力军中的60%,地方部队的30%,民兵的全部;军区成立练兵团,各军分区成立练兵营,各主力团(支队)除保证本身整训外,还要负责对地方部队和民兵、自卫队的整训;军区成立

晋察冀军区部队刺杀比赛

① 中央档案馆编:《中共中央文件选集》第14册,第262—267页,中共中央党校出版社,1992年版。

教导团,负责干部训练。晋绥军区部队,根据中共中央指示和晋绥分局的决定,在1944年春季、夏秋季两期练兵的基础上,继续进行了冬季大练兵。主力军主要采取了三种方式:练兵与战备相结合;练习与战前演习相结合;练习与战后总结相结合。民兵、自卫队,则采取了另三种方式:派军队干部集训;民兵到部队轮训;先训骨干,由他们回去训练民兵、自卫队。政治工作,也进行了整训。

山东军区,于1944年7月至10月召开了军事工作会议,专题研究了部队训练、司令部工作、连队军事建设、地方部队建设、后方勤务工作、学校工作和干部工作等。会上,司令员兼政治委员罗荣桓作了重要讲话。会后,全军区部队,按照先主力后地方部队的原则,分批进行了三个月至四个月的整训。在军事整训方面,以练射击、投弹、刺杀、爆破四大技术为主,以练战术为辅,贯彻训练与实战相结合的原则。在政治整训方面,按照古田会议决议和谭政《关于军队政治工作问题》报告精神,改进了部队的政治工作。

中共中央晋察冀分局和晋察冀军区,于1944年10月下达了整训的计划。按照计划,全军区部队自11月至翌年2月、4月至8月,进行了两期整训。在军事整训中,步兵重点练习了射击、投弹、刺杀三大技术;机枪手、掷弹筒手、炮手,主要是熟悉手中武器;军分区和团的领导干部,则是总结带兵、练兵、用兵、养兵的经验,并熟练战士技术动作。同时,开展了练兵竞赛和技术表演等。在政治整训中,进行了抗战到底和密切官兵关系的思想教育。

晋冀鲁豫边区的太行、太岳、冀鲁豫军区部队,召开了团以上各级领导机关的整训会议,统一思想,制定了计划。太行军区于1944年8月13日颁布《关于干部大整训计划》,决定全军区部队自1944年11月至翌年3月,以三分之二至五分之四的部队,进行大规模整训,并责成各军分区切实检查,抓好计划落实。太行军区政治部于1944年9月29日在《关于整训动员提纲》中,详细阐述了整训的重要意义,号召全体指战员都应以最大的热情投入整训,提出"努力学习求进步""模范的学习者是最光荣的""每个同志要准备担负更大的责任""成为反攻建国的人才"等口号。太岳和冀鲁豫军区也分别制定了整训的计划和作出部署,并且先行训练了一批武装力量,以保证大部队冬训时坚持斗争。随后,各军分区集中部队,组成训练集团。首先,进行了政治整训。各部队普遍召开了连队团结民主大会,制定了尊干爱兵计划,从而使部队的精神面貌焕然一新。然后,在"边打边练、战练结合"的口号下,通过开展革命英雄主义运动及互相观摩等,进行了以投弹、射击、刺杀三大技术为主的大练兵运动;同时,进行了近战、夜战、村落战、攻坚战等战术演练。

通过以练技术为主、练战术为辅的军事训练,八路军步兵的四大基本技术和特种兵掌握武器的能力明显提高,涌现出了大批神枪手、神炮手和技术能手。

在军事整训中,八路军还十分重视司令部建设。各部队选拔了一批有实战经验和政治、文化水平较高的干部,充实参谋队伍,使参谋人员的素质进一步提高。同时,进一步健全司令部各种工作制度,增强上下联系,加强在职参谋人员的培训。

八路军的军区、军分区,在整训主力军、地方军的同时,对各地区的民兵、自卫队也分期分批地进行了整训,使广大民兵的投弹、射击、埋雷等技能和战术水平进一步提高。

毛泽东关于重印古田会议决议给谭政、莫文骅的信

八路军各部队在进行军政大整训的过程中,主要开展了政治整训,重点学习古田会议决议和谭政1944年4月在中共中央西北局高干会议上作的《关于军队政治工作问题》的报告,开展了尊干爱兵运动。中共中央军委和总政治部指出:"我们部队中的官兵关系还不能说是很好的,今后要作到如家人父子一样的亲密。应强调干部与战士真正生活打成一片,艰苦与共。那种只要求于战士而不关心战士生活,或只注意自己生活的现象,必须严励纠正。在管理部队方法上,应尽量运用

友爱感情的力量与模范的作用。""应尽量多给战士以民主，多倾听与尊重他们的意见，这对于集中，不仅不会妨碍，而且可增进战士的自觉性。"①因此，各部队结合整风对内部存在的军阀主义等不良倾向认真进行批评，进而将如何进一步改善军队内部官兵关系、开展尊干爱兵运动作为整训的重点内容。

尊干爱兵运动，最早是在陕甘宁晋绥联防军部队中开展起来的。其教导第1旅第16团首先提出"爱护战士、尊重干部"的口号。1944年7月，第358旅召开营以上干部会议，提高对尊干爱兵的思想认识，并对官兵关系及上下级关系、同级关系和单位之间关系上存在的问题进行反省，收到明显效果。第385旅警备第5团根据第5连第4和第6班的先进经验，提出了尊干爱兵的"双十要求"，即《尊干爱兵公约》。

对干部的要求是：1. 对战士和气亲热，不讽刺、挖苦；2. 耐心教育，倾听意见，接受批评；3. 带头并帮助学习军事、政治和文化知识；4. 关心生活，帮助解决困难；5. 重视创造，发现人才，培养各类模范；6. 耐心说服有过错和后进人员，启发自觉性；7. 派差勤务公正，尊重年老军人；8. 慰问伤病者，对牺牲病亡者举行追悼会；9. 关心家属，定期告诉军人在部队情况；10. 精通业务，团结其他班排。

对战士的要求是：1. 服从命令，完成任务；2. 自觉遵守纪律；3. 接受干部教育；4. 有意见按组织提出，不背后广播；5. 响应上级号召；6. 发扬友爱精神，团结同志；7. 提高警惕，揭发不良分子；8. 爱护身体，讲究卫生；9. 熟悉武器，时刻准备对敌；10. 自告奋勇救护处在危险的干部。

9月22日，中共中央军委向全军转发了陕甘宁晋绥联防军《三五八旅整顿官兵关系

部队战士在读《解放日报》

---

① 中央档案馆编：《中共中央文件选集》第14册，第167页，中共中央党校出版社，1992年版。

中的经验》,指出:官兵关系问题,实是第 358 旅转变作风的一个基本问题。这次采取了群众路线,因而造成了群众运动,也比较彻底地解决了官兵关系问题。

12 月 15 日,毛泽东在关于《一九四五年的任务》的演说中把开展尊干爱兵运动作为 1945 年的 15 项重要任务之一,强调指出:"军队内部的团结,非常之重要。我们八路军新四军,历来依靠官兵一致,获得了光荣的胜利。""目前开始的一年整训计划,军事整训与政治整训应该并重,并使二者互相结合。整训开始时,还应着重政治方面,着重于改善官兵关系,增强内部团结,发动干部与战士群众的高度积极性,军事整训才易于实施与更有效果。""应在每一部队内部举行拥干爱兵运动,号召干部爱护士兵,同时号召士兵拥护干部,彼此的缺点错误,公开讲明,迅速纠正,这样就能达到很好的团结内部之目的。"①

根据中共中央军委和毛泽东的一系列指示精神,借鉴陕甘宁晋绥联防军的经验,八路军在政治整训中,突出了以改善官兵关系、增强内部团结为主的内容,普遍开展了尊干爱兵运动。

在尊干爱兵运动中,各部队十分注意运用典型指导运动的深入开展。1945 年 5 月,总政治部及时总结了陕甘宁晋绥联防军教导第 1 旅第 16 团和警备第 3 旅马仁义排等单位开展尊干爱兵运动的经验,要求全军学习和借鉴。

对于全军普遍开展的尊干爱兵运动,朱德在中共七大会议上所作的《论解放区战场》的军事报告中,曾予以高度评价:"近年以来,我们在带兵方面的新发展、新创造,就是尊干爱兵运动的开展。尊干爱兵就是说士兵要尊重干部,干部要爱护士兵。这一运动,大大地加强了部队的团结,大大地提高了官兵的积极性,使军队的各方面工作有飞跃的进步。"②

这次整训,是抗日战争后期八路军最大的一次整训。各部队尽管情况不同,整训的时间、方法也有差异,但经过整训,都提高了军政素质和技术、战术水平,增强了干部的带兵、练兵、用兵、养兵的能力,全面提高了部队的战斗力,为进行全面反攻创造了条件。

八路军在进行军政整训的同时,不断改进和加强后勤工作,明显提高了保障

----

① 中央档案馆编:《中共中央文件选集》第 14 册,第 419 页,中共中央党校出版社,1992 年版。
② 《朱德选集》,第 163—164 页,人民出版社,1983 年版。

将生产的手榴弹装箱运往前线

能力。随着各抗日根据地经济的恢复，各部队的供给水平有所提高，供给制度逐步走向统一，供给工作不断改进。1943年12月9日，八路军后勤部作出《关于实行供给包办（干）制度的决定》，指出：决定1944年实行供给包干制度，目的是减轻人民负担、克服财政困难，严格执行量入为出、量出为入的原则，做到一九四四年度之财政收支预算平衡；同时也提高生产积极性，自己动手，创造财富，使部队养成厉行节约、勤俭耐劳的优良作风，提高自力更生的能力。供给包干制，将各种经费划分为经常费、临时补助费、实报实销费和额定费四大类。为此，总部后勤部门详细规定了各项经费使用情况和各类人员的物资消耗标准、金额标准和实物定价标准。

1945年2月下旬后，八路军总部颁布了《第十八集团军暂行供给法规》，共5章38条，将供给工作归纳为财政、粮秣、被服、军械和部队生产5个方面。分别对预算制度、计（决）算制度、收支制度、会计科目、出纳制度，被服预算、决算、缝制、供给、统计报告、保管、废品处理制度，粮、油、械、弹等的预算、决算、供给、储藏制度做了详细的规定。在各级供给干部的职责中，明确了旅级（军分区）团级供给首长、各级会计人员、出纳人员、被服人员、粮秣人员、连队司务长之职责。这些既有原则要求又有实施方法的规章制度和职责，使部队供给制度逐步走向统一。

为了切实做好供给保障工作,各部队在统一领导、独立保障的原则下,不断改进供给工作。有的部队提出供给工作为战争服务,面向连队,面向战士;先伤病员后一般人员,先前方后后方,先部队后机关,先战士后干部;提高产品质量,适合部队需要;等等一系列原则。同时,强调节流和开源并重,既广辟财源,又讲究节省,管好财务,反对浪费和贪污现象。

军队开展的大生产运动,极大地提高了各部队的自给能力,使给养、被装等状况大为改善。1944年,八路军总部召开生产会议,在总结经验的同时,确定了生产原则和资金的解决及生产自给的标准问题,并把自给的范围和程度,区分为全部自给(自给率100%)、半自给(自给率50%)和部分自给(自给率25%)三种。全部自给是指粮食、被服和其他物品均自给,不再向政府领取。半自给是除粮食和被服由政府供给外,其余各项费用皆自给。部分自给则是部队在抗日根据地的边缘区和游击区,由于作战任务频繁,不可能达到上述自给程度,但应做到经费15%至25%的自给。

为了从各方面满足部队和抗日根据地日益增长的需要,部队的生产范围逐步扩大,生产项目逐渐增多,由生产自给型发展为生产经营型,从种植到加工,从农副业到开采业,从农业、畜牧业、手工业、工业扩展到商业、运输业。在粮食方面,还发展各种副食加工工业,既满足了部队的需要,又供应了市场,较好地满足了抗日根据地的军需民食,促进了经济建设的发展。

与此同时,八路军各部队军需被装部门积极从各地采购棉花、染料,加紧缝制军装和装备,以满足扩充兵源的需要。通信部门购进了一批无线和有线电通信器材,及时补充了部队。为了加强对兵站的统一领导,密切兵站之间的联系,确保弹药物资的及时供应和伤病员的输送,以及及时接待与护送过往人员,八路军不断调整兵站机构,加强了运输保障。

第四节　八路军发动1945年春夏季攻势作战,扩大解放区

1945年初,德、日法西斯败局已定。日军大本营,为了建立以本土为核心的国家防御体系,与同盟国军队决一雌雄,于1月22日要求其中国派遣军:务速从湖南、广西、江西省方面的湘桂、粤汉铁路沿线的占领地域撤兵,将兵力转用于华中、

华北方面,尤其是加强长江下游要地的战略态势,以对付美、苏军队登陆和中国军队反攻。29 日,日军中国派遣军总司令部在南京召开各方面军、军司令官会议,决定:"华北方面军司令官,大体上要确保现占领区域,尽可能加强对重庆势力的压迫,同时预定于夏初在青岛方面,大致完成对美作战准备。在蒙疆方面,尽可能做好对苏作战准备。"①

根据上述决定,日军华北方面军加紧整编部队,加强老师团的武器装备,扩大独立混成旅团编制人数,改编野战补充队,组建独立警备队。3 月 30 日,增编了第 3、第 4、第 5、第 6、第 7 独立警备队。至此,华北方面军共有兵力 125 个大队,计 19.44 万人。4 月 10 日,新编成了第 43 军,司令官细川忠康,参谋长久保满雄,辖第 59 师团,独立混成第 5、第 9 旅团,独立步兵第 1 旅团,统一了山东半岛地区的作战指挥。5 月 30 日,新编成了第 9、第 10、第 11、第 12、第 13、第 14 独立警备队。第 1 军第 69 师团、驻蒙军第 118 师团于 5 月 28 日,华北方面军直辖的第 59、第 63 师团和第 12 军第 117 师团于 6 月中旬至 7 月下旬,调出华北方面军。6 月 17 日,第 47 师团编入第 12 军。另有华北伪军 40 余万人。

随着老师团的调走,新部队的增多,其战斗力下降、士气低落的弱点愈加充分暴露出来。日军华北方面军,"痛感必须彻底改变警备形势,采取了缩小警备地域、集中兵力、实行机动讨伐的指导方针。但是,各兵团考虑到日军撤出地区中国方面警备力量的不足",尤其是受到中共的牵制,因此"强调只确保重要地区和路线"。②

人民军队在广大群众支援下,经过 1944 年局部反攻和继续贯彻整风、生产等党的政策,全面加强了抗日根据地建设,人口达 9000 余万,民兵发展到 200 余万,军队扩大到 78 万人。同年 12 月 15 日,毛泽东发表演说《一九四五年的任务》,指出:"无论那一个解放区的附近,或其较远之处,都还有许多被敌伪占领、而又守备薄弱的地方,我们的军队应该进攻这些地方,消灭敌伪,扩大解放区,缩小沦陷区。我们必须把一切守备薄弱、在我现存条件下能够攻克的沦陷区,全部化为解放区,迫使敌人处于极端狭仄的城市与交通要道之中,被我们包围得紧紧的,等到各方

---

① 日本防卫厅战史室编:《华北治安战》下册,天津市政协编译组译,第 436 页,天津人民出版社,1982 年版。
② 日本防卫厅战史室编:《华北治安战》下册,天津市政协编译组译,第 453、454 页,天津人民出版社,1982 年版。

面的条件成熟了,就将敌人完全驱逐出去。这种进攻,是完全必要的与可能的,我们的军队已经举行了很多这样的攻势,特别是今年有很大的成绩,明年应该继续这样做。"

同时,他指出:"敌人的进攻('扫荡')是不会停止的,我们应该经常警惕,随时准备用反'扫荡'粉碎敌人的进攻,没有这种警惕是不对的。不要以为我们强了,敌人弱了,敌我力量对比形势现在已经改变了。须知敌人还是强的,它决不会忘记向我们进攻。我们还是比敌人弱,我们还要作很大的努力,并执行正确的军事政策及其他政策,才能改变这种形势。"[①]

为执行"扩大解放区,缩小沦陷区"的战略任务,八路军在华北各解放区人民的大力援助下,以夺取守备薄弱的日伪军据点和交通线为重点,以把敌包围压缩在大中城市和交通干线为目标,发动了1945年的春、夏季攻势。

一、八路军发起大规模春季攻势

(一) 山东军区发动春季攻势作战

1945年2月中旬至8月,山东军区以最大股、最反动的伪军为主要打击对象,不失时机地发起了春、夏季攻势。

山东军区在春季攻势中以消灭大股伪军为主要目标,进行了鲁南南阳湖东战役、泗水城战役、滨海诸(城)东战役、胶东讨伐伪军赵保原战役、鲁南微山湖东战役、第二次讨伐伪军荣子恒战役、鲁中蒙阴战役、鲁南临(沂)费(县)曲(阜)外围战役。主要的是第二次讨伐伪军荣子恒战役、讨伐伪军赵保原战役和蒙阴战役。

第二次讨伐伪军荣子恒战役 伪和平救国军第10军军长荣子恒部于1944年5月遭我军沉重打击后,其残部于11月由临(沂)费(县)边区调往泗水城及周围地区。八路军山东军区鲁南军区,集中第3团、费县独立营、尼山独立营,在第3军分区部队的配合下,于1945年2月1日夜,以奔袭手段,逼近泗水城。首先以一部兵力,把伪军守备兵力薄弱的西门作为突破口,因爆破未能奏效,改由西门与城墙西北角的空隙处架梯,得以爬城成功,突入城内;然后,以另一部兵力,进攻南门和东门。2日18时,发起总攻。至19时,全部肃清城内伪军,并在城外围的故县、杨

---

① 中央档案馆编:《中共中央文件选集》第14册,第417页,中共中央党校出版社,1992年版。

庄、杨公村地区歼灭伪军一部。至 3 日,又打退滋阳(兖州)、曲阜日伪军 800 余人的增援。是役,歼灭日伪军 1600 余人,攻克泗水城等据点 16 个,进一步逼近津浦铁路及滋阳。

讨伐伪军赵保原战役　山东最大的一股伪军——"剿共"第 7 路军,军长赵保原,共 1.8 万余人,驻莱阳以南的玩底(今万第)及五龙河、大小沽河地区,工事坚固,设置了鹿寨、铁丝网、外壕、陷阱等层层障碍。

为讨伐伪军赵保原部,胶东军民进行了充分的准备。一是展开强有力的攻势,采取散发传单、喊话、秘密召开附近群众大会、组织敌占区小学教员到解放区受训、集中对保甲长进行抗日教育等方式,争取敌占区群众和瓦解伪军。二是进行经济斗争,禁止将柴草、粮食、布匹等流入赵保原统治地区,并动员群众进行抗捐抗税斗争。

2 月 11 日夜,山东军区的胶东军区集中第 13、第 14、第 16 团,东海、北海独立团和海阳、莱东、西栖独立营,军区特务营、炮兵营,组成左、中、右三个纵队,采取严密组织火力和连续爆破等手段,实行扫清外围和突破围寨并举,打响了讨伐伪军赵保原战役。至 12 日 23 时 30 分,全部占领玩底。14 日 19 时 30 分,胶东军区乘胜除以一部兵力围攻莱阳附近的河源、乔家泊等据点外,以主力猛攻玩底附近的左村据点。第 16 团第 9 连,连续打退伪军的 18 次反冲击。战至 19 日,攻克预定据点,将伪军基本消灭。是役,胶东军区在 5 万余名群众和民兵支援下,歼伪军 1.1 万余人,缴获炮 14 门、轻重机枪 160 余挺、长短枪 5000 余支,解放人口 70 万。

蒙阴战役　蒙阴城,驻有日军 1 个小队、伪军 12 个中队,是深入鲁中解放区的一个重要据点。3 月 8 日 21 时 10 分,鲁中军区集中第 1、第 4、第 9、第 11 团和地方部队、民兵一部,发起蒙阴战役。首先,派出曹世范、曹凤洲两名战斗英雄,配合城里内线关系者将西门炸开,但由于先头部队未按时逼近西门,复被敌堵死;接着,以强攻手段,第 1、第 11 团分别歼灭北关和东关之日伪军。

至 10 日 4 时,在山炮火力掩护下,突破西门后,又相继突入东、南、北门,在墩台全歼和在石泉庄打退由新泰驰援蒙阴据点的日伪军。是役,毙日军 100 余人、俘 9 人,毙伤伪军 255 人、俘伪县长以下 956 人。

（二）晋察冀军区发动春季攻势作战

1945年春,晋察冀边区及其周围驻有日军华北方面军第63、第118师团,独立混成第2、第3、第8、第9旅团,独立步兵第2、第10旅团,第3、第4、第7独立警备队,约8.1万人。

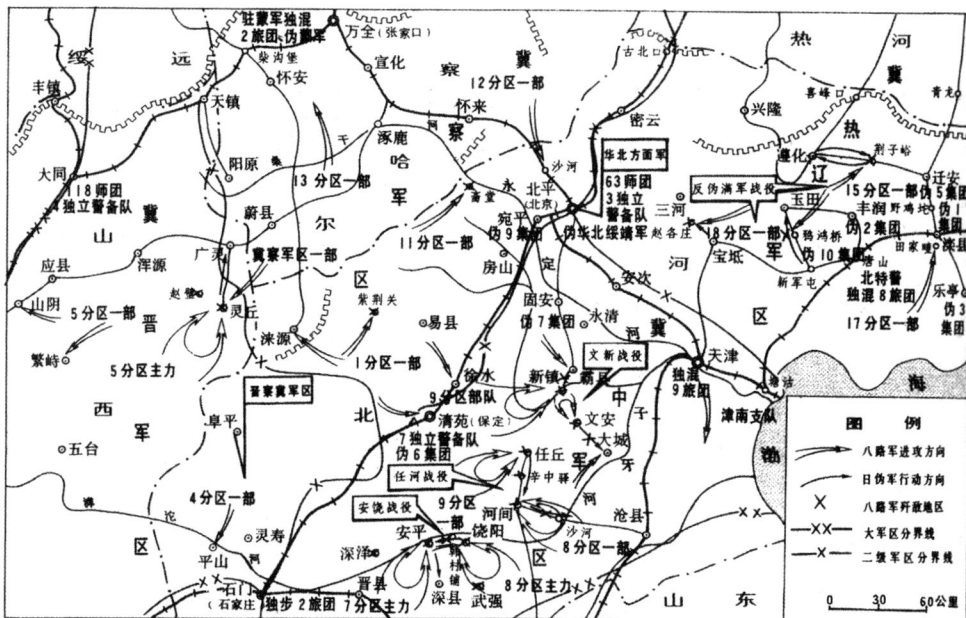

1945年春,晋察冀军区根据毛泽东"扩大解放区,缩小沦陷区"的指示,开展全区性的春季攻势。这是晋察冀军区1945年春季攻势作战要图

1944年12月18日,毛泽东指示晋察冀军区:"努力向雁北、绥东、察哈尔、热河及冀东敌占区发展,扩大解放区。同时努力从事城市工作。"[1]1945年2月中旬,中共中央晋察冀分局、晋察冀军区召开会议,制定了《一九四五年扩大解放区方案》,确定主要任务是:开辟雁北、察南、绥东、热河、子牙河东、大清河北和津浦铁路以东地区,对其他方面均应积极挤退敌人,尽可能逼退深入内地及边缘的据点和碉堡,形成群众运动。会后,在春季攻势中,冀晋军区以部分县大队为基础,新成立第46、第47团;冀热辽军区新成立第14至第19团。

---

[1] 中央档案馆编:《中共中央文件选集》第14册,第430页,中共中央党校出版社,1992年版。

在春季攻势中，晋察冀军区部队，以进攻残存在解放区内和边沿区的据点、碉堡为目标，主要进行了灵丘、任（丘）河（间）、文（安）新（镇）、安（平）饶（阳）等战役。

灵丘战役　3 月 19 日，晋察冀军区的冀晋军区，在冀察军区部队的配合下，围攻灵丘地区日伪军。在争取东张庄据点 41 名伪军反正后，又逼退古之河、北水芦等 5 个据点，俘 600 余名伪军，相继连克三山镇、北罗等 20 余个据点，孤立了灵丘城。城里日军十分恐慌，被迫于 30 日弃城而逃，留下的 60 余名伪军开城门投降，从而解放了雁北重镇灵丘城。

任（丘）河（间）战役　晋察冀军区的冀中军区部队，在民兵的配合下于 4 月 23 日围攻任丘城，大城的日伪军则来增援。冀中军区遂佯攻大城，吸引其回窜，在大城日伪军返回途中，歼其 40 余人。于是，任丘守敌弃城而逃，我军在追击中，歼其一部，于 30 日解放任丘。接着，乘胜扫清了河间外围的束城、榆行等十几个据点，于 5 月 9 日解放河间城。

文（安）新（镇）战役　5 月 6 日，冀中军区以第 9 军分区部队为主力，在第 8、第 10 军分区部队及民兵的配合下，以坑道爆破等手段，连续炸毁了新镇外围的北辛庄、羊坦等据点；同时，发动政治攻势，争取了一部分据点伪军投降。城内伪军 500 余人据守无望，在逃至苏桥附近时，被歼灭 200 余人。5 月 17 日，解放新镇。

5 月 24 日夜，第 9 军分区转兵进攻文安之敌，一举突入城内，歼伪军 300 余人。25 日，击伤掩护日军突围的飞机 1 架、缴获装甲汽艇 1 艘。30 日，解放文安。

安（平）饶（阳）战役　为配合文新战役，置敌于顾此失彼的地位，冀中军区以第 7 军分区和第 8 军分区一部，于 5 月 6 日，分别围攻安平、饶阳。安平、饶阳先后于 13 日和 24 日获得解放。随后，武强、深泽相继解放。

与此同时，冀察军区，以主力部队、游击队、武工队、民兵相结合，大力围困易县、徐水、保定、涞源、崇礼和北平郊区的敌据点；并以一部兵力开辟了涿鹿、宣化、阳原间 2000 余平方公里的地区，解放村庄 327 个。冀热辽军区，自 2 月初至 5 月底，粉碎了 4 万余日伪军最后一次大"扫荡"，共进行大小战斗 230 次，歼日伪军 5000 余人。

（三）晋绥军区对区内离岚公路等沿线之敌发起攻势作战

1945 年，晋绥军民的方针是："依靠发动群众，以最大力量开展沦陷区工作，扩大解放区，主动积极进攻作战，加强敌伪工作与武工队工作，消灭内地点线，把敌人挤到中心城市和交通线上去,并进行巩固解放区及边沿区。"具体计划是:"开展沦陷区工作,以塞北分区为重点,打开大青山局面,求得打通绥西、绥中与绥南根据地的联系。其他各地区,除八、六分区积极开展同蒲平川工作外,则依各地区不同之具体情况,分别向敌点线附近进逼。"①

1945 年 2 月中旬至 4 月中旬,晋绥军区部队发动了对主要公路沿线之敌的攻势作战。这是晋绥军区 1945 年春季攻势作战要图

---

① 吕正操、陈漫远:《一九四五年军事斗争计划向总部的报告》。

1945年1月,晋绥军区第1军分区成立,司令员马仁兴,政治委员王一夫,辖第27团和教导团等。2月至4月,第4军分区成立,司令员杨秀山,政治委员刘文珍;第7军分区成立,司令员兼政治委员马佩勋。

在春季攻势中,晋绥军区自2月17日至4月25日,集中第1、第3军分区部队,以敌人守备薄弱的离岚公路沿线据点为重点;同时,以第2军分区部队对神(池)五(寨)公路、五(寨)三(岔)公路,以第6、第8军分区部队对忻(县)静(乐)公路沿线的敌人,在武工队、游击队、民兵的配合下,采取围困、袭击、伏击和爆炸等手段,加紧围挤、逼退或里应外合,攻克方山、岚县、五寨3个县城及其他据点54个。其中,有13个据点是挤退的,有15个据点是通过在伪军中的内线关系拔除的。共作战537次,毙伤日伪军1590余人,俘虏和瓦解伪军810人,缴获炮3门、机枪19挺、长短枪1135支。群众性的地雷爆炸运动起了很好的作用。仅在岚县、东村地区,实行爆炸114次,歼敌人324名。整个春季攻势,共解放人口9.4万余、村庄724个,面积扩大3840余平方公里。

(四) 晋冀鲁豫边区部队,以解放豫北地区为重点,发动春季攻势作战

晋冀鲁豫边区部队的作战指导思想是:集中优势兵力,进攻敌守备薄弱地区,着重歼灭伪军,相机夺取日军据点。具体计划是:开辟豫北、晋南新区,发展豫东、豫西,加强与华中的联系,并向平汉铁路东侧和鲁西地区的日伪军展开进攻。

在春季攻势中,晋冀鲁豫边区各部队,连续发动了道(口)清(化,今博爱)战役、平(定)和(顺)线战役、襄垣战役、修(武)获(嘉)辉(县)战役、马坊战役、黄河北岸战役、平汉路东战役、博爱战役、安阳战役、祁(县)太(谷)平(遥)战役、陵川战役、和(顺)左(权)战役、稷王山战役、豫北战役、沁县战役、阳城战役、晋城战役、大名战役、武城战役、出击豫东、南乐战役等20余次较大的战役攻势。主要的有道清战役、豫北战役和南乐战役。

道清战役　为开辟日军第117师团和伪兴亚巡抚军等部控制的豫北道清铁路两侧地区,并打通太行与豫西两个抗日根据地的联系,八路军太行军区集中第7、第8军分区和冀鲁豫党校警卫团等,共4个团另3个独立营及地方部队、民兵一部,组成若干小型集团,于1月21日夜由修武北的九里山南越道清铁路。翌日晨,攻克清化以东的小东、宁郭镇据点,奔袭成功。至31日,在沁阳以东、平汉铁路以西地区,连克武阁寨、徐营等16个据点。遂在焦作以南樊庄,集中3个团的兵力,

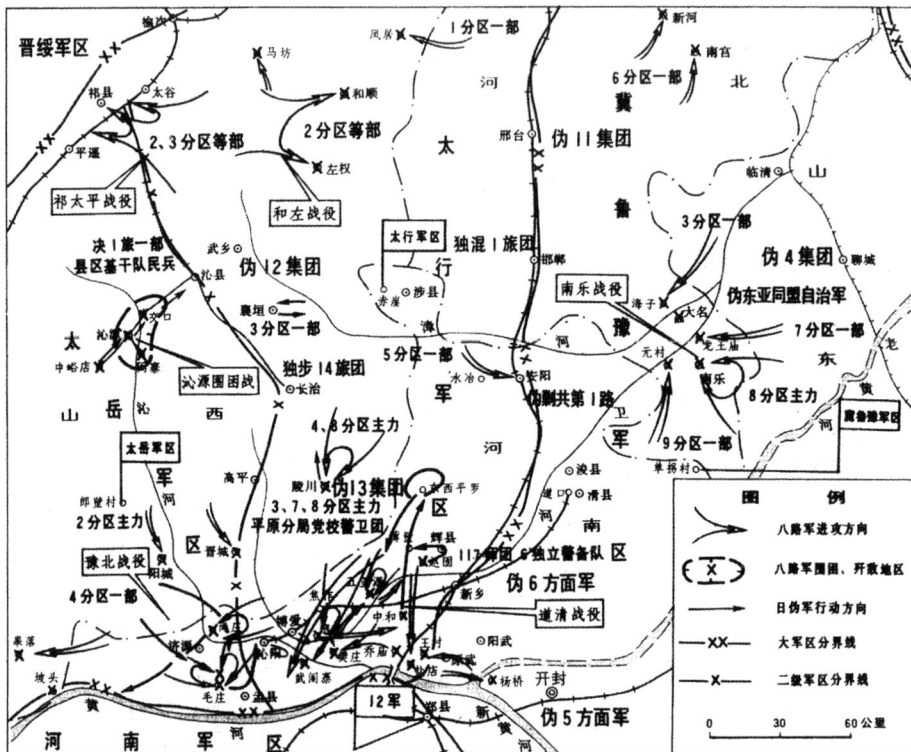

1945 年, 晋冀鲁豫边区部队发动了以解放豫北地区为重点的强大的春季攻势。这是晋冀鲁豫各军区 1945 年春季攻势作战要图

歼灭来援的日军第 117 师团 1 个中队。从而坚持了在道清铁路以南开辟的新区。

为了扩大战果, 太行军区增调第 3 军分区第 769 团, 使参战总兵力达 5 个团。2 月 20 日, 连克道清铁路以北的陆村、马坊、焦庄和五里源据点。至 3 月 6 日, 相继攻克赵固、峪河据点后, 一度突入辉县城关。

3 月 22 日至 4 月 1 日, 太行军区乘日伪军兵力收缩, 郑州、新乡、开封地区兵力空虚之机, 以第 7 军分区主力在武工队的配合下, 东越平汉铁路, 两度袭入原武县城, 攻克王村、盐店等据点 7 个, 歼灭日伪军 600 余人, 争取伪军 300 余人反正, 逼近开封; 以第 8 军分区主力一部, 挺进沁河以南温县、孟县地区, 一度袭入温县城。

道清战役, 集中兵力, 实行"重点主义", 采取不规律的闪击行动, 是一次成功的运动战, 受到了中共中央军委充分肯定。共歼日伪军 2500 余人, 建立了 4 个县的抗日政权,解放了豫北道清铁路两侧地区 2000 余平方公里、人口 75 万。

豫北战役　豫北济源、沁阳、孟县地区,驻有日伪军 6000 余人,大小据点 50 余个。其中,两股最大的伪军,各有 1000 余人。八路军太岳军区,集中第 2、第 4 军分区共近 4 个团的兵力,于 4 月 3 日夜由阳城西南地区出发,行程 45 公里,通过敌占区,于 4 月 4 日奔袭杨庄、毛庄据点,歼伪军大部。4 月 7 日后,乘势连克沁阳西北的义庄、紫陵镇,孟县的秉土镇,济源的西留养,黄河北岸的坡头镇,垣曲以北的峪子、东石等据点,孤立了驻尚庄伪军。12 日晚,激战一夜,全歼伪部。豫北战役,持续到 4 月底结束。是役,攻克据点 40 余个,毙伤日伪军 2800 余人,争取伪军投诚和反正 1700 余人,解放了济源、沁阳、孟县城以外的广大地区。

南乐战役　4 月 24 日,八路军冀鲁豫军区第 8 军分区部队,在第 3、第 7、第 9 军分区部队的配合下,对孤立突出、驻有伪东亚同盟自治军第 4 旅旅长杨法贤部的南乐城及其周围据点,发起了战役攻势。深夜 23 时,第 8 军分区第 7 团,在炮火掩护下,以城西南角为突破口,攻入城内,打掉了伪军特务营和警察所,控制了全城制高点天主教堂。25 日拂晓,歼杨法贤大部。26 日,打退了伪军的连续反扑,炸毁了城内除日军驻守以外的全部炮楼。27 日凌晨 3 时至 6 时 30 分,猛攻日军炮楼,与其展开白刃战,将其全部消灭。

与此同时,第 3 军分区第 23 团,攻克冀南海子据点;第 7 军分区部队攻入龙王庙,歼伪军 1 个中队,切断由大名增援南乐的敌人通道;第 8 军分区濮县大队,拔除了五花营据点;第 9 军分区第 16 团和新四路,歼元村据点伪军大部;卫河支队,则攻克南清店和近德据点;其他军分区地方部队,还包围了南乐、大名、广平等外围据点 26 个。这些行动,都有力配合了第 8 军分区第 7 团对南乐的进攻。

是役,冀鲁豫军区采取爆破、刺杀和土工作业相结合,歼日军 35 人、伪军 3400 余人,攻克据点 32 个,缴获迫击炮 2 门、轻重机枪 68 挺、步枪 2600 余支、战马 50 余匹,提高了向坚固设防城镇攻坚的能力。

1 月至 5 月,八路军进行了 40 余次较大战役,歼灭日伪军 5.7 万余人,解放县城 20 余座、国土 8 万余平方公里。同时,粉碎日伪军 1000 余人规模的"扫荡"30 次。

二、中国共产党第七次全国代表大会召开,八路军再次实行军事战略转变

1945 年夏,在德国法西斯投降、日本法西斯作垂死挣扎,中国抗日战争接近最

后胜利的形势下，中国共产党于 4 月 23 日至 6 月 11 日，在延安隆重召开了第七次全国代表大会。

毛泽东在中共七大上致开幕词，并作了《论联合政府》的书面政治报告

会上，毛泽东致开幕词、闭幕词，作了《论联合政府》的书面政治报告、关于形势和政治问题的报告、关于讨论政治报告的结论和关于选举问题的讲话。在政治报告中，毛泽东论述了国共两党实行的不同抗战路线及其不同结果，中国面临着两种命运、两种前途，规定了中国共产党的纲领和任务。同时，特别指出，"我们的军队已发展到了九十一万人，乡村中不脱离生产的民兵发展到了二百二十万人以上"，"按其所抗击的日军和伪军的数量及其所担负的战场的广大说来，按其战斗力说来，按其有广大的人民配合作战说来，按其政治质量及其内部统一团结等项情况说来，它已经成了中国抗日战争的主力军"。关于人民军队的宗旨，他进行了精辟而高度的概括："紧紧地和中国人民站在一起，全心全意地为中国人民服务，就是这个军队的唯一的宗旨。"[①]

朱德作了《论解放区战场》的军事报告和关于讨论军事问题的结论。在军事报告中，朱德全面总结了中国抗战尤其是解放区的经验，阐明了由人民军队、人民战争及其战略战术组成的军事路线，强调人民军队必须实行新的军事战略转变的问题，指出："准备在抗战后期实行从抗日游击战争到抗日正规战争的战略转变。现在已临到在实际工作上逐渐地去准备实现的时机了。我们全军干部必须善于

[①]《毛泽东选集》第 3 卷，第 1038、1039 页，人民出版社，1991 年版。

在思想上、工作上准备实行这种转变，以迎接这抗日大反攻的战斗。"①并且，提出了准备全面反攻的各项具体任务和措施。

会议一致同意朱德的军事报告，并作出了《关于军事问题的决议案》，指出："在解放区的军事任务，则是动员军队与人民，从各方面来准备大反攻，及准备战略上由以游击战为主到以运动战为主的转变。"为此，必须"扩大人民武装（消灭与瓦解敌伪军）。主力军地方军游击队民兵都必须扩大"，必须"加强主力兵团、地方兵团与游击队民兵自卫军的训练。主力兵团的训练，要注意准备其向运动战的逐渐转变"。八路军、新四军每到一地，要"组织以本地人民的干部为领导的地方部队与地方兵团，并由此产生由本地人民领导的主力部队与主力兵团。要把这一工作，放到我们建设人民军队的重要地位"。②

朱德《论解放区战场》的报告是中国共产党和中国人民解放军历史上的一篇重要文献，系统总结了中国共产党领导武装斗争特别是抗日战争时期中国共产党领导人民军队建设的基本历史经验，科学论述了解放区战场创造、发展、壮大的历程以及人民战争的战略战术和军事路线。报告所阐述的建军思想、建军原则以及解决军队建设诸多具体问题的方式方法，把人民军队建设理论提高到一个新的发展阶段，丰富和发展了毛泽东建军思想，对于夺取抗日战争的彻底胜利和加强人民军队建设具有重要的指导意义。

会上，刘少奇作了《关于修改党章的报告》和关于讨论组织问题的结论。周恩来作了《论统一战线》的重要发言。任弼时、陈云等也作了发言。

大会确定了"放手发动群众，壮大人民力量，在我党的领导下，打败日本侵略者，解放全国人民，建立一个新民主主义的中国"③的政治路线。通过的新党章规定："中国共产党，以马克思列宁主义的理论与中国革命的实践之统一的思想——毛泽东思想，作为自己一切工作的指针，反对任何教条主义的或经验主义的偏向。"④通过的军事问题决议案，要求人民军队"从各方面来准备大反攻，及准备战略上由以游击战为主到以运动战为主的转变"⑤。从此，中国共产党领导下的八路

---

① 《朱德选集》，第181页，人民出版社，1983年版。
② 中央档案馆编：《中共中央文件选集》第15册，第113、114页，中共中央党校出版社，1991年版。
③ 《毛泽东选集》第3卷，第1101页，人民出版社，1991年版。
④ 中央档案馆编：《中共中央文件选集》第15册，第115页，中共中央党校出版社，1991年版。
⑤ 中央档案馆编：《中共中央文件选集》第15册，第113页，中共中央党校出版社，1991年版。

军、新四军和华南人民抗日游击队等,开始实行由以游击战为主到以运动战为主的军事战略转变。

大会选举了以毛泽东同志为核心的新的中共中央委员会。其中,中央委员44人,候补中央委员33人。在6月19日的七届一中全会上,选举了13名中央政治局委员,毛泽东、朱德、刘少奇、周恩来、任弼时为中央书记处书记,毛泽东为中央委员会、政治局、书记处主席。

中国共产党第七次全国代表大会是一次团结的大会、胜利的大会,为中国共产党领导人民夺取抗日战争的最后胜利,为争取新民主主义革命在全国的彻底胜利,奠定了政治和思想基础。

三、八路军发动猛烈的夏季攻势

5月29日,八路军总部发出关于夏季攻势的指示:在以打击与消灭伪军为主的作战方针下,求得我军之战役组织与战术动作上的锻炼与不断提高;部分的逐渐改变游击战为围困战、运动战,在主力兵团中确立正规作战观念,发扬顽强性与攻击精神,严格战场纪律,肃清发洋财行为,认真执行对日伪政策,照顾敌区及刚收复城乡之群众利益,特别注意军政军民间之团结友爱;晋绥、晋冀、晋察、太行、太岳、冀鲁豫各区应做更积极的攻势;随时警惕日寇与顽方或合谋向我,或单独地向我"扫荡",严密注视敌特、国特的破坏扰乱,并随时准备适当力量粉碎"扫荡"与破坏。于是,八路军各部队为建立全面反攻阵地,展开了更为猛烈的夏季攻势。

(一)山东军区以胶济铁路沿线地区为重点,发起夏季攻势作战

4月12日,山东军区下达了夏季攻势的命令,确定:首先,以滨海、鲁中2个军区共10个团的兵力,向驻胶济铁路东段沿线胶县、高密及其以南诸城地区的伪军张步云部发起进攻;然后,乘胜进攻驻安丘、昌乐地区的伪军厉文礼、张天佐部。以胶东军区集中4个团的兵力,进攻平(度)西的伪军李德元部,尔后协同渤海军区共同歼灭寿(光)广(饶)益(都)昌(乐)地区的伪军张景月部。以鲁南军区和滨海军区,向临(沂)费(县)地区、津浦铁路与陇海铁路交叉的三角地区发展。

5月1日至27日,山东军区各部队,集中主力和基干兵团,实施广泛的机动,同时普遍开展包括地雷战在内的群众性游击战,粉碎了日军第43军3万余人以鲁中、滨海地区为重点,对山东全区性的"扫荡",歼日伪军5000余人,攻克了包括蒙

阴、邳县城在内的大小据点 140 余个。

6 月初至 8 月上旬,山东军区进行了讨伐伪军厉文礼、李德元、张步云、梁钟亭、张景月和顽军王豫民、张里元、申从周战役及临(沂)费(县)边、郯(城)码(头)、蒲(台)滨(县)战役等 10 余次较大的战役,主要的有讨伐伪军厉文礼、张景月和张步云战役。

讨伐伪军厉文礼战役 6 月 5 日黄昏,山东军区鲁中军区集中第 1、第 2、第 4、第 11、第 12 团,第 9 团和地方部队各一部,在万余名群众的支援和滨海、渤海军区的策应下,以安丘西南伪军较为突出的日军接合部地区夏坡为中心,向驻潍县、昌乐、安丘地区的伪鲁东和平建国军司令厉文礼部,发起了攻势。

鲁中军区,将部队分成数路,插入敌之纵深,分割其防御体系,同时对各个据点展开猛烈攻击,一举全部肃清夏坡地区之敌。8 日夜,乘胜向昌乐地区发展进攻,一度攻入昌乐以南据点鄌郚,歼日军 1 个小队、伪军 200 余人。9 日晨,由于 2000 余日伪军增援,鲁中军区部队遂撤出战斗,伪军重占夏坡。

17 日起,鲁中军区以 4 个团的兵力,分路向夏坡及其两翼展开攻势。东路部队奇袭安(丘)景(芝)边地区,歼伪军 1 个团,解放了景芝镇,并争取伪军独立第 10 团韩寿臣部 1800 余人反正;西路部队全歼临朐城外伪军保安队和 1 个日军小队;中路部队连续围困和袭击夏坡,迫使敌溃逃。24 日至 27 日,西路部队再歼伪军张步云部 2 个团又 1 个营。

是役,共歼日伪军 7300 余人,攻克据点 66 个,解放了临朐以东、景芝镇以西、安丘以南的 1700 余平方公里地区,使鲁山、泰山、沂蒙 3 个抗日根据地连成一片。

讨伐伪军张景月战役 4 月至 5 月,八路军山东军区的渤海军区部队,实行逐步削弱敌之实力和扩大我军回旋余地的方针,以寿光东北侯镇、羊角沟地区为重点,向驻寿(光)益(都)广(饶)昌(乐)地区的伪军第 3 方面军第 6 军军长张景月部,发动了两次攻势,解放小清河以南的部分地区,收复了羊角沟海口。

寿光以北的田柳庄据点,工事坚固,防范严密,炮楼高至 18 米,两道围墙底厚 14 米、高 10 余米,穿插多道壕沟、地道,驻有伪军张景月部王牌马成龙旅,是其前哨据点。

7 月 30 日下午,渤海军区集中主力和地方部队共 7000 余人,并指挥胶东军区第 14 团,在万余名民兵、群众支援下,以田柳庄据点为重点,再次发起攻势。沿据点周围挖沟、筑墙,实行严密封锁和展开政治攻势。8月8日夜,发射炮弹1500余发,以火力摧毁炮楼4座、围墙3米和一段坑道,打开了据点西北角的缺口。其间,打退了敌人5个团的增援和多次反击。8月13日,发起总攻,占领围墙,对逃出之敌实行前后夹击,全歼伪军旅长以下2000余人。

讨伐伪军张步云战役 驻诸城地区的伪国民自卫军第1军军长张步云部,共1万余人,仅于1945年3月和5月,就先后制造了刘家庄和小岳哥庄惨案,杀害抗日人民400余人。

为了消灭罪大恶极的伪军张步云部,山东军区滨海军区集中第6、第13团,指挥鲁中军区第1、第12团,于7月15日下午,冒着暴雨,踏着泥泞道路,实行长途奔袭,于黄昏进至进攻出发地。夜间,突然发起攻击,连克双庙、秦家河崖和相州重要据点。至17日,歼伪军张步云部大部,肃清了潍河以西地区。

7月20日和26日,滨海军区部队东渡潍河后,分路歼灭了伪军高密自卫团一部和诸城保安队,争取到胶州伪军自卫第5团反正。至30日,战役结束。

是役,消灭伪军张步云部3800余人,解放了除诸(城)高(密)沿线地区外的胶济铁路以南、海(州)青(岛)以西、潍河以东、诸城以北共2500平方公里的广大地区。

在春、夏季攻势期间,胶东军区中海军分区于5月成立(9月撤销),司令员聂凤智,政治委员刘中华,辖第13、第14、第16团,独立第1团和教导第2团。胶东军区还成立了特务团、教导团;其东海、北海、西海、南海军分区,各成立独立第1、第2团。渤海军区第3、第5军分区,各成立1个基干团;滨海军区成立独立第1团;以反正的伪鲁东和平建国军第10团1800余人于7月15日改编为独立第4旅,旅长韩寿臣,辖第10、第11团。

在1945年的春、夏季攻势作战中,山东军区共歼日、伪、顽军12万人,解放了县城18座,争取伪军反正4000余人;使胶济铁路以南的鲁中、鲁南和滨海解放区连成一片,并加强了与路北渤海、胶东解放区的联系。山东军区主力部队和地方部队发展到23万人。仅夏季攻势,就解放国土达1.1万平方公里。

(二)晋察冀军区,以进军敌占区为目标,发动夏季攻势作战

晋察冀军区以主力兵团结合武工队,由内线向外线发展或以内外线结合,全面展开夏季攻势。5月15日,中共中央晋察冀分局干部会议,要求主力兵团在做好调查准备的基础上,用主力或多数武工队结合的形式出现,组织游击战争的战

役的或战斗的行动，以建立和扩大解放区。从中旬起，夏季攻势作战普遍展开。

雁北战役　雁北地区，驻有日军华北方面军的第 4 独立警备队等，共 3600 余人，另伪军 5400 余人，分布在 87 个据点上。

5 月 12 日至 6 月 25 日，八路军晋察冀军区的冀晋军区，集中 6 个团、6 个县支队和 3 个武工队，发起了雁北战役。其中，以第 30、第 35 团主力和 4 个县支队，进攻浑源、应县、山阴地区，受阻后改以小部队向敌纵深发展，连克南泉、茹越口、口前、北楼口和下疃等据点，袭入山阴县城，摧毁了长城沿线山阴县广武至浑源段封锁线，袭击、逼退了海子、上白羊及浑源北山各据点，控制了恒山南北广大地区；以第 5 军分区第 6 团和大同武工队、阳高武工队，拔除了桑干河南北两岸的大王、友宰堡和大白权、贾家屯等据点及两次切断敌平绥铁路阳高至大同段，炸毁了军用火车 2 列及怀仁附近磨道河铁桥，并袭入大同机场；以第 2 军分区第 4、第 43 团和 2 个县支队，分别围攻崞县、五台、台怀和沙河、繁峙、代县地区日伪军，斩获不少；以一部兵力，挺进绥东，建立了兴和、丰镇两个县的抗日政权。

与此同时，第 2、第 3 军分区部队，分别在南线和东线，袭击了正太铁路和定（县）曲（阳）公路沿线日伪军，有力地配合了雁北战役。

在近 2 个月的夏季攻势中，冀晋军区，毙伤日伪军 710 人，俘 256 人，争取伪军投诚 100 余人，拔除据点 40 余个，缴获重机枪 16 挺、长短枪 300 余支、粮食近 80 万公斤，解放人口 44 万、村镇 783 个、面积 5700 余平方公里，摧毁了山阴至广灵及桑干河沿岸封锁线，建立起平绥铁路以南的游击根据地、游击区。

察（哈尔）南战役　察南涞源、广灵、怀安，驻有日军驻蒙军独立混成第 2 旅团一部等，计 1500 余人，另伪军 1700 余人。5 月 12 日至 6 月 30 日，八路军晋察冀军区的冀察军区，发起了察南战役。

其中，冀察军区第 1 军分区第 25、第 45 团，在地方部队和民兵的配合下，围困并解放了涞源城，拔除了城周围据点马圈子、石门子等，解放村庄 179 个，毙伤日伪军 180 余人，争取伪军反正 126 人，缴获长短枪 55 支；第 1 军分区第 3 团和广灵支队，攻克和逼退广灵以北、以东据点 15 个，孤立了广灵之敌；第 11 军分区第 7、第 44 团，在地方部队配合下，拔除涿鹿南部滦庄子和房山西北的据点 20 余个，严重威胁了这两座县城；第 13 军分区第 20 团，在地方部队配合下，奔袭怀安城，逼退该城周围的里沟、安家屯和张家口南郊沈家屯等据点 17 个；第 12 军分区部队，围攻、拔除了龙关、赤城、崇礼外围一些据点,并攻克崇礼城,有力地策应了察南我军的作战。

察南战役结束后,第12军分区部队,于7月初连续逼退永宁城、四海堡等据点16个,歼灭伪军1个营,逼独石口至四海一线伪军撤至长城以外,初步打开了热河西南部的局面;第1军分区部队进攻涞水、易县、满城地区;第11军分区部队进攻房山、涿县地区,拔掉县城周围据点多处,一度袭入房山县城;第13军分区骑兵支队协助地方干部,建立了万全、尚义两个县的抗日政权。

在近2个月的夏季局部反攻中,冀察军区共毙伤日伪军800余人,俘965人,争取伪军反正128人,拔除据点117个,缴获火炮2门、轻重机枪21挺、长短枪2089支、战马120匹、电台2部,解放县城3座、人口57万,扩大面积3400余平方公里,从而打开了察南、热西、平西的局面,并与冀晋解放区连成一片。

热(河)辽(西)战役 6月12日起,八路军晋察冀军区的冀热辽军区,以开辟热河、辽西为目标,组成三路挺进支队,发起热辽战役。

西路挺进支队,以第14军分区第13团2个连和2个武工队组成,共400余人。6月27日,该支队由姚树峪北越长城,历时8天,连战7次,歼日伪军250余人,挺进热河西部的大阁以东、御道口以南、围场以西、凤山以北地区,发动群众,建立抗日政权,解放了围场地区处在水深火热中的人民。

中路挺进支队,以第15军分区第11、第17团和4个县武工队组成。该支队于6月中旬分由马兰峪、喜峰口,北出长城,连克南天门、孟子岭据点后,于6月底越过锦(州)承(德)铁路,挺进平泉以东、凌源以南,赤峰和兴隆驴儿叫地区,历时20余天,消灭了看守19所"人圈"的敌人,初步恢复了工作。

东路挺进支队,以第16军分区第12、第18团,第7区队和武工队组成。该支队,分由义院口、界岭口、下三路出发,相继攻克千杵沟、马村子据点后,挺进热(河)东部、辽宁西部和绥中地区;6月底,分别进到山海关东北地区等,开始了建立政权工作。

与此同时,在关内作战的第14军分区另一部,恢复了平古铁路以西地区;第18军分区部队,解放了武清东北100余个村庄,有力地配合了向关外日伪军的局部反攻。

7月中旬,冀热辽军区部队,除留武工队带领群众在内线袭扰敌人外,以主力转至外线,打击薄弱之敌。当敌人扑空、分区"驻剿"后,我军则以排为单位,分散打击敌人,从而粉碎了3万余日伪军的"扫荡"。

冀热辽军区部队,在夏季攻势中,开辟了锦承铁路南北广大地区,为尔后我军进军东北建立了前进阵地。

子牙河东战役和大清河北战役　在夏季攻势中,八路军晋察冀军区的冀中军区部队,采取奔袭与强攻相结合的战术,先后发起了子牙河东和大清河北战役。

冀中军区,采取声东击西战术,以第23、第31、第32、第33团,第33、第40区队等,于6月8日晚发起子牙河东战役,在南段突然围攻大城以南据点、吸引敌人后,遂于10日以第24团,第38、第42区队等冒着暴雨,由文安乘船25公里,在北段一举攻克子牙镇、东子牙等据点,歼敌400余人,并击溃了大城、献县淮镇增援之敌。在子牙河以东南段作战的我军,则连克里坦、刘各庄桥等据点。

6月13日和14日,日伪军700余人由沧县、泊镇来援,冀中军区遂将主力转向献县、交河地区。25日,解放献县城,后又攻克沙河桥。在北段作战的第24团,在地方部队和民兵的配合下,于20日进攻大城,争取400余名伪军投诚,逼170余名日伪军于7月4日弃城逃跑,遂解放大城。

与此同时,第6、第7、第9军分区部队等,分别袭击、攻克了宁晋外围、石家庄近郊、无极城东一大批据点,并袭入天津。

6月8日至7月4日,冀中军区的子牙河东战役,共进行大小战斗123次,毙伤日伪军920人,俘伪军2152人,争取伪军投诚590人,缴获轻重机枪48挺、长短枪1951支,攻克了除献县、大城以外的子牙河沿岸的37个据点,解放人口25万、村镇272个,控制了子牙河和滏阳河北段的广大地区。

子牙河东战役后,冀中军区部队乘胜于7月12日夜发起大清河北战役。以第9军分区部队组成的右纵队,于13日、14日,相继攻克天津以西的得胜口和胜芳镇,歼伪军300余人;15日,利用坑道爆破,炸毁堂二里镇据点,俘伪军500余人;18日,利用被俘伪军喊话等,争取信安伪军投诚。

以第10军分区部队组成的左纵队,于13日拂晓袭入霸县城,攻克独流镇,并拔除了贾庄,逼退了后奕、南孟等据点多个,歼伪军一个多营。

与此同时,第6军分区部队在赵县、宁晋地区,第7军分区在安国地区,第8军分区在淮镇、交河地区,涿良宛支队、大兴支队在北平近郊,津南支队在天津东南地区,拔除了大批据点,配合了第9、第10军分区部队的作战。

在大清河北战役中,冀中军区共作战70余次,毙伤日伪军1300余人,俘伪军

2200余人,缴获迫击炮7门、轻重机枪54挺、长短枪2000余支,拔除据点70余个,解放县城1座、面积1000余平方公里,逼近平、津。

在春、夏季攻势中,冀中军区共歼灭日伪军1.1万余人。至此,冀中抗日根据地已扩大到平汉铁路以东、北平以南、渤海湾以西、跨越德石铁路,拥有12个县城、1.18万余个村镇、近900万人口。

在夏季攻势作战中,晋察冀军区部队共歼灭日伪军1.07万余人,缴获轻重机枪89挺、步枪4700余支,解放区扩大到20.15万余平方公里,人口增至2500余万,部分部队已挺进到察北、热东和辽西地区,日伪军被压缩到铁路沿线及其两侧地区和部分城镇。

(三)晋绥军区,以夺取忻(县)静(乐)、神(池)义(井)公路及其沿线地区为重点,发动夏季攻势作战

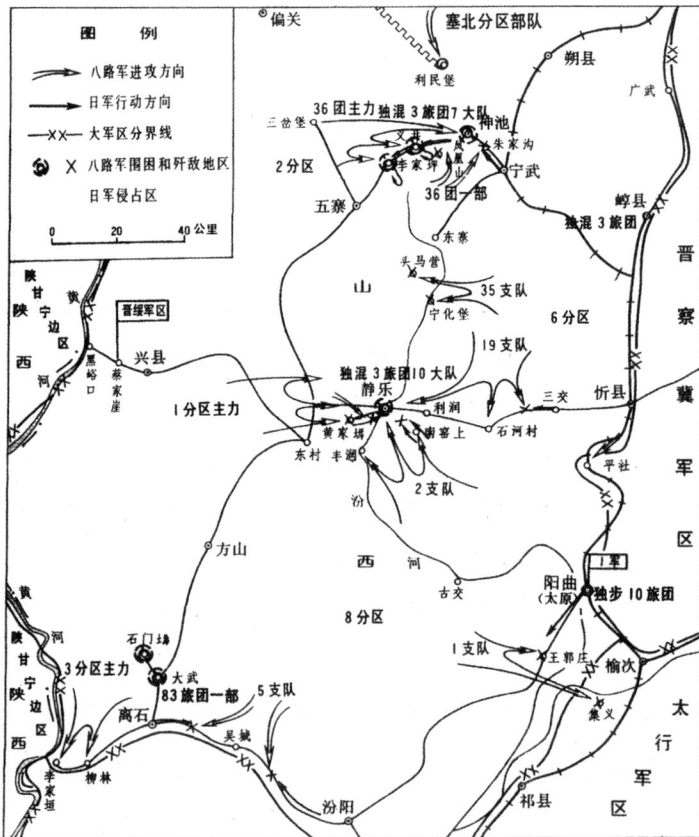

晋绥军区1945年夏季攻势作战要图

6月19日起,晋绥军区展开对忻静公路及沿线之敌的进攻。以第6军分区第19支队、第8军分区第2支队,分别袭入静乐以东的石河村据点、以南的丰润据点,歼日伪军70余名;以第1军分区第27团一部,于27日伏击日伪军约70名,收复了静乐城西南的黄家坞;以一部与武工队、民兵相结合,在忻静公路沿线及两侧的石河至东里上等地,至28日,炸毁敌汽车5辆、歼日伪军20余人。

6月30日至7月18日,第2、第19支队和武工队,组织3000余名群众,展开对忻静公路及平(社)三(交)公路和同蒲铁路平社至高村段的破袭战。仅在长80余公里的忻静公路线上,就炸毁桥梁23座,并埋设了地雷,分段挖了横沟,使敌汽车一夜之间行不了几公里,严重威胁了敌忻静运输线及沿线各据点。

7月1日至24日,第2军分区军民,实行地雷爆炸、伏击和破袭相结合,在神(池)义(井)公路上的洪福寺、凤凰山和神宁(武)公路上的朱家沟等地,不断歼灭敌人,并争取一部分伪军反正。

与此同时,第6军分区第35支队,自6月22日至7月16日,拔除了宁化堡、头马管据点,使汾河东西地区连成一片。塞北军分区第9团一部,于6月23日、24

1945年8月13日,晋绥军区部队收复绥远省兴和县城(今属内蒙古自治区)。这是骑兵部队列队入城

日,攻克王庄窝据点。第 8 军分区第 1 支队,于 6 月 25 日,歼由太原开往清源日伪军 10 余名,毁汽车 1 辆;后于 28 日,又攻克集义镇据点,消灭伪军 20 余人。第 3 军分区部队,袭入离石以西的柳林、穆村等据点。这些行动,都有力配合或策应了对忻静公路和神义公路沿线日伪军的进攻。

至此,晋绥解放区面积达 8.77 万平方公里,人口为 215 万多,主力部队和地方部队恢复到 3.4 万余人,民兵为 5.2 万余人。

(四)晋冀鲁豫解放区各部队,向解放区内和边沿区的日伪军主要占领城镇和据点发起夏季攻势作战

东平战役　为夺取东平及东阿,粉碎日伪军的抢麦计划,冀鲁豫军区决定集中第 1、第 8、第 11 军分区主力,第 9 军分区一部和地方部队,编为三路纵队,发起东平战役。

中路纵队,以第 8 军分区部队组成。该路第 7 团于 5 月 17 日夜,以一部攻入东平城后,包围了全城日伪军。18 日,在炮火的掩护下,与城内日伪军短兵相接,展开激烈争夺,肃清全部伪军。19 日,轰垮城东北角日军炮楼,并与其进行肉搏战。仅战斗英雄温之如,就连刺死 5 名日兵,并逼降 3 名。

与此同时,左路纵队第 1 军分区部于 5 月 17 日,攻入东阿县城;右路纵队第 11 军分区部队于 19 日和 24 日,相继攻克(微山)湖西喻屯和鱼台县袁集等据点,歼日伪军 330 余人,配合了东平战役的进行。

在东平战役中,冀鲁豫军区部队,歼日军 1 个小队、伪军 1000 余人,缴获迫击炮 1 门、轻重机枪 35 挺、步枪 2000 余支、汽车 1 辆、战马 30 余匹,解放了东平县城。至此,泰西、运东、运西、湖西解放区连成一片。

在东平战役期间,冀鲁豫军区第 5 军分区部队,解放阜城、故城、枣强,歼日伪军 270 人,争取伪军反正 120 人;第 10 军分区部队,在考城、东明地区,毙俘日伪军 800 余人;第 2 军分区部队,自 6 月 12 日至 17 日,在宁晋以南歼日伪军 700 余人;第 3 军分区部队,于 18 日在广平、馆陶地区,歼日军大队长以下 180 余人,俘 10 人,歼伪军 400 余人;第 4 军分区部队于 13 日解放了威县城。

6 月 20 日,冀鲁豫军区成立冀南指挥部,司令员兼政治委员王宏坤,代政治委员、副政治委员彭涛,副司令员杜义德,统一指挥冀南解放区的对敌斗争。

安阳战役　驻安阳及其外围据点的为日军华北方面军直辖独立混成第 1 旅

团和伪"剿共"第1路军司令李英部各一部，共7000余人。6月底，八路军太行军区，集中第3、第4、第5、第7、第8军分区部队和八路军总部警卫团，共9个团的兵力，编为3个支队，另民兵、自卫队3万余人，发起安阳战役。

战役第一阶段，以7个团兵力攻击安阳以西曲沟和水冶镇据点，以2个团兵力阻击由安阳出援之日伪军。由第4军分区第32团、第5军分区第34团、义勇军第5团及2个独立营组成第2支队，于30日凌晨1时突击水冶镇伪军。两次受挫后，改用冲击与爆破相结合，战至黄昏，歼伪军第1路第2旅主力和日军一部。由第7军分区第1、第43团，第8军分区第2团和3个独立营组成第1支队，于同日2时发起战斗后，经5个小时激战，全歼伪军第3旅部及其第6团，俘伪军第3旅旅长杜有桢以下573人。由第3军分区第14、第769团和八路军总部警卫团组成第3支队，在第1支队支援下，于同日10时至17时在北流寺，全歼由安阳出援之日伪军160余人。我军伤150人，牺牲10人。

战役第二阶段，主要是拔除水冶镇南北据点。7月1日和2日，第1、第2、第3支队，分别拔除了水冶镇以南九龙山、东善应，以北石官、东鲁仙和众乐等据点，全歼伪军第1路第2、第3旅残部和林县伪军一部，完全解放了观台镇以南、鹤壁集以北、安阳以南地区。

战役第三阶段，向观（台）丰（乐）铁路和汤阴地区发展进攻。7月4至7日，第2、第3支队在民兵、自卫队近万人的支援下，对观丰铁路展开大规模破袭战，连克东、西保障等据点，拆毁观台至渔羊镇段铁路，并打退600余日伪军自丰乐的增援。7月5日，第1支队乘势攻克汤阴以西的鹤壁集、曹家、唐仲等据点，歼伪第6方面军1个团，争取2个中队反正。

在安阳战役中，八路军共毙伤日伪军800余人，击溃伪军900余人，俘虏和争取日伪军反正、投诚2500余人，攻克据点30余个，解放土地1500余平方公里、人口35万。

为配合安阳战役，冀鲁豫军区集中第2、第3、第4、第7、第9军分区共6个团的兵力和5个游击支队，自6月30日至7月3日，在平汉铁路及其以东成安、临漳、安阳地区，毙日军40余人，歼伪军1500余人。太行军区第1、第2、第6、第8军分区部队，至14日在平汉铁路及其以西的元氏、获鹿、赞皇、武安、沙河和沁阳、博爱地区，共歼灭日伪军6200余人，攻克据点70余个，解放土地2000余平方公里、人口约40万。

阳谷战役　7月20日凌晨2时至26日，冀鲁豫军区第8军分区第6、第7团各一部和特务连，在第7军分区的配合和地方党组织群众的支援下，采用多处攻击、重点突破和政治攻势相结合的战术，进行了阳谷战役。共毙伤伪军300余人、俘其2000余人，缴获迫击炮2门、轻重机枪40多挺、长短枪3000余支、战马100余匹，解放了阳谷。配合作战的第7军分区部队，于7月21日歼伪县长以下380余人，解放了堂邑城。

在阳谷战役前后，第1、第7、第11军分区部队解放了单县、冠县、巨鹿、广宗、馆陶等县城。

5月下旬至6月上旬，太岳军区以第1、第5军分区和第2、第4军分区部队，在同蒲铁路南段中条山西部的西科、祁家河和曲沃、绛县、翼城间，发起夏季攻势，攻克据点30余个。

晋冀鲁豫解放区的太行、太岳和冀鲁豫军区部队，在1945年的春、夏季攻势作战中，集中指挥、行动一致，规模大、攻势猛，增强了战役、战斗的连续性，共进行大小战斗2300余次，攻克据点2800余个，歼日伪军3.78万余人，解放县城28座，加强了太行、太岳、冀鲁豫各解放区的联系，打开了晋南、豫北、豫东、豫西的局面，从而扩大了晋冀鲁豫解放区。

在夏季攻势作战中，八路军共歼日伪军6.8万余人，解放县城33座、面积6.8万余平方公里、人口240余万。

1945年春、夏季，八路军在华北各解放区人民的支援下，遵循毛泽东提出的"扩大解放区，缩小沦陷区"的方针，实行奔袭、围攻、强攻等手段，并与政治攻势相结合，由内线向外线或内外线相结合，对孤立、突出和薄弱之点的日伪军，连续地、较大规模地进行了春、夏季攻势作战。尤其是党的七大确立实行由以游击战为主向以正规战为主转变的军事战略后，全军指战员逐步树立起正规战观念，正规兵团的比例和运动战、攻坚战的比重越来越大，组织战役、战斗的指挥日趋集中统一，有力地推动着由局部反攻到全面反攻的战略反攻的胜利。八路军各部队共歼灭日伪军12.5万余人，收复县城59座，扩大解放区14.8万余平方公里；与此同时，自身力量得到进一步发展和壮大。

第五节　八路军参加全面反攻,向敌占大中城市和交通要道进军

一、参加全面反攻时的形势和中国共产党及其领导下的人民军队的方针、任务

1945 年春夏,世界人民反法西斯战争处在最后胜利的前夜。苏联于 1945 年 2 月 11 日与美、英签订《雅尔塔协定》后,于 4 月 5 日通知日本政府,废除《苏日中立条约》。在德国法西斯于 5 月 8 日投降、欧洲战争结束后,则加紧准备对日远东作战。在亚洲太平洋战场上,美军于 6 月 30 日占领冲绳岛后,直逼日本本土;英军在其占领区,也不断向日军发动进攻。

日本国内人民厌战情绪剧增,官兵士气沮丧,资源枯竭,军需储备告罄。面对"无可奈何花落去"的严酷事实,连日本统治集团也不可否认:"战败虽属遗憾,但已无可避免。"①同时,日本帝国主义企图作垂死挣扎,于 6 月 8 日在御前会议上确定了《今后应采取的指导战争基本大纲》,要求人民"以七生尽忠的信心为力量的源泉,利用地利人和,战斗到底,以此维护国体,保卫皇土,决心达到征战之目的"②。

根据其大本营的旨意,日军中国派遣军于 6 月上旬,确定了新的作战方针:

一、中国派遣军以主力控制华中、华北重要地区,对苏、中采取持久的战术,同时应歼灭沿海要地来犯的美军,以利于日本本土的决战。

二、对美战备的重点,首先是华中三角地带,其次是山东半岛,但应尽量于事先识破敌人在华中、华北登陆的企图,于适当时间集中派遣军的主力部队。

三、到万不得已的情况时,也要确保南京附近、北京附近及武汉附近的重要地域。

同时,要求"华北方面军确保华北重要地区,在 9 月底以前,要大体完成山东半岛方面对美作战准备,同时与关东军相策应,大体完成对苏作战准备"。③

---

① 日本历史学研究会编:《太平洋战争史》第 4 卷,金锋等译,第 180 页,商务印书馆,1962 年版。
② 复旦大学历史系编译:《日本帝国主义对外侵略史料选编(1931—1945)》,第 536 页,上海人民出版社,1975 年版。
③ 日本防卫厅战史室编:《华北治安战》下册,天津市政协编译组译,第 451、452 页,天津人民出版社,1982 年版。

在中国抗日战争取得最后胜利的前夜,美国的对华政策由支持国共两党合作抗日转为扶蒋反共。在美国政府的支持下,国民党蒋介石集团加紧扩军,企图垄断中国抗战胜利成果。1945 年春,国民党军达 570 余万人。7 月,陆军已扩充到辖有第一、第二、第三、第四、第五、第六、第七、第八、第九、第十、第十一、第十二战区,第 1、第 2、第 3、第 4 方面军和远征军等,共 38 个集团军、约 120 个军、350 余个师,另近 20 个步兵、骑兵旅。其中,有 10 个军 30 个师改为美械装备;除第 2、第 3、第 4 方面军和第五战区部队外,其余部队,或远离抗日前线,或没有进行大的反攻行动。

7 月 26 日,中、美、英三国政府发表《波茨坦公告》,要求"日本政府立即宣布所有日本武装部队无条件投降","除此一途,日本即将迅速完全毁灭"。[①] 28 日,日本首相铃木贯太郎公然宣布:"不理睬波茨坦公告。"[②]苏联政府于 8 月 8 日对日宣战;9 日,以 150 余万军队进入中国东北,向日军关东军发起进攻。美国先后于 8 月 6 日和 9 日,在日本广岛和长崎,投下了两颗原子弹,对日本朝野显示了一定的威慑作用,从而加速了日本帝国主义的灭亡,给中国解放区军民全面反攻造成了有利条件。

至 1945 年 8 月中旬,日军中国派遣军总司令官冈村宁次,总参谋长小林浅三郎,辖有华北方面军、第 6 方面军(辖第 11、第 20 军)和第 6、第 13、第 23 军,共 26 个步兵师团、1 个坦克师团、1 个飞行师团、22 个独立混成旅团、11 个步兵旅团、1 个骑兵旅团、13 个独立警备队,计 105 万人。

其中,华北方面军,司令官根本博,参谋长高桥坦,辖 3 个军:

第 1 军,司令官澄田睐四郎,参谋长山冈道武,辖第 114 师团,独立混成第 3 旅团,独立步兵第 10、第 14 旅团,第 5 独立警备队。

第 12 军,司令官鹰森孝,参谋长中山源夫,辖第 110、第 115 师团,骑兵第 4 旅团,第 6、第 10、第 13、第 14 独立警备队。

第 43 军,司令官细川忠康,参谋长寒川吉溢,辖第 47 师团,独立混成第 5 旅团,独立步兵第 1 旅团,第 9、第 11、第 12 独立警备队。

---

①《反法西斯战争文献》,第 299 页,世界知识出版社,1955 年版。

②〔日〕森松俊夫:《日军大本营》,黄金鹏译,第 172 页,军事科学出版社,1985 年版。

驻蒙军,司令官根本博(兼),参谋长中川留雄,辖第118师团、独立混成第2旅团、第4独立警备队。

方面军直辖坦克第3师团,华北特别警备队,独立混成第1、第8、第9旅团,独立步兵第2旅团,第3、第7独立警备队等。全方面军共30万人。

这时,中国共产党领导的八路军、新四军和华南人民抗日游击队已发展到90余万人,民兵达220余万人,将日伪军逼到大、中城市、主要交通线和沿海地区。八路军经过1944年冬季的整训和局部反攻的锻炼,军政素质有了明显提高。

8月9日,毛泽东发表《对日寇的最后一战》声明,严正指出:"对日战争已处在最后阶段,最后地战胜日本侵略者及其一切走狗的时间已经到来了。在这种情况下,中国人民的一切抗日力量应举行全国规模的反攻,密切而有效力地配合苏联及其他同盟国作战。八路军、新四军及其他人民军队,应在一切可能条件下,对于一切不愿投降的侵略者及其走狗实行广泛的进攻,歼灭这些敌人的力量,夺取其武器和资财,猛烈地扩大解放区,缩小沦陷区。"①

随后,中共中央向各中央局、分局及区党委,连续发出一系列指示。10日,要求:"立即布置动员一切力量,向敌伪进行广泛的进攻,迅速扩大解放区,壮大我军,并须准备于日本投降时,我们能迅速占领所有被我包围和力所能及的大小城市、交通要道。以正规部队占领大城及要道,以游击队、民兵占小城。"11日,要求"我军大部迅速集中,脱离分散游击状态,分甲乙丙三等,组成团或旅或师,变成超地方性的正规兵团,集中行动,以便在解决敌伪时,保证我军取得胜利"。12日,要求力争占领太原(含)以北之同蒲铁路、归绥(含)以东之平绥铁路、郑州以东之陇海铁路、郑州以北之平汉铁路和北宁铁路、正太铁路、道清铁路、白晋铁路、德石铁路、津浦铁路、胶济铁路及各路沿线大小城市;其他路段和长江以南地区"根本不作占领计划,而置重点于占领广大之乡村"。②

10日和11日,朱德以延安总部名义,连续发布七道进军命令,令"各解放区所

---

① 《毛泽东选集》第3卷,第1119页,人民出版社,1991年版。
② 中国人民解放军历史资料丛书编审委员会:《八路军·文献》,第1104、1113、1115页,解放军出版社,1994年版。

1945 年 8 月 10 日，朱德发布命令，限令日伪军缴械投降

有抗日武装部队，如遇敌伪武装部队拒绝投降缴械，即应予以坚决消灭"。①令陕甘宁晋绥联防军，晋绥、晋察冀、山东各军区和晋冀鲁豫边区部队，抽调一部兵力，进军东北，配合苏军对日军关东军作战。

然而，蒋介石于 10 日发布命令：令第 18 集团军"原地驻防待命"，命伪军"负责维持地方治安"。②

妄图由国民党军全部攫取中国抗战最后胜利果实。

在中共领导人对国民党当局据理力争遭到拒绝的情况下，包括华北在内的各解放区军民，立即展开了对日伪军的全面反攻。

二、适应新的军事战略转变需要，八路军大力扩建主力兵团

全国抗战初期，毛泽东就科学地预见到全国抗战后期将有一个"抗日游击战争和抗日正规战争之间的转变"③问题。在 1944 年 8 月至 9 月召开的高干会议上，中共中央军委明确提出由以游击战为主转变为以运动战和阵地战为主的问题，认为作战样式正呈现出一种向运动战和阵地战为主、游击战为辅转变的趋势；在组织形式上，提出多编组大团，将八路军和新四军改名为解放军或国民革命军解放军。这是在全国抗战后期，中共中央军委再次提出实行军事战略转变的问题。

12 月 15 日，毛泽东在演说《一九四五年的任务》中，再次强调扩大军队，整训正规军、游击队和民兵及自卫军的问题。

---

① 中国人民解放军历史资料丛书编审委员会：《八路军·文献》，第 1103 页，解放军出版社，1994 年版。
② "国防部史政局"编纂：《中日战争史略》下册，第 504 页，（台北）正中书局，1968 年版。
③《毛泽东选集》第 2 卷，第 550 页，人民出版社，1991 年版。

1944 年至 1945 年夏八路军、新四军展开局部反攻后,随着作战样式由以游击战为主转变为以运动战、阵地战为主,部队的组织形式也得到了新的调整,扩建了主力团和大团。

根据战略反攻中作战形式及部队组织形式的变化,中共七大正式提出军事战略由以游击战为主向以正规战为主转变的问题。朱德在军事报告《论解放区战场》中深刻阐述了这一问题,要求在现有基础上加强正规兵团、地方兵团和民兵、自卫军的训练,使之能适应现阶段和未来反攻的需要。

1945 年 8 月 11 日,中共中央作出《关于日本投降后我党任务的决定》,指出:"各地应将我军大部迅速集中,脱离分散游击状态,分甲乙丙三等组成团或旅或师,变成超地方性的正规兵团,集中行动,以便在解决敌伪时保证我军取得胜利。"①8 月 20 日,中共中央军委作出《关于目前部队编制的决定》,指示:"各战略区应就现有兵力,迅速抽出二分之一至五分之三编为野战兵团,其余则编为地方兵团。"野战兵团实行"三三制"编制;"地方兵团仍归军区管制,其编制由各地酌定,其人数比例,不得大于全区军队五分之二"。各军区"应迅速动员新兵入伍,其数额为各区现有兵员的三分之一,于本年底前完成"。② 各部队按照中共中央的部署,在向敌占大城市及交通要道进军的全面反攻中,迅速扩充野战兵团和主力兵团。

晋察冀军区积极动员适龄青年参军、参战,补充了大量新兵,将原来的第 2、第 3、第 4、第 6、第 7、第 10 至第 20、第 23、第 24、第 25、第 27、第 28、第 31、第 32、第 33、第 35、第 40、第 42 至第 47 团共 32 个小团扩编为大团;同时将 8 个地区队、65 个县支队、39 个县大队等一大批地方部队,组建为第 1、第 8、第 9、第 22、第 26、第 30、第 36、第 46、第 47、第 48(2 个)、第 49(2 个)、第 50 至第 63、第 66、第 67、第 71 至第 82 团,新编第 1 至第 10 团,第 65、第 72、第 73 团和独立第 5 团共 55 个团,并升级为正规团。另有第 2 团、特务团、炮兵团、骑兵 3 个团和 1 个支队。全军区共93 个团和 1 个支队。

至抗日战争全面反攻阶段,晋察冀军区,司令员兼政治委员聂荣臻,程子华代理司令员和政治委员,副司令员萧克,副政治委员刘澜涛,参谋长唐延杰,政治部

---

① 中央档案馆编:《中共中央文件选集》第 15 册,第 228 页,中共中央党校出版社,1991 年版。
② 中国人民解放军历史资料丛书编审委员会:《八路军·文献》,第 1118 页,解放军出版社,1994 年版。

主任朱良才,副参谋长耿飚,政治部副主任潘自力,供给部部长吴先恩,卫生部部长殷希彭,政治委员姜齐贤,工业部部长刘再生、政治委员杨成,辖4个军区、19个军分区:

冀察军区,司令员郭天民,政治委员刘道生,参谋长易耀彩,政治部主任王紫峰,辖5个军分区:

第1军分区,司令员萧应棠,政治委员杨世杰,辖第3、第25、第45团,新编第1、第2、第3团。

第11军分区,司令员萧文玖,政治委员杜存,辖第7、第44团,新编第4、第5团。

第12军分区,司令员詹大南,政治委员段苏权,辖第10、第40团,独立第5团,新编第6、第7团,察蒙骑兵支队。

第13军分区,司令员熊奎,政治委员吴光,辖第20团,新编第8、第9、第10团。

第19军分区,司令员陈宗坤,政治委员李光辉,辖骑兵第1、第2、第3团。

冀晋军区,唐延杰兼司令员,政治委员王平,副司令员陈正湘,副政治委员王昭、刘秀峰,参谋长唐子安,王平兼政治部主任,辖4个军分区:

第2军分区,司令员曾美,政治委员张连奎,辖第4、第19、第43团。

第3军分区,司令员李湘,政治委员黄文明,辖第2、第8、第42、第46、第49团。

第4军分区,司令员马龙,政治委员丁莱夫,辖第9、第30、第36、第47团。

第5军分区,司令员陈仿仁,政治委员马天水,辖第6、第35、第48团。

冀中军区,司令员杨成武,政治委员林铁,副政治委员兼政治部主任李志民,参谋长沙克,辖5个军分区:

第6军分区,代司令员叶楚屏,政治委员魏震,辖第32、第71、第72、第82团,新编第72、第73团。

第7军分区,司令员于权伸,政治委员张庆春,辖第22、第26、第33、第79、第80、第81团。

第8军分区,司令员贾士珍,政治委员周彪,辖第23、第31、第62、第63、第66、第67团,新编第65团。

第 9 军分区,司令员魏洪亮,政治委员陈鹏,辖第 24、第 27、第 28、第 73、第 74 团。

第 10 军分区,司令员刘秉彦,政治委员旷伏兆,辖第 75 至第 78 团。

军区直辖特务团。

冀热辽军区,司令员兼政治委员李运昌,副司令员詹才芳,副政治委员李楚离,参谋长彭寿生,政治部主任李中权,辖 5 个军分区:

第 14 军分区,司令员舒行,政治委员李之光,辖第 13、第 16、第 53、第 54、第 55 团。

第 15 军分区,司令员任昌辉,政治委员杨文汉,辖第 11、第 17、第 50、第 51 团。

第 16 军分区,司令员曾克林,政治委员徐志,辖第 1、第 12、第 18、第 47、第 52、第 61 团。

第 17 军分区,司令员李雪瑞,政治委员李文,辖第 2、第 14、第 46、第 48、第 49、第 60 团。

第 18 军分区,司令员何能彬,政治委员焦若愚,辖第 15、第 56 至第 59 团。

晋察冀军区直辖炮兵团。

山东军区从 1945 年 8 月中旬开始,除保留胶东、鲁南、鲁中、渤海、滨海军区番号,独立第 2、第 3、第 4 旅和海防支队外,新成立第 1 至第 8 师、警备第 1 至第 11 旅(两个警备第 4 旅)和东北挺进纵队第 1 支队。

原滨海军区部队除组建新的滨海军区外,组成第 1、第 2 师,警备第 10、第 11 旅和东北挺进纵队第 1 支队:

第 1 师,师长梁兴初,政治委员梁必业,辖第 1、第 2、第 3 团。

第 2 师,师长罗华生,政治委员刘兴元,辖第 4、第 5、第 6 团。

警备第 10 旅,旅长赵杰,政治委员田海山,辖第 19、第 20 团。

警备第 11 旅,旅长覃士冕,政治委员谷牧(兼),辖第 21、第 22 团。

东北挺进纵队第 1 支队,支队长万毅,政治委员王维平,辖第 25、26、27 团。

鲁中军区部队编为第 3、第 4 师,警备第 1、第 2、第 3、第 4 旅:

第 3 师,师长王建安,政治委员周赤萍,辖第 7、第 8、第 9 团。

第 4 师,师长廖容标,政治委员王一平,辖第 10、第 11、第 12 团。

警备第 1 旅,旅长陈奇,政治委员李伯秋,辖第 1、第 2 团。

警备第 2 旅,旅长吴瑞林,政治委员孔繁彬,辖第 3、第 4 团。

警备第 3 旅,旅长钱钧,政治委员熊飞,辖第 5、第 6 团。

警备第 4 旅,旅长孙继先,政治委员李耀文,辖第 7、第 8 团。

胶东军区部队编为第 5、第 6 师,警备第 4、第 5 旅:

第 5 师,师长吴克华,政治委员彭嘉庆,辖第 13、第 14、第 15 团。

第 6 师,代师长聂凤智,政治委员李丙令,辖第 16、第 17、第 18 团。

另一警备第 4 旅,旅长刘涌,政治委员仲曦东,辖第 7、第 8 团。

警备第 5 旅,旅长贾若瑜,政治委员廖海光,辖第 9、第 10 团。

渤海军区部队编为第 7 师,警备第 6、第 7 旅:

第 7 师,师长杨国夫,政治委员周贯五,辖第 19、第 20、第 21 团。

警备第 6 旅,旅长刘贤权,政治委员陈德,辖第 11、第 12 团。

警备第 7 旅,旅长赵寄舟,政治委员李曼村,辖第 13、第 14 团。

鲁南军区部队编为第 8 师,警备第 8、第 9 旅:

第 8 师,师长兼政治委员王麓水,辖第 22、第 23、第 24 团。

警备第 8 旅,旅长贺健,政治委员杨士法,辖第 15、第 16 团。

警备第 9 旅,旅长胡大荣,政治委员李青,辖第 17、第 18 团。

各师所辖均为甲种团,每团 2500 人,主要担负机动作战任务,警备旅、独立旅主要担负警卫和次要方向作战。

1945 年 8 月 26 日,山东军区调整领导班子,司令员林彪,政治委员罗荣桓,副司令员萧劲光,其他领导人不变。

晋冀鲁豫军区于 8 月 20 日成立,司令员刘伯承,政治委员邓小平,副司令员滕代远、王宏坤,副政治委员薄一波、张际春(兼政治部主任),参谋长李达,政治部副主任王新亭,后勤部部长兼政治委员周文龙,辖冀鲁豫、冀南、太行、太岳 4 个军区和第 17 师。所辖 4 个军区陆续成立。

冀鲁豫军区,司令员王秉璋,政治委员张玺,副司令刘致远,副政治委员赵健民、潘复生,参谋长潘焱,政治部主任王幼平,辖第 1 至第 6 军分区和第 22 军分区:

第 1 军分区,司令员周桂生,政治委员申云甫,辖第 3、第 6 团,基干第 1、第 2 团。

第 2 军分区,由原第 8 军分区改称,司令员张刚剑,政治委员郭超,辖第 1、第 2

指挥部,独立第 4、第 5 团。

第 3 军分区,由原第 9 军分区改称,司令员郭影秋,政治委员郝中士,辖第 13 团,苏北指挥部(辖苏北独立团)、钜南指挥部(辖钜南基干团、第 14 团)。

第 4 军分区,由原第 10 军分区改称,司令员李静宜,政治委员赵紫阳,辖独立第 1、第 3 团,第 2 支队,上堤指挥部。

第 5 军分区,由原第 11 军分区改称,司令员赵基梅,政治委员刘星,辖第 14、第 15、第 16 团。

第 6 军分区,由原第 12 军分区改称,司令员金绍山,政治委员袁振,辖第 29、第 30 团,独立团,睢(县)太(康)独立团,太(康)北指挥部。

冀南军区,司令员杜义德,政治委员李菁玉,副司令员王光华,副政治委员刘志坚、马国瑞,参谋长陈明义,刘志坚兼政治部主任,辖 5 个军分区和 1 个独立旅:

第 7 军分区,由原冀鲁豫军区第 7 军分区改称,司令员白云,政治委员许梦侠,辖第 24、第 36 团。

第 8 军分区,由原冀鲁豫军区第 6 军分区改称,司令员李定灼,政治委员赵一民,辖特务团,恩县独立团。

第 9 军分区,由原冀鲁豫军区第 3 军分区改称,司令员张维翰,政治委员李福祥,辖第 26 团,独立第 3 团。

第 10 军分区,由原冀鲁豫军区第 2、第 4 军分区合编,司令员王蕴瑞,政治委员江明,辖第 33 团。

第 11 军分区,由原冀鲁豫军区第 5 军分区改称,司令员刘福胜,政治委员陈登昆,辖独立团。

独立第 4 旅,旅长孙仁道,政治委员杨树根,辖第 10、第 11、第 12 团。

太行军区,司令员秦基伟,政治委员李雪峰,副司令员黄新友、赵辉楼,副政治委员黄镇、王维纲,参谋长何正文,政治部主任袁子钦,辖第 12 至第 17 军分区:

第 12 军分区由原第 1 军分区改称,司令员胡震,政治委员冷楚,辖第 34 至第 37 团。

第 13 军分区由原第 2、第 3 军分区编成,司令员鲁瑞林,政治委员刘建勋,辖第 38、第 39、第 40 团。

第 14 军分区由原第 4 军分区改称,司令员韩卫民,政治委员于一川,辖第 41、

42 团。

第 15 军分区由原第 8 军分区改称,司令员黄新友,政治委员刘毅,辖第 43 至第 47 团。

第 16 军分区由原第 7 军分区改称,司令员崔建功,政治委员谷景生,辖第 48 至第 51 团,民主建国军豫北支队。

第 17 军分区由原第 5、第 6 军分区编成,司令员陶国清,政治委员陶鲁笳,辖第 52、第 53 团,警备总队。

军区直辖警卫团。

太岳军区,司令员王新亭,政治委员王鹤峰,副司令员孙定国,副政治委员裴孟飞,参谋长邓仕俊,政治部主任桂绍斌,辖第 18 至第 21 军分区和独立旅:

第 18 军分区由原太岳军区决死第 1 旅兼第 1 军分区改编,司令员刘聚奎,政治委员刘植岩,辖新编第 7、第 8、第 9 团。

第 19 军分区由原第 386 旅兼第 2 军分区和第 3 军分区编成,司令员张祖谅,政治委员刘尚志,辖警备第 4、第 5、第 6 团。

第 20 军分区,由原第 5 军分区改称,司令员王墉,政治委员柴泽民,辖第 55、第 56、第 58 团。

第 21 军分区,司令员郭庆祥,政治委员薛迅,辖独立第 1、第 2、第 3 团。

独立旅,旅长刘金轩,政治委员李耀,辖第 70、第 71、第 72 团。

军区直辖教导团、补充团。

晋冀鲁豫军区直辖第 17 师,师长张复振,政治委员刘威诚,辖第 49、第 50、第 51 团。全军区甲、乙、丙三种团分别得到了充实。

晋绥军区于 1945 年 8 月 21 日从陕甘宁晋绥联防军建制划出,以主力 4 个旅组成晋绥野战军。该野战军与晋绥军区分开,正规兵团不兼军区、军分区,晋绥野战军和晋绥军区均归中共中央军委直接指挥。

陕甘宁晋绥联防军,代司令员王世泰,代政治委员习仲勋,副司令员王维舟、阎揆要,副政治委员张仲良,参谋长张文舟,政治部主任甘泗淇。

晋绥军区司令员吕正操,政治委员林枫,副司令员续范亭、周士第、张宗逊,参谋长陈漫远,政治部主任张平化。

晋绥野战军,司令员贺龙,政治委员关向应(因病未到职,由贺龙兼政治委

员),副司令员张宗逊(兼),副政治委员李井泉,参谋长张经武,政治部主任甘泗淇,后勤部部长陈希云,下辖4个旅:

第358旅,旅长黄新廷,政治委员余秋里。

独立第1旅,旅长王尚荣,政治委员朱辉照。

独立第2旅,由晋绥军区第27、第36团合编组成,旅长许光达,政治委员孙志远。

独立第3旅,由晋绥军区特务团和第17团合编组成,旅长杨嘉瑞,政治委员金如柏。

遵照中共中央和中央军委的指示,八路军迅速扩建正规野战兵团,使主力和野战兵团所占的比重达到了部队总数的70%。各解放区军民普遍广泛地开展了群众性的扩兵运动,形成了父送子、妻送郎、兄弟争先报名的参军热潮,出现了民兵成班成排地集体入伍的场面。仅在全面反攻阶段,冀鲁豫军区第8军分区所在的运西地区,就有3400余名民兵加入正规兵团。八路军还收编了多股反正、起义的伪军。多种形式的扩兵,保证了部队规模迅速扩大。

发展壮大的八路军步兵

发展壮大的八路军骑兵

八路军炮兵部队

三、八路军大规模进攻华北交通要道和沿线大小城市

(一)晋察冀军区部队,逼近平、津,解放张家口

8月10日,晋察冀军区司令员兼政治委员聂荣臻,就本区部队的行动,作了部署,指出:立即向北平、天津、保定、石家庄、大同、阳泉、张家口、唐山、山海关前进,准备接受日伪军的投降,如日寇继续抵抗,则依情况发动广泛的进攻,配合苏军作战。同日,中共中央晋察冀分局、晋察冀军区联合发出指示,划分了冀晋、冀察、冀中、冀热辽4个二级军区的作战地区和具体任务。

从10日起,晋察冀军区部队除留新组建的地方部队围攻解放区内残存的据点外,以约11万人,向日伪军发起大规模进攻。

冀察军区司令员郭天民、政治委员刘道生,以第1、第11军分区,冀中军区第10军分区,冀热辽军区第14军分区部队,于8月12日进至长辛店、丰台、南苑和通县城。随后,攻占了通县飞机场,破袭了通县至古北口铁路,南面逼近北平城,西面进至城郊。这样,从东、西、南三面构成了对北平日伪军的包围。

8月20日,冀察军区第12军分区第10、第40团,从东面开始进攻张家口。张家口,是察哈尔省会所在地,驻有日军驻蒙军司令部,独立混成第2旅团和伪蒙军各一部,构有坚固的防御工事。22日,第10、第40团,打退日军反扑后,袭入张家口市区,分割包围敌人,歼其600余人,并解放万全。23日,在第13军分区第20团和蔚涿支队配合下,解放了张家口。共歼灭日伪军2000余人,缴获山炮5门、轻重机枪200余挺、步枪1万余支、骡马1万余匹。

冀中军区司令员杨成武、政治委员林铁,以第6、第7、第8、第9、第10军分区主力部队,于8月12日逼近石家庄、保定、天津市郊和塘沽。19日晚,在中共天津地下组织和地方部队的配合下,一度攻入市内和西火车站,攻克了市周围的杨柳青、杨村等重要据点,控制了杨村飞机场,并攻入静海,攻占了陈官屯车站,切断了津浦铁路。22日,争取天津市南郊伪军400余人和献县伪军700余人投诚。同时,袭入保定西关,歼日伪军1100余人;攻克德石铁路沿线的束鹿、磨头等据点16个。

冀晋军区司令员赵尔陆、政治委员王平,以第5军分区部队,于8月12日解放了兴和等城镇、村庄500余个;22日,解放集宁、丰镇;24日,攻克阳高,并配合晋

绥军区部队,逼近大同。同时,第 2、第 3 军分区部队,配合晋绥军区解放盂县后,进逼太原;第 4 军分区部队,配合冀中军区,拔除石家庄外围据点多处,转为围困。

冀热辽军区部队,在唐山 300 余名矿工的接应下,解放了古冶和开平城,歼伪军 2000 余人。

在主力部队进行大规模反攻的同时,留在解放区内的地方部队,解放了涿鹿、平山、安国、博野、蠡县、雄县、霸县、高阳等县城。

至此,晋察冀军区部队解放了张家口、集宁等近 20 座大小城市,逼近北平、天津、唐山、保定、石家庄,构成了对日伪军的严重威胁。

(二)山东军区部队,分路进逼济南、青岛、徐州等地,切断胶济、津浦铁路

8 月 10 日,中共中央发出指示,要求山东军区占领德县、济南、徐州、青岛、连云港及其他交通要道,但着重于徐州、济南之占领及其他可能为我军占领之城市。11 日夜,山东军区就所属鲁中、鲁南、胶东、渤海、滨海军区部队的作战方向、进军任务,做了部署。接着,动员了全区 4 万余青年,补入部队。山东军区部队,已发展到 27 万余人。

从 8 月中旬起,山东军区部队以 23 万人组成五路大军,在民兵、民工各 10 万余人的支援下,向敌占城市和交通要道进军。

以第 3、第 4 师,警备第 1、第 2、第 3 旅,独立第 3、第 4 旅和鲁中军区部队组成第一路军,在前线指挥王建安、政治委员罗舜初的率领下,自 19 日至 31 日,先后解放了临朐、莱芜、益都、淄川、章丘、周村、新泰,歼灭日伪军 5000 余人,切断了胶济铁路西段,逼近济南。

以第 1、第 2 师,警备第 10、第 11 旅,独立第 2、第 3 旅和滨海军区部队,组成第二路军,在前线指挥陈士榘、政治委员唐亮的率领下,于 19 日解放胶县,俘伪军 2000 余人、争取伪军 700 余人投诚;20 日,解放莒县;21 日,解放赣榆,并切断了陇海铁路和控制了日照以南、新埔以北海岸线。

以第 5、第 6 师,警备第 4、第 5 旅,海防支队,胶东军区部队,组成第三路军,在前线指挥许世友、政治委员林浩的率领下,自 17 日至 24 日,先后解放了牟平、威海卫、福山、龙口、招远、莱阳、黄县和烟台,并包围了青岛市。

以第 7 师,警备第 7、第 8 旅和渤海军区部队,组成第四路军,在前线指挥杨国夫、政治委员景晓村率领下,自 17 日至 23 日,先后解放了寿光、桓台、广饶、昌邑、

山东军区部队向胶济、津浦路中段和陇海路东段进军,解放了山东广大地区。这是1945 年 8 月 17 日攻占淄川县张店以东的金岭镇

长山、临淄等,切断了胶济铁路中段,逼近济南。

以第 8 师,警备第 9、第 10 旅和鲁南军区部队,组成第五路军,在前线指挥张光中、政治委员王麓水率领下,于 18 日,在兖州南官庄,切断津浦铁路;19 日,解放泗水;25 日,解放台儿庄,进抵徐州城郊。

仅至 25 日,山东军区部队俘日伪军 1.1 万余人,争取伪军投降 3000 余人,缴获轻重机枪 150 余挺、长短枪近 1 万支、汽车数十辆,攻克大小据点 100 余个,占领胶济铁路、津浦铁路和陇海铁路上的火车站 12 处,解放县城 18 座。

(三) 晋绥军区部队,进逼太原、归绥(今呼和浩特)和平绥铁路西段、同蒲铁路北段

8 月 11 日,晋绥军区司令员吕正操、政治委员林枫和副司令员续范亭、周士第,联名向当面日军发出最后通牒,其要点是:立即停止作战行为;自即日起,限于若干小时内将全部兵员、武器、装备、运输工具及其他作战物资,连日开具清单,交与我军,不得破坏;不得破坏当地公私财产;对盟国俘虏及中国人民不得有任何伤

害行为。

晋绥军区部队,在贺龙、吕正操、林枫的指挥和晋察冀军区的冀晋军区及太行军区部队协同下,以太原、归绥为重点,分为南、北两线,向日伪军展开大规模反攻。

南线部队,在张宗逊指挥下,自8月14日至21日,解放了太原周围的古交、陈家峪、思西村等据点,袭入太原城;攻克了同蒲铁路及其两侧地区的忻县、静乐、宁武外围的奇村、西马坊、贾庄等据点,攻入忻口车站;连克大武西北石门嫣、柳林以西李家垣等据点;在汾(阳)离(石)公路上,胜利地进行芦家庄伏击战,歼日军100余人,缴获大车35辆。

北线部队,在吕正操、许光达的指挥下,自8月12日至21日,攻克了陶林、武川和平绥铁路上归绥以东的白塔、陶人齐,以西的察素齐、毕克齐等车站,袭入归绥市;解放了右玉、平鲁、朔县,切断同蒲铁路北段,与晋察冀解放区连成一片;攻克清水河城,歼伪军1000余人,俘伪军300余人,缴获战马450余匹。

与此同时,晋绥解放区人民积极参军、参战,1000余人组成随军工作团,参加战地服务。1.5万余民兵,开赴前线。至此,全区主力部队发展到4.5万余人,民兵达10万人。

(四)晋冀鲁豫边区部队,协同晋绥军区部队进逼太原,相机夺取平汉、陇海铁路沿线城市

8月10日,八路军第129师师长刘伯承、政治委员邓小平,前方总部参谋长滕代远联名发出指示,要求太行、太岳军区主力之任务为环绕夺取太原的总任务,主力集结于沁源以北地区,太行第2军分区部队应以全力相机夺取榆次、太谷,并向太原前进。冀鲁豫军区主力之任务为相机夺取开封、新乡、归德(今商丘)三城及沿线城市,解除该区日伪军武装。冀南主力之任务为相机夺取安阳至元氏之沿平汉线城市,并以一部北上配合晋察冀部队相机夺取石家庄。

晋冀鲁豫边区各部队约19万人,在45.5万余民兵和自卫队的配合下,开始了全面反攻的大进军。太行军区,各以8个团组成西进部队和道清支队,由军区司令员李达和第7军分区司令员张廷发指挥,自14日至19日,分别连克博爱、辉县,歼日伪军800余人,在沁县、武乡地区,控制了一段白晋铁路。其他部队,自19日至21日,解放了潞城、赞皇、襄垣、昔阳等,并切断了平汉铁路一段。

太岳军区部队,在代司令员谢富治、代政治委员王鹤峰的率领下,相继于 8 月 13 日攻占运城盐池,歼伪军 4 个中队;16 日,攻克夏县,歼日军 2 个小队,俘伪军 300 余人;17 日,解放平陆和茅津渡,歼日伪军 700 余人。在同蒲铁路沿线地区, 共拔除据点 50 余个。

冀鲁豫军区部队,除以第 1 军分区部队配合山东军区部队进攻济南外,组成 南路、北路、中路三路大军,在包括 60 万学生在内的广大人民群众支援下,自 8 月 11 日起,向平汉铁路邯郸至新乡段和陇海铁路徐州至开封段沿线及其两侧地区日 伪军,展开了全面进攻。

中路军以 13 个团组成 3 个纵队,由冀鲁豫军区司令员宋任穷、副司令员杨勇、 副政治委员苏振华率领。其中,以第 9 军分区第 14、第 16 团,骑兵团和军区特务 团组成的第 1 纵队,于 19 日攻克延津城,歼伪军 1500 余人,缴机枪 5 挺、步枪 1000 余支;21 日攻占阳武,切断陇海铁路汴新段,并在中牟县张凤集歼伪军第 24 集团军第 12 师一部 350 余人。以第 8 军分区第 4、第 6、第 7 团组成的第 2 纵队, 于 21 日晚攻占封丘城,歼日军 1 个小队和伪军第 24 集团军第 11 师等部 2000 余 人,缴获长短枪 2000 余支。以第 10 军分区第 18、第 20 团,第 11 军分区第 9、第 10 团组成的第 3 纵队,于 21 日在长垣以南鲁岗地区,击溃伪军第 24 集团独立第 1 师 1000 余人,后进逼开封以东地区。

与此同时,南路军以第 9 军分区第 15 团,第 12 军分区第 29、第 30 团组成,在 豫东指挥部司令员王秉璋、政治委员段君毅率领下,协同中路军进至开封以南陈 留地区,形成夹击开封之势,并切断陇海铁路郑州至开封段。

北路军以冀南指挥部所属部队组成,在军区副司令员王宏坤的率领下,进击 邯郸、安阳及其以东地区,斩获不少。

仅 8 月 14 日至 24 日,冀鲁豫军区部队,歼日伪军 8600 余人,解放县城 18 座, 攻克据点数十个。

至 8 月 24 日,晋冀鲁豫边区的太行、太岳、冀南、冀鲁豫军区部队,解放县城 28 座,攻克据点 300 余个,进逼开封、安阳、新乡,切断了区内敌占所有铁路线。

8 月 9 日至 22 日,八路军歼灭了大量的日伪军,缴获了枪支、弹药、粮食、马匹 等大批军用物资,解放县城以上城市 61 座,部队和民兵迅速发展壮大,为进一步 反攻创造了有利条件。

四、继续进逼敌占大城市和交通要道,重点夺取中小城市和控制广大乡村

正当解放区军民全力投入战略反攻中的全面反攻之际,中国战场却出现了美蒋日伪政权及其军队加紧相互勾结的复杂局面。8 月 22 日,中共中央、中央军委指示各党委、各军区:"在此种形势下,我军应改变方针,除个别地点仍可占领外,一般应以相当兵力威胁大城市及要道,使敌伪向大城、要道集中;而以必要兵力着重于夺取小城市及广大乡村,扩大并巩固解放区,发动群众斗争,并注意组训军队,准备应付新局面,作持久打算。"同时,"对大城市仍应积极派人去发动群众,争取伪军,出版报纸,布置秘密工作,争取我党在城市中的地位"。①

8 月 23 日和 26 日,中共中央连续指出:最近两礼拜进军是必要的,是对日进军,不是对蒋进军,以便夺取中小城市。但是,华北方面,我们还要力争,凡能争得者应全力争之。今后一定时期内,仍应继续攻势,以期尽可能夺取平绥线、同蒲北段、正太路、德石路、白晋路、道清路,切断北宁、平汉、津浦、胶济、陇海、沪宁各路,凡能控制者均控制之,哪怕暂时也好。同时,以必要力量,尽量广占乡村及府城县城小市镇。根据上述指示精神,晋察冀军区、山东军区、晋绥军区和晋绥野战军、晋冀鲁豫军区部队,分别调整了部署,在以一部兵力进逼大城市的同时,以主力进军中小城市和控制广大乡村地区。

晋察冀军区部队,自 8 月 24 日至 30 日,解放了霸县、永清、安次、容城、蠡县、博野、安国、安新、赵县、宁晋、晋县、怀安、乐亭等地,并切断正太铁路阳泉至太原段,破袭了平绥铁路阳高至大同段及大同至集宁铁路。在乐亭歼伪军 1200 余人,在张北狼窝沟地区缴获榴弹炮、山炮等共 19 门。

山东军区部队,8 月 26 日,林彪任司令员,萧劲光任副司令员,罗荣桓仍为政治委员。从即日起,在以一部兵力继续围困济南、青岛、徐州等大城市的同时,逐步转移兵力,大力破袭敌占津浦、陇海、胶济铁路路段和进攻残存在解放区内的敌占县城以下城镇,不断扩大战果。

晋绥军区南、北两线部队,自 8 月 22 日后,在南迄晋中平川,北至绥南凉城,长

---

① 中国人民解放军历史资料丛书编审委员会:《八路军·文献》,第 1119 页,解放军出版社,1994 年版。

300余公里的战线上,在武工队、民兵和广大群众的配合下,采取强攻、围困和爆破等手段,解放了左云、和林格尔、新堂、神池、文水、离石、静乐等县城7座和大小据点30余个,歼日伪军5000余人。

8月20日撤销中共中央北方局,成立晋冀鲁豫局,书记邓小平,副书记薄一波。

晋冀鲁豫军区部队,在以部分兵力威胁开封、新乡之敌的同时,以主力进攻中小城市之敌。太行军区部队,自8月24日至9月1日,先后解放了获嘉、武陟、温县、襄垣县城,并破袭了平汉铁路元氏至邯郸段;冀鲁豫军区部队,自8月26日至9月1日,先后攻克了通许、杞县、民权、道口(今滑县)、浚县、长垣县城;冀南军区部队,解放了清平、临清、尧山县城,俘伪军旅以下2000余人;太岳军区部队,于8月下旬,攻克济源、垣曲(今古城),破袭了同蒲铁路平遥至临汾段。

8月9日至9月2日,八路军在20余天的全面反攻作战中,向敌占城市和交通要道展开了连续的大规模的进军,解放县城以上城市118座,几乎切断了日伪军侵占华北的主要铁路和公路交通线,并将其逼退至大中城市。

第六节 歼灭拒降之敌,八路军扩大全面反攻战果

8月15日,日本天皇裕仁广播《停战诏书》,宣布投降。9月2日,日本天皇、政府代表外相重光葵和其大本营参谋总长梅津美治郎,在投降书上签字。这标志着第二次世界大战和中国抗日战争胜利结束。

然而,蒋介石在美国政府的支持下,早于8月10日电令八路军:"在各地区作战地境之部队,并应接受各该战区司令官之管辖,勿擅自行动。"[1]8月23日,又令"中国战区所有日军,必须向蒋介石投降"。[2] 企图阻挠中国共产党及其领导下的人民军队参与受降,并大举进攻各解放区。

在这种情况下,中共中央、中央军委于9月2日、5日和11日,向各分局、区委和军区连续发出一系列指示,指出:敌人不肯向我军投降,顽军利用日军和伪军反

---

[1] "国防部史政局"编纂:《中日战争史略》下册,第504页,(台北)正中书局,1968版。
[2] 日本防卫厅战史室编:《华北治安战》下册,天津市政协编译组译,第464页,天津人民出版社,1982年版。

我，很快向我解放区伸进。各解放区除开进集结部队在适当位置，准备打击前进之顽军外，必须切实破坏交通。目前基本方针仍是继续集结与扩大力量，夺取中小城市，扩大解放区，破坏交通，封锁与围困大城市，大量消灭日伪军及敌之分散小部队，威胁敌人部分向我投降。同时，对晋察冀军区、晋绥军区、晋冀鲁豫军区和山东军区部队的行动，做了部署。

一、继续夺取华北中小城市，破袭主要交通线

9月9日，晋察冀军区司令员兼政治委员聂荣臻，副司令员萧克，副政治委员刘澜涛、罗瑞卿，由延安回到晋察冀解放区。中旬，中共中央晋察冀分局和军区机关，由河北省涞源迁到察哈尔省会张家口。晋察冀分局，遂改为晋察冀局，书记聂荣臻。

为了保卫察哈尔、巩固张家口，晋察冀军区采取军事斗争、政治斗争和社会改革相结合的方式，以平绥铁路线上察哈尔省段为重点，指挥冀察军区部队，解放了宣化、天镇、新保安、怀来、延庆、赤城，共歼灭伪军5000余人，缴获迫击炮10门、轻重机枪50余挺、步枪3000余支、电台6部。冀晋军区部队，解放了阳原、浑源县城，歼伪军1300余人，缴获迫击炮1门、轻重机枪10余挺、长短枪900余支。冀中军区部队，相继解放了广灵、蔚县，共歼伪军3000余人，缴获轻机枪40余挺、步枪1000余支。冀热辽军区留在原地坚持作战的部队，自8月17日至10月中旬，进行较大战斗56次，解放了秦皇岛、蓟县、玉田、宁河、香河、宝坻、迁安、抚宁、卢龙、丰润、平谷、三河等中小城市，歼日伪军1万余人，缴获枪械2万余支（件）。与此同时，地方部队和民兵，也解放了高阳、满城、灵寿等县城。

9月3日至12月25日，晋察冀军区部队，共解放县城以上城市32座。仅8月至11月，共歼灭日伪军7万余人，解放了察哈尔、热河两省全部，河北省大部，辽宁、山西、绥远省各一部和张家口、宣化等70余座县城以上城市，形成了拥有2个省府，195个县、旗、自治区，近4000万人口，与山东、晋绥、晋冀鲁豫、东北解放区相接的晋察冀解放区；主力发展到21.5万余人，地方部队达10.4万余人，民兵扩大到90余万人。

山东军区部队，相继以第1师于9月5日至6日，乘日军撤退之机，进行了诸

城战役,俘伪军 2100 余人;以第 8 师于 7 日晚至 8 日晨,采取连续爆破和登城相结合的方法,进行了峰县战役,歼伪军 1500 余人;以第 5 师一部、警备第 5 旅,于 7 日至 10 日 7 时,分为 2 个梯队,连续进行了平度战役,毙伤伪军 700 余人,俘伪军 5000 余人;以滨海、鲁中部队各一部,于 8 月 17 日晨至 9 月 11 日上午,实行坑道爆破,进行了临沂战役,歼伪军 2600 余人;以渤海区部队于 13 日至 17 日,实行土工作业,进行了无棣战役,歼伪军 6400 余人;以渤海区主力一部,在 8000 余民兵的配合下,于 5 日至 26 日,采取围困和政治攻势相结合的方法,进行了商河战役,俘伪旅长以下 4500 余人。

1945 年 8 月 17 日至 9 月 11 日,滨海、鲁中军区部队发起临沂战役,收复临沂。这是部队整队进入临沂城

山东军区自全面反攻以来至 9 月底,共歼灭日伪军 6 万余人,攻克火车站 35 处,解放县城 47 座,对济南、青岛、徐州等大城市已形成包围之势。部队除开赴东北的外,留有主力和地方部队,共 20 余万人。

为加强晋绥地区的反攻力量,八路军晋绥野战军第 358 旅(欠第 716 团)于 9 月 3 日由关中地区返回晋西北地区后,于 9 月 5 日攻克柳林,歼伪军 270 余人;于 6 日至 9 日,攻克离石,歼守城伪军 1400 余人。

9月12日,晋绥军区成立下属的3个二级军区:

吕梁军区,司令员兼政治委员张宗逊,副政治委员罗贵波、解学恭,参谋长解方,政治部主任罗贵波(兼),副主任何辉,辖4个军分区:

第3军分区,司令员陈刚,政治委员秦立声,辖临县支队。

第4军分区,司令员杨秀山,政治委员刘文珍,辖离石支队、第5支队。

第7军分区,司令员兼政治委员马佩勋,辖洪赵支队。

第8军分区,司令员王长江,政治委员甘一飞,辖第1、第2、第6、第18支队。

雁门军区,司令员许光达,政治委员朱明,副司令员孙超群,政治部主任王定一,辖4个军分区:

第2军分区,司令员李文清,政治委员刘华香,辖神府第5支队、朔平支队。

第5军分区,司令员王赤军,政治委员李登瀛,辖骑兵大队、清河支队。

第6军分区,司令员孙超群,辖第19、第20、第35团。

第11军分区,司令员王赤军,政治委员张毅忱,辖第3支队。

绥蒙军区,司令员姚喆,政治委员高克林,副政治委员张达志,参谋长邓家泰,政治部主任饶兴,辖骑兵旅,第1、第2、第3、第9、第27团,偏清支队。骑兵旅旅长康健民,政治委员李佐玉。

同日,雁门军区部队,攻克静乐。

至此,晋绥军区和晋绥野战军部队收复县城以上城市21座,解放了南起离石,北至左云、右玉地区的晋绥广大地区。9月17日,李井泉任晋绥军区政治委员。

晋冀鲁豫军区部队,在广大人民群众的支援下,采取了围困和坑道作业等方法,自9月3日至10月10日,解放了滑县、邢台、汤阴、邯郸、焦作、齐河、茌平等县城以上城市24座,控制了平汉铁路除安阳、永年外的长250余公里的淇县至高邑段和道清、陇海铁路部分路段。仅8月11日至9月20日,晋冀鲁豫军区部队共歼日伪军5万余人,解放县城以上城市59座。

至此,晋冀鲁豫军区的野战军和地方部队,发展到近30万人,民兵达40万人;晋冀鲁豫边区,形成了东起津浦铁路,西抵同蒲铁路,南至黄河,北达正太铁路、德石铁路,拥有约2400万人口、80座县城以上城市,与晋察冀、山东、晋绥、中原解放区相连的广大解放区。

8月10日至10月10日,在全面反攻和歼灭拒降之敌的作战中,八路军共歼灭日伪军20.1万余人,解放县城以上城市200余座。

二、八路军一部挺进东北,配合苏军作战

"为配合苏联红军进入中国境内作战,并准备接受日'满'敌伪军投降"①,朱德总司令于8月11日命令晋察冀军区、晋绥军区和山东军区各一部,分由山西、河北、绥远、山东、热河等地,向辽宁、吉林等地进军。

八路军在展开全面反攻的同时,遵照中共中央军委的命令,以晋察冀、晋绥、晋冀鲁豫、山东军区和陕甘宁晋绥联防军部队各一部疾速向东北进军。这是部队开进山海关

晋察冀军区的冀热辽军区,在8月13日至14日召开的丰润县大王庄会议后,立即抽调9个团、2个支队、1个营等共1.3万人,随队地方党政干部2500人,组成第1梯队,分路向热河、辽宁挺进。

西路,由第14军分区司令员舒行、政治委员李之光率第13、第16团和北进支

---

① 中国人民解放军历史资料丛书编审委员会:《八路军·文献》,第1108页,解放军出版社,1994年版。

队共 2000 余人,于中旬由平谷出发。下旬,收编了起义的伪满军 1 万余人,解放兴隆后,与苏军在承德会师。接着,解放了热河全省。

中路,由第 15 军分区司令员赵文进率第 11、第 51 团共约 2800 人,于 8 月中旬出喜峰口,17 日在平泉消灭伪满军第 19 旅、俘日伪人员 5000 余并与苏军会师后,分路进军赤峰、朝阳。宁(城)赤办事处组织的地方部队,收复了赤峰。

东路,由第 16 军分区司令员曾克林率第 12、第 18 团和卢(龙)抚(宁)昌(黎)支队共约 4000 人,于 29 日从义院口、九门口出关;30 日在绥中县与苏军会师,同日收复山海关。9 月 3 日,接管了绥中、兴城、锦西。9 月 4 日,收复锦州,接受伪满军 7000 余人投降。9 月 5 日,进入沈阳。

由冀热辽军区司令员兼政治委员李运昌,率领前方指挥部、3 个团、1 个特务营组成的第 2 梯队,共 5000 余人,于 9 月 14 日也进至沈阳。

至 10 月,冀热辽军区挺进东北部队,发展到 10 余个旅、2 个支队、10 个独立团,约 10 万人;接管了热河、辽宁全省,吉林、黑龙江省一部,共 60 余个市县,解除 4 万余伪军和 5000 余日军关东军的武装。

山东军区部队,在政治委员罗荣桓的率领下,自 9 月下旬至 11 月底,以第 1、第 2、第 3、第 5(该师一部编成新的第 5 师,留在胶东)、第 6、第 7 师,渤海新编师,东北挺进纵队(以滨海支队等部编成),警备第 3 旅主力,军区教导团、特务团一部,海防支队,共 6 万余人,另地方干部 4000 余名,分陆、海两路,经冀东出长城和蓬莱栾家口、黄县龙口至辽宁,向东北进军。仅海运就动员了汽船 30 余只、帆船 140 余只。在海运中,渤海军区第 5 军分区副司令员石潇江等 30 余

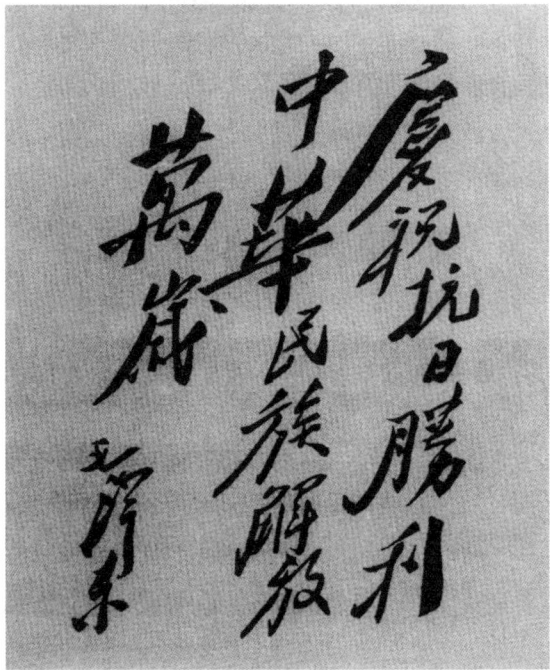

毛泽东题词

人,光荣牺牲。

与此同时,八路军陕甘宁晋绥联防军教导第2旅,第359旅,延安炮兵学校、抗日军政大学干部,晋绥军区第32团,冀中军区第31、第62、第71团,冀鲁豫军区第21团和新四军第3师,也进入东北。

10月31日,东北人民自治军成立,总司令林彪,第一政治委员彭真,第二政治委员罗荣桓,第一、第二、第三副总司令依次是吕正操、李运昌、萧劲光,萧劲光兼任参谋长,副政治委员程子华。11月,周保中任第三副总司令,萧劲光改任第四副总司令兼参谋长,伍修权任第二参谋长,陈正人任总政治部主任。

到12月底,进入东北的八路军、新四军和东北抗日联军,达27万余人。他们为东北解放区的建立,作出了重大贡献。

八路军大事纪要

1937 年

　　7 月 7 日　日本帝国主义在北平西南的卢沟桥附近地区,诡称其中国驻屯军演习时一名士兵失踪,要求进宛平城搜查,遭拒后即进攻中国驻军,发动卢沟桥事变,又称七七事变。中国军队奋起抗战,称卢沟桥抗战或七七抗战。从此,日本帝国主义发动的全面侵华战争和中国全国性的抗日战争及其战略防御阶段开始。七七事变,早于 1939 年德国进攻波兰两年多,成为整个第二次世界大战的起点。

　　7 月 8 日　中共中央向全国各团体、军队和国民党及其政府、军事委员会与全国同胞,发布了《中国共产党为日军进攻卢沟桥通电》,明确指出:“日本帝国主义武力侵占平津与华北的危险,已经放在每一个中国人的面前。”“平津危急! 华北危急! 中华民族危急! 只有全民族实行抗战,才是我们的出路!”《通电》号召:“武装保卫平津,保卫华北! 不让日本帝国主义占领中国寸土! 为保卫国土流最后一滴血!”“团结起来,筑成民族统一战线的坚固长城,抵抗日寇的侵掠!”根据全国抗战的新形势和历史发展的进程,中共中央适时提出正确的政治主张,明确全国人民一致行动的奋斗目标,实际上体现了中国共产党的政治领导作用。

　　7 月 8 日　红军将领毛泽东、朱德、彭德怀、贺龙、林彪、刘伯承和徐向前,致电蒋介石,坚决请缨杀敌,郑重表示:"红军将士,咸愿在委员长领导之下,为国效命,与敌周旋,以达保土卫国之目的,迫切陈词,不胜屏营待命。"

7月9日　彭德怀等九名红军将领率全体指战员发布《人民抗日红军要求改编为国民革命军并请授命为抗日前驱的通电》,重申:"以抗日救国为职志,枕戈待旦,请缨杀敌,已非一日,当华北危急存亡之紧要关头,敬敢吁请我国民政府迅调大军增援河北,勿使忠勇之廿九军陷于孤军抗战,红军愿即改名为国民革命军,并请授命为抗日前驱,与日寇决一死战。"

7月15日　中共中央将《中共中央为公布国共合作宣言》交给蒋介石,向全国同胞提出奋斗的总目标是:争取中华民族之独立自由与解放,必须切实地迅速地准备与发动民族抗战,以收复失地和恢复领土主权之完整;实现民权政治,召开国民大会,以制定宪法与规定救国方针;实现中国人民的幸福与愉快生活,必须切实救济灾荒,安定民生,发展国防经济,解除人民痛苦与改善人民生活。《宣言》郑重表示:在上述总目标下,愿与全国同胞携手一致地为努力实现孙中山的三民主义而奋斗;取消推翻国民党政权的暴动政策和赤化运动,停止以暴动没收地主土地的政策;取消苏维埃政府,实行民权政治,以期全国政权的统一;红军改编为国民革命军,受国民政府军事委员会统辖,并待命出动,担任抗日前线之职责。以"求得与国民党的精诚团结,巩固全国的和平统一,实现抗日的民族革命战争","用统一团结的全国力量,抵抗外敌的侵略"。

7月17日　蒋介石发表庐山谈话,"希望由和平的外交方法,求得芦〔卢〕事的解决",但同时表示:"不求苟安,准备应战","任何解决,不得侵害中国主权与领土完整";"冀察行政组织,不容任何不合法之改变","不能任人要求撤换";"第二十九军现在所驻地区,不能受任何约束"。"如果战端一开,那就是地无分南北,年无分老幼,无论何人,皆有守土抗战之责任,皆应抱定牺牲一切之决心。"这是自九一八事变以来,蒋介石第一次发表准备抗战的谈话。《中共中央为公布国共合作宣言》和蒋介石的庐山谈话,是两个具有历史意义的政治宣言,构成了国共两党合作抗日的政治基础。

7月21日　中共中央书记处发出《关于目前形势的指示》,指出卢沟桥事变的发展有两种可能的前途。我们的总任务,是争取卢沟桥事变发展为积极的抗战,以至发展为全国的抗战,反对一切丧失任何中国领土主权的妥协。并提出红军立即改编为国民革命军,准备向华北出动,执行对日直接作战的任务。

7月23日　毛泽东发表《反对日本进攻的方针、办法和前途》一文,阐明了中国抗战存在着两种方针、两套办法和两种前途,指出:必须实行坚决抗战的方针,反对妥协退让的方针;实行全国军队的总动员、全国人民的总动员,改革政治机构,实行抗日的外交,改良人民生活,进行国防教育,执行抗日的财政经济政策,团结全国人民、政府、军队,筑成民族统一战线的长城,反对与此相反的办法;争取驱逐日本帝国主义、实现中国自由解放的前途,反对日本帝国主义占领中国、中国人民做牛马奴隶的前途。

7月23日　《中国共产党为日本帝国主义进攻华北第二次宣言》严正表示:立刻实行全中国人民的总动员,实行大规模的发动民众、组织民众与武装民众,建立各种各样人民的抗日统一战线的组织。

7月29日　日军侵占北平。

7月30日　日军侵占天津。

1937年7月至1938年5月　在中共山东省委和苏鲁豫皖边区省委的先后主要领导及河南省委的领导下,各地人民的抗日武装起义如火如荼、蓬蓬勃勃地开展起来。其中,著名的有冀鲁边、鲁西北、天福山、黑铁山、鲁东、徂徕山、泰(安)西、鲁东南(后称滨海)、鲁南、(微山)湖西十大武装起义。仅1938年1月至5月,各地武装起义作战100余次,解放了肥城、长山、邹平、淄川、牟平、蓬莱、掖县、黄县、福山、盐山、庆云、乐陵、无棣、莱芜、博山15座县城,在10余个地区建立了抗日游击根据地。至6月,山东起义武装发展到4万余人。

8月1日　洛甫(张闻天)、毛泽东致电周恩来等,发出《关于红军作战原则的指示》,指出,在整个战略方针下执行独立自主的分散作战的游击战争,而不是阵地战,也不是集中作战,因此不能在战役战术上受束缚。据此原则,在开始阶段,红军以出三分之一的兵力为适宜,其余兵力依战争发展,逐渐使用之。

8月1日　中革军委总政治部作出《关于新阶段的部队政治工作的决定》,指出,新阶段的基本特点是:红军即将改编为国民革命军;停止了内战,新的敌人是日本帝国主义;各种破坏者,将采取更多更巧妙的方法对红军进行破坏。在这种情况下,部队政治工作的基本任务是:第一,一切工作为着积蓄与加强抗战的力量,保证在抗战中的胜利。第二,保证党在红军中的绝对领导,依靠于党的领导的加强,保持红军的光荣传统,巩固与提高部队的战斗力。第三,提高部队的军事技术、战术和文化水平,并造就大批新的干部。

8月1日　中共中央组织部在《关于改编后党及政治机关的组织的决定》中规定:在师以上及独立行动的部队,组织军政委员会;在师、团两级及总部和师的直属队,组织党的委员会,领导党的一切工作和部队政治工作;在连队建立党的支部,这是党在部队中的基本组织。政治机关的中心工作是进行党的工作,保证党的路线、方针和政策的贯彻执行。师以上设政治部,团设政治处,营设政治教导员,连设政治指导员。

8月1日　相当于团一级的山西青年抗敌决死队成立,薄一波任政治委员。至10月,青年抗敌决死队改称决死第1总队,并组成决死第2、第3、第4总队,山西工人武装自卫总队和山西政治保卫队也相继建立。至1938年3月,山西青年抗敌决死队的4个总队,迅速发展成为相当于旅的4个纵队。5月,工人武装自卫总队扩编为相当于旅的工人武装自卫纵队。山西政治保卫队扩大为旅的建制。1938年,政治保卫队和第1、第2、第3、第4支队成立。

1939年7月,工人武装自卫纵队改为国民革命军第207旅,通称工人武装自卫旅。决死第1纵队改编为独立第1旅和第216旅;决死第2纵队改编为独立第2旅和第196旅;决死第3纵队改编为独立第3旅和第197旅;决死第4纵队改编为独立第7旅和第203旅。但决死纵队的番号仍在沿用。政治保卫队第4支队编入决死第4纵队。同年5月,政治保卫队改编为第209旅。6月,政治保卫队第2、第3支队合编为第213旅。7月,政治保卫队第1支队改编为第212旅。

在牺盟会大力组建武装的同时,战动总会活动在同蒲铁路沿线北段、长城内外敌后地区,涉及50多个县。至1938年1月,共组建了25支游击支队,除1个支队于6月编入八路军第120师大青山支队外,其余支队于1939年7月整编为山西新军暂编第1师,师长续范亭。

至1939年底,山西新军发展到4个决死纵队,即第1、第2、第3、第4纵队,每个纵队各辖3个相当于团的总队和3个游击团,计24个团;一个工卫旅即第207旅,辖3个团;3个政治保卫旅,即第209、第212、第213旅,每旅各辖3个团,计9个团及3个相当于团的游击支队;3个行政区保安旅,即第3、第5、第6行政区保安旅,各辖2个团,计6个团;一个暂编第1师,辖4个团及1个相当于团的游击支队,计5个团。以上为46个正规团和4个相当于团的游击支队,总计7万余人。

山西新军活动在晋东南、晋西南和晋西北地区,为配合八路军开展山西敌后游击战争,创建晋冀豫边、晋西南和晋绥抗日根据地,作出了贡献。1940年3月,打退国民党顽固派第一次反共高潮后,山西新军编入八路军序列,成为中国共产党直接领导下的抗日武装。

8月初　中共中央组建了北方局新的领导班子,书记刘少奇,组织部部长彭真,宣传部部长李大章,军委书记朱瑞;12月增补杨尚昆任副书记。

8月上旬　中共中央提出《确立全国抗战之战略计划及作战原则案》,其要点是:战略的基本方针是持久的防御战,但应抓住适当时机,予以全线之反击,而根本地把日军从中国赶出去;在战役上,应以速决战为原则;作战的基本原则是运动战,避免持久的阵地消耗战;战略的内线防御,而在战役的指导上,应是外线作战;在敌人前后左右,广泛地开展游击战,以主力在运动中歼灭敌人。

8月13日　日军开始入侵包括淞沪在内的华中地区,遭到中国守军的抵抗,制造了八一三事变。

8月14日　国民政府发表《自卫抗战声明书》,宣告:"中国之领土主权,已横受日本之侵略","中国决不放弃领土之任何部分,遇有侵略,惟有实行天赋之自卫权以应之"。

8月15日　陕甘宁边区保安司令部成立,司令员高岗,副司令员周兴,参谋长谭希林,政治部主任吕振球,辖4个军分区:关中军分区,司令员张仲良,政治委员习仲勋;庆(阳)环(县)军分区,司令员王世泰,政治委员马文瑞;三边(定边、安边、靖边)军分区,司令员白寿康,政治委员刘英勇;神府军分区,司令员黄罗斌;另辖10个基干保安大队、23个县保安大队、教导营、警卫连和2万余名基干自卫军。

8月22日至25日　中共中央在陕北洛川县冯家村召开政治局扩大会议,即洛川会议。毛泽东在会上作了关于军事问题和国共两党关系问题的报告,并多次发言。会议通过《中共中央关于目前形势与党的任务的决定》和题为《为动员一切力量争取抗战胜利而斗争》的宣传鼓动提纲。会上决定成立中共中央革命军事委员会,简称中共中央军委,由毛泽东、朱德、周恩来、彭德怀、任弼时、张浩、叶剑英、林彪、贺龙、刘伯承和徐向前组成,共11人。毛泽东为书记(实际称主席),朱德、周恩来为副书记(实际称副主席)。洛川会议,是中国共产党在土地革命战争向抗日战争转变和中华民族面临生死存亡的重大历史转折关头召开的一次极为重要的会议。这次会议,确立了全面的全民族的抗战路线,确定了全国抗战的持久战战略总方针和人民军队的军事战略方针、任务,对于坚持长期抗战、争取全国抗战的最后胜利具有重大的意义。

8月22日和25日　在日军展开战略进攻、八路军部队尚未改编就绪的情况下,以第115师作为抗日先遣部队,其第343、第344旅分为2个梯队,先后由陕西省泾阳县云阳镇出发,31日东渡黄河,进入山西抗日前线。八路军第120、第129师先后于9月3日、30日由陕西省富平县庄里镇出师,八路军总部于6日由陕西省泾阳县云阳镇出征,相继挺进山西,开赴华北抗日前线。

8月25日　中共中央在陕北洛川县冯家村召开的洛川会议通过了《中共中央关于目前形势与党的任务的决定》,指出:"芦〔卢〕沟桥的挑战与平津的占领,不过是日寇大举进攻中国本部的整个计划的开始。""中日大战不可避免。七月七日芦〔卢〕沟桥的抗战,已经成了中国全国性抗战的起点。""中国的政治形势从此开始了一个新的阶段,这就是实行抗战的阶段。""这一新阶段内的最中心的任务,是动员一切力量争取抗战的最后胜利。""今天争取抗战胜利的中心关键,是在使国民党发动的抗战发展为全面的全民族的抗战。只有这种全面的全民族的抗战,才能使抗战得到最后胜利。"《决定》号召:"共产党员及其所领导的民众与武装力量,应该最积极的站在斗争的最前线,应该把自己成为全国抗战的核心,应该用极大力量发展抗日的群众运动。不放松一刻工夫一个机会去宣传群众、组织群众、武装群众,只要真能组织千百万群众进入抗日民族统一战线,抗日战争的胜利是无疑义的。"《决定》强调指出:"应该看到这一抗战是艰苦的持久战。"

8月25日　洛川会议通过的中国共产党的《抗日救国十大纲领》,其主要内容是:打倒日本帝国主义,为保卫华北、收复平津和东北而血战到底,驱逐日本帝国主义出中国,反对任何的动摇妥协;实行全国军事的总动员,建立经常的国防会议,讨论与决定国防计划、作战方针,动员全国陆海空军,反对单纯防御的消极的作战方针,采取独立自主的积极的作战方针,发展抗日的游击战争,改革军队的政治工作,实行一切抗战军队待遇平等;进行全国人民的总动员,除汉奸外,全国人民都应有抗日救国言论、出版、集会、结社和武装抗敌的自由,动员和武装起来,有力出力、有钱出钱、有枪出枪、有知识出知识,并动员蒙、回等一切少数民族参加抗战,共同抗日;改革政治机构,召开真正的人民代表的国民大会,实行民主宪政,民主选举国防政府,吸收各党各派和人民团体中的革命分子,执行抗日救国的革命政策,实行地方自治,建立廉洁政府;实行抗日的外交政策,在不丧失领土主权的原则下,与一切反对日本帝国主义的国家订立同盟和军事互助协定,拥护国际和平阵线,包括联合日本国内人民;实行战时的财政经济政策,整顿和扩大国防生产,发展农村经济,保证战时生产品的自给,提倡国货,禁绝日货;改良人民生活,即改良工人、职员、教员和抗日军人的待遇,优待抗日军人家属,废除苛捐杂税,实行减租减息;实行抗日的教育政策,变旧制度、旧课程为以抗日救国为目标的新制度、新课程;肃清汉奸、卖国贼、亲日派,巩固后方;实行抗日的民族团结,在国共两党合作的基础上,建立全国各党各派各界各军的抗日民族统一战线,精诚团结,共赴国难。这个《纲领》,阐明了中国共产党在抗日战争时期的基本政治主张,是全面的全民族抗战路线的具体体现。

8月25日 中共中央军委主席毛泽东、副主席朱德和周恩来签发命令,宣布依据国共两党谈判的结果,将红军主力改编为国民革命军第八路军,前敌总指挥部改为八路军总指挥部,总指挥朱德,副总指挥彭德怀,参谋长叶剑英,副参谋长左权;红军总政治部改为八路军政治部,主任任弼时,副主任邓小平;红一、红二、红四方面军和陕北红军等改编为第115、第120、第129师,林彪、贺龙、刘伯承依次任各师师长,副师长分别是聂荣臻、萧克、徐向前,每师辖2个旅,每旅辖2个团,全军共近4.6万人。命令强调:各师改编为国民革命军后,必须加强共产党的领导,保持和发挥十年斗争的光荣传统,坚决执行中共中央与军委会的命令,保证红军在改编后应成为共产党的党军,为党的路线及政策而斗争,完成中国革命之伟大使命。9月11日,第八路军改称第18集团军,正、副总指挥改称正、副总司令。但八路军的番号仍继续沿用。

8月25日 八路军后方留守处在延安成立,主任萧劲光,参谋长曹里怀,政治部主任莫文骅。下设东、西两个地区后方留守处:东地区后方留守处,主任陈伯钧,副主任陈先瑞,指挥第115师炮兵营、辎重营,第120师第718团及特务营、炮兵营、工兵营、辎重营,辖区为府谷、神木、靖边、安定、志丹、肤施、甘泉、鄜(今富县)、洛川等县;西地区后方留守处,主任王宏坤,副主任王维舟,指挥第129师第385旅旅部、第770团、特务营、炮兵营、工兵营和辎重营等,辖区为定边、盐池、环

县、庆阳、合水、正宁、旬邑、淳化等县。八路军后方留守处统一指挥留守部队 9000
余人,担负着主力开赴抗日前线后,保卫陕甘宁边区,协同地方保安部队肃清土
匪,发动与组织民众参加抗战及扩大与训练新战士、补充主力部队的重要任务。

8 月 25 日　八路军总指挥朱德、副总指挥彭德怀,向南京国民党中央、国民政
府、军事委员会和各行营主任、各省主席等,发出《通电》,宣布就职。《通电》指出:
"日寇进攻,民族危急,敝军请缨杀敌,义无反顾! 兹幸国共两党重趋团结,坚决抗
战,众志成城。"严正表示:"部队现已改编完毕,东进杀敌。德等愿竭至诚,……追
随全国友军之后,效命疆场,誓驱日寇,收复失地,为中国之独立自由幸福而奋斗
到底。"

8 月 27 日　日军侵占察哈尔省省会张家口。

8 月 29 日　为保证共产党对八路军的绝对领导,中共中央决定前方成立"党
的军委分会",书记朱德,副书记彭德怀,成员还有任弼时、张浩、林彪、聂荣臻、贺
龙、刘伯承、关向应,共九人组成。1941 年 4 月 16 日,中共中央军委前方分会改为
华北军分会,由朱德、彭德怀、左权、罗瑞卿、滕代远、陆定一组成,主席朱德,副主
席彭德怀。

8 月 29 日　八路军各师军政委员会成立。第 115 师军政委员会,由林彪、聂
荣臻、罗荣桓、周昆、萧华组成,书记林彪;第 120 师军政委员会,由贺龙、关向应、
萧克、甘泗淇、王震组成,书记贺龙;第 129 师军政委员会,由刘伯承、张浩、徐向
前、陈赓、王宏坤组成,书记刘伯承。

8 月 30 日　八路军驻晋办事处设立,其前身是 1936 年 11 月设立的红军联络
站,驻太原市坝陵南街 8 号成成中学内。1937 年 8 月 30 日改称办事处,11 月迁至
临汾,主任彭雪枫。1938 年 2 月下旬撤销。

1938 年 8 月重新设立,又称驻第二战区司令长官部办事处,先后驻山西省吉
县、陕西省宜川县卓家庄、山西省吉县小圪塔和陕西省宜川县卓家庄、秋林镇、桑
柏镇,主任王世英,副主任、具体负责人曹言行(1943 年后)。1945 年 8 月 25 日
撤销。

8 月 31 日　日军以原中国驻屯军为基础正式编成华北方面军,司令官寺内寿
一,参谋长冈部直三郎,副参谋长河边正三,司令部设在天津(翌年 1 月 18 日移驻
北平),辖 2 个军和直辖 2 个师团。第 1 军,司令官香月清司,参谋长桥本群,辖 3

个师团:第 6 师团,师团长谷寿夫;第 14 师团,师团长土肥原贤二;第 20 师团,师团长川岸文三郎。军直辖战车、独立山炮兵、野战重炮兵、通信支队等。第 2 军,司令官西尾寿造,参谋长铃木率道,辖 3 个师团:第 10 师团,师团长矶谷廉介;第 16 师团,师团长中岛今朝吾;第 108 师团,师团长下元熊弥。军直辖野战重炮兵第 6 旅团、军通信队等。

方面军直辖第 5 师团,师团长板垣征四郎;第 109 师团,师团长山冈重厚;中国驻屯混成旅团,旅团长山下奉文;临时航空兵团,兵团长德川好敏;防空队、独立攻城重炮兵第 1 和第 2 大队、通信队、铁道队、宪兵队和兵站部队等。至 9 月 20 日,在华北地区的日军总兵力达约 37 万人。

8 月　八路军驻陕办事处设立,其前身是 1936 年 6 月设立的红军联络转运站。1937 年 2 月改称红军联络处,对外称第十七路军通讯训练班。1937 年 8 月改称办事处,驻西安市七贤庄 1 号,中共中央代表林伯渠(1937 年至 1940 年 10 月)、董必武(1940 年 10 月至 1941 年 1 月),处长伍云甫(1937 年 8 月至 1942 年 2 月)、周子健(1942 年 2 月至 1946 年 9 月)。1946 年 9 月撤销。

8 月　八路军驻甘办事处设立,其前身是 1937 年 6 月设立的红军联络处。1937 年 8 月改称办事处,驻兰州市南滩街 54 号。1938 年 2 月迁至孝友街 32 号(今酒泉路 127 号),中共中央代表谢觉哉(1937 年 7 月至 1938 年 9 月),处长彭加伦(1937 年 8 月至 1938 年 2 月)、伍修权(1938 年 2 月至 1941 年 5 月),负责人赵芝瑞(1941 年 5 月至 1943 年 11 月)。1943 年 11 月 8 日撤销。

8 月　八路军驻沪办事处设立,其前身是 1936 年 10 月设立的中共办事处。1937 年夏天设立红军办事处。1937 年 8 月改称八路军办事处,驻上海市福煦路多福里 21 号(今延安中路 504 弄 21 号),11 月迁至萨坡赛路 264 号(今淡水路 192 号),主任潘汉年(1937 年 8 月至 12 月),负责人刘少文(1937 年 12 月至 1939 年 11 月)。1939 年 11 月撤销。

8 月　八路军驻南京办事处设立,中共中央代表博古(秦邦宪,1937 年 8 月至 12 月),八路军代表叶剑英(1937 年 8 月至 12 月),处长李克农。1937 年 12 月撤销。

9 月 6 日　中共中央决定将陕甘宁革命根据地的苏维埃政府改称陕甘宁边区政府,主席林伯渠,副主席张国焘,辖陕西、甘肃、宁夏三省所属的 26 个县。陕甘宁边区抗日根据地的首府是延安。

9月12日　毛泽东致电彭德怀,指出我军独立自主的山地游击战争的基本原则包含:有依照情况使用兵力之自由;有发动群众、创造抗日根据地、组织义勇军之自由;南京只作战略规定,红军有执行此战略之一切自由;坚持依傍山地和不打硬仗的原则。

9月13日　日军侵占大同。

9月17日　毛泽东致电朱德、彭德怀、任弼时等,就八路军的战略部署调整问题,指出:恒山山脉必为敌军夺取晋察冀三省之战略中枢,向此中枢出动主力,我三个师已无集中晋东北一处之可能,更无此必要。因此,过去决定八路军全部在恒山山脉创造游击根据地的计划,现已根本不适用了。此时,如依原计划执行,将全部处于敌之战略大迁回中,即使第二步撤向太行山脉,设想在敌占太原情况下,亦在敌大迁回中,将完全陷入被动地位。为在战略上展开于机动地位,即展开于敌之翼侧,钳制敌之进攻太原与继续南下,援助晋绥地区国民党军使之不过于损失力量;为真正进行独立自主的山地游击战;为广泛发动群众,组织义勇军,创造游击根据地,支持华北游击战争;并为扩大八路军本身起见,拟变更原定部署,采取如下之战略部署:第115师以自觉的被动姿势,即时进入晋东北的恒山山脉南段活动,如敌南进,而友军又未能将其击退,则准备依情况逐渐南移,展开于晋东南太行、太岳两山脉中;第120师应集结于太原以北之忻县待命,准备转至晋西北管涔山地区活动;第129师于适当时机,进至吕梁山脉活动;八路军总部进至太原附近,依情况决定适当位置。

9月21日　毛泽东致电彭德怀,指出:"今日红军在决战问题上不起任何决定作用,而有一种自己的拿手好戏,在这种拿手戏中一定能起决定作用,这就是真正独立自主的山地游击战争(不是运动战)。要实行这样的方针,就要战略上有有力部队处于敌之翼侧,就要以创造抗日根据地发动群众为主,就要分散兵力,而不是以集中打仗为主。集中打仗则不能做群众工作,做群众工作则不能集中打仗,二者则不能并举。然而,只有分散做群众工作,才是决定地制胜敌人、援助友军的唯一无二的办法,集中打仗在目前是毫无结果可言的。"

9月22日　国民党中央通讯社发表了《中共中央为公布国共合作宣言》。23日,蒋介石发表了《对中国共产党宣言的谈话》,指出:"此次中国共产党发表之宣言,即为民族意识胜过一切之例证。宣言中所举诸项,如放弃暴动政策与赤化运动,取消苏区与红军,皆为集中力量、救亡御侮之必要条件,且均与本党三中全会之宣言及决议案相合,而其宣称愿为实现三民主义而奋斗,更足证明中国今日只能有一个努力方向。"《谈话》表示:"中国共产党人既摒弃成见,确认国家独立与民族利益之重要,吾人惟望其真诚一致,实践其宣言所举之诸点,更望其在御侮救亡统一指挥之下,以贡献能力于国家,与全国同胞一致奋斗,以完成革命之使命。"这次《谈话》,实际上承认了中国共产党在全国的合法地位。至此,以国共两党合作为基础的抗日民族统一战线正式形成。

9月23日　毛泽东从战局趋势和长远部署考虑,再电八路军总部和八路军驻晋办事处,指出:敌对太原,志在必得。五台、定襄、盂县地区太小。敌进太原后,即在其包围中。因此,第120师速赴晋西北占先着,处于大同、太原之外翼,向绥远与大同游击,方能有效地钳制敌南进太原;第129师可与第115师靠近,位于晋南太岳山脉中;吕梁山脉(吉县汾河间),可由陕北部队抽调一部去策应。游击战争主要应处于敌之翼侧及后方,在山西应为晋西北、晋东北、晋东南、晋西南四区,向着进入中心城市及要道敌人,取四面包围袭击之姿势,不宜于集中五台山脉一区,集中一区是难以立足的。

9月24日　毛泽东指出:"山西地方党目前应以全力布置恒山五台管涔三大山脉之游击战争,而重点于五台山脉,因该处可得阎(锡山,时任第二战区司令长官)、杨(爱源,时任国民党军第6集团军总司令)更多协助,将来可向北恒山山脉发展。因此,该处应设置军政委员会一类的领导机关,应选择能独立领导党政军各方面之干部,应立即开始普遍地组织地方支队〔部〕及群众组织,在半个月内应全部布置完毕,并表现初步成绩。"

9月25日　毛泽东致电周恩来、刘少奇等,指出:"整个华北工作应以游击战争为唯一方向。一切工作,例如兵运、统一战线等等,应环绕于游击战争。华北正规战如失败,我们不负责任;但游击战争如失败,我们须负严重的责任。""应令河北党注全力于游击战争,借着红军抗战的声威,发动全华北党(包括山东在内)动员群众,收编散兵散枪,普遍地但是有计划地组成游击队。""要设想在敌整个占领华北后,我们能坚持广泛有力的游击战争。要告诉全党(要发动党内党外),今后没有别的工作,唯一的就是游击战争。为此目的,红军应给予一切可能的助力。"

9 月 25 日　八路军第 115 师在晋东北内长城的平型关地区,伏击日军第 5 师团辎重部队和第 21 旅团一部共 1000 余人。这是八路军出师华北抗战的第一个胜利,也是全国抗战以来的第一个歼灭战胜利。

9 月 28 日　八路军第 120 师以第 358 旅第 716 团第 2 营为骨干,组成雁北支队,随后挺进山西省代县雁门关以北地区发动群众,开展游击战争。

9 月　八路军驻第一战区联络处设立,驻河南省新乡市火车站附近一旅馆内,处长朱瑞。1938 年 5 月撤销。

10 月 1 日　关向应率第 120 师政治机关大部和教导团共 700 余人到达山西省岢岚县,随即组成工作团,分赴山西省朔县、偏关、临县、兴县、岚县、静乐、岢岚、五寨、保德、神池、宁武、崞县、忻县、河曲 14 个县开展群众工作,开辟抗日根据地。

10 月 1 日　太原会战开始。

10 月 6 日　八路军政治部发出《关于开展敌军政治工作的指示》,指出:开展敌军中的政治瓦解,削弱敌人战斗力并推动友军学习,这一工作是目前政治工作的一个重要任务。

10 月 10 日　中共中央军委决定成立总政治部,以统一并加强前后方部队政治工作的领导,贯通前后方的联系,主任任弼时(其职暂由毛泽东代理)。

10 月 10 日至 29 日　第 115 师以独立团、骑兵营和第 344 旅主力,在察南、冀西和晋东北地区,主动袭击日军后方兵站和据点,先后收复涞源、繁峙、浑源、广灵、曲阳、灵丘、蔚县、平山、唐县和完县,共 10 座县城,切断了张家口至代县间的日军后方交通线。

10 月上旬　国民党军退守忻口东西一线,企图集中兵力与日军决战,保卫太原。为与国民党军共同进行太原会战,八路军第 115 师遂转战晋东北、察南、冀西地区,第 120 师活动在雁门关地区,第 129 师夜袭阳明堡日军飞机场;随后,第 115、第 129 师两师主力,进至正太铁路沿线地区,迟滞了日军的进攻。但由于国民党军防守不力,致使日军得以于 11 月 8 日侵占太原。

10 月 18 日至 21 日　八路军第 358 旅第 716 团主力在雁门关以南黑石头沟地区,歼日军 500 余人,毁日军汽车 30 余辆,切断了其由大同经雁门关至忻口的后方补给线。

10 月 19 日　八路军第 129 师第 769 团夜袭飞机场,歼日军 100 余人,击毁飞机 24 架。阳明堡之战，取得了该师出师抗日后的首战胜利。这一仗，削弱了日军进攻忻口的空中突击和运输力量，有力地支持了正面战场国民党军作战。

10 月 19 日　朱德、彭德怀、任弼时致电洛甫并告周恩来、邓小平，指出：红军主力改编为八路军时，政治工作人员的公开地位降低职权，因而影响到政治工作人员积极性，政治工作已开始受到若干损失。因此，建议八路军恢复党代表制度。

10 月 22 日　洛甫、毛泽东复电朱、彭、任、邓并告周，完全同意恢复政治委员及政治机关原有制度。接着，任命了八路军各师、旅政治委员，恢复了师、旅政治部和团政治处。

10 月 22 日　八路军总部和第 115 师主力由五台向晋东南地区转移。随后，副师长聂荣臻率独立团、骑兵营、教导队 2 个队与八路军总部特务团团直大部和第 3 营营部另 2 个连，第 343 旅工作团、第 685 团 1 个连，第 120 师第 359 旅工作团等，约 3000 人，以五台山地区为中心，四面向察南、冀西、定襄和平山、盂县发展，发动群众，组织救国会和农、青、妇等各界抗日组织，建立政权，扩大部队，发展自卫队、义勇军等。

10 月 25 日　毛泽东在《和英国记者贝特兰的谈话》中，结合北伐国民革命军、红军和八路军的历史经验，第一次完整地提出了政治工作的三大原则，指出："八路军的政治工作的基本原则有三个，即：第一、官兵一致的原则，这就是在军队中肃清封建主义，废除打骂制度，建立自觉纪律，实行同甘共苦的生活，因此全军是团结一致的。第二、军民一致的原则，这就是秋毫无犯的民众纪律，宣传、组织和武装民众，减轻民众的经济负担，打击危害军民的汉奸卖国贼，因此军民团结一致，到处得到人民的欢迎。第三、瓦解敌军和宽待俘虏的原则。我们的胜利不但是依靠我军的作战，而且依靠敌军的瓦解。"

10 月下旬　八路军驻武汉办事处设立，驻汉口市府西一路安仁里 1 号，1937 年 12 月迁至汉口中街 89 号大石洋行（今汉口长春街 57 号）。中共代表团负责人周恩来（1937 年 12 月至 1938 年 10 月），中共中央代表董必武（1937 年 10 月至 1938 年 10 月），八路军代表叶剑英（1937 年 12 月至 1938 年 10 月），处长先后是李涛（1937 年 10 月至 12 月）、钱之光（1937 年 12 月至 1938 年 10 月）。1938 年 10 月 25 日撤销。

10 月　八路军驻新疆办事处设立，驻新疆迪化市南梁第三招待所（今乌鲁木齐市胜利路 392 号),中共中央代表先后是陈云(1937 年 10 月至 1938 年 1 月)、邓发(1938 年 1 月至 1939 年 6 月)、陈潭秋(1939 年 7 月至 1943 年 2 月),处长曾是滕代远(1937 年 10 月至 12 月)。1942 年 9 月 17 日撤销。

11 月 4 日　第 115 师一部在昔阳西北的广阳至松塔之间大道南侧地区,伏击日军第 20 师团第 14 旅团等,共歼日军约 1000 人,缴步枪 300 支。

11 月 7 日　晋察冀军区在山西省五台县成立,司令员兼政治委员聂荣臻,参谋长唐延杰,政治部主任舒同,供给部部长查国桢,卫生部部长叶青山,辖独立第 1 师兼第 1 军分区和第 2、第 3、第 4 军分区。晋察冀军区领导机关,由山西省五台县于 11 月 18 日移至河北省阜平县城。12 月中旬,全军区部队整编为第 1 军分区兼第 1 支队,第 2 军分区兼第 2 支队,第 3 军分区兼第 4 支队,第 4 军分区兼第 3 支队,第 5 支队。除第 5 支队辖 3 个总队外,每个支队辖 3 个相当于团的大队,全军区共 2 万余人。

11 月 8 日　太原失守。

11 月 8 日　毛泽东致电周恩来、朱德等,指出:太原失守后华北正规战阶段基本结束,游击战阶段开始,这一阶段游击战争将以八路军为主体,其他则附属于八路军,这是华北总的形势。……吕梁山脉是八路军的主要根据地,但其工作尚未开始。因此,不但徐(海东)旅(第 344 旅)须立即迅速转移,林(彪)率陈(光)旅(第 343 旅)亦不应在东边恋战,以立即开始转移为宜。彼时敌已深入汾河流域并占领孝义等处。转移后,徐旅以汾阳为中心,陈旅以蒲县为中心为宜。

11 月 9 日　毛泽东在给八路军的指示中,指出:在华北正规战争业已结束,游击战争转入主要地位的形势下,日寇不久即将移其主力向着晋西北、晋东北、晋东南和晋西南各要点进攻。八路军各部部署的纲领,以控制一部为袭击队,大部尽量分散于各要地,组织民众武装,为第一要义。大批靠近铁路公路地带先布兵先工作,偏僻地方后布兵后工作;敌快要到地区先工作,敌暂不到地区后工作。国民党大溃,阎锡山无主。八路军应在统一战线基本原则下,放手发动人民,废除苛捐杂税,减租减息,收编溃军,购买枪支,筹办军饷,实行自给,扩大部队,打击汉奸,招纳左翼,进一步发挥独立自主精神。如此做法,期于一个月内收得显著成绩,以便准备充分力量,对付敌向内线进攻。

11 月 9 日　朱德、彭德怀指示第 115 师直属队和第 343 旅适时转移吕梁山脉创建抗日根据地,第129师创建晋东南抗日根据地。

11月10日和13日　八路军第129师先后在晋东南昔阳县武家庄、和顺县石拐镇两次召开干部会议,传达了中共中央关于依托太行、太岳创建晋冀豫边区抗日根据地的指示。会后,师工作团、补充团、骑兵团等,相继挺进正太铁路以南、同蒲铁路平遥至榆次以东、平汉铁路石家庄至安阳以西,道(口,今滑县)清(化,今博爱)铁路沿线和冀南地区,恢复和发展共产党的组织,组织群众武装和团体,广泛开展游击战争,扩大主力部队,建立抗日政权。至1938年春,基本建成了晋冀豫边区抗日根据地。

11月12日　毛泽东在延安中国共产党的活动分子会议上,作了《上海太原失陷以后抗日战争的形势和任务》的报告,分析了全国抗战的形势,提出要反对阶级投降主义和民族投降主义,指出实现全面抗战是全国人民共同的迫切任务,必须巩固和扩大抗日民族统一战线,坚持统一战线中无产阶级的领导权和独立自主原则。

11月13日　毛泽东致电八路军总部,再次强调指出:八路军的任务,"在于发挥进一步的独立自主原则,坚持华北游击战争,同日寇力争山西全省的大多数乡村使之化为游击根据地,发动民众,收编溃军,扩大自己,自给自足,不靠别人,多打小胜仗,兴奋士气,用以影响全国,促成改造国民党,改造政府,改造军队,克服危机,实现全面抗战之新局面"。毛泽东还指出:扩军方法"主要经过扩大游击队,其次则向大地方招募"。

11月24日至12月21日　晋察冀军区除以少数部队与日伪军周旋外,主力转至敌之侧后,并以老部队带领新组建的游击队,在第120、第129师的配合下,在广大群众坚壁清野的支持下,取得了乱岭关、大小龙华等战斗的胜利,粉碎了日伪军2万余人对晋察冀边区抗日根据地的"八路围攻",共歼日军1087人,缴获步马枪312支、机枪10挺。这是晋察冀边区军民粉碎日伪军首次围攻。

11月　八路军后方留守处部队进行整编:除第385旅旅部和第770团保留原建制外,另辖8个警备团和2个营:警备第1团由第120师炮兵营、辎重营改编,团长贺晋年,政治委员钟汉华;警备第2团由第129师特务营改编,团长周球保,政治委员甘渭汉;警备第3团由第129师炮兵营改编,团长阎红彦,政治委员杜平;警备第4团由第115师炮兵营和辎重营合编,团长陈先瑞,政治委员罗志敏;警备第5

团由第 120 师特务营改编,团长白志文,政治委员李宗贵;警备第 6 团由第 120 师工兵营改编,团长王兆相,政治委员张达志;警备第 7 团由第 129 师工兵营改编,团长尹国赤,政治委员周芝光;警备第 8 团由第 120 师第 718 团改称,团长文年生,政治委员帅荣;鄜甘(泉)独立营由第 129 师辎重营改编,另成立骑兵营。第 770 团,团长张才千,政治委员萧元礼。

12 月 5 日　八路军东进抗日游击纵队(简称东进纵队)成立,司令员陈再道,政治委员李菁玉。东进纵队于 1938 年 1 月 15 日进至河北省隆平县魏家庄,与先期到达的第 129 师挺进支队会合;3 月中旬,第 129 师骑兵团到达南宫。徐向前率第 769 团和第 115 师第 689 团、第 5 支队于 5 月初到达冀南后,相继进行了威县战斗和解决了"六离会事件"。第 386 旅第 771 团和汪乃贵支队,于 6 月上、中旬,相继进至永年、成安和赵县、宁晋地区。7 月,进入冀南的第 129 师部队进行了整编。至 8 月初,近 30 个县建立了抗日政权;中旬,冀南行政主任公署成立,主任杨秀峰。至此,东起津浦铁路、西达平汉铁路、南跨漳河、北至沧(县)石(门)公路的冀南抗日根据地基本形成。

12 月 9 日　八路军驻湘通讯处设立,驻长沙市东长街徐家祠堂(今蔡锷中路),1938 年 2 月迁至寿星街 2 号,八路军代表徐特立,主任王凌波。1940 年 1 月撤销。

1938 年

1 月 10 日至 15 日　晋察冀边区军政民代表大会在阜平召开。出席会议的有共产党、国民党、边区各县和蒙、回、满少数民族以及和尚、喇嘛等各界代表,共 149 人。会议通过了全区关于军事、行政、财政经济、文化教育、民运工作等多种议案。会议选举了晋察冀边区政府,即晋察冀边区临时行政委员会,宋劭文任主任委员,胡仁奎任副主任委员。晋察冀军区和晋察冀边区抗日政府的建立,标志着晋察冀抗日根据地的胜利建成。至此,晋察冀抗日根据地已发展到拥有 40 余县、1200 万人口的广大地区。

1 月 18 日　中共中央军委调整了总参谋部人员:军委参谋长滕代远,总参谋部部长聂鹤亭,下设 4 个局:第 1 局,局长郭天民;第 2 局,局长曾希圣;第 3 局,局长王诤;第4局,局长黄春圃(江华)。

1月28日　毛泽东、谭政电告朱德、彭德怀、任弼时、傅钟并转各师首长及政治部:为统一对外名义,中共中央军委总政治部以八路军政治部名义出现,主任任弼时,副主任傅钟、谭政。

1月28日　八路军总部炮兵团在山西省临汾刘村成立,团长武亭,政治委员邱创成。

1月　八路军后方留守处成立绥德警备司令部,辖绥德、米脂、葭县、吴堡、清涧5个县,司令员陈奇涵,政治委员郭洪涛。

1月　八路军第120师进行整编,第358、第359旅由2旅3团扩大为1旅3团,即第358旅辖第714、第715、第716团,第359旅辖第717、第718、第719团,师直辖雁北支队由1个营扩大为5个营,另有独立第1支队。全师由出师时的8227人扩大为25454人。

1月　八路军驻广州办事处设立,驻广州市德政北路7号,主任云广英。1938年4月迁至广州市百子路10号,12月迁至韶关。1940年10月撤销。

1月　八路军驻香港办事处设立,驻香港皇后大道中18号,负责人廖承志。1942年1月撤销。

2月1日　八路军总司令部和野战政治部发出《关于整军训令》指出:我军入晋抗战以来,在打击敌人、动员武装民众、补充部队方面,收有显著成效。但也暴露了贪污腐化、干部逃亡、纪律松懈、军阀主义、党员和干部质量下降等不良倾向。因此,要健全政治机关、共产支部工作,建立军事、政治尤其是党的工作制度,严格纪律,以保持我军艰苦卓绝、意志团结、坚决勇敢、高度政治警觉等优良的模范传统。

2月中旬　八路军第115师率第343旅,进至灵石、孝义地区,歼由孝义西犯之敌一部。随后,派出工作团,发动群众,创建抗日根据地,进而向石楼、永和地区发展,控制吕梁山南段。

2月21日至4月1日　八路军第120师主力,集中2个旅的主力打击敌之一路,同时以其他部队积极开展游击战争,袭扰、疲惫敌人,粉碎了日军第26、第109师团和伪军一部共1万余人对晋西北抗日根据地的首次围攻,歼日伪军1500余人,并收复了宁武、神池等7座县城。

3月2日　林彪在隰县被第二战区国民党军误伤,由陈光任八路军第115师代师长。第 343 旅旅长遂由第 686 团团长李天佑代理。

3 月 2 日　朱德、彭德怀分别任第二战区东路军正、副总指挥,统一指挥八路军第 115、第 129 师,山西新军,国民党军第 3、第 47 军,第 14 军团等部作战。3 月 24 日至 28 日,朱、彭在山西沁县小东岭,主持召开了东路军将领会议,分析了战争形势,确定了作战、民运、敌军工作方针和任务,讨论了建立抗日根据地、武装民众和改进部队政治工作问题。

3 月 14 日至 19 日　八路军第 115 师主力进行午城、井沟作战,共歼灭日军 1000 余人,毁汽车 69 辆,缴获步枪 200 余支、机枪 9 挺、山炮 2 门、骡马 200 余匹。第 343 旅伤亡 500 余人。

3 月 16 日　八路军第 129 师第 769 团,首先袭入黎城,吸引并打退了涉县出援之敌;然后,第 386 旅在神头岭地区,包围、伏击了潞城出援的日军第 16、第 108 师团各一部,并与日军展开白刃格斗。共毙伤日军 1500 余人、俘 8 人,取得了继平型关、广阳之战后,又一次较大规模伏击战的胜利。

3 月 23 日　日军进攻山东省峄县(已撤销,并入枣庄市)台儿庄。国民党军在台儿庄一带与日军进行会战,至 4 月 6 日,取得了歼敌 1 万余人的重大胜利。

3 月 24 日　中共中央作出《关于北方局领导人员分工的决定》,指出:书记胡服(即刘少奇)"暂时住延安,在中央指导下,仍旧担负华北党的领导工作";副书记杨尚昆"率北方局工作人员住吕梁山脉,就近与华北各地党部联络,直接布置晋西南工作";朱瑞以北方局代表名义前往晋东南,"指导同蒲路及平汉路东西两面党的工作";彭真以北方局代表名义住晋察冀,"协同聂荣臻同志指导晋察冀平汉路东及平津党的工作"。

3 月 24 日　毛泽东、刘少奇致电总部、各师和中共中央北方局等,指出由于战争形势的发展,必须立即组织以八路军名义出现的游击支队。确定在晋西北除宋时轮支队外再组织 4 个支队,在晋西南组织 3 个支队,在晋东南组织 7 个支队,并在平汉铁路以东组织若干支队。

3 月 31 日　八路军第 129 师第 769 团和第 386 旅第 771、第 772 团,在黎城至涉县间的响堂铺地区,伏击并毙伤日军第 14 师团 400 余人。该师伤亡 317 人。

3 月和 5 月上旬　八路军后方留守处警备第 6、第 8 团,先后打退了日军第 26、第 109 师团各一部对黄河河防的进犯,保卫了陕甘宁边区。

4月4日至29日　八路军第129师、第115师第344旅、决死第1和第3纵队及国民党军第3、第17军等部,在广大人民的支援下,实行内线与外线相结合、游击战与有利条件下运动战相结合的方针,适当集中兵力,打击敌之薄弱一路,进行了具有关键性作用的长乐村战斗,从而粉碎了日军第108师团主力与第16、第20、第109师团等各一部共3万余人对晋东南地区的"九路围攻",消灭日军4000余人,收复了武乡、涉县等19座县城,为尔后向太(行)南和平原展开,创造了有利条件。

4月15日　八路军政治部印发《战时政治工作》,明确指出:政治工作是军队的生命线。

4月21日　毛泽东、张闻天、刘少奇联名发出关于八路军开展平原游击战争的指示,指出:根据全国抗战以来的经验,在河北、山东平原地区扩大地开展游击战争是可能的;党和八路军部队应采取尽量广泛开展游击战争的方针,尽量发动群众走上公开的武装斗争;划分若干军区、军分区,有计划有系统地发展游击战争,广泛地组织不脱产的自卫军;在收复的地区建立抗日民主政权。

4月27日　八路军冀南的部队初步划分为5个军分区:挺进大队兼第1军分区,辖区为隆平、尧山、任县、柏乡;冀南游击大队兼第2军分区,辖区为巨鹿、广宗、平乡、鸡泽、南和;独立营兼第3军分区,辖区为威县、清河、武城、临清;第4军分区,辖区为新河、冀县、枣强、景县、故城、南宫;独立支队兼第5军分区,辖区为宁晋、赵县、栾城、藁城、晋县、束鹿。

4月下旬　晋冀豫军区成立,该军区对外称第129师后方司令部,师参谋长倪志亮兼司令员,政治委员黄镇,副司令员王树声,政治部主任赖际发。5月15日,按游击支队活动的地区和方向,建立5个军分区:第1军分区对外称独立支队,司令员秦基伟,政治委员赖际发,辖区为晋中地区;第2军分区对外称游击支队,司令员桂干生,政治委员张贻祥,辖区为冀晋边地区;第3军分区对外称先遣支队,司令员张贤约,政治委员张南生,辖区为冀豫边地区;第4军分区对外称游击大队,司令员张国传,政治委员谢家庆,并指挥太岳游击大队,辖区为浊漳河流域地区;第5军分区对外称独立游击支队,司令员赵基梅,政治委员涂锡道,辖区为太(行山)南部地区。

4月　陕甘宁边区保安司令部,归八路军后方留守处指挥。

春天　八路军驻重庆通讯处设立,驻重庆市机房街70号。1939年1月改称办事处,后迁至重庆市红岩嘴13号,中共中央代表董必武(1938年10月至1946

年5月),八路军代表叶剑英(1939年1月至1946年1月),处长钱之光。1946年8月撤销。

5月4日　八路军第3纵队兼冀中军区,以人民自卫军和河北游击军编成,司令员吕正操,副司令员孟庆山,参谋长李英武,政治部主任孙志远,供给部部长熊大正、政治委员王文波,卫生部部长杜显让、政治委员伍辉文,辖第7支队兼第1军分区、第8支队兼第2军分区、第9支队兼第3军分区、第10支队兼第4军分区,独立第1、第2、第3、第4、第5、第6支队,北上挺进支队,回民教导总队。第3纵队兼冀中军区总兵力为4万余人。此外,第3纵队兼冀中军区还指挥独立第1、第2旅,津南人民自卫军和冀西民军北上先遣支队。8月,王平任纵队兼军区政治委员;冀中行政主任公署和八路军第3纵队兼冀中军区机关,由肃宁、安平迁至任丘青塔镇。下旬,新组建了河北抗日民军。9月,成立了第5军分区。至1938年10月,八路军第3纵队兼冀中军区总兵力为63120人。同时,基本形成了平汉铁路以东,北(平)(辽)宁(沈阳)铁路以南,津浦铁路以西,南越沧(州)石(家庄)公路,拥有30余个县、约800万人口的冀中抗日根据地,成为晋察冀抗日根据地的一个重要组成部分。

5月15日　青年抗敌义勇军团段海洲部,改编为青年抗日游击纵队,司令员段海洲,政治委员李聚奎。

5月27日　八路军第120师雁北支队即宋时轮支队和晋察冀军区冀东支队即邓华支队,合编为第4纵队,司令员宋时轮,政治委员邓华。该纵队辖第11、第12支队,共5000余人。

5月31日　八路军总部发出《关于训练干部和加强部队政治工作的训令》,指出:为了培养大批干部和加强部队政治工作,除继续办好各教导队外,还应做到训练和提拔大批具有革命历史经历的老干部、老战士;各级政治机关负责驻地地方共产党员的训练;经过地方政府或吸收抗日分子开办游击队自卫队干部、行政人员、小学教员等训练班,从中发展先进分子入党;按条例健全政治机关和口头、书面按月报告制度,提高全体共产党员执行党的路线的观念。

5月　毛泽东发表《抗日游击战争的战略问题》一文,从战略高度论述了抗日游击战争的地位、作用,指出了抗日游击战争的6个具体战略问题:主动地、灵活地、有计划地执行防御战中的进攻战、持久战中的速决战和内线作战中的外线作战；和正规战相配合；建立抗日根据地；战略防御、战略进攻；向运动战发展；正确的指挥关系。

5月至6月　毛泽东发表著名的《论持久战》，客观分析了抗日战争中敌我双方相互关联的四个基本特点：敌强我弱，敌小我大，敌退步我进步，敌寡助我多助。他指出：这些基本特点从根本上规定了中日战争必将是一场持久战，最后胜利属于中国而不是日本。亡国论者只看到敌强我弱的不利方面，而看不到其他的有利方面；速胜论者则只看到有利的方面，不承认敌强我弱的基本事实，因而都是战争问题上的唯心论者和机械论者。毛泽东还科学地预见到抗日战争将经历战略防御、战略相持、战略反攻三个阶段。他强调指出：抗日战争是全民族的解放战争，它的胜利离不开全国人民的总动员，离不开广泛的人民战争，"兵民是胜利之本"。《论持久战》从理论上彻底批驳了亡国论和速胜论的错误观点，指明了全国持久抗战的进程和胜利前景；从战略、战役和战术各个层次上提出了一整套切实可行的克敌制胜的具体作战方针和原则，清晰有力地描绘出中国抗战发展过程的完整蓝图，解答了人们头脑中关于这场战争的种种疑惑。

6月6日　毛泽东、刘少奇致电郭洪涛，指出：山东抗日武装起义的基干部队，可恢复使用八路军游击部队的番号。

6月中旬　国民政府军事委员会召开保卫武汉会议，决定：蒋介石任作战总指挥，以第五战区司令长官李宗仁部所辖第3、第4兵团，部署于大别山北麓、东麓和长江以北的黄陂、黄梅地区；以第九战区司令长官陈诚部所辖第1、第2兵团和武汉卫戍部队、江防守备队，位于九江、武昌地区，粉碎日军进攻。国民党军参加武汉会战的兵力为第2、第3、第5、第9、第11、第20、第21、第24、第26、第27、第29、第30、第31、第33集团军，共14个集团军，计120余个师、近100万人。另舰艇30余艘、飞机200余架。

6月12日　新第385旅成立，旅长陈再道（未到职，后陈锡联），政治委员谢富治，副旅长汪乃贵，辖第769团、独立团和汪乃贵支队。

6月24日　毛泽东、王稼祥等致电周士第、甘泗淇等，指出：在大青山区"建立游击根据地，完全可能，而且是中心任务"；"另一基本任务是：团结蒙汉人民联合抗日，以我们正确的少数民族政策来改变中国过去传统的错误政策，我们做成模范来推动影响国民党"。

6月　八路军第 120 师以第 358 旅第 715 团、战动总会游击第 4 支队和师骑兵营一部,组成大青山支队,司令员兼政治委员李井泉。7 月 29 日、8 月 2 日,该支队梯次由山西省五寨出发,向绥远省挺进;9 月 1 日夜,越过平绥铁路,抵大青山地区,与当地共产党领导的游击队会合后,相继开展了绥中、绥西、绥南抗日游击战争,分别建立了代行政权职能的动委会。至 11 月,基本建立了大青山抗日游击根据地。

7 月 4 日至 8 月初　日军华中派遣军,司令官畑俊六,辖 2 个军和 1 个航空兵团:第 2 军,司令官东久迩宫稔彦王,辖第 10、第 13、第 16 师团;第 11 军,司令官冈村宁次,辖第 6、第 27、第 101、第 106 师团和波田支队;航空兵团,司令官德川好敏,辖第 1、第 3、第 4 飞行团。派遣军直辖第 3、第 9、第 15、第 17、第 18、第 22、第 116 师团。实际上,日军华中派遣军参加武汉会战的为第 3、第 6、第 9、第 10、第 13、第 16、第 27、第 101、第 106 师团,第 15、第 17、第 116 师团各 1 个支队和波田支队,计 9 个师团、4 个支队,约 25 万人;另 3 个飞行团、海军第 3 航空队等。

7 月 6 日　八路军第 115 师第 344 旅主力进行町店战斗,共歼日军 500 余人,缴步枪 900 余支、轻机枪 30 挺、重机枪 8 挺。

7 月 6 日　中共冀热边特委在八路军第 4 纵队的配合下,发动和领导了冀东 20 余县和唐山矿区共 20 余万人的抗日武装起义。随后,抗日起义武装曾发展到 10 万人,配合第 4 纵队控制了冀东的平谷、玉田等县的广大村镇,建立了抗日政权。

7 月 6 日至 7 日　八路军晋察冀军区和第 120 师第 359 旅部队,向日军占平汉、平绥、津浦等铁路沿线城镇,发动了第三次大破袭战,共毙日伪军 1450 余人,俘伪军 130 余人。

7 月 11 日　朱德、彭德怀和傅钟向八路军各部队发出《关于加强部队建设的训令》,规定:对新扩来兵员(包括游击队),进行重新点验,以 17 岁至 30 岁、身体强壮、成分优良者为合格;对不合格者,原则上一律洗刷。勤务员、司号员、卫生员,改用成年人,取消游击队中的妇女。每旅编 1 个徒手补充营,1000 人左右。战斗连队人枪比例,保持五分之四,即 1 个步兵班,配 10 支步枪,2 个人为徒手或配梭镖;游击队中枪占半数左右。严格遵守编制表。

7 月 28 日　活动在冀南地区的八路军第 129 师部队,进行了整编。以第 386

旅第771团、东进纵队第2团和冀鲁游击第1支队编成师独立旅,旅长徐深吉,辖3个团:第771团,团长吴诚忠,政治委员吴富善;第2团,团长郑炳银,政治委员王昌才;第3团,团长李继孔。东进纵队第1团和码头李第2支队合为新第1团,编入第386旅。

7月　冀南军分区重新划分,并由隶属于东进纵队新成立的5个支队兼:第1支队兼第1军分区,支队长兼司令员徐绍恩,政治委员李林,辖区为宁晋、赵县、栾城、藁城、晋县、束鹿;第2支队兼第2军分区,支队长兼司令员周光策,政治委员彭学桂,辖区为巨鹿、平乡、南和、任县、隆平、尧山;第3支队兼第3军分区,支队长兼司令员孙树林,政治委员周发田,辖区为永年、鸡泽、曲周、肥乡、成安、广平、大名、临漳、邯郸;第4支队兼第4军分区,支队长兼司令员余伦胜,政治委员王心高,辖区为威县、广宗、南宫、冀县、新河、清河和临(清)丘(县)冠(县)边区;第5支队兼第5军分区,支队长兼司令员葛贵斋,副司令员赵义京,辖区为枣强、衡水、武邑、阜城、景县、故城。

8月4日　中共中央、中央军委发出通知,王稼祥任总政治部主任兼八路军政治部主任,傅钟任八路军野战政治部主任。

8月21日　第129师独立旅与青年纵队合编为新的青年纵队,司令员段海洲,政治委员李聚奎,副司令员徐深吉,参谋长卜盛光,辖3个团:第771团,团长吴诚忠,政治委员王贵德;第2团,团长陈子斌,政治委员吴洪芳;第3团,团长李继孔,政治委员刘福胜。

8月31日　汪乃贵支队与民众抗日自卫军合编为冀豫支队,隶属第385旅,支队长赵辉楼,政治委员赵月舫,辖第1、第2团。

8月31日至9月26日　八路军第115师第344旅第688、第689团,第129师第386旅新1团、青年纵队、东进纵队第3团和骑兵团,胜利进行了漳(河)南战役和扩大战果的作战,共歼灭伪军7800余人,缴各种枪3200余支,基本上肃清了平汉铁路以东、漳河以南、卫河以西,南北近50公里地区的伪军和土匪,开辟了安阳、内黄、汤阴、浚县、滑县地区,初步创立了冀鲁豫边抗日根据地。

9月14日、17日和20日　八路军第115师部率第343旅,在晋西南的汾(阳)离(石)公路沿线的薛公岭、油房坪、王家池,三战三捷,共毙伤日军第108师团800余人,俘19人,打退了敌人向陕甘宁边区的进攻,巩固了晋西南抗日根据地,并配合了晋南国民党军作战。

9月20日至11月7日　晋察冀军区在第120师主力、第129师一部和边区抗日根据地人民群众的有力支援下,除以小部队配合民兵和游击队、广泛开展群众性的游击战、在内线袭扰敌人外,主力则转至外线袭敌据点,共进行东西庄、郑家庄、邵家庄、滑石片等大小战斗136次,歼日伪军5200余人,缴获长短枪570余支、轻重机枪49挺、各种炮10门等,从而粉碎了日伪军5万余人的大规模围攻作战。

9月21日　八路军第129师新独立支队,以原独立支队即秦赖支队和游击支队编成,司令员桂干生,政治委员赖际发,辖第1、第2、第3大队。

9月27日　八路军第115师第343旅政治委员萧华,率旅司令部、政治部机关干部和补充团各一部共100余人,以东进抗日挺进纵队名义,抵冀鲁边区乐陵。随即正式组成八路军东进抗日挺进纵队,司令员兼政治委员萧华,辖第5、第6支队和津浦支队及津南支队、商河支队等地方武装,共1.5万余人。至年底,发展了以乐陵、宁津为中心的冀鲁边平原抗日游击根据地。

9月29日至11月6日　中国共产党在延安举行了扩大的六届六中全会。毛泽东作了《论新阶段》的政治报告,张闻天、周恩来、朱德、项英、刘少奇、博古(秦邦宪)、王稼祥、王明分别作了专题报告和发言。全会通过了《中共扩大的六中全会政治决议案》《关于中央委员会工作规则与纪律的决定》等;批准了以毛泽东为首的中央政治局路线;决定撤销长江局、成立南方局,设立中原局,改东南分局为东南局,充实北方局,改苏鲁豫皖边区省委为北方局山东分局,成立晋察冀分局。这次全会,科学地分析了全国抗战进入战略相持阶段的形势,确定了巩固华北、发展华中和华南的战略任务,基本上克服了王明的右倾投降主义错误。

10月5日　中共中央扩大的六中全会主席团发电慰勉,指出:在晋察冀边区,依靠全党全军的努力,已经创造晋察冀边区成为敌后模范的抗日根据地及统一战线的模范区。

10月21日和27日　日军中国派遣军先后侵占广州、武汉后,停止对正面战场国民党军的战略进攻,改取以政治诱降为主、军事打击为辅的方针,逐渐移其主力重点进攻共产党及其领导下的八路军、新四军等人民军队。从此,全国抗战进入战略相持阶段,敌后战场成为全国抗战的主战场,八路军、新四军和华南人民抗日游击队成为抗击日伪军的主力军。

10 月　八路军驻洛阳通讯处设立。1939 年 1 月改称办事处,驻河南省洛阳市南关贴廓巷 56 号,处长刘向三(1938 年 10 月至 1939 年 3 月)、袁晓轩(1940 年 5 月至 1942 年 1 月),负责人刘子久、王吉仁(1939 年 5 月至 1940 年 4 月)。1942 年 2 月撤销。

秋天　八路军冀南抗日游击军区(通称冀南军区)成立,原兼军分区的 5 个支队编入东进纵队。该军区司令员兼政治委员宋任穷,副司令员王宏坤(1939 年 1 月任职),参谋长文建武,政治部主任王光华,辖 5 个军分区:第 1 军分区,司令员李林,副司令员赵鹤亭;第 2 军分区,司令员周光策,政治委员彭学桂;第 3 军分区,司令员程启光,副司令员孙树林;第 4 军分区,司令员马玉堂;第 5 军分区,司令员葛贵斋,副司令员赵义京。

11 月 9 日　中共中央决定:以朱德、彭德怀、杨尚昆、聂荣臻、关向应、邓小平、彭真、程子华、郭洪涛为北方局委员,朱德、彭德怀、杨尚昆为常委,杨尚昆兼书记。12 月,北方局机关,由晋西南迁至晋东南地区。

11 月 14 日　八路军驻衡阳办事处设立,驻湖南省衡阳市卡路巷 16 号(今城北区蒸阳路 9 号),负责人李克农、李涛(1938 年 11 月至 1939 年 2 月)。1939 年 4 月 6 日,改称交通站,迁到衡阳郊外廖家湾,站长张元培;7 月撤销。

11 月　增补王稼祥为中共中央军委副主席。

11 月　八路军驻桂林办事处设立,驻桂林市桂北路 138 号,总负责李克农,主任吴奚如(1938 年 11 月至 1939 年 3 月)、李克农(1939 年 3 月至 1941 年 1 月)。1941 年 1 月撤销。

12 月 2 日　八路军总部令第 115 师继续向山东省进军,要求第 115 师第 343 旅第 685 团以苏鲁豫支队名义先行入鲁。

12 月 9 日　第 129 师先遣纵队组成,司令员兼政治委员李聚奎,辖津浦支队和第 2 团。

12 月 10 日　八路军第 115 师苏鲁豫支队成立,辖第 1、第 2、第 3 大队共 1700 余人,由山西省长治地区出发,于 27 日进抵山东省(微山)湖西丰县、单县地区。至 1939 年 6 月上旬,支队扩大为旅的规模,大队扩编为团,支队长彭明治,政治委员吴文玉。全支队发展到 8869 人。

12月19日　第115师师部率第686团由晋西灵石县双池镇出发,冒着风雪,先后越过汾河和同蒲铁路,经过八路军总部驻地屯留,穿过敌人的几道封锁线,跨过黄河,共行程1500公里,于1939年3月1日进入鲁西平原。

12月21日　八路军总部颁布了关于干部、战士每月津贴费的标准,规定:师旅职干部5元,科处团营干部4元,连干部3元,排长、文书、收发、理发员、管理班长、司号长、文化教员、卫士长2元,连上士、卫士(特务员)、各级宣传员1.5元,电台、卫生部医务人员及各学校、教导队津贴标准另定。

12月22日　第120师主力由山西省岚县出发,1939年1月25日进至河北省河间西北的惠伯口地区,与中共冀中区党政军领导机关会师,执行巩固冀中、帮助第3纵队兼冀中军区和扩大自己的任务。至8月,在第3纵队兼冀中军区及人民群众的配合下,共作战116次,消灭日军5900余人。至10月,第120师在冀中的部队,由6400余人发展到2.19万余人。

12月27日　八路军山东纵队在沂水王庄正式成立,指挥张经武,政治委员黎玉,参谋长王彬,政治部主任江华,供给部部长马馥堂,政治委员冯平,卫生部部长白备五,辖第2、第3、第4、第5、第6、第8、第9、第12、第13支队和陇海游击支队、第4团、临(沂)郯(城)独立团等。山东纵队共2.45万人,另有所属地方部队1万余人。该纵队的成立,标志着山东人民抗日起义武装已成为在战略上统一指挥的游击兵团,山东抗战的局面已初步打开,山东抗日根据地开辟了。

是年　八路军总部制定了《国民革命军第十八集团军政治工作暂行条例(草案)》,指出:主要目的是激发全军指战员充分运用过去且适合于今天的政治工作经验,胜利完成抗战到底的光荣任务。《条例》主要分绪言、总则和条例三大部分。其中,条例部分包括政治委员、政治指导员、政治教导员、团政治处、旅政治部、师政治部、集团军政治部、政治战士、随营学校政治机关、兵站政治机关、医院政治机关、战士通讯处、俱乐部救亡室、青年队等14个工作暂行条例。在俱乐部救亡室工作暂行条例中,还公布了三大纪律、八项注意。三大纪律是实行抗日救国纲领,服从上级指挥,不拿人民一针一线;八项注意是进出宣传,打扫清洁,讲话和气,买卖公平,借物送还,损物赔偿,不乱屙屎,不搜俘虏。《条例》强调指出:政治工作的使命是异常重大的,不能只依靠政治机关和少数政治工作人员进行,全体指战员特别是各级军事指挥员应积极参加和帮助搞好政治工作。

1939 年

1月3日　八路军驻贵阳交通站设立,驻贵阳市晋禄寺(今民生路92号)。同年冬迁至贵阳威清门外,站长袁超俊。1941年1月21日撤销。

1月7日至3月　八路军第129师部队,将主力分成几个作战集团,结合地方部队,分区寻机歼敌;同时,以小部队开展广泛游击战。共进行香城固等较大战斗100余次,粉碎了日军第10、第27、第110、第114师团的一部或主力共3万余人对冀南抗日根据地的"扫荡",歼日伪军3000余人。

1月13日　毛泽东、王稼祥致电朱德、彭德怀,指出:八路军今后发展主要方向不是东三省、察哈尔、热河、冀东,必须坚持与争取向鲁、皖及华中发展。

1月14日　八路军第129师筑先抗日游击纵队,以在鲁西北的第10支队,第6、第7、第16支队各一部组成,司令员张维翰,辖第1、第2、第3团。

1月15日　《八路军军政杂志》创刊,由八路军政治部出版。主旨是坚持抗战国策,提高军队作战能力,研究军队建设问题,指导部队各项工作。1942年3月停刊,共出版39期。

1月16日　第129师东进纵队与冀南军区分开。冀南军区司令员宋任穷,副司令员王宏坤,参谋长文建武,政治部主任王光华,辖第1、第2、第3、第4、第5军分区。

1月19日　中共中央决定,陇海铁路以北的部队和地方党,在指挥和建制上归北方局管理。

2月7日　八路军冀热察挺进军以原第4纵队为基础正式组成,归晋察冀军区建制,司令员兼政治委员萧克,辖第11、第12支队。

2月7日　八路军总部发出第一期整军训令,指出整军的目的是:"求得战胜将来的严重困难,保障与巩固根据地,以争取持久抗战之胜利,坚强部队的战斗力,用一切努力加强部队党与政治工作,巩固党的领导,提高自觉纪律,提高战斗力与技术教育,切实建立军队中的一切制度,克服游击主义,使之正规化,特别注意提高各级干部军事、政治与文化水平。"训令规定整军分期进行,第一期从3月1日开始,为期3个月,整理31个团约10万人。其中,第115师5个团,第120师4

个团,第129师9个团,晋察冀军区9个团,山东纵队3个团,八路军总部1个团。训令要求各部队在整理时要按八路军改编时的编制表充实编制,团属步兵炮连可逐渐补充,增加1个工兵连、1个侦察连,全团武器应配足,并定出具体整军计划。为深入进行动员,保证整军计划圆满完成,八路军总部下发了3个月教育计划,并指示各指定整理部队于3月18日举行宣誓。5月30日,八路军总部颁发了新的编制表草案。

3月1日　第129师东进纵队进行整编:第1、第2、第3团与独立团、第5支队,合编为第5、第8支队,共6个团。司令员陈再道,政治委员徐立清,副司令员韩东山,参谋长范朝利,政治部主任邓永耀(后牺牲),辖第5、第8支队。

3月3日夜至4日　第115师第686团首战郓城西北樊坝,全歼伪军团长以下500余人,初步打开了运(河)西地区的局面。

3月9日　第115师冀鲁豫支队成立,司令员杨得志,政治委员兼政治部主任崔田民,辖第1、第2、第3大队,共2000余人。

3月12日　朱德等颁布人民军队誓词,指出:我们是黄帝子孙,我们是民族革命战士;我们要坚持持久抗战,坚持统一战线,克服困难,渡过战争难关,停止敌人进攻,准备反攻力量,驱逐日寇收复失地;我们要拥护领袖,拥护政府,团结友军,铲除汉奸,誓为中华民族独立、自由而奋斗!我们要服从命令,严守纪律,保护群众利益,保护武器公物,提高军事技术、战术,提高政治、文化水平,发扬我们优良传统,养成模范军人。

3月至5月　山东纵队进行第一期整军,共编为第1、第2、第3、第4、第5、第6支队,陇海游击支队和特务团、第19团。

4月　第120师独立第1旅编成,旅长高士一,政治委员朱辉照,辖第715团和第1、第2、第3团。

4月6日　第120师独立第2旅编成,旅长魏大光,政治委员王同安,辖第716团和第4、第5团。

4月23日至25日　八路军第120师独立第1、第2旅,共集中7个团的兵力,在冀中平原的河间齐会地区,依托村落,内外夹击,胜利地进行了一次歼灭战,消灭日军第27师团和伪军一部共700余人,并打退了分由任丘、大城来的增援之敌共500余人。师长贺龙等20余人中毒脱险,第3团政治委员朱吉昆壮烈牺牲。

4月　新的第358旅在晋西北组成,亦称彭358旅,旅长彭绍辉,政治委员罗贵波,辖第714团、独立第1团、警备第6团、雁北第6支队。

春　毛泽东向陕甘宁军民发出"自己动手,生产自给"的号召。1940年2月10日,中共中央和中央军委向全军发出了《关于开展生产运动的指示》。1940年12月至1941年3月,八路军第120师第359旅开赴南泥湾,实行屯田政策,后成为大生产运动中的一面旗帜。全军的大生产运动,也逐步普遍展开。1943年10月1日,大生产运动被中共中央列为著名的十大政策之一。

5月2日至12日　八路军第115师师部率第686团、津浦支队、特务营等,在肥城以南陆房一带纵横不足10公里的地区内,发挥近战特长,打退了日伪军的9次冲击;并乘夜暗,突出日伪军3000余人的重围,共歼日伪军1300余人。

5月14日至15日　八路军第120师第359旅在山西省五台县上、下细腰涧歼灭日军1000余人。

5月20日　八路军晋察冀军区第1军分区部队在河北省易县的大龙华歼灭日军360余人。

5月31日至7月下旬　八路军山东纵队指挥部率特务团在内线作战,以第1、第2、第4支队主力或一部活动于外线,寻机打击敌人。经20余次作战,粉碎了日军第5、第21、第32、第114师团和独立混成第5旅团主力或一部共2万余人对沂蒙区军民的夏季大"扫荡",毙伤日伪军1000余人。

6月22日　中共中央军委、总政治部在《关于目前时局及八路军新四军之任务的指示》中进一步指出:我们的任务,应当是在思想上、组织上、军事上、政治工作上,巩固自己,准备自己,克服困难,巩固抗日根据地,联络友军,巩固统一战线,反对投降,以坚持抗战。华北八路军的中心任务,是巩固工作;华中新四军的中心任务,是发展。

6月23日　八路军总部发出第二期整军训令,强调指出:为争取持久抗战的胜利,目前"全军严重的战斗任务之一",就是继续整理部队,加强部队政治工作,巩固共产党的领导,提高技术与战术,克服游击主义,建立与健全军队正规制度,提高部队战斗力。第二期整军从7月20日开始,仍为期3个月,整理30个团约10万人,并着重于新组成的部队。其中,第115师6个团,第120师6个团,第129师7个团,晋察冀军区7个团,山东纵队4个团。鉴于第一期整军部队因受战争影响,不少未能完成教育计划,训令要求其在第二期整军中继续进行整理。

7月3日至8月下旬　八路军第129师率晋豫边支队和决死第1、第3纵队,并指挥第115师第344旅,适当集中主力,相机歼敌;同时,组织广大地方武装、民兵游击队,分散游击,持久消耗敌人。先后共进行大小战斗70余次,歼日军2000余人,粉碎了日军第10、第20、第35、第36、第108、第109师团和独立混成第4旅团主力或一部共5万余人对晋冀豫抗日根据地的大"扫荡"。

7月6日　八路军第115师独立旅编成,旅长兼政治委员杨勇,辖第1、第2和第3团。

7月7日　中共中央发表《为抗战两周年纪念对时局宣言》,提出了"坚持抗战到底——反对中途妥协! 巩固国内团结——反对内部分裂! 力求全国进步——反对向后倒退!"。

8月1日　八路军第1纵队正式成立,司令员徐向前,政治委员朱瑞,统一指挥山东省与江苏省北部的八路军部队。10月13日,与山东纵队合署办公。1941年1月,第1纵队番号撤销。

8月1日至3日　八路军第115师在广大群众的配合下,利用高粱、玉米青纱帐起的有利条件,以特务营、骑兵连和独立第1团第3营,在梁山南麓地区设伏,歼日伪军400余人。这一胜利,增强了八路军第115师开展平原游击战争的信心,巩固与扩大了鲁西抗日根据地。

8月9日　中共中央北方局批准成立山东军政委员会,由朱瑞、徐向前、郭洪涛、罗荣桓、陈光、黎玉组成,书记朱瑞。

8月　第115师鲁西军区成立,由独立旅兼,旅长兼司令员杨勇,副旅长兼副司令员段君毅,参谋长何德全,政治部主任欧阳文,辖第6支队兼泰西军分区、第2团兼运西军分区、鲁西北军分区和第1、第3团。10月,第6支队归属独立旅建制。

8月　八路军后方留守处正式改称八路军后方留守兵团(对外仍用后方留守处番号)。同时,成立鄜甘(泉)警备司令部,司令员曹里怀。

8月至12月　八路军山东纵队进行第二期整军,共编为第1、第2、第3、第4、第5、第6支队,苏鲁支队,苏皖纵队(辖陇海南进支队)和第1军区(司令员刘海涛,政治委员林浩)、第3军区(司令员王彬,政治委员王文)。

9月8日　第359旅第717、第718团离开晋察冀边区。10月5日,抵陕甘宁边区。

9月10日　八路军第120师独立第2旅改编为第358旅,又称张第358旅,旅长张宗逊,政治委员张平化,辖第4、第716团。

9月23日　日军大本营下达了中国派遣军的战斗序列令,规定其自10月1日行使统帅权。中国派遣军总司令部,设在南京,总司令官西尾寿造,总参谋长板垣征四郎,辖华北方面军,第11、第13、第21军和第3飞行集团、第21独立飞行队等。其中,华北方面军,司令官多田骏,参谋长笠原幸雄,辖第1军(司令官筱冢义男,辖第20、第36、第37、第108师团和独立混成第3、第4、第9旅团)、第12军(司令官饭田贞固,辖第21、第32师团和独立混成第5、第6、第10旅团)、驻蒙军(司令官冈部直三郎,辖第26师团、独立混成第2旅团和骑兵集团);方面军直辖第27、第35、第110师团和独立混成第1、第7、第8、15旅团。中国派遣军的任务是:确保西苏尼特王府、百灵庙、安北(今大奈太)、黄河、黄泛区、庐州(今合肥)、芜湖、杭州一线以东地区稳定;尤其确保蒙疆、山西省北部、河北省及山东省的各要地和上海、南京、杭州等地区的治安。

9月27日至30日　八路军第120师在晋察冀军区的配合下,在河北省平山县东北的陈庄歼灭日伪军1380余人。

11月3日至12月8日　八路军晋察冀军区和第120师一部,进行了雁宿崖战斗和黄土岭战斗,在歼灭由涞源出犯的独立混成第2旅团旅团长阿部规秀及以下1400余人后,以伏击、袭击等手段,又粉碎了日军第110师团等2万余人对阜平地区的合击。此次反"扫荡"作战,共作战108次,毙伤日军3600余人,俘其13人。

11月20日　驻河北省武安、涉县地区的国民党军冀察游击第2路第2师范子侠部,改编为八路军第129师平汉抗日游击纵队,司令员范子侠,辖第1、第2、第3团。翌年6月7日,改编为第129师新编第10旅。

12月8日至26日　八路军第129师主力一部和第344旅大部进行了邯(郸)长(治)战役。首先,以游击部队在邯长大道全线展开破袭。然后,以部分兵力结合地方武装,以黎城至涉县段为重点,连续袭击敌据点,伏击敌运输部队,中断敌交通和接济。接着,不失时机地展开攻击,收复黎城、涉县等城镇。是役,共毙伤日伪军700余人。

12月　绥德警备司令部改为后方留守兵团警备第1旅,旅长文年生,政治委员阎红彦,辖第 3、第 8 团。

12 月　八路军第 115 师制定战略计划,其要点是:创建以抱犊崮山区为中心的鲁南抗日根据地,后向东北发展,与山东纵队活动连成一片;一部坚持冀鲁边区,巩固鲁西、泰西抗日根据地,使其成为坚持山东抗战的辅助阵地;苏鲁豫支队第 3 大队留(微山)湖西,第 2 大队(原第 4 大队)调鲁南,第 1 大队南援新四军,开展苏皖边区工作。

12 月至翌年 3 月　八路军在中国共产党的领导和抗日根据地人民群众的大力支持下,实行"坚持抗战、反对投降,坚持团结、反对分裂,坚持进步、反对倒退"的方针,恪守"人不犯我,我不犯人;人若犯我,我必犯人"的原则,粉碎了国民党顽固派军队对晋西、陕甘宁边区、晋东南、冀南、冀鲁豫等地区的进攻,打退了国民党顽固派发动的第一次反共高潮。

1940 年

1 月 18 日　朱德、彭德怀致电徐向前、朱瑞,指出:克服投降妥协危险的中心环节,是力量问题。巩固和扩大八路军,是目前华北全党全军的中心任务之一。决定 1940 年八路军扩军 20 万人。19 日,将该电内容,报告中共中央和中央军委。30 日,毛泽东、王稼祥复电:全军扩军 20 万,主要分配在有枪的区域。

1 月 29 日　八路军野战政治部发出关于生产运动的训令,指出:积极开展生产运动,力求经济上做到自力更生,是保卫华北抗日根据地、粉碎敌人围攻、打击投降派、争取胜利的重要条件,必须将生产运动看作全军的严重战斗任务之一。不仅在部队中动员,而且在地方上一样进行大生产运动。

1 月　晋察冀军区以第 1 军分区第 1 团、第 4 军分区第 5 团和第 3 纵队兼冀中军区警备旅组成南下支队,司令员陈正湘,政治委员刘道生;由第 3 纵队兼冀中军区第 16、第 21、第 22、第 23、第 24 团和津南自卫军组成南进支队,司令员赵承金,政治委员谭冠三。南下支队与南进支队分别开赴晋东南和冀南地区,参加反顽作战。完成任务后,南进支队除指挥机关和第 16、第 21 团继续活动在冀鲁豫地区外,其余部队于五六月间归建;南下支队全部归建。

2 月 1 日至 5 月 30 日　八路军山东纵队进行第三期整军,按照三三编制,将前两期整军中编为基干营的部队恢复团的建制。新组建第 6 军分区,司令员马千里,政治委员景晓村。

与此同时,第 6 支队和苏鲁支队划归第 115 师建制,撤销第 1 军区,一部组建第 9 支队。该军区第 1、第 2、第 5 军分区调归山东纵队,第 3、第 4 军分区调归第 115 师。全纵队达到 5.35 万余人。

2 月 2 日至 8 日 八路军第 120 师师长贺龙、政治委员关向应,率 5 个主力团,由晋察冀抗日根据地返回晋西北抗日根据地。

2 月 6 日 八路军活动在太(行山)南、豫北的第 344 旅、晋豫游击支队、独立游击支队、决死第 3 纵队、河北抗日民军第 4 团,合编为八路军第 2 纵队,司令员左权(兼),政治委员黄克诚,副司令员杨得志,参谋长韩振纪,政治部主任崔田民。该纵队直属于八路军总部。4 月 30 日,第 2 纵队与冀鲁豫支队合编为第 2 纵队兼冀鲁豫军区,纵队司令员杨得志,纵队政治委员兼军区司令员黄克诚,参谋长卢绍武,纵队政治部主任兼军区政治委员崔田民,军区政治部主任唐亮,辖第 344 旅,新编第 2、第 3 旅,河北抗日民军第 1 旅和第 1、第 2、第 3 军分区。5 月 20 日和 6 月初,第 344 旅和新编第 2 旅主力,梯次南下华中支援新四军。

2 月 10 日 中共中央和中央军委发出《关于目前形势和任务的指示》,指出八路军、新四军的当前战略任务是:在粉碎敌人"扫荡"、坚持游击战争的总任务下,扫除一切投降派、顽固派的进攻,将整个华北直至皖南、江南打成一片,化为民主的抗日根据地,置于共产党进步势力管理之下;同时极大发展鄂中与鄂东,以便与全国工作配合,坚持华北、华中抗战,稳定全国统一战线,争取时局好转。

2 月 10 日 中共中央和中共中央军委发出《关于开展生产运动的指示》,指出:财政问题的解决,必须提到政治的高度。在抗日前线部队中,应依据不同环境、不同部门、不同劳动条件,规定生产方向和方法:在比较巩固的地区,进行农业、商业、手工业生产,普遍发展喂猪、种菜等事业;在不巩固的地区,由军队派出人力、畜力,帮助农民耕作,由农民供给驻军一定比例粮食马料;行止无定的部队,利用战斗间隙,无代价帮助农民劳动,以取得农民对军队的帮助,部队经营取慎重态度。同时,提出"一面战斗、一面生产、一面学习"的口号。

2 月 21 日 八路军总部颁布 1940 年整军训令,指出:全年全军分两期,每期 4 个月,共整理 50 个团。即第 115 师(欠第 344 旅)7 个团、第 344 旅 4 个团(含唐天际支队、赵基梅支队各1个团),第120师9个团(含萧克部4个团),第129师11个团,晋察冀军区11个团(含冀中7个团),山东纵队7个团,总部1个团。训令要求:加强和巩固共产党在部队中的绝对领导,健全军队制度,提高部队技术、战术水平和文化程度,增强部队战斗力,等等。

2月 在八路军山东纵队苏鲁支队的支持下,鲁南铁道游击队正式成立,队长洪振海,政治委员杜季伟。后又组建了第2、第3支铁道游击队等。6月,上述多支铁道游击队合编为大队,隶属于八路军第115师。该队依托微山湖区,活跃在枣庄至临城(今薛城)和临城至利国驿段铁路线上,扒火车,劫机枪、弹药和军火,成为威震敌胆的一支抗日武装。

3月5日至8日 八路军第129师,依据集中主力歼灭国民党顽固派第97军朱怀冰部,监视和争取鹿钟麟与孙殿英部的作战意图,集中青年纵队、独立支队、先遣支队、独立游击支队、特务团,并指挥晋察冀军区挺进支队、第3纵队兼冀中军区警备旅,共13个团(大队)的兵力,编成左、中、右3个纵队,采取包围穿插战术,发起了磁(县)武(安)涉(县)林(县)战役,歼顽军及其地方武装共1万余人。

3月12日 在雁北、察南地区正式成立晋察冀军区第5军分区,司令员兼政治委员邓华,辖第6团、雁北支队和察南游击队。

3月21日和4月13日 第115师独立旅与东进抗日挺进纵队一部、山东纵队第6支队先后合并,恢复第343旅番号。4月中旬,由第343旅兼鲁西军区,隶属于第115师,旅长兼军区副司令员杨勇,旅政治委员、军区司令员兼政治委员萧华,副旅长段君毅,参谋长何德全,政治部主任曾思玉,辖黄河、运河支队和第1、第2、第3、第4军分区。7月,鲁西抗日根据地已扩大到30个县80个区。同年底,运西、泰西、运东和鲁西北连成一片,形成鲁西抗日根据地。

4月6日 中共中央发出《关于瓦解敌军工作的指示》,指出:瓦解敌军工作,对争取抗战胜利具有重要意义;必须健全军队中的敌军工作部和地方党的敌伪军工作委员会,并深入研究和不断改进对敌宣传内容。

4月10日至5月底 日军华北方面军的第27、第110师团和独立混成第15旅团等部3万余人与伪军6000余人,对冀中抗日根据地进行分区"扫荡"。八路军第3纵队兼冀中军区部队,在群众的大力支援下,一面以营、连为单位分散坚持斗争,一面相机集中兵力打击敌人。共作战96次,毙伤日军3000余人、伪军400余人,俘日军 3 人、伪军 60 人。

4 月 14 日至 5 月 5 日　八路军第 115 师第 686 团等部粉碎日伪军 8000 余人对鲁南抗日根据地的"扫荡",歼日伪军 2000 余人。

4 月 29 日　彭第 358 旅改编为独立第 2 旅,旅长彭绍辉,政治委员张平化,辖第 5、第 6、第 714 团。

4 月　平西军分区成立,萧克兼司令员,辖第 7、第 9 团。

5 月至 6 月　第 129 师除保留第 385、第 386 旅建制外,编成了 6 个新编旅,原新编第 1 旅和决死第 3 纵队由第 2 纵队改归第 129 师,撤销了晋冀豫军区(1939 年秋对外改称晋冀豫边游击纵队),成立了太行、太岳军区,调整了军区、军分区划分。师部兼太行军区机关,师长兼司令员刘伯承,政治委员邓小平,军区副司令员王树声,参谋长李达,政治部主任蔡树藩,供给部部长施作林、政治委员赖勤,卫生部部长钱信忠、政治委员周光坦,生产部部长张克威。师辖第 385 旅,第 386 旅兼太岳军区,新编第 1、第 4、第 7 至第 11 旅,冀南军区等。

第 385 旅,旅长陈锡联,政治委员谢富治,辖第 769、第 13、第 14 团。

第 386 旅兼太岳军区,旅长兼司令员陈赓,政治委员王新亭,辖第 772、第 16、第 17、第 18 团和 3 个军分区:第 1 军分区,司令员张春森,政治委员金世柏;第 2 军分区,司令员张汉丞,政治委员史建;第 3 军分区,司令员王清川,政治委员孙雨亭。

新编第 1 旅,旅长韦杰,政治委员唐天际,辖第 1、第 2 团。

新编第 10 旅,旅长范子侠,政治委员赖际发,辖第 28、第 29、第 30 团。

新编第 11 旅,旅长尹先炳,政治委员黄振棠,辖第 31、第 32、第 33 团。

决死第 1 纵队,纵队长兼政治委员薄一波,辖第 25、第 38、第 42、第 57、第 59 团和第 212 旅。第 212 旅,旅长孙定国,政治委员王成林,辖第 54、第 55 团。

决死第 3 纵队,纵队长戎子和,政治委员董天知,辖第 7、第 8、第 9 团。

太行军区,辖 5 个军分区:第 1 军分区,司令员秦基伟,政治委员高扬;第 2 军分区,司令员张国传,政治委员赖若愚;第 3 军分区,司令员郭国言,政治委员王一伦;第 4 军分区,司令员石志本,政治委员王孝慈;第 5 军分区,司令员皮定均,政治委员鲁瑞林。

冀南军区,司令员陈再道,政治委员宋任穷,副司令员王宏坤,参谋长范朝利,政治部主任刘志坚,辖4个旅和5个军分区:原第1军分区,划归晋察冀军区第3纵队兼冀中军区,重新成立第1军分区,司令员丁先国,政治委员刘大坤,辖第18团;新编第4旅兼第2军分区,旅长兼司令员徐深吉,政治委员吴富善,辖第771、第10、第11团;新编第8旅兼第3军分区,旅长兼司令员张维翰,政治委员萧永智,辖第22、第23、第24团;新编第7旅兼第4军分区,旅长兼司令员易良品,政治委员文建武,辖第19、第20、第21团;新编第9旅兼第5军分区,旅长兼司令员桂干生,辖第25、第26、第27团。

第129师师部直辖由特务团改称的第34团,以及骑兵团。第129师共11万余人。

6月1日 毛泽东等发出关于华北华中战略部署的指示,指出:针对确占华北为敌人之已定方针和国民党封锁我们的情况,在北线即冀中、冀察晋、晋西北等区,主要方针是坚持斗争,而不是扩大部队,主力一部向南移动,大大加强地方武装,大力发展游击战争;在南线即晋东南、冀南、山东等地区,除山东外,很大的扩大是困难的。

6月5日至18日 八路军第2纵队新编第2旅第4团、新编第3旅、南进支队、河北抗日民军第1旅,分散活动,机动作战,粉碎了日军第21、第32、第35师团和独立混成第1旅团、骑兵第4旅团各一部共1.5万余人对冀鲁豫抗日根据地的"扫荡"。

6月7日至7月6日 八路军第120师第358旅、独立第1和第2旅和暂编第1师等,首先以小部队消耗、疲惫敌人,主力避敌锋芒;然后,集中主力打击敌之一路。共进行大小战斗250余次,歼日伪军4500余人,粉碎了日伪军2万余人对晋西北抗日根据地的大"扫荡"。

6月 晋察冀军区第3纵队兼冀中军区撤销第6至第10支队。

7月2日 南下华中的八路军第2纵队第344旅、新编第2旅主力,与新四军第6支队(欠第4总队)在涡阳县新兴集合编为八路军第4纵队,司令员彭雪枫,政治委员黄克诚,参谋长张震,政治部主任萧望东,辖第2、第4、第5、第6旅和豫皖苏边区保安司令部。

7月 晋察冀军区第1至第4支队和第13支队撤销,冀东军分区成立,司令员李运昌,政治委员李楚离,辖第12、第13团。

8月20日至1941年1月24日 八路军以105个团的兵力,向日军华北方面军侵占的正太铁路等交通线和沿线据点,发起了大规模的战役进攻,亦称百团大战。第一阶段,以破袭正太铁路为重点;第二阶段,主要是进行了涞(源)灵(丘)、榆(社)辽(县)战役;第三阶段,粉碎了日军对太行、太岳、晋察冀、晋西北抗日根据地的报复性"扫荡"。仅前三个半月,共作战1824次,毙伤日伪军2.5万余人,俘日军281人、伪军1.8万余人。如果统计到1941年1月24日,歼日伪军至少应为5万余人。八路军伤亡1.7万余人,决死第3纵队政治委员董天知英勇牺牲。百团大战,沉重打击了日军以"铁路作柱、公路作链、据点作锁"的"囚笼政策",粉碎了国民党顽固派诬蔑八路军"游而不击"的谬论,有力地配合了正面战场国民党军作战,进一步坚定了全国军民夺取抗战胜利的信心,也提高了共产党和八路军的威望。

8月 日军华北方面军的兵力部署情况是:方面军司令部,驻北平,辖3个军:

第1军,司令部驻太原,辖3个师团和4个独立混成旅团:第36师团,驻长治;第37师团,驻运城;第41师团,驻临汾;独立混成第3旅团,驻嶂县;独立混成第4旅团,驻阳泉;独立混成第9旅团,驻太原;独立混成第16旅团,驻汾阳。

第12军,司令部驻济南,辖2个师团和3个独立混成旅团:第21师团,驻徐州;第32师团,驻兖州;独立混成第5旅团,驻青岛;独立混成第6旅团,驻莒县;独立混成第10旅团,驻泰安。

驻蒙军,司令部驻张家口,辖1个师团、1个独立混成旅团和1个骑兵集团(欠第4旅团):第26师团,驻大同;独立混成第2旅团,驻张家口;骑兵集团(欠第4旅团),驻包头。

方面军直辖第27师团,驻天津;第35师团,驻开封;第110师团,驻石家庄;独立混成第1旅团,驻邯郸;独立混成第7旅团,驻惠民;独立混成第8旅团,驻石家庄;独立混成第15旅团,驻北平;骑兵第4旅团,驻商丘。以上日军华北方面军,共9个师团、12个步兵独立混成旅团、1个骑兵集团,计25万人。

8月 第3纵队兼冀中军区第1至第5军分区依次改称第6至第10军分区。

8月 在陇海铁路以南、淮河以北、津浦铁路以东的皖东北地区活动的八路军第4纵队第2旅第5、第6团与第4旅第687团,苏鲁豫支队,陇海南进支队,新四军第6支队第4总队等,统一整编为八路军第5纵队,司令员兼政治委员、政治部主任黄克诚,参谋长韩振纪,供给部部长刘炳华,辖3个支队和1个保安司令部:第1支队(后亦称第115师教导第1旅),司令员彭明治,政治委员朱涤新;第2支队,司令员田守尧,政治委员吴信泉;第3支队,司令员张爱萍,政治委员韦国清;皖东北保安司令部,张爱萍兼司令员。全纵队共9个团,约2万人。1941年皖南事变后,第5纵队改编为新四军第3师。

8月　八路军第4纵队第2旅第5、第6团和第4旅第687团编入八路军第5纵队后,第4纵队辖3个旅和1个保安司令部:第4旅,旅长刘震,政治委员康志强;第5旅,旅长滕海清,政治委员孔石泉;第6旅,旅长谭友林,政治委员赖毅;豫皖苏边区保安司令部,司令员耿蕴斋,政治委员吴芝圃。12月,保安司令部撤销;萧县独立旅成立,旅长纵翰民,政治委员李中道。1941年皖南事变后,第4纵队改编为新四军第4师。

9月10日　中共中央在《关于时局趋向的指示》中,进一步指出:日本为了放手南进与准备对美战争,正在采取交通封锁、军事进攻、政治诱降等各种办法,以求迅速结束对华战争。国民党顽固派则动摇于英美与日德之间,暗藏的投降派策动蒋汪合流,进步与中间势力则要求国共两党继续团结抗日。

9月至1941年2月底　山东纵队进行第四期整军,将所属部队整编为4个旅、3个支队、1个军区和2个直属特务团。其中,第1旅由第1、第4支队各2个团编成,第2旅由第2、第9支队及第1支队第2团编成,第3旅由第3支队编成,第5旅由第5支队编成;新建立第1支队兼第2(沂蒙)军分区,第4支队兼第1(泰山)军分区,第3军区改编为新的第5支队;撤销了第6军分区,新建了清河军区;另有特务第1、第2团。第1旅,旅长王建安(兼),政治委员周赤萍;第2旅,旅长孙继先,政治委员江华(兼);第3旅,旅长许世友,政治委员刘其人;第5旅,旅长吴克华,政治委员高锦纯;第1支队兼第2(沂蒙)军分区,司令员胡奇才,政治委员王子文;第4支队兼第1(泰山)军分区,司令员赵杰,政治委员王叙坤;第5支队,司令员王彬,政治委员王文;清河军区,司令员杨国夫,政治委员景晓村。全纵队共4万余人。

10月19日　蒋介石以国民政府军事委员会正副参谋总长何应钦、白崇禧的名义,发出"皓电",限令电到一个月内黄河以南的八路军、新四军撤到黄河以北冀察地区,并密令数十万军队进攻新四军,掀起了第二次反共高潮。1941年1月6

日至 14 日,新四军皖南部队 9000 余人,陷入国民党军 7 个师约 8 万人的重围,除 2000 余人突出重围外,一部被俘,大部壮烈牺牲。军长叶挺被扣,副军长项英、副参谋长周子昆遇害,政治部主任袁国平牺牲。17 日,蒋介石诬新四军为叛军,宣布取消其番号,将叶挺交"军法审判"。震惊中外的皖南事变,使第二次反共高潮达到了顶点。随后,中共中央及其领导下的八路军、新四军进行了针锋相对的斗争,在政治上进行坚决反击的同时,在军事上也做了充分的准备,并得到了国内各阶层、各党派和国际进步力量的大力支持,从而打退了国民党顽固派掀起的第二次反共高潮。

10 月下旬至 1941 年 6 月 第 115 师编为 7 个教导旅、3 个军区,其战斗序列为:代师长陈光,政治委员罗荣桓,参谋长陈士榘,政治部主任萧华,供给部部长吕麟、政治委员彭显伦,卫生部部长谷广善、政治委员李宽和。教导第 1 旅(亦称八路军第 5 纵队第 1 支队),旅长彭明治,政治委员朱涤新。教导第 2 旅,旅长曾国华,政治委员吴文玉(吴法宪,后符竹庭)。教导第 3 旅兼鲁西军区,旅长兼司令员杨勇,政治委员苏振华,辖 4 个军分区:第 1 军分区,司令员刘贤权,政治委员李冠元;第 2 军分区,司令员冯鼎平,政治委员刘星;第 3 军分区,司令员黄骅,政治委员王乐亭;第 4 军分区,司令员刘致远,政治委员石新安。教导第 4 旅,旅长邓克明,政治委员张国华。教导第 5 旅,旅长梁兴初,政治委员罗华生。教导第 6 旅,后兼冀鲁边军区,旅长兼司令员邢仁甫,政治委员周贯五,辖 3 个军分区:第 1 军分区,司令员石景芳,政治委员杜子孚(田战胜);第 2 军分区,司令员徐尚武,政治委员何郝炬;第 3 军分区,司令员杨铮侯,政治委员李广文(李建国)。教导第 7 旅,代旅长余克勤,政治委员赵基梅,辖第 19、20 团。

鲁南军区,司令员兼政治委员邝任农,辖 2 个军分区:第 1 军分区,司令员封振武,政治委员许言;第 3 军分区,司令员贺健,政治委员李乐平。

1941 年皖南事变后,教导第 1、第 5 旅,分别编为新四军第 3 师第 7 旅和新四军独立旅。

秋天 晋察冀军区平北军分区成立,程世才兼司令员,辖第 10 团。

11 月 7 日 晋西北军区成立,由第 120 师兼,司令员贺龙,政治委员关向应,副司令员续范亭,参谋长周士第,政治部主任甘泗淇,辖第 358 旅兼第 3 军分区,旅长兼司令员张宗逊,政治委员李井泉,辖第 7、第 8、第 716 团;第 359 旅,旅长兼政治委员王震,辖第717、第718、第719团,雁北支队和第4支队;独立第1旅兼第4军分区,旅长高士一,副旅长兼司令员王尚荣,政治委员朱辉照,辖第2、第715团和决死第4纵队(司令员兼政治委员雷任民,辖第19、20、35团);独立第2旅兼第2军分区,旅长兼司令员彭绍辉,政治委员张平化,辖第5、第9、第714团和暂编第1师(师长续范亭,辖第36、37团);决死第2纵队兼第8军分区,司令员韩钧,政治委员王逢源,辖第4、第5、第6团和工卫旅(旅长兼政治委员侯俊岩,辖第21、22团)、洪赵纵队;大青山骑兵支队,司令员姚喆,辖第1、第2、第3团和第4支队。至年底,晋西北军区部队发展到5.1万余人。

11月23日　冀南军区新编第9旅番号撤销,原第25、第26、第27团,依次编入第2、第1、第5军分区。

12月22日至27日　八路军总部在晋察冀地区召开后勤工作会议。副总指挥彭德怀致《建军的三大任务之一———加强后勤工作建设》的开幕词,指出:后勤工作,是我军政治、军事和后方勤务工作的三大任务之一。中共中央军委后勤部部长杨立三作关于后勤工作的报告,总结了八路军自全国抗战以来后勤工作的成绩、问题,提出了今后工作方针和要求。八路军野战政治部主任罗瑞卿讲了话,副参谋长左权作了会议总结。

12月25日　毛泽东起草了中共中央对党内的指示,指出:联合一切抗日的工、农、兵、学、商,组成抗日民族统一战线;统一战线下的独立自主政策,既须统一,又须独立;在军事战略方面,是战略统一下的独立自主的游击战争,基本上是游击战,但不放松有利条件下的运动战;在和反共顽固派斗争时,是利用矛盾,争取多数,反对少数,各个击破,有理、有利、有节;在敌占区和国民党统治区的政策,是采取荫蔽精干、长期埋伏、积蓄力量、以待时机的政策;对于国内各阶级相互关系的基本政策,是发展进步势力、争取中间势力、孤立反共顽固势力;等等。

12月至翌年3月　八路军第120师第359旅,奉命开赴位于延安东南的南泥湾实行屯田政策。至1943年底,共种地13.8万亩,实现部队粮食全部自给,第359旅成为全军大生产运动的一面旗帜。

1941 年

1月6日　中共中央军委发出《关于交通战的指示》,着重指出:道路不可不破亦不可太破,凡于我太有害而于敌必争者,须彻底破坏之;凡在敌为必争,在我无力控制者,不可因破袭而引起敌人的严加守备;我需交通线不可破坏;破路应节省民力,物色人才,研究技术,多用地雷、爆炸物等。

1月7日至8日　第115师教导第3旅第7团和鲁西军区第2军分区部队,利用夜暗,除以一部兵力围困敌据点侯集、吸引郓城之敌出援外,以大部分兵力隐蔽进至郓城和侯集之间的潘溪渡地区,寻机打击由郓城出援的日伪军,共歼日军127人、伪军19人。

1月25日　日军华北方面军第27师团和伪军各一部,突然包围丰润东北的潘家峪,以机枪扫射和火烧,集体屠杀群众1300余人,制造了骇人听闻的潘家峪惨案。

1月　八路军第129师新编第11旅机关与太行军区第1军分区合并,其部队分别作为第1、第4军分区基干团。第1军分区,司令员秦基伟,政治委员高扬。

决死第3纵队机关与太行军区第3军分区合并,司令员郭国言,政治委员王一伦,保留决死第3纵队番号。

1月　皖南事变后,第115师教导第5旅改为新四军独立旅。

2月7日　中共中央军委颁布《军政委员会条例》,规定:在军、师、旅、团及纵队、支队、军区、军分区等级成立军政委员会(以前军队与地方党政合组的军政委员会,一律改名为军政党委员会,以资区别),作为每级的集体领导机关。各级军政委员会,由司令员、政委、政治主任、参谋长等主要负责人组成。军政委员会是执行上级指示、决定该部大政方针、布置工作及检讨工作的计划机关。

2月28日　八路军第129师冀南军区,在清河、武城、德县、恩县、平原、高唐、夏津成立第6军分区,司令员邹国厚,政治委员夏祖盛。

2月　冀东军民共出动8万人次,展开全区大破袭战,使基本区内日伪军的交通和通信一度陷于瘫痪状态。

3月30日至4月3日　日伪军在华北占领区内,进行了第一次"治安强化运动"。主要内容是:整顿和加强伪政权、伪军、伪组织,实行保甲,破坏中共地下组织,进行经济掠夺,等等。

3月　第120师兼晋西北军区成立兴(县)岚(县)直属军分区,司令员陈漫远。

4月1日　晋察冀军区决定撤销第5军分区,原所在地区划为第1军分区辖区,留雁北支队和县、区游击队,继续坚持斗争。

4月3日 中共中央军委决定:由刘伯承、邓小平、蔡树藩、李达、黄镇和王树声组成第129师军政委员会。

4月11日至20日 八路军第2纵队兼冀鲁豫军区领导机关,结合地方武装与民兵,采取以分散对集中、以集中对分散和内外线结合的作战原则,粉碎了日军第35师团、独立混成第1旅团各一部共8000余人及伪军2000余人对冀鲁豫抗日根据地的内黄、濮阳、滑县之间沙区的"扫荡"。

4月16日 中共中央军委决定:由朱德、彭德怀、左权、罗瑞卿、滕代远、陆定一组成华北军分会(前称中共中央军委前方分会),主席朱德,副主席彭德怀。

4月23日 中共中央军委发出《关于兵工建设的指示》,要求各抗日根据地,加强兵工建设,以弹药为主、枪械为辅。

5月4日至9日 八路军第129师冀南军区部队,依靠人民群众,对日伪军伸入抗日根据地的公路和封锁沟墙,进行大破袭战役,共进行大小战斗55次,连克据点8个,破路95公里,破封锁沟60余公里,毙伤日伪军249人。

5月 第120师兼晋西北军区成立第5军分区,司令员郭鹏,政治委员胡全。

6月1日至7月3日 八路军晋察冀军区的冀东军分区部队,由于未能果断分散突围,在反对日军第27、第101师团和伪军一部共4万余人对玉田南部杨家套、杨家板桥地区的"扫荡"中,损失惨重。仅第12团第1营,就伤亡营长以下100余人。

6月6日 中共中央军委发出《关于青纱帐起休整部队的指示》,指出:依据华北平原游击战争长期坚持熬时间的方针,部队以不过于消耗为原则,在青纱帐起的游击战,只在争取大部队休整与顾及群众情绪有利于长期坚持抗日根据地之原则下,小规模地进行,大部设法实行休整。

6月9日 中共中央军委发出《关于冀南平原对敌斗争的指示》,指出:敌在冀南之"蚕食"政策,其目的在于缩小我之活动地区,扩大其占领地。击破这种政策的中心环节在于有正确的政策,主要应从政治上着手,而不能只是军事进攻或以军事进攻为主。

6月 八路军驻豫北办事处设立,驻河南省林县苇底村。同年10月迁至林县任村,1943年7月一度迁至穆家庄,主任王百评(1941年6月至1943年11月)、申伯纯(1943年11月至1945年10月)。1945年10月撤销。

6月　八路军总部直辖第2纵队兼冀鲁豫军区的新编第2旅第4团、新编第3旅编成第115师教导第7旅,旅长韩先楚,政治委员赵基梅,辖第19、第20团。

7月7日　冀鲁豫军区与第115师鲁西军区合并为新的冀鲁豫军区,仍由第2纵队兼,归八路军总部直辖,鲁西军区第1至第4军分区和原冀鲁豫军区第1至第3军分区依次改称新冀鲁豫军区第1至第7军分区,南进支队由第3纵队兼冀中军区改隶第2纵队兼冀鲁豫军区。第2纵队司令员杨得志,冀鲁豫军区司令员崔田民,纵队兼军区政治委员苏振华,副司令员杨勇,参谋长卢绍武,政治部主任唐亮,辖教导第7旅、河北抗日民军第1旅,指挥教导第3旅,另有1个支队和7个军分区。教导第3旅,代旅长王秉璋,政治委员曾思玉;教导第7旅,旅长韩先楚,政治委员赵基梅。南进支队,司令员赵承金,政治委员谭冠三。第1军分区,司令员刘贤权,政治委员李冠元;第2军分区,司令员周桂生,政治委员刘星;第3军分区,司令员刘汉,政治委员李乐亭;第4军分区,司令员刘志远,政治委员石新安;第5军分区,由河北抗日民军第1旅兼,旅长兼司令员朱程,政治委员王凤梧;第6军分区,司令员唐哲明,政治委员裴志耕;第7军分区,司令员张耀汉,政治委员张应魁。10月,第8军分区成立,赵基梅兼司令员和政治委员。

7月7日至9月8日　日军华北方面军和伪华北政务委员会,以"实行剿共、巩固治安"为重点,在华北推行了第二次"治安强化运动"。对此,八路军除以地方武装和民兵打击敌人的军事进攻外,派出大量武装宣传队,深入敌占区,开展政治攻势,粉碎了日伪军第二次"治安强化运动"。

8月6日　第386旅兼太岳军区第17、第18团和决死第1纵队第57团,组成太岳南进支队(司令员周希汉,政治委员聂真),在第212旅协同下,进入临屯公路以南、泌河以西地区,创建岳南抗日根据地。

8月8日　八路军留守兵团成立关中警备司令部,司令员文年生,政治委员习仲勋,辖保安第1、第3团。

8月11日　第386旅、第212旅和决死第1纵队,组成太岳纵队,司令员陈赓,政治委员薄一波,辖:决死第1旅(由决死第1纵队改),旅长李聚奎,政治委员周仲英;第212旅,旅长孙定国,政治委员马英;第386旅,陈赓兼旅长,王新亭兼政治委员;第1至第4军分区。太岳纵队兼太岳军区,隶属于八路军总部。

8 月 13 日至 10 月 17 日　晋察冀军区部队,在广泛深入进行政治动员和思想准备的基础上,以军事斗争与其他各种形式斗争相配合,以分散对集中,以集中对分散,在友邻兄弟部队的配合下,粉碎了日伪军 7 万余人对北岳、平西地区的"扫荡",共作战 800 余次,歼日伪军 5500 余人。但敌后军民也遭受了严重损失。

8 月 31 日至 9 月 3 日　第 129 师以第 385 旅,新编第 1、第 8、第 10 旅,太行、太岳军区和冀南军第 3 军分区部队,进行了邢(台)沙(河)永(年)战役,经 3 昼夜激战,攻克南和、沙河县城等据点 8 个、碉堡 53 座,歼日伪军 1343 人。

8 月至 1942 年 2 月　山东纵队进行了第五期整军,撤销第 1、第 4 支队,新成立第 4 旅(旅长廖容标,政治委员汪洋)和鲁中军区(司令员刘海涛,政治委员霍士廉)。鲁中军区辖 2 个军分区:第 1(泰山)军分区,司令员赵杰,政治委员刘莱夫;第 2(沂蒙)军分区,司令员王兆相,政治委员王一平,辖第 1 团。1941 年冬,鲁中军区在反对日伪军"扫荡"后,实际已不存在。

9 月 13 日　中共中央、中央军委决定:山东纵队归第 115 师首长指挥,由罗荣桓、黎玉、陈光、萧华、陈士榘、罗舜初、江华 7 人组成新的山东军政委员会,书记罗荣桓。

9 月 17 日　太行军区在武(安)北、沙河、邢(台)东、邢西地区,建立第 6 军分区,司令员范子侠,政治委员朱穆之。

9 月 22 日至 10 月 3 日　第 386 旅兼太岳军区南进支队,共进行大小战斗 10 余次,粉碎了日军第 36、第 41 师和独立混成第 4、第 9、第 16 旅团主力或一部共 2 万余人对岳南抗日新区的"扫荡",歼日伪军 500 余人。该支队伤亡 50 余人。

9 月 25 日　晋察冀军区第 1 军分区第 1 团第 7 连第 6 班马宝玉、葛振林等 5 名战士,依托涞源、易县、徐水、满城之间的狼牙山绝境,打退了日伪军 500 余人的 4 次冲击,歼其 90 余人,掩护了上述 4 县我党政机关和群众的转移。在弹药用尽的情况下,5 名战士跳下深谷,马宝玉、胡福才、胡德林壮烈牺牲,葛振林、宋学义被山腰树丛架住后由群众救护脱险。这 5 名战士,被誉为"狼牙山五壮士"。

10 月 6 日至 18 日　岳北抗日根据地军民,粉碎了日军第 36、第 41 师团等和伪军共 3 万余人的"扫荡",共进行大小战斗 47 次,毙伤日伪军 916 人,俘 13 人。我方伤亡 166 人。

10 月　第 129 师新编第 10 旅保留番号,机关编入太行军区第 2 军分区,部队编入第 2、第 6 军分区。

11 月 1 日至 12 月 25 日　八路军和华北抗日根据地人民,一面揭露日伪军实行配给制、进行经济掠夺和经济封锁的阴谋;一面带领地方武装,与军事、政治手段相结合,开展群众性反封锁斗争,终于粉碎了日伪军以经济战为主的第三次"治安强化运动"。

11 月 2 日至 12 月 28 日　第 115 师指挥山东纵队,采取内外线斗争相结合的方针,开展群众性的游击战争,共作战 150 多次,粉碎了日军第 17、第 21、第 32、第 33、第 36 师团与独立混成第 3、第 4、第 5、第 6、第 9 旅团主力或一部共 5 万余人对鲁中沂蒙山抗日根据地的"扫荡",歼日伪军 2000 余人。该师和山东纵队伤亡 1400 余人,群众被杀、被抓 1 万余人。

11 月 7 日　中共中央军委发出《关于抗日根据地军事建设的指示》,指出:抗日根据地武装力量,应包括主力军、地方军、人民武装三部分,目前以发展地方军、人民武装为中心。三者的比例是:在平原抗日根据地,主力军与地方军是 1∶1;在山区抗日根据地,主力军与地方军是 2∶1;在大青山、冀东、苏南等困难区域,应全部主力军地方化。

11 月 12 日至 19 日　11 月 9 日,日军第 36 师团由黎城出动后,奔袭八路军总部兵工厂黄烟(崖)洞、水腰地区。12 至 19 日,八路军总部特务团凭借山险,与日伪军展开肉搏战,激战 8 昼夜,连续打退敌数十次冲击,歼日伪军近 1000 人,拆埋机器设备后主动转移。配合特务团作战的第 129 师第 385 旅、新编第 1 旅共 4 个团,在敌之侧后和回窜途中的横岭、三十亩、曹庄地区,歼日伪军 500 余人,从而迫使其于 20 日由黎城逃至潞城。

12 月 7 日(当地时间)　日本帝国主义袭击了美军在太平洋上的海、空军基地珍珠港,次日美对日宣战,太平洋战争爆发。

12 月 9 日　中共中央发表《中国共产党为太平洋战争的宣言》,指出:八路军、新四军,决心继续忍受艰难困苦,坚持华北华中敌后抗战,粉碎敌人的"扫荡",大量牵制敌人,配合美、英及其他各国抵抗日军的作战。

12 月 17 日　中共中央在《关于太平洋战争爆发后敌后抗日根据地工作的指示》中,明确指出:日本为进行太平洋战争,其榨取在华资源、巩固占领地之心必更切,对抗日根据地的"扫荡"、财富之掠夺及经济之封锁,必更强化与残酷;同时,必然控制伪军伪政权,增强其特务活动和破坏工作。中共中央要求抗日根据地军民对日益严重的困难要有充分的认识,树立长期坚持敌后抗战的信心,在物质和精神方面做好充分准备;要咬紧牙关,度过今后两年最困难的斗争。敌后抗战的总方针,仍是"长期坚持游击战争,准备将来的反攻"。

12月28日　中共中央和中央军委联合发出《关于一九四二年中心任务的指示》,指出:1942年敌后抗战的"中心任务在于积蓄力量,恢复元气,巩固内部,巩固党政军民"。

1942 年

1月1日　朱德、彭德怀等致信八路军全体指战员,指出:1942年的中心任务是抓紧训练,巩固部队,提高部队质量,加强战斗力,粉碎日军"扫荡",准备战略反攻;克服困难,发扬我军光荣传统,熬过困难,迎接抗战的最后胜利;严正部队纪律;积极开展对日伪军工作等。

1月10日　太岳纵队兼太岳军区,由直属八路军总部改归第129师建制。

1月31日至3月初　第120师第358旅等部,采取"围魏救赵"的办法,始终把主力置于日军侵占的据点和交通线上,粉碎了日军独立混成第3、第16旅团共1万余人对晋西北抗日根据地的大"扫荡",共进行大小战斗183次,歼日伪军570余人。

2月3日至3月上旬　第129师采取"敌进我进"、内外线相结合的方针,粉碎了日军华北方面军以第1军和方面军直属部队各一部共3万余人对太行、太岳和晋西北抗日根据地进行的春季"扫荡",共作战600余次,歼日伪军4000余人。太行军区第3军分区司令员郭国言、第6军分区司令员范子侠光荣牺牲。

2月4日　晋察冀军区的冀热察挺进军番号撤销,萧克任军区副司令员,原所属平西、平北、冀东军分区,依次改为第11、第12、第13军分区。第11军分区,司令员黄寿发,政治委员萧文玖,辖第7、第9团和第12地区队等;第12军分区,司令员覃国翰,政治委员段苏权,辖第8、第10、第40团和骑兵大队等;第13军分区,司令员李运昌,政治委员李楚离,辖第11、第12、第13团和第1至第4地区队。

2月18日　中共中央军委颁布了《八路军新四军供给工作条例》。该条例共分 9 章 58 条,对供给工作的指导思想、一般原则、组织工作与任务及建立预算、计算、审计、收支制度等,作了规定。

2 月　山东纵队第 3 旅与清河军区组建为山东纵队第 3 旅兼清河军区,旅长许世友,司令员杨国夫,政治委员景晓村,副政治委员刘其人,参谋长袁也烈,政治部主任徐斌洲,辖 3 个军分区:清东军分区兼独立团,司令员兼团长董有炳,政治委员岳拙元;清西军分区兼独立团,司令员兼团长许云轩,政治委员李曼村;清中军分区兼独立团,司令员兼团长马千里,政治委员王效禹。军区还辖直属团和昌潍独立团。

3 月　第 2 纵队兼冀鲁豫军区第 8 军分区撤销,辖区划给第 7 军分区。4 月,组建新的第 8 军分区,司令员吴机章(后),政治委员刘德海。

3 月 30 日至 6 月中旬　八路军贯彻"敌进我进"的方针,采取武工队的组织形式和斗争方式等,打破了日伪军以"东亚解放""剿共自卫"为口号在华北推行的第四次"治安强化运动"。

4 月 22 日　中共中央发出《关于总结精兵简政经验的通知》,指出,精兵简政包括两方面的问题:一是要求从长期坚持抗日根据地着想,注意节省与积蓄民力;二是要求从战争与农村环境着想,注意组织精干、分工合理,使政策能贯彻下去,使工作效率能大大提高,使军事行动能灵活便利。

4 月 29 日　第 129 师冀南军区部队,粉碎了日军独立混成第 1、第 7、第 8 旅团和伪军各一部共 1.2 万余人的"扫荡"。但冀南敌后军民损失严重,第 4 军分区司令员杨宏明、政治部主任孙毅民等光荣牺牲。

5 月 1 日至 7 月初　第 3 纵队兼冀中军区部队,按照全民武装自卫、开展广泛游击战争、全面坚持抗日根据地斗争的方针,采取坚壁清野、划分活动区域、拟定活动方案、紧缩机关等措施,强调积极展开地道斗争,粉碎了日军华北方面军第 26、第 27、第 41、第 110 师团和独立混成第 7、第 9 旅团等及伪军共计 5 万余人的大"扫荡"。共作战 272 次,毙伤日伪军 1.1 万余人。但部队减员 46.8%,群众伤亡和被掳走的达 5 万余人。

5 月 4 日　中共中央北方局和华北军分会,发出《关于反对敌人"蚕食"政策的指示》,指出:目前,"蚕食"政策是敌人向华北各抗日根据地进攻的一个主要手段;坚决展开反"蚕食"斗争,是华北全党全军的一个紧迫任务;反"蚕食"斗争的基本方针,是停止敌占区的继续扩大,组织全面力量,彻底粉碎敌之"蚕食"。

5月13日 中共中央军委决定在延安成立陕甘宁晋绥联防军。6月10日,陕甘宁晋绥联防军正式成立,司令员贺龙,政治委员关向应,代政治委员高岗,副司令员兼参谋长徐向前,副司令员萧劲光,副政治委员高岗、林枫和谭政,后张经武任参谋长,辖第120师兼晋西北军区、晋西北新军总指挥部、八路军后方留守兵团和总部直辖炮兵团等。

5月14日至6月20日 第129师采取内外线相结合的方针,避强击弱,适时转移,先后粉碎了日军第36、第69师团和独立混成第1、第3、第4、第8旅团等部分别对太岳南部、太行北部、太行南部进行的夏季"扫荡",歼日军3000余人。5月25日,八路军副参谋长左权,在指挥部队突围作战中光荣牺牲。

5月19日 第120师兼晋西北军区抓住日军第69师团第85大队600余人和伪军100余人奔袭兴县仓皇撤退之机,集中主力一部,结合地方武装和民兵,在兴县、岚县、临县交界处的田家会,歼日伪军700余人。

6月2日 第129师新编第7旅并入冀南军区第6军分区,新编第8旅并入冀南军区第3军分区。

6月 第2纵队番号撤销,部队并入冀鲁豫军区。

7月1日 山东纵队第5支队,改为胶东军区,司令员许世友,政治委员林浩,副司令员王彬,参谋长贾若瑜,政治部主任彭嘉庆,辖第1、第2、第3、第4军分区,亦称东海、北海、西海和南海军分区。

7月25日至12月底 第120师大青山骑兵支队,先后粉碎了日军第26师团、骑兵集团等部共2.4万余人对绥中、绥南、绥西地区的"扫荡"。

8月1日 山东纵队改为山东军区,政治委员黎玉,副司令员兼参谋长王建安,政治部主任江华,供给部、卫生部与第115师供给部、卫生部合并,军区部队归第115师指挥,其番号仍保留。除保留清河军区、胶东军区、第5旅外,组建滨海独立军分区,司令员何以祥,政治委员王叙坤(王力生);新的鲁中军区,司令员兼政治委员罗舜初,参谋主任石潇江,政治部主任周赤萍。以第1旅主力和第2旅第4团改为第115师新的教导第1旅,旅长孙继先,政治委员王麓水,辖第1、第3和第4团。鲁南军区由第115师改隶山东军区。至此,山东军区辖鲁中军区、清河军区、胶东军区、鲁南军区、滨海独立军分区和第5旅。鲁中军区辖3个军分区:第1

(泰山)军分区,司令员廖容标,政治委员汪洋;第2(沂蒙)军分区,司令员吴瑞林,政治委员王一平;第3(泰南)军分区,司令员赵杰,政治委员董琰。

8月3日至26日 晋察冀军区第13军分区部队,分散活动,灵活打击日伪军,粉碎了伪军1.3万余人对冀东迁安、卢龙、滦县、丰润地区的"扫荡",共作战20余次,歼日伪军850余人。

8月25日 滕代远任八路军副参谋长兼前方总部参谋长。

9月1日 中共中央发出《关于统一抗日根据地党的领导及调整各组织间关系的决定》,指出:中国共产党领导军队、政府和民众团体等一切组织;中央代表机关(中央局、分局)及各级党委(区党委、地委),是各地区党的最高领导机关;主力军以巩固和坚持所在根据地为第一等任务;实行党政军民的一元化领导。

9月12日至23日 冀南军区机关率第6军分区部队,在枣(强)南地区,粉碎了日军第41师团和独立混成第7、第8、第9旅团和伪军各一部共1万余人的"铁壁合围"大"扫荡"。

9月27日至10月14日 冀鲁豫军区领导机关率教导第3旅、南进支队、回民支队等,粉碎了日军第32、第59师团,骑兵第4旅团和伪军各一部共1万余人对濮(阳)范(县)观(城)地区的大"扫荡",歼日伪军300余人。该军区伤亡270余人,被俘110余人。第8军分区政治部主任魏金山光荣牺牲。

9月 晋西北军区番号撤销,晋绥军区成立,编入陕甘宁晋绥联防军,司令员贺龙,政治委员关向应,副司令员续范亭,副政治委员林枫,参谋长周士第,政治部主任甘泗淇,后勤部部长陈希云,辖4个旅、5个军分区等:第358旅兼第3军分区,旅长兼司令员张宗逊,政治委员李井泉;第359旅,旅长兼政治委员王震;独立第1旅,旅长高士一,政治委员朱辉照;独立第2旅兼第2军分区,旅长兼司令员许光达,政治委员张平化;第5军分区,司令员郭鹏,政治委员胡全;决死第2纵队兼第8军分区,司令员兼政治委员韩钧;兴岚直属军分区,司令员陈漫远;河防司令部,司令员刘忠,政治委员武开章;大青山骑兵支队,司令员姚喆;晋西北新军总指挥部,续范亭兼总指挥,政治委员罗贵波。

10月1日 陕甘宁晋绥联防军保安司令部撤销,成立警备第3旅,旅长贺晋年,政治委员王世泰,辖第7、第8、第9团。

10月初至1943年3月底 晋绥军区部队继续进行精简,调整了军分区的划分,裁减与合并师、旅、团指挥机关,有的团合并为支队。晋西北新军总指挥部番号撤销,部队并入第 8 军分区;第 4 军分区并入第 3 军分区,第 3 军分区仍由第358 旅兼;独立第 1 旅调至陕甘宁边区;撤销大青山骑兵支队和第 5 军分区番号,成立塞北军分区,司令员姚喆,政治委员高克林,辖第 1、第 2、第 3 团和雁北支队;在忻县、崞县、静乐和宁武新成立第 6 军分区,司令员雷任民,政治委员刘文珍,辖第 19、第 35 支队;暂编第 1 师和工卫旅取消师、旅指挥机关,仅保留番号。

10 月 8 日至 12 月 10 日　八路军第 115、第 129 师等部,粉碎了华北日伪军以"治强战"(即对太行、太岳和山东等抗日根据地进行全面"扫荡")为重点的第五次"治安强化运动"。

10 月 19 日至 1943 年 1 月 14 日　中共中央西北局高级干部会议召开。在这次会议上,八路军后方留守兵团和陕甘宁边区政府的领导干部,都各自认真检查了在军政、军民关系上存在的问题。为了克服缺点,增进军政、军民团结,建设和巩固边区,双方共同商定,根据中共中央《关于统一抗日根据地党的领导及调整各组织间关系的决定》精神,分别在军队和地方开展一次"拥护政府,爱护人民"和"拥护军队"的运动。

10 月 30 日　陕甘宁晋绥联防军骑兵旅由原保安司令部骑兵团和后方留守兵团骑兵团、第 359 旅骑兵大队编成,旅长康健民,政治委员朱子珍。

11 月 2 日　山东军区特务营和鲁中军区一部,连续打退了日军 8000 余人对沂水县对崮峪的 8 次围攻,营长等 14 名指战员全部跳崖,6 名战士壮烈牺牲,共歼日军 600 余人,省军区和省工会机关突围成功。

11 月上旬　第 115 师教导第 2 旅,运用"敌打到我这里来,我打到敌那里去"的"翻边战术",粉碎了日伪军对海陵(海州、赣榆、郯城之间新设县)的"蚕食",共克据点 16 个、歼灭伪军 600 余人。

11 月 11 日至 1945 年 4 月 11 日　我沁源地方部队和民兵,在太岳军区主力一部配合下,共作战 2730 次、毙伤日军 4000 余人,围困沁源日军两年半之久,创造了一面生产、一面战斗的群众性长期围困战的范例。

11 月 20 日　冀南军区新编第 4 旅机关并入第 4 军分区,原所属第 771 团调入第 4 军分区,第 20 团调归第 1 军分区,骑兵团直属冀南军区。

12 月 1 日　中共中央发出《关于加强统一领导与精兵简政工作的指示》,指出:切实整顿各级组织机构,精简机关,充实连队,加强基层,提高效能,节省人力物力。

12月5日　第115师教导第3、教导第4旅兼湖西军分区调入冀鲁豫军区。独立旅由新四军归建第115师,恢复教导第5旅番号。

12月5日至月底　冀鲁豫军区主力部队完全地方化:原第1、第4军分区合并为新的第1军分区,司令员刘志远,政治委员石新安;原第2、第8军分区和教导第3旅合并为新的第2军分区,司令员曾思玉,政治委员段君毅;原第3军分区和回民支队合并为新的第3军分区,司令员马本斋,政治委员刘星;南进支队与河北抗日民军第1旅兼第5军分区、第6军分区,合并为新的第4军分区,司令员赵承金,政治委员张国华;教导第7旅撤销,与第7军分区合并为第5军分区,司令员赵基梅,政治委员由刘星兼;第115师教导第4旅兼湖西军分区编入冀鲁豫军区后,番号撤销,改编为新的第6军分区,司令员王秉璋,政治委员唐亮。

1943 年

1月5日　毛泽东指出:"希特勒总崩溃为期不远,战胜希特勒后,中国时局将好转,日寇亦将夺气,有利我军抗战,我们应利用这种形势,鼓励军心民心,达到坚持目的。""整个抗战,尚须准备两年,你们须想各种办法熬过两年。"

1月15日　陕甘宁边区政府作出了《关于拥护军队的决定》,指出:"八路军不仅坚持了华北抗战,在全国抗战中起了支柱作用,而陕甘宁边区的保卫,人民民主、民生利益的保护,亦全赖有八路军之镇守。""八路军是值得政府和人民拥护的军队;拥护军队,是各级政府与全体人民应有的责任与义务。"同日,陕甘宁边区政府主席林伯渠、副主席李鼎铭,作出《边区政府关于拥军运动月的指示》,确定从1月25日至2月25日,为陕甘宁边区政府和人民的拥军运动月。同时,陕甘宁边区政府修订了《优待抗日军人家属条例》等。

1月16日　中共中央决定成立陕甘宁晋绥联防军政治部,军委总政治部副主任谭政兼联防军副政治委员和政治部主任,总政治部副主任傅钟兼联防军政治部副主任,联防军政治部第二副主任甘泗淇,联防军后勤部部长张令彬。同时,后方留守兵团政治部并入联防军政治部。

1月25日　八路军后方留守兵团司令部和政治部联合作出《关于拥护政府爱护人民的决定》,指出:陕甘宁边区政府,是一个革命的政府,是一个模范的抗日民主政府,是为了人民、为了抗战利益的。边区人民,是经过长期革命斗争的很好的人民;"边区军队与边区人民,像鱼和水一样,是分不开的,军队脱离了人民,就无法打胜仗,无法存在"。对"这样的政府与人民,我们军队应该拥护它、保卫它、爱护它。拥护政府、拥护人民,是我们革命军队的责任,是响应党的领导一元化的具体表现"。《决定》强调指出:"必须提高全军爱护根据地、建设根据地、拥护政府、爱护人民的认识,使党政军民更加团结一致。"

2月20日　陕甘宁晋绥联防军政治部成立,副政治委员谭政兼主任,副主任傅钟,第二副主任甘泗淇。

2月　晋察冀军区的第12军分区番号撤销,其部队改为平北支队。

3月中旬　山东军区和第115师合并为新的山东军区,第115师和原山东军区各旅、支队全部撤销,第115师番号保留。第115师代师长、政治委员和山东军区司令员兼政治委员罗荣桓,副政治委员黎玉,政治部主任萧华,后勤部部长吕麟、政治委员周贤,卫生部部长谷广善,辖6个军区:

鲁中军区,司令员王建安,政治委员罗舜初,辖3个军分区:第1军分区,司令员廖容标,政治委员林乎加;第2军分区,司令员吴瑞林,政治委员王一平;第3军分区,司令员赵杰,政治委员董琰。9月,第4军分区成立,司令员赵杰。

鲁南军区,司令员张光中,政治委员张雨帆(后王麓水),辖3个军分区:第1军分区兼第3团,司令员兼团长王吉文,政治委员杨士法;第2军分区,司令员贾耀祥,政治委员张雄;第3军分区兼第5团,司令员兼团长胡大荣,政治委员王六生。

胶东军区,司令员许世友,政治委员林浩,辖4个军分区:东海军分区,司令员刘涌,政治委员仲曦东;西海军分区,司令员陈华堂,政治委员吕明仁;南海军分区,司令员王侯山,政治委员刘宿贤(后刘中华);北海军分区,司令员孙端夫,政治委员王夷藜。

清河军区,司令员杨国夫,政治委员景晓村,辖4个军分区:清东军分区兼独立团,司令员兼团长赵寄舟,政治委员岳拙元;清西军分区兼独立团,司令员兼团长许云轩,政治委员李曼村;清中军分区兼独立团,司令员兼团长程绪润,政治委员张文韬;垦区军分区兼独立团,司令员兼团长王兆相,政治委员张辑光。

冀鲁边军区,司令员黄骅,政治委员王卓如,辖3个军分区:第1军分区,司令员傅继泽,政治委员彭瑞林;第2军分区,司令员龙书金,政治委员曾旭清;第3军分区,司令员杨铮侯,政治委员李广文。

滨海军区,司令员陈士榘,政治委员符竹庭,后辖2个军分区:第1(滨北)军分区,由第13团兼,团长兼司令员梁兴初,政治委员刘西元;第2(滨南)军分区,由第4团兼,团长兼司令员罗华生,政治委员张雄。

3月20日　刘少奇任中共中央书记处书记、军委副主席,并负责处理华中党政军民工作。

3月20日　第129师新第385旅番号撤销,除第13团并入太行军区第6军分区外,主力并入太行军区第3军分区。

3月22日　第129师新编第1旅番号撤销,除第1团调入太行军区第5军分区外,主力并入太行军区第4军分区。

3月24日　第129师太岳军区重新划分为4个军分区:决死第1旅兼第1军分区,旅长兼司令员李聚奎,政治委员顾大川;第386旅兼第2军分区,旅长兼司令员王近山,政治委员刘忠;第212旅兼第3军分区,旅长兼司令员孙定国,政治委员刘聚奎;晋豫联防区改为第4军分区,司令员唐天际,政治委员李哲人。

3月　蒋介石发表了《中国之命运》一书,暗示两年内一定解决共产党。同时,指使第31集团军副总司令王仲廉部、鲁苏战区副司令长官韩德勤部和第28集团军总司令李仙洲部,分别进攻华中和山东等抗日根据地。5月,借共产国际解散之机,密令第八战区副司令长官胡宗南调动兵力,准备闪击延安。6月底至7月初,不断以小部队袭扰和炮击我关中阵地。7月2日,胡宗南电令各部10日前完成一切准备,待命行动。至此,第三次反共高潮达到了顶点。

在此期间,中国共产党及其领导下的八路军、新四军和华南人民抗日游击队高举"坚持抗战、反对内战,坚持团结、反对分裂,坚持进步、反对倒退"的旗帜,在政治上展开强大攻势,动员解放区和大后方人民坚决斗争,并争取国内外舆论的同情和支持。同时,在军事上坚持自卫原则。从而打退了国民党顽固派发动的第三次反共高潮。

4月19日至5月17日　晋察冀军区第1、第3、第4、第11军分区部队,采取分散活动、组织轻便分队、广泛开展地雷战等办法,粉碎了日伪军1.2万余人对北岳区的"扫荡",共作战 218 次,歼日伪军 1723 人。

4 月 22 日至 30 日　山东军区的清河军区在群众的支援下,粉碎了日军独立混成第 5、第 6、第 7 旅团和伪军各一部共 2 万余人对垦区的"拉网合围"大"扫荡",歼日伪军 280 余人。

5 月 5 日至 22 日　第 129 师太行军区,以主力转向外线,在白晋、平汉铁路,积极开展交通破袭战;以游击集团分散坚持内线斗争,展开麻雀战、地雷战、窑洞战等,从而粉碎了日军第 36 师团和独立混成第 3、第 4 旅团等部共 1.5 万余人对太行抗日根据地的"扫荡",共歼日伪军 2500 余人。

6 月 1 日　毛泽东对抗日战争的形势重新作了估计,指出:抗战还须准备三年,我党应在此三年中力求巩固,屹立不败。对敌应用一切方法坚持必不可少之抗日根据地,反"扫荡"反"蚕食"之军事斗争与瓦解日伪之政治斗争均须讲究最善方策。

7 月 1 日　冀鲁豫军区第 3 军分区划归冀南军区,在原第 3 军分区辖区卫东、清平等县组成冀南军区第 7 军分区,司令员赵健民,政治委员萧永智;重建冀鲁豫军区第 3 军分区,司令员马本斋,政治委员刘星。

7 月 5 日至 8 月 6 日　山东军区滨海军区和鲁中军区各一部进行了抢占诸日莒山区和沂鲁山区战役,基本上控制了诸日莒山区、沂山山区和鲁山山区一部,并打通了两个山区与胶东区的联系,大大改善了八路军在山东地区对敌斗争的态势。

7 月 30 日至 8 月 19 日　冀鲁豫军区部队,进行卫(河)南战役,在滑县地区,歼伪军 5600 余人。

8 月 18 日至 26 日　太行军区主力、冀南军区部队一部,进行林(县)南战役,歼日伪军 7000 余人,解放人口 40 余万。

8 月　萧克代理晋察冀军区司令员,程子华代理政治委员。晋察冀军区第 17、第 18、第 22、第 26、第 27、第 29 团,调往晋绥地区。

9 月 5 日　晋察冀军区的第 3 纵队兼冀中军区番号撤销。

9 月 8 日　太行军区建立第 7 军分区,司令员皮定均,政治委员高扬;第 8 军分区,司令员黄新友,政治委员江明。

9 月 15 日至 12 月 15 日　晋察冀军区部队,采取以分散对集中、以集中对分散和内外线相结合的战法,广泛开展群众性游击战争,粉碎了日军第26、第62、第63、第110师团和独立混成第3旅团及伪军各一部共4万余人对北岳区的"扫荡"。共作战5600余次,歼日伪军1.1万余人。

9月21日至11月13日　冀鲁豫军区领导机关和第2、第4、第5军分区部队等,粉碎了日军第32、第35、第59师团和骑兵第4旅团各一部共1.1万余人的拉网"扫荡"。共进行大小战斗300余次,歼日伪军4000余人。

10月1日　中共中央发出《关于减租生产拥政爱民及宣传十大政策的指示》,指出十大政策是对敌斗争,精兵简政,统一领导,拥政爱民,发展生产,整顿三风,审查干部,时事教育,"三三制",减租减息。

10月1日至11月22日　太岳军区部队,针对日伪军兵力不足、顾此失彼的弱点,主力转入外线,袭击、尾击、侧击敌后方,变被动为主动,粉碎了日军第1军第37、第62、第69师团和伪军各一部共2万余人的"铁滚式"毁灭性"扫荡"。共作战720余次,歼日伪军3500余人。

10月6日　八路军总部机关与第129师机关合并,保留第129师番号。八路军总部直接指挥太行、太岳、冀南和冀鲁豫军区。第129师与太行军区分开,太行军区司令员兼参谋长李达,政治委员李雪峰,副政治委员兼政治部主任黄镇,辖8个军分区。第1军分区,司令员秦基伟,政治委员郭峰;第2军分区,司令员曾绍山,政治委员赖际发;第3军分区,司令员陈锡联,政治委员彭涛;第4军分区,司令员石志本,政治委员王孝慈;第5军分区,司令员韦杰,政治委员徐子荣;第6军分区,司令员宗凤洲,政治委员谢富治;第7军分区,司令员皮定均,政治委员高扬;第8军分区,司令员黄新友,政治委员江明。

10月7日至11日　当日军第69师团第85大队东逃至甄家庄时,晋绥军区第17、第21、第26、第29团,对日伪军实行了第三次包围;并以第36团和特务团,分别置于田家会和郑家岔,断敌退路和打击可能来援之敌。在我方不断打击下,敌仅靠空投食物、弹药,作负隅顽抗。甄家庄战斗,共歼灭日军700余人、伪军100余人,缴重机枪2挺、轻机枪15挺、长短枪200余支、子弹3万余发。

11月9日至12月上旬　山东军区部队乘日军华北方面军第12军对鲁中、清河抗日根据地开展"扫荡",在其他地区采取守势之机,抓住日军兵力不足、顾此失彼之弱点,以鲁南、滨海、胶东军区等部队,发起攻势作战。

11月10日至29日　山东军区的鲁中军区第2军分区第11团第8连和第7连第1排的共130余名指战员,在当地民兵送粮送水的支持下,在沂水西北岱崮,凭险据守,冒着飞机大炮的狂轰滥炸和毒气,以地雷和滚石等,抗击了2000余名日伪军一次又一次的轮番进攻,突出了日伪军包围圈,并配合了外线部队的作战。这次战斗,歼日伪军300余人。战后,第8连获山东军区通令嘉奖和"岱崮连"光荣称号。

11月15日至16日　山东军区集中鲁南军区第3、第5团,在地方部队和民兵的配合下,分路远距离奔袭、包围了伪军刘桂棠部据点鲁南费县西南东硅子后,突破了据点外围墙。接着,爆破炸毁据点东北角和西北角的两个炮楼,突入据点,与伪军展开巷战。第3团第4连通信员何荣贵击毙只身而逃的刘桂棠。此役,共歼灭伪军1100余人。

11月19日至20日　山东军区以滨海军区一部组成的突击队,利用在伪军中的内线关系做向导,打开伪和平建国军第36师第71旅旅长李亚藩部驻地赣榆城东北门,俘虏了睡梦中的伪军1个排。同时,利用伪军矛盾,发动政治攻势争取一部观战、反正,集中军事力量打击一部。战至20日上午,俘虏伪军李亚藩旅长以下1600余人,解放了赣榆城。此战,共歼灭伪军2000余人。26日,滨海军区政治委员符竹庭在日伪军反击中,光荣牺牲。

11月　晋绥军区领导人调整,司令员吕正操,政治委员林枫,副司令员续范亭,副司令员兼参谋长周士第,政治部主任张平化,后勤部部长陈希云。原第3纵队兼冀中军区第18、第27、第29团,合编为晋绥军区直辖第27团;第17、第22、第26团,合编为第3军分区第17团。

12月4日　山东军区之鲁中军区,集中了第1、第2、第4团,第11、第12团主力,第1军分区一部,在地方部队和民兵的配合下,分左、中、右、后4个纵队,四面进攻驻沂水西北的大张庄以东、东里店以西、石桥以南的伪军吴化文部。首先,突破其各部接合部;然后,实行各个击破。激战4昼夜,攻克东里店、石桥和岱崮据点20余处,歼伪军1000余人。

12月9日　八路军后勤部作出《关于实行供给包办(干)制度的决定》,指出:决定1944年实行供给包干制度,目的是减轻人民负担、克服财政困难,严格执行量入为出、量出为入的原则,做到一九四四年度之财政收支预算平衡;同时也提高生产积极性,自己动手,创造财富,使部队养成厉行节约、勤俭耐劳的优良作风,提高自力更生的能力。供给包干制,将各种经费划分为经常费、临时补助费、实报实销费和额定费四大类。为此,总部后勤部门详细规定了各项经费使用情况和各类人员的物资消耗标准、金额标准和实物定价标准。

1944 年

1月 山东军区由清河军区与冀鲁边军区组成渤海军区,司令员杨国夫,政治委员景晓村,副司令员龙书金,副政治委员刘其人,参谋长袁也烈,政治部主任周贯五。冀鲁边军区第1、第2、第3军分区,清河军区垦区军分区,清东、清西军分区,依次改称渤海军区第1至第6军分区:第1军分区,司令员傅继泽,政治委员陈德;第2军分区,司令员龙书金,政治委员曾旭清;第3军分区,司令员刘贤权(后),政治委员李广文;第4军分区,司令员王兆相,政治委员徐斌洲;第5军分区,司令员赵寄舟,政治委员岳拙元;第6军分区,司令员许云轩,政治委员李曼村。

1月 晋察冀军区由第1、第5、第9、第34团,独立团和骑兵团组建为机动旅。3月,该旅在黄永胜、邓华的率领下开赴陕甘宁抗日根据地,是年秋改编为陕甘宁晋绥联防军教导第2旅。

1月至6月 晋察冀军区部队,在春夏季攻势中,一面巩固了抗日根据地的基本区;一面深入敌占区和游击区,扩大了抗日根据地。

1月至8月 晋绥军区部队,开展群众性的围困战和破击战,共挤掉据点58个,解放村庄2685个、人口36.45万,并基本恢复了大青山区的绥中、绥南、绥西三块基本抗日根据地。

2月7日 冀鲁豫军区第3军分区司令员兼回民支队司令员马本斋在山东莘县病逝。

2月8日 冀鲁豫军区司令员杨得志,率1月由第3、第11、第16、第19、第32团和回民支队组成的西进支队,开赴陕甘宁边区。

2月10日至14日 在晋察冀边区政府召开的英模大会上,戎冠秀被授予"北岳区拥军模范——子弟兵的母亲"光荣称号。

2月至8月　太行、冀鲁豫、太岳军区,为缩小敌占区、扩大抗日根据地,连续发动了春、夏季攻势,分别进行了水(冶)林(县)战役、讨伐伪军刘本功战役、济(源)垣(曲)战役等,巩固和扩大了晋冀鲁豫抗日根据地。

3月至8月　山东军区部队,连续发动了以歼灭大股伪军和拔除深入抗日根据地据点为目标的春、夏季攻势作战,相继进行了讨伐伪军吴化文部战役、讨伐伪军荣子恒部战役和沂水战役等,巩固和发展了抗日根据地。

4月11日　陕甘宁晋绥联防军副政治委员兼政治部主任谭政,作了《关于军队政治工作问题》的报告,提出和明确了人民军队政治工作一系列重大理论原则、任务和总方针。20日,中共中央宣传部和军委总政治部联合发出通知,要求全军干部认真学习这一报告。

4月12日和5月20日　毛泽东先后在延安高级干部会议和中共中央党校第一部所作的讲演中,明确指出:目前时局有两个特点,一是反法西斯阵线的增强和法西斯阵线的衰落;二是在反法西斯阵线内部人民力量的增长和反人民势力的衰落。前一个特点是很明显的,后一个特点正日益显露出来。中国共产党领导的敌后军民,由于深入贯彻十大政策,"特别是整顿三风和发展生产这样两项工作,发生了根本性质的效果,使我党在思想基础和物质基础两方面,立于不败之地"。中国共产党及其领导下的人民军队"现在的任务是要准备担负比较过去更为重大的责任。我们要准备不论在何种情况下把日寇打出中国去。为使我党能够担负这种责任,就要使我党我军和我们的根据地更加发展和更加巩固起来,就要注意大城市和交通要道的工作,要把城市工作和根据地工作提到同等重要的地位"。

4月至12月　日本帝国主义为了支持太平洋战争,在海上交通被切断时能够经中国大陆交通线保持与本土的联系和解除美军空军飞机从驻华南基地起飞空袭本土的威胁,分别从日本国内与其朝鲜军、关东军和中国派遣军中抽调共50余万人的兵力,向正面战场国民党军发动了贯穿华北、华中和华南的长达近2000公里的平汉作战、湘桂作战和粤汉南段作战,又称河南会战、湖南会战和广西会战。这一打通大陆交通线作战统称为"一号作战"。在短短的8个多月里,正面战场国民党军由于作战准备不充分、战略指导失误、内部协同不力和战术素养差,连连丧师失地,损兵近60万人,失陷大小城市146座,失地20余万平方公里,河南、湖南、广西、广东等省大片国土沦入敌手。这是自全国抗战以来,国民党军在正面战场的第二次大溃败。

5月11日　中共中央书记处发出指示,要求华北、华中各地,迅速派出干部深入河南敌后,组织与领导人民开展抗日游击战争。

5月11日　冀鲁豫军区和冀南军区组成新的冀鲁豫军区,司令员宋任穷,政治委员黄敬,辖第1至第11军分区:第1军分区,司令员刘志远,政治委员邓存伦;第2军分区,司令员兼政治委员杜义德;第3军分区,政治委员王幼平;第4军分区,司令员雷绍康,政治委员乔晓光;第5军分区,司令员牟海秀,代政治委员陈登昆;第6军分区,司令员周发田,政治委员赵一民;第7军分区,司令员赵健民,政治委员许梦侠;第8军分区,司令员曾思玉,政治委员段君毅;第9军分区,司令员兼政治委员张国华;第10军分区,司令员赵基梅,政治委员刘星;第11军分区,司令员王秉璋,政治委员潘复生。

5月11日至17日　冀鲁豫军区进行了昆(山)张(秋)战役,歼伪军1200余人,拔除据点、碉堡50余处,缴枪1000余支、子弹数万发,全部解放了这一地区,向东扩大了50余公里。

6月5日　中共中央发出《关于城市工作的指示》,明确城市工作的目的、方向、任务、方法和经费等问题,要求各地依据实际情况,切实研究,灵活运用,充分发挥作用。

7月1日　中共中央发出《关于整训军队的指示》,指出:为准备全面反攻和应付国内突然事变,要抓住时机,除继续对敌作战、加强城市交通要道工作外,加紧对部队进行军政训练,为将来部队大发展创造条件。

7月25日　中共中央发出《关于发展河南敌后工作的指示》,并作出进军部署。至翌年春、夏,八路军、新四军各一部,密切配合,打退了敌、顽军的进攻,开辟了豫西、发展了豫南、扩大了豫东抗日根据地,加强了华北与华中两大抗日根据地的联系。

7月31日至8月8日　冀鲁豫军区第7军分区部队,在莘县、朝城等县大队和马颊河支队配合及共产党员范永堂的内部接应下,俘伪莘县县长刘仙洲以下2000余人,缴迫击炮1门、轻机枪12挺、子弹数十万发,创造了一个军分区解放一个县城的模范战例。

8月1日　太岳军区第5军分区成立,司令员孙定国,政治委员柴泽民,辖第54团,第9、第10支队,康支队和汾南支队。

8月11日至18日　渤海军区集中直属团、特务团和第4军分区部队,首先扫清了利津外围据点,然后偷袭和强攻相结合,歼日军8人,伪军1000余人。

8月15日晚至17日　鲁中军区集中第1、第2、第4、第11团及地方部队、民兵,以偷袭和强攻相结合,对沂水城展开大规模的攻坚战,取得首次城市攻坚战的胜利。

8月　陕甘宁晋绥联防军教导第1旅,由原冀鲁豫军区西进支队改称,辖第3、第11、第16、第19、第32团和回民支队。

8月至10月　山东军区、晋绥军区、晋察冀军区、太行军区、太岳军区、冀鲁豫军区,连续发动了以夺取敌占城镇和交通线为目标的秋季攻势作战,收复和控制了华北许多城镇,迅速扩大了华北抗日根据地。

9月3日至4日　鲁中军区集中第1、第2、第4、第12团,在沂水城北沂水两岸的陶沟、葛庄地区设伏,毙日军第59师团第43大队300余人、俘31人,毙伤伪军1000余人、俘367人。这是继梁山战斗后,山东我军又一次取得歼灭日军一个大队的胜利。

9月22日　中共中央军委向全军转发了陕甘宁晋绥联防军《三五八旅整顿官兵关系中的经验》,指出:官兵关系问题,实是第358旅转变作风的一个基本问题。这次采取了群众路线,因而造成了群众运动,也比较彻底地解决了官兵关系问题。

9月　晋察冀军区决定,对所属部队进行整编,共扩编及新编部队约20个团,成立了4个军区。这一整编工作自10月上旬至年底完成。

冀晋军区,司令员赵尔陆,政治委员王平,辖第2至第5军分区:第2军分区,司令员曾美,政治委员张连奎;第3军分区,司令员李湘,政治委员黄文明;第4军分区,司令员马龙,政治委员丁莱夫;第5军分区,司令员陈仿仁,政治委员刘达。

冀中军区,司令员杨成武,政治委员林铁,辖第6至第10军分区:第6军分区,司令员王先臣,政治委员魏震;第7军分区,司令员于权申,政治委员张庆春;第8军分区,司令员贾士珍,政治委员周彪;第9军分区,司令员魏洪亮,政治委员陈鹏;第10军分区,司令员刘秉彦,政治委员旷伏兆。

冀察军区,司令员郭天民,政治委员刘道生,辖第1、第11、第12、第13军分区;第1军分区,司令员萧应棠,政治委员杨世杰;第11军分区,司令员萧文玖,政治委员杜存;第12军分区,司令员詹大南,政治委员段苏权;第13军分区,司令员熊奎,政治委员黄连秋。

冀热辽军区,司令员兼政治委员李运昌,辖第14至第18军分区:第14军分区,司令员舒行,政治委员李之光;第15军分区,司令员赵文进,政治委员杨文翰;第16军分区,司令员曾克林,政治委员徐志;第17军分区,司令员李雪瑞,政治委员李海涛;第18军分区,司令员何能彬,政治委员焦若愚。

经过整编,晋察冀军区共有20余个团,120余个游击支队、大队和10余个地区队。前三个二级军区的领导机构于10月组成,后一个二级军区的机构到年底组成。

11月9日至翌年10月 八路军第359旅主力等组成的南下支队,转战陕西、山西、河南、湖北、湖南、江西、广东7省,行程7920余公里,作战74次,粉碎了日军和国民党顽军的围攻和阻拦,开创了湘鄂赣边抗日根据地,扩大了八路军的影响,为尔后巩固和发展中原解放区作出了贡献。

11月14日至29日 山东军区集中直属特务团2个营、独立第1旅5个独立营,滨海军区第4、第6、第13团,鲁中军区第1团,共1万余人,编成攻城、打援和攻击外围据点等梯队,采取军事攻势和政治攻势相结合的方法,歼灭日伪军240余人,争取了伪保安大队副大队长莫正民部3500余人反正,解放了莒县城及全县,使滨海与鲁中抗日根据地连成一片。

11月起 八路军各部队,向敌占城镇和交通线连续发动了冬季攻势作战。在1944年全年的局部反攻中,山东军区歼灭日军4880人、伪军5.4万人,争取伪军反正1.1万人,解放国土4.4万余平方公里;太行、太岳、冀鲁豫军区,歼灭日伪军7.2万余人,解放国土6万余平方公里;晋察冀军区歼灭日伪军4.1万余人;晋绥军区解放村庄3000余个、人口37万余。

12月15日 毛泽东发表题为《一九四五年的任务》的演说,指出:在世界反法西斯战争取得很大胜利和明年打倒希特勒可以实现的形势下,"我们唯一的任务是配合同盟国打倒日本侵略者"。在大后方,必须组织和动员一切力量,警惕投降主义,援助爱国民主运动。在沦陷区,必须组织广大人民在时机成熟时,举行武装起义,配合人民军队里应外合地驱逐日本帝国主义。"在解放区,现在已经成了抗日救国的重心。"在这一演说中,毛泽东提出了解放区军民值得特别注意的 15 项工作:进攻日伪军占领而又守备薄弱的地方,"扩大解放区,缩小沦陷区";在敌强我弱的形势尚未根本改变的情况下,随时准备粉碎日伪军的军事进攻;整训现有的自卫军与民兵,提高其战斗力,普遍开展地雷战;轮训正规军与游击队,开展群众性的练兵运动;以不加重人民负担为前提,在老区补充军队和在新区扩大军队;在人民军队内部,进行军事、政治整训,二者并重、相互结合,先着重政治方面,开展尊干爱兵运动,彻底克服军阀主义习气,实行官兵一致;加强拥政爱民与拥军优属工作,进一步改善军民关系;坚持抗日民族统一战线,尊重和支持"三三制"抗日政府工作,不断改善共产党与其他党派的相互关系;正确执行土地政策,实行减租减息,团结农民及工商业者共同对敌;坚定地执行发展经济、保障供给的方针和军民兼顾、公私兼顾的原则,继续普遍地开展大生产运动,并与节约、反对浪费相结合;尊重知识分子,做好文化、教育、艺术和卫生工作;有计划地轮训和教育干部,尤其是军队连级以下、地方区级以下干部,提高他们的政策和技术水平;对英模人物进行表彰和鼓励;大力提倡民主作风,实行知无不言、言无不尽和言者无罪、闻者足戒的原则,欢迎来自各方的批评意见;采取与国民党等党派谈判、人民呼吁等多种办法,促成联合政府成立。毛泽东号召中国人民不论在大后方,在沦陷区,在解放区,都要为此目标而奋斗。

1945 年

1月21日至4月1日　太行军区集中第 7、第 8 军分区和冀鲁豫党校警卫团等,共 4 个团另 3 个独立营及地方部队、民兵一部,组成若干小型集团,由修武北的九里山南越道清铁路,进行道清战役。翌日晨,攻克清化以东的小东、宁郭镇据点,奔袭成功。共歼日伪军 2500 余人,建立了 4 个县的抗日民主政权,解放了豫北道清铁路两侧地区 2000 余平方公里、人口 75 万。

1月至5月　八路军各部队,认真执行毛泽东提出的"扩大解放区,缩小沦陷区"的战略任务,以夺取日伪军守备薄弱的城镇据点为主要目标,发动了春季攻势。分别进行了道清战役、豫北战役、南乐战役等,共歼灭日伪军 5.7 万余人,解放县城 20 余座、面积 8 万多平方公里。

2月1日至3日　　八路军山东军区鲁南军区,集中第3团、费县独立营、尼山独立营,在第3军分区部队的配合下,进行第二次讨伐伪军荣子恒战役,全部肃清泗水城内伪和平救国军第10军军长荣子恒部,并在城外围的故县、杨庄、杨公村地区歼灭伪军一部。并打退滋阳(兖州)、曲阜日伪军800余人的增援。是役,歼灭日伪军1600余人,攻克泗水城等据点16个,进一步逼近津浦铁路及滋阳。

2月11日至19日　　山东军区的胶东军区,集中第13、第14、第16团,东海独立团、北海独立团和海阳、莱东、西栖独立营,军区特务营、炮兵营,组成左、中、右3个纵队,采取严密组织火力和连续爆破等手段,实行扫清外围和突破围寨并举,进行了讨伐"剿共"第7路军军长赵保原部战役。是役,胶东军区在5万余群众和民兵支援下,歼伪军1.1万余人,缴获炮14门及大批枪支、弹药等。

2月16日　　王树声和戴季英提出《国民革命军河南人民抗日军八大主张》,其要点是:(一)一切不愿当亡国奴的河南同胞联合起来,保卫国家民族,保卫河南,保卫家乡,坚持抗战,准备反攻,打倒日本帝国主义;(二)彻底实行民主政治,团结河南各界人民,安定社会秩序,保障一切人民的生命、财产、言论、集会、结社、宗教信仰和武装人民的自由;(三)团结一切抗日友军与地方部队,争取伪军反正,共同对日作战;(四)帮助各地民众组织抗日团体,成立抗日自卫队和游击队;(五)改善人民生活,实行合理负担、减租减息和交租交息,发展生产,保护工商业贸易自由;(六)恢复学校,进行抗日救国教育;(七)抗日高于一切,有钱出钱,有力出力,有知识出知识,共同组织抗战力量;(八)军民合作,军爱民,民爱军。这八大主张由中共中央批转湖南、湖北和华中地区,对于开辟新区、扩大部队发挥了重要作用。

2月下旬后　　八路军总部颁布了《第十八集团军暂行供给法规》,共5章38条,将供给工作归纳为财政、粮秣、被服、军械和部队生产5个方面。分别对预算制度、计(决)算制度、收支制度、会计科目、出纳制度,被服预算、决算、缝制、供给、统计报告、保管、废品处理制度,粮、油、械、弹等的预算、决算、供给、储藏制度做了详细的规定。在各级供给干部的职责中,明确了旅级(军分区)团级供给首长、各级会计人员、出纳人员、被服人员、粮秣人员、连队司务长之职责。这些既有原则要求又有实施方法的规章制度和职责,使部队供给制度逐步走向统一。

2月　　河南军区成立,直属中共中央军委,司令员王树声,辖4个支队和3个军分区。不久,成立第 3、第 4 军分区,伊洛军分区改称第 5 军分区。第 1 支队兼第 1 军分区,司令员皮定均,政治委员徐子荣;第 2 支队兼第 2 军分区,司令员韩钧,政治委员刘聚奎;第 3 支队兼第 3 军分区,司令员兼政治委员陈先瑞;第 4 支队兼第 4 军分区,司令员兼政治委员张才千;第 5 军分区,司令员闵学胜,政治委员刘健挺。

3 月 6 日　冀鲁豫军区在水东地区正式成立第 12 军分区,司令员余克勤,政治委员袁振,辖第 28、第 30 团。

3 月 8 日至 10 日　鲁中军区集中第 1、第 4、第 9、第 11 团和地方部队、民兵一部,发起蒙阴战役。是役,毙日军 100 余人、俘 9 人,毙伤伪军 255 人、俘伪县长以下 956 人。

4 月 4 日至 4 月底　八路军太岳军区集中第 2、第 4 军分区共近 4 个团的兵力,进行豫北战役。是役,毙伤日伪军 2800 余人,争取伪军投诚和反正 1700 余人,解放了济源、沁阳、孟县城以外的广大地区。

4 月 23 日至 6 月 11 日　中国共产党在延安召开了第七次全国代表大会。毛泽东作了《论联合政府》的书面政治报告,朱德作了《论解放区战场》的军事报告,刘少奇作了《关于修改党章的报告》,周恩来作了《论统一战线》的发言。大会决定了"放手发动群众,壮大人民力量,在我党的领导下,打败日本侵略者,解放全国人民,建立一个新民主主义的中国"的政治路线,确定以毛泽东思想为中国共产党一切工作的指针,选举了以毛泽东同志为核心的新的中央委员会,号召解放区军民实行军事战略转变和准备全面反攻。

4 月 24 日至 27 日　冀鲁豫军区第 8 军分区部队,在第 3、第 7、第 9 军分区部队的配合下,进行南乐战役。是役,冀鲁豫军区采取爆破、刺杀和土工作业相结合,歼日军 35 人、伪军 3400 余人,攻克据点 32 个,缴获迫击炮 2 门、轻重机枪 68 挺、步枪 2600 余支、战马 50 余匹,提高了向坚固设防城镇攻坚的能力。

5 月 6 日至 30 日　冀中军区以第 9 军分区部队为主力,在第 8、第 10 军分区部队及民兵的配合下,进行文(安)新(镇)战役。部队以坑道爆破等手段,连续炸毁了新镇外围的北辛庄、羊坦等据点;同时,发动政治攻势,争取了一部分据点伪军投降。城内伪军 500 余人据守无望,在逃至苏桥附近时,被歼灭 200 余人。5 月 17 日,新镇解放。24 日至 30 日,解放文安。

5月17日至24日　为夺取东平及东阿,粉碎日伪军的抢麦计划,冀鲁豫军区决定集中第1、第8、第11军分区主力,第9军分区一部和地方部队,编为三路纵队,发起东平战役。共歼日军1个小队、伪军1000余人,解放了东平县城。至此,泰西、运东、运西、湖西解放区连成一片。

6月5日至27日　鲁中军区集中了第1、第2、第4、第11、第12团,第9团和地方部队各一部,在万余名群众支援和滨海、渤海军区策应下,以安丘西南伪军较为突出的日军的接合部地区夏坡为中心,向驻潍县、昌乐、安丘地区的伪鲁东和平建国军司令厉文礼部,进行讨伐伪军厉文礼部战役。是役,共歼日伪军7300余人,攻克据点66个,解放了临朐以东、景芝镇以西、安丘以南的1700平方公里地区,使鲁山、泰山、沂蒙3个解放区连成一片。

6月8日至7月4日　冀中军区进行子牙河东战役,共进行大小战斗123次,毙伤日伪军920人,俘伪军2152人,争取伪军投诚590人,攻克了除献县、大城以外的子牙河沿岸的37个据点,解放人口25万、村镇272个,控制了子牙河和滏阳河北段的广大地区。

6月20日　冀鲁豫军区冀南、豫东指挥部成立。冀南指挥部,司令员兼政治委员王宏坤,副政治委员彭涛,副司令员杜义德,统一指挥冀南解放区的对敌斗争;豫东指挥部,司令员王秉璋,政治委员段君毅,统一指挥水东、水西部队。

6月底至7月7日　太行军区,集中第3、第4、第5、第7、第8军分区和八路军总部警卫团,共9个团的兵力,编为3个支队,另民兵、自卫队3万余人,发起安阳战役。共毙伤日伪军800余人,击溃伪军900余人,俘虏和争取日伪军反正、投诚2500余人,攻克据点30余个,解放土地1500余平方公里、人口35万。

7月12日至18日　冀中军区进行大清河北战役,共作战70余次,毙伤日伪军1300余人,俘伪军2200余人,解放县城1座、面积1000余平方公里,逼近平、津。

7月15日至30日　滨海军区集中第6、第13团,指挥鲁中军区第1、第12团,进行讨伐伪军张步云战役,消灭伪军张步云部3800余人,解放了除诸(城)高(密)沿线地区外的胶济铁路以南、海(州)青(岛)以西、潍河以东、诸城以北共2500平方公里的广大地区。

7月20日至26日　冀鲁豫军区第8军分区第6、第7团各一部和特务连,在第7军分区的配合和地方党组织群众的支援下,采用多处攻击、重点突破和政治攻势相结合的战术,进行了阳谷战役。共毙伤伪军300余人、俘其2000余人,缴获迫击炮2门、轻重机枪40多挺、长短枪3000余支、战马100余匹,解放了阳谷。配合阳谷战役的第7军分区部队,于7月21日歼伪县长以下380余人,解放了堂邑城。

7月30日至8月13日　渤海军区集中主力和地方部队共7000余人,并指挥胶东军区第14团,在万余名民兵、群众支援下,以田柳庄据点为重点,再次进行讨伐伪军张景月战役,全歼伪军旅长以下2000余人。

7月　冀鲁豫军区水西军分区成立,司令员汪家道,政治委员李仕才。

8月9日　毛泽东发表《对日寇的最后一战》声明,指出:对日战争已处在最后阶段,最后地战胜日本侵略者及其一切走狗的时间已经到来了。在这种情况下,中国人民的一切抗日力量应举行全国规模的反攻,密切而有效力地配合苏联及其他同盟国作战。要求八路军、新四军及其他人民军队,应在一切可能条件下,对于一切不愿投降的侵略者及其走狗实行广泛的进攻,歼灭这些敌人的力量,夺取其武器和资财,猛烈地扩大解放区、缩小沦陷区。

8月10日至10月10日　八路军各部队,坚决执行中共中央关于以正规部队占领大城市及要道、以游击队民兵占小城市的指示和总司令朱德的进军命令,在华北地区向日伪军展开猛烈的全面反攻,共歼灭日伪军20.1万余人,解放县城以上城市200余座。

8月11日　中共中央作出《关于日本投降后我党任务的决定》,指出:各地应将我军大部迅速集中,脱离分散游击状态,分甲乙丙三等组成团或旅或师,变成超地方性的正规兵团,集中行动,以便在解决日伪时保证我军取得胜利。

8月中旬开始,山东军区主力及基干部队编成8个师、12个警备旅和1个支队。第1师,师长梁兴初,政治委员梁必业;第2师,师长罗华生,政治委员刘兴元;第3师,师长王建安,政治委员周赤萍;第4师,师长廖容标,政治委员王一平;第5师,师长吴克华,政治委员彭嘉庆;第6师,代师长聂凤智,政治委员李丙令;第7师,师长杨国夫,政治委员周贯五;第8师,师长兼政治委员王麓水。警备第1旅,旅长陈奇,政治委员李伯秋;警备第2旅,旅长吴瑞林,政治委员孔繁彬;警备第3旅,旅长钱钧,政治委员熊飞;警备第4旅,旅长孙继先,政治委员李耀文;另一警备第 4 旅,旅长刘涌,政治委员仲曦东;警备第 5 旅,旅长贾若瑜,政治委员廖海光;警备第 6 旅,旅长刘贤权,政治委员陈德;警备第 7 旅,旅长赵寄舟,政治委员李曼村;警备第 8 旅,旅长贺健,政治委员杨士法;警备第 9 旅,旅长胡大荣,政治委员李青;警备第 10 旅,旅长赵杰,政治委员田海山;警备第 11 旅,旅长覃士冕,政治委员谷牧(兼)。东北挺进纵队第 1 支队,支队长万毅,政治委员王维平。

8 月 20 日　中共中央军委作出《关于目前部队编制的决定》,指示各战略区应就现有兵力,迅速抽出二分之一至五分之三编为野战兵团,其余则编为地方兵团。野战兵团实行"三三制"编制;地方兵团仍归军区管制,其编制由各地酌定,其余人数比例,不得大于全区军队五分之二。各军区应迅速动员新兵入伍,其数额为各区现有兵员的三分之一,于本年底前完成。

1945 年 9 月 9 日,在南京举行中国战区日本投降仪式。这是日军中国派遣军总司令代表小林浅三郎(左)向中国战区最高统帅代表何应钦(右)呈递投降书

8 月 20 日　晋冀鲁豫军区成立,司令员刘伯承,政治委员邓小平,第一副司令员滕代远,第二副司令员王宏坤,第一副政治委员薄一波,第二副政治委员兼政治部主任张际春,参谋长李达,政治部副主任王新亭,辖冀鲁豫、冀南、太行、太岳军

区。冀鲁豫军区,司令员王秉璋,政治委员张玺,副司令员刘致远,副政治委员赵健民、潘复生,参谋长潘焱,政治部主任王幼平,辖第1、第2、第3、第4、第5、第6、第22军分区;冀南军区,司令员杜义德,政治委员李菁玉,副司令员王光华,副政治委员刘志坚、马国瑞,政治部主任刘志坚,辖独立第4旅和第7、第8、第9、第10、第11军分区;太行军区,司令员秦基伟,政治委员李雪峰,副司令员黄新友、赵辉楼,副政治委员黄镇、王维纲,参谋长何正文,政治部主任袁子钦,辖第12、第13、第14、第15、第16、第17军分区;太岳军区,司令员王新亭,政治委员王鹤峰,副司令员孙定国,副政治委员裴孟飞,参谋长邓仕俊,政治部主任桂绍斌,辖第18、第19、第20、第21军分区和独立旅。

8月中旬至12月底　八路军山东军区、晋绥军区、晋冀鲁豫军区、晋察冀军区等各一部,分陆、水两路,梯次进入东北,配合苏联红军歼灭日军关东军,建立东北解放区。进入东北的八路军连同新四军、东北抗日联军,达27万余人。

8月23日　新的中共中央军事委员会,由毛泽东、朱德、刘少奇、周恩来、彭德怀、陈毅、聂荣臻、贺龙、徐向前、刘伯承、林彪、叶剑英组成。主席毛泽东,副主席朱德、刘少奇(兼总政治部主任)、周恩来、彭德怀(兼总参谋长),副总参谋长叶剑英,总政治部副主任程子华,秘书长杨尚昆。

9月2日　日本天皇、政府和日军大本营的代表签字投降;中国抗日战争和第二次世界大战胜利结束。

从1937年9月至1945年10月,中国共产党领导下的八路军、新四军和华南人民抗日游击队,与日伪军作战12.5万余次,歼灭日军52.7万余人、伪军118.6万余人,缴获各种枪69万余支(挺)、炮1800余门,解放国土约100万平方公里、人口约1亿,部队发展到1318294人,民兵达268万余人。另加上东北抗日联军,部队共约132万人。

后　记

抗日战争时期,八路军高举抗日民族统一战线的旗帜,认真贯彻中共中央和毛泽东提出的全面的全民族的抗战路线和持久战的战略总方针,坚决执行"基本的是游击战,但不放松有利条件下的运动战"的军事战略方针,紧紧依靠广大人民群众,实行主力军、地方军和包括民兵、自卫队(自卫军)的人民武装三结合的武装力量体制,英勇战斗,打击日本侵略者,成为抗日战争的一支生力军。

八路军在抗日战争战略防御阶段,积极开展独立自主的游击战争,同时在战略和战役、战斗上,配合正面战场国民党军作战,发挥了战略支队的作用。在战略相持和战略反攻阶段,与新四军、华南人民抗日游击队共同抗击了58%~75%的关内侵华日军和90%~100%的伪军,成为中国抗战的主力军。从1937年9月至1945年9月,八路军共作战近10万次,以伤亡34万余人(其中团以上干部880余人,旅职以上干部140余人)的代价,消灭日伪军125万余人,占关内人民军队歼敌总数的73%,为夺取抗日战争的最后胜利和中华民族的彻底解放,作出了不可磨灭的巨大历史贡献。

八路军是坚持华北抗战的主力军。在抗日战争中,她依托陕甘宁边区这个战略总后方,创建、巩固、坚持、发展了包括晋察冀、山东、晋绥、晋冀鲁豫在内的广阔的华北敌后战场,解放了东北大片国土,粉碎了日伪军一次又一次空前规模的连续性的"扫荡"、"蚕食"、封锁和"治安强化运动",打退了国民党顽固派多次掀起的反共高潮。同时,以一部兵力挺进华中、华南和东北,有力地支援了这三大敌后战场的斗争。

八路军是由中国工农红军的主力部队改编而来的。她在抗日战争时期,继承和发扬了红军的光荣传统,坚持了共产党的绝对领导,践行全心全意为人民服务的宗旨,保持了人民军队的优良作风,在血与火的斗争中,全面加强了军事、政治、后勤建设,经过发展、收缩、恢复和再发展,从小到大、从弱到强,由改编时的近4.6万人发展到抗战胜利时的102.8893万人,进而为解放战争的胜利和新中国的成立创造了先决条件。

历史犹如一条长河。中国的今天,是昨天的继续和发展。1949年中华人民共和国成立,75年来,中国的革命、建设和改革取得了举世瞩目的辉煌历史业绩。抚今追昔,我们永远不能忘记中国共产党领导人民军队在革命战争年代艰苦斗争的岁月,永远不能忘记为了共和国的今天而牺牲的成千上万的革命先烈,也永远不能忘记要把昨天血的经验和教训作为今天加强共产党与人民军队建设的宝贵精神财富。只有这样,才能在昨天的基础上,更好地建设今天和发展明天,实现中华民族伟大复兴。

著　者

2024年9月3日